孟子文獻集成編纂委員會　編纂

孟子文獻集成

山東人民出版社

圖書在版編目（CIP）數據

孟子文獻集成. 第一一四卷 / 《孟子文獻集成》編纂委員會編. --濟南：山東人民出版社, 2020.1
ISBN 978-7-209-12325-9

Ⅰ. ①孟… Ⅱ. ①孟… Ⅲ. ①儒家 ②《孟子》－研究資料－匯編 Ⅳ. ①B222.55

中國版本圖書館CIP數據核字(2019)第227483號

項目統籌: 胡長青
責任編輯: 劉嫣嫣
裝幀設計: 武　斌
項目完成: 文化藝術編輯室

孟子文獻集成（第一一四卷）
《孟子文獻集成》編纂委員會 編

主管單位　山東出版傳媒股份有限公司
出版發行　山東人民出版社
社　　址　濟南市英雄山路165號
郵　　編　250002
電　　話　總編室（0531）82098914
　　　　　市場部（0531）82098027
網　　址　http://www.sd-book.com.cn
印　　裝　山東新華印務有限責任公司
經　　銷　新華書店

規　　格　16開（210mm×285mm）
印　　張　62
字　　數　500千字
版　　次　2020年1月第1版
印　　次　2020年1月第1次
印　　數　1-200
ISBN 978-7-209-12325-9
定　　價　900.00圓

《孟子文獻集成》編纂委員會

學術顧問　杜維明　張豈之　李學勤　牟鍾鑒

學術委員會

主　任　陳　來

副主任　郭齊勇　李存山

委　員　王　傑　王中江　王志民　王其俊　王鈞林　王漢東　孔德立　杜澤遜　李存山
李景林　吴　婧　袁汝旭　徐洪興　高兆波　郭齊勇　陳　來　孫明霞　梁　樞
梁　濤　董洪利　曾振宇　楊海文　楊朝明　趙　勇　鄭傑文　劉瑾輝　顏世安
顏炳罡　龔鵬程

（按姓氏筆畫排序）

編纂委員會

主　編　王志民

副主編　杜澤遜　梁　濤　胡長青　李梅訓

委　員　王　路　王恒柱　李西寧　李振聚　李國慶　黄顯功　張　勇　張志清　趙永和
趙紅彦　劉　晨

（按姓氏筆畫排序）

編務　劉晨　楊雲雲　孫姣　李濤　劉嬌嬌　張艷艷
趙菲　吕士遠

組織實施

中國孟子研究院
山東人民出版社

序

《孟子文獻集成》是在孟子故里鄒城市委市政府鼎力支持下，由中國孟子研究院、山東人民出版社協同合作，共同致力完成的一項大型儒家文獻的搜集、整理、出版學術工程。

一

孟子是中國歷史上偉大的思想家、政治家、教育家，是僅次於孔子的儒家學派重要代表人物。戰國時期，戰争頻仍，『角戰英雄，六經泥蟠，百家飆駭』（《文心雕龍·時序》），孔學既黜，儒道中衰。孟子遵夫子之道，批邪説，正人心，發揚光大孔子學説，復興儒學，成爲孔子之後最重要的儒家傳人和先秦原始儒學理論體系的主要奠基人。韓愈論儒家道統由堯、舜、禹、湯、文、武、周公代代相傳，言及『文、武、周公傳之孔子，孔子傳之孟軻。軻之死，不得其傳焉』（《原道》），又説『自孔子没，群弟子莫不有書，獨孟軻氏之傳得其宗』（《送王塤秀才序》）。可見，後世尊孟子爲『亞聖』，稱儒學爲『孔孟之道』，實爲孟子歷史地位使然！

《孟子》一書，是孟子及其弟子編著的全面反映孟子思想的儒家經典著作。漢文帝時，即曾設立《孟子》學博士，全國推闡。六朝時期，玄學、佛學興盛，儒學式微，《孟子》亦受冷落，但唐宋以後，隨着孟子地位的大幅提昇，《孟子》一書越來越受到統治者和學者文人的廣泛重視。唐代大儒韓愈倡論中國文化道統，其《原道》之説，影響甚大，已掀『孟子熱』；北宋時期，《孟子》與《論語》俱列入『十三經』之數；南宋朱熹作《四書章句集注》，將《孟子》列『四書』之中。南宋統治者更將其正式列入官方之學，設爲科舉考試科目，欽定爲必讀經典，學孟子、讀《孟子》，蔚然而成社會風氣。此後，孟子地位進一步提昇：元文宗封孟子爲『亞聖公』，尊其爲『百世之師』；明清兩朝更大推『四書』，地位儼然超越『五經』。《孟子》與《論語》並行，上自帝王，下至百姓，家有之，户誦之，『所研究者惟「四書」，所辨訂者亦惟「四書」』（《四庫全書總目·四書大全提要》語）。孟子思想，深入人心；《孟子》之學，遍佈各地；《孟子》

文獻，汗牛充棟。

根據我們的初步調查，歷代《孟子》文獻有兩千種之多。這些文獻，依孟子學史的發展，大致形成了以下幾点較鮮明的時代特徵：宋元文獻多義理闡發，以朱熹《孟子章句集注》爲代表；明代以王夫之《讀四書大全説》爲代表，多從心性之學挖掘孟子豐富的思想内涵；清代孟子學最盛，不僅産生了以乾嘉學者戴震《孟子字義疏證》、崔述《孟子事實録》爲代表的大量考據、辨僞著作，還出現了集前人研究成果之大成的焦循《孟子正義》。大致可以説，以東漢趙岐《孟子章句》爲發端，歷代學者多所闡釋研究。尤其宋元以來，孟學實爲千年『顯學』。《孟子》文獻内容所涉注釋訓詁、義理闡發、思想挖掘、考證辨僞等所有方面，其對孟子及《孟子》文本的研究廣度、深度可謂前無古人，後難爲繼。尤爲重要的是，歷代學者秉持儒家人生理念，一生所繫，立德立言，以『爲往聖繼絶學』爲生命追求之本，往往傾一生之力終注一經。孟子文獻不僅真實地展示了孟學及儒學發展的歷史，也留下了代代學者治學的心路，實在是應該认真进行挖掘整理的傳統文化瑰寶。

然而，毋庸諱言，孟子文獻的收集整理向未受到應有的重視。這固然與二十世紀以來，儒學命運多舛有關：批孔之時，孟子亦受其累；近數十年來，『孔子熱』不斷升温，孟子受冷落的現象却未有大的改觀，歷代孟子文獻迄未收集整理即是一例。據我們不完全統計，包括臺灣在内的中國圖書館，現存宋元至清代的刻本與鈔本計有一千二百餘種之多。由於各種原因，百分之九十餘未曾整理出版，而百分之七十以上仍處於人所罕见的塵封狀態。歷史的責任，現實的需要，未來的期盼，都在呼喚能有一套《孟子文獻集成》的編纂出版。

二

二〇一三年四月底，孟子研究院在孟子故里山東省鄒城市正式成立。時值一年一度的『孟母文化節』，同時進行的還有由鄒城市、《光明日報》國學版、山東師範大學山東省齊魯文化研究院共同策劃主辦的『孟子公開課』開講儀式。來自國内各著名高校的部分主講學者和與會專家對孟子研究院成立後的學術規劃提出了許多建設性意見，多位專家提出了編纂《孟子文獻集成》的建議。

同年十月二十九日至三十日，孟子研究院學術委員會第二次會議在主任陳來先生主持下於鄒城召開。會議就《集成》的立項和編纂事宜進行了認真深入地討論，參閱審查了初選孟子文獻書目，形成了以下四點共識：一是孟子文獻的搜集、整理向稱薄弱，絶大多數迄未面世，影響了孟學研究的深度和廣度。編纂《集成》，填補空白，意義重大。二是要在廣泛搜集、精心選編的基礎上，力求將《集成》做成收羅全、質量高、權威性强的精品學術工程。三是应制定具体工作規劃，選編文獻时代可由遠及近；文獻收集範圍，宜先國内後國外，分段完成，穩步推進，確保質量。四是在孟子研究院學術委員會基礎上，应增加部分孟子研究專家，充實到《集成》學術委員會；選聘孟學研究、版本目録、館藏出版等方面專家，組建高層次、有效率的編纂部和工作班子，扎實有效開展工作。

在經過編纂部四次召開籌備會議和系列籌備工作基礎上，二〇一四年五月，在濟南召開了特邀專家選目審查論證會。來自北京大學、中國人民大學、山東大學等全國各地的十餘位孟子和孟學史專家就編纂部提供的《集成》選編總目（國内）進行了認真研析、讨论審查。這次會議的召開更堅定了大家对編纂《集成》的信心和認識，許多專家從長期孟學研究的切身感受中充分肯定編纂《集成》的重大意義，一致認爲：這是一項立足當前又澤被後世的重大學術工程；目前国内編成的經典文獻集成中唯獨没有孟子文獻集成，这不僅是文化建設的一种缺憾，也从多个方面影響了孟子研究的深入和拓展，从这个意義上説，該項目的实施确是一項填補空白、意義深遠的學術工程。專家們特别指出，這項重大學術工程，由山東，特别是孟子故里鄒城市支持，由孟子研究院、山東省齊魯文化研究院牽頭承擔，正是歷史責任與當前文化建設的最佳選擇。相信《集成》的出版，對於提昇孟學研究、促進孟子研究院發展、推动山東文化强省建設，贡獻巨大，意義深遠。會議還就選目原則形成以下共識：一是《集成》應當是一套研究孟子文獻的集大成之作，所收以獨立成書的研究《孟子》專書爲主，兼顧其他，儘量收全。對孟子文獻的含義可以放得寬一些，對書名没有『孟子』的，例如以『四書』『諸子』爲書名的，也要注意在考察辨析基礎上做好，要高標準、高質量。二是《集成》應兼顧古籍的重要性與稀見性，做到常見書精選善本，重要文獻不遺漏。三是海外孟子文獻應作爲一個工作目標，與海外學者合作，广匯博收，規劃編纂。四是時代大致截止到清末，現代部分可作爲『附編』或單獨列編收集出版，部分難以收入文獻應附列存目。這次專家會議的意見，得到二〇一四年六月五日召開的孟子研究院第二次學術委員會的重視和確認。

在籌備、啓動《集成》的整個過程中，得到鄒城市主要領導及社會各界鼎力支持。山東人民出版社主動、積極地參與了各項工作。二〇一四年八月二十八日，在山東省第五届文博會上，省有關領導和衆多媒體記者見證了孟子研究院與山東人民出版社共同簽訂《〈孟子文獻集成〉編纂出版協議書》的过程。

經過編纂委員會及有關方面的共同努力和各相關圖書館的大力支持，宋元時期傳世文獻已基本全部收録，共四十八種，分裝十四册，已於二〇一六年初首批出版發行。其中，收録宋元刻本十四種，海外善本四種，第一次影印的即有十六種，屬於披沙揀金的珍本，將爲孟子文獻及思想研究提供寶貴資料。

第二輯精選明代孟子文獻八十一種，分裝爲三十二册影印，已經於二〇一七年三月出版。

第三輯爲明代文獻的第二批，共收入著作四十五種，分裝爲二十册影印，其中五種來自日本，三種來自美國；其他部分也多爲稀見的珍本和善本，已經於二〇一八年三月出版。

第四輯，共收録著作六十二種。其中，明代著作四十八種，分裝爲二十四册；清代著作十四種，分裝爲十册。共出版三十四册。底本皆爲精選珍本善本，其中，明代刻本四十種，清代刻本二十二種。又有二十三種來自日本，多爲國内未見，彌足珍貴。

本次出版爲《孟子文獻集成》第五輯，清代文獻之第二部分，也是《集成》編纂以來，收録文獻最多的一輯。共收入著作三百六十八種，分裝爲一百册；至此，自康熙朝至清末絕大部分與《孟子》相關文獻已基本囊括。其中：來自日本的珍稀文獻八種；稿抄本二十六種；孤本二十二種，國内未出版者達三分之二以上。

編纂出版《孟子文獻集成》，既有利於深入挖掘孟子思想精髓，洞見《孟子》世代傳承的歷史場景，又有利於珍貴文獻的保護、傳承和共享、共用，是惠及當代、澤被後世的文化善舉。值此共出版二百册之際，我們對國内外各有關圖書館和學界同仁的鼎力支持與真誠合作表達崇高的敬意和誠摯的感謝！

讓我們黽勉同心，共同努力，以期這一重大學術工程的圓滿完成。

王志民

二〇一五年四月十二日第一稿
二〇一八年三月八日修改第二稿
二〇一八年十二月十二日修改第三稿
二〇一九年十月六日修改第四稿

凡例

一、《孟子文獻集成》匯聚歷代關於《孟子》之著述，要其旨歸，不外經學之考證、義理之推闡、文章之批點，故舉凡注釋、析義、批點等書皆酌加收録，大致以著者時代先後爲次，俾經學之大，義理之善與夫文章之美，庶幾由此而知。

二、《孟子文獻集成》選用底本多未經整理，或孤傳海外，或秘庋深閣，學者既不能偏歷中外而窺其概貌，又不能盡探二酉而知其大略，不能無憾焉。今集爲一編，則學者循覽而知《孟子》一經之本末，歷代著述之昇沉。

三、各書或得自日本、美國，或攝自國家圖書館、天津圖書館、上海圖書館、浙江圖書館、山東大學圖書館等。底本皆經選擇，其存世孤秘，列爲首選，而後出佳槧，流佈稀少，亦資採摭。

四、諸書著録書名、卷數、著者時代、姓名、撰著方式及版本，覽者便焉。

五、著者真僞，學者所重，凡有歧異，均於著者前加『題』字，略示區别。

六、諸家解《孟》之作，或爲獨立成書者，或爲總集内别裁而出者，或以『四書』著述總題者，今所匯集，以能獨立析出者爲斷。其單篇零什，概所不收。

七、裁出之書，凡原有題名者，概依原題，而於版本項注其從來；凡無獨立題名者，則仍用大題，而括注『孟子』二字；其不能析離者，則全書收録。

八、是編博訪廣蒐，固難周徧，續有所得，拟輯《補編》，庶免遺珠之憾。伏望博雅君子，匡其不逮，補其未備，是所幸焉。

目録

新刻李會元家藏四書講意玉振解（孟子）七卷

清 李青撰

清康熙刻本

四書玉振解自序

嘗讀朱元晦云必先求之於身而後求之於書則讀書方有味聖賢之書率本乎孝忠恭信之行爲子臣弟友之道言言性命字字實蹟不明則不行而不行愈以不明[illegible]功思躬行而恥爾余躬生逢

明盛倫類休嘉自官始孫業以歷入仕金
馬半生精力獲與圖書周旋每日讀四書
言覺日用服習聖賢儼糾我於倫類莫察
之天而凜凜心目欲稍逞明聰以爲震世
耀俗之行而毫不敢者非我躬能讀書書
實先得我躬所同然也繇是言之讀書者

爾爾說書者安得恣其高談異論而畔夫
鄒魯之言也哉夫離庸則怪厭常則異怪
異興則率天下而趨於亂世道人心從相
爲繫令天下邊徼交作文治非遥緣以甲
乙之澆漓致兆數年之戈戟
聖明焦勞圖治惓惓反經吾儕礪志思忠

兢兢正學況事屬所司敢不恪共乃職而
政關治本期以上分
主憂羣海內外童習四書師無異說此則
反經之首而正學之大者也緣以史館之
暇獲親多士同寅日搜鄒魯言而詳加詮
釋解以淺入深識以獨裁衆言期約而達

微而藏，罕譬而喻，古之學者，繇七年而小成，九年而大成，夫然後足以化民易俗。矧爾余躬其視小成大成何如，而敢以玉振之名，妄附集成之謂哉，擊磬有心，期獲藉手焉。

聖天子分憂云耳。

甲戌之長至日　李青書于

木天清署

敘竹君先生玉振解

標新領異。視乎其稟。千百上下。接踵比肩。欲翼道以存聖。寧葆赤而還庸。所以象山先生之學。高出於紫陽氏者萬萬。而紫陽存翼之功。卒又居象山之上。乃知從来君相之任。天為賤者愛甚殷。而木鐸之以。則其為愚蒙愛厚。邇来說四書者。人不下百千。而布諸梨棗者。又不可指數。大都抗卑為高。鑿淺為深。推近為遠。使明為晦之弊。每什之九。而燕說郢書。買櫝還珠之誚。又種種不免。無論於當年鄒魯之日月重加陰霾。其於我太祖文明之乾坤。幾晦蒙而擾亂矣。吾友竹君力追伊任。遇際聖明。渥居史館。慮深川巖。衷大全諸先正之言。以成令天子新民之德。楊龜山所謂以身體。以心驗。而從容哩會於幽閒靜一之中。超然自得於意言象數之表者。百世而上。其早能爲吾竹君作先聲矣。今海内望竹君如姑射仙人。以爲其言其行。皆耳目所未有而茲解出。一何玉堂學士之所標。不外鄉塾小子之所解如斯也。則知四海内外。聖人心同理同。而欲於焉翌道存聖。烏取乎標新領異。以炫一已震世之資爲也。海内充棟汗牛之帙。其種種積櫱。吾知可以茲解作鍼石矣。玉振之也者。夫亦欲收諸説書者之聲响而爲旨乎。

盟社弟駿公吴偉業頓首題

參閱姓氏

陳際泰大士　曹勳允大　李日宣緝敬　沈幾去疑

顏茂猷壯其　施之檁木雲　吳偉業駿公　吳思穆靜齋

徐汧九一　張溥天如　宋玫九青　項煜仲昭

陳天定慧生　翁鴻業水因　黃襄贊伯　孫水鏡鼎浮

馬世奇君常　施惟中常惟　朱天璧子玄　夏日瑚膚公

姜思睿崙愚　楊廷麟機部　項聲國仲展　黃景昉太稚

宋爾郊子埜　李嗣京少文　凌陽徵公碩　過周屏君斷

龔廷獻鑑徵　祝徽文柔　傅朝佑佑君　張斌憲卿

施之梓君木　汪汝明士韓　翁與喆次聖　陳大綬伯玉

劉應廸簡在　黃文煥維章　錢肅起雍明　徐如珩楚白

何閎中冏卿　周　鑣仲馭　魏公韓小韓　王化澄登水

施從謙天益　錢開宗溪子　沈希華冠東　徐開禧錫餘

傅雲龍惕庵　楊廷樞維斗　潭元春友夏　艾南英千子

蔣鳴玉畹仙　連城璧如白　施　泮聖水　張明弼公亮

施嘉績睿成　洪子賓君聘　周延祖先繩　朱一悳季充

聶維鋌虞賡　戴司銓玉卿　孔大德登水　周　鍾介生

傅振鐸木宣　張大受海若　葛定遠爾侯　龔　震東政

朱一是季脩　劉孔教若師　余應科謙吉　劉肇慶開侯

李國昌亦人　陸實徵福持　洪子開君召　陸　圻景宣

周長春 介福　余文龍 騰之　周光斗 三垣　朱師賓 次孟
楊剛中 振予　周之屏 君憲　柴允鈐 珍之　袁光綱 闇叔
周九人 武友　楊去疾 慧存　蘇門曙 殷明　江龍飛 驥皇
朱東覲 全古　周玉華 錫餘　姚　堦 玉開　周可登 侍北
王化溥 鄭如　芮　發 脩枝　周光發 跡生　譚貞玹 立生
錢繼登 龍門　周維京 羽伯　袁　嶼 山客　于　徐 巾之
周尊素 文華　章　縉 上卿　周首登 戴甫　袁　峋
王廷垣 光復　周廷策 心獻　汪漸盤 石臣　周德子 我容
袁　嘌　葛寅亮 屺瞻　楊居敬 簡卿　羅明祖 宣明
陳仁錫 明卿　熊志學 時敏　陳元綸 道掌　駱天閑 履康

鐫存齋　二

詹　俊選秀　余昌會爾際　陳　素函白　詹　浩震生

黃金榜闇卿　張步周無公　章世純大力　張　玄天生

童應舉道亨　楊　鶚無山　張運泰來倩　宗其昌大宗

許自俊子位　吳自惺玄恩　宗其旋祥九　許　豸玉史

陳燕翼仲謀　劉昆治逸監　黃席珍聘我　方　介于石

黃道周幼玄　陳　煒木叔　張　采受先　金　聲正希

張運晉壯來　金　章　周　吉　季　芳仲瑞

王遵訓寶臣　徐　珏蜚石　陳　正宏丘　黃正色美中

郭宏吉仁倩　周鋐元　周元績斗垣　金汝礪

舒芳懋元英

姓氏終

新刻李會元家藏四書講意玉振解孟子卷之四

社友張明弼　公亮父　訂

盟弟吳偉業　駿公父　參

年弟陳際泰　大士父　較

金沙　李青　竹君父　著

梁惠王上　凡十七章

【見全旨】孟夫子素守不見諸侯之節，劈頭便見梁王，豈不知梁王不能行其道。不忍睹斯世之沉淪，姑借梁王發出仁義以挽回世道耳。梁王開口便說利，孟子言下就攔截他，且急急曰：有仁義而已矣。正以仁義二字，抹殺他利字，下文不奪不厭，不遺不後，將與上下兩相比對，不復拈帶利字，此孟子學術本色也。後復曰：何必曰利，正要滌得利字淨盡，方見仁義實地功效。

〇【見梁講】孟子首揭仁義以折功利，故素常守不見諸侯的義，一旦從鄒到梁，來見惠王，是學孔子從權的意思。【見字解】懷匡時之慮者。

孟子見梁惠王

梁惠王卑禮厚幣以招賢者，而孟軻至梁。

不得不借王公之權孟子非見魏之君也見其所爲行吾仁義者而已

○曰叟講

梁王見孟子儼臨甚是欣幸尊稱之曰叟負天下的重望不憚千里路遠肯到吾敝國來也有甚奇謀遠策可以利益吾的國乎

○王何講

孟子對曰利者人欲之私王何必把利來說仁義者天理之公也此二句乃一章之大旨

◎見字重七篇仁義之抱將于一見傾吐有懷始之意非荅禮之說

王曰叟不遠千里而來亦將有以利吾國乎叟長老之稱王所謂利富國強兵也

梁王見孟子儼然惠臨明知是個賢者稱之曰叟何等尊禮曰不遠何等欣幸曰亦將何等厚望及發出聘賢本心不過利之一策而已利兼富強說強國邊鄙重讀下莫強章可見亦字對戰國策士言玩此利字知富強二字横據王心

倪鴻寶曰梁王厚幣聘賢是汲汲招賢欲得申韓蘇張之徒以富強其國耳

孟子對曰王何必曰利亦有仁義而已矣仁者心之德愛之理義者心之制事之宜

固亦有仁義之可説而已矣，仁義之外，非獨利心之不當萌，却亦利風之不可倡也。

【有字解】此仁義是性所固有，雖埋沒于利而真心未常不在，是從利欲場中揭出真心以告之。

○【何以講】何也，王的身，大夫士庶所視效的身也。王若説怎庅的利吾國，由是大夫有家的，他也説怎庅

孟子之對，開呼之以王，極有意，令梁王自思王非虛貴，自有所以爲王也，詎在利哉。何必曰利，非不必然之説，王之當言者不一，何必云云。此中便含下王亦曰意，此亦字對伊呂周孔言。見仁義千古一脉也，隱然不欲與戰國之説士並有是性中固有人所同有者，與上有以二字應，而已矣三字有味見舍仁義之外，决無有第二義也，與何必二字嘿相呼應。

黃贊伯曰：劈頭初見便攔截他，只爲他根氣劣耳。孟老待人，逼真化工付物。

王曰何以利吾國，大夫曰何以利吾家，士庶人曰何以利吾身，上下交征利，而國危矣。萬乘之國弑其君者，必千乘之家；千乘之國弑其君者，必百乘之家。萬取千焉，千取百焉，不爲不多矣。

的利吾家、士庶
人有身的他也
説怎庅的利吾
身、一倡百和、上
下的心交取乎
利、這等樣人心
危險、而國亦危
殆了、危之甚者、
必有弑奪的禍、
天子君萬乘夫
或有弑其君的、
非他人、必千乘
之家利在萬也、
諸侯君千乘之
國、或有弑其君
者非他人必百
乘之家、利在千
也、夫萬分中而
得千、千分中而
得百、君仆臣一、

苟為後義而先利不奪不饜、此明何必曰利之意也、征、取也、上取乎下、下取乎上、故曰交征、國危、謂將有殺奪之禍、乘、車數也、萬乘之國者謂天子、千乘之家者乃天子之公卿、千乘之國謂諸侯、百乘之家、乃諸侯之大夫也、弑、下殺上也、饜、足也、

孟子欲王言仁義、即曰不當言利便了、何用許多説話、不知當時功利之習受錮已深、故把禍來警動他、正發明何必曰利一語、王曰句最重、是危亡之根、曰何以、是商量謀利之心、三何以字、就是不奪不饜之禍、胎王言利國、必不能禁他不言利家、不言利身、勢所必至、若勿云弑、尤上下交征、重上不勝、下邊交征、即危處、非交征後方纔危也、在心上説萬乘六句 証上而國危句、都是當時已事、見以利則相逼而相危

不爲不多了苟不安分又見君好利亦以利爲緊要則仁心亡而殺機動不弒其君而盡奪之他的心裡不以爲饜足也這是勢所必至的

何以解

此二字是商量謀利之詞已下的禍患都根于此

○未有講

若仁義決未有這等禍仁者真棄也後
愛沒有仁的心不急也
尚與親分爲二而遺其親的義

如此我所云國危非臆言也此只是地位相近篡奪易生必然之勢也獨言大夫者正詳何以之害下五句不過接此脉嘆一番甚警醒萬取二句大槩君十卿祿之說不爲不多言分所應得者已十分滿足義所當安也苟爲云云乃身弒國亡之所必至與上國危應先字猶俗云至緊要第一着之說後字對先言究竟不知有義了

徐九一曰利之端自王倡之害之實其自王受之王可不慎所倡哉

未有仁而遺其親者也未有義而後其君者也此明上文亦有仁義之意遺猶

上面說弒說奪遺親後君極矣若仁義則斷未有此緊緊拋

有眞敬沒有敬的心猶知有已不知有君而後其君的卽此見仁義之在人心自不容已特在上之人知所以倡之耳

仁義解 仁義指在下者說然亦根上來

○王亦講 故臣曰仁義王亦曰仁義使舉國去利懷仁義以相接而已矣又必盡拔利根乃爲仁義何必曰利以分仁義的心哉此孟子

按可會要看二一其字其親其君如何肯遺肯後吾與親爲一體分爲二便是遺人臣無以有已若知有已之得喪利害便是後不遺不後有上下一體血脉關通之意是人至性中自然不容已處乃仁義之實理如此二者也字正應大夫士庶說兩未有字是反言而決言之也

戴王卿曰仁義從性善上來只是一理父子主恩君臣主敬故分別言之者也重言之以

王亦曰仁義而已矣何必曰利 結上文

此節大意云不惟我言仁義王亦曰云云此在利害分明之際勉王倡仁義之端也味此亦有不得不言之意又找何必曰利必拔盡利根乃培起仁義眞種子

逆而折之的法也

○沼上講

此是引君公樂的意思，孟子在梁又見惠王，無過要申他仁義之說耳。時惠王立在沼上，看着鴻鴈麋鹿，曰自古賢君亦樂此臺池鳥獸乎？疑賢君不該樂此，有箇慚愧的意。

立沼解

即此是獨樂景象，所以眼前不見有民，使王能偕之民，則沼上

陳慧生曰：此節是上[illegible]之詞，無深一層意，但須還他結[illegible]，[illegible]與前不同。

沼上　金言

惠王沼上之樂，[illegible]以有慚意，孟子不病他，逆斷出一意來。謂賢者而後樂此，可謂善于引君，其言曲而中矣。其所謂賢者之樂，亦第援靈臺之詩，就中想像個樂意如此；復引湯誓，就不賢者有此不樂之意，令人悚慄。惟偕樂故能樂，則獨樂斷不能樂矣。一正一反，總是勉王行仁義以實有其樂意，上下節不平。

孟子見梁惠王。王立於沼上，顧鴻鴈麋鹿，曰：賢者亦樂此乎？沼，池也。鴻，鴈之大者。麋，鹿之大者。

梁王不能用孟子，一見而決，再見乃惓惓行道之心也。但千里聘賢不立朝而立沼，不顧賢而顧鴻鴈麋鹿，未必非仁義之言拂其好利之心所致也。亦樂一問，正其一念可進於賢處，故就其樂而引之也。

未必非斯民共遊之春臺也、

○賢者講

孟子便順着他說、上只說賢者不樂此也、正足賢者心中有一段眞趣活潑、方能樂此、若彼不賢者、心上缺此興趣、雖有此亦樂不成、人君只自問其賢不賢耳、何必計其樂不樂哉

○經始講

那裡見得賢者而後樂此、大雅之詩有云、文王始有事乎靈臺

黃贊伯曰、賢者亦樂此乎、是疑詞、不是斷詞、

孟子對曰、賢者而後樂此、不賢者雖有此不樂也、此一章之大指、

人主豈必梏手足、閉耳目、絕遊觀、遂以爲賢、只是他耳目手足有一件關通處、皆欲玩好、有無涯妙用處、不賢者正以此爲樂、而却有所不樂、其故可思、樂此與不樂俱勿着一能字、而後樂此、以雖有此不樂照之、自見樂與不樂全在自己心上說、不在景物上論

陳慧生曰、賢者而後兩句、承上甚緊、即將一句翻作兩意、即將他人說話翻作自家機軸、此正孟老善引君處、

詩云、經始靈臺、經之營之、庶民攻之、不日成之、經始勿亟、庶民子來、王在靈囿、麀鹿攸伏、麀鹿濯濯、白鳥鶴鶴、王在靈沼、於牣

也。方經之而營其位次，且營之而正其方面。庶民即已來攻治之，不與日期而成臺。雖經營之始，文王恐其煩民，戒令勿亟，而庶民皆如子來趨父事，所以不日成也。臺下有囿，則見其麀鹿攸伏，安其所而不驚動，麀鹿濯濯而肥澤，白鳥鶴鶴而潔白，囿中的物得其所。囿中有沼，王在靈沼，於乎魚滿池沼而跳躍。沼

魚躍。文王以民力爲臺爲沼，而民歡樂之，謂其臺曰靈臺，謂其沼曰靈沼，樂其有麋鹿魚鼈。古之人與民偕樂，故能樂也。此明賢者而後樂此之意。詩大雅靈臺之篇。經，量度也。營，謀爲也。攻，治也。不日，不終日也。亟，速也。言文王戒以勿亟也。子來，如子來趨父事也。麀，牝鹿也。伏，安其所，不驚動也。濯濯，肥澤貌。鶴鶴，潔白貌。於，歎美辭。牣，滿也。

文王以下，是說詩意。古人三句，纔是釋詩。經始句，疑于創；經之二句，疑于勞。不日句與下勿亟句應，見文王未期限之，自速以攻，故不日成之。此句得之。子來句是詩人形容其成之速也。麀鹿之伏，濯白鳥之鶴鶴，魚躍之於牣，忘機禽魚遊文王之天，真是好個樂景。而文王之對時育物，從容自得，下遊禽魚之天，亦於在靈囿在字看出一段意思，而民之樂文

中之物得其所矣由詩詞觀之說文王用民力爲臺爲沼而民反歡樂之民心共以積仁之淡歸之故謂其臺曰靈臺謂其沼曰靈沼又樂其君之所有此麀鹿所有此魚鱉足以供其遊觀焉所以然者只爲與民偕樂君有臺池鳥獸民有田里樹畜大家一齊快樂故能享此樂

○湯誓講

那裡見得不貴

王之樂則在于不日子來於臺沼而又加以靈之美名於倉魚可樂處而寫出王在二字以形容其桓撫聆咏之狀忻幸其君有此樂之意隱隱言表最可玩味兩靈字是神明文王之德而借臺沼以爲端也不曰文王而曰古之人以見今人不然也與民偕樂亦不是我有臺池民有田里等語只是心際廓然太公鳥獸也是樂草木也是樂百姓熙熙皞皞也是樂界無纖毫隔碍偕樂處正是能樂處

張雲鸞曰不日成之若有神助故名曰靈說死曰積恩爲愛積愛爲仁積仁爲靈靈臺所以爲靈者積仁也

湯誓曰時日害喪予及女偕亡民欲與之偕亡雖有臺池鳥獸豈能獨樂哉此則不賢者雖有此不樂之意也湯誓商書篇名時是也日指夏桀害何也

者雖有此不樂也湯誓有云桀嘗自說吾有天下如天之有日日亡吾乃亡耳民怨其虐乃指日而言曰此日何時亡乎若亡則我寧和他俱亡由書辭觀之民欲與偕亡雖有臺池鳥獸豈能牢鑄身子獨享此樂哉

【獨樂解】桀當日瓊室象廊肆林酒池一鼓而三千人牛飲且是快活到喪亡時纔見得

即書言而想當日仇怨之聲愁慘之象為何如曰害喪見紂之所為皆必喪之道何為而不即喪民最貪生至此欲與之偕亡是民不樂有其生矣即臺池鳥獸現前無非敗亡之景色也當此之時君能晏然獨樂于上哉不能獨樂不待其亡而後見也此方是雖有語意

陳慧生曰此獨字比上偕字何等氣象慘淡此王能與不能與之分

盡心全旨

梁惠王平時不能行王道以藏富于民臨時又失發廩賑卹饑餓而區區移民移粟以鄰國觀之自矜為盡心以王道律之均是敗術不違節正行王道富國足民之實政五畝節亦不違農時句内事因要挑出無饑一句以為既富而可教之地非到此更加一番經制而上文猶為未了公事也末節兩不知字正患王之病根於此不知尚何用移民移粟而曰盡心孟子叫他無罪歲則知此凶由已致革弊行仁推不忍之真心而行王道則心無不盡而天下皆我民矣又

他不能獨樂
○盡心講
此見人君當行王道不必於小惠也梁惠王曰寡人之治梁國也儘可謂盡心焉耳矣當河内凶荒則移其民之壯者於河東以就食移河東的粟於河内以給老稚之不能移的至河東凶荒移民移粟一樣如此察鄰國救荒之政沒有如寡人這樣的用心的鄰國之民只依舊不見

何用加多
於鄰國哉

梁惠王曰寡人之於國也盡心焉耳矣河内凶則移其民於河東移其粟於河内河東凶亦然察鄰國之政無如寡人之用心者鄰國之民不加少寡人之民不加多何也寡人諸侯自稱言寡德之人也河内河東皆魏地凶歲不熟也移民以就食移粟以給其老稚之不能移者

前者開口言利國此處又曰盡心于國只是保國何曾恤民曰盡心焉耳矣見得他的心儘地盡了民不加多非心之不盡也移民復移粟河東同乎河内梁王則自說他處置得極是勞苦到後做不來便推托了曰非我也歲也話頭從此起不知移粟只在民間轉移非發倉廩以賑恤之究是移河内

分外少寡人之
民也只依舊不
見分外多這是
怎麽緣故或者
非吾的心未盡
處乃歲之爲害
人事亦不能勝
得

○好戰講

孟子對曰治國
猶治兵王好戰
請以戰喻治道
塡然鼓之使進
兵也兵刃既接
勝負分矣負者
棄甲曳兵而走
或百步而後止
或五十步而後
止以五十步之
近笑百步之遠

之凶以凶河東也不自察而察鄰國則已上事總從末節不知字做來分外日加謂不見分外少分外多也何也二字隱然有罪歲意

沈去疑曰此無論移民移粟非王者萬物各得其所之仁即較多較少便非王者一桐萬方之量

孟子對曰王好戰請以戰喻塡然鼓之兵刃既接棄甲曳兵而走或百步而後止或五十步而後止以五十步笑百步則何如曰不可直不百步耳是亦走也曰王如知此則無望民之多於鄰國也塡鼓音也兵以鼓進以金退直猶但也

以戰喻政所喻是嗜殺人之政非不忍之政移豈是善政走豈是勝兵一移一走異事同情故以爲喻故既接已下不言

為御則王以為該笑不該笑王曰何可笑也戰不以走之遠近為强弱彼五十步之走直偶未至百步耳若論棄甲曳兵之時其走一也安可以此笑彼哉孟子曰王知知此曉得五十步不可笑百步則鄰為百步之走王亦五十步之走也均不恤其民又何望民之多於鄰國也

○不違講

夫欲加多其民

孰勝孰負惟以走言知是亦走也正是不可笑處末二句言其不可自謂盡心而存勝鄰之念大意欲抑其自矜一念提出不忍之心而爲王道根本無望字與知此字應言知此則知其不加多之故矣

吳駿公曰此以戰起後以兵結關應甚緊皆射甚的

不違農時穀不可勝食也數罟不入洿池魚鱉不可勝食也斧斤以時入山林材木不可勝用也穀與魚鼈不可勝食材木不可勝用是使民養生喪死無憾也養生喪死無憾王道之始也

農時謂春耕夏耘秋收之時不可勝食言多也數密也罟網也洿窊下之地水所聚也時入謂草木零落然後斧斤入焉王道以得民心爲本故以養生送死無憾爲王道之始

者莫先於發養其民而務足其食用凡有興作不違三農的時則力本者多便足於食魚鼈材木皆佐食之物有數密之羅罟禁之使不入洿下的池魚鼈亦足於食斧斤必以草木零落的時方去樵採入山林則用之有節又足於用既不可勝食不可勝用是使民居食有資而養生無憾喪祭有藉而喪死無憾王

仝下二節見務民以利民何如因民以利民此節要切荒政重農時一段穀不可勝食則在彼在此皆可以養不論凶歲樂歲何借于移虛含下無罪歲張本下二段皆可以佐穀食者故並言之蓋恒產未制也先之以不違農時畜產未立也先之以數罟不入洿池樹蓺未興也先之以斧斤以時山林看王者經制區畫多少心思在養生送死正是食用處無憾二字最重王道本乎人情使生計少立人情不至渙散然後可創制立法以圖經久王道之始始字只言王道規模已具是根脚不是起頭

陶乃氷曰在天地洪荒初闢以此不違三段為始至戰國紊亂之後此天地之又一開闢也故亦以此三段始之

者如此愛養，使民養生喪死無憾，則民心得，使是王道之本也。○（五畝）講　且中間尚有許多條件在，則與農夫以五畝之宅，教之樹之以桑，則帛有所出，五十的可以着帛了，勸民以雞豚狗彘之畜，無失其孕字的時，則肉有所出，七十的可以食肉了，一夫受田百畝，勿奪其耕耨的時，則食有所出，數口之家，可

五畝之宅，樹之以桑，五十者可以衣帛矣。雞豚狗彘之畜，無失其時，七十者可以食肉矣。百畝之田，勿奪其時，數口之家可以無飢矣。謹庠序之教，申之以孝悌之義，頒白者不負戴於道路矣。七十者衣帛食肉，黎民不飢不寒，然而不王者，未之有也。五畝之宅，一夫所受，二畝半在田，二畝半在邑。畜，養也。時，謂孕字之時。百畝之田，亦一夫所受。庠序，皆學名也。申，重也。頒，白老人頭半白黑者也。負，任在背。戴，任在首。既富而教以孝悌，則人知愛親敬長也。◎◎黎，黑也。黎民，黑髮之人。此是王道之成也。

此節專重百畝一段，教亦以成養，爲救荒本旨也。合上節俱是王道。三可以字，正王者節制之妙。勿奪即上不違，但順所欲曰不違，體所惡曰勿奪。要知老者可以衣帛食肉，則不必移粟給之；民可以無饑，則不必發之就食。惟如此，是民且可

以沒有飢了，又必謹庠序之教，不雜於異端曲學，又就所講飭重加申明之，使知孝悌的所以然處，則人皆知愛親敬長，須白的老人，不至負戴於道路，而可以衣帛食肉矣，君之民老幼各得其養，如此，則天下皆將戴為君師，歸吾教養，然而不王天下者，決未有這理，
○狗彘講
今王不行王道，厚斂以養禽獸，

以興孝悌庠序以學術言人心風俗所關，謹之者一出天命人心之正，不使異端夾雜于其間也，就所教之中，又舉孝悌以申明之，是從民良心之真切處提醒，覺得此物是性中固有的，故曰義，正見謹意，俱從荒政之後言，曰謹曰申，可見教是養之至意也，不負戴，是孝悌之功效，不饑不寒，即上無憾意，末二句決言必王者，以其王恩大洽，王化大行也，不要說到民歸上。

陳慧生曰：申孝弟者，孝弟乃孟子仁義大頭腦，處於此處得力，則仁義沛然，性善之本體呈露矣。

狗彘食人食而不知檢，塗有餓莩而不知發，人死則曰：非我也，歲也。是何異於刺人而殺之，曰：非我也，兵也。王無罪歲，斯天下

是使狗彘得以食人的食而不曉得檢節以致塗有餓莩而不曉得發倉廪以賑貸之人死則乃諉之曰不是我不用心也歲凶害之也是何異于操兵以刺人而殺之乃諉之曰不是我殺之也兵殺之也今王反歸責已不罪乎歲便可以縮結天下的精神斯天下之民必歸向而至焉奚止加多于鄰國也

之民至焉檢制也莩餓死人也發發倉廪以賑貸也歲謂歲之豐凶也不罪歲則自反而脩其政天下之民至焉則不但多於鄰國而已

此告以所以不加多之故直指今日弊政不得爲盡心狗彘食人食是養生有憾處餓莩在塗是送死有憾處兩不知字重說他百姓不關心惡在其爲盡心王之罪歲似爲可托孟子說殺人一段見王萬不可歸咎于歲如殺人者可歸咎于刃乎哉言王無罪歲者謂其當罪已也罪已乎日不行王政臨時不發倉廪就此罪已一念便是斯民更生之本自可縮結天下精神命脉則天下仰戴于我率土盡吾民矣奚止多于鄰國哉

（罪字題）不知檢、不知發、都是王的罪、與歲何干、但歲之所以降凶者、是欲儆惕乎王、而王猶不醒、徒病此一方民、謂爲歲之罪也、亦宜。

（願安講）此章議論激切、只是要挑動他不忍的心出來、梁惠王曰小惠不若王道、夫子教我多矣、國政不可一端盡、寡人願安意承教、其盡言無隱可也、

一　張公亮曰、罪歲之人、不異刺人而殺、直至此、能無瞿然。

承教

全旨　人王之不能行王道、由於真心不動、真心不動、故不知政之可以殺人、孟子因王之承教、緊承狗彘節、一一挑發翻出其病根、猶以爲未甚切、故以爲民父母四字感動之、尤恐其未必省、復以無後二字警惕之、人主思及此、卽八珍在前、騏駃在御、亦將閣匕而不忍食、躕足而不忍乘者矣、動得此不忍之心、方可與言王道、是孟子善起沉痾手段、亦是孟子性善宗旨。

梁惠王曰、寡人願安承教。安、安意也。承、受也。

安對勉看、雖安然、實出于勉然、卽願安承教、終非長跽請教、亦非返心之詞、不過論王道欲動其心、故云爾、下反復告諭、因其一種暴厲虐民之氣、于安字中收斂些子、故殺伐言之、以開進言之路、孟子劈頭見梁王正在此等處

○殺人講

孟子欲其亟反之心也詰之曰殺人把梃和刃有所以不同乎曰同一致人於死無以異也把刃和政有所以不同乎曰同一致人於死無以異也

○庖有講

孟子曰王既瞧得虐政無異于梃刃則王之庖有肥肉以食養牲廐有肥馬以食養畜至于民則有飢色野則有餓莩這便是

孟子對曰殺人以梃與刃有以異乎曰無以異也梃杖也以刃與政有以異乎曰無以異也孟子又問而王答也

孟子以虐政不除怎行仁政故兩以有以異乎啓之但開口說殺人把政刃相形使他自己識認着實挑動齊王不忍的良心兩無以異此等處見梁王不自昧之心下文父母之心正在此處

曰庖有肥肉廐有肥馬民有飢色野有餓莩此率獸而食人也厚斂以養禽獸而使民饑而死是驅獸以食人矣

此正虐民之實庖有四句相承說肥肉肥馬都從厚斂得來因此致民之饑死豈不是率獸食人殺人以政同乎梃刃者

驅率獸而食
人也、虐政之與其苛
于挺刃矣、
○相食講
然豈未識君者、
為民之父母乎、
獸相食、且人惡
他同類之相戕、
況君為民的父
母、行的政事、皆
為民害、乃至於
率獸而食人、是
于民反以殘民
了、惡在其為民
父母之心也、
行政節
齊王所行之政、
都是殺人的事、
所以把挺刃來
比他、

此也、要知在內與馬、則有肥色、民則有饑色、絕有點綴、

張公亮曰、刃政無異、只就殺人處言之耳、其實刃毒有盡、政毒無窮、蓋無形之毒、尤慘于刃戟也、

獸相食、且人惡之、為民父母、行政不免於率獸而食人、惡在其為民父母也　君者、民之父母也、惡在、猶言何在也、

獸相食只取個獸字、跌出為民父母來、不曰君而曰父母、正見一體關切處、惡在語意緊承不免二字、不免者、政同挺刃之必致者也、父母主於生人、且不免於率獸食人、所謂為民父母者、惡在見有父母之名而無父母之實、且字不免字惡在字、俱相照應、

周介生曰、父母二字最要看、謂之父母、便當子民、而奈何行政、而使民戕于異類、見尤可惡意、

○仲尼講　如此必見惡于仲尼矣、仲尼曰、仁者必有後、若始作俑以從葬者、最爲不仁、其必無後乎、爲其太似人形、而用之以殉葬、便傷心體也、況爲民父母、怎忘的率獸食人、而使斯民飢而死也、其見惡又當如此耶、王亦可亟反之心矣、

無後解　此二字暗刺着東敗事、見殺百姓、即是殺子孫、

仲尼曰始作俑者其無後乎爲其象人而用之也如之何其使斯民飢而死也　俑從葬木偶人也、有面目機發、而太似人、故孔子惡之、而言其必無後也、作俑者、孔子猶惡之、況實使民饑而死乎、

人雖至愚不肖、無不欲利其子孫、故以無後惕之、木人設機而能踴跳、故名曰俑、只取象人字、跌出使民饑而死、見象人而用、便傷心體、便致無後、況使斯民饑而死、尤有甚焉者、如之何、正甚之之辭、

陳伯玉曰、無後二字、是誅心之詞、今日顯然作殺人的政、是自殺子孫矣、視民之饑而死、眞不啻號呼于梃刃之下、

莫强全旨　此章說者云、孟子教之以雪恥之方、則孟子一說士耳、不知孟夫子提出惠王痛恨、灰其雪恥之心、而廸之以行仁、言下斡旋之妙、當善讀之、

○莫強講

此見雪恥當行王道意梁惠王曰先時晉國傾中山之勢天下莫有強于晉的此是叟之所聞而曉得的到寡人之身屢遭喪折伐趙之後東敗于齊長子死焉元里之役西喪地于秦七百里襄陽之戰南辱于楚三敗三折是寡人貽先人之恥也願為死者一洒其恥不曉得用何策而可也真是欲

梁惠王曰晉國天下莫強焉叟之所知也及寡人之身東敗於齊長子死焉西喪地於秦七百里南辱於楚寡人恥之願比死者一洒之如之何則可魏與韓趙共分晉地號為三晉故惠王曰晉國比為也言欲為死者雪其恥也

莫強是就土地甲兵可與秦楚抗衡處論也叟之所知以其素足驚炫人耳目也及寡人之身猶言到我身纔有此已前所未有也是自愧其不能光大前人之業而反為齊與秦楚所弾壓喪地亡邑已為國羞而長子之死不尤深可憫乎此歷述以甚其可恥處恥之見先強後弱貽恥于先人也所謂為先人羞也此節歸重在願比一句洗之洗其恥也此其雪恥本心如之何有無可奈何意有必欲雪恥而不得其策意

求一箇自强的法不可得呢、

○地方講

孟子曰何必强國只消地方百里便可以王天下齐地尚不止于百里王可不自奮乎

○王如講

何言乎百里可王王如施仁政于百姓省刑薄歛使民得深耕易耨壯者得以刑賦所寬之暇日修其孝弟忠信民能入以孝弟事其父兄便能出以忠信死

餘九一日願比死者一洗其恥使累世餘烈得以重振況如之何則可以氣有智竭力竭不能自振意

孟子對曰地方百里而可以王百里小國也

王第與商雪恥之策哭然曰地方百里云云蓋以惠王喪敗之餘氣甚餒故以百里可王激之方者僅足之意

譚友夏曰百里句含通章意下四節正發明此句註行仁且勿露

王如施仁政於民省刑罰薄稅斂深耕易耨壯者以暇日脩其孝悌忠信入以事其父兄出以事其長上可使制梃以撻秦楚之堅甲利兵矣省刑罰薄稅斂此二者仁政之大目也易治也耨耘也盡己之謂忠以實之謂信

所云百里可王者在施仁政而仁政則在省刑罰薄稅斂深耕易耨從省刑薄歛得來正是能修孝弟忠信源頭暇日化

其長上，不待驅之使戰，而心力所奮，可使制造木梃，去撻秦楚的堅甲利兵了。
〔壯字解〕此處提出壯者二字，正以爲下用兵之地。
〇〔彼奪節〕此非暫秦楚也，彼雖然强盛，却煩刑重斂，以奪其民時，民不得盡力耕耨，故父母兄弟妻子，不免于凍餓離散。彼是這等樣陷溺其民，王若往而征之，不是我

國之日，待以長，非空閑之暇，孝弟忠信不必分，總是民以身體力行，脩治那孝弟忠信，不徒講明之而已。入事出事政是脩，制梃可撻，乍看似虛，恢透下文看，則情形指掌矣。此句從民心上說，不可真在戰鬬上看。

柷文柔曰：壯者壯字內，有無數英雄，服字內，有多少鼓舞，制梃句只是形容此等。

彼奪其民時，使不得耕耨以養其父母，父母凍餓，兄弟妻子離散。彼，謂敵國也。**彼陷溺其民，王往而征之，夫誰與王敵？**陷溺，陷於阱，溺於水，暴虐之意。征，正也。彼民怨其上，而樂歸於我，我則誰與我爲敵哉。

兩彼字，語意本直，翻作兩折，絃促無懦音，大可想見爾時掀髯指畫之態，說來鑿鑿可據，句句與上反，正是不施仁政奪

能勝他、他百姓自不肯出力、夫誰與王敵、所以可使制梃撻也。

○〔仁者講〕古語云、仁者實是無敵、不特民心壯于兵甲也、曉得無敵則曉得百里可王、請王勿為疑惑、斷然必行仁政、發憤為天下、雖區區之恥、何足論哉。

〔勿疑解〕言當決意就行仁政、非空空信之而已。

民時、便無暇、便無孝弟忠信之心、往征陷溺、乃一怒安天下事、不止為報仇也、誰與王敵、句重看、正明制梃可撻原由。

周仲馭曰、秦楚亦巨敵也、何以制梃而撻、正以彼之不仁、不能敵我之仁耳。

故曰仁者無敵、王請勿疑。仁者無敵、蓋古語也、百里可王以此、故曰勿疑。

若不能自信、只請信聖賢言語、故曰二字可想、無敵正王道渾然萬方在宥景象、非對立而見其無敵也、若有對、又是有敵了、此句正破他莫強、勿疑正應他恥字、蓋疑根最害事、故以勿疑決之。

陳伯玉曰、兩仁亦敵也、兩暴亦敵也、以仁制暴、則無敵矣、無字要醒。

梁襄

〔全旨〕通章俱是述言見得天下在於仁也、重不嗜殺人四字。襄王見天下干戈終擾、覺得定一是難事、及孟子對以定之而已。

○見梁講
孟子尚在梁適襄王嗣服而見之既見而知其不足有為也。

○語人講
出境之後乃語人曰言貌之間可以观君德吾于襄王遠而望之不似人君近而就之而不見所畏焉其容貌不足言矣且其詞氣急遽无序卒然問曰今列国分爭天下當何如而後能定吾對曰定于一天下四分五裂

下。又鼓縣是不嗜殺者能之。又此所輿之也。此供是致天下處。為得之不知天下之至一而莫不由者。總在君心了嗜殺一念。誠能以不嗜殺之心收天下于其政。惟於之時而莫與之民。就能禁其不歸也。章中不及施為作用。单指不忍之心言者。蓋以不嗜殺二字。發其不忍之心以正其本也。

孟子見梁襄王襄王惠王子。

見襄王猶之見惠王也。惓惓不忘遊梁初意。

出語人曰。望之不似人君。就之而不見所畏焉。卒然問曰。天下惡乎定。吾對曰。定于一。語告也。不似人君。不見所畏言其无威儀也。卒然急遽之貌。

出語人最有意味。正為天下之人牧未有不嗜殺人者。故為今天下之人牧告耳。观卒然二字。則不似人君。不見所畏可知。即曰天下惡乎定。謂天下如何能定得。絕不商治畧。只是

戰爭自然蜂起必有一個眞主出來混一區宇方能銷兵罷戰天下係此乃得寧定

○一之講 王又問曰列国势均力敵孰能合天下民心而一之

○不嗜講 孟子對曰世主但能得爭地以戰殺人盈城盈野殊不知獨是那不嗜殺人者方能一之

○與之講 王又問曰各君

論權勢一天下混一也土字分割治兵相攻故不能定混為一統則定矣定字雖有權勢二意其實即不嗜殺一心

孰能一之 王問也

襄王不問之心而曰孰能一之便有歆慕意

對曰不嗜殺人者能一之 嗜甘也

殺人曰嗜最能打動人心不嗜殺人便為天下之一人故可以一

孰能與之 王復問也與猶歸也

此句總是未詳究不嗜殺人之人是何心地與下言去國叛君方禁孰肯把民與我而不知彼之嗜殺處皆其與我處

其國各子其民孰能與之○莫不講吾對曰天下莫不與也然王曉得夫苗之勢乎七八月之間旱苗則槁矣天油然作雲沛然下雨則苗勃然興起了其必只如是孰能禦之而勿只耶知苗則知民命矣蓋欣生惡死人之同情舉世皆嗜殺而有一不殺之主天下之民盡皆引領而望如槁苗得雲雨之

張憲卿曰孰能一之就君言見各國割據君難操之權孰能與之就民言見民各有主民難收其心

對曰天下莫不與也王知夫苗乎七八月之間旱則苗槁矣天油然作雲沛然下雨則苗浡然興之矣其如是孰能禦之今夫天下之人牧未有不嗜殺人者也如有不嗜殺人者則天下之民皆引領而望之矣誠如是也民歸之由水之就下沛然誰能禦之

周七八月夏五六月也油然雲盛貌沛然雨盛貌浡然興起貌禦禁止也人牧謂牧民之君也領頸也

天下莫不與此語甚奇而實至平今夫天下未有不嗜殺人者也則是都以天下與人矣但無取之者耳若有一個不嗜殺人者出來眞有如水之就下者曰知夫苗乎是就明白易曉者迪之也言苗一段如詩之興體油然作雲喻君心之慈

浡與其歸之如水之就下沛然誰能禦之天下歸此乃得歸一又何患與之無人哉吾之對王如是其如王之不足與有爲何

（嗜殺解）殺人何事也而乃嗜乎亦將有以利吾國乎只緣嗜利故嗜殺將以求吾所大欲也只緣嗜欲故嗜殺嗜字是戰國通弊

○齊桓講此孟子觸機括而曲引以王意

愛沛然下雨喻君德之滂沱此處正要人主于七八月間用事人牧二字妙牧者養也反以之殺人乎暴者聞之亦當自反殺而曰嗜有喜悅意是殘刻之一念也此念係民命生死可不畏哉未有兩字與莫不兩字正應與字即爲湯武毆民毆字意誠如是也句頂民望來與其如是二句應望心也歸身也惟其望之切所以歸之急相承說

陳大士曰通節重一時字苗之勃然從大旱來民之引領從嗜殺來所謂天下嗷嗷與王之資也

齊桓（全旨）

通章以貴王賤伯立論齊桓志伯故開口便問桓文如下文闢朝蒞撫等話是也孟子急以王道易之反覆攻擊只是要王認取不忍之心總中是心此心斯心暗暗相應正指不忍之心言所謂本也此心涵之為仁德用之為仁術推之為仁恩施之為政而總握于不忍之心故不忍之心眞王天下之本也

宣王欲效齊伯業，因問桓文伯者之事，果可得聞否。

〇仲尼講

孔子對曰：事必有傳而後聞，臣斈仲尼者也。仲尼的徒，並無言及桓文的事的人，是以後世斈者無傳焉，臣所以未嘗聞得桓文的事。若必欲臣無已，則有王道可言乎，這是臣之所聞。

〇德何講

王聞王道而有動于中，乃曰：君

齊宣王問曰：齊桓晉文之事可得聞乎？齊桓公、晉文公皆霸諸侯者。

桓文之功，齊宣亦曉得，但問取威定伯之事，照求大欲意看。

孟子對曰：仲尼之徒無道桓文之事者，是以後世無傳焉，臣未之聞也。無以，則王乎？道，言也。以，已也。必欲言之而不止也。王，謂王天下之道。

仲尼之徒無道桓文之事者，亦只爲學術不同耳，要看是事字。聖人不忍生民塗炭，故取伯者之功；聖王明修己治人之道，故羞稱伯者之事。無以猶云且，更言之，似更有味。王讀如字，與伯字對，不必作去聲。

曰：德何如則可以王矣？曰：保民而王，莫之能禦也。保，愛護也。

齊王是個有根器人，說到王便拈出德字來，保民正是德，非

德必怎広的總可以王矣孟子曰致王的道只在保民德足容保得民而王斯莫之能御也

○若寡講

王都以身擬之曰保民是人君大德若寡人者也可保得民否孟子曰王是做得來王日有何事实便知吾可以保民孟子曰臣非臆說嘗聞胡齕語臣曰王一日坐於堂上自足臨御的堂道適有牽牛而

德先而保民後問答語氣可見莫之能禦見實能保民王業便成也

曰若寡人者可以保民乎哉曰可曰何由知吾可也曰臣聞之胡齕曰王坐於堂上有牽牛而過堂下者王見之曰牛何之對曰將以釁鍾王曰舍之吾不忍其觳觫若無罪而就死地對曰然則廢釁鍾與曰何可廢也以羊易之不識有諸（胡齕齊臣也釁鐘新鑄鐘成而殺牲取血以塗其釁郄也觳觫恐懼貌）

王見孟子說個王却不知看得恁広難一說到民上王張在我了故有若寡人者一問可以二字語甚緩後面不爲不能從此剔出一爲字政急恢其進也孟子許其可固非泛然王

從王的堂下經過王一見此牛不忍的良心便勃動不可遏止遂問曰這牛將向所用牽牛的答曰將殺之而取其血以塗新鍾之釁隙于即止之曰舍其舍了此牛勿殺吾不忍其觳觫恐懼的形狀這牛似無罪而就死地一般牽牛的又曰若舍了這牛把那釁鍾之禮廢了罷王曰釁鍾大禮怎麼廢得但牛可釁

也不肯發受可保之言必欲求其實俱是齊王天資朴實處

胡齕一段以証可字意牽牛等問答須輕遞過重吾不忍三字曰王坐堂上此堂何堂係凡之堂也牛過王之堂下以釁鍾正典經王之堂爲重也王見之見字與今人乍見孺子見字同蓋齊王不忍之心政因無心乍見故發動最真吾不忍味一吾字正見不忍之心不從外得若無罪只就牛說勿云若人之無罪以羊易之亦王之言下語須有斟酌只說牛可憫以羊易之則釁鍾不可廢矣勿侵後証內全意不識一問欲其復進堂下光景以爲擴充之地

張公亮曰齊王大欲迷心四體麻木孟子却向不忍一牛處討出他一點鮮血便輕輕撥動他令他全身知痛知癢去

羊亦可覺你抵羊去換了，臣所聞如此，不知果有這把羊換牛的事麼。曰有之。講于曰換牛的事果有之。孟子曰，這個不忍的心，便儘彀王天下了。但百姓不曉得王的心，偏已說王是愛。若臣固曉得王的心而有所不忍也。王只日已推勘着，還是愛這牛，還是不忍這牛，須討明白。

曰有之曰是心足以王矣百姓皆以王為愛也臣固知王之不忍也王不忍牛之觳觫，即所謂惻隱之心，仁之端也。擴而充之，則可以保四海矣。愛，猶吝也。

有之，亦言其有此心也。以此心之本體言，這不忍之心，不但無一毫忍心，亦無一毫偏心。故曰是心，不定是易牛之心也。足是心之分量本如是，非有所加也。足字不必說到充字。王字不說着某字，以字重看。言這點心可通天下治而致王道了。百姓以王為愛，亦是故設疑團，未必有此語，正要他自猜自疑，尋覓自已一片真心出來。曰臣固知，欲王自知也。是撥動他的靈機。

陳慧生曰：同是易牛一事，出於不忍便可以王，是驚天動地的；使出于以小易大之愛，便不値一文錢了。

○曰然講
王曰夫人說我不忍此言信然着實的百姓譏我爲愛齊國雖窄狹一牛之利幾何吾何吝此一牛但當時不忍其觳觫那牛就像似沒有罪的而到地的地位故以羊換之也此王不過再申其事情未能察識其本心也

○無異講
孟子故難之曰王不要怪百姓道你爲愛也以羊之小易牛之

王曰然誠有百姓者齊國雖褊小吾何愛一牛即不忍其觳觫若無罪而就死地故以羊易之也以羊易牛其迹似吝實有如百姓所譏然我之心不如是

此節是齊王糊塗認了愛然是然其以爲愛吝但以羊易牛其迹實似吝誠有如百姓所譏者齊國已下只是解個愛字即字訓作當字正下追憶堂下見牛之觳觫時言已是見牛未見羊語意但齊王只辨其非愛終不自識也

艾千子曰此節非徒明心之非愛全是可不忍上擬轉其當日乍見情景見我只是不忍云云

曰王無異於百姓之以王爲愛也以小易大彼惡知之王若隱其無罪而就死地則牛羊何擇焉王笑曰是誠何心哉我非愛其財而易之以羊也宜乎百姓之謂我愛也異怪也隱痛也擇猶分也孟子故設

亦他怎曉得上
心來出子不忍
乎王若當其無
罪而就死地則
牛與羊無罪本
無罪二者何所
分擇焉還其愛
處是不忍王怎
的說齊上到此
一發答應不來
但笑曰當日以
羊換牛這念皆
實是何等心腸
我若不是愛財
緣何以羊之小
換牛之大也這
自己的心也不
曉得又要望百
姓曉得是不忍
不是愛也豈乎

此難欲王反求而得其本心王不
能然卒無以自解於百姓之言也

此節是齊王糊塗認了不忍無異句而令齊王心冷以小易
大二句非如其迹似吝之說言以小易大此中自有妙用下
因知彼惡知即令下仁術意何擇一難政欲啓其知所擇也
王笑曰是誠何心哉此句描寫齊王若癡若夢自笑自語欲
擇無門光景欲絕是日我非云云若有所擇矣言我實非愛
財而當時只不合易之以羊也百姓謂我爲愛我何以解之
張公亮曰我非愛其財而易之以羊也此一語有多少權
知輕重度知長短親親而仁民而愛物卻在此一語中見出

曰無傷也是乃仁術也見牛未見羊也君子之於禽獸也見其
生不忍見其死聞其聲不忍食其肉是以君子遠庖廚也
無傷
言解

百姓說我是愛有百姓之言不爲害也術謂法
吾終不能自解之巧者聲謂將死而哀鳴也

矣

○無傷講
孟子替他解曰以羊換牛這也無害是乃行仁的方法王當時當下所見的是牛羊是不曾見的故不忍的心觸牛而動心裡惟思保全這牛故以未見的羊換了就是那君子之遠庖廚見生不忍見死聽其哀死的聲郎不忍喫他的肉一般念頭這還

上是誠何心之疑正是千古真人真心不分見與未見可忍與不可忍之竅行乎天機渾淪活潑爾時一團真機正自彌天塞地故曰無傷此句一氣遞下仁術二字亦就本體言不就作用言仁不是死煞的古人指心爲虛靈之物靈之一言所謂術也非謂途有窒礙而旁行以求通也見牛未見羊只論當下一念不論轉念是一時偶觸于牛全不想到羊之就死處是以二字緊頂上三句作應令語遠庖廚者不忍死物一心毫不欲有一殺機得現于吾前也非謂掉向一邊任從嗷咷而無畏也註着預養一句甚好

是個不忍的心、人言庸何傷

○忖度講

孟子說他不是又說他是逼迫這點心沒走趲處於是快活起來遂曰巧言的詩有云他人有心隱而難知我替他忖度而可知之此卽窺人有心而夫子忖度之謂也易牛的事我自巳行了自巳反而求之不得吾心所謂不忍者及夫子指點見牛未見羊的言于我

張無放曰以羊易牛如人夜行而前其手上廁而掩其鼻不着計較不落安排此爲至善此爲王道、

王說曰詩云他人有心予忖度之夫子之謂也夫我乃行之反而求之不得吾心夫子言之於我心有戚戚焉此心之所以合於王者何也詩小雅巧言之篇戚戚心動貌

巳上一打一解逼撥出不忍情景巳無餘蘊說到見牛未見羊處眞如絕後再甦一般乃捉賊見贓休錯認做原情護短故能令聞者洒然汗出而自覺其戚戚也悅者王心渙然冰釋引詩皆有悅意度他人之心如設心處地所以人所行的人自尋討不着我能代爲之言說着齊王心曲指出他行過路頭所以當日堂上天機綻開怔不及覺之心的的現前故

前日不忍的光景，究然在目，這心復戚戚動矣，而有所慘傷焉。但不曉得這不忍心怎的就可合到王上、

○有復講

王雖識本心，推竟還推斷不真，孟子文不與他說破，且為設言以詰之，說有禀命於王者曰，吾力，百鈞倒舉得起，一羽反舉不起，秋毫之銳末，到看得明白，輿薪在前，反不看見，則王以為然

曰戚戚云，既戚戚如此，猶疑此心之所以合王何也，明是不為，豈曰不能，看他合王二字，終把王是心外事，故下文不與言合不合，只與言用不用。

陳慧生曰，王能常存此戚戚于心中，便一草一木，不忍傷，而况于民乎，保民即在此，王即在此。

曰有復於王者曰吾力足以舉百鈞而不足以舉一羽明足以察秋毫之末而不見輿薪則王許之乎曰否今恩足以及禽獸而功不至於百姓者獨何與然則一羽之不舉為不用力焉輿薪之不見為不用明焉百姓之不見保為不用恩焉故王之不王不為也非不能也復，白也，鈞至重，羽至輕，秋毫至小，輿薪言大，許，猶可也，今恩以下，又孟子之言也。

合下二節，總是要他用，緊承合於王句來，王不解于王，是以

否。王曰、吾不許也。孟子曰、吾知知此則加恩異類的禽獸原極難。加功同体的百姓原極易、今王恩足以及禽獸、而功不至於百姓。這怎麽緣故。我曉得了、只是不用其恩與不用其力。不用其明的一般。既不用恩於百姓。何以致王。故王之不王、乃能得而不爲也、非要去爲而不能也、

○不爲講

齊王也心慕着

王爲難了。故先疏其難易緩急使之了然、而後告以用力處。日有復於王者、見非仲尼之徒所道。凡舉重見小未有不舉輕見大者。恩及禽獸是百鈞之舉、秋毫之察也。功至百姓、一羽之舉、輿薪之見也。及是兩樣、至是一樣。兩樣有彼此之分故曰及。一途無異同之差、故曰至。此處便寓權度意。獨何與便透下不用意。然則二字、翻得緊。三用字有味。人人有明有力有恩。但不用耳。不爲也、非不能也、政破合於王三字。

吳文貫曰、通章重用字。川正是足之精。孟子反復詰難、只是要王用。

曰不爲者與不能者之形何以異。曰挾太山以超北海、語人曰我不能、是誠不能也。爲長者折枝、語人曰我不能、是不爲也、非

王業只是看得遠大不敢當乃問曰王何容易所說不爲非不能的形狀忽庅樣分孟子曰王要曉得其所以異乎如腋挾泰山以超越北海對人說這是我做不得的事到着實是做不得的不能之形是這樣有如承長者命折草木的枝對人說這是我做不得的事實是不肯去做不爲之形是這樣故王有可王

不能也故王之不王非挾泰山以超北海之類也王之不王是折枝之類也形狀也挾以腋持物也超躍而過也爲長者折枝言不難也

齊王亦心慕王業原看得遠大不敢承當因孟子說個不爲非不能便心痒了故問形狀何如挾泰山二段空空形個不能不爲的模樣故王四句方着齊王身上望折枝邊在不爲不能相形全要得鼓舞語氣不得徒作分解形字正照心來見折枝易事而以不能自諉豈非不爲哉知折枝之不爲卽知王之不爲只是不用恩耳不爲字正起下爲字

老吾老以及人之老幼吾幼以及人之幼天下可運於掌詩云刑于寡妻至于兄弟以御于家邦言舉斯心加諸彼而已故推

而不王非不能如挾山超海之類乃其不為如不肯折枝之類王可不自醒哉
○老吾講
若欲為之亦不能舍心而反足也天下的人盡之于老幼人之老猶吾之老也不獨老吾老因以及人之老人之幼猶吾幼也不獨幼吾幼因以及人之幼天下可運於寸心甚易也正如詩言文王刑法于寡妻至于兄弟

恩足以保四海不推恩無以保妻子古之人所以大過人者無他焉善推其所為而已矣今恩足以及禽獸而功不至於百姓者獨何與老以老事之幼以幼畜之運於掌言易也詩大雅思齊之篇刑法也御治也古人推恩皆由親及民以及物今王反之故復推本而再問之

通節語意總是言保民之易以鼓舞王吾老吾幼人老人幼寡妻兄弟家邦由親及民全舉其數一套滾出亦無推恩之序意以及以御總是一心實地到民日及轉運不爽日御運掌只是一個易字着一可字見天下雖大亦不難也不忍一念時常流動即是舉斯措之心彼指寡妻兄弟家邦能以斯加彼而毫無壅閼善推之謂也下着而已矣兩字明其不煩擬

以御治于家邦總是舉此刑于的心以御家邦而已故推老老幼幼的恩自足以保四海之遠不推恩無以保妻子之近是以古帝王成過人的事業皆別有道理不過善推其恩而已今王不忍一牛恩足以及乎禽獸而保民之功不至于百姓事極易爲而不爲是何緣故與

○輕重講

良由心未度耳

合推恩固易之也保四海正是推處不足畜妻子極言其當推。若一故字只是結上文提出古人正破恒文習見過人已不是尋常大過人迪五伯都不把當數了大過人豈有他括而言之總是推恩足以保四海一句耑推只是無欲以蔽其心自無倒行逆施之病兩詰以恩及禽獸功不至于百姓獨能愛物不能愛民斷無此理以釋不能之疑親親仁民愛物天然位置聖賢道理熟說來便作一套後人看作三件大錯

張公亮曰纔提起斯心天地民物俱已全体出現了

權然後知輕重度然後知長短物皆然心為甚王請度之 權，稱錘也。度，丈尺也。度之謂稱量之也。

物有輕重必用權以秤之然後知物有長短必用度以量之然後知凡天下之物皆當度以本然之權度況心的權度尤有甚于物者王請以本然之權度度其能推不能推之故。

○抑王講

試爲王推原其故抑王欲興起甲兵以危動士臣而構怨于鄰國之諸侯然後心裡纔快活與

輕重長短不在心亦不在物在心之應物上心爲甚者須看得本然權度出其字緊從上加字剔出知輕重長短尚是知物猶不關痛痒心之知是一點靈機最切痛痒處請度使之反觀也度字是善推之要

陳慧生曰下文兩言反本正教他度以善推之法本謂本心即此心字

抑王興甲兵危士臣構怨於諸侯然後快於心與抑發語辭士戰士構結也

此節連舉三事見其不愛民處非一抑王以下代王度也妙在挑動心字快心字正照不忍字不忍一牛之死而忍死其民下鋒鏑將此不忍心與快于心處彼此稱量能無惕然快字下得狼然後字正是令之度處

○曰否講

其實這有甚麽快活這于明瞭得他為求大欲而不說破得其自說吾何快於是將藉以求吾所大欲不得不然也

○大欲講

王平日不能推恩正坐於此孟子探之曰王所謂大欲亦可令臣聞之与王以所欲之大雖以語人但付之笑而不言孟子又不明說其大欲且就欲處言之

王曰否吾何快於是將以求吾所大欲也不快於此心之正也正恐為此欲講之也

欲之一字正是不能愛民的病根既云不快于是又白將以求吾所大欲意以不得已為此耳

夏君如曰吾何快於是即是心足以王之心向之觳觫而發若政此心也

曰王之所大欲可得聞與王笑而不言曰為肥甘不足於口與輕煖不足於體與抑為采色不足視於目與聲音不足聽於耳與便嬖不足使令於前與王之諸臣皆足以供之而王豈為是哉曰否吾不為是也曰然則王之所大欲可知已欲辟土地朝秦楚莅中國而撫四夷也以若所為求若所欲猶緣木而求魚也

便嬖近習嬖幸之人也辟開廣也朝致其來朝也莅臨也若如此也所為指興兵結怨之事緣木求魚言必不可得

王之大欲，果為肥甘不足於口，輕煖不足於體，抑人情之欲，声色為，皆為華采之色，非足適觀，声音之楽，未足聳聽，便習嬖倖之人，未足于使令，與，若為此數者，王的諸臣皆足以供此五者之欲，而王所求之欲，豈為是五者哉，王曰謝大欲在此五者，非也，王既不為此，是欲開辟土地，秦楚大國皆來朝我，因以臨蒞

明知王之大欲，而曰可得聞與，知其有不可令人聞者，王笑而不言，欲之大，難以語人也，孟子亦知王之大欲不在肥甘五者，但除了五者，必定是圖王業，再無走路矣，抑字轉進一步，如云不在于彼，必在于此，足以王者，問之自心，足以供者，問之諸臣，惟其諸臣足供，所以大賢不能用也，不曰天下歸而曰辟土地，不曰天下朝而曰朝秦楚，明明在伯事上着念，此四句串味而字可見，以若所為，指興兵構怨，此即大異善推其所為，焉能成大過人之事，故曰猶緣木云云，言斷無可得之理。

翁水因凡古人善推其所為，今以若所為，分明相反。

中國而撫御四夷也欲雖大但求的方法差了以若所為猶緣木以求魚必無可得之理也○若是誠王疑孟子之言太甚曰寡人的大欲夫子比之緣木求魚固有若斯之甚與对曰殆有甚焉緣木求魚止于不得魚而止若以與兵構怨之所為求一統無外的大欲心力既盡後災難免王曰後災可得聞

王曰若是其甚與曰殆有甚焉緣木求魚雖不得魚無後災以若所為求若所欲盡心力而為之後必有災曰可得聞與曰鄒人以楚人戰則王以為孰勝曰楚人勝曰然則小固不可以敵大寡固不可以敵衆弱固不可以敵強海内之地方千里者九齊集有其一以一服八何以異於鄒敵楚哉蓋亦反其本矣殆盍

皆發語辭鄒小國楚大國集合齊地九分之一也以一復八必不能勝所謂後災也

上節分明以緣木求魚況齊王欲辟等之必不可得此又以緣木句作譃語轉出後災二字妙絕齊王甚之之說以興兵構怨之必可得也後災二字驚動恐嚇他熄滅他一點雄心復存不忍一心以為下恒產張本後災二字跟着盡心力而

與孟子曰要曉後災請以天下之勢言之設使鄒人與楚人戰則王以為何国勝曰鄒小楚大必是楚人勝孟了曰王既曉得鄒楚之不敵則大小强弱之不相敵可槩見矣今海内之地方千里者有九集合齊地僅千里之一以一千里服八千里方鄒楚之不敵何以異哉如此真是自求災禍必欲遂所求蓋亦反

為之見心力既盡於彼則此一點愛牛的本心索然消盡全要箇快活之事安得無後災鄒戰楚一段是後災之顯然處以一服八是以鄒敵楚矣大小强弱之勢不敵用三固字是不待再計而决者到此事勢迫切之際王無他策惟有反本而已反字當玩謂舍平日所為興兵構怨者倒轉在不忍之心推出去此正孟子善引君處

朱九青曰鄒敵與楚戰使究然鄒有不自量之意分明指着齊王倒轉使不是

今王發政施仁使天下仕者皆欲立於王之朝耕者皆欲耕於王之野商賈皆欲藏於王之市行旅皆欲出於王之塗天下之欲疾其君者皆欲赴愬於王其如是孰能禦之行貨曰商居貨曰賈發政施仁

其本而求之。不忍的真心，纔得所以王天下之本也。

○發政講　所謂反本者，只是發之政者，皆以施吾不忍之仁，使天下仕的皆欲立于王之朝，耕的皆欲耕于王之野，行商坐賈皆欲藏于王之市，行旅皆欲出于王之途，天下之欲疾其君之不仁的，皆欲赴愬于王之前。民情若是，孰能禦之而不王哉。

○吾惛講

根上反本來，發政施仁，不平發於政事者，皆仁心之所流也。使字貫下，不言所以感士，但云士欲立朝，非有所慕，亦非迫於所敺，行仁之量自是如此。五欲字正與大欲欲字相應，要得合天下之欲，方為大欲。只就士農商旅心上說，疾在彼則必赴在此，總是一欲。孰能禦，是說他歸，即從上文欲字上見得，無兩意。

魏小韓曰：政從一點仁心發出，即上文用恩推恩使功加于百姓處。

王曰：吾惛，不能進於是矣。願夫子輔吾志，明以教我。我雖不敏，請嘗試之。惛與昏同。

王曰王天下是我的志特寡人昏愚願夫子開吾之昏而輔吾之志所發所施一一條陳以示我我雖不敏請嘗試而行之以不負至教也

○無恒講

孟子此時緩與他說推恩的實事仁政當先制産恒産民之良心係之没有恒産尚有恒心獨士知義理故能守是心而不变若民無恒産則遂没有恒心既

上只是虚說反本無實下手處故王曰吾惛不能進於是矣

制産以下遂指掌言之請嘗試之此又不忍之心萌動處

曰無恒産而有恒心者惟士為能若民則無恒産因無恒心苟無恒心放辟邪侈無不為已及陷於罪然後從而刑之是罔民也焉有仁人在位罔民而可為也恒常也産生業也

此節政行仁之實言士所以超民重民上保民者只在制民恒産以存其恒心有係其身并係其性意放僻邪侈二句作一氣講下一字深一字罪即放僻邪侈之惡不爲罔民又打動其不忍之心政用恩處

是故明君制民之産必使仰足以事父母俯足以畜妻子樂歲

沒有了恒心則放僻邪侈無所不為已這就是陷于罪了致民陷罪然後刑而殺之就是罔民了仁人在位決不肯為罔民的事是知恒產當制矣

○明君講 是故明哲的君制民恒產經畫周詳必使仰事父母無不足俯畜妻子無不足樂歲不盡其所入而可以終身飽凶年亦幸其有備而可免於

終身飽凶年免於死亡然後驅而之善故民之從之也輕 輕猶易也

此言民有恒產而有常心也。

是故二字緊承上恒產所係之大來明君即仁人明是不忍之靈機無所障蔽而能自度者也制字重由度於心來必使字有經畫周詳意二足以字即及老及幼精神凶樂無異政所謂恒產政所謂終身飽也然後字見教雖急着較制產又是後着驅即教字善即恒心從之有不煩刑罰意輕字對下不敢看民之所重在于謀生俯仰無虞重担已釋從善那得不輕。

今也制民之產仰不足以事父母俯不足以畜妻子樂歲終身

死亡、然後設教驅他爲善、則有所資、而教易入、所謂無常產、而其從善亦不爲無常心者也。難此有恒產所以有恒心也、

○今也講 今也何嘗不制民之產、分授無法、使民仰事俯畜皆不足、樂歲已終身苦、凶年不免於死亡、民至此救死惟恐不贍、何暇去治禮而爲善哉、此所謂無恒產而無恒心者也、

○欲行講 王欲行仁政盡

苦凶年不免於死亡此惟救死而恐不贍奚暇治禮義哉贍足也此

今字煞有警醒當時意、制產是立爲厚斂之法耳、兩不足字從此生、終身苦者一日如終身也、救死不贍、因無恒心、奚暇治理義、則有陷于罪者矣、

沈去疑曰、恒心只是一個、虛而言之則曰善、實而言之則曰禮義、

王欲行之則盍反其本矣盍何不也、使民有常產者、又發政施仁之本也、

上文已說反本、此重揭之、回龍顧祖法、亦致叮嚀之意、

王光復曰、再言反本、見行仁不必外求、正要鼓舞他必行意、

五畝之宅樹之以桑五十者可以衣帛矣雞豚狗彘之畜無失

反其不忍之本心以制民恒産矣。

〇五畆講

以制産之法言之每夫授五畆之宅教他墻下去樹桑則帛有所出五十的可以沐衣帛的恩家畜雞豚狗彘教他無失孕字的時則肉有所出七十的可以沐食肉的恩凡一夫授百畆之田勿奪其農時則粒食有所出而八口之家可以沐無飢的恩

其時七十者可以食肉矣百畆之田勿奪其時八口之家可以無飢矣謹庠序之教申之以孝悌之義頒白者不負戴於道路矣老者衣帛食肉黎民不飢不寒然而不王者未之有也

此言制民之産之法也。

此制産之實也。仰事俯畜可爲常生之業者，全在樹畜以時。勿失勿奪上要知制産設施雖是死法根不忍之心出之自有無限慈祥妙用也。與告梁王不同。衣帛衣食二句正所謂老吾老以及人之老，幼吾幼以及人之幼也。制産庠序不平看。觀制民之産二節可見然而不王者未之有也又何有于桓文之事。

夫恒產既制恒心可與於是謹庠序而教他以正道爰親敬長之理又獨加詳焉禮義既明頒、負戴於老者得所養黎民有所資是善推所爲以成大過人的事業然而不王者決沒這理柢文何足以語此

○莊暴議　此見人君當公樂意齊臣莊暴說前日暴入見於齊王王語暴以己所好的声

徐九一曰此節俱從不忍一念區畫出來

梁惠王下　凡十六章

莊暴全旨　此從論好樂引君仁民也甚字是骨子與民同樂是甚字實事能與民同樂而古今樂有何差隔古今樂之不相沿者制度聲容也其意思源頭總是宣暢其和心王曰先王樂世俗樂是論樂之文孟子曰今樂與古樂是論樂之情直窮到作樂之本今王四句一樣喝起大有意忠在觀鍾鼓管籥車馬羽旄無兩樣而一以歡呼一以愁怳則樂可知矣何古何今只能與民同便得非是遷就引君語

莊暴見孟子曰暴見於王王語暴以好樂暴未有以對也曰好樂何如孟子曰王之好樂甚則齊國其庶幾乎　非暴齊臣庶幾近辭言近於治

莊暴以王好樂向孟子說決不是咨悅臣暴亦可以言樂矣

暴未有以對雖是未得其對之辭亦着想在不足以治國上

樂甚以王所好不正，一時要对而未得其詞，敢問好樂何如，得無有妨政治否。孟子曰：好樂無妨，但患好未甚耳。王如能暢意去快樂，則齊國庶幾於治了。○他日講孟子以暴不能復問，他日特地見王問曰，王嘗語莊子以好樂，有此事否。王慚其所好不正，頓改变其顏色而曰寡人非能好古先王的雅樂，

曰字當云字看。言所云好樂不識何如，恐妨于治也。甚字是孟子深摯言樂意，庶幾是孟子邈漠言樂意，謂精神㑹處即是治機，將宇宙戾氣銷于一念也。此處着一國字，便該得下面蓋國之中，惟君處獨，百姓有父子兄弟妻子，是國之衆，亦泛論個道理如此，不必深講。

他日見於王曰：王嘗語莊子以好樂，有諸？王變乎色曰：寡人非能好先王之樂也，直好世俗之樂耳。 變色者，慚其好之不正也。

他日見王，正欲指其甚幾也。王因暴未對，明知好樂之非正，及孟子問其好樂，不覺變色，說出先王世俗，齊王原自了然。

曰：王之好樂甚，則齊其庶幾乎！今之樂由古之樂也。 今之樂，世俗之樂；古樂

上孟 十四卷

直好世俗的常先王樂耳，怎庅可謂之樂。

于賢者。

○王之講

孟子曰亦不消慚，王若能大暢其樂之量，則太和在宇宙間，齊不庶幾其治乎。此時源頭無異，今樂古樂原只一般樣的，何必是古非今哉。

○可得講

王曰可得聞其說與，孟子先即常情之所樂者啓之曰，獨自一人鼓樂爲樂，與人同鼓樂爲樂。

四句只就樂情上一氣發揮好樂甚齊其庶幾，雖與上同，須要得歆動意。今由古，云云即在甚處言之，由字是論樂之情，直窮到作樂之本。

何問卿曰：好樂甚者，不徒好其聲容，只要得制作本意在養人心而天下和平，故用古樂亦可，用今樂亦可。

曰：可得聞與？曰：獨樂樂，與人樂樂，孰樂？曰：不若與人。曰：與少樂樂，與衆樂樂，孰樂？曰：不若與衆。獨樂不若與人，與少樂不若與衆，亦人之常情也。

可得聞與，指欲聞其所以好樂甚而齊其庶幾，若獨樂二段，孟氏將人己衆寡翻出甚字來，不是問他，然要得啓發他一段公心，以爲言樂張本。齊王兩不若，正明得甚處，與字宜玩。

二様何者爲樂之甚王曰一人樂不若同人樂爲甚也孟子曰與數人鼓樂爲樂與大衆鼓樂爲樂二様何者爲樂之甚王曰數人樂不若衆人樂爲甚也孟子曰王旣聽得這様辨别臣請爲王言樂的所以甚不甚之理

○今王譜

夫所謂言樂亦言其同民者耳今王鼓樂在這裡百姓聽得王鐘鼓的聲管籥

人主只知取樂不知與樂人不能與惟君能與

臣請爲王言樂此以下皆孟子之言也

請言樂正對其言所以甚不甚也曰爲王正不必別覔先王

今王鼓樂於此百姓聞王鐘鼓之聲管籥之音舉疾首蹙頞而相告曰吾王之好鼓樂夫何使我至於此極也父子不相見兄弟妻子離散今王田獵於此百姓聞王車馬之音見羽旄之美舉疾首蹙頞而相告曰吾王之好田獵夫何使我至於此極也父子不相見兄弟妻子離散此無他不與民同樂也鐘鼓管籥皆樂器舉皆也疾首頭痛也蹙聚也頞額也極窮也羽旄旌屬

合下節只是設甚不甚兩個情景言一同一獨而關民情之

的旨盡如頭之疾蹙其頞相爲告語曰吾王到也會樂夫何致我到這等樣極處而父子不相見兄弟妻子離散去怎的這樣忍不但鼓樂爲然今王田獵在這裡百姓聽得王車馬的音看見羽旄的美盡如疾之在頭蹙其頞相爲告語曰吾王到也會樂夫何使我到於這等極處而父子不相見兄弟妻子離散去

欣戚如此非齊王實事與民同不與民同雖指政治之仁不仁說却不必明塡出但隱隱言之意味自長重鼓樂邊田獵帶言之一舉字妙初不問其今樂與古樂也一不與民同樂便是未甚民便疾首蹙頞疾首蹙頞雖是臨時情景其實本于心原有憂戚來故聽樂音而怨聲遍野覩儀衞而悲載道耳兩使字是不堪之詞父子二句即極兩無他二字指定其情景令他觸目如見

中維烈曰此二節上節引起下節不指一番極不樂之慘不見同民者極樂之盛也

今王鼓樂於此百姓聞王鐘鼓之聲管籥之音舉欣欣然有喜色而相告曰吾王庶幾無疾病與何以能鼓樂也今王田獵於

怎的這樣忍，夫民怨若此，豈有他故，蓋由不能推與天下共樂，故民感王之樂，而怨着他呢。○欣欣講：今王鼓樂在這裏，其鐘鼓管籥一樣的，百姓聞其聲，聽其音的，盡欣欣有喜色，而相告語曰，幸哉，吾王庶幾沒有疾病，何若是其能鼓樂，而使吾民得聞至治的聲也。不但鼓樂爲然，今王田獵在這裏，民之

此百姓聞王車馬之音，見羽旄之美，舉欣欣然有喜色而相告曰：吾王庶幾無疾病與，何以能田獵也。此無他，與民同樂也。與民同樂者，推好樂之心以行仁政，使民各得其所也。

○此節政與上節相形，極摹與民能甚之妙，將齊王世俗之目忽然改觀，纔得引君之意。兩庶幾字是欣幸之詞，勿向上加不然二字。庶幾無疾病，見民樂光景，在神情不在聲色。如此光景，不鐘鼓管籥亦樂也。

今王與百姓同樂，則王矣。所謂齊其庶幾者如此。

今王今字，即映今之樂今字來，言樂雖今王之樂也，而與百姓同樂，則先王之心也。同樂須根與人與衆說，纔有來脈，與

欣幸亦是一樣此豈有他故蓋由能推爲天下的公樂與民同之故民感王之樂而喜着他呢

○今王講

今王能與民同樂是好之甚了所謂齊其庶幾者是這樣又何今古之殊哉

○文王講

此見人君當公利意昔齊宣王後死囿以爲樂而民病其大王問曰吾聞文王的囿方七十里實有七十里否

民同即好樂甚則王矣即齊其庶幾意

張公亮曰九重邃屋所隔甚遼即能向一毫頭上推破君民之隔則一家一黄屋一室一紫旄便是康衢合宫之景象同民

文囿

全旨 通章引誘齊王只重與民同之上是借囿以形容同民景象於同民處想之其以爲小也固宜於爲肸處想之其以爲大也亦宜齊王就制度上說大小覺得已之民不若文之民有咎民意孟子在民心上論大小覺王之囿異于文王之囿有咎王意

齊宣王問曰文王之囿方七十里有諸孟子對曰於傳有之 者匠

蕃育鳥獸之所傳謂古書

王囿四十里民病其大必有托文王以逢之者齊王此問正借以自解也孟子亦不與之辨文囿之有無祇要說一句與民同之遂借來作話柄以開誘王故但曰於傳有之

孟子但對之曰書傳所載或有之。

○若是講

王欲藉此以自解，佯驚而問曰：文王的囿這樣的大乎？孟子曰：在王以爲大，當時的民尚以七十里爲小也。齊王曰：寡人的囿方四十里，較文王只有一半，民猶然以爲大，其故是怎麽的？孟子曰：文王的囿雖是七十里，文王不自私也，民之擇芻蕘的往

曰若是其大乎曰民猶以爲小也曰寡人之囿方四十里民猶以爲大何也曰文王之囿方七十里芻蕘者往焉雉兎者往焉與民同之民以爲小不亦宜乎 芻草也蕘薪也

若是句驚異之辭，便寓自解意。民以爲小，不是嫌其小，亦不是怪其大，此聳光景原作不得大小觀也。特因王若是其大句，遂生出民以爲小來，而解之如此。二往字，真有邑人不誠的景象。與民同之，分明天地氣象，囿中所有草木欣欣然，禽獸喁喁然，純是一團生意無限。民以爲小，亦知文王之生意無限，七十里不足以盡之矣。宜字是事理人情當如此。

李少文曰：孟子將七十里說却小了，又將四十里說做大了，都就民情上論道理。

于囿焉民之搏雉兎的往于囿焉與民共之這七十里囿宜乎民以爲小兎
臣始講若王之囿與之大不同了臣初到齊的境上必問國中大禁然後敢入得聞郊關之内有囿方四十里設爲嚴禁苟有殺其囿中麋鹿的動輒加以殺人的罪是以囿爲阱于國中了一國之中怎當得四十里的阱宜乎民

臣始至於境問國之大禁然後敢入臣聞郊關之内有囿方四十里殺其麋鹿者如殺人之罪則是方四十里爲阱於國中民以爲大不亦宜乎禮入國而問禁國外百里爲郊郊外有關阱坎地以陷獸者言阱民於死也

問禁是君子入國之禮禁問于入境之初是國之大禁也殺其二句正是厲禁設阱未必禽獸之入設禁者未必民之犯爲之之心同也國中字俱要剔出見得此乃民之所不能逃避之地兼爲之於此必是夷民田以爲之則齊之民入亦死不入亦死故曰爲阱云殺麋鹿如殺人之罪視人命不若禽獸矣囿大則阱大阱大則害大而民焉得不大之也

文文起曰爲阱于國中一句最重正與民同之句對看

以爲大呪犬小交
之分公私之異
民何與焉
○交鄰講
此見交鄰國之
道知仁勇三者
鄰要究傳意旨
宣王問曰交隣
結好亦有道否
孟子曰有國之
鄰下我的有大
小惟仁者愛人
怎肯藉弱併吞
故能以大事小
是故湯事葛文
王事昆夷觀其
祭祀是供戎疾
不殄而仁可想
也惟智者識勢
怎肯抗衡挑釁

交鄰

全旨 此章初說交鄰後論勇則說伐鄰且說及伐君兵分明就他雄心猛畧引到上天下去以安民字王以天字說天之立君總以爲民樂天者樂此而已畏天者畏此而已書曰天降下民作之君作之師惟曰其助上帝寵之四方是樂天畏天的正旨註曰理勢當然尚屬籠統末節亦欲其法此畏天者以安天下之民則勇無妒終仁智要知交隣總爲安天下非講信脩睦而已所謂有道者如此

齊宣王問曰交鄰國有道乎孟子對曰有惟仁者爲能以大事小是故湯事葛文王事昆夷惟智者爲能以小事大故太王事獯鬻句踐事吳獯鬻即狄人也句踐越王名

齊王好勇喜於爭鬬便與隣不相和輯四面皆敵國幾致不能保其國也故交鄰之問有息爭意仁智以安天下爲心倘交鄰無道何以安天下之民也故曰有惟仁智爲能見非仁

故能以小事大。故太王事獯鬻。句踐事吳。觀其土地之親。臣妾之謙。而智可知也。今王欲知交鄰。則有仁智之道在。

〖事吳節〗史記。吳王夫差伐越。敗之。越王句踐棲于會稽。請委國身爲臣。妻爲妾。

○〖樂天講〗蓋建邦列上。有大有小。皆天之所命。以大事小者。安適着天命。

智者不能也。仁智不是兩樣人。只是所處之鄰不同。而所交之道亦異。仁者視天下爲一體。不復計大小之迹。便是小國不恭。撓動他不得。惟欲感而化之。同歸于仁。故以大事小。智者直見得道理自合。不止利害分明。然必自强于政治。期于有以自立。故以小事大。兩故字。惟其仁智如此。所以能如此也。葛與昆夷。湯文初無意征伐之事。之正以撫之也。太王事獯鬻。内文明。外柔順。然有妙用。不則是縱亂也。是苟安也。又何取于仁智哉。句踐雖不足言。亦有事大之知。故并及之。

張公亮曰。山河國土。衆寡小大。皆是仁人克己復禮處。世人境與心二。仁人心中。境與心俱化作一點生意。故以大事小。

以大事小者。樂天者也。以小事大者。畏天者也。樂天者保天下

絕不作愁惏的事、非樂天如何。以小懼大者懼、憚着天命、絕不敢有抗違、非畏天如何。樂天的、八方歸其仁、內是列侯群辟、都在覆冒之中、即天下可以容保了。畏天的、惟恐變生意外、是社稷人民不至於失墜、即一國可保全了。

○〔詩云講〕

詩云、天理當然、違之則有禍、人能畏天的明威、于是可以保天

畏天者保其國天者理而已矣、自然合理、曰樂天、不敢違理、曰畏天、包含徧覆、無不周徧、故能保天下、制節謹度、不敢縱逸、故能保一國。

此節點出天字、以顯仁智之妙、不是推其原所以然也、天字照下畏天之威、看正指上天之天說、樂天欲人同安、畏天只是自治、保天下、列諸郡辟、都在覆冒之中、保其國、是社稷人民不至失墜、都在心體上論、不在事業上論。

詩云畏天之威于時保之詩周頌我將之篇、時是也。

天理當然、遺之則有禍、此便是天威、須知作兩証畏之心、即保之心、故曰于時云云、不畏即不能保、就是天威之可畏處。

馬君常曰、引詩不必泥定畏天字、単主保國說、亦不必補出樂天來。

所以降衷之意而不失
○大哉講
王乃贊美之曰大哉仁智交鄰之言但寡人所好的是勇不能事大國而恤小國吮
○王請講
孟子對曰好勇何害但王請莫好血氣的小勇耳若按劍在下怒目而視只說彼是何人敢當我們修我這是匹夫血氣之勇一人
與無敵

王曰大哉言乎寡人有疾寡人好勇言以好勇故不能事大而恤小也

贊其大哉在保天下保國上說齊王此勇字是血氣之勇彼心亦慕仁智之事奈大不能忍小不能降純是血氣用事故曰疾

章大力曰齊王自認爲疾固是好處亦是最不好處

對曰王請無好小勇夫撫劍疾視曰彼惡敢當我哉此匹夫之勇敵一人者也王請大之疾視怒目而視也小勇血氣所爲大勇義理所發

撫劍疾視形容小勇之狀便見得不是樂天畏天模樣曰彼惡敢當爾便不能事大事小曰匹夫曰敵一人便不能保天下保其國王請大之全是把一樁大勇來開發他以保國保

的大勇絕可。

○王赫講

大勇若文武是也。雅詩云密人不恭而侵阮的兵到于共地文王為西伯赫然奮怒爰整其師旅以遏止至共地的衆是舉也以篤周家之洪祜以答天下仰望之心詩言如此好勇若可疾這豈不是文王的勇但文王以樂天畏天的心奮一怒而安天下的民勇何大耶。

下其源出于仁智不是以勇濟仁智之窮此何與起下三節之

詩云王赫斯怒爰整其旅以遏徂莒以篤周祜以對于天下此文王之勇也文王一怒而安天下之民詩大雅皇矣篇赫赫然怒貌爰於也旅衆也遏止也徂往也莒謂密人侵阮徂共之衆也篤厚也祜福也對答也此文王之大勇也。

齊大國也可以使保天下故空以安天下說照應前交鄰處是大關鍵引詩文王伐密言密人侵阮原不是來侵國但文王時為西伯而密人乃擅侵阮倘不為戡定相吞相併害之滋蔓將無已是天下之憂也兩以字見遏密原以安天下為心密遏而周家之福無窮故曰以篤密遏而文王之心白于天下故曰以對文王之勇句口氣空云好勇若可疾此豈不

怒字解

怒者勇之發也、因王赫斯怒、怒字發出一怒安民之說、

書云講

周書曰、上天降生下民、立我爲君以治之、立我爲師以教之、亦惟曰、我能助上帝以安民、故以君師之位而寵異于四方也、上天立我的意是這等、則凡有罪的我得而誅之、無罪的我得而安之、惟我而已、天下何敢有過

是文王之勇也不空露大字下句方見其大一怒字最妙怒止于一見非血氣之私以樂天畏天之心奮一怒之威而天下之民即安正在一處大也

書云天降下民作之君作之師惟曰其助上帝寵之四方有罪無罪惟我在天下曷敢有越厥志一人衡行於天下武王恥之此武王之勇也而武王亦一怒而安天下之民書、周書泰誓之篇也、寵之四方、寵異之於四方也、衡行、謂作亂也、孟子釋書意如此、而言武王亦大勇也、

引書王伐紂言天降五句推上天立君師之意有罪二句言已必盡君師之道至一人二句方釋書言一人暗指紂橫行不循道也恥字妙分明爲上帝荷担豈爲一己圖榮此武王

越其心志而作亂以虐民，于書言如此。當時敢有一横行作亂于天下，武王必爲己之恥而誅之。此豈不是武王的勇，武王亦奮一怒以安天下的民，勇何大耶。

○今王講

王自度有文武之心，亦效文武之怒以安天下之民，則民其惟王不好勇，又何以好勇爲疾哉。

〔怒字辨〕

非即并兼國而

句須承上文王赫下，言文王如此，而武王又如此，方落得下。

亦字口吻，兩一字，見遏密伐紂之外，文武不復用其怒也。兩

安字與上保字應。

項水心曰：文武原有安天下之心，故一怒安天下之民，所安者大，則其勇亦大，而非血氣用事者可比。

今王亦一怒而安天下之民，民惟恐王之不好勇也。王若能如文武，民望其拯己，惟恐王之不好勇耳。

今王亦一怒，非空空教他去怒，叫他自思實有文武之德，方可發文武之怒，使文武行之于前，今王繼之于后，亦一怒云云。切不可說天下孰如密，孰横行，王其以一怒伐之，今天下只是無文武，非無密無横行也。民惟恐王之不好勇也，亦自

有之或隣人悔禍可與更新則元兇既翦、依舊和好如初、吾不殄彼之祀、便是亡、吾可固吾之圉、便是智小大咸藩其安、便是天下之民舉安。

○雪宮讲。此是當公其情于民意、齊王館孟子於雪宮而就見他、乃誇其禮遇之隆曰、賢者亦有雪宮之樂否、孟子對曰、賢者固宜有這樂也、但人民亦該其有的、倘人

當日之民心言之耳、民豈樂有此、此正大勇之合民心處、不是病也。

王先復日一怒中有多少仁智作用在、不是以甲兵自驕。

雪宮

全旨 通章重同樂、樂民之樂一句是主、景公六節是客。只聽得晏子抵掌而談、字字打動景公、然却字字打動的是齊宣王。景公願安承教、句句聽信的是晏子、然綿裡藏鍼、磁石引鐵、句句却教宣王聽信的是孟子。轉移之妙、自昔者以下、何曾一字粘着雪宮、一字惹着齊王、何嘗不字字着他痛癢、何嘗不字字下他樂不樂以天下同民之量也、惟君所行亦勉之戒之之意。

齊宣王見孟子於雪宮。王曰：賢者亦有此樂乎？孟子對曰：有人不得則非其上矣。雪宮離宮名。人不得而非其君上、明人君當與民同樂也。

雪宮亦王所居、見孟子于雪宮、謂在雪宮接見孟子、是倒裝

不曾得這樂便有非議其君上的心矣。

○看字解　將人下得三字讀有字去，如此落法極奇極捷，以一有廣之爲衆有意。

○不得講　夫不得即非議上不恤民。其君上同是民皆非理也。不是爲民上而不與共這樂也，是君上不是處。

○同字解　不是推所樂與民，只是精神不相隔耳。

○樂民講

句法亦有此樂，即亦樂此，平意。曰有，是空有固有之意，此字輕帶過，只要借人不得三字，引向同樂上去。曰人不得，便見是當得。曰非其上，用一則字，稍不與民同即非之。非乃非議之非，即下胥讒作慝意。

不得而非其上者非也，為民上而不與民同樂者亦非也　下不安分。

上句輕，全在爲民上三字着精神，合兩非字看，便見君民一體意。

陳伯玉曰：此承上不得二字說，說民的非處輕，說君的非處重，以見君不可不與民同樂也。

樂民之樂者民亦樂其樂，憂民之憂者民亦憂其憂，樂以天下

君人者亦就一體之情恤之耳誠樂民的樂而所欲與聚民也樂其樂欲君之憂其樂而憂民所惡而所惡勿施用也憂其憂欲君去其憂進這樣悲愉共念是憂樂不以己不以民直以天下了即一念中便有天下國家的規模然而不是王道未有這理雪宫之樂可不與民共之哉

憂以天下然而不王者未之有也樂民之樂而民樂其樂則樂以天下矣憂亦然

此節上四句緊言上下休戚相関之情樂民之樂以民之所樂爲樂也所欲與聚是也民亦樂其樂以君之所樂爲慶幸如庶幾無疾病是也上憂字出於爲民之心下憂字指民心之所惡言惟其以民之所憂爲憂所惡勿施則民亦爲君任勞防患亦憂君之憂也重樂邊憂樂以天下是合籠上文憂樂融化君民表一個混同名字有天下一家萬物一體規模即是王者熙皡世界此二句方着爲上的身上說亦就在上四句看出以君作主已下憂樂皆君以之

陳慧生曰樂以天下二句混夫君民名色如楚人失弓楚人得之去其楚而已矣去其人而已矣即此義

○昔者講

請以先齊故事爲君陳之昔齊景公曰吾欲遍歷國都而觀于轉附朝儛二山因遵海而南到琅邪的邑以采其風吾將何所脩爲可比迹先王遊观這便有不足今時意

先王辯

景公晏子只是伯而孟子引之却重先王二字景公遊觀本是佚欲幸其猶知有先王故晏子借以止其欲

昔者齊景公問於晏子曰吾欲觀於轉附朝儛遵海而南放于琅邪吾何脩而可以比於先王觀也晏子齊臣名轉附朝儛皆山名也遵循也放至也琅邪邑名觀游也

已下引齊舊事亦重法先王上不是教他法齊景先王賢者也賢者樂以天下固有此樂觀游豫之歌可見矣吾欲二字是他意願奢馳處故晏子見其意而畜止之曰遵曰放有遍歷國都意轉附有太公墓琅邪有桓公墓蓋欲東望武陵思太公往蹟南望穆陵追桓公遺勳不寧供耳目之娛故曰吾何修云云脩有脩省振舉意比有同迹合轍意觀字有雄視天下意

○善哉講故晏子善其問曰先王的觀總是爲民如天子十二年一巡狩正以巡侯國治民的政諸侯六年一述職亦以述其所爲治民的職並沒有無行空行的且春時省耕食有不足的發倉廩以補足他秋時省斂所獲不足以給一歲之用的發倉廩以周助他故夏時俗語曰吾王不遊則

陳伯上曰吾欲觀三句以海爲王轉附朝儛是起止處

晏子對曰善哉問也天子適諸侯曰巡狩巡狩者巡所守也諸侯朝於天子曰述職述職者述所職也無非事者春省耕而補不足秋省耕而助不給夏諺曰吾王不遊吾何以休吾王不豫吾何以助一遊一豫爲諸侯度述陳也省視也斂收穫也給亦足也夏諺夏時之俗語豫樂也

善是善其何修之言重省耕省斂上巡狩述職是先王遊觀之大者故統言之意謂先王遊觀俱巡狩述職之事未有無事而空行者巡所述所二句勿作釋文看正見無非事者此句只是承上起下語補助纔是實實樂民之樂憂民之憂之事故民須如夏之有諺自巡狩省而行謂之遊自暇豫而出

補助不行，吾怎的歇休，吾王不豫，吾怎的得助，是王之遊豫，皆有恩惠及民，而爲諸侯所取法焉。

○今也講

若今之遊，既便不是這等，只是君行則師從，師從則糧食供億，甚苦，至使飢的弗得食，勞的弗得息，於是其容睊睊相爲讒謗，即此是民深懷怨懟的心，天子命諸侯以撫此民，今乃上逆王

訓之豫，自上所與曰助，自下所被曰休，兩一字，即不過則意。爲諸侯兼大小國度非貞以逸豫者爲令，叩也言，即一遊豫間亦使諸侯見一人之德意而欽承之耳。

楊維斗曰：省耕省歛，天子諸侯皆然，夏諺專稱天子，是天子自省畿內，故其諺稱曰吾王，遊豫疊言乃歌體。

今也不然，師行而糧食，飢者弗食，勞者弗息，睊睊胥讒，民乃作慝；方命虐民，飲食若流，流連荒亡，爲諸侯憂。今，謂晏子時也。師，衆也。睊睊，側目貌。胥，相也。讒，謗也。慝，怨惡也。方，逆也。命，王命也。若流，如水之流，無窮極也。諸侯，謂附庸之國、縣邑之長。

此節句句與先王觀反，便是不爲民不爲事的樣子，隨文散散說出爲妙。今也不然，指當時諸侯言，師行是隨時遊行，不必春不必秋也。糧食句上用一而字，緊頂師行二字，見師一

命而下虐民生飲食無節若水之流或流或連或荒或亡總爲所屬的諸侯憂嵗

〔乃字解〕玩乃字是即外以見內意觀其有謗言處而見其有怨心也故日乃作慝

〇〔從流講〕流連光景何如從流下而忘反樂無止息謂之流從流上而忘反樂無紀極謂之連從獸無厭

行而民之供億即隨之饑弗句須粮食來勞弗句須師行來此三句正是人不得睊睊形于色胥讒無不形于言即其有謗言處而見其有怨心也故曰乃作慝胥讒作慝正是非其上先王建侯本以爲民無事空行就是方先王之命此句承上起下虐民處流連四字不必俱有或流或連此即爲諸侯憂諸侯指所屬之諸侯如附庸邑長之類

李少文曰此節晏子極言今時之弊爲景公戒也

從流下而忘反謂之流從流上而忘反謂之連從獸無厭謂之荒樂酒無厭謂之亡從流下謂放舟隨水而下從流上謂挽舟逆水而上從獸田獵也荒廢也樂酒以飲酒爲樂也亡猶失也言廢時失事也

曠廢時日，謂之荒。樂酒無厭，遺失政事，謂之亡。〔亡字詳〕古者朝祭燕享，各有事，不勤事而至失事，便是亡。總是不以國事關心也。

○〔先王講〕先王但有春省秋省，一休一助而已，沒有流連的樂、荒亡的行。惟君行之，而比于先王觀耳。

○〔景公講〕夫晏子進言若此，景公則聞而悅，大教戒于國。

此是古虞人箴一般，咏嘆淫泆，使人主惕心動聽，不是漫解。

上文上二句病在忘反二字，下二句病在無厭二字。忘反是任意所之，流是蕩而無節，連是晝夜不已。無厭是無厭足，荒是荒廢時日，亡是亡失政事。

張憲卿曰：此節重忘反、無厭上，須貼切流連等字講。

先王無流連之樂，荒亡之行。惟君所行也。言先王之法，今時之弊，惟在君所行耳。

言先王無今之弊如此，行之而當方與先王同，欲比先生只看所行何如。行字正應修字，惟字責備在景公身上。

景公說，大戒於國，出舍於郊。於是始興發補不足。召太師曰：為我作君臣相說之樂。蓋徵招、角招是也。其詩曰：畜君何尤？畜君

出舍于郊外于是始興發倉廩以補民的不足君悅臣如此則臣悅君可知矣遂召太師曰為我作君臣相悅的樂蓋徵招為事角招為民的意是也乃其詩之被于樂曰畜君何尤蓋以畜君乃心乎愛君而形之于言耳今日雪宮之樂與晏子所稱先王之觀何如耶

（畜字解）畜字訓止似其義未完畜有蓄

者好君也戒告命也出舍便省民也興發發倉廩也太師樂官也君臣巳與晏子也角爲民徵爲事招舜樂也其詩徵招角招之詩也尤過也孟子釋詩以爲臣能畜止其君之欲乃是愛其君者也

說是喜晏子之言足以利民通節皆從悅中來大戒先發號令示其意于民也出舍是不敢安于深宮亦便於省民也正是修處始字最重于今始行之正對今也不然而言此是景公春遊故只說補不足從上春省耕而補不足來說出君臣相悅又與前賢者相應只說景公悅晏子便了而晏子說景公直于好君二字上表出來徵招角招正景公新作之樂其稱招者韶樂在齊傚舊音節而爲之非奏舊也不歌宮商而曰徵角者君臣相悅以爲民爲事也畜君何尤即徵招角招

養之義凡養畜乎物者必止其驅逐也人臣止畜其君馳騖之思而一淵之以先王之法此亦養育君德之意也如只強爲遏止似非純臣愛君至念

○人皆講

此孟子勸齊王行仁政意自王迹熄而明堂空存齊王問曰人皆叫我毀明堂問當毀之還是毀了他還是止而勿毀乎且止乎

明堂解

樂中之詩畜字妙景公口說比先王觀其心竊隱情則逐逐在時弊上去晏子苦口郎止之于初迹若相彿而情實相親正其一念懷惻忠愛念頭何尤之有而孟子又以好君解之好君愛其君爲先王也何等懷腸

陳慧生曰此章孟子借客規諷竟以客收局尤奇大奇

全旨　明堂

明堂之制始於周故始終以周家事說見王業所由興明堂之本原悉見了治岐節從正道上說如兵家之用正重澤及于民好貨好色節從別道上歸正道如兵家之用奇重與民同

齊宣王問曰人皆謂我毀明堂毀諸已乎

明堂在泰山天子東巡守朝諸侯之處王

齊王素有朝秦楚之心毀明堂一問實有歆慕坐明堂朝諸

坐此堂、祭諸侯行王政、故曰明

○〔夫明講〕孟子曰、夫明堂非徒設、乃王者出治的堂、王欲行王者的政、當留明堂爲觀型、想周家當日何爲而有此堂、不是能行王政、胡以建這堂、必是能行王政、方能坐這堂、知此則不必毀着他。

○〔王政講〕王聞勿毀之言、而有動于中、乃曰王政可得聞

侯之盛、意毀諸四字、意在己邊

孟子對曰：夫明堂者，王者之堂也。王欲行王政，則勿毀之矣。明堂、王者所居以出政令之所也。能行王政、何必毀哉

此節孟子不與王論當毀不當毀、而言行王政則不必毀、總是誘進之詞。夫明堂句、推原明堂所由作、曰王者之堂、見是王者行仁政所坐之堂也。即含下澤及于民、與民同之意。周先王能行王政、始制出此堂。王欲行王政、亦可留此堂爲觀型、何必毀之也。

王曰：王政可得聞與？對曰：昔者文王之治岐也，耕者九一，仕者世祿，關市譏而不征，澤梁無禁，罪人不孥。老而無妻曰鰥，老而

與孟子對曰行王道而王者文王也昔者文王爲諸侯時佈治岐也耕者制爲九一仕者之祿錫于奕世關市譏察而不征其貨澤梁與民共而無禁罪止一身而不及于妻子若夫老而無妻愁不能寐曰鰥老而無夫單弱無依曰寡老而無子隻立一身曰獨幼而無父無所怙恃曰孤這四者天下的窮民而無父

無夫曰寡老而無子曰獨幼而無父曰孤此四者天下之窮民而無告者文王發政施仁必先斯四者詩云哿矣富人哀此煢獨

岐周之舊國也九一井田之制關道路之關市都邑之市譏察也征稅也澤謂瀦水梁謂魚梁孥妻子也鰥寡孤獨之人無父母妻子之養則尤宜憐恤故先之詩小雅正月之篇哿可也煢困悴貌

王欲聞王政孟子之言有以歆之也未有明堂之先周之先王只是治其岐而已故以治岐爲言耕者五件是惠平民無妻至煢獨是恤窮民各以仁字貫無妻六句只敘他可哀情狀見當加厚安輕遞而歸重必先句必先非後之先只是如傷之精神于此倍爲提醒耳引詩重末句見文王必先以其可哀也

毋妻子可控訴的文王發政施仁倍加意下這四者雅詩云哀亂之世富人猶之可惟煢獨之人方疲財竭甚可哀文王必先之意可知矣

○善哉講

宣王見說到鰥寡孤獨可傷處不免情動故曰善哉王政的言乎孟子曰王不曉得善則罷王如善之則何爲不致行乎王曰寡人有疾寡人好的是貨恐不

陳大士曰戰國嗜殺無已鰥寡孤獨甚多孟子說得如此悽愴正挑動不忍觳觫之心

王曰善哉言乎曰王如善之則何為不行王曰寡人有疾寡人好貨對曰昔者公劉好貨詩云乃積乃倉乃裹餱糧于橐于囊思戢用光弓矢斯張干戈戚揚爰方啓行故居者有積倉行者有裹糧也然後可以爰方啓行王如好貨與百姓同之於王何有

公劉后稷曾孫詩大雅公劉篇積露積餱乾糧無底曰橐有底曰囊皆所以盛餱糧也戢安集言思安集其民人以光大其國家也戚斧也揚鉞也爰於也啓行言往遷于豳也何有言不難也

齊王見陳王政說到鰥寡孤獨可憐可憫不覺於其心有戚戚焉故曰善哉言乎則何為不行是將機就機動他行也齊

王以好貨色自託孟子借公劉之詩以引之只重富民不重

能行此王政乎
對曰好貨非虐也昔者公劉亦常好貨矣雅詩云西戎侵擾公劉欲遷都必先定民使或露而積之或倉而貯之乃裹餱糧于橐囊之中既有行糧之具于是思安輯其民人以光大其國家遂張其弓矢與夫干戈戚揚之備以防道路之外患爰始啓而遷都于豳焉即詩觀之使居者有積倉之富行

遷都公劉遷都在平定安集之後故以積聚爲先與文王九一關譏之政相似乃積三句見民既富且強遷都有備矣此時此心思欲安戢其民人用以光大國家弓矢二句是備武具以防道路之外患昧爰方二字見不先富民必不敢妄遷意故居者三句是釋詩意要看兩有意是平時不使民貧也與民同只是推心及人而已啓行下補興王業意方與於王何有相應下同

于申之曰孟子爲仁民心急隨他如何躲閃都要引他仁民路上故公劉可說他好貨太王可說他好色不怕宛枉古人

王曰寡人有疾寡人好色對曰昔者大王好色愛厥妃詩云古公亶父來朝走馬率西水滸至于岐下爰及姜女聿來胥宇當

若有裹糧之資，然後可以爰方啓行，而無復閒闢之苦也。王誠好貨，與百姓同之，則是王政了。王又曰：寡人有疾，好的是色，恐又不能行此王政耳。對曰：好色非疾也，昔者太公者嘗好色，而愛厥妃矣。詩云，古公亶父，避狄人的難，一朝之間，從容策馬而行，循西水之滸，而至于岐下，當間關險阻，猶爰及姜女同來相

是時也，內無怨女，外無曠夫。王如好色，與百姓同之，於王何有？

大王，公劉九世孫。詩，大雅綿之篇。古公，大王本號，後追稱爲王。亶父，大王名也。來朝走馬，避狄人之難也。率，循也。滸，水涯也。岐下，岐山之下也。姜女，大王之妃也。胥，相也。宇，居也。曠，空也。

遷岐在流離播遷之餘，故以完室家爲務，與鰥寡等相似來。朝句要說得從容，非急遽之狀。率西句是歷險來，句是當危難之時，猶審擇不苟。釋詩處要看兩個無字，是其平日不忍使民無室家，與民同而不難於王，正是好之分量上同。

徐錫餘曰：公劉大王，基王業，肇王迹，後先一脈，無非同民以出治。王法三后，可也。觀此章齊王說都是病，孟子說都是德

楚遊

全旨

全要摹寫他有心之問，無心之答，一種情景出來。只欲說四境不治，緩緩排兩喻說來，詞極婉。又泛言四境，不指切王之四境。孟子可謂善諷，無怫聽者矣。而王竟撇開不理，顧左右而言他，是諱疾忌醫，不關緊閉，全不受藥者也。此

視宇居，卽詩言覲之可見。太王好色，故當居岐的時，内則無怨女，外則無曠夫。王誠好色，如太王與百姓同之，此心無愧于王政，於行王政何難之有。王欲毁明堂于行王政，明堂之毁不毁，不必問矣。

○〔楚遊講〕孟子設喻以啓王之明，謂齊宣王曰：王的臣有託其妻子的衣食於其友，而往楚遊者，及其□

時此景其在將去齊之日乎。説者猶以天資朴實原之大，是護短。

孟子謂齊宣王曰：王之臣有託其妻子於其友而之楚遊者，比其反也，則凍餒其妻子，則如之何？王曰：棄之。託，寄也。比，及也。棄，絶也。

此節暗影其稅斂之重，不止凍餒一人之妻而已。故以託妻子喻曰：其友卽有素交之誼，託妻子非寄寓其家，只是以衣食之事託他看顧，而之楚遊以妻子有託也。則凍餒是負其衣食之託，曰此反見非一日，則如之何？於此友必有所處棄之，是明友誼。

陳明卿曰：三如之何，是使自剔自鞫，考究根源也。

曰：士師不能治士，則如之何？王曰：已之。士師，獄官也。已，罷去也。

楚同也乃知其友負所託而凍餒其妻子為之友的將何如以處之王曰受託不效友誼謂何棄之而勿友焉又進之曰士師不能治士職而刑罰失中為之君的將何如以處此王曰受職不稱官箴謂何已之而勿任焉又曰若君有一國而四境之內不治則將如何以處之齊王乃顧左右而言他亦藉端為言耳

此暗影其刑罰不中不止一士師失職也故又以士師喻不能治事就刑罰失安說已之是定官箴

曰四境之內不治則如之何王顧左右而言他孟子將問此而先設上二事以發之及此而王不能答也

四境不治二字亦因明而直刺之令其悅而繹矣此句只大聲冷冷諷他亦不必着王說顧左右是不顧孟子即是不顧四境言他總是無詞以對此如之何較前更緊真是置身無地

黄闇卿曰孟子終于不言俟其自悟也

故國**全旨**細玩為民父母一句則進賢之慎總以為民必自故國說起者世主不知有民莫不知有國從其所愛者開之

○故國講　因宣王不能用賢見而諷之曰國之所故的非說其有高大的木之謂也以其有勳舊的臣之謂也然世臣原從親臣始今王没有親信的臣矣昔者方進用的人今日有亡去也不曉得是無親臣了況世臣乎

○世臣解　世臣蓋功烈已著于時德望已信于人譬之喬木封植愛養自

也以世臣起親臣亦是敲擊緊節進賢本是用一邊此兼言舍以用舍相連故咏歎之與亦用舍所不廢也連從也是一套事妙在隨問隨答遞轉臨了處冷冷出一句可以爲民父母者烏家薄處逢生正此義

孟子見齊宣王曰所謂故國者非謂有喬木之謂也有世臣之謂也王無親臣矣昔者所進今日不知其亡也

世臣累世勳舊之臣親臣君所親信之臣昨日所進用之人今日有亡去而不知者則無親臣矣況世臣乎

卜世卜年以至萬世乃爲故國便有爲民父母意在了喬木是借說不必說所云有世臣照下看是賢人不只是勳舊乃係重之人親臣不但親近必是一德一心之人今昔二字看得活亦是纔進用便去云爾全在不知其亡上見無親非徒以亡去言也下須識字見字須應不知其亡三字便見也有

拱把以至合抱非一日之故也

〇吾何講

王曰此亡去的都是不才的人前日錯用了以故聽其去而不嘗自今而後何以先識其不才而不用他致所用的皆可爲親臣也

〇進賢講

孟子曰進賢豈是易事人君欲進用一賢謹之又謹若迫於不得已而後進其必審慮及今之所進或未必賢

殺在內非单去也

陳慧生曰昔者所進二句以不了語打轉無親臣更妙譬之漢王失蕭何如失左右手相親故也

王曰吾何以識其不才而舍之王意以爲此亡去皆不才之人因問何以先識其不才而舍之

味何以二字便知不才之人進用之初左右大夫交章薦舉不能別白其爲賢否也即是不能愼不能察而用也能識其不才而舍之則所用皆眞才以免向日之弊也

曰國君進賢如不得已将使卑踰尊疏踰戚可不愼與如不得已言愼之至也

進賢將節正世臣親臣之始故國關係不小豈得視作容易

合下三節只說一個愼進賢非不得已事要想如字精神出

後必更進卑踰的賢而用之卑竟有卑踰尊踰踰戚的事係國家體統惡得不愼

將字解 是時進未進得失去取之界愼字正在此際用

○國賢講 愼之何如左右皆說是賢未可就信他賢諸大夫皆說是賢未可遽信他賢惟國人皆說是賢與望共孚然後察之眞見賢焉若邁于國人不

愼之又愼也反覆躊躇恰似欲已而不得已一般將使二字接上如不得已來踰尊踰戚即是上無親臣之意用人屢屢變更親臣何由得故不可不愼下文數個然後字正是愼處正是如不得已處

周爾調曰愼的意思直到如此然後句方透出不得之故蓋進賢原以爲民也

左右皆曰賢未可也諸大夫皆曰賢未可也國人皆曰賢然後察之見賢焉然後用之左右皆曰不可勿聽諸大夫皆曰不可勿聽國人皆曰不可然後察之見不可焉然後去之 左右近臣諸大夫之言俱未可信至於國人則其論公猶必自察之而親見其賢否之實然後從而用舍之謂進賢如不得已者如此

合下二節都是國君進賢欲進一賢其時便有許多議論有

得已而用之左右皆說不可用不遽聽他諸大夫皆說不可用亦不遽聽他惟國人皆說不可用群情共薄然後察之見不可用焉若逼于國人不得已而後去之

○可殺講

是心也卽愼于用刑的心也如左右大夫皆說可殺不敢聽卽國人皆說可殺亦必察之有真見然後殺之若近於公論而與

一番說可的又有一番說不可的欲進之時愼于去不可正其不輕以爲可用舍兩擇總是進賢一事左右大夫亦皆親的臣然此皆不足數之親臣也其爲君不如國人自爲故以國人爲定提出國人只見公意至公論已定然後察要見採聽在公眞誠原在我必如此纔見不得已

馬君常曰不可與勿聽有別未可猶待審處勿聽則一毫猶豫不得正是父母好生惡殺的念頭

左右皆曰可殺勿聽諸大夫皆曰可殺勿聽國人皆曰可殺然後察之見可殺焉然後殺之故曰國人殺之也

此言非獨以此進退人才至於用刑亦以此道

上言用舍此言用刑者惟恐小人蔽我聽聞塞我賢路用殺

衆棄之也、

[殺字題]用人猶可復舍殺人必不可復生故借以形容如不得已之妙

○[如此講]人君用心這樣總是體恤民情與誠求赤子的心一般纔可以為民的父母兜

[父母解]在撫綏黎庶体恤百姓意思上見得、

○[放桀講]此默折宣王窺周之心以垂戒萬世意旨齊宣

之心卽所賢之心故曰國人殺之一似權不在己正是如不得已處、

陳慧生曰舜誅四凶孔子誅少正卯傳曰惟仁人放流之、迸諸四夷、詠逐之典、用舍之所不廢也、連殺是一套事、

如此然後可以為民父母以民之好惡為好惡、此之謂民之父母、

為民父母着然後可以四字極鄭重此是喫緊教王處見不愧於為民父母則所用皆子民之人則臣可為親臣重熙累洽世世無盡則國為故國矣豈喬木之謂哉、

[放桀全旨]要知君必如桀紂、方是一夫、臣必如湯武、方可誅一夫、意在齊王學樣之心、扶維綱常、救生民於塗炭之極也、

齊宣王問曰湯放桀武王伐紂有諸孟子對曰於傳有之放置也、

湯武桀紂四字明其為君臣也曰放曰伐明著下一弑字有

王問曰吾聞成湯放桀於南巢武王伐紂於牧野果有此事否孟子對曰於湯誓武成的傳有之

○臣弑講

王曰桀紂無道的君湯武以臣弑其君果無防于分而可乎

○賊仁講

孟子徼之曰臣何敢弑君但能盡仁義的道方是君若暴虐而滅仁的天理滅絕謂之賊悖亂而賊義的錯亂

諸二字齊王雖有意撥之君臣之分尚不敢據以爲然于傳有之答得極渾

祝文柔曰紂浮于桀武光于湯辨武而湯自在

曰臣弑其君可乎桀紂天子湯武諸侯

曰可乎說個君臣安敢論可否故下答以一夫最爲嚴切令無藉爲口實也

曰賊仁者謂之賊賊義者謂之殘殘賊之人謂之一夫聞誅一夫紂矣未聞弑君也賊害也殘傷也一夫言衆叛親離不復以爲君也

天之立君以爲萬民主仁以育天下義以正天下今紂旣賊了仁義則無有與天下相聯屬者故曰一夫兩賊字是傷害

事物之宜謂之殘，殘賊之人衆叛親離，謂之一夫而已。聞得誅一夫紂矣，並未聞有臣弑其君的，君而可弑，綱常安在。

【殘賊辨】殘與賊不同，賊字是忍心害理，殘字却不是殘忍之殘，乃是殘敗之殘。

○【巨室講】齊王治國不知任賢，故孟子設言諷之曰：為巨室，必使工師求大木，以克棟梁

了本心中天理曰賊，曰殘生於其心，害於其政，衆叛行動，是暴虐如此，尚何以立于民之上？自然要殺却此人矣。孟子以誅字易弑字，正本此天之立君意來，要得孟子危言以悚王意，弑君曰未聞，道其君臣分義之常耳。

宋九青曰：戰國時生民塗炭已極，孟子切于救民，每談湯武，辭多激切，湯武直是敢做，孟子直是敢說。

【巨室】**全旨** 兩節總是反覆諷王不任賢意，無淺深，令按語脉，則何如三字語意尚了而不了，以看下文更端。蓋上節責其不能任賢，不知愛國也；下節則申其不能用賢意，以教玉人彫琢玉句微諷之，正承則何如三字，而令其冷冷自思也。兩必使何等珍重，兩姑舍何等輕忽，提醒精神都在則何如、何以異三句上。

孟子見齊宣王曰：為巨室，則必使工師求大木。工師得大木，則王喜，以為能勝其任矣。匠人斲而小之，則王怒，以為不勝其任

的用工師得大木則王喜此木能勝巨室的任苟被庸匠斲削而小之則王怒此木不勝巨室的任王之爲巨室計誠得矣夫賢人幼年便學堯舜之道欲已不小了及壯而欲行之以展其所學王乃曰姑舍女所學而從我所好則何乃與任木的心不同也

○璞玉講

郎此是不愛國家今有玉在石

矣夫人幼而學[illegible]之壯而欲行之王曰姑舍女所學而從我則何如

巨室大宮□師匠人之長匠人衆匠人也姑其也言□人所學者大而王欲小之也

爲巨室二字便有深意正借此影出爲國家的意思大木比賢人重木不重工師勝任則喜不勝不勝任則怒喜怒俱從巨室上生念正王明於用木處幼學已裕壯行之道壯行正發舒幼學之具壯行字妙見担當民物已無不勝之任矣欲是實地做得念一不容已非妄想也爾之字指仁義言姑舍正與必使相形則何如是駭然的聲口

吳駿公曰姑舍女所學而從我更端辨駁見其任賢之不專意而治國句原過氣語不當拘與上對看

今有璞玉於此雖萬鎰必使玉人彫琢之至於治國家則曰姑

中未琢玩時璞

不過萬鎰之價視國何如然玉不敢自治必付之玉人則愛玉甚矣賢者能治國王則不付之反曰姑舍女所學而從我則何故不像此使、

何以辭　是怪異的聲口、不是人詰問的声口、

○伐燕講　此見取國當順民心意齊人乘燕國的亂而伐之燕人不與戰遂勝燕、

今女所學而從我則何以異於教玉人彫琢玉哉　璞玉之在石中者鎰二十兩也玉人玉工也治國家不任賢是愛國家不如愛玉也

當時所寶者珠玉故曰今有云雖萬鎰言其少對國句着至於二字是重其事之詞即委任不專故云教字頂上從字來有把持牽制操縱由己之音

怪異的聲口

伐燕全旨　齊王心欲取燕妄認五旬爲天意不知天意心未有定何云天意孟子不教其不取但令之悅否極說得圓活

齊人伐燕勝之　燕王噲讓國於其相子之而國大亂齊伐之燕士卒不戰城門不閉遂大勝燕

稱齊人見非伐燕之人稱勝見乘燕之亂

◎或謂講

宣王有利燕的心，乃問曰今者破燕之後進言的，或謂寡人宜存召公之後，不可取燕，或謂寡人不可縱噲之的是當取燕，然寡人竊自思之，以齊萬乘之國伐燕萬乘之國，假說遽勝，今乃五旬之近舉全或而覆之，人力豈至此乎，必天意所在，不取是謂逆天，天必降之殃，今欲順天意而取之，以爲

宣王問曰或謂寡人勿取或謂寡人取之以萬乘之國伐萬乘之國五旬而舉之人力不至於此不取必有天殃取之何如

兩或謂假設之詞勿取取之雖兩開說來意重取一邊故援天以神其事萬乘二句勢相敵見其難五旬句以至難而有至易之舉天殃句似迫於不得不取取之何如不是兩可之疑實有決然意

曹允大曰齊乃乘燕亂以倖勝且不可謂之人又安可謂之天

孟子對曰取之而燕民悅則取之古之人有行之者武王是也取之而燕民不悅則勿取古之人有行之者文王是也

此節引文王武王是喚醒他要反己意以民之悅不悅爲據

何如。

○取之講

孟子對曰。天意不可知。亦卜之民心而已。取之而燕民必悅則取之。古之人有順民心而行之者。武王是也。取之而燕民必不悅則勿取。古之人有堅服事而行之者。文王是也。

○萬乘講

且王亦曉得燕時民心所以望齊乎。夫以齊萬乘之國。伐燕萬乘之國。宜其與

正矯其托天之說也。似不宜又把民心纏到天意上。武王非因民悅而取之也。武王當乎民之心。民奉武以不得不取之勢。商民何嘗不悅。文王何嘗欲取。文王自矢其忠實。與民心不忍忘商。合併而來。兩是也。是証驗語。

艾千子曰。引文武。只做個証驗。不必深爲別白。

以萬乘之國伐萬乘之國。簞食壺漿以迎王師。豈有他哉。避水火也。如水益深。如火益熱。亦運而已矣。簞竹器。食飯也。運轉也。

此節簞食壺漿數語。說得明白。豈眞人力不至于此。可喚齊王大夢。豈有他哉。便見得不是天意。如水如火兩如字乃假如之如。事則已是實事了。話則故爲玲瓏活轉。不犯實位。如

王敵也而乃簞食壺漿以迎王師豈有他意念哉避水火之虐而望救於齊也假如更爲暴虐如水益深如火益熱民將轉望救于他雖欲取其將能乎王但當覩民心不得妄托天意而必於取也

○救燕講　此教以弭兵之法齊人不用孟子順民心的言遂伐燕而取其國諸侯將合謀伐齊救燕宣王

設言一般佯爲口頭擬議無限換醒益深益熱即下殺父兄等來玩一運字見民心之轉機甚速而已矣見無可奈何只得如此依歸無定也

龔鑒徑曰當特無處不是水無處不是火即欲運亦往何地耶只自民心言耳與上悅不悅相應

救燕

全旨　論當日事宜行仁政以收燕民燕民悅則取之此是上策其次則度德量力存燕是中策齊兩失之諸侯兵有辭矣彼以復燕名我以存燕謝非速出令不可

齊人伐燕取之諸侯將謀救燕宣王曰諸侯多謀伐寡人者何以待之孟子對曰臣聞七十里爲政於天下者湯是也未聞以千里畏人者也　千里畏人指齊王也

書取則不行仁政可知矣救燕救召公之燕非救子噲也天

懼而問曰諸侯不謀吾伐燕的心多謀伐寡人不知何策以待之止其未發之兵孟子對曰臣聞七十里小國能混一區宇爲政於天下的湯是也未聞以千里大國反畏人的

○書曰講 書曰湯一征從葛始天下已信其志在救民由是東面而征西夷怨南面而征北狄怨怨之者皆曰湯何不先

下見齊伐燕是以齊救燕今齊不救燕而更取燕諸侯安得不謀伐齊也故齊王曰多謀伐寡人云云多謀即下天下字故孟子只教他救燕即所以自救何以待之是問應敵非問止兵也七十里爲政于天下千里畏人立兩句爲柱且虛下面誅君弔民便是爲政的根子殺父兄等事便是畏人根子

徐楚白曰味齊王何以待之一語茫然無策利令智昏也若有不能自主之狀

書曰湯一征自葛始天下信之東面而征西夷怨南面而征北狄怨曰奚為後我民望之若大旱之望雲霓也歸市者不止耕者不變誅其君而弔其民若時雨降民大悅書曰徯我后后來其蘇

兩引書皆商書仲虺之誥文也一征初征也信之信其志在救民也霓虹也雲合則雨虹見則止變動也徯待也后

於征我的國也郎書言觀之可見民望湯師之切若大旱之望雲霓望其雨而又恐不雨也湯師既至商安于市農安于野由是誅其無道的君而弔其久困的民王澤一敷若時雨降下大旱之後民大悅湯的仁矣書又曰徯我后后來其蘇則謂民悅者不益信哉

○今燕講

今燕暴虐其民王往而正其罪

君也蘇復生也此言湯之所以七十里而爲政于天下也

此節政見湯之所以爲政于天下處雲霓以上半節先引書然後自說見湯師未至而民望之速◎下半節先自說而後引書見湯師既至而慰民之望天下信之信字重還是平日行仁政使然着此一語隱咎齊王平日不能行仁政也東面二句四方皆有互文見意怨是望救之切奚爲後我句正怨辭也大旱望雲霓狀民望之切不止不變轂係累之民何如時雨句又形狀誅弔二句徯我二句與謀伐者逈別

王光復曰怨與望只一意精神全本天下信之

今燕虐其民王往而征之民以爲將拯己於水火之中也簞食

燕之民皆以爲王將救己於水火之中也故簞食壺漿以迎王師此何殊雲霓之望哉顧乃父兄殺焉而子弟爲虜宗廟毀焉而重器悉遷如之何其可以慰民的望也夫齊之強天下畏之非一日也今又倍燕之地而不行仁政以恣其暴是天下的兵固有以示之隙而動其端也千里畏人其能免哉

壺漿以迎王師若殺其父兄係累其子弟毀其宗廟遷其重器如之何其可也天下固畏齊之強也今又倍地而不行仁政是動天下之兵也拯救也係累縶縛也重器寶器也畏忌也倍地并燕增一倍之地此言齊不免以千里畏人也

惟其虐民所以人皆得征之也看民以爲將四字便是信不過處若字是未事之詞齊之取燕父兄子弟只虜在那裡宗廟猶未毀重器尚未遷只是不班師如之何其可猶言孩的做得固畏畏之甚只無可乘之隙今又倍地勢之愈可畏者也又且不行仁政則上殺父兄數語是天下之兵不自動而我動之也動如弩之機一發有不可阻之勢得之固畏二字下逑字緊頂此字

〇王速講　令天下的兵已動，莫可救止。王惟有急速出令，反其係累老幼，止其重器勿遷，謀於燕衆，別求燕之後而立之，而後引兵歸齊，或猶可及其兵之未發而止之也。稍緩則無及矣。

〇謀燕解　謀燕一着，正救他多謀一着。孟子可謂善下急着的，齊王尚求了海燕着敗着背

王速出令，反其旄倪，止其重器，謀於燕衆，置君而後去之，則猶可及止也。反，還也。旄，老人也。倪，小兒也。猶，尚也。及止，及其未發而止之也。

李太虛曰：問民句，是動兵之根；若殺四句，及倍地二句，是動兵之由。下猶及句，與此相應。

此節正答何以待之句，須以置君一句為主。王速出令，兵端將動，勢不容緩也。反之而不利其一民，止之而不利其一物，置君正齊之救燕處。燕已救，又何用伐齊以救燕？必謀於燕衆，恐拂衆心也。見齊舉動光明，曰去之，是以燕還燕，而未嘗取燕也。師出有名，天下不得借口，故可止。此是第一着，不容再商，若不速，便有無及。猶字正與速字相應。

張無垢曰：此令可為無策，正以齊事不得不出此也，一定以為良策。

○魯鬨章

此見欲用民當行仁政意。鄒好戰而與魯有爭鬨的聲聞于鄒國，穆公乃問于孟子曰：吾聞國有難而有司先，而百姓從向之。與魯鬨，吾有司為吾死敵的三十三人，而為之民的竟無一人赴鬨而為有司死的，吾欲誅之，則人衆不可盡誅，不誅則疾目而視其長上之死而不互相救援，不勝得怎広。

魯鬨 全旨

章中看君之民三字，極警醒。據鄒穆公所見，有司是他的私人，民便與他沒絲毫关着了。故孟子特為申明一体，使他不得推却，此正是行仁政之本也。君行仁政，則一體周流，親上死長，不期然而然矣。此是實理實事。

鄒與魯鬨。穆公問曰：吾有司死者三十三人，而民莫之死也。誅之則不可勝誅，不誅則疾視其長上之死而不救，如之何則可也？

鬨，鬪聲也。穆公，鄒君也。不可勝誅，言人衆不可盡誅也。長上，謂有司也。

鄒與魯鬨，便見好戰。在鄒便是輕賤民命之意。鬨字乃市井鬨然之狀。夫以一蕞爾小戰，有司死者三十三人，則小民之肝腦塗地，不知其幾百千人矣。乃僅念鄒有司之死，而不念小民之死。且曰而民莫之死，又曰不可勝誅，即此一言，穆公之罪不勝誅矣。如之何句，隱然有尤民之意矣。

的處之似刑不濫而民亦非罪也此穆公有不民的意思

○凶年講　孟子對曰民之疾視其長上有自來矣凶年飢歲君的民老弱轉於溝壑壯者散而之四方者幾千人矣當其時乃君之倉廩有餘粟府庫有餘財有司莫以轉死流散仰告于君是上慢忽不以民爲心而殘乎下者也則何以責民之報上

孟子對曰凶年饑歲君之民老弱轉乎溝壑壯者散而之四方者幾千人矣而君之倉廩實府庫充有司莫以告是上慢而殘下也曾子曰戒之戒之出乎爾者反乎爾者也夫民今而後得反之也君無尤焉　轉，饑餓輾轉而死也。充，滿也。上，謂君及有司也。尤，過也。

凶年泛指兵凶疾疫之類饑歲則專是歲不熟以幾千人較三千人當甚數上慢謂上慢其君與下殘其民對專指有司正誅其莫與告不恭之罪重言戒之是極言警惕之詞出爾反爾就不好一邊說有司自取民無容心也夫民之不救有司是得以反之也豈民之罪哉是有司自取也君何尤民爲

張公亮曰出反只在一念中故用兩爾字

哉孟子曰戒之戒之凡人相與出乎爾的如此反乎爾的亦如此夫民由斯以譚前日疾視長上之死而不救者以今而後得以反報之也此正出爾反爾之當君何必罪民而議誅之也使君行仁政于平時斯民自是內有親愛的心外則效死的勇豈有不救長上之理

○事齊章　此教滕以自

君行仁政斯民親其上死其長矣君行仁政則有司皆愛其民而民亦愛之矣

仁政寬說發賑亦在其中上長從上疾視長上來斷指有司

斯字見民之死力極易得也

沈去疑曰味斯字口氣見能行仁政纔有此不然在民豈是强得的

事齊

全旨　此非不得已之詞也當知為滕只有這條可做一定之詞如事齊事楚只為自家利害百姓喫虧不可言也與民守之效死而民弗去加知為百姓耳此內有多少利民福国之事是立国第一着不專在城池上布算也

滕文公問曰滕小國也間于齊楚事齊乎事楚乎滕国名

啓口說個小國見勢不能敵人間於二大有萬難自立之勢

事齊乎事楚乎言必兼事方妥此是依靠他人非持久之計

孟子對曰是謀非吾所能及也無已則有一焉鑿斯池也築斯

立之策非文公曰滕小国也間於齊楚二大国之間勢難並事欲擇一尤强的加厚之不能得厚事齊可乎抑厚事楚可乎孟子對曰是僥倖萬一的計吾不能爲王者也必欲言之不已則有自立之一策焉国所資者地利人和也池則鑿之使深城則築之使高平日固結民心與民守之臨难則效死而民弗去所

城也與民守之效死而民弗去則是可爲也一謂一說也效猶致也

謀事人以保国不過僥倖之策吾不能爲計無已者求保國十一定之詞也鑿池築城與民死守有許多綢繆捍禦意在郎次章所謂强爲善也兩斯字指畫形勢了然效死弗去已自有不亡之道則是可爲也爲之於齊楚則不可爲亡之于本国則可爲政教他着力下手做

策薛

全旨

張公亮曰鑿池築城是孟子告文公問爲政以後語原與井田庠序是一件事是一副話非全未料理单望其築鑿守死引太王章只是相寬慰之詞以起下爲善意見得强鄰迫逼太王首當之綫不獨滕也至于不得已而遷岐亦是計無如何古今一揆惟有强爲善一策而已不然彈丸之滕從何處播遷乎因太王肇基王迹故引爲善有王來以勸鼓舞以所爲善之利與上遷国意絶不相粘初

一非教王遷国亦非公有迁国之心而止其遷国

可為的不過是這等事
○築薛章
此教人主善後之意在于為善
○滕文公問曰吾聞齊人將取薛地而城之夫滕隣于薛其漸將及于滕吾甚為之恐如之何則可免於難乎孟子対曰君無德恐為也昔者大王居邠狄人侵之乃去之岐山之下作邑以居焉其實非擇其地取而居之乃畏于狄難不

滕文公問曰齊人將築薛吾甚恐如之何則可薛國名近滕齊取其地而城之故文公以其偪己而恐也

將築薛雖未及滕而有及滕之漸恐築薛決意事齊也如之何則可口角似商意中甚決

孟子對曰昔者大王居邠狄人侵之去之岐山之下居焉非擇而取之不得已也邠地名言大王非以岐下為善擇取而居之也

引太王事是起下為善意不重遷國上擇取見是興王之地非擇而取之二句一氣下不得已也不是沒奈何光景言其有可以自為者欲已而有不得已者在

苟為善後世子孫必有王者矣君子創業垂統為可繼也若夫

得已而□言存之計耳今人苟知所以為善則後世子孫必有興王如太王之後者矣此亦論其理耳若論君子的本心但曉得創此善業垂其統于後正以此善道世世子孫爲可繼續而行也若夫昌明再造則在于天豈可必哉今以滕弱小奈得彼何只強爲善安若可爲而已矣何必爲無益之憂哉

成功則天也君如彼何哉彊爲善而已矣創造也統緒也彼齊也

只重在苟爲善句此句承太王說爲善即人有以加我我不與之交惡只修吾之法累吾之仁也大抵不着遷國亦不泥遷國方妙子孫必王作已然看君子創業二句是泛論爲善王意切不可指遷國之謂創業創此爲善之業垂統垂此爲善之統繼對王字說言只要此善可以爲子孫世守之道君子之心非有期於必王也若夫成功則天言天道不可易有必然不爽若君如彼何哉正言事之無益也強爲善明說仁民便是效死而民弗去的源頭強者志氣不以弱小自餒而已矣三字渺無他着也與則有一焉相表裡

〇竭力講

此以滕小言自
撐其立國之道竭
意滕文公問曰力
吾滕褊小的國
竭國家財賦之
力以事齊楚竟
不得免其侵凌
焉如之何則可
免也孟子對曰
君謂竭力事大
昔者太王不曾
竭力事大乎他
居邠的時亦被
狄人侵凌始事
之以皮幣意為
必精於貨賄也
竟不得免繼事
之以犬馬意必
所好者此也竟

張公亮曰貞則而成亢先人之餘燼也猶微而或熾先人之
餘烈也故子孫千百年而不盡我一念所謂可繼此一念也

全旨

孟子敘太王遷國有許多不忍之意說或人效死之說
直急析截只當時文公已無可去之地只有一死而
已若決言教人去亦
未甚難故教之自擇

滕文公問曰滕小國也竭力以事大國則不得免焉如之何則可孟子對曰昔者大王居邠狄人侵之事之以皮幣不得免焉事之以犬馬不得免焉事之以珠玉不得免焉乃屬其耆老而告之曰狄人之所欲者吾土地也吾聞之也君子不以其所以養人者害人二三子何患乎無君我將去之去邠踰梁山邑于岐山之下居焉邠人曰仁人也不可失也從之者如歸市

皮謂虎豹麋鹿之皮也幣帛也屬會集也
邑作邑也歸市人衆而爭先也

不得免然事之以啖王意必利其珍寶也竟不得免於是會集其耆老而告之曰狄人是愛我土地耳吾聞之也君子不以其所以養人的土地棄民于鋒鏑而害人二三子何憂患乎沒有君一去而國無君無恙我將率爾去之予是與其民去邠而踰梁山邑于岐山之下居焉邠人曰吾君愛其民而輕上地如此

文公不能自立只求事人故有竭力不得免之說如之何則可有無可奈何之意孟子述太王事狄不免之事以破竭力事大之失算然在太王豈是歷事以求免想亦是緩敵之策須定遷國于胸中而特以此事不可明民安土重遷人之常情也惟至于無可事數窮理極了計無復之然後告耆老正默以動其心乃收拾人心大機括於是狄亦狃于再三之事稍緩其毒太王得從容以去出他意外故無追迫之患何患無君正是率民共遷之詞不以其所以養人者害人仁人之言慈祥藹然矣邠人稱之以仁人仁心惻感不呼自應從之者如歸市緊頂不可失句數語正效死勿去之心

仁人也，不可舍去，從之人衆，而又爭先如歸市然。

○世守講　又或人有曰：國土受之先王，傳之先君，當世守的，不是身所能專爲，欲棄即棄得的，雖有敵國之侵，但當效死而勿去。

○請擇講　然請於斯二者擇其能行的行焉。若專於事人，終非自保的策也。

○[illegible]

徐九一曰：或去或守，俱要仁與而已。讀者亦不以其所以養人者害人，與效死勿去二語，上二章意更了然。

或曰：世守也，非身之所能爲也，效死勿去。此國君死社稷之常法也。

世守也，此土得之先王，豈可遽去？身之所爲，只是爲善，若夫則非身之所得爲也，故效死勿去。

夏膚公曰：諸侯以保社稷爲孝，效死勿去，守社稷之義也。

君請擇於斯二者。能如太王則避之，不能則謹守常法，審己量力，擇而處之可也。

教他從身之所能爲不能爲處擇。

周介生曰：請擇之意，教他自付，分知自家量力在守耳。

平公全旨

聖賢于境緣所值，每每援天自信，非無聊之詞。聖賢直見得我身乃上天囑付之身，非閒小可，一行一止，都有相之者，故于讒邪小人都是作我奔走服後之奴，豈直不尤之已哉。

此孟子以[illegible]折小人意魯平公有感于樂正子的言將出而就見孟子時有嬖人臧倉者欲沮其見乃作爲不知而請曰往日君出則必命有司以所往之地今乘輿已駕矣有司未知所往敢請公曰將見孟子曰何哉君所爲輕吾身之貴以先加禮於匹夫之賤者無乃以孟子爲賢乎禮義由賢者出而孟子之後

魯平公將出嬖人臧倉者請曰他日君出則必命有司所之今乘輿已駕矣有司未知所之敢請公曰將見孟子曰何哉君所爲輕身以先於匹夫者以爲賢乎禮義由賢者出而孟子之後喪踰前喪君無見焉公曰諾乘輿君車也駕駕馬也孟子前喪父後喪母踰過也言其後母薄父也諾應辭也

將出是書法且然而未必然之詞安得不來臧倉之譖乎見賢國之大事君之盛舉何不命有司所之惟其不命有司所之則君心可知矣此臧倉讒邪之言所由入也何哉猶言庅所以先匹夫就是輕身以爲賢其實不可謂賢也禮義字串合義就是禮出賢者出見賢者一行一動都是義理無有不合

喪之後踰過于前喪安在其爲賢乎君無見焉公曰諾是小人一言而中止矣樂正子入見平公問曰君前日乘輿已駕奚爲卒不見孟軻公曰或告寡人曰孟子之後喪毋踰前喪故不果見正子曰君指何者而謂他踰毋乃謂前以士之禮喪父後以大夫之禮喪母前以三鼎祭父而後以五鼎祭乎曰否

禮義者後喪句舉一事以証其非賢者亞踰字厚母薄父耶

非禮義何得爲賢曰諾者納其讒而止其駕也

連如白日平公駕而不命或亦逆料在旁之曰吾意將卒然往見孟子耳畢竟爲小人說破充動身不得悲哉平公

樂正子入見曰君奚爲不見孟軻也曰或告寡人曰孟子之後喪踰前喪是以不往見也曰何哉君所謂踰者前以士後以大夫前以三鼎而後以五鼎與曰否謂棺椁衣衾之美也曰非所謂踰也貧富不同也樂正子孟子弟子也仕於魯三鼎士祭禮五鼎大夫祭禮

君奚句見孟子之賢無可議無不可見也不直曰臧倉而曰或謂者隱其名匡寵幸處也前以數句詰辨自明而結言貧富不同之說克可謂明且盡矣而公竟不回其聽何也此正

但說其材材衣衾之美惡不同正子曰不可以此而謂之踰是其貧富不同故樂正子來見孟子曰克告於君君爲來見也嬖人有臧倉者沮止乎君君故不果來也孟子曉之曰吾道之行或使之其止或尼之行止不是人所能爲默默中有天在焉所以吾之不遇魯侯也臧氏之子不能使我不遇天之何爲

天之未啓其機也。

黃闇卿曰前以士四句不是問辭乃是折倒平公語三鼎五鼎正填實上面士與大夫之禮不平

樂正子見孟子曰克告於君君爲來見也嬖人有臧倉者沮君君是以不果來也曰行或使之止或尼之行止非人所能也吾之不遇魯侯天也臧氏之子焉能使予不遇哉克樂正子名沮尼皆止之之辭

此節樂克痛着心在見而果不見孟子高着眼在遇不遇也行或使止或尼兩或字有莫之爲而爲意此便指天遇字不止乘輿一見便是諫行言聽如所謂王而用予天下之民舉安方是不遇魯侯此天之未欲平治天下也小人些小伎倆豈能與天平治事不罪臧倉正歸其權于天也

十四卷終

○當路講

此見孟子易王道而鄙伯功意。公孫丑問曰，設若夫子一日居權要於齊國，管仲晏子取威定伯的功業能自期許再見于今日，不遜當日之所為的否。

○孟子誠講

孟子斥之曰子[illegible]

公孫丑上 凡九章

當路全旨 此章以齊王反手為主。德是本，時勢其所乘者。以齊王是德，其反手處是時勢。然有德然後可以論時勢，非三平語。但時勢雖並說，亦宜側重在時上看，本章數時字可見。

公孫丑問曰：夫子當路於齊，管仲晏子之功，可復許乎？ 公孫丑，孟子弟子，齊人也。當路，居要地也。許，猶期也。

◎當路要重看，操得為之柄也。管晏之功，乃取威定伯之事。且虛說可復許乎，許者自期也，非謂孟子不能管晏，是慕其功而稱羨之詞。

孟子曰：子誠齊人也，知管仲晏子而已矣。 齊人但知其國有二子而已，不復知有聖

只是平日人品、賢之董知管仲晏子事。而已矣此外就不曉得了、

○或問講 不視曾西之自期許乎、或問乎曾西曰、吾子的人品自擬與子路誰勝些、曾西以擬己太高、蹵然不安、曰子路學術造詣、吾先子之所敬畏的。吾何敢當之、又問曰、既不敢比子路、則吾子自視與管仲誰勝些、曾西以擬己太卑、艴然不悅

管晏之功顯著于齊、亦惟齊人知之而已、者見外此有能友于王齊者、彼未知也、此意隱含不可顯露。

或問乎曾西曰、吾子與子路孰賢、曾西蹵然曰、吾先子之所畏也、曰、然則吾子與管仲孰賢、曾西艴然不悅曰、爾何曾比予於管仲、管仲得君如彼其專也、行乎國政如彼其久也、功烈如彼其卑也、爾何曾比予於是、孟子引曾西與或人問答如此、曾西曾子之孫、蹵不安貌、先子曾子也、艴怒色也、曾之言則也、烈猶光也、

引曾西一段、只緣此以見管仲爲仲尼之徒所不道、未必無有是問答、或人初擬曾西于子路、因其不敢當、乃始以管仲

曰爾何乃比予
於管仲[illegible]人、
品[illegible]
得君[illegible]何等
專、秉政[illegible]十餘
年何等久、所就
功烈無一毫王
者局量何等卑、
爾何乃比予於
這樣的人、

○戒願講
孟子曰曾西學
於孔氏管仲乃
曾西之所不爲
的、而子爲我願
許而願之乎、
○君霸講
丑乃盛稱管晏
曰夫子[illegible]晏

擬之、玩然則二字、豈特孟子曾西不道管仲乎、即或人、
輕重矣、蹙然、以擬之太高也、畏只是不敢忽意、艴然不悅[illegible]
之之甚也、爾何曾比句、曾西崖然、氣象似非管仲所能當也、
得君三句、把專與久兩路相形、見得無解于功業之卑耳、如
彼猶云不在此論功業之卑、主心術言、以其心術窄隘、即有
所建立、不過此小事業、要把聖賢之道律之、方見其卑也、

◎

◎

曰、管仲曾西之所不爲也、而子爲我願之乎、曰、孟子言也、願、望也、

不爲與願、只以願字爲字緊相呼應、不必說與曾西同道、大
凡吾人所爲、質之此心、而有不願者、即是意念不屬于此、故
不爲也、五伯始于管仲、故惟斥管仲、

而乃忽引足未考其功耳桓公之成伯業乃管仲左右之以成一匡九合的績景公之顯名于當世乃晏子左右之以成大戒省助的美繼後能如管晏幾人信如夫子這等說管仲晏子還是不足爲的麼孟子因以自許者告之曰使我能管晏的遇把齊行王道于天下若覆轉手一般易的區區伯顯何足論的

曰管仲以其君霸晏子以其君顯管仲晏子猶不足為與顯顯名也

二以字要看見把柄在我能左右之以成其事以君霸如一匡九合致其君為盟主以君顯如布德緩刑致其君名聞當時猶不足爲與是訝其不屑爲意

曰以齊王由反手也反手言易也

此以字正照上二以字來以齊王謂齊非能王乃孟子能以之王耳分明見不必專且久而伯顯果不足言也反手只是言其易下解倒懸正反手處

曰若是則弟子之惑滋甚且以文王之德百年而後崩猶未洽於天下武王周公繼之然後大行今言王若易然則文王不足

○君兄講　丑說夫子薄管晏已是了。又說反手齊王。這等樣。則弟子之疑益甚。姑不必遠稽。且就文王言。其政教及人的德。旣甚享国百年之久。而後崩。然化行有限。猶未浹洽于天下。必待武王纘緒。集續周公制礼作樂。以繼其德。然後文王之教化大行。則王亦难矣。今言反手王齊。若是然易。郎[illegible]德亦

滋與滋，益也

若是二字承上來。丑之疑不在王上。全在反手上。下面正見滋甚。出文王句。用一且字。是盛其德之詞。文王之德。指惠鮮懷保言。洽者。入之深。大行者。洽之遠。百年四句。總言未易。曰易然。承上反手字。言易之易者也。不足法。本德言。下何可當緊縮德字。文王不足法。與與上管仲不足爲相照。

艾千子曰。管晏曰足爲文王曰足法。丑亦頗有分曉。

曰文王何可當也由湯至于武丁賢聖之君六七作天下歸殷久矣久則難變也武丁朝諸侯有天下猶運之掌也紂之去武丁未久也其故家遺俗流風善政猶有存者又有微子微仲王

不……

〇文王講

孟子答曰文王盛德何可當也然所以致王之难的緣故因所值的時难耳商之天下始于成湯之創業以至武丁之中興其間賢聖之君凡六七作天下戴其深仁厚澤歸心向化于殷的久了久則难變而之他也試观武丁當式微之運所人修政諸侯來朝依舊有天下甚不爲难

子比干箕子膠鬲皆賢人也相與輔相之故久而後失之也尺地莫非其有也一民莫非其臣也然而文王猶方百里起是以難也當猶敵也

上節百年繼世皆是言時之久故此節言周家以時之久而未王者正以值商家之時久而難失也何可當指德言文固宐王紂固宐失然而無德足以延之血脈俱從六七作來賢聖之君六七作可謂不就矣此見人心戴之深而難以一時變更武丁中興之易緊頂此來至紂之世宐若易於變更其故家遺俗流風善政無無一憔悴光景曰故曰遺曰流曰善皆字皆本商先王身上來猶存者對紂而言也不惟此又有諸

猶運掌之易也紂雖稔惡去武丁中興僅七世未久也其在下則故舊之家與夫仁厚的遺俗在上則教化的流風與夫紀綱法度的善政猶藉中興未盡亡者且其世澤之遺又有貴戚之卿微子微仲王子比干箕子四人異姓之卿膠鬲一人這五人皆賢人也相與同心而輔相之何等綿延固結故十分難道心

賢同心協力贊翼王至久而後失紂惡之甚也尺地二句則況字轉見殷家世業之大是以難也何只帶文王猶方百里起說

齊人有言曰雖有智慧不如乘勢雖有鎡基不如待時今時則易然也鎡基田器也時謂耕種之時

此節以下正言其齊之王反手雖兼德然意重時邊引齊人之言妙政應予誠齊人句言齊人亦有知時者味雖有不如四字見時猶關切于事機也待時乘勢只爲有智慧有鎡基者言也若無智慧無鎡基雖有時勢何益乘勢乘事機便利之際不指富貴權力說今時對周而言見今有時可乘所以易

又下後先八心也且當時尺地莫非紂之有一民莫非紂之臣然而文王猶然僅足百里的岐周而興起是以致王如是之难也

○齊人講　齊國的人有言以作事的雖有智慧之巧不如乘勢之便猶力田的雖有鎡基之備不如待時之至言齊王之易正以今時易于文王然也

○夏后講

也時字雖包勢字然不必補出今時則易然也此是頂上文來又以帶起下文

夏后殷周之盛地未有過千里者也而齊有其地矣鷄鳴狗吠相聞而達乎四境而齊有其民矣地不改辟矣民不改聚矣行仁政而王莫之能禦也此言其勢之易也鷄犬之聲相聞言民居稠密也

合下二節言齊有可爲之耤而又適遇其時只渾融一個時而勢自在其中齊之有地有民非兩對平說總見有齊之地而因有齊之民所以追踪夏后殷周只在要改政若地與民則不待改矣見王者畿內止於千里不用再辟再聚矣莫之能禦政是反手

從古夏后殷周盛時，王畿的地亦未有過千里者，齊已有千里之地矣，以故民居稠密，雞鳴的聲，狗吠的聲，至相聞，得自國都而達于四境，齊已有大国的民矣，地已辟，不必再辟，民已聚，不必再聚，乘此而行仁政，王自莫禦也，且齊之猶不特此也，自周至今，七百餘歲，王者不興，未有疏曠於這時的，以之比前，才過

且王者之不作，未有疏於此時者也；民之憔悴於虐政，未有甚於此時者也。飢者易為食，渴者易為飲。此言其時之易也。易為飲食，言飢渴之甚，不待甘美也。

此節深明莫禦之意，蓋以見今時之易也，故用一且字轉下。王者不作，君不行仁政也。疏對下三時言。民不被仁政之澤，即憔悴也。甚對紂言。兩未有，正是千古一時，饑者二句是今則易然之着落處。饑渴上要補行仁政意。

孔子曰：德之流行，速於置郵而傳命。置，驛也。郵，馹也。所以傳命也。

德之流行，粘下文說，謂德本易行，況復乘此時乎？方於文王分上無碍，孔子未必有此意，引之者然也。德要影飢渴所謂

万民憔悴於虐政未有極甚于這時的於此時行仁政不必深仁厚澤便已徧厭如飢者不待甘食而易爲食渴者不待甘飲而易爲飲而王眞莫禦矣況德及民尤神孔子曰德化之流行其機不疾而速殆速於置郵而傳王命焉當這虐極思仁的時加以齊萬乘的國乘這時以行仁政彼苦于憔悴的民深感所

思德載德之德速于置郵甚言之詞不必比擬

張公亮曰孟子說時勢孔子但說德之流行說時勢便有待說德便無待有待不如無待之速

當今之時萬乘之國行仁政民之悅之猶解倒懸也故事半古之人功必倍之惟此時爲然倒懸諭困苦也

萬乘之國句從今之時三字抽出勿重見今之時何時以大國而行仁政是與饑以食與渴以飲憔悴之民其悅何如猶解句正形容此悅從困極中得來德行之速於此可想事半功倍半字安有程量只是不必百年繼世倍之就是反手王齊味必字見的有可據不是扯譚惟此時者見古人不能有今之時耳

悅不啻解倒懸，然故所施仁政的事，特要乎古人，而濟世的功，必加倍于古人，惟今之時，乃千載之爲然也。王齊猶反手矣。

（一）加齊講

公孫丑究孟子心學，問曰：夫子設若加齊卿相之位，得行其所學的道，雖由此而成霸王事功，亦夫子做得的，無足怪異。這等你心上也曾有所動否？孟子曰：我[illegible]大任

加齊　全旨

以不動心爲主，而知言養氣爲用，願學孔子爲宗，在必從吾言斷。上是言已不動心之學異於告子，在知言養氣。下是願學孔子而推尊之，以見不動心之所自來。知養根原全在行無不得于心，而所以行無不得者，功夫全在集義，非同騶舍之襲取。

公孫丑問曰：夫子加齊之卿相，得行道焉，雖由此霸王不異矣。如此，則動心否乎？孟子曰：否。我四十不動心。動心，恐懼疑惑也。四十，道明德立時。

丑不是說事功，是問心學。加齊數語是承上王業來，乃掀起事功，歸重到心上。卿相曰加，已是看得卿相大了，又曰雖由此伯王，見居大位以成其大功意。不異二字得之反手二字來。如此二字，丑先自驚訝矣。不動二字，註以恐懼疑惑釋之。疑惑反知言，恐懼反養氣，極得旨，不必深求玄講。我四十句。

而動，心若不立，我平時用功到四十歲時，已不動心了。

○【右是講】

丑曰：夫子不動心，若是，則舉天下大責任而勝之有餘，夫子其過有力的孟賁差多貺。孟子曰：你但要不動心，是不爲难，即告子先我不動心了。

【先字解】

先字照四十字看，言早也，便是獘病。告子是縛枝葉的，孟子所

孟子不動心，把四十自舉其任，蓋歎之也。告子之先，是不能四十矣。

周仲叡曰：伯王從業生，功業從氣魄生，氣魄從精神生，精神從性命生，性命常住不滅不生，不滅不生，是名不動。

曰：若是，則夫子過孟賁遠矣。曰：是不難，告子先我不動心。孟賁，勇士。丑蓋借之以贊孟子不動心之難。

若是二字，亦有驚疑意。過孟賁遠，亦是形容其勇於担當也。是不難，言不問其所以不動者何如，但曰不動則不難，如此則告子先我不動心了。突出告子，非屈告子以伸己也，恐聞之者認以爲易也。先之一字，便見險陂，便見與善養之學不同，下文極力敲剔，已埋根在此也。

謂使上着力、○有道講　丑曰不動心意必有道乎、孟子曰不動心自然是有道的。○北宮講　不惟我、下如勇士亦有之、北宮黝之着力去把持以養此勇也、以必勝為主、其膚被然而不橈、其目毅然而不逃、推其雄視一世之心、如以一毫見挫於人、若撻之於市朝之辱、故不受於褐寬博之賤者、亦

曰不動心有道乎。曰有。陳慧生曰、是不難、明孟子自養成後、做得了手、故有得在識、說得輕快、心有主、則能不動矣。

有道乎、是大槩問、非問孟子。孟子只說有、不言道字、便有獨得其宗、不可一端盡意。

北宮黝之養勇也、不膚撓、不目逃、思以一毫挫於人、若撻之於市朝。不受於褐寬博、亦不受於萬乘之君。視刺萬乘之君、若刺褐夫。無嚴諸侯、惡聲至、必反之。北宮姓、黝名。膚撓、肌膚被刺而撓屈也。目逃、目被刺而轉睛逃避也。挫、猶辱也。褐、毛布。寬博、寬大之衣、賤者之服也。不受者、不受其挫也。刺、殺也。嚴、畏憚也。黝以必勝為主、而不動心者也。

合下二節、不是實敘他行事、總是極形容話頭。要知黝舍不重、只借黝舍引到曾子上去。養勇者見所重在勇也、不撓不

不受挫於萬乘之貴者，他視刺萬乘的君，若刺褐夫也，並沒可畏憚的諸侯，即以惡声加之，亦必反之，而無所不畏焉。

○孟施講

不特黝也，孟施舍亦有所養成其勇處。舍自言曰：我當未戰時，料其難勝，胸中只是必勝的光景，若量敵之弱而後進兵，慮己之可勝而後合戰，是畏自己三軍者之御，不足

逃，是孟子畫出黝挺身瞋目，無人敢當之狀，不必說到被刺處，以一毫挫于人而下，非真有是事，特極言其勇如此，看一思字、視字，正模寫他意在必勝的光景，兩不受，必報之而後已。重萬乘上，視刺三句，目中已無諸侯，惡聲指逆詞，通褐夫萬乘皆然，必反者，無不反也，皆就心言，從思字來。

孟施舍之所養勇也，曰：視不勝猶勝也，量敵而後進，慮勝而後會，是畏三軍者也，舍豈能為必勝哉？能無懼而已矣。孟，姓；施，發語聲；舍，名也。會，合戰也。舍以無懼爲主，而不動心者也。

養勇上加一所字，只以別于黝耳。舉舍所言，亦是想像他無懼為主而代為之言耳。視不勝之勝，目中惟見全勝，未想到

以敵人也舍豈能必其可勝只是能無怕懼儘力向前的

〔不勝雖〕是不可勝的正於不可勝處見其必勝

〔似曾講〕即二子氣象而擬之孟施舍非曾子的眞都有些似曾子北宮黝非子夏的眞却有些似子夏夫二子之勇同出于血氣也不曉誰個勝些然而黝之必勝此舍之無懼所守

不勝處下三句節在此句内一氣推下量是量其虚實强弱慮是料巳之勝負進是往與之戰會則巳進而戰末二句正觧其視不勝猶勝之意必是期必能無懼字重看

張公亮曰視不勝猶勝此是舍知持心養氣之道善戰者置勝負于度外則勝若必得矣此舍之所以能守氣也

孟施舍似曾子北宮黝似子夏夫二子之勇未知其孰賢然而孟施舍守約也黝務敵人舍專守巳子夏篤信聖人曾子反求諸己二子之氣象各有所似賢猶勝也約要也

此節不重敵二子優劣但欲挺下曾子之勇耳兩個似字只依稀就人巳兩字上形容說得着實便差似字最妙所謂似是而非也知其爲似則眞者不待辨而自顯其寓意益爲告子之不動心有似于巳也惟上似便未知孰賢此句將二子

十五卷

較得其要些

〇昔者講

要之終非大勇也昔者曾子嘗謂子襄曰子好的是勇往乎吾嘗聞大勇於夫子矣夫子以天下惟理爲可恃若自反于心而理不直則其氣自餒雖褐寬博的賤吾安得不怕焉苟自反而理直則其氣自壯雖千萬人之衆吾亦向前去

縮字解

縮人也入受也自反而正受之

都抹殺了說舍守約亦是彼善于此之意

昔者曾子謂子襄曰子好勇乎吾嘗聞大勇於夫子矣自反而不縮雖褐寬博吾不惴焉自反而縮雖千萬人吾往矣此言曾子之勇也子襄曾子弟子也夫子孔子也縮直也惴恐懼往往而敵之也

此引大勇之言以明不動心之道勇而曰大勇即氣之所謂浩然者也其自反而縮一邊即下直養無害而塞乎天地之間意寬博豈不惴即不惴不可得意自反而不縮一邊即下行有不慊於心則餒意四句口氣甚斬截總以形容氣隨理轉的模樣以明不可不縮照出養字之意這節重自反上縮不縮無常而自反則有常工夫都在平時

以爲可受者無慽於吾心也、

○守氣講

夫舍所守雖約只是柰守個氣又不如曾子之所守的是理爲尤得其要也我之不動心其原蓋出于此、

○敢問講

丑、緣未悟故曰敢問夫子之四十不動心與告子之先夫子不動心其道可得聞與孟子曰告子嘗說不得於言所說的典理有不達即舍了

張無敵曰、能備處便是勇于勝也、便是大勇不必以往爲勇、

孟施舍之守氣又不如曾子之守約也孟子之不動心其原蓋出於此、

前丑問不動心有道守約二字正告以不動心之道也、只有此道更無他道、守約根上縮字來惟從縮處守之所以爲約、二字不論勝負之形而論無勝無負之神、正從心之動不動處微觀之、上節似守之意於此復申明之也、

曰敢問夫子之不動心與告子之不動心可得聞與告子曰不得於言勿求於心不得於心勿求於氣不得於心勿求於氣可不得於言勿求於心不可夫志氣之帥也氣體之充也夫志至焉氣次焉故曰持其志無暴其氣此一節公孫丑之問孟子論告子之言又斷以己意而告

十五卷

這言莫去再求其理于心怕心被言網動了遇事不當於心第力制其心不消再去求于氣怕心反被氣所動今自其言而斷之謂不得於心勿求於氣其病不在氣猶之可不得於言勿求於心是須着那心全然差了必不可不曉得心與氣原是相關的怎么可勿求得夫志主乎氣而爲氣之帥也氣輔乎志而充

之也然凡日可若亦僅可耳

丑若知黝舍即知告子之不動心矣知曾子則知孟子之不動心矣又何用此問也不得於言等不必作告子有是語孟子只是述告子的主意其不得勿求四句只是洒然放下從無處作把柄恐心爲言動故不求于心令心無所觸而自止也又恐心爲氣動故不求于氣令心不因氣而妄動也此亦是個安心捷法也不得于心勿求于氣可以其所重在心也乃不得于心則此心打昏黒了只作頑空不知覺的模樣所以爲大不可夫志也下何句破他勿求于氣之說就是答他夫子不動心之問要抑揚重氣一邊指出志字來便與氣脉

滿其体也故志所至及氣即相隨焉我故曰交持着此心常在天理上安頓其氣沒有暴戾害子非不知心并不知氣也○既曰謂丑嘗悟而問曰既曰志至氣次則持志即是養氣单持其志就殼了又兼無暴其氣是怎麼的孟子曰心之權固在志而氣亦能反操之也如志專一固足以動氣也動而心

貫絡聯相呼應不間矣帥者能操能縱故有個運也克者體之周遍運動皆氣也有輔志一意至到也次舍也言隨志以俱到也有志氣合一意故曰二字是就自己心脉指言之持志養氣不分兩項持志是敬謹操持不令此心妄有向往暴非獨是暴戾把持使生震撼即是暴

既曰志至焉氣次焉又曰持其志無暴其氣者何也曰志壹則動氣氣壹則動志也今夫蹶者趨者是氣也而反動其心公孫丑見孟子言志至而氣次故問之如此壹專一也蹶顛躓也趨走也

丑非不喻至次之義意蓋謂志氣既不相離則持志即是養便不須兩頭去管攝故孟子凡志氣相關處指點見得持志

孟二十五卷

不隨之動也若氣事一則主帥無權而志爲之不寧何以驗之今夫㘅趺的與奔走的心裡何曾想着乃是氣也而反震動其心此氣一動志之驗也

【蹶趨辭】亦是不能持志所以如此持志則手容自恭足容自莊也

○【敢問辭】敢問夫子之不異於告子者有何所長而能然而孟子又詳告之以其故也知動心何所長於言者於凡天下之言無不究極其理而識其所以然也浩然盛告子也孟子曰大流行告子不求言我之貌

工夫正在無暴上兩個一字亦由不能持養來是志氣之偏勝處志不一則渙散無其帥氣不動則枯槁無其克志之動氣則帥得其權氣之動志則卒多奪主故志可一而氣不可一氣可動而志不可動也把蹶趨句來証氣壹動志是氣之易見者反動其心反字重看志動氣爲順氣動志爲反也節是不能直養無害了

張公亮曰心可一志不可一心一猶是無爲無事載其寧寂志一則不爲事繫便爲理繫事繫固失之理繫亦未爲得也

敢問夫子惡乎長曰我知言我善養吾浩然之氣 公孫丑復問孟子之所以

于言能識其所以然告子勿求氣我極會養吾盛大流行的氣。

【善養解】善養浩然之氣、雖天下的事只當微塵宋儒所謂剛中今古辟、襄從頭流只是養得浩然充是其自彌如此蓋字上又加一善字善正對下義襲者言孟子不動心在善養處得力。

【難言講】五日氣一也敢問怎的是浩然

惡乎長非問長于告子何所長而能不動心知言養氣就現成說其實知處養處無二源緣告子分言字氣字與心字作對自成一外義之學故孟子亦與他言字氣字判開而打併向心上去源頭工夫只有一集義內外合一寬暢蕩平與告子自不同此真孟子所長也論氣不可暴如何先云知言蓋以氣不從知中養出則氣不靈下直養無害不襲不餒正是善養浩然者不可以形神內外言之也告子在不動處安心孟子在此心原不動處着力。

張公亮曰離言氣以攝心便是枯寂之學寂時雖有到闊時便用不來今只就言以求心則是內外合一工夫也。

敢問何謂浩然之氣曰難言也

難言者蓋其心所獨得而無形聲之驗有未易以言語形容者。

孟子十五卷

的氣孟子曰養到的白朕得若以言語求氣是難以一言盡得

〇爲氣講

即言之亦不易其爲氣也是天地的正氣極大沒有限量極剛不可屈撓不加矯揉順其本然以養之而不以作爲害之充天地之間皆這氣所充塞布護也

塞字解

塞於天地之間在天人合一處看不如其就爲

最妙在開端以難言也喝起而重其詞深切有味浩然之氣養之非易言之亦難脉脉自養自知默默自養自喻也不可說難持以告人下二節又復言之何也

其爲氣也至大至剛以直養而無害則塞乎天地之間至大初無限量至剛不可屈撓得其所養而無所作爲以害之則其本体不虧而充塞無間矣

此節只是明其爲浩然不重養上然必曰直養者明必得所養然後復其浩然也至大至剛四字已盡了浩然之氣至若無量無際永無變壞大者如天地之氣瀰漫六合剛者如陽氣所發金石亦透直者順其本體之謂也直養就是無害非直養了又無害也塞即體之充是在吾身謂之充在世界謂

吾氣就為天地之氣，不必說到彌淪參贊處。

○配義講

其為氣之作用也，則天理之宜與當然的道，都是這氣相助以發露出來者。設有道氣，不惟不能配道義，則体不充而餒也。

配字解

氣如何能配道，義必道義養成，與氣合一，而左右逢源耳。苟求助于氣，則私意牽纏，烏得為直。

之塞。蓋浩然之氣原是天地之氣，不以私意害之，其氣自與天地相通瀰滿也。

其為氣也，配義與道；無是，餒也。

配者，合而有助之意。義者，人心之裁制。道者，天理之自然。餒，飢乏之而氣不充体也。

此與上節無二件，復說其為氣也，再三摸擬之詞，正為難言故也。事事物物各有自然之理曰道，從吾心裁制事物恰當天理之宜曰義。道義是本來之物，配字原不是兩相補襯，合併而來，亦合併而出。配道義正是塞天地之作用，即是氣之本體。無是餒也，言無是浩然之氣，即不能任道義，尚何能至大至剛，豈不是餒。

〇〔集義講〕然這氣從何而生，是事事湊合着天理而生，机自暢的，不是一事偶合乎天理，掩襲于外而取的。若行的有一毫不合心，体便不慊於心，便藏無限蓄縮之態。況我故曰告子未嘗曉得心之慊處，是以其不求于心而外之也。其不求之病坐此。〇〔生字解〕氣本完具於吾心，不待生也。生

是集義所生者，非義襲而取之也。行有不慊於心，則餒矣。我故曰告子未嘗知義，以其外之也。集，會合也。襲，掩取也。慊，快也，足也。告子不得於言，勿求於心，即外義之意。

所謂直養只在集義。是字承上文至大至剛配道與義一直來，配道義而出者，還從集義而生。義于何見？慊于心就是義，不慊于心就是非義。無一不慊于心就是集義。集是握義之樞，事事逢源。襲只在皮膚上裝飾也。生字活看，不是事事合義了，又另有一種浩然之氣猛然發出來，就是這道義勇往奮發精神鼓舞，有勃然不可禁者，此即氣之發生矣。義襲不過一事偶合乎義，即欲強拿他來，豈是生得氣的？故曰非義

字對餒字說餒即息也天地生生之理未嘗息集義者自不息此生理也理不息則氣便不息所以謂之生

【襲字解】集義即是養氣但集知有義不知有氣纔見有氣便是襲矣

○【必有講】集義的工夫何如必有持志集義的事焉心自正不用着力去正時將做事而不遺忘氣自長

襲云行有不慊二句發明非襲義之意以行慊心集之之謂也有字要看只行一件不義便不慊便餒矣餒字對生字言上餒字就作爲言此就初養時言集在事而集之本在心故義非外必知得方能集得告子不知義只是外其義而不能集空空守個虛寂無用之心也故下文繙之以必有事焉見不落空

張無垢曰義是我心不但襲字說不得併集字亦著不得集義即曾子所謂自反耳省心合義則心体純全其氣自出

必有事焉而勿正心勿忘勿助長也無若宋人然宋人有閔其苗之不長而揠之者芒芒然歸謂其人曰今日病矣予助苗長矣其子趨而往視之苗則槁矣天下之不助苗長者寡矣以為

而不用人力去助他，慎不可像似宋人一般。昔宋國有人憂其苗之不茂，而扶起使長者，乃無知而茫茫然歸，謂其家人曰：余今日勞矣，苗向不長，今助之長而有功于苗矣。其子急走去看之，苗已枯死了。天下之養氣的，不如宋人之助苗長者少矣。以爲無益而舍之者，雖不去有事，尚不把他弄壞，若助之長者，後

無益而舍之者，不耘苗者也；助之長者，揠苗者也。非徒無益，而又害之。

必有事焉，有所事也。正，預期也。忘，無所事也。助，有所作爲也。閔，憂也。揠，扶也。芒芒，無知貌。其人，家人。病，疲倦也。

首必有事以下共十四字作一氣讀。有事，集義是也。助長生于期必之心，故先說勿正，又再申之曰：只是勿忘其所有事而已，切不可作爲以助其長也。勿助長三字重，是以下文只承助長說去。無若宋人之愚，以告子是宋人也。揠苗一段，固是說助長，其實正忘都在內，如無益而舍，便是忘；閔其苗，便是正。芒芒然字、趨字，點綴有意。此引譬重苗稿末三句，與此相與。助長只欲求其益耳，不知氣不可滅之使消，豈可益之使長。此害字正與直養而無害害字相應。須知害不止於餒而

邊再鼓不知此之揠苗的非但没益而又害之是助之病更甚于忘的

○知言講

丑又問曰怎的謂說是知言孟子曰知言亦不外着人心蓋言由心生知偏詖的辭就曉得他心有所遮蔽淫蕩的辭就曉得他心有所陷溺邪僻的辭就曉得他心有所離去逃遁的辭就曉得他心有所窮屈四者生於

也古賢人君子惟慮不得助長一機名爲集義實是義襲故曰天下之不助者寡矣

陳慧生曰必有事三句不必逐字分解只要想他集義養氣時一段閒靜光景耳

何謂知言曰詖辭知其所蔽淫辭知其所陷邪辭知其所離遁辭知其所窮生於其心害於其政發於其事聖人復起必從吾言矣此公孫丑復問而孟子答之也詖偏陂也淫放蕩也邪邪僻也遁逃避也四者相因言之病也蔽遮隔也陷沉溺也離叛去也窮困屈也四者亦相因則心之失也

知言無他事卽集義中事耳只說一句生于其心則事心外無工夫矣生于其心以下亦申明上句之意蓋知之不在言上討分曉全在心上模寫詖淫邪遁在言上蔽陷離窮在心

其心必至害政之大綱發於其政必至害於其事之節目此卑之決然的卽聖人復起必以吾言爲的確不爽的

所字解

四個所字正生心之害夫吾心耶長之害就自知言而究天下人心之害蓋吾之害心者既掃除乎盡斯人之害心者不能逃吾鑑所以并其發言的根原都洞徹無遺知言

上一步深一步的偏詖之辭緣心有所遮隔見得不全淫蕩之辭緣心有所陷執其偏見侵淫其中而不出邪僻之辭緣心有所離去全然背叛正道遁則別生支節緣心有所窮屈于理之難伸四所字重剔是病源之所在正所謂生于其心也由流弊以知到源頭處四者之言持之有故言之成理非有真知者不能一一剖斷如睹目前四病不是偶然一念乃生于心者其害必到政事一路發于言一路發于政或發于事非有先後次第蓋就生心時便害了末二句極言知之真重知字發俟聖是有百世不惑之知而心靈洞徹則必有一私不容之養而浩氣長存不曰不易吾知言而曰不易吾言

是知這個

○宰我講

公孫丑問孟子知言養氣的言遂以聖擬之曰聖門若宰我子貢長于言而善為說辭冉牛閔子顏淵長于言行故其言的恰好是個心法的行孔子合言行兼之乃曰我于言辭的辭命則不能也夫子既長于知言養氣若此然則夫子既優入聖域矣乎

正謂其不得于言者俟諸後世也

宰我子貢善為說辭冉牛閔子顏淵善言德行孔子兼之曰我於辭命則不能也然則夫子既聖矣乎皆公孫丑問也說辭言語也德行得於心而見於行事者也

說辭德行二句不必把知言養氣板板分貼只是借聖門諸賢說辭德行引起孟子能以知言養氣以致推尊之意善為說辭善為人陳說物情世務善言德行言得親切有味故曰善重德行上所言者皆自己所行實德所謂有德者必有言也但丑識淺以顏冉與賜兩邊分說見一邊總不能相兼孔子兼之須上二件以詞命人詞之詞命然字根知言養氣來

○曰惡講孟子驚歎曰惡謂我旣聖是怎麽說昔者子貢擬孔子是道全德備的聖孔子笑而化之聖我豈能當我但學聖道覺得有味而不厭因以聖道教人而不倦云爾子貢曰學不厭是心体明瑩的智教不倦是物我同体的仁仁且智夫子就是心德渾全的聖了夫聖孔子不敢居乃以寔那我是怎麽

旣聖不必太深只就兼言語德行說旣者謂優入聖域也

曰惡是何言也昔者子貢問於孔子曰夫子聖矣乎孔子曰聖則吾不能我學不厭而教不倦也子貢曰學不厭智也教不倦仁也仁且智夫子既聖矣夫聖孔子不居是何言也惡驚歎辭也此夫子指孔子也

此以一聖字作案借孔子不自聖來相形語意直到願學住夫子以不厭不倦辭聖之名子貢却即此印出仁智來又即以仁智証聖是悟夫子心體之妙不作推原學不厭者無學之學也一黍靈珠日滚轉於湛虛之舍烱烱不昧無時或息此是真學此是智教不倦者無言之教也時行物生一般生

的說。

〔不居解〕仁者見之謂之仁，智者見之謂之智，以學誨認是仁智，亦賜之見大于心体渾淪，仁智無朕實無可居，故不居。

○〔竊聞講〕丑又以賢儗之門，昔者竊聞之子夏子游子張視其所得，皆有聖人的一体，若冉牛閔子顔淵，則已具聖人的全体，而微於化處界不敢間於數子果何所處

機曰搬弄出來點綴千紅萬紫以悠人採擷此是眞教此是仁既仁且智三字仁智亦已歸併一路矣其以學誨分疏者正以顯心體渾淪之妙耳揭出仁智兩字隱然見養得孔子之仁知言得孔子之智舍下願學意在

張公亮曰學不厭是他胸中與天地古今相貼融處教不倦是他合下天地民物一体處

昔者竊聞之子夏子游子張皆有聖人之一體冉牛閔子顔淵則具體而微敢問所安此亦公孫丑問也一體猶一肢也具体而微謂有其全體但未廣大耳安處也

一體具體是借身體體字講聖人之道員融無跡而三子不免各就其所見而守之以爲宗如子夏之誠篤子游之重本子張之廣大俱不能絕塵而奔無有可見故謂之一體若

乎。

微字解　顔子四勿還不能超脱形氣之外，若聖人形体俱化矣。

○姑舍講　孟子曰姑且舍是數子所至，尚未任足處也。

○同道講　丑又曰不居于賢，孔子已下的聖人若伯夷伊尹，其肯處之乎。孟子曰，數人與我不同道，非可事的君不肯事，非可使的民不肯使，世治則進，

具體而微，則已無一不肖，所肖者神情妙忽之間耳。須知亦是公孫丑見地，一體亦不可說壞，故曰敢問所安。安有於此自足之意。

曰姑舍是孟子不欲以數子所至若自處也。

姑舍見姑字甚婉，非厭薄群賢也。舍字對安字看。學人取法貴上，纔遜第一等事與别人做，便是自棄。所以姑舍群賢。

曰伯夷伊尹何如？曰不同道。非其君不事，非其民不使，治則進，亂則退，伯夷也。何事非君，何事非民，治亦進，亂亦退，伊尹也。可以仕則仕，可以止則止，可以久則久，可以速則速，孔子也。皆古聖人也。吾未能有行焉，乃所願則學孔子也。不同道，言所行不同也。

而仕，世亂則退而不仕。這是伯夷乃去爲道也。所事皆君，何事非賢君；所使皆民，何使非治民。世治亦進而仕，世亂亦進而仕。道是伊尹以就爲道也。可仕可止，可久可速，皆非有心，這是孔子以時中爲道也。總而論之，皆稱古聖人也。反之吾身，皆是未能行的，乃心所願的，則專一要學時中的孔子也。

何如是問其自處否。不同道這語忒奇，千聖一心一理，而於同處討出不同，是何等心眼。以二人之道不同，故願學孔子，亦只言自己之志如此，不明言孔子勝夷尹也。非其君也下。雖以夷尹孔子並言，意則歸重孔子。伯夷無治則進之事，此只是伴說。蓋論亂則退，則治而進亦然矣。治亦進，亂亦進，如五就湯，五就桀，可見。已仕止以出處言，久速以去就言。四則字乃轉的字面，是囫圇咬不破的公案，皆古二句語氣，何等渾融含蓄。提孔子作主，方是推尊意。吾未能有行焉，此正行之慊心處也。乃所願句，是孟子絕頂語，必模寫其可望而不可躋之意。講願學，要與不動心私淑學孔子，要見個個人心

【願學解】不在仕止久速上，學在源頭上默爲參証。

○【是班講】丑又曰：伯夷伊尹於孔子既皆班，齊等古聖人，亦可與之貌。孟子齊等歟，孟子曰：謂其可班者否，自有生民以來，作聖者多，未有如孔子道德事功之盛也，況夷尹乎。

○【然則講】丑曰：然既皆是聖人，亦有一二相同歟，孟子曰正，聖人或有一二之可所同也。

有仲尼，蓋非以仲尼學仲尼，以仲尼學仲尼也。

張受先曰：願學惟從四十年前立腳，四十年後方敢憑心告人，蓋不動之精神，歷衆善而超然向往，分願固不他移也。

伯夷伊尹於孔子，若是班乎？曰：否。自有生民以來，未有孔子也。

丑因皆古聖人一句，故有若是班乎之問。未有孔子，不是凡民中未有孔子，自生人以來，聖人不知有多少，皆未有如孔子兼道德事功言。講此句須拓開一步說。

曰：然則有同與？曰：有。得百里之地而君之，皆能以朝諸侯有天下；行一不義、殺一不辜而得天下，皆不爲也。是則同。有言有同也，德盛心同在能君天下處見得他同得百里之地而君之都會以王道朝諸侯而有天下若行一不義的事殺一不辜的人由此而可以得天下彼皆不慊心所不做的這等處都是同的

○以異謂

丑又曰敢問孔子所以異於夷尹處孟子曰聖門知宰我子貢有若其智識高明皆足以知聖人的道若智識

有同亦承皆古聖人來千古聖賢不動心總是一個集義得百里之地而君之六句正可想見集義之學正可想見不動心之境行一二句此亦是自反而不縮所以不爲也是則同政行之必慊於心處

曰敢問其所以異曰宰我子貢有若智足以知聖人汙不至阿其所好也汙下

問意根生民未有來究竟孔子與三聖異處直是難言三引言亦直追崇之詞既曰智足以知聖人又曰汙不至阿其所好詞氣之間揚而若拂拂而復揚皆所以極明其言之可信汙就智不足以知聖言彼知之未深央好之未切阿所好卽

卑下然不至阿私其所好而容譽之况其智非汙下者乎

○〔宰我講〕觀宰我的言曰以予觀於夫子道化千古勝過堯舜道治一世的爭多矣生民以來孔子真是未有的

○〔見其講〕觀子貢的言曰禮以節治大凡見人的禮就曉他政的文質樂以彰德大凡聞人的樂就曉得他德的性反我

出于私意下句足以備上句未盡之意若捴定功德禮樂類萃便不見其異矣

宰我曰以予觀於夫子賢於堯舜遠矣夫子賢於堯舜語事功也

堯舜未易賢也然而門人親炙孔子其用情密而屬意深比之疏遡者有間故不覺稱誦之如此門人亦不得而自知也

指事功而言終非本旨

子貢曰見其禮而知其政聞其樂而知其德由百世之後等百世之王莫之能違也自生民以來未有夫子也等衡量之也

禮有煩簡政有文質樂有美善德有性反推類可見此五句屬子貢言爲順蓋子貢自負予王不能違其所見其政其德

特這法，由百世之後，以差等百世之王，其德莫敢，莫能遁其情也，固知從生民以來，未有如夫子之德政於。

○「惟民」講

觀有若之言曰，豈惟民有異之類哉，即麒麟之靈比於走獸，鳳凰之端比於飛鳥，泰山之高比於丘垤，河海之深比於行潦，均是類爾，聖人之於凡民，亦是類的，但聖人出於倫類之中，拔乎

可于其禮其樂，知之百王之差類皆矣，以觀夫子果是迥別。

故直斷其爲生民未有。三個未有，俱虛描其聖域之高。

有若曰：豈惟民哉？麒麟之於走獸，鳳凰之於飛鳥，泰山之於丘垤，河海之於行潦，類也。聖人之於民，亦類也。出乎其類，拔乎其萃，自生民以來，未有盛於孔子也。麒麟，靈獸。鳳凰，靈鳥。垤，蟻封也。行潦，道上無源之水也。出，高出也。拔，特起也。萃，聚也。

豈惟民哉，此語直與聖人之於民亦類也一語相應。麒麟四句伴說，只就物之異處指出類之同來。聖人二句，又從類之同處看出他異來。類也，正以言其不類也。不類意只在類也內，不待添足。類以有生之初，□以有生之後言。拔乎其萃，

辞華之表從生民以來未有盛於出其群聚的孔子也三賢之言不一總是說夫子爲千古未有的聖人也

○以力講

孟子辨王伯之誠僞曰均仁而德力不同均服而心服不同若以土地甲兵的力假借行仁的名以爲功者言是伯者的人伯者必資大國勢力方纔假得來惟以不忍人的德行出不忍

是形容其出於其類意思非[illegible]謂大意言聖人尚未爲出類出類者獨一孔子豈惟民句非獨凡民不可與孔子同日語聖人亦不可與孔子同日語也故曰未有盛于孔子也盛字須重發孔子之聖如此安得不願學哉不動心之道其源遠矣

以力**全旨** 此王伯千古定衡也通是借伯形王二節一意反覆德字心字正相應下節只申上節意非有感應兩層要提仁字爲主力假之則爲力矣而德行之則爲德矣

孟子曰以力假仁者霸霸必有大國以德行仁者王王不待大湯以七十里文王以百里力謂土地甲兵之力以德行仁則自得於心者推之也

王伯是定品之誠僞不以事業言謂以此去伯天下王天下

的政。這是王者的人，王由心運，何藉于勢。故湯以七十里而行仁，文王以百里而行仁，何曾待大。

○以力講

郎此見伯者以力得人的服，服他的不是中心着實服他，特屈于力之不足，而不得不服也。王者以德得人服他，實是中心所悅而真實服他，而不可解的。如當年七十子於孔子，自然心悅

也。以力假仁，精神全在力。仁與力是兩個。以德行仁，非止謂有救民於水火之誠心，這德字說得來濶，是自己身上事都做得來，是無一不備了，所以行出來便是仁，非有仁而行之也。不待大。正見不是以力，七十里百里，只說皆是以此行仁，勿便說王天下。

以力服人者，非心服也，力不贍也；以德服人者，中心悅而誠服也，如七十子之服孔子也。詩云：自西自東，自南自北，無思不服，此之謂也。贍，足也。詩，大雅文王有聲之篇。

服人，謂得人之服，非謂以這力德去服人也。德即是王者之中心，故人自以中心應之。中心二字，緊緊說，只是形容其服

而誠服着他大雅有聲之詩云自鎬以西自鎬以東自鎬以南自鎬以北沒有一人的心思不服于武王的正此中心誠服的謂也彼伯昌是以語此

○仁則讓 孟子勉世主爲仁曰今天下諸侯王誰不求榮免辱亦曉得其所以榮辱的緣故应榮非別的君有仁德這便是光榮的辱亦非別的君若不

之誠不必言孔子布衣無勢□人連七十子亦說低了引詩中一思字言服之眞非言服之廣無思不服言無一人底心思不服即誠服之謂

仁則全旨 通章只重及是時三字榮辱分頭處在仁不仁轉關處在及時引詩正見及時之免侮也若及時而般樂怠敖則榮轉爲辱故曰自求又引詩書云自字爲証其提策當世人主何等痛快精神

孟子曰仁則榮不仁則辱今惡辱而居不仁是猶惡溼而居下也

好榮惡辱人之常情然徒惡之必不能免也

仁有浸昌浸明的道理便是榮不仁有日淪日下的道理便是辱非落一箇二則字緊伏自取案今惡□□言辱必不免

陳慧生曰此所謂仁是勵精求治使一國精神完固命脈流通意須晰彰

仁道便是辱的如今的世于雖不惱着那辱但求榮不得其道只管自處於不仁怎麽免得辱的是猶本心惡濕而居下的一類也

○如惡講

如着實惡辱莫如所貴在德而所尊有德的士以輔吾仁有德的賢者則皆使在位有德使有能則因能授任使他在職當國家外患少息而閒暇則及是時

惡之莫如貴德而尊士賢者在位能者在職國家閒暇及是時明其政刑雖大國必畏之矣此因其惡辱之情而進之以強仁之事也貴德猶尚德也士則指其人而言之賢有德者能有才者

任治人明治法正是仁之作用所以為強仁之事也如惡之三字極有力正借他這點羞惡之心去撥動他貴德尊士一串看言所貴者德而尊有德之士也賢能正是士尊之在位在職正是貴德賢能職位不可兩開賢者必有能但賢者所能却不同就其間能敷教者在敷教之位能治獄者在治獄之位既有其位便有其職也閒暇一句最重極好在此時極不好亦在此時及字有過此不及之意謂國家無事了常存

之所爲典賢者共弼其政刑使去度振舉則吾能仁矣仁則邦本固而國勢強雖大國亦必畏的而崇知之

○迨天講

邠風之詩有云及天之未陰雨之時而取彼桑根之皮以補葺其牖戶而避風雨之患今此在下之民或敢有侵侮予的而敢不防之也孔子曰爲此詩的其曉得爲國的忞知道乎人君能

一個有事的心明字須切仁字講政一段精神振奮炯灼處

政刑二者蒙蔽是醜不仁之禍明若無橫政無濫刑此句是

貴德尊士本意大國必畏仰其仁也

詩云迨天之未陰雨徹彼桑土綢繆牖戶今此下民或敢侮予詩豳風鴟鴞之篇迨

孔子曰為此詩者其知道乎能治其國家誰敢侮之及也徹取也桑上桑根之皮也綢繆纏綿補葺也牖戶巢之通氣出入處也予鳥自謂也周公以鳥之爲巢如此比君之爲國亦當思患而預防之孔子讀而贊之以爲知道也

此詩周公所作正教成王以及是時者迨正及是時之意未

陰雨者正言情之必陰而特其未耳徹彼桑上者深幸桑土

惟彼所有曰綢繆牖戶何等周密乃承之曰或敢侮予不曰

及時以治其國家，則無隙可乘，誰敢覷窺而侮之，的詩及聖言觀之，則時不可失明矣。

○今國講

今時國家閒暇，及是時，樂之不已，怠於自備，而敖慢暨豪，將國事日非，而侮予者至，這非自己求禍患乎。

○禍福講

由是觀之，不仁則辱，就是禍；仁則榮，就是福。都非自外至，莫不是自己求得來

莫敢，而曰或敢者，凜然如侮予之在前，正是未雨綢繆之深衷。孔子贊詩，有追想周公感慨時事意在，能治就是誰敢處。

今國家閒暇，及是時般樂怠敖，是自求禍也。言其縱欲偷安，亦惟日不足也。

今國家閒暇，非眞閒也，只是爭攘稍息，偷得些空也。此及是時三字，更形容得妙，中有惟恐錯過好快活時意。般者，般旋不已之意。般樂與政刑相反，怠敖與貴德尊士相反，禍而曰求，禍非自外來，求之則至也。不仁則辱可知。

禍福無不自己求之者。結上文之意。

無不二字，危言之，有倚伏之機在。不惟福是自家求，連禍也是自家求的，所以人主貴及時也。二

的。

○〔永言講〕詩云，人能長合于天理，則盛大的福自我致。太甲曰，己無罪而天降他的禍，猶可得而避，尚自作不善的罪孽，決不可得而活。此禍福自己求的說話，兇惡辱的，可不慎所求哉。

○〔言字解〕凡人心所念，每於言語間見得。

○〔尊賢講〕孟子勉世主行賢政，以得民心爲本，五悅字最重，曰悅曰願，皆是得其心。

尊〔全章〕看天吏兩字，通章當以天字冠，天之立君，原以爲民主。

張公亮曰，世間禍福皆從心生，莫湢于心，心之精明。凡政治修舉，隣國懾服，皆吾心精明之象也。

詩云：永言配命，自求多福。太甲曰：天作孽，猶可違；自作孽，不可活。此之謂也。詩大雅文王之篇。永，長也。言，猶念也。配，合也。命，天命也。此言福之自己求者。太甲，商書篇名。孽，禍也。違，避也。活，生也。此言禍之自己求者。

提出一命字天字，見禍福雖關于天命，而天命亦在人主之一心，要人主自省其心之天命何如。政仁之源頭處，詩証求福，書曰念茲在茲，即永言之義。書証求禍，惟其自作，所以不可活。上句只是甚下句之詞耳。知此訓二字，上二則字意了然矣。

仁政曰有國的期於得民而王矣不曉得欲得天下之民亦在行王者的政政首於待士於有德的賢者尊崇他有才的能者因能而任使他若能的俊傑都在位焉則天下的士都願盡歡悦而願居於仁政的朝矣

○市廛講

由士而下以市言之居市逐末者多則賦其市地的廛而不征其半作然逐末

也如此纔不負天委任故謂之天吏五個天下字亦要着服決其可王決之天下也精神全在信能二字

孟子曰尊賢使能俊傑在位則天下之士皆悦而願立於其朝矣俊傑才德之異於衆者

士爲四民之首尊賢二句一氣說下尊賢是隆之以禮貌不但委任使能是隨才任使賢能皆秀出等夷故曰俊傑尊使是在位此以本國言願立朝身未至而想念殷也悦深而願切俱以心言

市廛而不征法而不廛則天下之商皆悦而願藏於其市矣

市廛而不征一句串說重不征上市字提起斷讀廛市肆也是死字作活字看謂取其廛之私去市官之法以有易無有

則治其市宫的法，而不緊賦其廛，則天下的商，心裡盡歡悅而願藏於仁政的市矣。

○關譏講　以關言之，但譏察異言異服的人，而不復征其税，則天下的旅心裡盡歡悅而願出於其仁政的路矣。

○耕者講　耕者助力公田，而不税其私田，以此待農，則天下之農心裡盡歡悦而願耕於

司者治之而已。先王重本抑末，古上逐末者多，則廛以抑之。少則只爲他平治物價便了，并不必廛。

關譏而不征，則天下之旅皆悅而願出於其路矣。在市曰商，在途曰旅。

先王之制，凡衆途所會之地，則立關以限之。行旅有節傳方可度關，以此稽考其來歷，以防姦宄。設關之意在譏而不征其稅。

耕者助而不稅，則天下之農皆悅而願耕於其野矣。但使出力以助耕公田，而不稅其私田也。

行助是先王大法。助耕公田而不復稅其私田。野曰其野，亦原指天下言，近悅遠來，則野爲其野矣。其朝其路俱倣此。

的野矣
○廛無譏
居市廛的既有
常業無罰以一
夫什一之稅與
里宅廛征之布
以此待民則天
下的民心裡盡
歡悅而願為仁
政的氓矣
天下氓
家征是力役之
征如今應征夫
征是粟米之征
即百畝之稅如
今輸租里布是
布縷之征即五
畝之稅如今納諸
○信能諸
特患今之君沒

廛無夫里之布則天下之民皆悅而願為之氓矣宅不毛者有里布民無職事者出夫家之征市宅之民已賦其廛又令出此夫里之布非先王之法也氓民也

上廛是市肆此是城邑之廛先王懲游惰之民夫征里布本是責其應納的物事緣渠游手游食故仍責以夫征緣渠不種桑麻故仍責之以里布照應納的責納便是罰非分外加罰也居廛之民在市上貿易則非游民故不令出夫征又交易之所不可種桑麻故不令出里布氓字從亡從民乃民之棄本土而占藉他國者已上須要說得聖人不得已意市廛闕律的心事

信能行此五者則鄰國之民仰之若父母矣率其子弟攻其父

有着實舉而行之的。若信能着實行此五者，則鄰國士農商旅的民，仰望仁君像似父母一般，我爲父母則鄰國民皆我子弟，設有欲率我自己的子弟，攻滅自己的父母，從生民以到今日，没有能成事者也。如此則征伐一舉所向無敵，天下誰人與我爲敵，無敵於天下的，乃爲上天命德討罪的天吏也。既爲天吏，

母自生民以來未有能濟者也如此則無敵於天下無敵於天下者天吏也然而不王者未之有也奉行天命謂之天吏。

◎信能信字重。郎此便是父母誠求之念。當時諸侯假仁者多只少一信字，故力能易而信能難。你郎上文幾個願字，莫不你之深悦願一層，有媢茲孔邇之意。對民而言謂父母，對天而言謂天吏，做得民之父母，斯天命之爲吏。無敵不待率攻不濟而後見。以鄰國之率而攻者，皆爲願忧中人，何敵之有。

人皆金言

此章知字最喫緊，見人皆有不忍人之心，只在個知耳。知便是先王，不知便是今人。知便保四海，不知便不能保妻子。知處全在端上，一知便克，非知了又另有一番克。故日知皆擴而克之矣。此個皆字，郎與上皆有二字應，見得人人有知，人人能擴克。

然而不行王者决没這理人主亦何憚而不行王政哉、

○人皆講

此孟子勉人擴充其良心曰天地之大德曰生而人得之爲不忍有是不忍的心見天下的人原是一體的故在己有痛痒自然忍不過在人有痛痒如何能忍得人人皆有個不忍人之心特人有而自失之耳惟先王有這不忍人的心、

孟子曰人皆有不忍人之心（不忍人之心天地生物之心也）

兩人字緊緊粘貼人我一體痛痒相關纔見人有傾危便發將出來便忍不住所以謂之不忍人不曰人皆有仁心而曰人皆有不忍人之心最妙說仁心人便曰聖賢分上事說不忍人之心反之方寸莫不皆然故曰皆有

先王有不忍人之心斯有不忍人之政矣以不忍人之心行不忍人之政治天下可運之掌上（聖人全體此心隨感而應故其所行無非不忍人之政也）

說人皆有便有先王在內看個斯字何等迅速何等快便何煩思量何有停待就是下文言怵惕惻隱其不期然而然火始然泉始達其自然而不容不然王是斯字氣勢政是以實

不肯斲喪就有不忍人的政事行出來，以是心行是政，就是治天下恁般廣大，亦可在手掌裡運動得，何等樣速而且易也。此心惟先王能之。凡人却未必然。

○所以講

乃吾說所以謂人皆有不忍人之心者，指出個形狀來與人看，今人乍時遇見孺子將入於井，個個有驚動傷痛的心。其時結恩愛于孺子的

心見之實事也。運掌不重易治上，只形容不忍之心包天地。盡民物旁皇周洽，充足有餘。掌字當心字看妙。

于中之曰斯字，絕思慮，絕安排，稍歇一歇便是義襲，非由仁義行矣。與乍見光景隔別。

所以謂人皆有不忍人之心者，今人乍見孺子將入於井，皆有怵惕惻隱之心，非所以內交於孺子之父母也，非所以要譽於鄉黨朋友也，非惡其聲而然也。乍，猶忽也。怵惕，驚動貌。惻，傷之切也。隱，痛之深也。此即所謂不忍人之心也。內，結。要，求。聲，名也。言乍見之時，非由此三者而然也。

此節是孟子指點出真心示人。言今人正與先王照，謂之乍見，嘻人輒應，那有毫髮別意攙入，正所謂第一念也。怵惕惻隱四字，就是不忍兩字的註腳。曰皆有，不獨先王然也。先王

父母求名譽于鄉黨朋友惡其不仁的聲殺者在常情容或有之但在乍見則思慮未起不暇安排故单二只有個怵惕惻隱的心

○由是講這樣看起來沒有惻隱的心非無情的木石就是無知的禽獸斷然不是個人這惻隱原是善之長統乎四德這點心觸着不當爲便有羞惡觸着不當得便

無時不然世人必待見而然也非所以二句是就其一時不及轉念者而言內交等非甚惡從轉念上做事即極懇切亦非本念矣不見皆有之妙

張公亮曰內交要譽惡聲之念可以生人亦可以殺人蓋其生念皆出造作便是殺念也

由是觀之無惻隱之心非人也無羞惡之心非人也無辭讓之心非人也無是非之心非人也

羞恥己之不善也惡憎人之不善也辭解使去己也讓推以與人也言人若如此則不得謂之人所以明其必有也

由是觀之本乍見時真心而言不容用過交無則非人只是說人皆有也天地之心只有一個生物此心恥未合宜便能羞惡懼有過分便能辭讓處置不未自能分別是非故因論

有辭讓觸着不容混便有是非無羞惡的心不是個人無辭讓的心不是個人無是非的心不是個人這等既不是人乃人何不自己認取這個人便認得這個皆有的心了即這惻隱的心就是仁之端緒所露也羞惡的心就是義之端緒辭讓的心就是礼的端緒是非的心就是智的端緒見端則可以知委定有

惻隱而併及言之以見其合一也詳究無惻隱句纔用轉語過下數句不可以惡爲憎人不善讓爲推善與人從聲色上起見雖未有分別較量之私然不從善端發見之初論矣

惻隱之心仁之端也羞惡之心義之端也辭讓之心禮之端也是非之心智之端也惻隱羞惡辭讓是非情也仁義礼智性也心統性情者也端緒也

雖說情原於性然與上節一反一正俱是明其必有便是固有只重在情上端者仁之全體渾然在中有觸而惻隱動焉乃仁即於此露其端緒也此句亦另講有仁則有義禮智故羞惡辭讓是非即禮義知之端緒也

陳慧生曰程子云以惻隱知其有仁說得明白[illegible]亭記云問渠那得清如水爲有源頭活水來正是此端字意

個全体在內、以待人擴充。

○入之講

人之有、是以端猶身上有四体一樣。人只曉得有了四体的身、便是個人、不知有了四端的心、方是個人。心與身一般樣的、缺一不可。有是四端而自謂不能、是自賊害了這個人。謂其君不能、是賊害了君。具四体而爲人的、不可無是心也。凡有四端是於我者、曉得都

人之有是四端也、猶其有四體也。有是四端而自謂不能者、自賊者也。謂其君不能者、賊其君者也。四體、四肢、人之所必有也。自謂不能者、物欲蔽之耳。

以四體比之四體、見無不可充者。政以起下能充意。但觀孺子入井、手足慌忙、則四體俱與四端交運、此形神合一之妙。非徒以粗比精也。有是四端二句、不是串明、必有之意。把下文不能字照看。二賊字照應、乃喚醒人處。

凡有四端於我者、知皆擴而充之矣。若火之始然、泉之始達。苟能充之、足以保四海。苟不充之、不足以事父母。擴、推廣之意。充、滿也。

此節無兩層意、全重知字上。人之所以不能充者、皆不知耳。一知之、便能充之矣。工夫全在知字。曰於我、便見不假外求。

去擴充他便若火在石中擊之則燃灰泉在土內濬之則放海只為端與委相因端倪一觸全体自相引而來沛然莫禦之勢其心原自如此苟人能去擴充即天下可運於掌足以保四海人不能擴充就是我一体的父母也痾癢不相關不足以事父母可見這點不忍人之心人皆有之可不知所擴充哉

日用有則無不可知擴充無別法只是時時此乍見之心時時無內交要譽惡聲之心如水火始達始然不必向外面尋些水火來增益他只不撲滅之不壅閉之耳在心為造端在水火為托始達四海是火然泉達的實事上只言易克之機如水火之然達必至燎原放海而後已末句反言之原不重

矢人全章通主君道渾渾說首以矢函巫匠推之見四人原同一仁祇緣異術心隨以轉見術能驅使人也故不可不慎里仁節只言仁道之大而不可不為至下節方論到榮辱然總之是莫如為仁張本而決其不如為仁正孟子為之擇術處先言是不智也欲人以是非之智而擇為仁之術繼言如恥之欲人以羞惡之義而決為仁之機末以射之正己言正是為仁處

孟子曰矢人豈不仁於函人哉矢人唯恐不傷人函人唯恐傷

○矢人講

孟子示人若嘗志於仁曰人皆有不忍的心矢人之初心豈就是這等不仁於函人哉但矢人做箭心裡生怕他的箭不利不能傷害人函人做甲心裡生怕他的甲不堅牢傷害乎人等獨矢函爲然巫者利人生匠者利人死其仁不仁亦是這等總之皆因其術差了擇術的不可不自己謹慎也

人巫匠亦然故術不可不慎也矢箭也函甲也巫爲人祈祝匠作爲棺槨

矢人曰豈不仁見矢人原與函人同一源頭同是仁的因其擇術未慎爲術所役遂成不仁之心此句哉字與上豈字相應曰氣是喚醒之詞下二句惟恐二字有不得不然之意又言巫匠見術之不一惟人所擇也不可不慎是擇術之先提惕一念不可無也若術成之後擇亦無及矣此句已含下智字意凡所習皆術仁字未可露出

孔子曰里仁爲美擇不處仁焉得知夫仁天之尊爵也人之安宅也莫之禦而不仁是不智也里有仁厚之俗者猶以爲美人擇所以自處而不於仁安得爲智乎此孔子之言也仁義禮智皆天所與之良貴又孟子釋孔子之意以爲仁道之大如此而自不爲之豈非不智之甚乎

○里仁講
擇術何如只是處仁孔子嘗曰里有仁厚之俗為美人擇自處而不居心于仁安得為智然亦怎麽為不智夫仁原于天是天之所寵綏極重的尊爵也是人心居處極安的住宅也這尊的安的隨取隨足沒有人止得你乃莫之禦而不肯去為仁是良知泯滅不智之甚也

○不仁講

此見擇術莫先於處仁里仁一段政見不可不慎意擇字重根上文慎字來合下文智字意夫仁至末只是什孔子意不必開說尊安非兩平仁者生也人生以後便涉意氣了便非仁之本來面目惟夫最初一點未有一物即所謂無以尚之之體故曰尊爵人當以此歸宗為安身立命之所故曰安宅就生生之醒動處則謂智有觸必覺有與必回惟落在仁之中而實以尊此爵安此宅而護此仁于無走作者皆智之事也仁是天之所與孰得禦之莫禦而不處仁故不智天之尊反映起下人之役意

不仁不智無禮無義人役也人役而恥為役由弓人而恥為弓

既不仁則日蔽錮而愈加不智不智則不曉得仁內有中正天則而無禮并不曉得處仁的義而無義是自失其良貴而為人欲所役也人役而既知恥為人役由弓人矢人以弓矢為業而恥為弓矢也其心為弓矢所役而不仁此正良心動處也

○如恥講

如有這知恥的良心莫如去不仁以為仁然後

矢人而恥為矢也以不仁故不智不智故不知禮義之所在

上言不仁由于不智此言不仁則靈機愈昧而知無禮無義緊根此來人役只是卑之之詞恥為弓矢揣其羞惡之本心言恥字重看人役三句是激而進之之詞謂雖惟恐不傷人而其良心固不自安也

陳慧生曰不仁而曰不智良心未滅特是非靈覺處踈耳

如恥之莫如為仁此亦因人愧恥之心而引之使志于仁也

如恥之從其真心撥轉欲人以羞惡之義而決為仁之機莫如二字有急急回頭之意正擇術之下手處為乃所以處之

仁者如射射者正己而後發發而不中不怨勝己者反求諸己

可以遠恥。然人之自勉于仁，如射之自勉于射，矢不苟發，必先正乎己而後發，矢苟發而不中的，亦不怨人之勝己者，惟反求諸己之所以射而已矣。人亦反其後於人者，求所以自處哉。

○子路讙

孟子發聖賢樂善之誠曰，世之諱過的甚多，若子路聞人說他行事有差誤，他却十分歡喜，這是怎的是樂於

而已矣爲仁由己，而由人乎哉。

上文只着力在莫如二字，至其如何爲之者，尚未明言，故復借射以發明爲字之義。正己一句是主，不怨反求復其本心之安，何至爲人役。己字正對人役人字。當時諸侯忿爭，惟忍不得勝己，日尋干戈以求勝，此最是傷人禍本，故爲說此。不中不怨一段，冲懷以破其忿爭之習，此正爲仁之律令也。

子路全旨

聖賢樂善無窮，由禹至舜，分明有進而上之之意，但不要說低了由禹，講中口氣挑剔，要見得由禹已是大了，至舜又另有一種廓落處，又此句猛力一喝，游神甚曠遠，不要作較量語，有大大字，正與後莫大乎與人爲善大字相照。善與人同，己下俱是言舜之大處，然要得愈進愈無窮意。

孟子曰：子路，人告之以有過則喜。喜其得聞而改之，其勇於自脩如此。

改不善的念頭

喜字解

喜字與拜字樂字同一源頭但用有廣狹分耳

禹聞讜

大禹當日得人進一善言有益於治道他就拜而領之這是怎的去樂於從善的皆是能樂善的了

大舜講

乃大舜的心胸極有廣大不拘的他見得這個善原極廣大我在裡面做人也在裡面做大家

聞過則喜非是喜其聞而得收正喜已之心體無掩護處一點係吝不生處正是同善境界此最是學問第一着故從子路說起

禹聞善言則拜 禹不待有過而能屈己以受天下之善也

聞善則拜總是好善之虛懷不可名言處不必儘在拜上着解精神全在則字

大舜有大焉善與人同舍己從人樂取於人以為善 言舜之所為又有大於禹與子路者善與人同公天下之善而不為私也

有大就舜好善之量一味之其一種廓落處真有天地萬物包荒變化景象善與人同正是大處舍己以下都是說個與

一齊受享其間若有我便不能從人故舍己是無我相若有人便不能取善故從人是無人相一味歡樂取於人以爲善故舍忘其舍取忘其取也

○自耕讙

且舜一生只是取人並未嘗有一毫自用自耕稼陶漁做工作以至爲帝治天下那一條不是取於人的

人同善與人同須識得善不可作舜之善是蓋舜視善是太極渾然之體不做在己的亦不做在人的乃人我公共之物即舍即從非有兩項下樂取句疊上句只一氣直趕下又非有兩層舜取人之善爲之于己忘己忘人并忘其爲善所謂樂也上重舍字下重樂字總是形容之耳

艾千子曰舍己樂取亦是傍人看聖人見其如此若聖人與善爲一方忘乎其從安知其舍忘乎其舍也又安知其取

自耕稼陶漁以至爲帝無非取於人者舜之側微耕于歷山陶于河濱漁于雷澤

此從上節中描出見舜生微始微終無時無處心體無間斷耳曰耕稼陶漁爲帝都是實指其取善之境無非者見非出于一時之勉强重爲帝取人上蓋天子舍己尤難

〇取諸講

取諸人以為善、是人在那裏為善、得我去取其善、愈加推廣、是即我與人為善了、既與人為善、則人與我匕匕又與人、人無盡、其善無盡、其與亦無盡、為善何等廣大、故君子莫大與人為善、

〇伯夷講

孟子衡二聖去就以斷其偏曰以余所聞夷惠行至高若伯乇不是與他一樣伯清的君他就不夷

取諸人以為善是與人為善者也故君子莫大乎與人為善(與取)

也取彼之善則彼益勸於為善矣是我助其為善也

此節正形容善與人同三與人與字一樣取處即是與人為善非別有助也兩為善為字俱包在同字內與字人字政各相應非又深一層也與人為善只假此以滌著其樂取乃虛活形容之詞非謂天下有意為善以求取于舜只是圈于歡忻鼓舞之內陶融漸染不覺其意氣踴躍耳君子直指舜講此直復得此善原初之本體上下與天地同流故曰莫大即

大舜有大也

全旨 此章大旨非論夷惠正以發明願學之意上二節敘二子之行歸結在兩個不字明明畫出隘與不恭來道破

事。不是與他一樣清的友。他就不友。彼惡者非其君非其友也以故不肯事之。而立於惡人的朝廷不肯與那惡人說一句話。立於惡人之朝。與惡人言。就像似穿着那朝衣朝冠。肯潔的東西。坐倒在塗炭汙濁之中。而肯臣之友之乎。吾推他惡惡的心腸。不必惡人也。就是心裡想着與鄉人站立即冠也不正。小小

兩人的心事見端的是隘是不恭作流弊也不由二字內大有權度在要知不由夷惠只是不願學隘與不恭非貶辭

孟子曰伯夷非其君不事非其友不友不立於惡人之朝不與惡人言立於惡人之朝與惡人言如以朝衣朝冠坐於塗炭推惡惡之心思與鄉人立其冠不正望望然去之若將浼焉是故諸侯雖有善其辭命而至者不受也不受也者是亦不屑就已

塗。泥也。鄉人。鄉里之常人也。望望。去而不顧之貌。浼。汙也。

合下節以氣似散落轉折呼應却其明白非其君不事不特紂非其君即武王亦非其君非友不友不特八百三千非其友即太公與之同歸亦非其友不立深于不事不言深于不友朝衣朝冠句真是白眼看世之意即其事以推其心是立

失禮耳，亦望望然去之，名將不正來汙浼我焉。以是之故，諸侯雖有清潔其辭命而至的，未必其人果清汰，亦不肯受他的。不受也者，是亦以汙濁待諸侯，而不屑於就，是以去爲道也。

〇柳下講

若柳下惠就是汙的君，他也事他，不以爲羞恥，就是小小官品，他也去做，不以爲卑，其進而仕汙君爲小官不

子設心處地以論人，所以伯夷之神髓都描出。思是伯夷自思也。鄉人非惡人，然不正即惡狀，冠不正小節耳，彼視紂末天下皆不正之冠也，故去之。不屑就，是必捨去意，許大世界總無容足之地。

陳慧生曰：玩心字、思字，即此可知。通節是言心，非言事。

柳下惠不羞汙君，不卑小官；進不隱賢，必以其道；遺佚而不怨，阨窮而不憫。故曰：「爾爲爾，我爲我，雖袒裼裸裎於我側，爾焉能浼我哉？」故由由然與之偕而不自失焉，援而止之而止。援而止之而止者，是亦不屑去已。不隱賢，不枉道也。遺佚，放棄也。阨，困也。憫，憂也。袒裼，露臂也。裸裎，露身也。由由，自得之貌。偕，並處也。不自失，不失其正也。援而止之而止者，言欲去而可留也。

隱巳的賢必以直道行之直道难容至人棄我而遺佚無尤人的心即我處困而阨窮而無遺世之憂想惠之意蓋曰爾世人自爲也我乃自我也任爾袒裼裸裎於我側爾自失禮爾焉能以汚濁染我哉故由由然與袒裸的人偕處只不自失焉其進而不隱賢必以其道也即欲去的睐有人援而止之而止亦無

既不羞汙君則汙君所授之小官入何卑焉進不隱在巳之賢使有所隱便是不以其道了有不管人只自行意不怨不憫亦非安命之意阨窮遺佚于汙君之朝直遊戲耳爾爲爾我爲我分明謂君汙官卑皆無與于我故曰袒裼裸裎云云只管與之偕不自失援而止而止畫出一個三點不去的形像不屑去三字更可味凡去此必有所就彼見世人無一不是袒裼裸裎的無一處可止則亦止之而巳真是不偭得去

孟子曰伯夷隘柳下惠不恭隘與不恭君子不由也隘狹窄也不恭簡慢也夷惠之行各有所偏故不可由也

夷於世若身無所容惠於世總不足較隘與不恭自二子處

不止於援而止之而止者是亦不必屑于去以明潔已見以就爲道者也孟子曰二子以其迹夷則涉於隘似宇宙不足以容吾之身惠則涉於不恭似吾身不必較宇宙故君子不從此迹上由之也

○天時講

孟子論用兵的當以道得民心曰今之談兵的都說得天時占地利合人和這三件雖不可少

世之迹說見夷亦不能由惠惠亦不能由夷君子之心体與夷惠原不差殊但二子只各認一邊做成規模微有執着未甚活潑渾化故君子不由也不由有所由者在只不在此

公孫丑下 凡十四章

天時全旨 全章總欲人君固結人心時借用兵之事以明之重不戰二字首言人和處已含得道意人豈有無道而能和者末條總是極言人和之當得不是推人和之本在於得道觀故曰二字可見

孟子曰天時不如地利地利不如人和 天時謂時日支干孤虛王相之屬也地利險阻城池之固也人和得民心之和也

兵法貫三才天地人何妨並用兩不如都在用兵時較其緩急矣非謂天時地利可盡捐也

的然就是較之天時適然的數耳亦人與我所共的孰若形勢便爲足憑地利特有形的險耳人我可共守的孰若人心之戴爲尤足恃也
○三里諸至小如三里的內城七里的外郭只消一戰而可勝的乃環兵四面而攻之卒不能勝夫日環而攻之曠日持久必有得天時之善者矣然而竟不能勝者是

三里之城，七里之郭，環而攻之而不勝。夫環而攻之，必有得天時者矣，然而不勝者，是天時不如地利也。三里七里城郭之小者。郭外城。環圍也。言四面攻圍，曠日持久，必有值天時之善者。

申天時不如地利，在環而攻之上見，就攻上說。三里二句只是言其小。玩必有得三字，原是憑虛無據之詞。

城非不高也，池非不深也，兵革非不堅利也，米粟非不多也，委而去之，是地利不如人和也。革甲也。粟穀也。委棄也。言不得民心，民不可爲也。

申地利不如人和，只在委而去之上見，就守上說。高城深池是地利，米粟兵革幫助之，見地利益壯。意鋪張地利，極其形容耳。即委而去之，乃見人不和耳。不可直說不和，故如此。

天時不如地利說也即地利亦不足恃焉城何嘗不高池何嘗不深兵革衛此城池何嘗不堅利米粟實此城池何嘗不多地利若此豈不可藉以爲守然而民懷二心卒委而去之是地利不如人和也故曰封疆之界是越得的可以城民的不在此山谿之險是破得的可以固國的不在此兵革之利是推得的可以

域民不以封疆之界固國不以山谿之險威天下不以兵革之利得道者多助失道者寡助寡助之至親戚畔之多助之至天下順之域界限也

故曰二字是承接之詞不是推原域民三句非仍言地利之不重只是人和不可强得的影子得道謂得其所爲撫綏民生之道也得其所爲懷服民性之道也人心傾戴固結就是助在上爲道在下爲助豈不是和多助之至不遏即多助而極言之耳非又出于多助之外也天下順是太和徧世宙也親戚畔是胡越在一家也

張公亮曰古今之治亂皆民氣之動靜然之兵革所以動其氣也是故聖人紐之

感天下的不在此惟得道的人心亦得而助他已戰則的多失道的人心亦失而助之者寡々助到極處豈但国人就是親戚亦畔多助到極處豈惟国人天下亦順之惟以天下之所順攻親戚之所畔則向背之情既異而衆寡之勢又懸故君子有不必戰也即戰必勝矣豈間天時地利哉

○【將朝講】此孟子抱道自

以天下之所順攻親戚之所畔故君子有不戰戰必勝矣言不戰則已戰則必勝

以順攻畔非謂驅天下所順之人也特畔者不敵順者之勢也有不戰得道者不在戰也戰必勝以之攻固勝以之守亦勝也併天時地利俱得首三不如字於此可見

【將朝】

【全旨】此章要見得孟子是敬王不是傲王故將大有爲之君三句極提得醒透斉宣足用爲善宏以大有爲之君自待以所不召之臣待孟子乃拒以召見豈祇也孟子以是婉辭而使之聞之非孟子自重也不如此到底不能行仁義之學以仁民耳

孟子將朝王王使人來曰寡人如就見者也有寒疾不可以風朝將視朝不識可使寡人得見乎對曰不幸而有疾不能造朝

重意是日本將朝王王不曉得而使人來曰寡人本當往而就見夫子者也適有寒疾不可以風故不得就見明朝將出視朝不識夫子肯惠然造朝使寡人得望見乎采応此王托疾以召孟子也孟子亦托疾對曰見王固所願但不幸而有疾不能造朝是明其不可召也

明日講

恐王認爲真疾

王齊王也孟子本將朝王王不知而托疾以召孟子故孟子亦以疾辭也

孟子以師道自處而曰將朝王明是欲啓其行道之機也但朝出于孟子則可召出于齊王則不可矣齊王原知當就見故云如就見如訓往字托疾數語雖是召見語氣亦極其委婉不可以風雖是明爲寒疾以此召賢眞是不可以風矣將朝將視朝以示勤也不識可使幸孟子諒其爲疾也不幸二句非欲其稱之說只是不可召意

明日出弔於東郭氏公孫丑曰昔者辭以病今日弔或者不可乎曰昔者疾今日愈如之何不弔東郭氏齊大夫家也昔者昨日也或者疑辭

孟子悟王之意托疾未幾即出弔於東郭此是何等熱腸公

乃明日出弔於東郭氏，以開悟齊王。公孫丑不曉得他的意思，而問曰：昔者辭王以疾，今日出弔，或者於理去不得。孟子亦不以情告，但曰：昔者疾，適與召會；今日愈，適與弔會，怎庅的不出弔。欲使丑自悟也。王果不曉得孟子之非疾，乃使人問疾，而以醫來。孟仲子見孟子不在，而權對使者曰：昔者有王命之召，適

孫丑未會孟子之意，但以嫌於太促耳，故以爲不可。孟子亦不以實告丑，但隨謂昔之疾固有因之疾，今日之愈明是無疾之愈，因丑不在王側，即告之，亦空言耳。

王使人問疾，醫來。孟仲子對曰：「昔者有王命，有采薪之憂，不能造朝。今病小愈，趨造於朝，我不識能至否乎？」使數人要於路，曰：「請必無歸，而造於朝！」孟仲子，孟子之從昆弟，學於孟子者也。采薪之憂，言病不能采薪，謙辭也。

問疾醫來，亦是好意。孟仲子之對，情理亦空，如此使其實以非疾往弔，對豈人情也哉。且謂王亦有問疾之勤，亦不當太阻其意，故促之造朝。但孟子出弔之意曉了，要是迎而告之，非强而迫之。

有採薪之憂不能造朝見王今病畧痊趨造於朝我不曉得能至得否使數人要迎于路曰請夫子不消歸能而造於朝以見王蓋欲實已的言也

○不得講

故孟子當這時沒奈何而往齊大夫景丑氏家宿焉亦出弔東郭氏意也景子從而譏之曰內而家庭則父尊子卑外而朝廷則君尊臣卑是

不得已而之景丑氏宿焉景子曰內則父子外則君臣人之大倫也父子主恩君臣主敬丑見王之敬子也未見所以敬王也曰惡是何言也齊人無以仁義與王言者豈以仁義為不美也其心曰是何足與言仁義也云爾則不敬莫大乎是我非堯舜之道不敢以陳於王前故齊人莫如我敬王也景丑氏齊大夫家也

不得已是悟王懇念竟不得自明非進退兩難之說宿景丑氏即前日出弔東郭氏之心也非以仲子要故父子邊件說君臣邊為王要重君言臣之於君所事不一所主在敬丑不知孟子以仁義敬王故曰未見所以敬王也齊人明知仁義為美而竟無以仁義與王言都緣其心之不敬也其心曰三

人類至大之倫也父子非無敬所主在恩君臣非無恩所主在敬丑惟見王平日禮遇敬子並未見子所以敬王處如大倫何孟子驚歎曰惡這是怎麽說不曉我更敬王齊人但奔走承順沒有把仁義與王言的彼心豈以仁義非美德而不言也但其心蓋曰功利的君是何足與他言仁義乎果如此云稱則不敬

字狼政是孟子誅心處借齊人之腹誹以形巳責難陳善之恭臣敬君惟有仁義仁義所以成其君之尊者也然仁義莫過於堯舜非堯舜之道不敢陳不敢二字卽是敬君之念倘藐其君爲不能是何如敢此孟子與景子喋喋不休則圭角似稍露而肝腸巳盡吐矣

張公亮曰以仁義爲敬王使小忠小信不得假托媚兹之悅此眞千古忠臣孝子自靖之道矣

景子曰否非此之謂也禮曰父召無諾君命召不俟駕固將朝也聞王命而遂不果宜與夫禮若不相似然

否者否其莫如我敬王之言非此之謂言非不以仁義告王之謂引禮重不俟駕不知將朝正孟子之禮應召卽非禮也

莫大於斷其君的命若我不是堯舜的道兢兢不敢以陳說於王前這正是君臣主敬了我看齊國沒有像似我敬王的人倒說我不敬王是怎的

○景子講

景子曰否我謂不敬王不是這等說禮曰父召無諾君命召不俟駕固將朝王也聞王之召而遂不果朝安與不俟駕的禮若不相以然故我不果正在聞王命處若不相似其言甚婉

曰豈謂是與曾子曰晉楚之富不可及也彼以其富我以吾仁彼以其爵我以吾義吾何慊乎哉夫豈不義而曾子言之是或一道也天下有達尊三爵一齒一德一朝廷莫如爵鄉黨莫如齒輔世長民莫如德惡得有其一以慢其二哉慊，恨也，少也。達，通也。

豈謂是與言我不應召之故別有在豈如與禮不相似之謂與引曾子原非與他爭勝的口氣言晉楚之富以其有所施而已然我之仁固足以有施矣晉楚之爵以其有所制而已然我之義固足以有制矣此非專言潛德又須與下輔世長民之德相暗照吾何慊言我于仁義無愧有何不足處夫豈

五之十五卷　三十七

謂子不做王也○豈謂講孟子曰吾不應召豈是之謂曾子曰自貧賤的士而視晋楚之富皆以爲不可及也不知彼以其富我以吾仁統萬善不啻富也彼以其爵我以吾義最高潔不啻爵也吾之仁義何有不足乎哉曾子這言豈是不合於義而爲憤激之言是必有一種道理非俗見所能何也其道何在

不義句是轉語是或一道不是疑詞實作自重之道看達尊是無抗壓之尊爵至朝廷無二上齒至鄉黨無二上都是無可抗壓的輔世是主持世道的長民是表率民心的這等人乾坤賴以不毀生民賴以不滅分明是爲賓師的事豈是以爲人臣子能做的事下文不可召之臣正是這個人故曰莫如德孟子直把師道與君道並看惡得二句活看言德既不可慢而君臣皆主敬則皆不可慢烏得有其一以慢其二哉

故將大有爲之君必有所不召之臣欲有謀焉則就之其尊德樂道不如是不足與有爲也大有爲之君大有作爲非常之君也

故將字必字不如是字皆反覆明其必然意看必有字主君

天下無抗衡的尊有三爵一齒一德一朝廷是爵之無二上的鄉黨是齒之無二上的若王特世道表率民心則惟德無二上今之君但有一爵其二者不在王也惡得自有一以慢其二哉○故將講不當召而召王其不足有爲矣故將大有爲的君必有崇尚不可召的臣欲有大有爲的謀畫則就而見之使

不召臣言所字全在君眞心有不敢慢者在欲謀則就當有先一着光景非屈己看得大有爲重自不覺己之屈矣正尊德樂道處尊德一句是就賢人之心度其君如此德爲達尊是可尊矣又云樂道者何益賢人之德不外堯舜之道最足以怡神快志的見其道之可樂正尊其德也與有爲屬賢人說

故湯之於伊尹學焉而後臣之故不勞而王桓公之於管仲學焉而後臣之故不勞而霸受學師之也　爲臣任之也

引桓管非與湯尹平言蓋欲引出不爲管仲句來以自寓也學焉後臣先後字不必泥總見他虛心奉敬所重在學把做第一件而以委任繼之也不是先爲師後爲臣也不勞句見

其尊重有德樂乎有道不是這等則其君是不足與有爲的。○故湯講大有爲如湯之於伊尹從受學焉而以臣之爲臣者爲後故尹得盡其才湯不勞而致王王降而伯尊樂之風猶有存者桓公之於管仲從受學焉而亦以任之爲臣者爲後故仲得展其功不勞而致伯臣主兩相成如此。今天下列辟地

君臣足與有爲其功業自著不勞是一德自然也。

今天下地醜德齊莫能相尚無他好臣其所教而不好臣其所受教醜類也尚過也所教謂聽從於己可役使者也所受教謂己之所從學者也。

此與上節一反一正惟其無不召之臣所以不成其大有爲耳地曰醜雖訓類字正見列國之地皆割據也德以所就功業言齊不相上下也故曰莫能相尚總是囿於富強之習不能大有爲也所教之臣非不可召之臣受教之臣是足以與君有爲之臣其如拂其所好何好字正其心曲隱微處

湯之於伊尹桓公之於管仲則不敢召管仲且猶不可召而況不爲管仲者乎不爲管仲孟子自謂也。

則相許德齊則皆尚功利沒有能做道人事業的意沒他故好臣趋走承順為已所教的人而不好臣其輔相長民為已所受教的人獨不思湯之待伊尹桓公之待管仲則皆不敢召伊尹王佐才不可召是宜的管仲一伯佐耳且猶不敢召之而况以道德自重不為管仲的而可召之乎

○蒙引日講

下不敢陳上不敢召此政見君臣主敬意管仲且猶不可召承上桓公之於管仲重桓公不召管仲上此處不言臣不可召而曰君不敢召正見君之自待不輕始知臣之不可召也末句重賤伯之意隱然以道德自重

前門全旨 玩通章問答語意須歸重辭齊一邊未有處處字即處物為義之處字決斷然屬自家說不屬他人當時孟子之處齊宣者惓惓以有為望之若處宋薛不過遠行戒心受其餽而已未有處而餽之便是貨取貨取字特很

陳臻問曰前日於齊王餽兼金一百而不受於宋餽七十鎰而受於薛餽五十鎰而受前日之不受是則今日之受非也今日之受是則前日之不受非也夫子必居一於此矣陳臻孟子弟子兼金好金也一百百鎰也

此見辭受同歸於義。意陳臻問，孟子曰辭受合有定則，是非不容兩立。夫子前日於齊王餽倍常價的金一百而不肯受，這等則先有餽都不宜受，乃於宋也餽七十鎰而受，於薛也餽五十鎰而受。夫前日之不受爲是，則今日之受未免有不是處；今日之受爲是，則前日之不受未免有不是處。天下沒有兩是的理。

齊宣百鎰之餽，非尋常交際也。或者覘其有去志而以此羈縻之，故後有貨取之說。臻之意不在多寡上論，言均一餽也。均一，誠意也，言餽之無異，而何受之不同。必居一於此矣。意在非邊。

孟子曰：皆是也。皆適於義也。

皆是，作無非看，勿添義字重辭邊。◎

當在宋也，予將有遠行，行者必以贐，辭曰餽贐，予何爲不受？贐，送行者之禮也。

將有遠行，不作尋常起程，須看孟子之遠行爲道也。辭曰餽贐，便含有重道意。

夫子必居一非於此矣孟子曰受不受皆是也○在宋章何以見皆是當在宋國時也予將為道而有遠行遠行的其國君必以物為贐故宋君致兼金其辭曰餽贐是曉得受道處予怎的不受當在薛國時予為道自重而行戒備的心薛君致辭曰聞子之有戒心也故薛君為兵備之而餽我亦是曉得受道

當在薛也予有戒心辭曰聞戒故為兵餽之予何為不受時人欲害孟子者孟子設兵以戒備之

予有戒心道之窮也辭曰聞戒便含有衛道意故為兵餽之

是孟子申說之詞兩何為不受正是有處之意

若於齊則未有處也無處而餽之是貨之也焉有君子而可以貨取乎取猶致也

則未有處還王孟子自處孟子處齊之心如此齊之處孟子未如此是于孟子來齊之意未有着落也處字須虛活說隱隱寫意為妙勿說無遠行戒心貨之猶云徒以貨而已取字更深一層取者被他籠落之意取貨人為主貨取貨為主矣

處子忘的不受
○於齊講
若於齊則未有事幹是没所處也無處而餽我是以財利籠絡我而褻道也焉有重道的君子而可以籠絡之術誘去乎此不受齊餽所以爲是也
○平陸講
此孟子借齊臣以悟君意孟子一日往平陸謂其大夫曰子之持戟而整治行伍的士不能約束設若行師時

我尚能成得個人乎君子字重看
項仲展曰齊餽豈是無辭卽以賵餽兵餽亦是貨取無處二字有無限求齊深意存乎其間也

平陸全旨　通章重諷王上爲王二字是一篇精神卽責距心總以爲王前二節諷距心處見責不容辭非諷之去但此非距心之所得爲也此合着寡人之罪也一句後一節諷王更不添一語直欲其行興發之政味此則寡人之罪也又含距心不得爲意齊君臣雖能知罪究不悟孟子諷王之意惜夫

孟子之平陸謂其大夫曰子之持戟之士一日而三失伍則去之否乎曰不待三

平陸齊下邑也大夫邑宰也戟有枝兵也士戰士也伍行列也去之殺之也

之平陸有傷官箴拯民命意其大夫三字重看便見其爲平陸大夫卽爲平陸之民生所寄也便是權有專屬意失伍不在行列就行師時言持戟之士伍長之士也所以保衛其伍

一日之間而三失行伍則當殺之否乎距心曰士一失伍即當誅以儆衆何待三乎

○然則講 孟子因其明而責之曰今子之失伍也不止于三矣亦多矣乃今者凶荒的年飢饉的歲子之民老羸飢餓轉於溝壑壯者散而去四方以就食的幾千人矣子之失伍是這等把恁的處曰賑窮周乏柄不

一日三失伍此不稱其職也妙在一日字見任有所專者一日亦不可曠其官曰不待三明知不能稱職者不可安其位

然則子之失伍也亦多矣凶年饑歲子之民老羸轉於溝壑壯者散而之四方者幾千人矣曰此非距心之所得為也子之失伍言其失職猶士之失伍也距心大夫名

然則二字文勢接得甚緊子之二字見其與民相關不得不要惜也亦多矣與上三失應凶年以下是失伍多處此字指

擬 流離非所得為暗含有受制意

曰今有受人之牛羊而為之牧之者則必為之求牧與芻矣求牧與芻而不得則反諸其人乎抑亦立而視其死與曰此則距

由下此不是距心之所得專為也。

○今有謹

孟子曰臣為君牧民猶之為人牧牛羊者今有受人的牛羊而替他牧之的則必替他求牧地以放之與芻草木以飼之矣求牧與芻而不得遂所求事有牽制如此則反牛羊于其人乎抑亦立而視牛羊之死乎曰為君牧民而不能為民請命此則距

心之罪也 牧之養之也牧牧地也芻草也

此非專責距心不去只是以不去而明其罪不容諉也牛羊一段意思已含在失伍内非兩層求是求之主人不是自家尋覓見權不在我照非距心得為意反諸其人立而視其死是就受牛羊者商確語總不是要他如此若當轉溝壑散四方也立而視其死矣求之而不得固當去未常求之罪將何諉耶去豈可以塞責此字正承立視其死來距心之罪是語不求之罪非朅不去之罪也

他日見於王曰王之為都者臣知五人焉知其罪者惟孔距心為王誦之王曰此則寡人之罪也 為都治邑也孔大夫姓也為王誦其語欲以風曉王也

心之罪也。然此箇有王共牧的，故他日見於王曰：王之治都邑者，臣相識有五人焉，知其失職的罪者，惟平陸一距心。遂以問答的話，爲王誦說一番。王亦聞言而受責曰：此撫民悴恐凜不下，此則寡人的罪也，臣何與焉。

○靈丘講

此見爲臣[illegible]實師[illegible]不同[illegible]孟子謂蚳鼃曰：向子辭靈丘大夫的職而請士

此節要得隱諷意。王乃主。將王爲授牛羊之人，故又見于王曰爲都者便有責任意。曰知五人是所知者多，知罪惟距心言外見可罪者多。爲王誦之，非爲稱孔距心也，特爲百姓訴說一番耳。此則寡人之罪也，須有皇皇自愧意。

蚳鼃 **全章** 孟子之爲蚳鼃，爲齊也，爲王也，實自爲也。借一蚳鼃以爲感悟之地，渥一身以爲啓沃之資。故不去不安，欲去不忍之心，及托之于進退餘裕之微詞耳。

孟子謂蚳鼃曰：子之辭靈丘而請士師，似也，爲其可以言也。今既數月矣，未可以言與？ 蚳鼃，齊大夫也。靈丘，齊下邑。似也，言所爲近似有理，可以言，謂得以諫王也。

謂字作訓字看。近似有理，乃畧迹而諒其心也。且虛說，下正見其似爲其句，原其辭而請之本意。可字有乘機之便意。數師司刑的官近以有理也蓋以士師近王可以諫刑罰之不中而可以言也今旣有數個月了豈猶知不審未可以言與何其安言而久不言也蚳鼃有感於孟子的言於是以刑罰之不中者諫王而王不能用其言遂致士師之官而去蚳鼃知進退之義孟子一激之力也

○齊人講

齊人因譏之曰

月是近君之久機候可乘而猶無所言是自己有所不可也勿作定王無失政而未可以言多了一層是激其盡言非激其去也

蚳鼃諫於王而不用致爲臣而去致，猶還也。

諫處得事君之忠去處得守己之義實孟子一激之力

齊人曰所以爲蚳鼃則善矣所以自爲則吾不知也譏孟子道不行而不能去也。

所以爲蚳鼃畫能去邊當其理曰善所以自爲重不能去邊吾不知欲孟子自知所處也

公都子以告公都子，孟子弟子也。

當言當去所以為誠說謀的則善矣然在齊不去所以自為謀的則吾不曉得他是怎的

○公都講

公都子以告孟子孟子曰彼齊人怎曉得我吾聞之也有以官為守的則所守在官不得專其職則去有以言為責的則所責在言不得行其言則去此人臣的義固當如是若我之在齊未受齊祿官非我

公都子以孟子不去必有深意以告者欲得其共意也

曰吾聞之也有官守者不得其職則去有言責者不得其言則去我無官守我無言責也則吾進退豈不綽綽然有餘裕哉官守以官為守者言責以言為責者綽綽寬貌裕寬意也

孟子在齊不去蓋妙於為齊非僅僅自為也所守在官所責在言便有不得寬裕之意不得其職為君所黜也不得其言為君所距也兩則去亦要見不得已而去進退綽綽與孔子果哉末之難矣意同孟子把世道人心嘗自我兢兢業不得自由正是我可餘裕而自有不得餘裕者溢然言外進退字要活看只是去與不去之間

守言非我責也。則吾進不爲尸素，退不爲濡滯，豈不寬廣自如哉。甚矣齊人不曉得我呢。

〔爲卿講〕此孟子嚴以待小人意。孟子爲客卿於齊國，以下命出吊於滕。王使蓋臣蓋大大王驩爲輔行。故王驩朝暮見自往至反齊滕之路，未嘗與之言出吊當行之使事也。

〇〔齊卿講〕公孫丑曰：天下

〔爲卿全旨〕行事，使事也。既係使事，便是國家大事，如何容得個詞臣喋喋於其間。孟子之不與言，不徒爲自家矜氣節，直是爲國家惜體統。其托于或治，則意有難言者矣。

孟子爲卿於齊，出弔於滕，王使蓋大夫王驩爲輔行。王驩朝暮見，反齊滕之路，未嘗與之言行事也。蓋，齊下邑也。王驩，王嬖臣也。輔行，副使也。反，往而還也。行事，使事也。

曰：輔行，是孟子爲主也。行事乃主者事，何必與輔行者言哉。此體也，非峻也。曰朝暮見，見其慇懃；反齊滕之路，見其持久。未嘗言，見其半言亦不及。

公孫丑曰：齊卿之位不爲小矣，齊滕之路不爲近矣，反之而未嘗與言行事，何也？曰：夫既或治之，予何言哉？齊卿，謂驩也。夫既或治之，言有司已或拘於分或限治之矣孟子之待小於時而不得言人不惡而嚴如此今蓋大夫攝卿以行位不爲小矣齊滕之路一往一反不爲近矣乃自往而反之卒未嘗與言行事敢問其何的孟子雖以顯言始應之曰使事不治則當與言夫既或治之而使我出吊於滕吾居吾之職安待與之言

○自齊講　此章言孟子葬親盡禮以盡心也孟子仕於齊喪

此節見丑猶未喻孟子不言之意不爲小者尊驩之位猶勢利之見路不爲近見相與之久曰夫既或治之言自有治之者也或字妙甚縱使不治孟子又何言哉此句托詞也假使事未治遂與之言乎總是不欲使驩參權也

自齊全旨　常時墨氏道興世風趨薄喪禮多不循其制故見孟子治木共駭其美孟子故舉其心之不容已者示之然後盡於人心何最重曰悅曰慊盡心之謂也未曰不以天下儉其親又乃必欲盡心之謂也

孟子自齊葬於魯反於齊止於嬴充虞請曰前日不知虞之不肖使虞敦匠事嚴虞不敢請今願竊有請也木若以美然孟子仕於齊喪母歸葬於魯嬴齊南邑充虞孟子弟子嘗董治作棺之事者也嚴急也木棺木也以美太美也

孟上十五卷　四十

母而歸葬於魯葬畢反於齊未至而止於嬴充虞請曰前日夫子不曉得虞無治事之才使虞董治作棺的事當時哀痛迫切虞有疑不敢請今喪事已畢願竊請問以釋前疑向者爲棺的木似若太美然毋乃於禮制未協乎

○古者講

孟子曰予疑木太美乎上古禮制未起棺椁沒有尺寸之度也

首云仕齊見仕齊之後富可備物也葬齊反魯急于行道意止于嬴未至齊都而止于嬴邑此亦是歸路偶泊亦可問之一間不肖謙言無治事之才使虞敦匠事正以全哀痛之情嚴以哀痛迫切言玩一嚴字見孟子愼終之孝木若以美然意欲從儉也

曰古者棺椁無度中古棺七寸椁稱之自天子達於庶人非直爲觀美也然後盡於人心度厚薄尺寸也中古周公制禮時也椁稱之與棺相稱也欲其堅厚久遠非特爲人觀視之美而已

無度只是過厚椁稱見棺椁俱從厚自天子三句原古人制禮之意見貴賤雖不同而欲盡之心則一也曰然後盡於人

古周公制禮始用七寸之棺棺與槨相稱亦用七寸自天子達於庶人上下皆通行之一定的制如此非但爲觀視之美也必如是堅厚始耐久遠然後畧盡人子根本的心耳使分有所拘不得爲不可謂盡心得爲而財不足則限於力不可謂盡心禮既得爲而又爲有財古之人皆用是棺槨以厚其親吾何爲獨

心。見非此便自有不盡處

不得不可以爲悅無財不可以爲悅得之爲有財古之人皆用之吾何爲獨不然不得謂法制所不當得得之爲有財言得之而又爲有財也

承上口氣云既達于庶人則法制當得矣不得無財是設言不可以爲悅正謂不得盡其心說古人皆用便見非今日用意獨厚也何爲二字要分曉言爲無財耶抑爲不得爲耶

且比化者無使土親膚於人心獨無恔乎比猶爲也化者死者也恔快也

不可以且字爲更端之詞言得之爲有財而遂用之者正爲化而死者無使土親膚耳曰悅曰恔不作快說緊承上來必如此方爲盡心也

不用其美也。

○此化講

且木之美正為死的無使土親近其肌膚則死的安生的亦慰於人子的心豈不恔然無遺憾乎吾聞之也君子不為世上惜財物而薄吾親子奈何疑木太美耶

○沈同講

此見齊非伐燕之人意昔沈同不以王命以其私意問於孟子曰燕可伐與孟子據理答之曰

吾聞之也君子不以天下儉其親送終之禮所當得爲而不自盡是爲天下愛惜此物而薄於吾親也

天下猶云世上以猶爲也極言至情不匱所包者廣厚葬特其一耳儉非止于愛惜此心不足處便是儉人子愛親一念無尚無加自不知有天下之物也非故輕之

荆石兄曰不曰財而曰天下猶俗言錢鈔是倘來的古人達觀如此

沈同全旨　通重無王上上節就燕論燕下節就齊論齊各自開看謂燕可伐則可而以燕伐燕則不可

沈同以其私問曰燕可伐與孟子曰可子噲不得與人燕子之不得受燕於子噲有仕於此而子悅之不告於王而私與之吾子之祿爵夫士也亦無王命而私受之於子則可乎何以異於

可伐是怎的意
諸侯土地人民受之天子傳之先君在子噲固不得與其臣子之以燕在子之亦不得私受燕於子噲兩者皆罪所自當伐譬如有求仕的於此而子悅之未嘗告於王也而與以吾子之爵祿彼爲士的亦未嘗奉命於王而私受吾子的爵祿子共以爲可底斷是不可的彼以土地私相授受不尊王

十五卷

是沈同齊臣以私問非王命也仕爲官也士即從仕之人也

私字是書法同之問或王陰使之以探孟子未可知孟子之答只就公論說故據理直斷曰可子噲二句平重正見其可兩不得字是斷案照下不告於王與亦無王命看喻意重天子一邊私與私受正是無王命處子噲無王之罪於此可見則可乎明斷其不可也何以異正見其可伐也

齊人伐燕或問曰勸齊伐燕有諸曰未也沈同問燕可伐與吾應之曰可彼然而伐之也彼如曰孰可以伐之則將應之曰爲天吏則可以伐之今有殺人者或問之曰人可殺與則將應之曰可彼如曰孰可以殺之則將應之曰爲士師則可以殺之今

制的與以爵祿私相授受的何所分別

○勸齊講

奈何齊人得孟子可伐的言遂伐燕以伐也或人問曰人說你勸齊伐燕有這事麼孟子曰我未嘗勸也然謂勸是何緣故昔沈同問燕可伐麼吾應之曰可這不過就燕論燕已耳不意彼為齊誅然吾言而伐之也若彼如復問曰誰人可以伐之則將

以燕伐燕何為勸之哉言齊無道與燕無異如以燕伐燕也

齊人伐燕據孟子之言以為可未審已之可也不曰無之而曰未也若湯武在上亦準擬其與問罪之師矣但齊非其人則固未可與議此也彼然而伐之齊之君臣私心用事不考其詳遽然吾可伐之言而伐之若其能自揣度彼如疊問必以天吏告之天吏以道言行道便是天吏不必指定何人人可殺與指上可殺之人士師奉君命猶之天吏奉天命也以燕伐燕四字妙妄行禪受燕固一燕妄行征討齊又一燕也不說出無道字更渾融何為勸之哉一語非分解令或人言下自得之

應之曰惟有道之君奉行天討而爲天吏的斯可以伐之豈如今有殺人的或問之曰道殺人的人可殺否則將應之曰可不過就殺人的定罪耳彼如復問誰人可以殺之則將應之曰惟執法士師則可以殺之今齊非天吏是燕國燕齊亦一燕也以燕伐燕何爲勸之哉。

○燕畔講

此重責陳賈逢

燕畔全旨

陳賈引周公爲王釋慚側在智一邊蓋爲燕事之難料也不知周公兄弟之間明以情掩此乃天理人情合得有的過與處德人自是不同且古人不能免於有過却過而能改却與今人之順之又從爲辭不同過與今人異處過又與今人異也齊事豈可以周公之事況哉。

燕人畔。王曰：吾甚慚於孟子。齊破燕後二年，燕人共立太子立爲王。

書燕人畔，見燕人有公論。曰甚慚於孟子，正悔過之機。

陳賈曰：王無患焉。王自以爲與周公孰仁且智？王曰：惡！是何言也？曰：周公使管叔監殷，管叔以殷畔。知而使之，是不仁也；不知而使之，是不智也。仁智，周公未之盡也，而況於王乎？賈請見而解之。陳賈，齊大夫也。武王立紂子武庚而使管叔與弟蔡叔霍叔監其國，武王崩，管叔與武庚畔，周公討而誅之。

賈只是借周公以爲王解，須要極力回護方合賈意。王無患。

若惡意齊破燕一年燕人其立太子平爲王而燕畔齊齊王曰吾不用孟子的言以有今日吾甚慙於孟子使臣陳賈曰王不消把慚於孟子爲憂焉王自諒以爲與周公誰是仁且智的王嘆曰惡這是怎的說陳賈曰周公管使其兄管叔監守殷紂子武庚於殷管叔流言挾武庚以殷畔使知管叔將畔而使之是

謂勿憂無以解慚曰王自以爲令其自揣也孰仁且智用一且字側在智一邊王不敢以公自況正王自慚之本心故曰是何言也議公處在使字重知字不仁只相形起之詞未盡只是不能兼盡只而况於王乎一語賈之不敬極矣見而解之不是直爲王解只辨得周公果不智則王致燕畔得以爲詞便是爲王解也

見孟子問曰周公何人也曰古聖人也曰使管叔監殷管叔以殷畔也有諸曰然曰周公知其將畔而使之與曰不知也然則聖人且有過與曰周公弟也管叔兄也周公之過不亦宜乎宜者天理人情之宜有也

陷其兄以不赦的辟不仁也不曉得管叔將畔而使之是莫明禍福之前不智也非不仁即不智仁智雖周公之聖未能兼盡也而況於燕人的事出於意外而王能逆料之乎賈請見孟子為王解其慙王無患焉

○監殷（講）陳賈特見孟子問曰周公何如人品也孟子答曰古有德聖人也賈又問曰周

辨論只歸不智上問何人是問其人品古聖人指德之無可議言有諸非明其有是事合上兩句看見天下事之不可預料也不知也勿云誤使之亦云事變叵測周公亦不知其將致也然則二字口氣極緊且字見聖人亦有過應上况字過指不知周之過全在兄弟字上管叔之畔蓋萌於既使之後而非釀於未使之先事出偶然周公如何逆得他不智之過自是該有的故曰宜非以當理為宜也周公之過為宜言外便有他人之過不宜意

楊機部曰周公所處在兄弟之間用心只在天理人情上便為管蔡所欺聖人於天理人情外不忍着一念何害為明

且古之君子過則改之今之君子過則順之古之君子其過也

公使管叔監殷管叔以殷畔也果有這事麽孟子曰果有此事賈又曰周公果已知管叔將畔而使之麽孟子曰事難逆料周公不曉得他將畔也陳賈詰之曰然則聖人是聽易之盡的且有不知的過與孟子曰周公乃管叔之弟也管叔乃周公之兄也公豈忍逆料其兄之不如已哉周公的過是天理人情之左

如日月之食民皆見之及其更也民皆仰之今之君子豈徒順之又從爲之辭順猶遂也更改也辭辯也

此節專刺陳賈之爲君文過不粘周公說改之只心事不自掩護順之只是將差就錯不自省悟其過也見過是可推原的就其心體言如日月之食是於過則改之上見皆見之固不爲之辭皆仰之又不必爲之辭豈徒二字是進一層話爲之辭是文自己過責賈意在言外今之君子作小人說于陳賈較切

致爲

全旨

此章齊王原非留孟子是速之去耳不敢一句露了欲留之意已吞吐于此矣至論龍斷處更爲悲婉更爲徘徊更爲吐露惜當時君臣都不能得之言外耳須知既非欲富所欲爲其的行道之志隱躍言表絕可思

有的且古的君子過時重自懲而改之今的君子過則悔於改而順其所爲古之君子其無過而月有過也辟如日月之食暫晦其明民皆見其所以有過處及其心事累自而更也民者你君子原無過的本體今之君子豈徒順而不改又從而曲爲之辭以自文飾其過

○致爲讓

此見大賢非利

孟子致為臣而歸孟子久於齊而道不行故去也

雖未受祿畢竟是臣故曰致爲臣不行道意不可說出

王就見孟子曰前日願見而不可得得侍同朝甚喜今又棄寡人而歸不識可以繼此而得見乎對曰不敢請耳固所願也

就見乃別之非留之也前日願見追敘契慕之深得侍同朝謙言相得于朝喜是齊王喜曰棄似無意留齊之念繼此得見顯然欲聽他去了全無款曲挽回意此處都是冷淡語孟子亦即以微詞答之不敢請固所願兩語須含蓄發其惓惓無已心腸不待說明如何不敢如何願

他日王謂時子曰我欲中國而授孟子室養弟子以萬鍾使諸

可爲矣。孟子久於齊而道不行，因致爲臣而告歸、王就見孟子作別曰：夫子未至齊時，寡人思願一見夫子而不可得，及得侍與夫子同朝，爲之甚喜。今又弃寡人而歸，孤願見之懷不識後來可以繼此而得見乎。孟子答之曰：繼見之期，臣不敢請，然見王固臣之所願欲的。

○他日講

他日孟子欲去

大夫國人皆有所矜式，子盍爲我言之。時子，齊臣也。中國，當國之中也。鍾，量名。矜，敬也。式，法也。盍，何不也。

味他日二字，孟子亦有遲遲其行之意。王見他遷延不去，故又謬爲此說，以謂時子云，全無必留意，且只處之當國之中，不置朝廷之上，使臣民矜式，是子弟從之事，却遣了其君用之一邊。分明見孟子迂濶難用，而姑使之坐鎮雅俗，以要尊賢之名耳。故孟子直以爲不可。

陳惠生曰：召成公云，齊王之意以爲孟子止可爲國史矜式，求必可以爲政，所以聽其去而留意不恪也。

時子因陳子而以告孟子，陳子以時子之言告孟子。陳子，即陳臻。

齊王不便直說孟子來享萬鍾，只托說養弟子，故時子因陳

未去王綱其臣時子曰孟子是去的不可留矣我欲當國之中而授孟子居室養從遊弟子以萬鍾之祿給其食上而諸大夫下而國人皆仰道範而矜敬以爲法式子何不爲我言而留之時子未敢徑達托陳子轉達于孟子陳子以時子傳王欲留的言告孟子

〇惡知講

孟子曰時子述王命固是遵等

子以其在弟子列也

孟子曰然夫時子惡知其不可也如使予欲富辭十萬而受萬是爲欲富乎孟子既以道不行而去則其義不可以復留而時子不知則又有難顯言者故其言如此

曰然二句言時子之言固然惡知我有不可者隱然指道不行但不空露出意若云予之所不可者正予之所不欲也如使予欲富必不辭多而受少既非欲富則所欲別有在矣而受萬要說辭已之十萬而受弟子之萬方合下又使其子弟爲卿

季孫曰異哉子叔疑使己爲政不用則亦已矣又使其子弟爲卿人亦孰不欲富貴而獨於富貴之中有私龍斷焉龍斷岡壟之斷而高

但時子怠曉得我常去義不可復留也如使子欲富乃不受十萬之祿而受萬鍾之祿意欲在富豈是富等底

〇異哉謂季孫曰可怪異與子叔疑之爲人使已爲政不用則亦罷了又爲謀使其子弟爲卿人亦那個不欲富貴而獨自於富貴之中有私意而行龍斷之術焉不亦深可異哉

古之謂

也孟子引此以明道既不行復受其祿則無以異此

引季孫只取龍斷二字異哉其是令人可怪處政是王朝公器若使已爲之又使子弟爲之此一點營求之念便是龍斷營求之心私壟斷私字在已與弟子上看即市於家意與獨富貴字應

古之為市者以其所有易其所無者有司者治之耳有賤丈夫焉必求龍斷而登之以左右望而罔市利人皆以為賤故從而征之征商自此賤丈夫始矣孟子釋龍斷之說如此治之謂治其爭訟左右望者欲得此而又取彼也罔謂罔羅取之也從而征之惡其專利也

此節未句見白重之意以所有易所無見古無專利之心有

龍斷之說何如
古之爲市者以
其所有的物易
其所無的物原
無專利之計有
司但治之以法
奈何有賤丈夫
焉必求龍斷之
高處而登之以
左右望而罔一
市的利人皆以
爲賤鄙乃從而
征之以懲其貪
利之風而征商
從此賤丈夫始
上君子而可龍
斷爲哉
○宿晝講
此見賢者不可
輕意留之意孟

司者治之見古無征商之法必求二字是必欲得之意登龍
斷而左右望只狀其扼要網利之意賤是惡其專利征是戒
其專利賤丈夫三字駡得忒狠堂堂七尺軀怎受得一賤字
起始字重言我若爲利而留將開時君輕儒慢道之端已上
總是言其不可

宿書**全旨** 此章是責留行者平日未能維持于王之左右徒留于
既去之後雖是言得懇切眞是沒耳聽得一則曰無人
再則曰無人一則曰不能安再則曰不能安今日之行王左
右與有責焉因其爲王留行故責之如此其辭且重也因其
不悅遂責之曰子爲長
者慮者而不及子思云

孟子去齊宿於晝 晝齊西南近邑也

言去言宿情景兼長所謂進退綽綽也望王意只隱而不露

子既去齊，不忍遽去，而暫宿於晝，有睠睠屬望之意。

○有欲講

有一人出自己意，而欲替王留孟子的行者，因坐而言其所留的意。維時孟子掀髯無言，但憑其几而眠，以留者不知心也。

○不悅講

客不悅曰：弟子齊宿而後敢言，聞望夫子之我聽也。夫子卧而不聽，無乃絕人之已甚乎？請從

留後說爲妙。

有欲爲王留行者，坐而言，不應，隱几而卧。隱，憑也。客坐而言，孟子不應而卧也。

齊廷不合于孟子，莫不欲速之去，此人欲爲王留行，固是有心人，但其不能調停王側，留之未行之先，徒挽去轍于已出，已無益矣。坐而言，不足深病，或欲從容道其留行之意，故爾不應。心有所在也。隱几，不專是拒客，全是本意望王追我，而今竟以客留，則望齊已矣，一時無限傷感，故然。

客不悅曰：弟子齊宿而後敢言，夫子卧而不聽，請勿復敢見矣。

曰：坐，我明語子。昔者魯繆公無人乎子思之側，則不能安子思；泄柳、申詳無人乎繆公之側，則不能安其身。齊宿，齊戒越宿也。泄柳，魯人。申詳，子

此再不敢復見張之

矣孟子曰坐我子也

明白和你說旨

魯繆公嘗留子

思矣若平日沒

有人在子思的

側則不能安其

身矣以至泄柳

申詳若不日沒

有人在乎繆公

的側申道其賢

則繆公不能加

禮以賢安其身

矣

○子爲講

今子替長者謀

畫而使得行其

道而不及繆公

左右的人所以

爲子思的是子

不悅之念全是未悟隱几之心也齊宿而後敢言見此留亦非泛然也勿復敢見者豈其拒絕之甚不知賢人去留其權不操于賢者此人不干齊王處調停却只來留孟子縱因爾留成何事體前日坐此復日坐便儼然見客有艴然欲去的光景魯繆公二段渾看有人乎子思之側達其尊賢之心也有人乎繆公之側堅其尊賢之志也二段重君上非謂二子之心倚君側之人語其勢則然耳

子爲長者慮而不及子思子絕長者乎長者絕子乎長者孟子自稱也

上有人乎子思之側有人乎繆公之側非待子思隆而待泄

不能以禮自處而先絕乎長者也，豈是長者無禮而必絕子乎。子亦可以自思其所行之非。

○尹士譏

此見望王之心，乃急於救世之心。意孟子既去齊而出境，尹人語人曰：孟子之於王也，不曉得王做不得湯武，則是沒有識王之明也；曉得他見不可的，然且至齊，則是干求利澤也。千里而

柳申詳簡也。子思，師道也；泄柳申詳，臣道也。事體自是不同。孟子在齊以賓師自處，故此獨舉子爲長者慮，而不及子思。慮字非思前想後之說，勸王使我得行其道是也。末二句只平平說，令他自悟，不可說煞。

尹士全旨

尹士譏孟子在濡滯一節，此上二項不過伴說，故孟子亦只辨濡滯一節。孟子一腔心事全在王由足用爲善。王如用予，則豈徒齊民安，天下之民舉安數句，所以留連顧盼，許多捨不得處。

孟子去齊。尹士語人曰：不識王之不可以爲湯武，則是不明也；識其不可，然且至，則是干澤也。千里而見王，不遇故去，三宿而後出晝，是何濡滯也？士則茲不悅。尹士，齊人也。干，求也。澤，恩澤也。濡滯，遲留也。

尹士主意見孟子今日既然要去，當時如何而來；當時既來，

見王其來可謂勤矣以不遇的故而去亦宜速矣若三宿而後出晝是怎麼模遲而濡滯也去就不決士於此不甚爲你悅

○高子講

高子以告孟子亦有不足孟子處孟子曰夫尹士怎麼得我哉千里而見王意在行王道是予所欲也至不遇之故而去豈予心裡所欲哉予的心固有大不得已的在也

得不是今日何爲去之不速不明干澤不重只是說他來之何意歸重濡滯一邊茲指濡滯

高子以告 高子，亦齊人，孟子弟子也。以告者，亦是不足尹士意

曰夫尹士惡知予哉千里而見王是予所欲也不遇故去豈予所欲哉予不得已也 見王欲以行道也今道不行故不得已而去非本欲如此也

此節敘已來齊之始及去齊之際的心事須看所欲字所欲不見徒在一見應躍言之令人可思不得已三字何等悽惻

予三宿而出晝於予心猶以爲速王庶幾改之王如改諸則必反予 所改必指一事而言

○三節講

予惟不得已而去、是以三宿而出晝、在尹士固以爲遲、於我心裡還說是遲的、我之於王、猶庶幾望其能改也、王如改諸、則必追反夫予、予寧三宿以俟耳、

○夫出講

追夫出晝之後、而王不我追也、予然後歸心勇決、浩然而不可挽、予之去志雖然已決、予之心豈忍終舍王哉、由齊王天資朴

合下三節多少波瀾曲折、俱是形容不得已情狀、言庶幾萬一如此耳、於予心猶以爲速、非真以爲速也、要想悽惻無聊、徘徊偃蹇意思、王如改諸、撫下王如用予看、即改其不用而用也、是出晝時望也、見出晝的心事還是望王之心、

夫出晝而王不予追也、予然後浩然有歸志、予雖然豈舍王哉、王由足用爲善、王如用予、則豈徒齊民安、天下之民舉安、王庶幾改之、予日望之、浩然如水之流不可止也

王庶幾改之、王如改諸、則必反予、望王於未出晝之前、予雖然豈舍王哉、王庶幾改之、予日望之、望王於既出晝之後、歸志日然、後依然是不決處、王由足用爲善、便見可爲湯武、天

實是用以濟世安民而爲善也主如有志于善而用如以輔之則王豈徒能使齊民安即天下的民皆被治安之賜而舉安所以予雖既去而猶無幾王之改其失而終日望之此既去不忍忘王之心也此亦君子致君之厚道耳

○予豈諸

予豈若世之小丈夫然哉一諫諍於其君而不聽受則悻怒見

下之民舉安是從去國時遙擬用于從用于遙擬安天下豈必天下皆因齊看得大勢如此天下安着齊王身上說正是是用爲善處于日望之見歸去的心還是望王之心

黄介子曰言安齊安天下非欲之以功利也正孟子名世事業來齊本心所欲者是也是用者惟齊王安得不望王庶幾

予豈若是小丈夫然哉諫於其君而不受則怒悻悻然見於其面去則窮日之力而後宿哉悻悻怒意也窮盡也

一節一氣讀下總是極力形容無心天下之人不必瑣瑣此小丈夫不要看它低了亦是要君好但主意只爲自家一身所以傷於過激君子之心全爲天下連自家濡滯之迹都不計較以此時看所以爲小躬力只是言其速合上條只一意

於顏面及其去國則必窮盡一日之力而後止宿後有冀望之意哉

○尹士讙

尹士聞其言遂曰士誠小人哉惡見以知君子的心哉

○充虞請

此孟子感世而甚其憂世之心意孟子去齊而歸充虞於路中問曰夫子今日之行若有憂形于色而不悅豫然前日虞聞諸夫子曰君子典

反覆辨其非濡滯

尹士聞之曰士誠小人也此章見聖賢行道濟時汲汲之本心愛君澤民惓惓之餘意

尹士見孟子平日氣岸軒昂意其諫而不受則去去則窮日之力而不知居廣居立正位行大道之君子必以生民之休戚為重不在一身之氣節上也尹士亦君子路上人故聞之即以小人自居加人數等矣

充虞

全旨

不怨不尤是聖賢一生心事悲天憫人是聖賢一生擔當要之不豫從悲天憫人而發則其所為不豫者正其所為不怨不尤者也

孟子去齊充虞路問曰夫子若有不豫色然前日虞聞諸夫子曰君子不怨天不尤人路問於路中問也豫悅也尤過也

天相安而不怨天與人共適不尤於人夫子平日如此今日不豫是怠的

○彼一講
孟子曉之曰彼一時論道修身固當絕怨尤之念此一時憂世念深則無以自解也

○五百講
蓋世氣運五百年則貞元會合必有王者受命而興其間必有德業聞望於世的以爲王者的佐

若有不豫與不豫矣舉不怨不尤只是寬之之辭言君子心境當無適不樂意

曰彼一時此一時也 彼前日 此今日

二時字孟子口中似分兩時心裡只是傷今思古之意原不急急爲怨尤辨重此一時也句後都以此時字貫到底下數字亦是時之數也勿平彼時以修身言天人之間一有不得惟反求諸己此一時天變人窮世道於此而決政不得不爲吾道悲而實非怨天尤人也

五百年必有王者興其間必有名世者 名世謂其人德業聞望可名於一世者

此節重王者上二必有字最重孟子不豫根源全在此上句

○其間解 細玩此二字，正指王者雖生而風雲未合時言之。

○由周講 大何由周文武而來，至於今七百有餘歲矣。以五百之數計之，則已過其數，其興可必矣。以其亂極思治之時考之，則可以有為，王者又當興矣。

○夫天講 數過時考，而猶不得有為，是天

輕以名世卜王者，非以王者卜名世也。五百年是大約說話。其間指將興未興時言之。名世名其世也。有非其人而舉世無聞者然。

由周而來，七百有餘歲矣。以其數，則過矣；以其時考之，則可矣。

周謂文武之間。數謂五百年之期。時謂亂極思治可以有為之時。

七百有餘，非止五百，以是幸其過，非恨其過也。言王者十分該興，再遲不得了。以時考之，是自家心裏參觀處言名世十分該有，再遲不得了。全是日下要做不得的口氣，非僅以前事相比付之浩類而已。

夫天未欲平治天下也，如欲平治天下，當今之世，舍我其誰也？

未欲平治天下也。如使天心厭亂，欲平治天下，則必有王者興矣。當今之時，負名世之器而爲王佐的，舍我其何人也？吾可安意俟之，而又何爲不豫哉？惟其不然，故不免于憂矣。

居休講

此言其不受祿休的本心意。孟子去齊居休，公孫丑問曰：仕於齊而不受俸祿，見古時的君子仕人國的道否。

吾何爲不豫哉？言當此時，而使我不遇於齊，是天未欲平治天下。然天意未可知，而其具在我，我何爲不豫哉。

此節正見所以不豫之意，重一天字，根上時可來説數過時可，而不得有爲，是天未欲平治天下也。須渾渾作斷語，不必用註中我之不遇云云。夫子極有感慨，如欲四句一轉語，特是夫天句，舍我其誰，重遇合不重抱負，語氣不可誇。吾何爲不豫，乃表已生平不怨天不尤人意。語意甚説得渾合。

居休　全旨

齊之時，勢儘可有爲，王猶足用爲善。故見王之後，雖有去志，屬望之意，終是惓惓。其日繼而有師命云，猶托言耳。

孟子去齊，居休。公孫丑問曰：仕而不受祿，古之道乎？休，地名。

居休之心，猶宿晝之心也。仕指客卿言，不受食祿，只受其餽

曰：非也。於崇，吾得見王，退而有去志，不欲變，故不受也。崇亦地名。

〇二非也講曰非古道也吾意蓋有所爲耳吾向也於崇地始得見王一見之間其言似不相入者而遂有去志焉此志不欲變故不苟受其祿也

〇二繼而講本欲即去因繼此而有師旅之命干戈擾動上下戒嚴難以請去其久於齊者非我之初志也寧有復受其祿之理哉

非也正言不可以古道律見是個變局于崇吾得見王便見王爲十寒之王不欲變非堅志不可更易之說設如所謂王如改諸則必反予亦不變乎但內懷去志外受齊祿志爲祿變故不受也

繼而有師命不可以請久於齊非我志也師命師旅之命也國既被兵難請去也

孟子於王雖有去志而未有舍志惓惓屬望意有在也師命二句不可認真安齊安天下我之志也久位客卿於齊非我志也二志字相應若王之志變去之志何不可變也要知都是淒楚之言勿作實語看

孟子十五卷終

新刻李會元家藏四書講意玉振解孟子卷之十六

（一）滕文講

此欲人君法堯舜以善國意在世子滕文公為世子年尚冲幼將往楚國以修隣好乃過宋來見孟子綏使事而急見賢就是他性善處

（二）孟子講

孟子乃為他說心所由生的性得之賦予之初沒有一毫妄念夾雜其中只是個善千古惟堯堯舜以實之

滕文公上 凡五章

【全旨】通章都是勉世子為堯舜意。其道性善，正是揭出為堯舜的源頭，以明堯舜之可為。取世子之疑，非疑性善，只是看高了堯舜，故孟子以道一決之。成覸諸人，如許很力，下手豈是閒用，真見夫道之一，而堯舜無不可為也，故耐受瞑眩而不疑。看來總是欲堯舜之可為。末云善國，應轉性善二字，性命之學，一以貫之。下章喪禮、井田、學校，皆性善作用處。

滕文公為世子，將之楚，過宋而見孟子。世子，太子也。

日世子才見天性未漓，要往之楚上想出過宋意見，事大終非遠圖，故急於親賢也。見孟子，正是性善之未經埋沒處。

孟子道性善，言必稱堯舜。道，言也。性，天之理，渾然至善，未嘗有惡。孟子與世子言，每道性善，而必稱

舜是個性之之聖乃盡性之極的人既性善則人皆可以爲堯舜了凡所言說必稱之以勉勵世子

○世子講

世子聞孟子的言以爲論性的紛紛何以单言性善堯舜是生安的怎麽人皆可爲心中不能無疑故從楚國反復來見孟子孟子因說世子疑吾言麽夫性道只是一個善更無別路舍善

性曰善猶玉之温金之堅善即性也道性善性善在中知陳詞無非這個堯舜性之之聖隨其運量不假安排全體呈本來面目必稱云者稱人皆可爲堯舜也看下文成覸一節可見非稱之以證性善

世子自楚反復見孟子孟子曰世子疑吾言乎夫道一而已矣

世子於孟子之言不能無疑而復來求見孟子知之故但告之如此以明古今聖愚本同一性也

自楚反見勢焰中性善一念難自持也復見孟子之意以爲性即善如何便做得堯舜隱微中有不能釋然處但疑闘正是覺路孟子因逆以謂之曰世子疑吾言乎見不容疑也復直決之曰夫道一而已矣猶言夫性善而已一之云者猶道

而外皆是旁門曲學呢。○成覸謂這個善原不消幾得，只在人自奮耳。昔成覸與顏淵、公明儀都見道是一般。對景公曰：彼聖賢是丈夫，我亦是丈夫，吾何畏避於彼哉。顏淵嘗曰：舜何人，是這人；予何人，亦是這人。但能自盡其性，則亦若是舜耳。公明儀嘗曰：文王開我的慧命，是我藥的師，乃周公的言。

個無別個也。眞正路頭差一線不可得，此正無容疑之謂也。

成覸謂齊景公曰：彼丈夫也，我丈夫也，吾何畏彼哉？顏淵曰：舜何人也？予何人也？有爲者亦若是。公明儀曰：文王我師也，周公豈欺我哉？成覸，人姓名。彼，謂聖賢也。有爲者亦若是，言人能有爲，皆如舜也。公明儀，魯賢人。文王我師，蓋周公之言。

成覸三言，要看吾字、予字、我字。三賢皆是自家認得自家眞處，要看他意氣激昂，與下瞑眩緊照，不但證道一之旨。舜何人也，予何人也，有敢作爲的氣象。又曰周公嘗有文王我師之言，此在周公不足異，看公明儀是何地位，而曰周公豈欺我哉，全要摸寫得信周公意象出。

張公亮曰：有人入佛廬，問蓮花座上是誰，答云是我。彼丈夫、舜、文是誰，亦可云是我。

二

這必有淵源相接處周公豈是欺我的話如今的滕零碎收拾將五十里未甚小着力勉勵把自己的性善去爲國教化通國的人卽成善國還是做得的後引書勵之曰若用藥不是昏瞑人日的那疾不得痊愈可見只要猛力行善自可振起其頹俗呢

○滕定講　此勉世子自盡以感人意

今滕絕長補短將五十里也猶可以為善國書曰若藥不瞑眩厥疾不瘳絕猶截也書商書說命篇瞑眩憒亂

孟子直怕世子以國小難爲自諉故把可以爲善國激他絕長補短約畧計筭之詞善國非他在性善上着力不在功利上用事就是引若藥一語正破他疑根正教他勇猛從上做工夫自病自藥他人着力不得

滕定公**全旨**　通章緊要全在親喪固所自盡一句後不可他求是在世子是誠在我何似相應五月居廬未有命戒顏色之戚哭泣之哀都是能自盡處至可謂曰知弔者大悅則又自盡裕之所感動也卽此便見人性之本善處

滕定公薨世子謂然友曰昔者孟子嘗與我言於宋於心終不忘今也不幸至於大故吾欲使子問於孟子然後行事定公文公父也

公死世子謂其傳然友曰昔者孟子嘗與我言性善堯舜之說於宋覺於我心裡有些開悟終是不能忘的今也不幸至於親喪大故想喪禮之行孟子必有定論我的意思欲使子去鄒國問於孟子求他教誨然後行喪禮的事

○然友講　然友承命往鄒問於孟子孟子曰喪禮久壞此問着實是當理大

然友世子之傳也大故大喪也事謂喪禮

於心終不忘似覺些善在即堯舜在即夫子之言在也此二句極重是欲行喪禮之根本知親喪為大故便有欲盡難盡之意只問孟子然後行事一語便是不隨人脚跟轉故到底以自盡策之

然友之鄒問於孟子孟子曰不亦善乎親喪固所自盡也曾子曰生事之以禮死葬之以禮祭之以禮可謂孝矣諸侯之禮吾未之學也雖然吾嘗聞之矣三年之喪齊疏之服飦粥之食自天子達於庶人三代共之善之嘉其問也固所自盡者悲哀之情非自外至也疏麤布也飦糜也

不亦善乎謂其從性善來也自盡二字最重固所二字況言

凡父母的喪固人子的心所自盡也這是非禮不可行的曾子曰生事之以禮死葬之以禮祭之以禮方可說是孝的今諸侯的禮吾不曾考究而學也雖然吾嘗聞得其大槩人子於父母三年的喪穿的是齊疏喫的是飦粥這是人精最真切處自天子達於庶人皆然不但一時這等三代共之總之皆是自盡呢

人子自然之心未着世子身上說曰盡見不可一毫不慊於心曰自盡見不可一毫外求於人曰固所自盡見定在獨斷而不可畧爲人搖阻此正喪禮之大本也引曾子一段不只重禮亦見自盡處禮者出於人心真切而不容已如此則安不如此則不安適中其天理之則也諸侯之禮大綱在行三年喪重齊疏二句齊疏飦粥皆在三年內非真有服食制度也到此地步自然是這等服食見自盡處便成禮之大經也自天子二句總見古今貴賤各求自盡而世子亦不可不盡云爾

然友反命定為三年之喪父兄百官皆不欲曰吾宗國魯先君

○友命講

然友以孟子的言、復命世子、世子以孟子言必可行的、遂定為三年之喪、郎父兄百官亦是要行的、故都不欲而沮之曰、礼之行必有所自始、今三年喪、吾宗國魯的先君未曾行、吾滕國的先君亦未曾行、到於子的身而反之、其寔不可、且志曰、喪祭要依從着先祖所行、意說、我有所傳而受的、非以

莫之行、吾先君亦莫之行也、至於子之身而反之、不可、且志曰、喪祭從先祖、曰、吾有所受之也。父兄、同姓老臣也。滕與魯俱文王之後、故曰宗國。志、記也。引志之言而釋其意也。

定為三年之喪、是世子欲自盡處、及父兄百官皆不欲、為習俗所蔽也。魯不行三年之喪、後人短之也、非周公法也。志之先祖、立法之祖也。父兄百官之所謂先祖、則以壞法為祖矣。吾有所受之也、是代先祖教後人之詞、見其不可違、總是明其不可。

謂然友曰、吾他日未嘗學問、好馳馬試劍、今也父兄百官不我足也、恐其不能盡於大事、子為我問孟子。然友復之鄒問孟子、

一人之見而創為的，子今改了，是甚麼意思。○謂然講

世子未能自决。復謂然友曰：吾他日未嘗學問，以請未適禮，只好走馬舞劍，故今也父兄百官，見我行三年喪，皆不滿足我，恐格於衆議，不能盡此喪礼大事。子替我再問孟子，看他怎的說。然友復往鄒國，問孟子。孟子曰：不足的言誠然，但不可求他足

孟子曰：然。不可以他求者也。孔子曰：君薨，聽於冢宰，歠粥，面深墨，即位而哭，百官有司莫敢不哀，先之也。上有好者，下必有甚焉者矣。君子之德，風也；小人之德，草也。草上之風必偃。是在世子。

不我足，謂不以我足意也。然者，然其不我足之言。不可他求者，言當責之於己。冢宰，六卿之長也。歠，飲也。深墨，甚黑色也。即，就也。尚，加也。偃，伏也。在世子，但自盡其哀而已。

未嘗學問，自其平日未嘗講禮，不能曉得此禮透徹處，所以今日不足，壓父兄百官之議，馳馬試劍，粘未嘗學問說，恐其數語是世子真性發出。子為我問孟子，是求以自盡意。然者，然其不我足之言。不可他求，正與固所自盡句相應。喪尚哀，惟當以哀感之耳，纔是自盡其心處。君薨一段，只是發明真

不足亦惟自盡
其心而彼自從
矣孔子嘗曰大
凡君薨嗣君將
百官的事盡聽
於冢宰處尔自
已不甘食面有
哀容日就位
而哭惟自盡其
哀耳百官有司
誰敢不哀戚所
以然者以嗣君
的哀先之也可
見上能好以礼
自盡下必有甚
好以應之這是
焉的益以君子
的德主感人猶
風一般小人的
德主應人猶草

情所在人自不容解不埀上感下應歠粥之事總是哀之至
莫敢不哀君上愛親之心激發而不能已埀先之也句先之
二字是本性自盡不參後念也此處性真懇篤真好之如此
甚是形容其應之速非甚於上之所好君子之德風三句緊
接以是在世子正與不可他求相應

然友反命世子曰然是誠在我五月居廬未有命戒百官族人
可謂曰知及至葬四方來觀之顏色之戚哭泣之哀弔者大悅

諸侯五月而葬未葬居倚廬於中門之外居喪不
言故未有命令教戒也可謂曰知謂世子知禮也

然者然其不可他求之言是誠在我不忘之性在中提之即
醒故當下承當而無所推托也五月數句果能自盡君薨之

一般，草上加之以風，未有不偃作的理。今日的事，是在世子自盡其哀以感之就是。

〇然友講

然友以孟子的言反命世子，世子曰：然，是着寔在我之自盡也。於是斷然行三年的喪，乃五月居倚廬中門之外，没有命令告戒。向之百官族人皆翕然曰：世子可叫是知礼的。及至塟的日，四方來觀世子

禮而不他求矣。至可謂曰知，父兄百官非當日之父兄百官矣。大悅，雖自盡之感動處，亦見性善各足，一經感動，覺眼前都是性善人也。

爲國全旨

通章只重民事不可緩一句。民事之急，莫過於制產。制產在復其周初相沿之助法，行助法在正經界。前段雖以世祿並言，其實世祿與助法相爲表裏，世祿行則助法不得不行。後段以制祿並言，其實穀祿亦即井地中公田，授其穀以爲祿，分田始可制祿，非二事也。庠序一條，就恒產既制而恒心可復，與後段言井地而說至百姓親睦意同，總只重民事。

上

滕文公問爲國。文公以禮聘孟子，故孟子至滕，而文公問之。

問爲國，欲使滕爲善國之意。

孟子曰：民事不可緩也。詩云：晝爾于茅，宵爾索綯，亟其乘屋，其

之行禮但世子顔色之戚而慘但在容哭泣之哀而悲痛已至真心足以服人故同盟之男者大悅其能自盡

○爲國講

此教滕文以治國之道意滕文公問治國的道孟子曰國依於民民的農事不可緩視之也詩云凡我豳民當其晝則于茅當其宵則索綯急其升屋而治之來春將後播百穀而無暇及此

始播百穀民事謂農事詩豳風七月之篇于往取也綯絞也亟急也乘升也播布也治屋之急如此者蓋以來春將復始播百穀而不暇爲此也

民事卽國事不可緩王在上者言教文公當把作第一件事非謂民緩不得憂是不如豳風卽是緩不必在事爲上全在精神心術七月之詩雖說民間自急乃周公替豳民說話獻成王使知稼穡艱難乃上急之也玩晝爾四句不緩情狀宛然在目孟子引之亦只是誦之而使文公得其不可緩之意莫作證說便自有無限光景

民之爲道也有恒產者有恒心無恒心苟無恒心放辟邪侈無不爲已及陷乎罪然後從而刑之是罔民也焉有仁人在位罔

○民之講

民事何以不可緩也蓋以民有民的道也有常產業的則有所賴而爲善而常心已存沒有常產業的而常心已滅沒有常心則無以檢其身而危放縱偏僻奸邪侈肆無不做了及陷乎放辟邪侈的罪惡然後從而刑罰以治之是欺民無知而陷之也焉有仁人之君在上位而可為言罔民的事也

民而可為也

此節正說民事不可緩之故民之爲道非謂治民有道就民而得其爲道也有恒產四句正是爲道處言恒產而兼言恒心便合下行助法設庠序在內焉有仁人在位二句先發文公不忍之心以爲行仁政之本

是故賢君必恭儉禮下取於民有制恭則能以礼接下儉則能取民以制

是故承上仁人來賢君即仁者也必字正不緩處恭儉禮下帶說恭所以禮下而寔爲恤民之地至於取民則以儉行之而取之有制專重此句是不緩民事處下世祿以養君子是禮下三代什一之取正是有制

是故仁人的君在位，其持己必恭，自奉必儉，自然以禮待士，取諸民以養賢也，亦必有限制。聞之陽虎曰：天理人欲每相反，必不仁然後可以為富，必不富然後可以為仁，然則為國的可為富不仁哉。

○夏后講

如夏時每人受田五十，而以貢法取民；殷時每人受田七十，而以助法取民；周時每人受田百

陽虎曰：為富不仁矣，為仁不富矣。陽虎，魯季氏家臣也。此見天理人欲，不容並立。

此節結上起下，重爲富邊，是恐富之害於仁也。爲仁上取民有制是也，爲富下文慢其經界是也。爲字有作爲工夫，見得必不仁然後可以爲富，必不富然後可以爲仁。此賢君所以當法，陽虎所以當戒也。

夏后氏五十而貢，殷人七十而助，周人百畝而徹，其實皆什一也。徹者，徹也；助者，藉也。此以下乃言制民常産與其取之之制也。

此節只重取民有制，不可將制産賦法分看。夏后氏、殷人、周人正是仁人，都是不緩民事的。貢助徹不可着實講，恐碍末二句。三代授田多寡不同，其實皆什一，正是取民有制處，要

亂而以徹法取民制雖不同而一者在官九者在民其寔心寔意皆是什分而取其一也君未嘗多取也貢之義易明怎的謂之徹取均通的意而謂之徹也怎的謂之助取借民力之意而謂之藉也良法中有美意如此

○龍子講 乃近世之君則失是矣我聞之龍子曰治地的法莫善的是助莫不善的是貢

看實字實心實意不恣多取徹者二句不徒是釋其義只是釋其制要主聖王之精意說周以徹制教民不論公田私田都要通融出力做去殷行井田藉民力以助耕公田曰籍則助耕之外民各自盡其力自作自收也

陳慧生曰三代受田多寡不同乃天下國家多壞極而有事夏之貢壞故殷不得不助殷之助壞故周不得不徹

龍子曰治地莫善於助莫不善於貢貢者校數歲之中以為常樂歲粒米狼戾多取之而不為虐則寡取之凶年糞其田而不足則必取盈焉為民父母使民盻盻然將終歲勤動不得以養其父母又稱貸而益之使老稚轉乎溝壑惡在其為民父母也

龍子古賢人狼籍言多也糞壅也盈滿也盻恨視也勤動勞苦也稱舉也貸借也益之足其數也稚幼子也

乃貢法校豐凶數歲之中為取民一定之制故樂歲粒米饒多且不甚愛惜而狼戾就是多取豈謂爲虐則不過多而如數以取之年之凶也糞其田且不足卽寡取尤恐難堪必取備其常數夫君為民的父母以取盈之法困民使民盻盻然一年辛苦曾不得用以養其父母而盡以輸之官不足其數又借貸以益

上徹者二句未及於貢此節引龍子之議以釋貢之制正借以刺時事也首二句爲問重莫善於助句須知貢不善是後世行貢之弊非禹貢之舊也校數歲之中以爲常是校量數歲豐歉之數酌量個中道便立爲取民之常額也故後之取民者拘於常數不論豐凶必求足數也狼戾是極言盈餘也多取之是設言宜活看寡取之以所入之多者形之糞田不足是極言荒歉也取盈以所入之寡者形之凶年取盈雖說貢法苛刻宜隱隱形出助法之善來以下俱根取盈說說爲民父母挑動他仁人之心使民盻盻三句正貢之流弊也稱貸而益曲盡催科模樣惡在二字正喚醒其爲民父母之心

取盈的數致令老稚轉乎溝壑也則彼之爲民父母果何在也若助法則沒有這弊呢夫田與祿二者相須今世祿滕既行之矣獨以助爲不必行者豈以其制之非周乎

○雨我講 一大田之詩云上天先下雨在我公家田然後纔到我的私田獨助法有公田由此觀之雖周之盛時非不能別起一經綸亦行

父母之心仁人之心也通節是龍子之言

夫世祿滕固行之矣滕行世祿助法未行故取於民者無制耳

古行世祿其初必是行助法今不行助法而行世祿將安取之無制之取傷民必多固字最可味隱然見未行助法之不可有勉之使行意體下取於民有制法相須也分田制祿汲汲於經界之正政爲此亦是民事不可緩意

詩云雨我公田遂及我私惟助爲有公田由此觀之雖周亦助也詩小雅大田之篇雨降雨也

引大田之詩直是以助法望滕文所謂民事不可緩之本旨正在此蓋恐文公疑助之難行故言當時法雖盡廢試就雨

乃公私兩利之助也孫君可不行耶

○設為講　助法行民各遂生禮義自然可興又必設立學宮或庠或序或校擇其一以舉行而群鄉國的民以教之庠之立名取養老的義也校之立名取教民的義也序之立名取習射的義也三代法相為治各取一義以立名是并指讓之後則

我公田之詩想像起來雖周先王立國之初亦是用貢助法相沿至今當行明甚

設為庠序學校以教之庠者養也校者教也序者射也夏曰校殷曰序周曰庠學則三代共之皆所以明人倫也人倫明於上小民親於下庠以養老為義校以教民為義序以習射為義皆鄉學也學國學也共之無異名也倫序也

此節承上來是助法之善而遂至於明倫感化正以見助法當行也要回顧到不緩民事上方得吉並設有久湮而特起意建學就是明倫非建學後方明倫但勿顯露耳既舉三代非使文公並設法其意而用其一也庠者養也三句叙三代建學之制是從鄉學中各抽一件以名之非某學為某事也要

教以六德六行故曰校殷當革命□除則教之習射以觀德故曰序周道尊尊親親則教之養老尚齒故曰庠至於國學則三代共之而無異究其用心皆所以啓民良心而範民於倫理也惟三代賢君備明人倫於上則三代小民亦親睦於下矣然皆本於恒產之立民事安可緩哉以上有主講取法行而學校

知夏承唐虞揖遜之後欲與天下相安於禮讓之內教之六德六行故曰校殷當革命之後欲滌天下干戈之習教之習射觀德故曰序周道尊尊而親親欲與天下共圖於尊親之化教之養老尚齒故曰庠國學無異名一道同風統名曰學取義自大無可異也皆所以字有味鄉學國學作用雖殊用心只要使民觸良心而範之倫理將天敘本來一一勘破不徒昭揭曉示也人倫明是上人設教以明之非王躬行說小人親是於人倫之內各自相親非尊尊親親所謂有恒心也原本於恒產之立來

有王者起必來取法是為王者師也師法其教養之方也

與此王道之可世承的有王者之君起必來取法使教养的道是我亦可為王者的師也顧行之何如耳文王詩云周雖舊是俟邦其命維新正文王行仁政而新國脈之謂也今滕能力行仁政使國勢昌大子之國亦渙然維新矣此事國脈相關者此可緩之哉

○畢戰謹文公因孟子之言遂一意欲行

王者師循云法之可久非言治效透下新國一氣相承起下

詩云周雖舊邦其命維新文王之謂也子力行之亦以新子之國詩大雅文王之篇子指文公

引詩言文王新命政策公以力行也力行亦重制產邊力字

重亦字根文王來新子之國只是恒產制恒心與國勢改觀

即前篇可為善國意

使畢戰問井地孟子曰子之君將行仁政選擇而使子子必勉之夫仁政必自經界始經界不正井地不均穀祿不平是故暴君汙吏必慢其經界經界既正分田制祿可坐而定也畢戰滕臣井地即井田也經界經畫其溝塗封植之界也

助法而使其臣
畢戰問井地的
事孟子曰子之
君將行井地的
仁政選擇於衆
大中而使子成
其事子必勉之
無負所託焉夫
仁政必自經理
土溝塗封植之
界始有經界混
亂不正則公私
中外之田不得
均而小民所輸
的穀以為君子
所食的汙多寡
不一何以平也
此皆自上之橫
征始是故暴君
汙吏因其不便

使畢戰欣然有力行意要行助法故問井地惟助法有井地
故也此見文公之重民事也仁政指井地勉字即不可緩意
井字形就是經界畢戰豈不曉得關係在一正字正經界三
字是綱領必字始字俱要挑剔不正三句見經界所關之切
以足必自經界始之意是故二字緊接此蓋井地之行利於
下而不利於上所以暴君汙吏必慢其經界也如此則經界
之關係井地最重也既正二字有執法秉公毅然不屈不徇
意分田而後可以制祿不宜平坐而定見正經界之外不煩
別法也下文圭田一項隱隱處置他使勿阻撓經界但不可
說出

於此、必慢其經界而廢之苟經界既正、則田因界而有定分、賦因界而有定法、可不勞而均且平也、況君子小人不可相無、則分田制祿不可偏廢、夫滕壤地雖褊小、然必有君子而仕者焉、然必有野人而耕者焉、無君子則誰出令以治野人、君子其必有也、則當制祿矣、無野人則誰出賦以供君子、是野人其必有

夫滕壤地褊小將為君子焉將為野人焉無君子莫治野人無野人莫養君子此見分田制祿之法、不可偏廢也

推分田制祿不可偏廢之由壤地褊小亦可以為善國將者料想之詞將為二句分言其必有無君子二句乃申上言互之只重不可相無不主相須說須重分田邊正見助法當行意

請野九一而助國中什一使自賦此分田制祿之常法也、野、郊外都鄙之地也、九一而助、行助法也、國中、郊內鄉遂之地也、自賦、用貢法也、

此特參論用貢以濟助之窮以助法為主非貢助並行野及國中此不止泛論田祿正教之正經界處請字承上定字來

若曰請言所以定之者九一以區數言什一以畝數言九為

也則當分田矣○請野講分田制祿之法何如野外田可井受則請行九一而助的法國中則難井故什分中使自賦一分於君子此亦所以濟助法之不及也制祿常法之外卿以下必有圭田以供祭祀其數則五十畝為君子設也分田常法之外有餘夫未授田的先給以二十五畝焉為厚野人設也

分田一爲制祿野行助法稚國中行不去處始用貢法自賦便有因凶豐爲入意比龍子之責不同

卿以下必有圭田圭田五十畝此世祿常制之外又有圭田所以厚君子也圭潔也以奉祭祀

合下節雖是法外之法都是正經界處然亦分田制祿一時事圭田取獨潔奉祭之義是令彼潔已奉公無私圖利已之心也五十畝者取百畝而中分之厚君子并厚君子之先也

餘夫二十五畝餘夫弟也常制之外又有餘夫之田以厚野人也

此節都是不緩民事處餘夫所謂戶口未成丁夫二十五畝百畝而四分也厚野人并厚及野人之弟見仁人曲體人情思慮周到也

死徙無出鄉，鄉田同井，出入相友，守望相助，疾病相扶持，則百姓親睦。死謂葬也，徙謂徙其居也。同井者，八家也。友猶伴也。守望，防寇盜也。

此一節正見助法之善處，都得之於同井二字，不待學校而民已親意，亦總見得民事不可緩意。死徙無出鄉，非不出鄉之說，見民安其居，無復展轉流移於外，非可同而民無異說者得之經界正也。相友是處常，相助是處變，相扶持是處患難，親睦頂上五句，見井田之精意，可善民俗，可興教化，不作效說。

方里而井，井九百畝，其中為公田，八家皆私百畝，同養公田；公事畢，然後敢治私事，所以別野人也。此詳言井田形體之制，乃周之助法也。

○死徙講　助法亦可以善民俗，但見死徙的無出其鄉，此鄉田之民同在一井之內，出入則相友作而同其歡樂，守望相衛，疾病則相扶持而同其困苦，則百姓不督責自相親睦，而民俗善矣。

○方里講　方一里而畫一井，井內的田共九百畝，其中間為公田，以供君子的祿，八家皆

有私田百畝、而同助力以養公田、公事畢、然後敢治私家的事、正所以別野人的分、宜養君子也、一先一後、何其有序而不紊哉、

○此其講　然井田的法久不行、凡吾所言先王之意也、特是個大畧耳、若夫度時因地而潤澤之、則在君力行於上、與子力勉於下矣、此田可分、賦可制、其於國何有、

方字重看、方里而井是就一里說、百里千里也、井九百畝、是就一井說、是千井萬井也、二句是井的大綱、中公外私、定其區先公後私、別其分、是說井田的節目、別野人只聯公事畢二句說、不是另意、與百姓親睦、應有尊君親上意、非借此區分野人之賤也、

此其大畧也、若夫潤澤之、則在君與子矣、大畧、不詳也、潤澤、謂因時制宜、而不失乎

前面記的是個硬局子、故曰大畧、須要通變、得合人情、宜土俗、方是潤澤、潤澤非文飾之謂、乃是和恢不拘執的意思、須照力行說、在君與子、何見得斡旋在手、無待他求意、

有為（全旨）通章以闢並耕為主，責倍師亦從並耕帶下。末段闢同價，則因其所遊而詰之，不並重。

有為神農之言者許行，自楚之滕，踵門而告文公曰：遠方之人聞君行仁政，願受一廛而為氓。文公與之處。其徒數十人，皆衣褐，捆屨織席以為食。神農始為耒耜教民稼穡者也。為其言，托其說也。許，姓；行，名。踵門，足至門也。仁政，即井地之法。廛，民所居也。氓，野人之稱。褐，毛布。捆，扣㧻之，欲其堅也。以為食，賣以供食也。

○有為講　此見孟子闢異端並耕意。楚人有許行者，欲陰壞孟子分別君子野人之教，而托為神農的言，從楚往滕，足及門而告文公曰：遠方的人聽得君行井田的仁政，願受一廛而為君氓。此許行的言而非其心也。文公與之所居的處，其徒數十人，皆着褐衣，示其分之所宜也。綑屨織席

神農之言曰為，是書法，見是捏造的。彼見孟子言三代之法，為文公所取重，故自倡一說，為神農之道在二帝三王之上，欲以是竦動天下耳。曰自楚，在未之滕之日，已陰謀之矣。踵門而告文公，欲毒其國，先中其君也。遠方之人三句，其入門之策甚善，故文公不察而入其術中，隨與之處也。與處，即授廛

以爲食，示其力之所出也。

○陳良講

於時歸滕的，不獨許行也，又有陳良之徒陳相者，與其弟名辛的，亦負耒耜而自宋徙滕，曰并田之政，聖人治天下的政也。聽得君行聖人的政，就是亦聖人了。願為聖人的百姓，庶幾與滕民均沾仁政的惠也。

○陳相講

奈何邪說易於

爲氓之說。其徒數十，見其實繁有徒。曰衣褐，示標於朴茂，有剗華除章采意。曰捆織以爲食，是標自食其力了，並耕之意已隱然寓於衣食之間。

陳良之徒陳相與其弟辛負耒耜而自宋之滕曰聞君行聖人之政是亦聖人也願為聖人氓陳良，楚之儒者。耜所以起土，耒其柄也。

敘陳相與弟辛而必提出陳良，伏後罪兄弟倍師一段公案。曰陳良之徒，見所宗者正。曰與其弟辛，見非朋奸之衆。負耒耜，非捆屨食力之比，相之自歸也有願受一夫之㕓意。其與弟辛歸也，有願沾餘夫之賜意。曰自宋，在過宋時已知之矣。

此三句敘其事，不是述其言。聖人是上仁人，行得聖人之政。

惑人陳相一見許行為神農之言而遂不覺大悅盡棄其學於陳良的而學於許行焉陳相一見孟子遂稱道許行的言曰滕君慕古而行仁政則着實是個賢君也雖然惜他不曾聞得治天下大道理耳蓋賢的君不肯勞民以自養與民並耕而供已之食自為饔飧而兼治民事這是賢君所當為的今也滕有倉

纔是聖人用一亦字見不遜三代之君也願為聖人氓有人其國歸其化意玩此陳相兄弟歸附之意甚誠惜文公未有以處之也相安得不許行是歸耶

陳相見許行而大悅盡棄其學而學焉陳相見孟子道許行之言曰滕君則誠賢君也雖然未聞道也賢者與民並耕而食饔飧而治今也滕有倉廩府庫則是厲民而以自養也惡得賢饔飧熟食朝曰饔夕曰飧言當自炊爨以為食而兼治民事也厲病也

陳相寔為慕政而歸不比許行為壞法而來祇因識見不足把持不定一見許行便棄陳良而同歸於壞亂悅而曰大棄其學而曰盡見惑之易而溺之深也賢君泛講有志慕古惠

廩以貯粟府庫以貯財皆取民所耕的以為一已之奉則是病民而以自養也於道槩乎未之聞矣惡得稱為賢君哉

○許子講

孟子欲闢他並耕的説先即其身所難兼的詰之曰許子不能無食必種粟而後食麽相曰然彼所事的是耕又問許子不能無衣必織布而後衣麽曰否非自已織的布也

民便是聞道須蜡闕神農並耕句重謂下同於民之耕非偶也饔飧句帶説非必身親爲之大槩言其不食於民耳有倉廩府庫便以爲厲民若謂其不消説起分田制祿只此一件便不是了惡得賢所刺在滕君而所以刺則在孟子蓋欲壞其分別君子小人之法也

孟子曰許子必種粟而後食乎曰然許子必織布而後衣乎曰否許子衣褐許子冠乎曰冠曰奚冠曰冠素曰自織之與曰否以粟易之曰許子奚為不自織曰害於耕曰許子以釜甑爨以鐵耕乎曰然自為之與曰否以粟易之釜所以煑甑所以炊爨燃火也鐵耜屬

歷詰其耕不能並者以爲闢之之地要詰他不能相兼先把

許子所着的衣服是褐是耕不能兼衣矣又問許子有衣必有冠麼相曰冠許子不能廢冠又問冠各異制許子奚冠相曰冠以素布為之又問曰此冠素果自織的麼相曰否非自織以所種的粟換之又問許子何為不自已去織相曰若自織便妨害於耕是冠又不能兼矣孟子復吏端詰之曰許子食必以釜則

種粟後食作引此許行本等事合做的次將衣冠詰他何不自織賺他以粟易害於耕二句來已可施辯復將釜甑鐵耕盡他一身所資用一把詰之隱隱見一農夫尚有許多事體而治天下可知此節種粟自是一頭必字從上並耕二句來詰他中間衣冠對看皆根下釜甑應饔飧鐵耕應並耕另作一段種粟而食餘以粟易猶然井田中人

揚維斗曰凡辨難攻詰須拿定一件做眼目則其理勝而辭達此章闢並耕只拿自身不能兼這一着為難端便折倒他

以粟易械器者不為厲陶冶陶冶亦以其械器易粟者豈為厲農夫哉且許子何不為陶冶舍皆取諸其宮中而用之何為紛紛然與百工交易何許子之不憚煩曰百工之事固不可耕且

以釜甑爲爨食必先耕亦把鐵去耕麼相曰然又詰之釜甑與鐵都是自已做麼曰否不能自爲以粟換之

○以粟講

孟子辨之曰以粟易械器的不爲乏粟而病陶冶陶冶亦以其械器換粟的豈爲乏械器而病農夫哉且許子不欲病人何不一身自爲陶冶諸凡百工器物止皆取諸其宮中而用之何爲

爲也此孟子言而陳相答也械器釜甑之屬也陶爲甑者冶爲釜鐵者舍止也

此一節只承上釜甑鐵耕一邊說與上節俱是詰問之辭上節反復詰問賺得他以粟易一句來因說穀粟械器交易之不相厲且破他厲民自養句復抽引翻倒攻詰其交易之不憚煩陳相到此遮攔不得一口吐出百工之事固不可耕且爲遂以治天下獨可耕且爲折之天羅地網妖怪莫逃矣○必不樂於相易就是厲兩不相厲便見相濟何不爲陶冶與何爲不自織相對耕且爲言農不能兼工三何字疊疊說去最得詰難法

然則治天下獨可耕且爲與有大人之事有小人之事且一人

既易陶又易冶、紛紛然與百工交易、不勝其煩、何許子之不憚煩若是、相不能遺情、乃曰百工的事、固不可耕、而且兼為工也、

○（然則講、孟子遂折之曰、百工的事、既不可耕且兼爲、然則治天下的、日有萬幾、獨可耕且為治與、蓋有大人、自有大源頭的事、有小人、自有纖悉的事、自不得兩相兼的、且就一人身

之身而百工之所為備、如必自為而後用之、是率天下而路也、故曰或勞心、或勞力、勞心者治人、勞力者治於人、治於人者食人、治人者食於人、天下之通義也、路謂奔走無時休息也、治於人者、見治於人也、食人者、出賦稅以給公上也、食於人者、見食於人也、此四句皆古語、

然則治天下一句極重、正所謂大人之事也、已自折盡下文、只是其意、爲字指爲治事、字根上百工之事來、大人與上治天下來、其所有的事、從大源頭大節目處理會、小人與上耕字來、其所有之事、從瑣屑枝葉處執着、二句勿露治與耕、更妙、二有字要看見各有其事、不相混、意重大人上、一人之就小人說、百工所爲備、言一身備百工之用也、衣食械器所以

之所用其取足於百工之所為的無一不欲其備如必自己做而後用之是率天下的人奔走道路無時休息也故占語曰或君子而勞心或小人而勞力勞心的出政令以治人彼勞力的不過奉法守令以治於人而已惟治於人的故輸貢賦以食人惟治人的故坐享玉食以食於人是君子自宜於治小人自宜

資給者一件少不得而路是借用字言兼爲者無休息之期此見小人不能兼況大人乎故曰六句皆古語天下初未嘗有以相兼也口氣云言天下原有一種勞心的非必皆勞力也二句側說下重君子治小人上治於人者二句亦側說下重小人養君子上數治字俱本饔飧而治治字來數食字俱本並耕而食食字來這段議論總破他厲字通義亦只承後二句通義者事之通於人人而無不宜者也

張公亮曰語曰力易強而有功也心難強而有智也勞心者難故饗食於人之樂勞力者易故任食人之勞

當堯之時天下猶未平洪水橫流氾濫於天下草木暢茂禽獸繁殖五穀不登禽獸偪人獸蹄鳥跡之道交於中國堯獨憂之

於養此天下古今之通義也、○當堯詁使並耕可為則堯舜先為之矣、當堯的時洪荒甫闢天下猶未盡平洪水不由道而流勢遂氾濫於天下是以草木得水而暢茂禽獸因之而繁殖民無稼穡的地而五穀不登禽獸偪近於人而民無所定、獸蹄鳥跡的道、交雜於帝王自立的中國洪水之害是這樣堯

舜使益掌火益烈山澤而焚之禽獸逃匿禹疏九河瀹濟漯而注諸海決汝漢排淮泗而注之江然後中國可得而食也當是時也禹八年於外三過其門而不入雖欲耕得乎

洪大也橫流妄行也氾濫橫流貌暢茂長盛繁殖衆多五穀稻黍稷麥菽登成熟道路也獸蹄鳥跡交於中國言禽獸多也敷布也益舜臣名烈熾也禽獸逃匿然後禹得施治水之功疏通也分也九河河流有九也瀹亦疏通之意濟漯二水名決排去其壅塞汝漢淮泗皆水名

許行是把神農做並耕的證佐孟子是把堯舜做個不並耕的證佐天下猶未平猶字有味註明洪水句一節之綱草木二句見荒塞之象五穀不登則無得而耕禽獸逼人則人禽不分矣交於中國則天下不遍矣堯獨亶憂之二句是數節之

獨勞心而憂之於是舉舜爲相而敷治焉舜乃擇官以分任使伯益掌火益承命縱火熾烈山澤而焚之禽獸無所依皆逃匿而去由是可施治水之功故舜又命禹禹於是疏通九河以分其勢瀹濟漯以殺其流而皆注於海於是決汝漢以去其壅排淮泗以通其塞而皆注之於江焉洪水既息則耕稼有地然

獨憂之所謂勞心也堯舉舜敷治舜使益掌火見得堯不徙憂而擇一相相不自用其智而擇群有司洪水橫流命先掌火此以火先水道理禹之治水多與益共謀烈熾也蓋梘山澤草木熾者而焚之九河濟漯是西北之大水爲兗豫諸州之患者汝漢淮泗是東南之大水爲荊楊諸州之患者注江注海亦因其勢而利導之疏有通分二意瀹是疏通決排皆去其壅可得而食可開粒食之源未就是穀食也三過不入總是水患未除十分忙逼家不得顧方於下句雖欲耕得乎振得起且與上文治天下獨可耕且爲意照得轉

張公亮曰看堯舜諸人憂民如此知古今天地不是未郤可以持得在聖人憂勤一念中一念稍懈天地之氣洩而敗矣

後中國之民，通耕而粒食也。當其治水時，禹凡八年勞役於外，以民居未奠，雖三過其門而不入，欲與民並耕，可得乎。

○后稷講　然中國得食，舜非親爲之也，又用棄爲后稷之官，而后稷亦未嘗自己爲耕也。只是教民稼穡方法，樹藝乎五穀，五穀熟而民人乃賴其育。人不同於禽獸，自有所以爲人的

后稷教民稼穡，樹藝五穀，五穀熟而民人育。人之有道也，飽食、煖衣、逸居而無教，則近於禽獸。聖人有憂之，使契爲司徒，教以人倫：父子有親，君臣有義，夫婦有別，長幼有序，朋友有信。放勳曰：勞之來之，匡之直之，輔之翼之，使自得之，又從而振德之。聖人之憂民如此，而暇耕乎？后稷，官名。樹，亦種也。藝，殖也。契，亦舜臣名。司徒，官名。人之有道，言其皆有秉彝之性也。放勳，史臣贊堯之辭。德，猶惠也。勞者勞之，來者來之，邪者正之，枉者直之，輔以立之，翼以行之，使自得其性矣，又從而提撕警覺以加惠焉。此命契之辭也。

此命后稷以播百穀，承上可得而食句來，遞下重使契上見得於民人育處，煞不肯放手，又要立教如此。初種曰稼，斂之曰穡。樹藝即教民事，見只教民爲之，亦非自爲。育字，得之熟

道理惟飽食煖衣閑逸而居没有所以教他則不曉得人的道理就與禽獸所去不遠呢聖人向憂民失養今又憂民失教於是使契為司徒之官而教以人倫父子有親以相愛君臣有義以相成夫婦有别以分内外長幼有序以辨尊卑朋友有信以相孚契都是因他固有的以導之耳堯時放勲曰欲民歸人倫

字來人之有道有字最重道即五品人倫不必非禮非義始近於禽獸只一飽食煖衣而不知性中有此五者便是親義序别信數有字與有道有字應有者固有也倫係固有故教曰使自得謂還其固有不從外邊得也從門入者不是家珍惟其自得故曰德勞來以勸其善匡直以懲其惡輔翼以助其不逮作三平看使自得之有從容而無勉強之狀又從者無已之心也振之云者鼓舞振動使之常惺而奮起也聖人之憂如此總上兩節說如此有說不盡意而暇耕乎比上深一層在耕上說

堯以不得舜為己憂舜以不得禹皋陶為己憂夫以百畝之不

也則勞以勸之來以收之匡之以繩其偏直之以警其枉輔之使無靡翼之使無歉凡此總使民不待勉強自得其固有的性又怖他得而復失也從而振作提醒加以德意而教道備矣於民得食而猶命官申教之無已聖人之憂民是這等而有閑功去耕乎

○堯以謹合而觀之堯只以不得舜爲巳

易爲巳憂者農夫也 易治也

此節是總結上文意堯以不得舜爲巳憂舜以不得禹皐陶爲巳憂數憂字正與上勞心字應正是天地萬物一體之心又須在巳上生議論見各盡其本分此外未嘗更分其念也上曰聖人點出大人面目此曰農夫點出小人面目也百畝不易豈其置之度外堯舜以爲此農夫之事只從源頭處理會決不暇憂及也

分人以財謂之惠教人以善謂之忠爲天下得人者謂之仁是故以天下與人易爲天下得人難 堯之得舜舜之得禹皐陶所謂爲天下得人也

此節承上堯舜之憂惟在得人政以得人之所係甚大也財

切身的憂舜以不得禹臯陶為巳切身的憂若夫以百畝之不治為巳切身的憂者農夫事也聖人豈以農夫的憂為憂哉彼分人以財但得我的所施則謂之惠教人以善但盡心於所教謂之忠這都是有限的事惟爲天下得一廣仁的人與天下精神血脉相通豈不是仁是故以天下與人只心無係吝的做得

必自分所分有幾善必自教所教有幾惠亦有阻格忠亦有壅遏故未可以言仁惟爲天下得人則財以天下分無不徧之惠善以天下教無不盡之忠真如元氣周遍一身而無痿痺偏枯之處也故曰仁以天下與人非禪天下之謂也乃人既得而畀之以教養之任以經理天下之謂也未得之先要揀擇所謂勞於求賢也故難要在爲天下三字發出一段難得的意思一得其人推誠以任之逸於任人垂拱而天下治矣故易易與難却從聖人自心看瘦於憂字喫緊

張公亮曰君民之情氣懸隔難通得一人則君心寄於其身以下流而民之情亦達於其身以上接爲天下得人故曰仁

孔子曰大哉堯之為君惟天為大惟堯則之蕩蕩乎民無能名

未足為舜惟至為天下而得人必是可以代吾憂的豈不難乎惟其難所以憂○大哉講夫憂處即堯舜用心處孔子曰大哉堯之做君惟天為至大獨堯的德能與之準則故蕩蕩乎廣大民無得而名焉盡君道哉舜也巍巍乎心胸高大不以得位為樂有天下若與不相關時也聖言觀之堯舜之治天下豈

焉君哉舜也巍巍乎有天下而不與焉堯舜之治天下豈無所用其心哉亦不用於耕耳則法也君哉言盡君道也

大人勞心之事巳上發揮殆盡又引孔子言見法天盡君堯舜許多事體振起下豈無所用心句蕩蕩無名是總言之化天下不與是無心之治二君字分明是照應許行滕君則誠賢君也語意此之謂大人之事也此之謂勞心以治人而食於人之通義也豈無二字要還他口氣若只說有所用心亦不妙用心即前憂字曰雖欲耕得乎曰亦不用於耕耳總收拾上治天下獨可耕且為一句

吾聞用夏變夷者未聞變於夷者也陳良楚產也悅周公仲尼

無所用其心而坐致哉但所憂者為天下亦不用心於耕耳

〇用夏講

子見許行而悅之亦異於吾所聞矣吾聞用中夏禮義之教而自变蛮夷之俗的未聞以中夏的人而反変於夷者也子之師陳良本產於楚者也然心不囿於楚悅周公仲尼禮義之道自楚來北學於中國以求心學的傳則良有真得

之道北學於中國北方之學者未能或之先也彼所謂豪傑之士也子之兄弟事之數十年師死而遂倍之此以下責陳相倍師而學許行也先過也豪傑才德出衆之稱倍與背同

孟子責陳相之倍師正闢許行之不可學並耕之說之不可從也前後一意此節語意只重責相耳說良之賢正以見相之不可倍也吾聞二句泛論重變夷一邊陳良六句言陳良用夏變夷爲可師周孔之道即禮義本得統於堯舜來悅周公仲尼之道見所悅者正照見許行而大悅悅字楚在中國之南故曰北學彼指楚言謂同非方而言濡染於周孔之教者深良固未能或過在楚國而言可謂自拔流俗而爲豪傑

矣故北方素學周孔的良未能或遠過而先之也但在彼楚國亦可以拔出流俗而為豪傑的士也子的兄弟師事陳良數十年宗吾周孔的道久矣乃師死未幾而遂倍之以學許行吾不意中國人反見變于夷是這等○昔者講抑未聞孔門之所以事師者乎昔者孔子沒門人相與心喪三年及三年之外

士也子之兄弟是一體而一心者數十年則馴習者深遠倍之言其忘師之速此三句只渾渾說他不善變下方詳責其倍師

昔者孔子沒三年之外門人治任將歸入揖於子貢相嚮而哭皆失聲然後歸子貢反築室於場獨居三年然後歸他日子夏子張子游以有若似聖人欲以所事孔子事之彊曾子曾子曰不可江漢以濯之秋陽以暴之皜皜乎不可尚已任擔也場塚上之壇場也有若似聖人蓋其言行氣象有似之者所事孔子所以事夫子之禮也江漢水名言濯之潔也秋日燥烈言暴之乾也皜皜潔白貌尚加也

此節舉聖門不倍師以責陳相上數句不甚重只是敘事以

門人治任將要歸去從而入揖於子貢面面相嚮而哭皆失其声然後乃歸門人追慕其師是這等子貢猶未忍即歸反築室於場獨居三年然後歸子貢追慕其師是這等他日子夏子張子游以孔子不可再見以有若言行氣象似聖人欲以當時事孔子之禮事之彊曾子與之俱曾子止之曰夫子不可妄事也

起曾子尊信之意三年後歸見羣賢之不倍師獨居三年見子貢之不倍師欲事似聖之有若亦祭法用尸之說不可說壞了故見其不倍師門人尊有若只在言行氣象上覷曾子信夫子直就心體上說以此相形方得曾尊師意江漢秋陽兩語是孟子極言形容夫子心體一疵不存萬理明淨聖門心印不與人俱沒也潔白字留皜皜句發之潔白總是純乎天理無一毫人欲之私不可分貼江漢秋陽緊接曰皜皜乎不尚此句只形容不盡意總是曾子不倍師莫作較量語大過有若也

張公亮曰江漢秋陽試縱覽於荊門之流懸睹於白日之下尼山精神或有可遇者若強尋其濯暴之跡孔子逝矣

夫子心体渾全、没有一毫點汚、始濯之以江漢、暴之以秋陽、員明潔白之至、皜皜乎不可尚已、曾子之篤信其師推尊之如此、今許行乃南蠻鴃舌的人、所學非先王的道、與子的師大相反、子倍子的師而學許行、亦異於曾子之尊師矣、

○幽谷譜

吾聞人的學術、棄邪就正出於幽谷、而遷于喬木者、未聞舍正

今也南蠻鴃舌之人非先王之道子倍子之師而學之亦異於曾子矣鴃博勞也惡鳥之聲南蠻之聲似之指許行也

此下三節只與上文用夏變夷一意而叠出言之南蠻鴃舌明是斥其為夷亦有深意詩云七月鳴鴃鴃應陰而動者也加以鴃舌諭許行之以邪害正猶陰害陽也非先王之道作毀看曾子不事似聖之有若陳相乃師非聖人之許行故曰異於曾子

吾聞出幽谷遷于喬木者未聞下喬木而入于幽谷者

口氣不可像引詩只是借詩而反言之上下語意一滚說下而相之倍良在言外見之方妙

從邪、下喬木而入於幽谷者、今子倍良學行棄高就卑、異乎吾所聞也。況夷狄又周公所必膺的、魯頌曰、戎狄的人、是用膺擊、荆舒的人、是用懲創、夫周公休休有容、方且疾而膺之、子乃從戎狄荆舒而學、正是变於夷了、亦变得不善矣

○從許講

陳相又曰、並耕固非、若從許子治市的道、則物得其平、而市價

魯頌曰戎狄是膺荆舒是懲周公方且膺之子是之學亦爲不善變矣魯頌閟宮之篇。膺擊也。荆楚本號也。舒國名。近楚者也。懲艾也。

前舉變於夷此又云戎狄荆舒而斥其不善變。蓋云許子並耕乃蠻之道非可施於堯舜所治之中國。責陳相之倍陳良正責許行之亂中國也。周公休休有容方且膺之爲中國慮也。如此纔得方且二字意。不善變變得不善。非說爲不善所變

從許子之道則市賈不貳國中無僞雖使五尺之童適市莫之或欺布帛長短同則賈相若麻縷絲絮輕重同則賈相若五穀多寡同則賈相若屨大小同則賈相若神農始爲市井故許行又託於神農而有是說也、五尺之童言幼小無知也。

沒兩樣，人献其誠，而市中沒詐僞，雖使五尺的幼童往市，至易欺的，亦沒一人或欺他。如布帛惟以丈尺較之，其長的一樣短的一樣，則價不相上下。麻縷絲絮惟斤兩較之，其輕的一樣重的一樣，則價不相上下。五穀惟以斗斛量之，其多的一樣寡的一樣，則價不相上下。屨但以形体觀之，大的一樣小的一樣，則

相窮於並耕，復言治市，見其所學之是從許子之道亦附托神農之道也。市價不二，爲主惟不二，所以無僞而莫欺。下價相若，正不二之實。五尺句是極形容其莫欺也。却不論精粗美惡，但以度量權衡齊之，如長與長同價，短與短同價，不是長與短同價也。許子精粗同價，彼正欲使舉世但爲其粗，不爲其精，相安太朴，巧僞自不生耳。總是神農日中爲市境界。

曰：夫物之不齊，物之情也。或相倍蓰，或相什伯，或相千萬。子比而同之，是亂天下也。巨屨小屨同賈，人豈爲之哉？從許子之道，相率而爲僞者也，惡能治國家？

倍，一倍也。蓰，五倍也。什伯千萬，皆倍數也。比，次也。不齊，精粗大小之不等也。同價，不論精粗。爲僞，爲濫惡之物以相欺也。

價不相上下，無二價，便無飾僞，此許子之道所以可從也。

○夫物諸

孟子辨之曰：夫物有精粗美悪之不齊，乃物之自然，寔是理也。就不齊者而較之，或自一而相去一倍五倍，或自一而相去什倍伯倍，或自一而相去千倍萬倍，物之不齊如此。子強齊之而同一價，則物情不得其平，人心都悖其理，是乱天

夫並耕之說欲以齊人而大小不可相兼，市價之說欲以齊物而精粗不可相混，故以僞字破之。不齊指精粗美惡兼造化人力情是實理自然處。或相倍蓰只是或相去一倍或相去五倍，各開說下二句。因陳相原只以精粗同價，不以大小同價，最妙在巨屨小屨一詰，直以大小比精粗，因言還言乗所明以攻之。言設若巨屨小屨同價，人豈爲其大者，以明精粗同價，人豈爲其精者。獨借屨言者，以許子是捆屨之人，必當身親較量其價也。相率爲僞，言許子倡齊價之說，意欲除僞，適以長僞，惡能治政，破他饔飧而治。治國家句重，通章所關皆是治國家事。

下也若不論美惡精粗只是巨屨小屨同一價人豈肯去為那精而美的從許子齊價的道相率而為濫惡的物以相欺也怎麼的治得國家此耕治市無一可者子倍師而學之謬矣

○墨者盡

此稱良心之真以攻異端意有治墨之教者夷之不安於墨依托徐辟而求見孟子孟子恐其心之錮而言難

陳慧生曰許子齊物價與並耕意便是剖斗折衡而民不爭之説

墨者

全旨

孟子開悟墨者只在他真心上打轉所以易轉夷子厚葬一節是他真心不自已處孟子故以所賤事親激之下引上世掩埋事正從此處參契一本之愛真心自不容已末憮然處光景絕可想亦真心不自已處也一本故也使之二本是闢兼愛骨子一本二字重

墨者夷之因徐辟而求見孟子孟子曰吾固願見今吾尚病病愈我且往見夷子不來墨者治墨翟之道者夷姓之名徐辟孟子弟子稱疾託辭也

夷子學於墨氏原非冷面皮人必有不安於墨者孟子說出吾固願見五句字字慈婉託言病愈往見其寔撩着病痛不怕他不來尋常只看做門面把孟子接引心腸說冷淡了

他日又求見孟子孟子曰吾今則可以見矣不直則道不見我

入先郄之曰吾固心裡願見今吾尚病病痊我且自已往見夷子夷子不必來也

○他日講

他日又來求見孟子孟子因徐辟而質之曰夷子求見至再吾今則可以見矣但不直言以証其本心則道隱而不見我且舉夷子的事以直抉其本心吾聽得夷子學於墨者墨之治喪父母的喪也不獨厚

且直之吾聞夷子墨者墨之治喪也以薄為其道也夷子思以易天下豈以為非是而不貴也然而夷子葬其親厚則是以所賤事親也直盡言以相正也易天下謂移易天下之風俗也

夷子敎習於墨而厚葬處心尤合吾儒孟子於此一見也正心迹可以互證之際故曰不直抉其本心來說則彼溺於所習之敎而道不見也厚葬是他本心好處我且從其本心直抉他莫駁於墨則令彼能自見其本心郎是見吾道薄爲道只是不獨厚其親其意謂天下皆吾一體何問親疎使天下各無親疎畧無差等共納天下於大同之治故其然是以動人而思以變易天下之風俗者皆以薄爲非是而不貴尚之

其親而以薄為其道也夷子思以墨的道主世敎而易天下使人人各不私其親豈肯以薄葬為非是而不之貴尚也薄者貴則厚者賤然而夷子葬其父母必用厚則是以所貴去敎人的以所賤的來事父母也他前後參差果是何故

○徐子講

徐子把孟子的言告於夷子夷子乃轉詰孟子曰孟子固以兼

也是字指此道言乃料其學墨之心不如是也惟以為是矣貴尚之口氣了而不了有使他自猜自疑之意所貴在薄必所賤在厚厚葬則以所賤事親了此孟子特以此提醒他一點厚葬念頭須想像激動他的意思

張公亮曰凡敎人不難札他到熱汗浹背時則其人必不能解脫亦必不能捷孟子此翻機鋒真開發滾盤用

徐子以告夷子夷子曰儒者之道古之人若保赤子此言何謂也之則以為愛無差等施由親始徐子以告孟子孟子曰夫夷子信以為人之親其兄之子為若親其鄰之赤子乎彼有取爾也赤子匍匐將入井非赤子之罪也且天之生物也使之一本而夷子二本故也

若保赤子周書康誥篇文此儒者之言也小民無知而犯法如赤子無知而入井也一本

愛為不是的儒者的道亦有同於墨的徃古儒者的人却云若保赤子此書言是怎麽說之以為同此愛初没有厚薄差等但施的次序由吾親始耳徐子把夷子的言告孟子孟子折之曰夫夷子以若保為愛無差等信以儒者的道親愛其兄的子就若親其鄰人的子没此厚薄之分誰知彼書的意有所取而云

謂同本於所生而無二也此乃自然之理若天使之然也

古之人二句引證兼愛之則句解若保施由句又釋厚薄勿泥託援入推附作對待格只一氣滾到愛無差等上去爲得信以爲三句闢愛無差等彼有取爾三句解若保句見非愛無差等也生物一本直發厚薄其親之原喚醒施由親始之意以辯其愛無差等之謬也按二本不是死殺的話言人只一本故骨肉至親愛獨眞切今就夷子兼愛說起來原來都是二本語直冷刺令渠汗顏

蓋上世嘗有不葬其親者其親死則舉而委之於壑他日過之狐狸食之蠅蚋姑嘬之其顙有泚睨而不視夫泚也非為人泚

爾也蓋謂小民無知而犯法非民的罪猶赤子無知匍匐而入井非赤子的罪故人君保民當如保赤子耳豈愛無差等之謂且天之生人也只一個父母使之一本而夷子情不鍾于一脉愛有岐而二之故大惑不解

○上世講試以一本的理言之蓋上古的世法制未脩嘗有不曉得葬埋父母的他父母

中心達於面目蓋歸反虆梩而掩之掩之誠是也則孝子仁人之掩其親亦必有道矣上世謂太古也委棄也壑山水所趨也蚋蚊屬姑語助聲嘬攢共食之也顙額也泚泚然汗出之貌睨邪視也視正視也非爲人泚言非爲他人見之而然也所謂一本者於此見之尤爲親切反覆也虆土籠也梩土轝也於是歸而掩覆其親之尸此葬埋之禮所由起也

此因其厚葬之本心而痛言一本之理以感動之重中心二字上世不忍其親而制爲葬埋之禮與夷子從墨教而不忍薄葬其親皆是發生於一本處委之於壑非恐法制未興耳他日過之是已置不忍忽復往徘徊非漫然之過狐狸二句光景倏然其顙二句俱是他不識不知中良心發見處若稍涉情識便非上世人的光景非爲人泚二句正可驗其一本

死則舉而棄之於山水之壑至他日復過於委壑的所在狐狸喫着蠅蚋姑嘬着其顙上泚然汗出但邪視而不忍正視夫這泚也非為他人見我薄親而泚直哀痛迫切根中心而達面目的於是急歸復往取虆梩運土以掩覆親尸此掩親着實是天理之當然則後之孝子仁人以葬埋掩親亦天理人心極至的道

處蓋歸至掩要見其情景甚迫意掩之誠是情動於一本也亦必有道見爲天理人心之極至處知厚葬之爲道則愛無差等之說不攻自破矣

徐子以告夷子夷子憮然爲閒曰命之矣 憮然茫然自失之貌爲閒者有頃之閒也命猶教也

憮然爲閒有昏暈初醒稍定始能言之態須摹寫他恍惚悔悟景狀深以孟子之言爲然若直說是教我便不得憮然爲閒意思命字亦只在惺悟處見之夷子名

滕文公下 凡十章

陳代全旨 陳代欲孟子急濟世疑若非貪慕富貴者之所爲孟子直斷其爲利且是極斷破世情語且開枉的是其[illegible]枉者

矣，徐子把孟子的言告夷子，夷子憮然自失，昔迷今悟，有頃，曰，夫子教我了。

○陳代謂

此見君子進必以正意。陳代諷孟子急救世，曰，事業為重，則出處爲輕。君子之，不肯往見諸侯，宜若小節，然今若屈己一往見之，而乘時以行道，大則成王業，小亦成霸功。且志曰，所枉的是尺，所直的是尋，審其事理，宜若

枉道也，道豈是可枉的，義利關頭，走作一線不得，而其實枉己，直人，斷無此理。

陳代曰：不見諸侯，宜若小然；今一見之，大則以王，小則以霸。且志曰：枉尺而直尋，宜若可為也。陳代，孟子弟子也。小，謂小節也。枉，屈也。直，伸也。八尺曰尋。

不見不往見也。小字對霸王大事業言。代所見然也。今字亦有意，孟子嘗言今時則易然也。想代亦是竊此意爲言。一見之一字要緊，言不必見之再。正是枉尺處。二以字，即以齊王以字王霸，言其成功之大。此就是直尋處。引志只宜就枉尺直尋字空講，宜若可爲，見所成之功大，不必拘小節意。此句是令孟子參酌也。

孟子曰：昔齊景公田，招虞人以旌，不至，將殺之。志士不忘在溝

可屈巳去爲也、
○晉齊講
孟子曰昔齊景公有事田備招守苑囿的虞人、把大夫的旌虞人守分不至公以其違命將殺之、孔子賛之曰、志士同窮雖至委棄溝壑他的志不忘勇士輕生雖至喪其元首、其勇不忘、孔子怎的賛如此取他非其當招的物、能守死不件也、君子守道、如不待諸侯招、而自往是何見、

壑勇士不忘喪其元孔子奚取焉取非其招不往也如不待其招而往何哉田、獵也、虞人、守苑囿之吏也、元、首也、志士二句、乃孔子嘆美虞人之言、

引虞人見其不可往以破他今一日之句尚未及枉尺直尋之非志士二句孔子之言須寛說而贊美虞人意在其中兩不忘極狀出骨力不挫揣一死如何做得轟烈來亦是常持此念耳非徑然期必如此也志勇目中直看宇宙之間盡一壑也殺身卽全歸也此正是士人立巳處後言孔子奚取取他有操守非其招則不屈巳以往也不待其招則全無禮意矣何哉二字有令人惕省意

且夫枉尺而直尋者以利言也如以利則枉尋直尺而利亦可

○且夫謹

且子引志枉尺而直尋者不過着一為己的心以利言也如有一計便利的心則不但枉尺直尋不可為雖枉尋直尺盡丧生平之所守而得富貴亦將不顧道義而為之與

○趙簡謹

昔者趙大夫簡子使善御車王良與嬖奚乘而田獵自朝至暮而不得一禽嬖奚反命於簡子曰王良天下不

為與此以下正其所稱枉尺直尋之非

且夫二字是起下語下二句是借他意反說兩利字就出處便宜上看君子非招不往不計終之直惟計始之枉盖以義言也若枉尺云云以利言也就其言而窮之如不奪不饜無所不至之類這等大決裂如何可為亦可為與是計其不義而不可為非計其不利而不可為也甚言其不可為也

昔者趙簡子使王良與嬖奚乘終日而不獲一禽嬖奚反命曰天下之賤工也或以告王良良曰請復之彊而後可一朝而獲十禽嬖奚反命曰天下之良工也簡子曰我使掌與女乘謂王良良不可曰吾為之範我馳驅終日不獲一為之詭遇一朝而

會御車的賤工呢，極是沒用的。或人把嬖奚賤工之言告王良，良乃由請再會他乘，奚不肯，良彊之而後肯，乃一朝之暫，遂得十禽。奚反命於簡子曰：王良天下之善御車的良工呢。簡子曰：我使他專掌與女乘。簡子以掌乘之言說王良，良不肯，乃曰：始吾於奚為之範我馳驅的正法，他則自朝至暮，不得一禽；為之

獲十。詩云：不失其馳，舍矢如破。我不貫與小人乘，請辭。趙簡子，晉大夫。王良，善御者。嬖奚，簡子幸臣。與之乘，爲之御也。復之，再乘也。彊而後可，彊之而後肯也。一朝，自晨至食時也。掌，專主也。範，法度也。詭遇，不正而與禽遇也。詩，小雅車攻之篇。貫，習也。

前引虞人明不可往見之義，此引王良明不可枉尺直尋之意，總是一意反覆，語氣直貫到下節。何也？任王良事輕，敘過緊要只重我不貫二句。王良嘗賤工之請，大是不平，或以告良，亦爲良不平耳。只看範我馳驅我字，何等自家把持得正。即所獲之捷，君子決不肯詭遇人世也。不失其馳御之道也，良之可重正在於此。請復彊可是欲自顯其奇，明明藏辭乘一着，不是他屈法處。

狗以詭道與禽相遇遂一朝之暫而得十禽卓攻詩云御者不失其馳驅的法而射者放箭卽破的這是君子的射今奚乃小人技耳我不習貫為小人乘請辭掌乘的命王良一御者且羞屈己與射者比卽比而得禽獸雖多若丘陵他也是不肯做的如士枉道而從彼諸侯是怎的且子所稱枉尺直尋之言過矣

張公竟日王良之爲良工名價已定但不得嬖奚一賤如鏡不受塵那得污點故略弄些伎倆遺他一流聲價愈高

御者且羞與射者比比而得禽獸雖若丘陵弗爲也如枉道而從彼何也且子過矣枉己者未有能直人者也比阿黨也若丘陵言多也

比是枉的根株志士勇士之氣都被比字埋盡比而得二句是推其羞與爲比之心若丘陵暗應直尋弗爲也正與亦可爲與相映枉巳直人只與枉尺直尋一般如言枉了自巳未有能取直於他人者非但枉尺直尋亦非但枉尋直尺其勢必至徒枉而無所直

公孫

全旨儀衍一場氣焰人皆被驚動稱之爲大丈夫孟子亦并不許他爲丈夫而以妾婦二字名之以順爲正四字說破儀衍一生行徑末節是大丈夫贊極形容一個大的模樣言這個纔是大丈夫不要錯認了人品

枉巳的，断未有能直人的，代奈何以不見諸侯為小節也。

○［景春講］此見大丈夫。大於道，不大於勢意。景春見儀衍的氣焰可畏，乃曰：魏有公孫衍、張儀，雄辯傾動王侯，豈不誠大丈夫哉。一觸其怒，而他國諸侯皆恐懼，有安居的心，而天下戰争自熄。以一人係天下安危，非大丈夫而何。

○［孟子講］

正道

也。

景春曰：公孫衍、張儀豈不誠大丈夫哉！一怒而諸侯懼，安居而天下熄。景春人姓名。公孫衍、張儀，皆魏人。怒則說諸侯使相攻伐，故諸侯懼也。

儀衍皆衡人。豈不誠大丈夫哉，何等企慕稱贊他二人。亦未嘗安居。一怒一喜，只狀其播揚震盪處，要寫其威風，方是欣慕贊羨之意。一怒者，利害之言恐喝天下也。兵猶火也，熄如火之息滅。以一人喜怒係天下安危，豈不是大

孟子曰：是焉得為大丈夫乎？子未學禮乎？丈夫之冠也，父命之；女子之嫁也，母命之，往送之門，戒之曰：往之女家，必敬必戒，無違夫子！以順為正者，妾婦之道也。加冠於首曰冠。女家，夫家也。夫子，夫也。女子從人，以順為

孟子斥之曰是儀衍焉得為大丈夫乎子殆未學禮乎禮言丈夫始冠之時父命他丈夫的事女子往嫁之時母命之婦人的事既命之往送之門更戒之曰往女夫家必恭敬以事人必戒謹以處已莫違逆夫子的命禮所謂以順丈夫為正者乃妾婦之道耳二子竊腳人主意向去迎合他定是妾婦的道焉得為

引禮原重丈夫邊盍因講大丈夫故以此接起且與末句大丈夫相照應丈夫之冠也父命之不言所命何事丈夫之事難以一言盡如下文所云是也母命至無違夫子主意全在以順爲正二句此二句亦只粘上女子而儀衍之妾婦自在其中

居天下之廣居立天下之正位行天下之大道得志與民由之不得志獨行其道富貴不能淫貧賤不能移威武不能屈此之謂大丈夫淫蕩其心也移變其節也屈挫其志也

通節都要破他順字居廣居三句純是德性都就心體上説心無狹小便居廣居心無偏倚便是立正位心無邪僻便是

大丈夫乎

○廣居講

大丈夫何如心体包涵極廣居的是天下之廣居心体端方極正立的是天下之正位心体通達極大行的是天下之大道倘得酬吾素志便以所得的陶鎔天下與民共由之不能達吾壯懷便是不得志使這道不能昭揭于天下則獨行其道任是富貴不能淫蕩我的心任是貧賤

由大道不必以仁義禮實之三個天下字不閑蓋皆第一等極到處至廣至正至大天下莫能加也一氣趕下至不淫不移不屈都一脉相生勿畫層得志三句是説一生受用此三者照上一怒安居説丈夫之志無所不得得志不得志以時有窮達也與民由之不是推此三者納斯民於在宥也吾不見內天下不見外也獨字妙以順爲正者則見人而不見獨矣獨行其道者窮居不損也不淫三句看不能二字丈夫自有主宰任憑千條萬緒震撼擊撞都打不倒正與以順爲正反此之謂大丈夫自心體之廓然於天下處見其大也

馬君常曰儀衍只是行事處氣烜赫自巳全無本領因人成事妾婦之道此則由居而立由立而行纔是天下之大道

不能移易我的節任是威武不能屈挫我的志這個總謂之大丈夫彼儀衍烏足以語此、

○周霄講

此見君子重道意周霄以孟子不見諸侯為難仕問古昔的君子亦出仕而行道乎孟子曰仕是君子的本心傳曰孔子初失位而去國便恐至於三月無君則皇皇然如有求而弗得故一出疆必載質礼

周霄 金旨 通章以道字作主周霄數問嘆孔子之難仕何也一句數答重在常不欲仕也又惡不由其道二句皆出一道矣便見汲汲皇皇無非為道只緣此三句使了一章大旨

周霄問曰古之君子仕乎孟子曰仕傳曰孔子三月無君則皇皇如也出疆必載質公明儀曰古之人三月無君則弔 周霄魏人無君謂不得仕而事君也皇皇如有求而弗得之意出疆謂失位質所執以見君者

問古之君子以見今之君子也古之君子仕乎是諷其難仕的意曰仕是月只虛說引孔子三月無君是已仕失位者不作未仕看故下云士之失位也夫已仕而失位猶且皇皇而弔則未仕豈不為世用圖也弔是自家憂戚不樂意非他人弔之即不以急乎句可想見

以求通公明儀嘗曰古人失位時亦恐至三月之久不得仕而事君則心裡不勝憂恤而求、

○〔三月講〕霄以三月無君曾幾何時怎的就憂恤如此不亦太急乎孟子曰士之失位而無君猶諸侯之失國家而無爵士也禮言諸侯躬耕耤田而廣人助耕以終、以供祭祀粢盛夫人則親受蚕繅以為祭祀衣服、

張公亮曰君子一日無君臣則天地民物之氣與吾身不相交而此身遂無用於天下所以無君則弔

三月無君則弔不以急乎周霄問也以太也不亦急乎求其急仕之心也

曰士之失位也猶諸侯之失國家也禮曰諸侯耕助以供粢盛夫人蠶繅以為衣服犧牲不成粢盛不潔衣服不備不敢以祭惟士無田則亦不祭牲殺器皿衣服不備不敢以祭則不敢以宴亦不足弔乎黍稷曰粢在器曰盛牲殺牲必特殺也皿所以覆器者

諸侯四句及惟士無田二句節敘禮文餘皆孟子解禮如此、耕助諸侯耕耤田行三推禮而庶人助以終畝以供祭祀粢盛蠶繅夫人則親受蠶繅以為祭祀衣服若失國則諸物不

由礼观之苟諸侯失國家使犧色之犧牛羊之牲不能肥腯粢稷的粢在器的盛不能精潔祭祀衣服不能虔備則不敢以祭祖考礼又云士失位而無田祿則亦借而不祭即礼观之祭必備諸品苟失位則牲之特殺者與俎豆的器皿祭祀的衣服不全備便不敢以祭祖考則享親之心亦歉然不敢宴安亦不足

備則不敢以祭祖考此國家之不可失也如諸侯則如士矣四時有祭三月應一祭士失位而無田祿不得以祭不敢以宴因無君致享親之心不安亦不足弔乎與不以急乎句正相應觀失祭之足弔而道不行之弔又可知也

出疆必載質何也周霄問也

出疆必載質亦急於仕也正於必字見君子之急故以爲問

曰士之仕也猶農夫之耕也農夫豈爲出疆舍其耒耜哉

士之仕也三句不作兩截正將農之不舍耒耜顯出士之必載質來猶農夫之耕說下句見

曰晉國亦仕國也未嘗聞仕如此其急仕如此其急也君子之

憂恤乎。

○出疆講

霄又問出疆必載質而往，何急於仕也。孟子曰：士之仕也，猶農夫不可一時失耕也。農夫豈為出疆遂舍其耒耜哉。霄曰：晉國亦君子遊宦國也，未嘗聞出疆載質這等急的。仕既這等急也，君子之難仕何故。孟子曰：君子何嘗難仕，特道不可枉耳。如丈夫生則願有女為室，女子生則

難仕何也？曰：丈夫生而願為之有室，女子生而願為之有家。父母之心，人皆有之。不待父母之命、媒妁之言，鑽穴隙相窺，踰牆相從，則父母國人皆賤之。古之人未嘗不欲仕也，又惡不由其道。不由其道而往者，與鑽穴隙之類也。仕國謂君子游宦之國。妁，亦媒也。

曰仕國宦求仕者多矣，如此其急兼則予載質，言君子難仕。霄問本意緒在此句。丈夫一段，極只借合不以正引起君子仕不由道。欲仕其惡不由道，只在一念中，無兩層道。章孟子則君子欲仕之意只歸重又惡不由其道一句。道是虛字，正與穴墻相照，如云不由其路一般。惡其不由道之心即欲仕之心。以一欲字易那急字，以一惡字做難字，俱是君子自家

頭有夫為家父母願子有室家的心人人皆有之若不待父母婚媾的命媒妁通好的言鑽穴隙以相窺踰墻以相從則父母國人惡其合不以正而皆賤之夫古之人未嘗不欲行君臣之義而仕也特惡枉已狥人不由道義之正蓋不由其道而自往見者鑽穴隙的同類可惡孰甚

○彭更講

此見君子有大

心上如此非爲怕人賤惡而然也要得君子不見諸侯本意

末二句正見可惡處

楊內美曰孔子以待爲沽孟子以惡見欲同是一副急切心腸

彭更全旨

彭更此問與王子墊士何事公孫丑不素餐之問同一見識豈惟謂士不當無事而食其亦未知君子繼往開來之功不必簽於舜乎於此有人焉何極重此字要味當聖道大明時未甚關切當戰國橫議時有個人能衛翼正道方見是功末段併在論功裡去

彭更問曰後車數十乘從者數百人以傳食於諸侯不以泰乎孟子曰非其道則一簞食不可受於人如其道則舜受堯之天下不以爲泰子以爲泰乎彭更孟子弟子也泰侈也

從車二句泛言暗指孟子傳食即公養之仕泰是過分之意

功於人意彭更問孟子曰以一介的士而後車有数十乘之多随從的有数百人之衆以傳遞食禄於侯国不过分而泰乎孟子曰非其道之相承処即一單食甚微亦不可苟受於人如道能相承即舜受堯天下的奉养不為泰子亦將以舜受堯天下為泰乎彭更曰否舜代堯致治是有功的士無功而食上的禄

重如其道邊如其道是理當受勿露有功意受堯天下指受天下奉養言子以爲泰亦將以舜為泰乎盖受天下又不止於傳食矣

曰否士無事而食不可也否不以舜為泰也

否言不以舜爲泰以舜有大功也言士無事若曰吾不論道而論事也事即功也

曰子不通功易事以羨補不足則農有餘粟女有餘布子如通之則梓匠輪輿皆得食於子於此有人焉入則孝出則悌守先王之道以待後之學者而不得食於子子何尊梓匠輪輿而輕為仁義者哉羨餘也梓匠木工輪輿車工也

是不可的。
○子不講
孟子曰子謂士無功孰知其大有功也使子不通人之功而交易其事以其羨餘補所不足則農有餘粟女有餘布各積於無用子如通功而易事凡是梓匠輪輿之人皆得食於子當此異端競起時有搢當世道的人焉入則与天下共明其孝出則與天下共明其悌守定先王仁義

通功易事一段承上傳受意來說以形起士之有功通字妙彼此交相濟也餘粟餘布積而無所用意見不得不通戰國之時所羨者何所不足何仁義正是不足處故士以有餘補之此通與易之大者梓匠輪輿皆得食於子以功之小者無不可食也於此有人焉一句極重異端蜂起邪說橫流此乾坤何等時候士功之大正於此時見得入孝出弟是可合脉於堯舜守字待字俱要理會有攻而後有守也若把持不定學無主宰未有能守之者能守纔能待可以待後之學者則當世之資賴可知此便是繼往開來也先王之道不外仁義守與待即在入孝出悌上見子惟不知君子之功使忽其道

之道以待後的學者此其有功於世道人心而不得食於子子何尊梓匠輪輿的工人而輕為仁義的忽其道而不尊哉

○梓匠識

彭更爰其說曰梓匠輪輿執藝以事人其志將假此以求食也君子之為仁義道也其志在遠大亦將以求食歟孟子曰子何必以其志為言哉但其有仁義功於子則有可

而不尊不尊便是輕尊字輕字只在得食不得食上見梓匠輪輿以其功之微而不足數者言正見其不足尊也

曰梓匠輪輿其志將以求食也君子之為道也其志亦將以求食與曰子何以其志為哉其有功於子可食而食之矣且子食志乎食功乎曰食志孟子言自我而言固不求食自彼而言凡有功者則當食之

合下節反覆辯難只要歸到食功上變而言志史之辞遒子何以其志爲哉三句指定君子說上有功於先王有功於後學而下单言有功於子何也盖謂更亦是從者之列後學中一人也且子二句詰問得妙更復強其詞曰食志詞窮可知

曰有人於此毀瓦畫墁其志將以求食也則子食之乎曰否曰

食之理而子當食之以酧其功矣且子食人有求食之志乎抑食人有可食之功乎更強說曰吾所食者志孟子詰之曰設有人於此藝有未精毀瓦画墁其初志将以求食也則子食之㢘更曰否無功的志不食也孟子曰然則子非食人志也寔食人功也何不食有道之士的功哉

○宋小議

此見王政之行。

然則子非食志也食功也墁牆之飾也說在書[illegible]

毀瓦畫墁非故意如此只是技術不精塗飾不好耳以求食是設詞不必泥否者明明是食功既是食功安得遺繼往開來之功此更之所以不復強辯也

宋小 **全旨** 宋原欲霸不曾欲王孟子初不與他分疏只極言王政之無敵為匹夫匹婦復讎救民於水火之中是行王政實録而末点不行王政云所一語便本旨了然

萬章問曰宋小國也今將行王政齊楚惡而伐之則如之何

今将行王政只以用兵欲混一天下說則如之何不是為宋畫策疑王不待大之言為不然也

孟子曰湯居亳與葛為鄰葛伯放而不祀湯使人問之曰何為

不待大意万章問曰宋以褊小的國今將除暴救民而行王政齊楚惡其將干而伐之則怎麼的乃可行王政而不受制於人

○居亳節

孟子曰仁者無敵湯當其居亳與葛為鄰葛伯放縱而不祀先祖湯之心不忍坐視使人問之曰有何緣故不祀葛伯曰沒有得供犧牲的湯使以牛羊遺之葛伯殺喫了又

不祀曰無以供犧牲也湯使遺之牛羊葛伯食之又不以祀湯又使人問之曰何為不祀曰無以供粢盛也湯使亳衆往為之耕老弱饋食葛伯率其民要其有酒食黍稻者奪之不授者殺之有童子以黍肉餉殺而奪之書曰葛伯仇餉此之謂也葛国名伯爵也放而不祀放縱無道不祀先祖也亳衆湯之民其民葛民也授與也餉亦饋也書商書仲虺之誥也仇餉言與餉者為仇

居亳上須補行仁政意湯先遣牛羊又復使亳衆往為之耕湯未嘗有罪葛之心但惓惓以祭祀為念培其立国之本仁人用心婉至如此謂湯先以此豢之而後伐之湯一伯術了何以信天下葛伯率其民半節全要殺童子無罪而葛伯殺之之意方見湯為救民伐暴之師有童子何重在体君之心

不以祀祖考湯又使人問之曰有何緣故又不祀葛伯曰沒有得供粢盛的湯使亳邑民衆去替他耕又使老弱的以食饋耕的葛伯遂率同惡的民攔截其有酒食黍稻的奪了不肯把与他的殺之當時有童子以黍肉餉殺而奪了黍肉書曰葛伯仇餉正此殺饋餉童子之謂也為其殺這童子遂舉兵征之四海

正是無罪處引書个重一仇字非徒爲其殺是帝而已

為其殺是童子而征之四海之內皆曰非富天下也為匹夫匹婦復讎也天下爲富而欲得之也非富天下言湯之心非以

爲其殺是無罪之童子而征之玩一爲字見湯師之不得已也所以四海之内皆信得湯過爲匹夫匹婦復讎乃桀天下而言非只指童子之父母復讎是說爲民報怨非富天下也

湯始征自葛載十一征而無敵於天下東面而征西夷怨南面而征北狄怨曰奚為後我民之望之若大旱之望雨也歸市者弗止芸者不變誅其君弔其民如時雨降民大悅書曰徯我后后來其無罰所征十一國也載亦始也下一征

之內皆曰湯的心非以天下為富也為匹夫匹婦含冤莫伸者復仇也

〇湯始誚

書云湯之初征不道乃自葛而始從此連征十一国皆不戰而無[illegible]於天下但[illegible]征則西怨[illegible]不來南征則北怨其不來皆曰湯奚為不先來征我的国也覬書言可見湯師未至民望其至若大旱之望雨情甚切也及

湯始征二句不重葢本其始而言十一征而無敵於天下者葢以天下皆望其爲君也書言奚爲句民之所謂怨者此也若大旱之望雨極言其望之切弗止弗變皆就湯行仁上看與誅君弔民一例如時雨降狀湯救民之師民大悅悅湯救民之仁引書證民大悅句

有攸不為臣東征綏厥士女匪厥玄黄紹我周王見休惟臣附于大邑周其君子實玄黄于匪以迎其君子其小人簞食壺漿以迎其小人救民於水火之中取其殘而已矣有攸不為臣謂助紂為惡而不為周臣者匪與篚同玄黄幣也紹繼也休美也臣附歸服也君子謂在位之人小人謂細民也

不爲臣亦須補武王行仁政意武之行仁政在取殘二字若

湯師既至商安於市而歸市的不止農安於野而芸者不變惟誅其暴君而弔其窮民如時雨降於旱後民皆大悅故商書云待我君來我君君來其蘇幾無虐政之罰乎當紂時有助紂爲虐而不盡臣道的武王遂興東征之師以綏安之而此士女皆以篚匪盛玄黃的幣迎武而事之且曰今繼事我周王庶幾蒙

太誓曰我武惟揚侵于之疆則取于殘殺伐用張于湯有光太誓

說慣不臣於周而爲東征之舉則非義矣有攸不爲臣是入心叛紂離心離德者衆如下文君子小人是也如此看於下文方貫東征雖是取殘亦爲綏安那士女而舉也紹訓繼紹我周王昔事商而今繼事周也大邑周是尊爲帝意以上皆書詞其君子已下是例釋書詞其君子四句應匪厥二句救民水火應東征二句天謂之玄地謂之黃武王能革紂之否而泰之是能如天地之覆載以養民也故迎師者匪厥玄黃小人之樂生以酒漿亦以爲迎救民是本意君不取殘民又何能救也而已矣者此外不爲暴也

泽而休美也於是皆悅服臣附於大邑周焉其商之君子寔玄黄於匪以迎周之君子商之小人提簞食壺漿以迎周之小人若此者以武王能救民於水火之中取其殘民者誅之而已矣

○太誓講

太誓曰我武惟威武奮揚侵彼紂之疆界則取其殘賊的誅之而殺伐之功因以張大比湯伐桀又有光焉今

周書也惟揚奮揚也侵彼紂之疆界也取殘取殘民者而殺之也

引書只重取殘曰取殘則非取天下也與非富天下者一也於湯有光即媲美之義是武之事質之湯而無媿湯之心驗之武而益顯也

于申之日前引湯處太多後得于湯有光一句文字便有関鎖便打成一片不排比便不至前重後輕此孟子文章妙處

不行王政云爾苟行王政四海之内皆舉首而望之欲以為君齊楚雖大何畏焉

不行王政是直斥之詞非料度意也云爾者以此之故是以有齊楚之伐也苟行王政以下只扰轉湯武上說亦非望宋意也齊楚雖大正是抹殺他那小字

宋寔不能行王政云爾苟行王政如湯如武四海之內皆延頸仰望欲你來為君齊楚雖大反為吾役也何畏焉宋不出此無怪齊楚之伐耳○子欲講此見正君在廣於薦賢意孟子謂戴不勝曰吾觀子之用心殆欲子的王之善與我明告子以善王的道有楚大夫於此欲其子之變楚語而齊語也則使齊

子欲

全旨 此章論進善士貴虞要君子與明二字以居州為善子謂其善非王心確然見其善而欲之也所以必在位有輔君德始可轉移周公簡任師保而傾及綴衣虎賁亞此意上節引喻極切重引置之數句下節責望甚重重一薛居州二句

孟子謂戴不勝曰子欲子之王之善與我明告子有楚大夫於此欲其子之齊語也則使齊人傅諸使楚人傅諸曰使齊人傅之曰一齊人傅之衆楚人咻之雖日撻而求其齊也不可得矣引而置之莊嶽之間數年雖日撻而求其楚亦不可得矣戴不勝宋臣也齊語齊人語也傅教也咻讙也齊齊語也莊嶽齊街里名也楚楚語也

說個子欲子之王之善分明王未必欲善而欲善之者子也舍楚語而學齊音正是欲去不善而之善咻訓聒噪非楚人用意如此見一齊人之語少衆楚人之語多也引而置之於

人教他使楚人敎他不勝日咻齊人能齊語使齊人教之曰一齊人敎之衆楚人聚而咻噪之雖日加鞭撻而求其齊語不可得的引而置他于莊嶽之間專矣又且數年之久雖日加鞭撻而求其楚語亦不可得的

○子謂講

今子謂薛居州善士也乃使之居於王所當在於王所的長幼卑尊者都是薛

莊嶽之間學之專也要重人多上數年學之久專且久潛移默化自然變楚語為齊語也求齊不可得便舍下誰與為善意求楚不得便舍下誰與爲不善意

子謂薛居州善士也使之居於王所在於王所者長幼卑尊皆薛居州也王誰與為不善在王所者長幼卑尊皆非薛居州也王誰與為善一薛居州獨如宋王何居州亦宋臣言小人衆而君子獨無以成正君之功

玩子謂二句揚他有心於愛君以下要看兩與字有薰陶漸染不知其然而然猶俗云近硃者赤之謂在王所切近於王也自師保以及綴衣虎賁盡之於長幼卑尊也誰與為善見與之者少誰與為不善見與之者多也皆字宜玩見滿朝都

居州一般人王
郎要為不善與
王為不善者誰
如在王所的長
幼卑尊者都非
薛居州一般人
王郎要為善與
王為善者又誰
若一個薛居州
怎能善得王來
禁宋王何
○不見講
此見士無往見
之義意公孫丑
問曰君子進退
有義致問不往
見諸侯何義孟
子曰古之士未
為諸侯的臣則
不輕自往見古

是一字映上一齊人一字獨字正項一字此二句見欲善君者非廣進群賢不可如宋王何猶言怎的做得

楊內美曰賢君子必去小人自古格君之要訣不但論賢進賢貴廣

不見 金旨

此章大旨總是個不為臣不見如文侯繆公求見之迫斯可以見耳不然如陽貨先加以礼亦豈得不見若未曾見之迫礼之先而遽往見則犯曾子子路之所譏此古者不為臣不見也總重不見上而君子之所養更先一着

公孫丑問曰不見諸侯何義孟子曰古者不為臣不見不為臣謂未仕於其國者也此不見諸侯之義也

援古為例便見非負意氣相矯激自重之意隱然言表

段干木踰垣而辟之泄柳閉門而不內是皆已甚迫斯可以見矣段干木魏文侯時人泄柳魯繆公時人已甚過甚也迫謂求見之切也

有段干木者未為臣者也文侯欲見之彼則踰垣而避有泄柳者未為臣者也繆公欲見之彼則閉門而不內二子似覺𠀤已太峻稍过於甚蓋二君來見之迫斯可以見了他畢竟守不見正法呢

○陽貨講

昔陽貨欲召孔子來見已而嫌於無下士的礼后考之礼云大夫有物賜於士士不得拜受於

段干二子不可說壞他是皆已甚迫斯可以見矣孟子於千載之下日擊君貴士賤之成風又自負學問之大覺有不必如踰垣閉門之甚者故仰体當日情事而云然在二子固是士之正

陽貨欲見孔子而惡無禮大夫有賜於士不得受於其家則往拜其門陽貨瞯孔子之亡也而餽孔子蒸豚孔子亦瞯其亡也而往拜之當是時陽貨先豈得不見惡無礼畏人以已為無礼也受於其家对使人拜受於家也其門大夫之門也瞯窺也先謂先來加礼也

瞯亡往拜夫子原未嘗輕見貨也若瞯亡兩字正以表夫子不見貨之節敘饋礼歸豚一事正以標夫子不見貨之由陽

家則當往拜大夫的門以謝之。貨於是使人瞯孔子不在家而饋孔子以熟豚肉，適陽貨出亡，孔子亦似瞯其亡而往拜謝之。當其往拜時，貨先以礼來孔子，豈得不往拜見，而不見的心亦在也。

○曾子講

若曾子子路亦得孔子家法的。曾子曰脅肩而竦体，語笑而強笑，其精神病於夏月治畦的人。

貨先二句乃是設言轉挽剩意，謂貨當時若不用許多伎倆，只单单用一味朴誠，先加禮而求见焉，孔子亦豈不見。此正明不見諸侯之義，非不爲已甚意。

陳慧生曰：總把個不爲臣不見，若將迫字先字生情，使是絡個見。

曾子曰：脅肩諂笑，病于夏畦。子路曰：未同而言，觀其色赧赧然，非由之所知也。由是觀之，則君子之所養，可知已矣。脅肩竦体，諂笑強笑。病，劳也。夏畦，夏月治畦之人也。未同而言，與人未合而強與之言也。赧赧，慙而面赤之貌。

欲得備豪之心，不知費多少精神打點，故云病於夏畦。赧赧然，是其神明獨覺中自欺不得處。由是觀之，合段下以下而言，君子二字宜推開泛說，始得孟子立言之本意。養者是卓

子路亦曰与人未合而強與之言觀其赧赧形於色赧赧然這非由所曉得的由二子之言觀之則君子平素持身正大直心光明的参可曉得了此所以不為臣不見也

○盈之講　此見革弊宜勇意宋臣戴盈之曰吾欲止厚斂而復什一之法寬商賈而去關市之征但弊法久沿更張須有漸今茲未能一

然見得定拿得住，非徒以氣節爲高者也。知君子之所養，則知不見諸侯之義矣。

張公亮曰：脅肩而病，未同而赧，此猶古之人心尚未死也。今人言笑於貴顯之前，陽氣滿人宅，体必加肥矣，又何病赧焉。

盈之全旨　通章以義字爲主，最妙在攘雞一喻，以非義激之，罵他爲盜爲賊，良心自動。末節都只就攘雞帶下，冷冷諷刺，不寬攘盈之，更有速見。

戴盈之曰：什一，去關市之征，今茲未能，請輕之，以待來年，然後已，何如？

盈之亦宋大夫也。什一，井田之法也。關市之征，商賈之稅也。已，止也。

曰什一，便含去當時厚斂之政意；曰去關市之征，便含復譏征之政意。今茲二字，有以弊當時不能自已意，但積弊之後，更新有漸，故有所待。此懽對重言來年後已，言急情緩，此一时遽革，請輟之而去其太甚，以待來年然後盡已。夫子以為何如，孟子曰：凡去弊貴斷，今有人每日攘其鄰之雞者，或告之曰道不是君子的道，宜其改之速也，乃曰請損之，一月只攘一雞，以待來年，然後已。子之革弊而有待，何以異是。

○如知節

如曉得其非義，斯急止之，何必因循以待來年。此攘雞之故智。

念最是害事，故下節推此一念而甚言之。

孟子曰：今有人日攘其鄰之雞者，或告之曰：是非君子之道。曰：請損之，月攘一雞，以待來年，然後已。攘，物自來而取之也。損，減也。

橫征暴斂，以日攘為喻，甚以斥之之詞。告之以非君子之道，惡其甚也。月攘較日攘稍損，猶未已於攘也。以待來年，正見其革弊不勇也。

如知其非義，斯速已矣，何待來年。知義理之不可，而不能速攻，與月攘一雞何以異哉。

知字最重。如知其非義，則良心一發，自有目不忍見、耳不忍聞、心神夢覺有不能瞬息安者，斯速已，二何待來年然後已字，益因其明而激之以勇也。

為子大夫不取也。

○【好辯論】此見當世之乱者，不能已於不言。意公都子曰：外人都稱夫子好為办論，敢問外人何以忽不諒夫子而得此稱也。孟子曰：予办則办矣，豈是好办哉？予之辯蓋為世道不得已而辯也。蓋天下自古之生至今亦久矣，其間氣化不齊，迭有治乱相尋不已。

張歩同曰：宋大夫一段苦心，何得突加覼縷款曲，引譬深情可掬，非詈之也。

【好办全旨】不得已三字是一章大旨。天下之生久矣二句大有深意。天心仁愛，本欲常治無乱，而囿於氣数，天亦不能有違，而常生聖人以擬其後，此則天之有意乎生民，而使之挽乱而反治也。聖賢濟世，迫而後動，不得已而後應。下文禹周孔子，皆不得已而不已者也。當今之世，身任其責者，安得避好辯之名，諉天之責而不任乎？孟子之承三聖也，亦所以承天也。要知治乱相尋，世趨愈下，一節難似一節，纔得不得已三字精神出。

公都子曰：外人皆稱夫子好辯，敢問何也？孟子曰：予豈好辯哉？予不得已也。天下之生久矣，一治一亂。生謂生民也。一治一乱，氣化盛衰，人事得失，反覆相尋，理之常也。

公都子病在一好字，說個不得已便見不是好了。下二句正是不得已之故。生字極有意，要在生生不已之脉上說，所以

○當堯詳
試題而論之當堯之時洪荒初闢洪水不由故道而逆行横流於中国蛇龍得水以居之民無所定止地之卑下者則架木為巢地之上者則穴土為營窟故虞書曰洚洞無涯之水天以此警余也書之所謂洚水者即堯時的洪水也民被其害一乱也
○使禹詳
堯憂洪水之為害使禹治之禹

日久矣治乱用兩一字有相因相乘意重乱邊

當堯之時水逆行氾濫於中國蛇龍居之民無所定下者為巢上者為營窟書曰洚水警余洚水者洪水也水逆行下流壅塞故水倒流而旁溢也下下地上高地也營窟穴處也書虞書大禹謨也洚水洚洞無涯之水也警戒也此一乱也

洪水之患氣化使然味警余二字便是堯不諉於氣化處後面孔與孟之懼亦承警余一脉來水逆行三句是水之害民無所定句重乃生民受害之實下者二句正是無定洚水句非釋書詞重言之以見水患之甚耳

使禹治之禹掘地而注之海驅蛇龍而放之菹水由地中行江淮河漢是也險阻既遠鳥獸之害人者消然後人得平土而居

乃掘地之壅塞而注之海驅逐蛇龍而放之菹失其故居由是水得所趨由地中而行即今江淮河漢各安其流是也夫水復其道險阻之患既遠而鳥獸之依險以害人的亦已消滅然後向之爲巢窟的皆得平土而居之此禹挽回氣化爲一治也

○堯舜節

及堯舜既沒而聖人的道寖以衰微自夏而商

之掘地掘去壅塞也菹澤生草者也地中兩涯之間也險阻謂水之氾濫也遠去也消除也此一治也

使禹治之是堯不得已而使之也掘地即疏瀹之類重此句

蛇龍以水爲居此亦物害也然歸重水患上水由地中行是

水歸其道即水治意江漢南條水河淮北條水味是也二字

分明有抵掌按圖觀河洛而思禹功之意人得平土而居着

然後字緊頂遠消二字見致此之非易也此句顯然一治字

也見聖人有不得已之意

堯舜既沒聖人之道衰暴君代作壞宮室以爲汙池民無所安息棄田以爲園囿使民不得衣食邪説暴行又作園囿汙池沛澤多而禽獸至及紂之身天下又大亂宮室民居也沛草木之所生也澤水所鍾也自

中間暴虐的君堯舜沒至此治亂非一相代而作壞民及紂而又一大亂也

聖人即堯舜道即仁民育物之道此二句是源頭暴君五句害在上邪說暴行害在下必有邪說糊塗了義理然後暴行始作此與下春秋時之邪說暴行不同此邪說倡爲一種以下奉上之說辯言亂舊政者也暴行即諸色橫歛峻刑之法承上文暴君來故曰又作傍緣爲奸聳湧益甚也園囿二句從壞宮室棄田來及字又字可味堯舜至紂時許多治亂然至紂爲尤甚故前此皆畧不言亦見周公到此亦大費力萬不得巳了

周公相武王誅紂伐奄三年討其君驅飛廉於海隅而戮之滅

居的宮室以為巳的汙池使民無所安息棄民田以爲巳之園囿使民不得衣食且倡邪淫之說以濟暴虐的行又繼暴君而作起於世此人為生民之害也夫園囿多則生草之沛多汙池多則聚水之澤多而禽獸得所依而遂至此物為生民害也自堯舜以降治亂不一及紂之身

天下又大亂。○周公講。周公相武王以誅紂、伐奄國助紂為虐的、至三年不悟、乃討伐其君。又驅紂幸臣飛廉於海隅而戮之。滅紂黨虐民之國者五十、而人害除矣。驅紂所畜虎豹犀象而遠去之、天下大悅其無人物之害。周書曰大光顯哉文王創業的謨、善繼承哉武王致治之烈、所以佑啟我後王的、無

國者五十驅虎豹犀象而遠之天下大悅書曰丕顯哉文王謨丕承哉武王烈佑啟我後人咸以正無缺奄、東方之國、助紂爲虐者也。飛廉、紂幸臣也。五十國、皆紂黨虐民者也。書、周書君牙之篇。丕、大也。顯、明也。謨、謀也。承、繼也。烈、光也。佑、助也。啟、開也。缺、壞也。此亦一治也。

周公相武王誅紂、要以武王爲主。引書只言文武謨烈、以證當時天下之大治、不必拘拘牽合周公也。但言文武、則周公輔相之功自在其中。誅紂二字是冐、自伐奄至五十、與驅物害、是誅紂一起事。蛇龍用驅、虎豹犀象用驅、飛廉亦用驅、驅同而放沮遠之、戮之異者、聖人處佞臣甚於蛇龍虎豹也。天下大悅、悅其無人物之害也。文王始謀造周、故美其謨。武王功成業就、故美其業。重武王丕承邊。

一事不正大、且周室而無缺、此周公輔相之功而一治也、

、世衰講　及周室東遷之後、世既衰、而經世的道遂微、而不明、邪說暴行則肆然有作、臣弒其君者有之、子弒其父者有之、孔子深為世道懼、因魯史記以大義而作春秋、是春秋也、大繫是還大權於天子之事也、是故孔子曰、曉得我心事的惟這

此周室東遷之後、又一亂也、

世衰道微邪說暴行有作臣弒其君者有之子弒其父者有之

邪說暴行有作、即是道微、此邪說即弒逆之邪說、臣子動於弒逆、皆見君父有不是處、創造一種道理文飾其姦、暴行即弒逆、承上句世衰道微來、昔未嘗有而今有之、故曰有作、下弒君者有、弒父者有、三有字相頂說去、

孔子懼作春秋春秋天子之事也是故孔子曰知我者其惟春秋乎罪我者其惟春秋乎

仲尼作春秋、以寓王法、大要皆天子之事也、知罪不同、而人心各有所警、故為一治也、

孔子懼　一懼字、此何等擔當、聖人生天下之心不得已如此、

春秋乎惱恨我的亦惟這春秋乎春秋於人心所警而不敢亦一治也

聖王講

孔子而來聖王不作無王持世道的是以諸侯放恣隱處之士因倡強橫議論以與吾道角故楊朱墨翟之言盈滿天下天下之言仁義的不歸楊氏之為我則歸墨氏之兼愛楊氏為我便不曉得委身的義是無君也

後吾為此懼與此應孔子作春秋只是奉行天子之事如禹治水周公兼驅之類不可說假天子之權事字與權字有[illegible]知我字亦有辯知我罪我即是不得已與好辯兩意知我者諒其不得已也罪我者不諒其不得已也而以為好盡言彰人過也孟子引此亦是表其不得已以好辯見稱於人之意

張公亮曰春秋天子之事正指春秋之事為天子非云所作之春秋為假天子之事也

聖王不作諸侯放恣處士橫議楊朱墨翟之言盈天下天下之言不歸楊則歸墨楊氏為我是無君也墨氏兼愛是無父也無父無君是禽獸也公明儀曰庖有肥肉廄有肥馬民有飢色野有餓莩此率獸而食人也楊墨之道不息孔子之道不著是邪

墨氏兼愛便不曉得厚親的道是無父也無父無君則人倫滅絕是人類中之禽獸也楊議之害可勝言哉昔公明儀曰庖則有肥肉廐則有肥馬使民則有飢色野有餓莩此所謂率獸而食人肉也今楊墨為我兼愛之道不息孔子作春秋以正人倫之道不著明是為我兼愛的邪說誣惑人心充塞於世而仁義

說誣民充塞仁義也仁義充塞則率獸食人人將相食充塞仁義謂邪說偏滿妨於仁義也此又一亂也

天下諸侯世教主盟惟聖王不作無以統一聖真於是諸侯放恣於道德之外處士困得各逞私說放恣無繩檢也橫者只是恣其說而無所歸也楊朱二句言橫議惑人之廣不歸楊二句方是靡然從之楊氏六句指其道之非春秋亂臣賊子之懼肩背是於無父無君之一念而人心之有是念非根於為我則根於兼愛無父無君就是禽獸向所謂蛇龍虎豹者今在人類中矣引儀之言只是借率獸食人句以起下文見楊墨倡禽獸之教以壞人心孔子之道指作春秋不息不

雍塞不行也仁義充塞則率獸之敎以食人心人相自誣而自食其心此仁義之道不明又一亂也

○吾為講

吾嘗此時深爲此而懼恩欲大嚴人心之防以閑先聖仁義之道於是距楊墨似仁義的道而放其淫蕩的辭使邪說者不得作起以誣民蓋以邪說作於人心而心溺於楊

著側看邪說誣民二句即是中解上二句意玩是字可見左

塞仁義言仁義的任居盡被楊墨占了眞仁眞義何能透

一心都是邪說故曰充塞相食食人之心也勿實作相戕賊

說誣民便是令人轉相誣惑便是相食

吾爲此懼閑先聖之道距楊墨放淫辭邪說者不得作作於其心害於其事作於其事害於其政聖人復起不易吾言矣閑衛也放驅而遠之也作起也事所行政大體也

孟子之懼懼其相食之亂即是孔子之懼此意與堯舜之憂

余同閑字距字俱根禽獸說來閑峻其防也防衛先聖之道

令二氏竄入無隙也距楊墨正所以閑先聖之道距抵排之

墨之說必害於
君臣父子之節
且既害於其事
必害於君臣父
子之大綱此理
之必然雖聖人
復起以衛道不
易吾害政害事
之言矣此今日
之辨豈無益哉

○禹抑講
合觀之昔者禹
不得已而抑洪
水然後人得平
上而居之而天
下平周公不得
已而兼夷狄驅
猛獸然後人物
之亂以消而百

使不得闖入閑之義也故是驅而遠之放淫辭又正是距楊
淫辭邪說淫溢之詞邪說必淫乃能惑人故欲放淫詞以令
邪說者不得作此句總是距楊墨放淫詞之着實處作於其
心是探本之論故曰我欲正人心害政害事則揭其禍而極
言之聖人不易乃見今日之辯斷乎不容已不揣生心四句

張公亮曰看孔子懼吾爲此懼方知治亂死生都在聖賢念中

昔者禹抑洪水而天下平周公兼夷狄驅猛獸而百姓寧孔子成春秋而亂臣賊子懼 抑止也兼并之也總結上文也

昔者二字有追思意復把三聖說一番最爲有味須就上申以
節咏嘆之以起下承三聖者 抑者遏抑不得伸造化之權爲

姓率孔子不得已成春秋以正王法然後亂臣賊子懼而不敢為亂何此可以知三聖人皆不得已而成治世之功

○戎狄講

魯頌閟宮之詩云戎狄之人是膺擊之荊舒之人是懲創之我之大功則莫有我敢承當的今楊墨無父無君與戎狄無異是周公所必膺也則禹與孔子可知故拔生三聖

聖人運用連造化做不得二　或曰抑兼并夷狄而入我教化華夷一體之象驅去猛獸而歸康阜民胞物與之象成一治而不易也春秋一言中却亂臣賊子痛痒處即亂臣賊子便自回心一回心後手脚都軟便自動憚不得蓋真心如此所謂懼也

詩云戎狄是膺荊舒是懲則莫我敢承無父無君是周公所膺也承當也

戎狄無父無君楊墨也無父無君引詩不重周公上只申言楊墨之當膺而已之辯不容已耳尚與孔子可知

我亦欲正人心息邪說距詖行放淫辭以承三聖者豈好辯哉

之後亦欲正人心以復其本來仁義之良使邪說不得乘間而入而自息偏詖之行則嚴以距之淫蕩的辭則斥而放之使人心反正以承三聖之功於不墜耳予豈好與楊墨辨哉予益為世道慮不得已而辨也

○能言識

有能為此距楊墨之言者即是王張世道的乃聖人之徒也予乃切於望人共

予不得已也辭者說之辭也承繼也三聖禹周公孔子也

承昔者節來精神在承三聖處我亦欲正人心至承三聖一氣讀以正人心為主息邪說距詖行放淫辭皆所以正人心也正人心所謂正其本心以勝之人心不正所以邪說得乘間而入詖行淫辭俱根不正來距之放之令其不得誣壞人心以承三聖繼世之功也承是承其不得已之心也予豈好辯哉二句再述以作煞語見道統在我無可諉也惡得無辯

張公亮曰古今治亂皆生於人心惟天生民有欲斯有爭競有刀兵擾蕩然後衆生之欲不宜

能言距楊墨者聖人之徒也能言亦以言距之也

能言距楊墨是把言去距他　與好辯相照聖人之徒承上正

以言距楊墨而敢乱好辨之誠哉

○仲子講

此間稱廉介齊人匡章曰陳仲子豈不着實是個廉士哉彼其清操有可歷指者以居則於於陵偏僻之地且一日不食至於耳無聞目無見也幾無生理矣適井上所植有李擿螬虫食其實者已過半了彼則匍匐往取食之不遽咽而

心二字蓋其心先正吾道中所謂一脉相承者也孟子惓惓勸奬溢於言表要發得有遠神不要呆講

仲子全旨 通章都是偏鋒非正論緣仲子是個不情的人故以情之事窮之不情之事如何會克得故上段責以樹築之必皆伯夷而下段責以於陵之亦不可居妻易之亦不可食一片不情說話太苛太刻在仲子則美不得苛刻戲劇他一場納敗令豁刻之大迴想自家所為鈍是此淡妙妙

匡章曰陳仲子豈不誠廉士哉居於陵三日不食耳無聞目無見也井上有李螬食實者過半矣匍匐往將食之三咽然後耳有聞目有見 匡章陳仲子皆齊人廉有分辨不苟取也於陵地名螬蠐螬蟲也匍匐言無力不能行也咽吞也

匡章述仲子之廉至於無聞無見一李亦不過於食可謂廉到極處了故未言其事先嘆曰豈不誠廉士哉此節只說本

三咽然後耳有聞目有見仲子之清苦如此豈非庶士

○孟子講　孟子曰於齊國之士吾必以仲子是個大指焉雖然仲子惡能自遂其廉充仲子平日不取之操則必須是蚓纔做得

○夫蚓講　夫蚓上吃的是槁壤下飲的是黃泉有物如此真不取之極矣

文說去不可以居食乎對井上有李若天所棄以全其節者見井李螬餘與人世汚穢之物不同半者不求其全將是將然之將匍匐往將口嚥其困窮之貌三咽者食之不貪不問不見之聞見非世俗之聞見可知

孟子曰於齊國之士吾必以仲子為巨擘焉雖然仲子惡能廉充仲子之操則蚓而後可者也巨擘大指也充推而滿之也操所守也蚓丘蚓也

於齊國之士為巨擘止以視乞墦之齊人輩為勝耳非取仲子醜齊士也連此下雖然二字轉語斷其惡能廉猶云若稱之為廉怎麽做得來廉是肯性自然用意為之祇成不情之行惡能廉就仲子所認所據的說充仲子二句根上居食來

仲子潔然　居食人也彼豈以所居的室是伯夷之所築的還是盜跖之所築的所食的粟伯夷之所樹的還是盜跖之所樹的有待於人是未可知的

○何傷講

章又爲之解曰彼之築與樹不可知是何害於仲子的廉哉彼的居不必辯彼的食是自已織屨妻則辟纑以易來的自食其

虛講蚓而後可非貞其爲蚓正見世間自不必避絕如蚓者

張公亮曰臣章盛稱陳仲子之廉可發一笑蚓而後可都是譏語

夫蚓上食槁壤下飲黃泉仲子所居之室伯夷之所築與抑亦盜跖之所築與所食之粟伯夷之所樹與抑亦盜跖之所樹與是未可知也槁壤乾土也黃泉濁水也抑發語辭

上言其未能如蚓只就仲子一偏之行而推之從來居食之義不義本不計只因仲子計其兄母之從來故又以所從來詰之上食二句言蚓無求於人仲子所居七句見仲子居食有待於人無求可以自得有待則不可必其汚潔夷跖字不可混但合義便是夷不義便是盜跖仲子有媿於蚓處義便

亦豈是不義的物

○但家講　孟子曰仲子不能廉者以其乃齊之世卿之家也其兄名戴食采於蓋其所入之祿萬鍾乃国家待士之常亦非不義的仲子以兄之祿為不義之祿而不食以兄之室為不義之室而不居辟去其兄国離其母處於於陵……

是未精是未可知重不義遇謂夷不多得或出跖未可知也

曰是何傷哉彼身織屨妻辟纑以易之也　辟績也纑練麻也

何傷數語言只取必於己他亦何能知焉故曰何傷身織屨是清操自苦妻辟纑有仲子即有仲子之妻以成其廉易字亦不害於廉但出於仲子則不可

曰仲子齊之世家也兄戴蓋祿萬鍾以兄之祿為不義之祿而不食也以兄之室為不義之室而不居也辟兄離母處於於陵他日歸則有饋其兄生鵝者己頻顑曰惡用是鶂鶂者為哉他日其母殺是鵝也與之食之其兄自外至曰是鶂鶂之肉也出而哇之　世家世卿之家兄名戴食采於蓋其入萬鍾也歸自於陵歸已仲子鶂鶂鵝声頻顑而言以兄受饋受不義也

蹙促其鼻頞不言曰惡用是鶃鶃者誠為不義之物也至他日其母殺是鵝與仲子食之適其兄自外至因與醒之曰你今之食是前日鶃鶃的肉也仲子乃出而哇之自謂所食義矣

○以母講 吾就其所食較之以母則不食天下更有何可食的以妻則食

也叶

孟子以仲子之不必避者以其爲世家也曰世家則居第
傳非不義兄戴蓋祿乃養燕之典亦非不義避兄離母言因
避兄而併離母講語須斟酌他日歸正是良心復萌處生鵝
之饋亦往來之常頻頻着個巳字是饋與仲子無關惡用是
言其爲不義之物也覩殺鵝之他日仲子與母留連不忍遽
去其母與之食之亦是母子之常是鶃鶃之肉也不全是譏
他見汝可以食即我可以受亦有感悟他的意思出而哇之
何其不終與井李同哇哇吐物之聲也

以母則不食以妻則食之以兄之室則弗居以於陵則居之是

之妻豈廉於毋乎以兄之室則弗居天下更有何可居的以於陵則居之於陵豈廉於兄乎是尚為能充其不食不居之類乎若仲子者必若無求之蚓而後能充其操者也不能為蚓而仲子又惡能廉

尚為能充其類也乎若仲子者蚓而後充其操者也

毋食四句輕輕說更有味總是言其不能免於居食意如此說方協上下文類即不居不食之類原仲子本心故用一若字蚓而後充終是不能充雖曰充之要蚓何用故曰仲子惡能廉

宋九青曰仲之不食弗居非孟子謂其不可即仲子亦自謂不可何也其辟兄離毋豈爲廉乎所謂反之初心必不如是

子十六卷終

○離婁講題

孟子論治在行仁政，以天下不可以無法之治也。循之成方員的必藉規矩，離婁是極明穎人，公輸子是極巧慧人，若不用那規矩，則明巧無所施，怎麼能成得方員的器。五音須藉六律，師曠是極聰察人，不用陰陽律管之定，怎以定之，則五音

新刻李會元家藏四書講意玉振解孟子卷之十七

離婁上　凡二十八章

離婁全旨　此章總論爲治者當以法遵心，務節相生，爲當時諸侯有善端而不能用，亦復師心自用，聽其臣紛更舊制，故孟子惓惓以遵先王責其君，以責難責其臣，而云城郭兵甲貨財無非破富强之說，此師心自用之本，而長君逢君變亂舊章之源也。

孟子曰：離婁之明，公輸子之巧，不以規矩，不能成方員；師曠之聰，不以六律，不能正五音；堯舜之道，不以仁政，不能平治天下。

離婁，古之明目者。公輸子，魯之巧人也。規矩，爲方員之器也。師曠，晉之樂師，知音者也。六律，節五音者也。五音，宮商角徵羽也。

規矩六律總是借來引起堯舜，如詩之興體。然堯舜亦是借來作榜樣，言雖堯舜不能外仁政爲治，極見法之不可廢也。

之清濁高下從何而正況治天下乎即如堯舜蕩蕩巍巍之道不用教養的仁政必不能平治唐虞之天下爲治之不能廢法如此

○今有講

乃今之君既有愛民的仁心亦有愛民的声聞人而當時的民不被其恩澤而君身作爲且不可垂法於後世者舜其空有此等念頭不能遵行先王仁政

首一段要看成字一毫未到不謂之成第二段要看正字一音未合不謂之正兩不以字就是不能成不能正也堯舜之道對明巧看即至神至聖之意舊以心思說自要政如下不忍之政是也道即在政內政即所以行是道而見之事者非有二也不治天下謂以仁政平之治之勿作治功言

今有仁心仁聞而民不被其澤不可法於後世者不行先王之道也仁心愛人之心也仁聞者有愛人之聲聞於人也先王之道仁政是也

有仁心仁聞不是以澤今法後總是不行先王之政真是可惜此點念頭仁聞不過一時之感觸聲聞耳與堯舜之道聖人之心思不同下文所謂徒善是也須得敬動當時意

的[illegible]也[illegible]故設有[illegible]我故曰空有一念之善而無仁政怎能彀為得政就是法亦要得人若空有良法那虛文豈能自運而徒善不足為政可知矣

○不愆講

為政定要把先王為法大雅假樂之詩云人君所行没有消更没有遺漏以率由乎先王的舊章故也由詩觀之為治的能遵行先王之仁政

故曰徒善不足以為政徒法不能以自行徒猶空也徒善有仁心無政徒法有政無仁心

故曰二字總承上文為第一證此節人皆知徒善句明善無廢法庸知徒法句尤明善當行法玩為字自字便見兩句一意無倒辭無贅語

詩云不愆不忘率由舊章遵先王之法而過者未之有也詩大雅假樂之篇愆過也率循也章典法也

引詩見用法又善於治以起下法所繇立法所當[illegible]意愆忘是錯謬酌量有欠妥處屬有心忘是掛漏照管有不周處屬無心率由者由心而運遵者精思理會自然無愆忘之失[illegible]王之法即是以仁心行先王之[illegible]不能平治即是過未之有

而猶有怨忌之
過者失没有是
可也
○既竭講
古元王立法的
聖人將以制器
也於方員平直
的理揣摩畢到
即從此竭處引
續出去依制個
規矩的器把來
做成方員平直
則後世成器者
隨用不窮也將
以作樂也於五
音之理審察既
用即從此竭處
引續出去施用
個六律的方法
把去正五音則

道決其當遵

聖人既竭目力焉繼之以規矩準繩以為方員平直不可勝用也既竭耳力焉繼之以六律正五音不可勝用也既竭心思焉繼之以不忍人之政而仁覆天下矣準所以為平繩所以為直覆被也

此節不是說聖人立法之善是言立法之意耳提出聖人見不可不遵垂重後段規矩準繩六律法也照下政字看竭心思竭字重言他圖謀處置不知費幾番心思是有實事工夫在繼字本既字來即從此心思竭處動不可遏者引續出來有是心即有是政不費一毫氣力特以施之名政存之名心耳無二也不勝用俱屬聖人身上說心思不言力即思慮是

後世審音者，隨用不窮也。為治的聖人，心思無一念一事不到，便從此竭處引續出去，旋有此不忍人的宗政，亦不可勝用，而仁澤覆冒乎天下矣。我故曰為高的乘便因那丘陵，則高易成，為下的乘便因那川澤，則下易就。先王之道，為政之丘陵川澤也，而不依他去為政，這是不因治理的，可說他是智乎。

力仁覆天下，在此處通滿，以政擴其心量也。用矣字見是實

政非徒善。

故曰：為高必因丘陵，為下必因川澤，為政不因先王之道，可謂智乎？自章首至此，論以仁心仁聞行先王之道。

此故曰為第二證，味一因字，含得多少變通意在，只將他做個骨子，要自己仁心運用他，不是執定死格子做，因處全要想見他仁的意。出智字，妙世主變亂舊章，都是負其些小聰明，豈知因之功與作者等，是智固所以成其仁也。

是以惟仁者宜在高位，不仁而在高位，是播其惡於眾也。播惡於眾，謂貽患於下也。

○解仁譜天知遵先王之法就是仁人是以惟仁者仁覆而仁宜爲君而在高位若不仁者而在高位是分播其惡於衆也播惡何如上不行仁政是不以道理爲揆度則在下的亦不知以法度爲持守矣在朝的不信道而任意更張則百工不信度而作爲淫巧但見君子於義有犯而是非不顛小人亦於刑

是以節總括上文仁者因先王之道而仁覆天下是以宜在高位惡指不仁言播惡猶云流毒義在下文

上無道揆也下無法守也朝不信道工不信度君子犯義小人犯刑國之所存者幸也道義理也揆度也法制度也○工官也度即法也幸僥倖也

此節政播惡之實重無道揆句無法守以下皆自上無道揆播之上無道揆謂上不把此道理去揆度事則事皆顛倒錯亂所以在下之人因而不知所遵守朝不信道則舉朝綱皆不正工不信度則凡各衙門事體皆無定準漸漸說開來凡有位皆違道而行無不犯義由是至於細民將放辟邪侈亦莫不犯刑散散說去不糾纒爲妙國之所存者幸已伏下興無

有犯而綱紀不恤，國如此而猶僅存者，一時之幸也。是不仁播惡之禍，可勝言哉。我故曰城郭不堅固，兵甲不衆盛，非國的災患也；田野不開墾，貨財不湊積，非國的禍害也。惟上無礼以敎民，下不知學而守法，奸惡的民興起，賊亡之運即在不日了。此誠國之災害也。

〇方蹶講

然猶望其臣以先王的法爲君

即意

故曰城郭不完兵甲不多非國之災也田野不辟貨財不聚非國之害也上無禮下無學賊民興喪無日矣自是以惟仁者宜此所以責其君

此故曰是第三證串結上文城郭等句非較量形容之詞見當時不行仁政祇緣要高這些富强故特破之上二項見國之命脉尤存元氣未損故不爲災害下三句正災害所在上無道揆權衡失其條理無以合乎天理人情之宜所謂無禮也無學不可以爲效法也賊民興應上犯刑喪無日矣應上國之所存者幸也而吊起下天之方蹶意

詩曰天之方蹶無然泄泄詩大雅板之篇蹶顛覆之意泄泄怠緩悅從之貌**泄泄猶沓**

勸也。大雅板之詩曰，天之顛覆周室，爲之臣以不得怠緩不急救也。詩之所爲泄泄者，猶今時語所謂沓沓也。

○事君講 其寔何如，事君無臣救之義，進退無節制之礼，凡告君的言，則詆毀先王之道，謂不足行，或在當時不以爲沓沓，而吾以爲猶沓沓也。

○責難講 我故曰，人臣責君以行仁政的

沓也。沓沓，即泄泄之意。蓋孟子時人語如此。

引詩見君播惡天將示譴之時，爲臣者當有以救之，曰方蹶，猶未至蹶，此政天有所警於君，處泄泄者不知也。泄泄之臣無君國之念，只身家是圖。無然二字，是喚醒他打起他玩一猶字不徒釋其義，覆轍相尋，千古同恨。

事君無義，進退無禮，言則非先王之道者，猶沓沓也。非，詆毀也。

此節上三句作一套看，事君無義渾說，係起語；進退以事君言，即進思盡忠、退思補過之意。無禮，不恭不敬無事君之禮也。於非先王之道處見之，歸重此句。觀下所云恭敬可見。猶沓沓，爲臣如此，全無體國急君之念，回頭觀其泄泄而沓沓，可惡。

難事，方是尊君之至，謂之恭。責難工夫，在開陳仁政之善道，以禁閉君的邪心，方是誠心事君，謂之敬。若謂吾君不能行仁政，則不恭不敬，是賊害其君而已。然則今之君無仁政之治，吾寧不深咎於臣耶。

○規矩講 孟子勉人法古曰：人心只有此仁，聖則至仁之極也。彼乃貝之理盡於規矩，至

故曰責難於君謂之恭陳善閉邪謂之敬吾君不能謂之賊

此故曰是第四證。恭敬一樣，只是恭意思較濶大，敬意思較細密。責難之恭，是先王個大志，以帝王之道爲必可信必可行。陳善閉邪，即是儆邪責難底工夫。閉君邪心，不知所以閉之之道，動有矯拂之患，其言不可得入矣。故必開陳善道，使之曉然知善道之所在，則所謂邪亦不難乎閑之矣。謂吾君不能行先王之道，是洩洩也，故謂之賊。賊字爲害不小。

張公亮曰：世不患無法，而患無必爲之法，須自臣主精神打練出來。故此段浚著洩洩字。

規矩全旨 此章之意，專在爲民。欲君法堯舜者，欲其仁民也；欲臣法舜者，欲其輔君以仁民也。故繼之以暴其民之說云。以幽厲爲諫，正以堅其法舜之心以仁民耳。

極而不可移易也人倫之理盡於聖人至極而無可加損也

○欲爲講

蓋至者是未至者的法則故心裡意欲爲君而盡君的道理欲爲臣而盡臣的道理斯二者都要法尭舜舍了尭舜再無别法向令不以舜之所以事尭事其君卽非臣道之至是不敬其君者也不以尭之所以治民治其民卽非君道之

孟子曰規矩方員之至也聖人人倫之至也至極也

以規矩句與起下句聖人經綸天下之大經天下不能加萬世不可易故曰至至處便是盡處本文以規矩貼之最明

欲爲君盡君道欲爲臣盡臣道二者皆法尭舜而已矣不以舜之所以事尭事君不敬其君者也不以尭之所以治民治民賊其民者也法尭舜以盡君臣之道猶用規矩以盡方員之極

上以規矩擬聖人人倫之至便見得是個萬世法程了兩欲字只在念頭上豎起兩盡字只從上文至字生來無工夫除却尭舜之外别無可法而已矣三字最重乃通章血脉兩所以字是其盡道處亦是至處卽下所謂仁也賊民只在不以

至便是不以仁政治民而殘害其民者也、

○道二講
嘗聞孔子有言曰、天下只有一道、然有所以岐而二之者、天理之外、又有人欲、如此而已、出此入彼之界、可不自愼哉、

○暴民講
苟不法堯舜之所以、則必暴其民、其得禍之甚、則身弑國亡、即得禍不甚、亦身危國削、至於身沒之後、人尚據

堯不以舜上出乎堯舜便入慢君賊民一路去此就是由此入彼意正見爲君者不可不以堯舜爲法

孔子曰道二仁與不仁而已矣仁與不仁二端之外、更無他道、出乎此、則入乎彼矣、可不謹哉

引孔子在人心上論道也人心只有仁之一道即有不仁一端與之分道而馳故曰道二這等危微之界須在心之所以然分辯味而已矣三字此處分開仁暴異途不可挽回也

暴其民甚則身弒國亡不甚則身危國削名之曰幽厲雖孝子慈孫百世不能改也幽暗、厲虐、皆惡謚也、

暴其民即不仁也三字一頓甚不甚是淺著其禍幽厲通合甚不甚說不能提醒於一念之微是幽惟其不明乎此所以

其寔行而名之曰幽厲此等惡謚一定雖孝子慈孫能率德以葢愆百世之遠亦不能改之也大雅之詩不云乎殷之視爲鑒戒不在遠代在彼夏后之世即今人當以不仁之禍爲鑒之謂也能戒不仁即法堯舜矣

○三代講

孟子儆當時諸侯不仁曰夏商周之天下其得失若循環然其

暴故曰厲生前如此死後或謚曰幽或謚曰厲非兩字并名也孝子慈孫在率德蓋愆上見不能改不能起前人而改之行以易此名也此句提醒最切

詩云殷鑒不遠在夏后之世此之謂也詩大雅蕩之篇孟子引之欲後人以幽厲爲鑒

引詩總是欲人鑒不仁之禍以堅法堯舜之意即該在上節內此不過反覆其所未盡耳

三代全旨 通章總是激諸侯行仁以諸侯爲主唱出國之所以廢與存亡者亦然是大旨側重處而復把天子大夫士庶人來件說極痛快淋漓有無限喚醒在

孟子曰三代之得天下也以仁其失天下也以不仁三代謂夏商周也

仁是收拾人心而凝天命之本以仁處就是天命民心歸附

得之也以禹湯文武之仁其失之也以桀紂幽厲之不仁已事之彰明較著然矣至於國之所以廢與所以存亡者亦何獨不然

○天子講

如天子暴虐其民而不仁必不能保其四海諸侯暴虐而不仁必不能保其社稷卿大夫暴虐而不仁必不能保其宗廟下而士庶人暴虐不仁必不能保其

處非以仁去求得天下也不仁之失天下可知以不以在自心上轉移

國之所以廢興存亡者亦然國謂諸侯之國

所以字重是得失廢興存亡之關捩處與此存更甚亡比廢更甚亦然見得失不爽

天子不仁不保四海諸侯不仁不保社稷卿大夫不仁不保宗廟士庶人不仁不保四體言必死亡

重諸侯上見天子不仁且不能保四海況諸侯處天子之下則有典刑在能保社稷乎卿大夫士庶不仁且不能保身家況諸侯位乎其上則有法議在能保社稷無恙乎即不仁就

四体，信乎死亡之禍，不仁之所招也。今之君本惡死亡，而反樂為不仁的事，是猶人本心惡醉，而又勉強飲酒，何其醒而復昏也。惟去不仁而強仁，則常醒矣。

（愛人）講 孟子勉人君反責於己曰：為人上者不取必於人，而取必於己。吾愛人而猶有一人未孚洽，即我之仁未至也，故須直窮其根

是不保不待喪亡也。

今惡死亡而樂不仁，是猶惡醉而强酒。此承上章之意而推言之也。

點醒世主全在惡死亡三字，蓋因其所惡而進之以强仁也。

惡醉强酒，喻其醒而復自昏沉耳。

（愛人）**全旨** 一章緊要只在行有不得二句。不得者，不得其正也。不得於己，故反求亦在己。若借證對勘，是不得於人，連反求亦外矣。惟皆反，所以多福。

孟子曰：愛人不親，反其仁；治人不治，反其智；禮人不答，反其敬。反者，反求諸己。

愛人非求其親，將使我仁物我無間也。仁未至，則未能邦家無怨，故人不親。治人乃成物之智，心鏡上義理磨礲未透，故

源而反其仁於已吾治人而人不就吾約束便是人情物理未透乃反其知於已以禮範人倡之而人不我和便是禮之主宰未盡乃反其敬於已大凡行一事而有不得者皆反求諸已是已無不正了身正則一身可曾得天下而天下之精神命脈皆會歸於吾身之中便是君子配命之學故雅詩有云人能常

不治禮人是我與人其範於禮中於至禮源頭未能恰合天則所以我倡而人不和也故人不答三反字是把人心收拾到自心來有窮根源究分量再加一番爐錘之意

行有不得者皆反求諸已其身正而天下歸之不得謂不得其所欲

行有不得二句總上言之須看一有字見三者有一於此便當反求不必推出蓋三者已盡頭矣不得者不得其正也皆者無滲漏也非推廣之義蓋天下與已原不屬分外一已盡處就是天下歸處以至正之源頭天下不能岐也勿言歸往

詩云永言配命自求多福亦承上章而言

引詩無此之謂也勿作證詞只是借來咏嘆上文宜側重自

十七卷

常思念求合天理卽此自求處便是多福總之反求之心無期效之心也

○恒言講

孟子示人知本曰論治的貴識本人有一句常言都說天下國家吾就斯言而紬繹之其言天下不離國以天下之本在國也言國不離家以國之本在家也至於家也無所本乎則其本又在於身知身爲家國天下之本

求二字便得其解蓋自求卽反己所謂永言配命者正反己不輟之意也天下歸就是多福

孟子曰人有恒言皆曰天下國家天下之本在國國之本在家家之本在身恒常也

本在恒言中悟出不可說恒言之所未及天下國家其勢相離離而係之使合所以使人共聞而悟也家之與身其勢相合合而隱之使離所以使人獨覩而得也蓋恒言不言身者貴身於天下國家也天下國家總聯屬於一身身豈可與天下國家並言哉三本字只是一個味三在字可見

張公亮曰大學一部恒言四字彼不多此不少

欲齊家治國平天下的可不自脩其身哉

○爲政講

孟子論身化之易曰人君欲爲政而使德教四溢得其机括則不難只在所行政事服得他的心不致得罪於大家舊臣既服其心則得其所慕一國亦慕吾德教一國之所慕則天下亦慕吾德教吾心既孚於天下而不間故沛然德教溢乎四海而不

孟子曰爲政不難不得罪於巨室巨室之所慕一國慕之一國之所慕天下慕之故沛然德教溢乎四海巨室世臣大家也得罪謂身不正而取怨怒也慕心悅誠服也沛然盛大流行之貌溢充滿也

此全重一德字爲政即以德敎爲也不難於脩身上見其不難也不得罪緊接以慕字見其從感動上來又作麼感動不說破於臨了處點出德敎二字可知握樞全在德巨室勢位與我相接耳目最真我既一無可議他自然不必非我而誠心向慕也慕字淺即藏身喻人有心孚而不可間者故國人與天下人心不約而同耳慕處便是德敎洋溢處只一滚下來沛然意自可想

可禦矣。爲政信不難矣。

〇有道講　孟子勉當時自強曰：天下無兩大之勢，只在脩德自強而已。如天下有道之世，人皆脩德，小德爲諸侯，見役大德的天子；小賢之諸侯，見役於大賢的天子，而朝會征伐聽其約束也。若天下無道之世，惟以力爲屈伸，諸侯土宇之小者，見役於土宇之大者；諸侯甲兵之

有道全旨　此孟子激發當時諸侯以自強之策。其從有道說起，極有深意，正望諸侯好仁無敵，而轉無道爲有道也。天下有道，小德役於大德，小賢役於大賢，文王之臣商孫子、殷士祼將便是。天下無道，小役於大，弱役於強，齊景公之涕出女吳便是。可見有道無道，亦不關天，仁不仁之所成而已。夫國君好仁，天下無敵二句，極喝得醒快，是一篇緊要激發語。

孟子曰：天下有道，小德役大德，小賢役大賢；天下無道，小役大，弱役強。斯二者天也。順天者存，逆天者亡。天者，理勢之當然也。

有道之世，人皆脩德，惟知有德而已。大德大賢原非有意服人，德賢在我，則人心恥爭，咸攝入德中，自遜順耳。無道只是不能脩德，只知使勢而已，小弱莫能與敵，不得不受其役也。上兩役字有心悅誠服意，下兩役字有畏威遠罪意。斯二者天也。天心仁愛天下，原是要有治無亂的，而世人躭於逸樂，

大

弱者見役於甲兵之强者，而會盟索賦，聽其指揮。斯二者皆有天在焉。能自强就是順天，國便可存；不能自强就是逆天，國必亡矣。昔齊景公曰：吾既不能出令以使人，又不肯受强大之命，是與人睽絶之物也。不得已涕出而嫁其女於吳，是畏其强大也。

○今也講　今也小國之君，師大國般樂怠敖，不脩德而效大效大國之所爲也。

不激不奮，不苦不回，此治亂所以相尋，而天心仁愛所以不能已也。故四役處都是天意所在，順逆之間，仁與不仁而已矣。存亡亦屬自己，有存之理，亡之勢也。

齊景公曰：既不能令，又不受命，是絶物也。涕出而女於吳。令，出令以使人也。受命，聽命於人也。物，猶人也。女，以女與人也。吳，蠻夷之國也。

此是景公不能自强也。能令、受命，俱就那交上說。絶物，猶云敗亡。涕出，見齊景公計出無聊，含羞忍恥，不能奮發，止於女吳而已。此正恥受命樣子。

今也小國師大國，而恥受命焉，是猶弟子而恥受命於先師也。

國之所爲而獨恥受大國之命令焉是猶弟子恥受命於先師欲不受命得乎如曉得以此爲恥莫若反其效大國的而師文王能師文王小國中勢差大的國以五年爲期卽極小的國以七年爲期必使大國反爲吾役而爲政於天下矣弱小何足恥

商之讀

大雅文王之詩云文王爲政於天下商之孫子

師效大國便是不能自强宜泛說上命是命令卽人役也下命是教命以此明人役之必不可免重恥字是激發他意

如恥之莫若師文王師文王大國五年小國七年必爲政於天下矣 此因其愧恥之心而勉以脩德也五年七年以其所乘之勢不同爲差

恥受命處是小弱不安爲强大所役也文王是順天的樣子師文王師其順天也能師文王萬無受役之理大國是差大於小國者五年七年總言其速非分難易也重小國些

詩云商之孫子其麗不億上帝既命侯于周服侯服于周天命靡常殷士膚敏祼將于京孔子曰仁不可爲衆也夫國君好仁天下無敵 詩大雅文王之篇麗數也十萬曰億侯維也商士商孫子之臣也膚大也敏達也祼宗廟之祭以鬱鬯之

其數不止十萬上帝既命用以有天下則商之孫子維于我周臣服矣即其侯服于周可知天命不常于一姓惟我周之德是共故殷士容貌之膚美應事之敏捷者皆執祼獻以將助鎬京之祭焉孔子讀此詩而贊曰衆能抗寡仁在而不可爲衆也故國君能好仁如文王使天下無敵也

〇今也講

酒灌地而降神也將助也

此節政文王爲政於天下而可師者只平鋪侯服祼將係武王時事而天眷定於文王故以爲文王事商之孫子是全盛之餘也不億影强大膚敏影德賢天命靡常正與首節天命應侯于句頂既命句侯服句貫下天命句仁不可爲衆見仁在而衆不足恃也只好仁一念便無敵不必制梃撻伐

今也欲無敵於天下而不以仁是猶執熱而不以濯也詩云誰能執熱逝不以濯詩大雅桑柔之篇逝語辭也

今之欲無敵於天下在恥受命處見不以仁而欲無敵不過欲勝乎人皆非所以順天也執熱逝濯濯在執前不在執後

今也欲無敵於天下，而不以文王之仁，是猶執熱而不以水自濯其手也。詩云：誰能執熱，逝不以濯。則亦誰能欲無敵於天下，而不以仁哉？能以仁則順天而存矣。

○不仁講

孟子深著不仁自取禍。曰有仁心的，乃可以忠言進；若不仁之君，可告以忠言哉？蓋不仁的人失其本心，以危爲安，以菑害爲

熱字以强大之氣焰言。曰執則降伏得他倒矣，是猶句且虛發，引詩方重發誰能二字耳。

不仁全旨　本要與之言，却從不可與言說起，屬望之意更殷。不仁之人私欲蔽錮，天理滅絕。孟子指其病在喪心之象，曰安曰利曰樂，曰侮曰毀曰伐，皆言其不自醒覺處。句句是說他不可與言。曰危曰菑，曰亡曰敗，曰自侮自毀自伐自取，說得十分利害，十分痛切，直令人毛骨悚然，却又是句句與他言。中間引孺子歌一段，絕妙提喚，絕妙指點。

孟子曰：不仁者可與言哉？安其危而利其菑，樂其所以亡者。不仁而可與言，則何亡國敗家之有？ 所以亡者，致亡之道也。

可與言哉，開口喚醒。以事迫言爲危，以害言爲災。此直指危與菑說。所以亡指不仁之所爲，皆必亡之道。樂字是就其不以致亡爲怪處。以危菑亡是一套事，不必太分別安利樂。

利荒淫日甚反以致亡之道爲樂使不仁而可與言尚何致有亡國敗家之有哉。

〔孺子講〕昔有孺子自暢天机而歌曰滄浪之水瑩然清兮可用以濯我纓滄浪之水混然濁兮可用以濯我足是孺子無心妙處。

〔孔子講〕孔子謂弟子曰此歌中自有妙理爾小子其聽之濯纓濯足非

總不仁一心是因事而見不仁而可與言則灼見菑亡危之兆便是因人言而悔悟此二句還寓傷嘆之情以動其轉移之機不止是反決挿語。

有孺子歌曰滄浪之水清兮可以濯我纓滄浪之水濁兮可以濯我足滄浪水名纓冠系也。

自此至末都是論自取之理提醒他不可與言則以歌動之所以濟言之窮也孺子字不可忽天機所動出於無心也玩二可以二我字蓋水之可尚非孺子可之也。

孔子曰小子聽之清斯濯纓濁斯濯足矣自取之也言水清濁有以自取。

孔子亦非解說孺子之歌指出斯字來點破其關竅也見天

有定額惟清斯用之濯纓濁斯用之濯足這都是水自取之也

○自侮講

即此觀之夫人必其縱欲敗度自取人侮然後人侮之人家必其傷敗彝倫自取人毀而後人毀之國必般樂怠敖自取人伐而後人伐之使我沒有可乘之隙彼胡爲而來哉

○太甲講

太甲曰天作孼猶可將德以攘

下事皆滄浪也清濁二句一直相連說清濁並括不得單重濁也方是斯字意便見自取之旨自取就水說而意便廣不曰致而曰取一點不差移也欲小子聽之政欲世盡聽之也

夫人必自侮然後人侮之家必自毀而後人毀之國必自伐而後人伐之所謂自取之者

三段不平毀伐因於侮本章重國必自伐伐原本於自侮侮端絶斯伐釁消彼安危利菑者開侮之門也然自字從自取來數而後字見伐處不在人人從於自也自侮身不脩自毀家不齊自伐國不治

太甲曰天作孼猶可違自作孼不可活此之謂此言禍福之來皆其自取

之自作不善以致孽不可逭禍以求活書所言不仁正此敗亡之謂也

〇桀紂講

孟子勉人志仁曰治道在得民心也吾觀夏桀商紂之失天下也以衆畔親離失其民也所以失其民者則歸不仁而失其心也曉得所以失則曉得所以得矣得天下有道非可以勢挾惟得其民斯萬方

引此見不但孺子野歌可聽試看典謨訓誥之書亦如此警戒眞然可畏重下句惟自作所以不可活世主亦不得諉其數於天此之謂句令不可與言者聽而繹之

桀紂 全旨

此章從失天下說起結之以陷於死亡載胥及溺者危言之也云所欲所惡極體貼民心云敺魚敺爵極見得事勢云七年病極察得當時病根云三年艾極灸得捄時良方大約振起在志志仁者眞欲王者也與王在好假仁者終是霸伯者也當時止有桀紂並無湯武故曰諸侯皆為之敺為湯武只是好仁好仁只是所欲與聚所惡勿施可見仁為救命主

孟子曰桀紂之失天下也失其民也失其民者失其心也得天下有道得其民斯得天下矣得其民有道得其心斯得民矣得其心有道所欲與之聚之所惡勿施爾也民之所欲皆為致之民之所惡則勿施之

歸戴而得天下矣得其民有道又非可以術籠惟得其心斯近悅遠來而得其民矣至於得心何道惟於民心所欲的爲他聚合之民心所惡的不把來施與他所謂得心的是這箇況其勢猶不可阻遏猶如水之就下不得不下獸之走壙不得不走也○爲淵敺夫歸仁之勢既不容已況又有敺之者乎故魚

以得天下爲王得其民得其心都是得天下事不可三平看先言失而後言得者此失則彼得只在自己心上討個消息乘這機會天下只有民民只有心三道字趕到所欲二句正其道也欲惡只是一個心與聚勿施只是一個仁更分不開全從萬物一體中流出爾也二字只此無他之詞也

民之歸仁也猶水之就下獸之走壙也壙廣野也

此下三節不是以仁不仁並對只是將仁之得民心得天下的緣故說得明透以引動當世故下遂接到今天下好仁者來歸如遊人久出而歸家以情言非以勢言仁字頂上與聚勿施來水就下二句非設喻乃狀民歸仁之切

本畏獺而樂於淵，替淵敺魚的是獺也；爵本怕鸇而喜於叢，替叢敺爵的是鸇也。民所畏是桀紂之虐，而慕的是湯武之仁也。替湯武敺民的是桀與紂也，則桀紂之失民，亦失天下自敺之耳。

○今天講

當今民苦無遭之時，天下的君，有與聚勿施而好仁者，則列國諸侯皆桀紂，都是替他敺民的。

故爲淵敺魚者，獺也；淵，深水也。獺，食魚者也。**爲叢敺爵者，鸇也；**叢，茂林也。鸇，食雀者也。**爲湯武敺民者，桀與紂也。**

此卽上歸仁節意，非有兩層，是以承接處用一故字。夫歸則不待敺，況有以敺之者乎？敺則必歸，況歸入其敺乎？合上段正得民心、得天下竅繫。爲淵二句略挑，而以桀紂敺民照應首節，則桀紂之失天下，自敺之耳。爲字要看，雖無爲之意，是有爲之機。

今天下之君有好仁者，則諸侯皆爲之敺矣。雖欲無王，不可得已。不可得言必王也。

此節是屬望當時之意，急詞以動之。今天下正是民遭暴虐

民歸則得民心，雖欲無王以爲斯民之共主，不可得已。

○欲王講

當今民困已極，救之宜急也。天下欲王的諸侯，猶如七年之深病，求三年乾久的艾以治之也。苟乘今畜之，尚可救也；又存姑待之心而不畜，則終身無得艾之理也。今之君苟不奮然而志於仁，則終身罹於憂辱，以陷於死亡而後已。行

而思欲逃避之時，好仁者而所欲與聚，所惡勿施，則不仁之諸侯盡皆斯民欲逃之諸侯，諸侯即不樂爲之敺，有好仁者以成其敺也。雖欲無王二句，正得其民斯得天下之意。

今之欲王者，猶七年之病求三年之艾也。苟爲不畜，終身不得。苟不至於仁，終身憂辱，以陷於死亡。艾，草名，所以灸者，乾久益善。

此節恐人不激發，又危言以惕之。七年病，是喻時君之暴虐已甚，敗之將至意。求三年艾，是喻行深仁以自[illegible]。下苟爲不畜四句，正中上意。快求快，求遲則不救也。畜字妙，這個藥非臨時倅辦的。累年桀紂，一旦湯武，此决不得之數也。志字有力。人主若立志專確，仁心便不肯歇息；行仁政，便要徹底，即

仁者尚可不急自勉哉。

○其何能淑 大雅之詩有云，其何能善，則相引以陷於沉溺，不自振拔而已，正此不志仁，而陷於死亡之謂也。欲得天下者，可不急乘此時以收民心哉。

○自暴論 孟子醒人為仁義，曰人誰不可和地言，惟自己暴自己的，聞言必不見信，不可

此便有致王之理，若無此志念頭，也不肯到仁上去，安望其好仁。末二句直說得可危可懼，要知是勉之之詞，不是難之之詞。憂辱只是人役，死亡則身弑國亡矣。

詩云：「其何能淑，載胥及溺。」此之謂也。詩大雅桑柔之篇。淑，善也。載，則也。胥，相也。

引詩其何能淑，指不志於仁者言；載胥及溺，即憂辱死亡意。其言發於孟子救世之苦心，故激烈如此。此之謂，要得嘆息之意。

全旨 自暴 此章上二自字、下二人字正相應。自家有寶，自家不知情，都從何處尋立命站腳的，去安投危，去正投邪，這樣顛倒，真可哀。礼義猶云道理，是寬字面；仁義二字乃寔落，故下只申言仁義。

孟子曰：「自暴者，不可與有言也；自棄者，不可與有為也。言非禮

與議論而有言也人又誹不可以與爲惟自巳棄自巳的見善必不能勉不可此僅力行而有爲也這是怎的彼不以禮義爲性中至美之理正言論之間一味非毁之這是自家害自家也彼不以仁義爲分中應得之物反説吾身不能居處此仁行由此義這是自家棄自家也都緣彼不曉得仁是吾人安身立命

義謂之自暴也吾身不能居仁由義謂之自棄也暴猶害也非猶毁也

自暴是剛惡故不可與有言自棄是柔惡故不可與有爲非毁禮義是未反觀本性粗率任意非以暴加人是自暴也不察仁義意味如何能得一任抛却爲吾身外之事而不自擔承也非棄他人之物是自棄也

仁人之安宅也義人之正路也義者宜也乃天理之當行無人欲之邪曲故曰正路

曠安宅而弗居舍正路而不由哀哉曠空也由行也

此節非鄃詞正指點自家之真切處蓋自暴自棄者只因錯認仁義爲難要在別處居身站脚舍此就彼不知安危邪正之辯揭出人字照上兩自字安宅無危正路無邪可由可居

安居的宅也義是吾人周行不偏坦遊的正路也仁義切人如此到空那安宅而不居舍了正路而不由不亦深可哀哉

道爾讀

孟子示人求道於近易曰即心即道何甚邇也舍吾心而求個道則遠真心体認處即事何甚易也舍吾心而更求所爲事則難惟人人能孝而親其親人人能弟而長其長

之理不越能由能居之人何等分曉

孟子曰道在邇而求諸遠事在易而求諸難人人親其親長其長而天下平親長在人爲甚邇親之長之在人爲甚易而道初不外是也

此是孟子提唱仁義處親親仁也敬長義也邇近是就人當身指點遠字難字對天下平而言不知此道率性即是何常遠何常難惟用意求道者存一求之之心便馳騖高遠天下所以不平也人人字統言天下親其親長其長就是平大學治平二傳盡於孝弟慈正是此等境界

居下**全旨**此章自獲上說到誠身步步遞下總以誠身爲主而明善則系誠身的事末云至誠動物至字緊思誠來是善已明的完滿地位物字則總攝親友君民在裡面中點天人兩字極吃緊猶出誠的根源此孟子道性善歸宗之學也

天下能這等使是大平之世又何求之遠求之難哉。

○居下諸 孟子勉人誠身曰居下位欲治民道在得上若我没寔心以結君心將何以結民心民不可得而治也獲於上有道道在信友苟没有寔心孚信於友便没寔心孚信於君弗獲於上矣信於友有道道在悅親苟一体之親弗能心諭則弗

孟子曰居下位而不獲於上民不可得而治也獲於上有道不信於友弗獲於上矣信於友有道事親弗悅弗信於友矣悅親有道反身不誠不悅於親矣誠身有道不明乎善不誠乎身矣

獲於上得其上之信任也誠實也

誠是一條針透骨透尾的理本直摯文則散布雖云獲上以治民信友以獲上悅親以信友各各有道實無二道都是這真心貫將去誠字到悅親始露著從良心真切處着落耳

明善又誠身之啓關第一着善即繼善之善乃性之德明者真知其出於天命而不以一毫人為與之則形色即天性所謂誠也明善是明淨個個善玩一乎字應隱逗出天人相

信於友矣悅親有道在誠身苟反於身未能一一皆實則不悅於親矣誠身有道在明善苟未能擴去人物皆淨則不誠乎身矣是故實定無僞者天道之本然也或有不實處用明善工夫以求至於誠乃人道之當然也定能完全此誠不待動物決無有不動的理若未造於至誠便是不誠決未有能動物的

接所消息來也下故接以天道人道

是故誠者天之道也思誠者人之道也 誠者理之實而無僞也

此非辯誠有天人蓋原人之本有誠耳誠者天之道即性善說從人身中指出個源頭來此以其賦於人者言之天在人中人不過完而踐之耳重思誠上天人無兩個道理只爲有道軀殼故假思以通之是以有思而復於無思者也明善者明此而已兩道字正謂天所由以生物人所由以自成者都舍此路不得故曰道道者率性日用與物相綢繆動盪者也

故下文又以動物收之

至誠而不動者未之有也不誠未有能動者也 至極也

君子可不明善以誠其身乎。

○辟紂譁　孟子勉諸侯行仁政曰王天下者宜先收民望也。商紂播棄黎老，伯夷辟之居北海水邊之地。聽得文王起爲西伯，乃興曰何不歸乎來，吾聽得西伯爲商君發政施仁，善養老者，我歸之以就其養。太公辟紂居東海水邊之地，聽得文王起爲西伯，乃興

決言動物之必本於誠，而深明思誠之功不可已。思到至處，身無不誠，乃爲至誠。動在自心上說，天地民物合爲一脉之意。不誠是誠之未至，天性識認不真，形色盡是虛空，自已一身尚不能動，何能動人。未有能動，正形容至誠動物意。

辟紂 全旨　此章不獨文王[illegible]侯行文王之[illegible]

孟子曰：伯夷辟紂，居北海之濱，聞文王作興，曰：盍歸乎來！吾聞西北善養老者。太公辟紂，居東海之濱，聞文王作興，曰：盍歸乎來！吾聞西伯善養老者。作興皆起也。盍，何不也。西伯即文王也。

避紂因紂播棄黎老，養老之政廢也。居東海北海，未便長往不逐也。舉東北以見西南，盡天下皆有歸[illegible]文王之意。聞之

曰何不歸乎來
吾聽得西伯爲
新君發政施仁
善養老者我歸
之以就其養
○二老論
顧此二老者齒
德尙天下乃天
下之大老也大
老乃民望所關
足以父天下舉
天下皆其子也
而歸心於文王
是天下的父歸
之也天下的父
歸之其子安能
舍父而他有歸
心乎此文王之
爲政於天下也
父子辯

即典見其心在當世也典之即歸就養之急也全是悟紂之意所以聲言曰西伯善養老者此亦後推原之詞耳當時商周之勢未分其在周也猶在商也紂虐而文王仁則去彼就此聖人無容心也

二老者天下之大老也而歸之是天下之父歸之也天下之父歸之其子焉往二老伯夷太公也大者言非常人之老者

此節雖論二老其實重文王善操天下之機曰天下大老見其一去一來關天下治亂世道汙隆豈是小可的人見而歸之三字轉下是難其事父字得之大老字來全重德士是人心之趨向觀望者也猶人之子凡所趨向觀望乎父一般父

人之父子在形骸上，微其天性之親。此父子在天性上，微其情誼之相爲也。

○諸侯講

今諸侯有行文王養老之政者，則一歸衆歸，其机甚速，只消七年之内，亦可爲政於天下矣。故有志爲治的，宰師文王。

○求也講

孟子肯強兵之罪，曰殘民之政非一，而好戰爲甚。昔冉求做季氏的宰，無能改

既歸之，其子焉往。此句是不約而同之理，以歸心言，未即以身歸也。

諸侯有行文王之政者，七年之内，必爲政於天下矣。七年，以小国而言也。

通章只爲此節而發。文王之政不專指養老，總是得民心。今之諸侯能行仁政，即是行文王之政，非必於養老也。七年二字非漫言也，只算計其農桑教養之時，大約只消許多年分。爲政於天下，只就人必歸向說，曰必見王道非迂濶而難行。

求也**全旨**

戰國以善戰者爲第一等良臣，故孟子痛發之。首以富引起，末以連諸侯、辟草萊、任土地陪說。即非甚善戰者之罪。又富强相爲表裏，并按及之，亦所以劃此節也。最妙在君不行仁政五字，是欲後語，言外有欲輔君啚大事，何不輔以行仁意翻駁。

季氏的惡德而賦民的粟反倍於他日孔子曰求非是我的門徒也爾小子鳴鼓以声揚其罪而攻擊之可也○右此節

由孔子責冉求之言觀之可見君不行仁政而爲之臣者又聚斂以富之皆名教之罪人而見棄於孔子者也此猶未戕民之命也況於爲君强戰者爭地以戰而殺人盈於盈野爭城以戰

孟子曰求也爲季氏宰無能改於其德而賦粟倍他日孔子曰求非我徒也小子鳴鼓而攻之可也宰家臣賦猶取也小子弟子也

惡德单指侵剋民財言求非黨惡只是無能賦粟倍他日不是加賦只是不能改其德而止其貪賦粟比前未減積聚之多似覺爲倍責求正是責其無能改其德責處就是棄處

由此觀之君不行仁政而富之皆棄於孔子者也況於爲之强戰爭地以戰殺人盈野爭城以戰殺人盈城此所謂率土地而食人肉罪不容於死爲土地之故而殺人使其肝腦塗地則是率土地而食人之肉也

由此二字指孔子責冉求之言觀之富强均不可謂非未減富貴者之罪正以甚强兵之罪耳爭地爭城四字極重是殺

所殺人至於盈城使民肝腦塗地此所謂率土地而食人肉其罪之大有不容於死矣

○善戰讀

故爲之因罪定刑善戰的必加以極重之上刑若連諸侯搆釁以助戰爭的其刑次之開辟草萊分任土地是加賦以供戰爭其刑又次之卽此可見善戰之罪獨重奈何爲君者反以之爲良臣哉

人的禍本故日率土地而食人肉此語狠甚罪不容於死猶云死有餘辜是極痛恨之詞着一計算便癡

故善戰者服上刑連諸侯者次之辟草萊任土地者次之 辟開墾也任上地謂分土授民使任耕稼之責也

故字總括上血脉來上刑句提起兩次之皆次於上刑比善戰作兩等非三等上刑是無加之刑要得痛恨他意服如衣之適體刑當其罪之意連結諸侯此有連必彼有所抗抗不得便戰矣其連之所以戰之也爲君墾田土以富其國總以爲戰爭之資也其是一條路上人輕重之律孟子一絲不爽

存乎

全旨 此章是孟子欲人存良而卽觀人示意原不重觀人大意學者讀此不惟得見人之方并可得節身之要私必

○存乎節

孟子論觀心之法曰吾人原有自露之神凡五官百体存乎人之一身的獨是目中那眸子毫無作僞是個最善的眸子不能為人掩其心之惡怎麽見得胸中沒有邪曲之私則眸子瞭然光明胸中而有邪曲之私則眸子眊焉蒙昧信乎眸子不能掩其惡也

○聽言節

觀人的聽他口

邪氣一有於中昭昭乎不容掩矣可畏也哉

孟子曰存乎人者莫良於眸子眸子不能掩其惡胸中正則眸子瞭焉胸中不正則眸子眊焉良善也眸子目瞳子也瞭明也眊者蒙蒙目不明之貌也

存字最妙見人雖經陷溺之後到底良心還在這個物事亦不死所以曰莫良此處極可參出性命根源良字直照下文正字看是有善無惡之元神經萬變而不移不泯者也下不掩其惡正是良處胸中不正則眸子眊正是不能掩其惡也胸中正則眸瞭是帶過語不平本意重在惡邊透下節都在惡一邊言

聽其言也觀其眸子人焉廋哉廋匿也

裡說話時、又看他目中眸子、若口裡畧弄些虛頭、便眸子閃爍張皇、他胸中正不正、更逃遁不去、人焉得而廋匿哉、

○（恭者節）孟子爲僞恭儉發曰、人君貴有寔德、有恭德的、此心自然不侮慢人、有儉德的、此必自然不侵奪人、若陽爲恭儉而寔爲侮奪人的、其心惟怕人不順他侮奪、不過假恭儉文

聽其言也、觀其眸子、不是把言帶說的、正是在聽言中看他眸子、人當未說話時、眼睛不甚動、要看他還難、一到發言、他口裡畧弄些虛頭、便眸子閃爍張皇、人焉廋哉、非我觀之、如此而人自不能逃遁也、此是眸子不能掩其惡的証廓

陳伯玉曰、以言觀人、自是正法、然不良之人、言或覆之矣、故必取其良心不死處、定針追魂攝魄、大是十毀闢邪鏡也、

孟子曰、恭者不侮人、儉者不奪人、侮奪人之君、惟恐不順焉、惡得爲恭儉、恭儉豈可以聲音笑貌爲哉、惟恐不順、言恐人不順己、声音笑貌、僞爲於外也、

此章爲竊恭儉之名者發、見不侮不奪是恭儉寔德、在心上說、兩人字須着眼、假恭儉只是粧飾自己一身、至於待人則侮之矣、取人則奪之矣、下聲音笑貌正對此人字而言、惟恐

其惡鬼得爲真恭儉恭儉原根於寔德豈可以聲音笑貌而僞爲於外哉

○男女講　此見揺道從權不可濟世意淳于髡問孟子曰男女與接不用親手果爲之當然與孟子曰此乃經常不易的礼也髡又問或遇嫂溺於水則救之以手麼孟子曰視嫂溺不援淹了人心是豺狼也蓋男女

不順四字心頭暗裡事恐人不曉得不順我意不免欺擒出來禁恐不得不免露手露脚被人看笑心中十分惶惶情狀被孟子畫出末句見恭儉究竟假不得

男女全旨　說出天下溺援之以道大本領大机宜一口道盡了何等堂堂皇皇所云權者特因嫂溺之言偶爾拈出耳本是没際要所在若把道字權字翻剝攀葛附藤精神反不暢

淳于髡曰男女授受不親禮與孟子曰禮也曰嫂溺則援之以手乎曰嫂溺不援是豺狼也男女授受不親禮也嫂溺援之以手者權也　淳于姓髡名齊之辯士授與也受取也援救之也權稱錘也

髡意不是問禮只要討個權字出來是欲孟子從權濟世也

曰嫂溺不援是豺狼也有不得不行權意見此權之一字只

援受不親者，乃一定的礼也。嫂溺救之以手者，是濟変之禮也。

○今天註　髠遂詰之曰：嫂溺則從權，今天下大亂，生民陷溺矣，夫子何故不援之也。

○溺援註　孟子只援天下溺之具，專恃有個道在，嫂溺只援之以手，子要我把手去援天下麼。

○君子註　此見君子有善

可行之於嫂也。

曰：今天下溺矣，夫子之不援，何也？言今天下大亂，民遭陷溺，亦當從權以援之。

淳于髠得了手援一言，便說今天下溺矣，夫子何故不援，明是詰孟子無援之之具。

曰：天下溺，援之以道；嫂溺，援之以手。子欲手援天下乎？言天下溺，惟道可以拯之，非若嫂溺可手援也。

不曰以道援天下，而曰援之以道，是言我日日以道援天下。子自不知，反謂我不援，是必手援天下而後知也。手援天下乎，粘上援嫂說下，是詰之之詞，本是耿帶不可寔解。

君子（**全旨**）易子而教，正以曲全父子之愛。夫子未出於正，何所據而云然？懟詞也，亦見人家教子，貴正身倡率，感諭之方

予之方意公孫丑問曰父子至親教之宜無所不至敢問君子之不親教其子是怎的

○勢不講

孟子曰非必不欲教於事勢有所不得行也蓋教子者必教之以正言正行如以正道而子不行其教為父的必繼之以怒然而切責之到繼之以怒則反夷傷其子的心矣子的心裡反責其

居多若歲嚴督責則付之外傅矣

勢不行三字在父子之間處說

公孫丑曰君子之不教子何也不親教也

言君子是有教人之責者不教非棄之也只是不親教之何也二字是欲得其故

孟子曰勢不行也教者必以正以正不行繼之以怒繼之以怒則反夷矣夫子教我以正夫子未出於正也則是父子相夷也父子相夷則惡矣夷傷也

勢不行於情於理俱所必然正無如勢何教者數語正見其不行夫子二句是其子必內揣摩之詞未必寔有此語父子相夷非必相傷此心稍有間隔便是相夷惡字舊云非天倫

古者易子而教之易子而教所以全父子之恩亦不失為教

父以爲夫子教我便以正道夫子已身之所行未必盡出於正道也這等則是父子相傷了在父子相傷皆是美事底古人易子而教之益以父子之間純以天性相聯未嘗有責善一念及萌一責善則情意乖離至于乖離則家庭不祥莫大于是焉此古人所以易子而教也。

○事孰諳

孟子欲人守身

美事易子而教言不得已爲不肖子慮也只是當就外傳意不必泥交互之說。

父子之間不責善責善則離離則不祥莫大焉責善朋友之道也

一間字是天性源頭不參一毫人爲處父子天性之親正在此間不責善自其間言責善則離因情意而乖天性也責善即教者必以正處離則相夷不祥字不止於惡故曰莫大焉

事孰

全旨 此章前以守身爲事親之本所以爲大第論其理及後寔之以事則惟舉曾子事親雖未明言其守身而守身意已在曾子二字內包含了不必復言也

孟子曰事孰爲大事親爲大守孰爲大守身爲大不失其身而能事其親者吾聞之矣失其身而能事其親者吾未之聞也守身

以事親曰吾人持守其身使不有所欲承謂事陷於不義也

那一件爲大惟事父母的道理惟之天下而皆準故爲大有所操持謂守那一件爲大惟守身的道理統揭綱領而不遺故爲大人子不失其身於以事父母能盡其道的吾聞卽守卽事之理如此若於此身稍稍有失而謂他能事父母的吾未聞有此理也

○孰不議

事孰爲大守孰爲大是呼起語不必以君長等意相形亦不必塡寔上兩句大字是最先之意下兩句大字是兼該意事親乃孩提眞性之最先者守身只是不失其親所生者事守不平守身賠含下養志意發如云吾能守身則精神意念眞有潛孚於親而委曲聚順親心子心兩不相違忤這就是能事其親下反言正以見不可不守身也

孰不爲事事親事之本也孰不爲守守身守之本也本根本也

兩孰不句與上一側不是證上文所以大只就上面推之事親處要貼身講守身處要貼親講本非本源乃喫緊着寔示

蓋凡以分承的那件不爲事只有事父母之理是天性不移的乃事之本凡用操持的那件不爲守只有守身之理是良心眞切的乃守之本此所以爲大也求其善守以事親吾聞之曾子養其父曾晳每食必有酒肉食畢將徹去時必請於父曰此所餘的把與誰父或問有餘麼必應曰有餘恐親更欲與人而以

人於良心眞切處下手見事只有一親守只有一身其精神不容他雜其心力不容少分故曰本四句相連說下守之本单指事親說爲切

曾子養曾晳必有酒肉將徹必請所與問有餘必曰有曾晳死曾元養曾子必有酒肉將徹不請所與問有餘曰亡矣將以復進也此所謂養口體者也若曾子則可謂養志也曾晳曾子父曾元曾子子

必請所與等不可當飲食細事看曾子養志只在守身所與必請是守身內樣子無意中做出所謂色難者是也此數必字非曾子不能曾子直以己心親心聯貫爲一無一念不在親無一時不在親就是一頓飯一餕餘亦看做親意所在絕

是承之也。及曾晳死，曾元養其父曾子，亦每食必有酒肉，食畢將徹，不請問所與，或父問有餘，則曰沒有，其意將以餘物復進以奉親也。此只可說他是養口体的。若曾子迎親志於未形，順親志於已形，可說是個養志的，故事親惟曾子養志乃爲能事親而可也。信乎人思守身以事親者，當以曾子爲法。

能如此常常問，非一時口頭偶勉強來，分明是視於無形，聽於無聲。曾元一段只欲引出養口體以形養志，不得抑曾元。養志之本不外守身，而養志則以我通於親志而守之，理精矣。

事親若曾子者可也言當如曾子之養志，不可如曾元但養口體。

事親若曾子者可，語意猶說如此纔是云爾。若字只貼曾子身上說，是許隲之詞。蓋孟子事親雖極至，只是父母之身做出來，豈是分外事。

孟子曰：人不足與適也，政不足間也，惟大人爲能格君心之非。君仁莫不仁，君義莫不義，君正莫不正，一正君而國定矣。適，過也。間，非也。格，正也。

○與適講　孟子示正君之意曰人臣事君有緊關一着若用人之非不足與適適也行政之失不足非間也惟盛德的大人爲能消釋君心未萌的邪念格去君心之非仁更没有一毫之不仁格去君心之非義更没有一毫之不義這等則君心只有仁義而正矣更没有一毫不正是大人一正君心人政亦清

此論相體當從第一義做國是莫大乎人政人適政間自是不可少的然而非其本也兩不足處正覷在格心一着見所主在此不在彼大人格君之道只在自心上做其作用在未萌不在已萌在未事不在已事默而成之不言而信則格心之功也君心之非已去自復還仁義種子莫不兩字見體用純粹暗攝人政而言又曰君正莫不正者以其能愛人能惡人以大德不以小惠仁之正也無偏無黨王道蕩蕩義之正也是謂能德正中故德溥而化也末云國定國是定也人不待適政不待間了風恬浪靜絕無適之間之之煩一字矣字甚了當直截與上兩不足相呼應

圖即定矣、

○（不虞講）孟子云人信心曰有自己没一行可稱、原不料有名譽而忽然以譽加之、有自己求完全行定已無可毀而忽然以毀及之、人可不自信而被人攙奪哉、

○（易言講）孟子警人慎言曰人之所以輕易說話的是未遭失言之責而懲創未加耳、

○（患在講）孟子戒人自滿

孟子曰有不虞之譽有求全之毀虞度

此章依註說爲長虞字求字都屬自己說不虞云者無因至前也求全云者自反無缺也見得毀譽有這樣不根的脩己觀人如何憑做準二有字大有感慨

孟子曰人之易其言也無責耳矣人之所以輕易其言者以其未遭失言之責故耳

此章亦依註說爲長易言非失言只任口說出責過責也只作自責看只是自家不曾反躬自責審己量力何如耳試一自反其負踈叢疚不能一息安者

孟子曰人之患在好爲人師好爲人師則自足而不復有進矣此人之大患也

玩口氣似說是人之通病蓋滿假易生故也患處專在於好

孟下　十七

曰大凡人之過病生於喜去做人的師這好高一念學問斷沒進益豈不是終身的患害

○從於諺

此見君子當慎所從意樂正子亦曉得子敖的人品特以一時之便從於子敖來齊

○樂正諺

及樂正子又見孟子不早故孟子責曰吾以子之來齊不吾見也乃今亦來見我樂正子未悟

是喜去做人的師未必學問可以爲人師也在他好高上人之一念上見

從於

全旨

要知樂正子差處都在從子敖之齊不然即舍館定然後求見孟子亦不妨也孟子令其自悟漫然曰克有罪猶在舍館上着迹故下文復明與言之

樂正子從於子敖之齊子敖王驩字

聖賢欲有爲於天下須要立定脚跟其於小人一毫假借不得樂正子因便從子敖來當作沒緊要事不知不慎微失聖賢大關也

樂正子見孟子孟子曰子亦來見我乎曰先生何爲出此言也曰子來幾日矣曰昔者曰昔者則我出此言也不亦宜乎曰舍

其意曰，先生何為出這等言語呢。孟子姑責之曰，子之來齊幾日了。正子曰，克之來齊，特前日耳。孟子曰，來以前日，見以今日，則我出此言也，不亦當然乎。正子曰，客舍之館未定，故見遲也。孟子曰，子曾聞弟子見師，必待舍館定然後來求見師長乎。正子曰，見遲果是克之罪也。

○謂樂論

孟子因正子知

館未定。曰：子聞之也，舍館定，然後求見長者乎。昔者，前日也。館，客舍也。**曰：克有罪。**樂正子固不能無罪矣，然其勇於受責如此，非好善而篤信之，其能若是乎。

都在來字上着眼。曰子亦見我乎，就有刺其所從之非意。明知其來於昔者而問之者，要其悟乎昔之來也。舍館未定，亦是寔話，只是未悟。孟子責之之旨曰，然後是令彼悟其先之所從若長者在念，何必待舍館定而後見之。此語最可味。曰有罪，尚在悟而未悟之間耳。

孟子謂樂正子曰：子之從於子敖來，徒餔啜也。我不意子學古之道而以餔啜也。徒，但也。餔，食也。啜，飲也。

正子之從於子敖來，只是偶然不謹，與之同來。孟子亦儘諒

罪乃直言責曰子之前日從於子敖來齊徒爲道路所需餔啜之計耳夫道之界限甚嚴一毫不可苟我不料子曾學古之道的亦不能超脫世味而以餔啜爲計也

○不孝謹

孟子表舜孝曰礼載不孝有三事惟無後爲不孝之第一若舜當日只爲告則不得妻而終於無後故不告而妻也君子諒舜

得他過尋思其故殊是無謂故曰徒餔啜耳學古之道四字重見得道味濃則世味自淡不意有出於素知之外意此戒責而兼以提醒之詞想正子聞之亦必爽然自失

不孝全旨

告而娶爲着無後不告而娶亦爲着無後此不告之心卽告之心也故君子以爲猶告也

孟子曰不孝有三無後爲大禮有不孝者三事惟不娶無子絕先祖祀爲大也

本文原不曾說三者何事註不必用只凭空發意爲妙大字猶言第一無後非止親之一身有關宗社之大計

舜不告而娶爲無後也君子以爲猶告也猶告言與告同也

舜之稟命孝也繼後亦孝也猶告自其孝言總在本念上勘舜之心而境之通變非所論也

亢乃默体親心仁善爲幹旋其不之告與告同也。

○仁寔講

孟子欲人識真心曰，仁主愛，而愛之寔落所在，惟事親乃孩提用愛之懇切處，便是義主敬，而敬之寔落所在，惟從兄乃稍長用敬之的確處，便是愛敬之良知不昧謂智，智之寔落所在，惟知斯事親從兄二者念念弗舍去，便是愛敬中恰當的天則謂

全吉 總是言孝弟貫天下之道，并孝弟亦不言，只說事親從兄。正恐人作道理解，都要見之寔事意樂則生矣。至末分明畫出是也二字。

孟子曰：仁之實，事親是也；義之實，從兄是也。仁主於愛，而愛莫切於事親；義主於敬，而敬莫先於從兄。

事親從兄有孩提稍長景象處，便可見仁義之實。實字是真切意。是也二字證明實字意，即此便是仁義，不須遠求也。

智之實，知斯二者弗去是也；禮之實，節文斯二者是也；樂之實，樂斯二者，樂則生矣；生則惡可已也，惡可已，則不知足之蹈之、手之舞之。斯二者，指事親從兄而言。知而弗去，則見之明而守之固矣。節文，謂品節文章。

智禮樂三段言宇宙名理儘多，都包括在事親從兄裡面，總

禮、禮之寔落所在，惟品節文飾斯事親從兄二者，便是愛敬中一段太和處，謂樂其寔落所在，惟樂斯事親從兄二者，到樂時其天机日漸生長矣。生自敬手不得，惡可已也，樂至悪可已，不過率其赤子愛敬之真，覺一團生趣不知其所以然而足之何如蹈、手之何如舞矣。人可不於此自識其真心哉。

見事親從兄之妙處。然總之是揭本體，非表功夫。知斯二者，是元初不容銷沉之一竅，自爲含蓧認定爲自家物事，如何舍得丟去，弗去正所以爲智。節文斯二者，是元初不容參錯之一脉，自爲調劑恰好，如天則自然成文。樂斯二者，是元初不容湮欝之一機，自爲動盪，無所勉强處自然活潑也。此句巳盡樂之實事，令下五句只是一個樂，非有次第。生字猶云生活，不是生發之生，而生意亦在其中。惡可已是充長之意。舞蹈不知是形神俱化，如三春芳草；惡可已，如萬頃煙波。

大悅全旨

天下大悅與天下化、天下定相照看。舜只盡事親之道，天下歸，天下化，天下爲父子者定，舜皆不知也。自人見之，謂之底豫，謂之化，謂之定耳。此之謂大孝句，不重化天下上，要於舜之總處見之。

〇大悅講
孟子贊舜之大孝曰天下最難得者民心乃若盡天下都歡樂而將歸於我他看這天下之悅而歸己就像似草芥之輕獨舜爲然氏彼其心誠謂吾不能承順以得親心之悅寔不可以爲人不能積誠諭親於道與親心合爲一實不可以爲子所以天下雖歸心而舜心不在此也

〇舜盡講

孟子曰天下大悅而將歸己視天下悅而歸己猶草芥也惟舜爲然不得乎親不可以爲人不順乎親不可以爲子得者曲爲承順以得其心之悅而已順則有以諭之於道心與之一而未始有違也

大悅三語劈空起語甚奇是虛想他一片心事下方指出舜天下悅而歸舜正以舜爲仁人爲孝子而舜之草芥悅歸天性重則世味自輕此孟子眞切指點處不順乎親四句極慘淡淋漓是舜千載第一知己從承事上悅親心爲得從道理上合親心爲順人字對天地所生而言子字對父母所生而言兩不可字正舜盡道無已之心

舜盡事親之道而瞽瞍厎豫瞽瞍厎豫而天下化瞽瞍厎豫而

是以凡可以得親順親的道舜無不盡之所以瞽瞍雖至頑亦可致於豫及瞽瞍底豫而天下之父化爲慈子化爲孝瞽瞍底豫而天下之爲父子者人各友其事各順其則而定於理之至極舜此時總其爲化且定也謂舜能合天下之孝以爲孝并能盡天下之孝爲孝称之爲大孝者此也

天下之爲父子者定此之謂大孝瞽瞍舜父名底致也豫悅樂也

此節提盡道作主盡道云者皆從不可爲人不可爲子之處凝結於中極其孝之分量無一毫虧欠雖至頑如瞽瞍亦底豫也底者不期而至也豫非悅舜之謂於盡道中無一毫乖異意化定亦盡道中事化者大舜至孝之性心神默相鼓鑄天下自然與孝與慈也事至各歸其極天下無不可事之親無不可盡之孝所謂聖人人倫之至也定以理之至極言贊以大孝明承天下化定來但看與上底豫做一個精神流貫到此方謂之能盡

周仲馭曰大舜若不合天下的精神怎動得頑嚚父母精神所遍自化自定非可情量徧計

○舜生講
孟子論聖道之同曰歷代聖人相承總歸一脉以地論之舜始生於諸馮遷徙於負夏終卒於鳴條皆極東之方是東鄙的人也文王始生於岐周終卒於畢郢皆極西之方是西鄙的人也

○地之講
一東一西其地之相隔去也蓋千有餘里以時論自虞至周相

離婁下凡三十三章

舜生全旨本文不曾說道字便當以志作主借舜文作話柄耳非寔說舜文也蓋舜文得志行乎中國固有如合符節要知先聖後聖時地相去甚遠其間豈能一一得行所志至用心之微處總無差別所以不曰行同道同而曰揆一典易地皆然互相發明耳

孟子曰舜生於諸馮遷於負夏卒於鳴條東夷之人也諸馮負夏鳴條皆地名在東方夷服之地文王生於岐周卒於畢郢西夷之人也岐周岐山下周舊邑畢郢近豐鎬

獨言舜文者特舉時地之最不同者以見所以同之妙處雖以地言時之先後亦在其中東夷西夷只言極東極西對中國說耳曰生曰遷曰卒見始終經歷之地

後蓋千有餘歲東考得行其心之所是於中國其心源意緒若符節之合。

○先聖講寧獨舜文、先聖於先聖於後時地相去相後不知其幾乃其相比度處無弗一也。蓋以品造其極則心之相印如出一轍固不容有異謂之人容有不盡合處謂之聖未有不一者也。

地之相去也千有餘里世之相後也千有餘歲得志行乎中國若合符節得志行乎中國得行其道於天下也若合符節言其同也。

地指東西言世以虞周言極其時地之相遠故用兩餘字得志兩字極重聖人之道每涵於志向此處參合便見萬物一體之學中國猶云天下必得天下方可以展其志耳然志中只一理所志既眞所行自合符節在用處驗其心體不待擬合宛然恰當故曰若合以一二事凝者謬矣。

先聖後聖其揆一也揆度也其揆一者言度之而其道無不同也。

先聖後聖推論活說前乎既往後乎將來都在其中粘着舜文講便不是揆字指其宅心制事相時度勢者言屬聖人說

○子產譏　此見爲政當知大体意旨子產主持鄭國之政凡濟人利物之事皆得自專乃偶逢徒涉遂把自己所乘的車與濟人於溱洧之水

○惠而譏　孟子恐人效之曰子產爲政有此惠心而不曉爲政的大体且就政中一事言之若患民病涉也于每歲民務閑時用民力去

故曰其揆一字是聖人心極協於揆處猶云其執一也之意

子產　全旨　通章是論政體不是論子產政字着眼但提個政字來便見是大模大樣的了自有紀綱法度區畫處置使天下之民無不取足於中上無施惠之名而下廣受其賜此政體也故謂之平平之爲言渟悶無奇之謂也拈出悅字正是行小惠的賊賍且亦不足便是不平了

子產聽鄭國之政，以其乘輿濟人於溱洧。子產，鄭大夫公孫僑也。溱洧，二水名也。

首一句是書法既聽鄭國之政便須無偏無黨不令人喜不令人怒蕩蕩平平做出來乘輿濟人特偶然爲之非日以此待人而濟之也孟子恐後之爲政者悅而效之崇尚小惠有乖大體故借此立論亦拔本塞源意也

孟子曰：惠而不知爲政。惠謂私恩小利，政則有公平正大之體，綱紀法度之施焉。

修舉徒杠與梁徒杠小而工省至十一月徒杠成與梁大而工倍至十二月與梁成雖天寒而民皆可濟自不病於徒涉也爲政君子平其心以平其政則可以濟利天下雖出行之際辟除行人使辟已亦分所宜焉得褻其体而人人濟之故大比爲政的欲每人皆致私恩以悅其意恐欲濟者多日亦不足矣豈是

惠便不知爲政非兩截意見不可徇之情不可繼之恩雖能及人總是歡虞小補豈關王道若行其不忍之政以濟人彼所不知也此有深惜之意非譏之也

歲十一月徒杠成十二月輿梁成民未病涉也杠方橋也徒杠可通徒行者梁亦橋也輿梁可通車輿者周十一月夏九月也周十二月夏十月也

此節只承濟人說來泛論個經畫原不是責子產不修橋梁徒杠通僻道輿梁通孔道二者一時並舉但工有煩簡故成有先後觀成字可見十一月十二月明其爲寒沍涉水時也民未病涉要看一未字見防於未然之意反悅字看即此一事便有普濟無窮也

經文無弊之政

○君之講

此警當時世主薄待其臣意孟子告齊宣王曰君臣之間分相維而情相感也有如君之視臣如手足而厚撫之則臣之視君亦擁護之如腹心不然君之視臣如犬馬愛敬之意不存則臣之視君如國人漠不關心矣又甚而君之視臣如土芥而賤惡之則臣之視君如寇讎恐被其

君子平其政行辟人可也焉得之人而濟之辟，辟除也。

無有餘不足普徧均平之謂平君子以心之平爲政之平若云君子只消平其政足矣焉得云云以徇情必失體也行辟人可也亦須照乘輿言以乘輿出行而辟人可也不必以乘輿濟人也平政是大體辟人字活看不必認真

故爲政者每人而悅之日亦不足矣言每人皆欲致私恩以悅其意則人多日少亦不足於用矣。

每人而悅之與上人人而濟之照應甚明着一故字承接一套看上下相承說爲妙悅字正是行小惠的病根故孟子拈出以破之亦字對每字說日亦不足字當活看乃推到勢窮

毒矣是臣之厚薄乃君之厚薄有以先之也而可不戒哉

○王曰講

王聞寇讎之言而訝之曰儀礼所載去國之臣爲舊君有齊衰三月之服不知怎的待臣斯可爲服矣

○諫行講

孟子曰礼所謂舊君有服者當在國時凡有所諫君郎行之凡有所言君郎聽之自有一段膏澤下及於民其處非實事也

張公充曰見典之交幾於不親見施之德幾於不報明是施典但一見其跡便不能入人之深況小惠未徧乎

君之全旨

通章重君之施一邊只是做人君便厚待其臣若人臣之自處可當别論

孟子告齊宣王曰君之視臣如手足則臣視君如腹心君之視臣如犬馬則臣視君如國人君之視臣如土芥則臣視君如寇讎

手足腹心相爲一体也如犬馬則輕賤之國人猶言路人土芥則踐踏之斬艾之而已矣

臣之報君視君之所施常加厚一等視字亦有意是心相視非形視也無爲於其内者腹心也有爲於其外者手足也君臣相須猶一體也極親切如犬馬非不用之但以爲分所當然而已如國人只是需下不關痛痒如土芥屑越其生命也

遂臣之志如此偶有故而去則君使人引導他出其疆域以防剽掠又先於其所往以開其見用之門且田里不遽收也去三年不反然後收其田祿里居前此猶有惓惓屬望之意此之謂私意覬覦蓋覺有這等焉則臣爲之服矣

○今也諫

今也爲臣進諫君則不行之進言君則不聽之膏澤則不下及

如寇讎非讎君只是恐被其毒之意

王曰禮爲舊君有服何如斯可爲服矣服齊衰三月也

舊君一問分明見得君之尊大如此臣之厚君如此何以有

國人寇讎之說但宜含蓄

曰諫行言聽膏澤下於民有故而去則君使人導之出疆又先於其所往去三年不反然後收其田里此之謂三有禮焉如此則爲之服矣導之出疆防剽掠也先於其所往稱道其賢欲其收用也三年後收其田祿里居前此猶望其歸也

切舊君看重有故以下一段諫行言聽便是明良合而意氣孚景象諫是閉邪言是陳善渾融看亦可膏澤屬君說臣無私恩天風天雨非風雨所得尸也其所以下於民則直從明

於民至有故而去則君追而搏執之使不得去又窮極之於其所往之國使不得用去之日正君臣不忍懃然之日乃絶無顧念之心遂收其田祿里居視去三年不反者何如即待寇讎之道不過如此寇讎何為服之有信乎君之於臣當以一体視之也

〇無罪講

孟子示人當見幾曰禍机貴見

良泰交神髓上淪洽不是行一諫去一弊聽一言典一利零碎上見有故而去自有他故非與君不合也要活看見君之於臣就是有故而去也是曲諧心的所尊所先總是不忍其去臣去雖三年而惓念之情猶一日也然後收田里有不得已意三有禮卽懃懃懇懇有加無已意不必數着三項如此總承在國去國

今也為臣諫則不行言則不聽膏澤不下於民有故而去則君搏執之又極之於其所往去之日遂收其田里此之謂寇讎寇讎何服之有 極，窮也。窮之於其所往之國也。

諫不行三句明是可去而婉託有故以行如孔子之以膰肉

之於早，如士未犯法，而君殺之，雖禍未及於大夫，其漸相及也，爲大夫的乘此可以去矣。如民未犯法，而君戮之，雖禍未及於士，其漸亦相及也，爲士的乘此可以徙矣。若夫其幾，雖欲去欲徙而不可得矣。

○君仁講

孟子戒人君以正巳曰：人君一心，萬幾取平焉，君心純乎天理而仁，則凡有作用，皆没有不仁

去義也，亦情也，君子忠厚之至也。以下句句與上節反看。去之日三字要体認，見此日是何日也，而其遠絕如此耶，須把三年來形容寇讎，指君行事過當説，非指臣心説。

孟子曰：無罪而殺士，則大夫可以去；無罪而戮民，則士可以徙。言君子當見幾而作，禍已迫則不能去矣。

非特士大夫當知見幾而作之義，抑將使有國者聞之悚然，不可以失士大夫之心也。可以去，可以徙，都在無罪上見得。殺士即未及大夫，士已殺，何有於大夫？即終不殺及大夫，大夫亦不能安於其國，徙之可也。下二句亦然。

孟子曰：君仁莫不仁，君義莫不義。此章直戒人君也。

的君心恰合天則而義則凡所張設皆沒有不義的

○非禮講　孟子論大人之禮義曰禮義自有大作用若小小節禮中之禮小節義中之義於大而化的大人則以此爲非禮非義都弗去爲

○中也講　孟子責成賢父兄者曰欲成子弟之賢則父兄之賢先焉德性溫醇中也宜漸養子弟之不中

此章專戒人君仁義主君身上說君仁則存心出治莫不是仁所流露君義則宰心制事莫不是義所裁決有一念一事未仁未義還是其仁義未至也

孟子曰非禮之禮非義之義大人弗爲察理不精故有二者之蔽

禮義是真性靈不是死名目大人從性流出都是禮義非依傍禮義上尋個是禮是義也是且不有又安有非禮非義之禮義耶曲謹之士只爲先有個禮義在執以爲是不覺已蹈於非

孟子曰中也養不中才也養不才故人樂有賢父兄也如中也棄不中才也棄不才則賢不肖之相去其間不能以寸無過不及之

英發有爲才也宜漸養子弟之不才故人欣欣然樂有賢父兄之終能成已也如不能養之中也棄不中的才也棄不才的則賢父兄與不肖子弟之相去其間不遠能以寸哉蓋此棄之之心總繇自養之未純耳

○人有讀　孟子重能守曰吾人躁心浮氣斷是做事不來的惟有不爲的乃嶷然不動沉

中足以有爲之謂才養者涵育薰陶俟其自化也賢謂中而才者也不能以寸不幾何也

此示教子弟方法天性不可損傷當與責善章參看中以德性言不剛暴亦不柔軟未可便言無過不及才以才調言屬聰明強幹邊養者涵育薰陶俟其自化不係不疾自然天性融洽樂有賢父兄樂字從養字來當下便樂未說到終能成巳乃條暢融通無辛苦艱難意全是得其養之趣而忘其養之功也不養則棄父兄而棄其子弟子弟固不中不才吾亦成甚性氣相去不能以寸猶云你豈和他一般人此是極責備之詞着較量語便痴

孟子曰人有不爲也而後可以有爲有不爲知所擇也惟能有不爲是以可以有爲

心定志蘊蓄有素、方纔遇着事、定然做得來、
○言人譜
孟子爲不隱惡者發曰、如人有不善、一味攻發其陰私而言之、則人心忿怨思以中傷、當如後患何哉、
○仲尼譜
孟子贊孔子至聖曰、吾孔子是時中的聖人、只恰好便了、所以不做過當的事、
○大人譜
孟子立義之的曰、大人達權通

章旨重在不爲上人字、是有關世道之人、有不爲全是養得精定收斂智能藏於宥密、有爲力量全在不爲裏、而後猶云方纔、乃一機一脉之用、非層次得先後時也。

孟子曰、言人之不善、當如後患何此亦有爲而言。

言人不善、盡言以形人過也。後患、主報復說、自悚然玩、如何二字、有報復不已意、是很言之也。

孟子曰、仲尼不爲已甚者已、猶太也。

仲尼時中之聖、所爲無甚高遠難行、而卒之千古不可易。此是孟子贊孔子至聖處、不是說孔子爲平易的聖人、已甚不必說到驚世駭俗、只作一毫意思、便非恰當至好。

變不爲拘謹言不取必於信行不取必於果只要合宜的所在便隨着他做。

○赤子講 孟子欲人復初心曰大人的品地豈容易造到然究竟只不失赤子元初的本心而已。

○養生講 孟子示事親之道曰奉養親生的凡所能爲者皆可致之親還不足以當大事惟送死乃人道一大變此時有一

孟子曰大人者言不必信行不必果惟義所在 必猶期也。

信果自是好事但必之則傷義所在二字亦有微義義無形安有所在然又却有一個所一個在不在天下不在吾心亦在天下亦在吾心惟大人能隨方識取而無一毫必心

孟子曰大人者不失其赤子之心者也 大人之心通達萬變赤子之心則純一無僞。

赤子之心如草木始於萌芽出土時分量已具大人但能培之使足已耳非能矯之使增故不日得而日不失此二字有多少戰兢惕厲保護奉持在

孟子曰養生者不足以當大事惟送死可以當大事 事生固當愛敬然亦人道之常耳至於送死則人道之大變孝子之事親以此爲大事也。

念不盡，終於子道有虧，豈非事之至大者乎。

○深造講　孟子示心得之學曰，道有原，乃天所賦的，君子之學，從等級層累而入，求進不已，還爲甚麼，欲得其原頭自有的本体也。工夫既到自己得的，再動移他不得，既居處便安穩了，既居得安，則根深不拔，藉的使淵深了，既資得深，則隨取隨有，左之右之，到處

◎當字重，有自責自盡意，送死是人子養生的盡頭處，此際少之歎，從前盡不足言，故特重之。

孟子曰：君子深造之以道，欲其自得之也。自得之，則居之安；居之安，則資之深；資之深，則取之左右逢其原。故君子欲其自得之也。造，詣也。深造之者，進而不已之意。道則其進爲之方也。資，猶藉也。左右，身之兩旁。逢，猶値也。原，本也。

◎此章要認個逢原，原字與深造以道，深字、道字、自得自字相關合，這個原字正其深處。欲得之者須是用個深造工夫，却又非勁力能得，須是以道。自己家珍非從外得，不由人力，故曰自得。自得了，認得本來面目，大悟徹底，一得永得，更不復失，故居之安。居其所得也。居處便是資處，資深淵淵其淵，立

都逢着源頭了，故君子不捷取，而必以遲鈍者，欲其自得之也。造道之功，豈容已乎。

○詳說講　孟子示反約之學曰，學不博不能約，不詳說亦不能約。舉凡古今名物，一一去体認了，又詳悉共發明道理，豈是誇多鬭靡，將以反說到約的所在。這約舉一而該萬，悟其一端，頭頭是道，到此方不枉了博學

本不窮矣。到此時不但見吾裡面深處是吾家珍，信手拈來，頭頭是道，左之右之，何所取而不與原相值乎？此皆自得後一時光景，無有節次。自得逢原如此，故君子欲其自得之也。

深造以道工夫自取不容已

公亮曰：深造是頓悟，悟者念念與本体相應，不作第二見解。道以道是漸修，所謂步步證明此本体耳，不蕩階級也。

孟子曰：博學而詳說之，將以反說約也。

言所以博學於文而詳說其理者，欲其融會貫通，有以反而說到至約之地耳。

此是示人窮源之學。吾人之博學原從約裡來，故究竟亦從約裏反。博學時正一腔而六合，方寸而千古，有主腦的博，所以直接而詳說三字見得從博學裏便詳討論其通貫處貫

詳說的工夫、
○〔以善講〕
孟子闡王伯心術之微曰、以善去服人的、假仁義以勝人、未有能服得人者也。以善道養人的、涵育薰陶、欲人同歸于善、誠能動物、然後能服得天下、若夫天下不心悅誠服、而可致王者、斷乎沒有這理、
○〔言無講〕
孟子示蔽賢之戒曰、凡言沒有眞是不祥的、惟不令賢通達之

通卽是約了所謂剝去枝葉自露本根上句之字極喫力此一字便包下全句下句不過道破緣由故反之一機絕不費一毫氣力得力在詳說二字

孟子曰以善服人者未有能服人者也以善養人然後能服天下天下不心服而王者未之有也服人者欲以取勝於人養人者欲其同歸於善

此闡王霸之微服人養人正是微細分別處稍見爲善便是以善服人若養則內不見我外不見人人且相忘於善矣觀末句心服兩字則上面能服與不能服皆就心上說人字指敵國看爲是王字就在心服上見

張無宕門陽氣初動萬物自生陽氣入物而物不知物入陽氣而陽氣亦不知此爲以善養人

言足以當不祥之真，以其娼疾一念足以禍國殃民不小也。

○徐子講

此借水論學意，徐子問曰，昔仲尼亟稱於川流曰妙哉水之机趣哉，大水無閒於道，仲尼何取於水而亟稱之也。

○原泉講

孟子曰，爾試觀有原之泉，混混長流，不舍晝夜自漸次盈科，以至放海，有源本者如是，於聖心

不祥之實

孟子曰：言無實不祥，不祥之實，蔽賢者當之。天下之言無有實不祥者，惟蔽賢爲不祥之實。

言無實者，是個不祥，而又有一種不祥之實，謂明是不祥，却說得甚似實，變亂是非，倒置黑白，此之無實之不祥更爲難辨也。此惟蔽賢之言當之。

仲尼

全旨

通章俱就水上差論，末二句總找學問來。其實上面有本無本，已隱躍含吐點眼了，故末二句只用找足之詞。

又要曉得孟子此言是隨機誘法，孔子之稱水不專在此。

徐子曰：仲尼亟稱於水，曰：水哉，水哉！何取於水也？亟，數也。水哉，嘆美辭。

水哉水哉，敢是亟稱之詞，下節是註脚，何取欲究其指之所在也。

之本有所觸故仲尼是之取爾

○苟爲講

若苟爲無源本之水如七八月之間雨一集焉則溝澮一時皆盈滿雨一止而其涸便可立待卽水之無本可知爲學的不去深造弄了些虛頭声聞過於情寔少不得要敗露君子以爲羞恥而必爲敦本之學也

○殘希講

孟子揭道統之傳曰千古道脈

孟子曰原泉混混不舍晝夜盈科而後進放乎四海有本者如是是之取爾原泉有原之水也混混涌出之貌不舍晝夜言常出不竭也盈滿也科坎也言其進以漸也放至也

重原泉有本不重漸進不舍晝夜盈科放海句乃形容其長不竭之意其所以能如是者有本故也此是學從根本上做起蹐着實地性命上築臺自然充滿流溢出來暢於四肢發於事業啣之不窮用之不竭如是二句正答徐子之問

苟爲無本七八月之間雨集溝澮皆盈其涸也可立而待也故聲聞過情君子恥之集聚也澮田間水道也涸乾也聲聞名譽也情實也恥者恥其無實而將不繼也

苟爲五句見無本之决不能如是也既無本領工夫外面擬拾倒影子恭得聲譽立刻敗露矣故字緊接水勿安正意在

起於一念光人各具性靈然其所以與禽獸不同的只在這一隙之光所爭僅幾希耳庶民有此隙光未免梏之反覆竟失了去君子有此隙光常存着他

○舜明講首存之者其大舜乎幾希之理散現於庶物舜明之而洞矚其庶眾理之所以然故也於人倫中親義序別信之理能剖察詳悉皆幾希之靈所昭照

頭上不日過實而日過情正在自己真情所不能掩飾處說恥乃獨知之疚不是恥其譽之難繼正恥其譽之無本也無實便可恥自欺不得

幾希全旨

此章提出幾希係千古聖賢種子所言君子存之合下四章相遞在內而下數章於每人身上或渾括以數語或單舉其一事湊成一幅道統圖聖賢道理融液體用合一以此而言存幾希爲仁義幾希之統肇自舜故引舜來抉出明察一機洞透仁義行非行仁義一案由行二字正是存去關頭何也由隨幾希呈發行不從幾希認取也

孟子曰人之所以異於禽獸者幾希庶民去之君子存之幾希少也

幾希是形容性體妙處當於所以二字上看出其意蓋人本異於禽獸而所以異於禽獸者是至微而無形至危而無着

也。然人倫諸然
有親之仁，截然
有辨之義，俱備
於舜心，凡事所
行，皆由仁義中
自然流行出來，
非用意把持去
行那仁義以強
就之也。舜其生
而存此幾希者
耶。
○禹惡講
孟子歷敘群聖
存幾希之心曰
繼舜而存幾希
者禹也，役以其
美的旨酒則惡
之，投以美善的
言則好之，此是
防危保微聖人

這一點微妙處，只爭些子。庶民指楊墨一班人，去之謂庶民不在此處安身立命，離了那事君子，即舜禹諸聖人，都在幾希上醒提存的，就是幾希，非存幾希也。

張公亮曰：生一君子，天地萬物都歸着這裡，此正是於穆不已處，識得此處，方知戒慎恐懼，即是天命之性。

舜明於庶物，察於人倫，由仁義行，非行仁義也。物，事物也。明則有以識其理也。察則有以盡其理之詳也。

此節正示人以存之之法，其緊妙在明察。明察不在物與人倫上討分曉，總是這一點幾希，炯炯常明，常察，遇庶物自明，而庶物中之人倫自察。大舜見得倫理即是所性之幾希，故明察處便是行，是為由仁義行，豈是依傍名理而行仁義哉。

精一之學也。
○湯執講
繼禹而存幾希者湯也。執堯舜以來相傳之中，而立賢處又变通善用其中，不拘於方焉。
○文王講
得幾希之統於湯者文王也。民已安矣，而視之猶若有傷，此如傷之心，即惺不自滿足之心也。故道合其心体，而不睹不聞之妙，望之而猶若有未見也。
○武王講

明是洞徹物理，察是曲盡其倫。纖悉畢到也。講然有恩爲仁，秩然有宜爲義，繇幾希做出來，則倫物都是仁義。由字從源頭來，不費人力；行字從外面得，即行得恰當，終非自然。

禹惡 **全旨** 敘三王四事，凡例甚寬，溥無不該括，穴竅甚玲瓏，無不至通。其中惟旨酒一節，差可執定數，餘日中日昃，日道日民，日邇日遠，皆無不該括，至通也。每條必繫於各人之下，若截不相涉者，詩書所載，原有成文，孟子特會意節畧之，以爲三王實錄，中幾個名物字，盡乎古治法；幾個工夫字，盡乎存心法。周公思兼，以心法統治法也。合之共是在幾希，從入之門，思字尤妙。

孟子曰：禹惡旨酒，而好善言。旨，甘美也。

舜言仁義，禹即言好惡者，蓋好惡與人相近者幾希，禹爲帝道之終，幾希之統漸散，而嗜欲之端已開，故先舉好惡發出

得幾希之統於文者武王也於人事之邇者慎而有禮不泄之也於人事之遠者必体周密不忘之也正聖人之精神無處不貫也

○周公講

周公繼禹湯文武之幾希思欲兼三王的精神以施行四事的事或於事有未能印合者是源頭上未透也則仰而思其不合之故以求其合精神綿密夜以

帝王大議論勿粘者須善言上而字有相連意

湯執中立賢無方 執謂守而不失中者無過不及之名方猶類也立賢無方惟賢則立之於位不問其類也

中即虞廷精一執中之中獨舉湯者湯以干戈易代禪以聞知承見知於危微之理易隔故揭出言之見湯之得統於三聖也立賢無方即他執中之一端立者任之專用人不拘資格以心相印故曰無方都在心上說纔與幾希相關

文王視民如傷望道而未之見 民已安矣而視之猶若有傷道已至矣而望之猶若未見

如傷未見只一個無窮之心如傷是求治無已之心常若有傷乃形容其視民之心未見聖不自聖真未有見乃形容其望道之心即此可見文王虛明爽之際尊養時臨幾希不昧也

繼日而無息幸而合着源頭即欲見之於行坐以待旦惺而不昧也皆幾希無已之妙也

○王者講

孟子叙道統而及孔子亦幾希之心曰群聖之道悉統於孔子孔子之事莫大於春秋蓋自周衰而王者之政教號令不行於天下而迹熄則太史不採民風朝無燕享之詩而詩亡詩既亡然後孔子因魯

武王不泄邇不忘遠 泄狎也邇者人所易狎而不泄遠者人所易忘而不忘德之盛仁之至也

遠邇道人與事言聖人之心如潮水上來灣坳浦敘一時皆到無有遠邇又何有泄忘也總是幾希之心無時無處不在

周公思兼三王以施四事其有不合者仰而思之夜以繼日幸而得之坐以待旦 三王禹也湯也文武也四事上四條之事也坐以待旦急於行也

此節以思字為主行從思中結脉也結以周公見周公獨開相局一眼覷定通會集三代而壁畫之聖道於是乎一鎖思兼即明察之竅會其源頭之一處以字緊頂思字不徒思之而已又要在實地上印證事上不合必是源頭欠透徹此思是上遡其心志故曰仰其中有個現成不煩思慮者此思方

史以作春秋，定是非以存王迹也。

○晉之講

顧春秋未作之先，晉紀載行事之乘，楚紀惡垂戒之檮杌，魯表年首事之春秋，同一列國之史也。

○其事講

春秋何關於王迹之存亡，以其所載的事，大槩桓文爲盛，其中記載之文，大槩是史官職分，故孔子因其事而筆削之，以寓褒

可夜以繼日，神情自相欣慰，故曰幸；脉理殊覺躍露，故曰得。

坐以待旦，只是一醒不復昧，意總是幾希無間處。

章大力曰：數節須要向逐句中看出一個圓滿

幾希惡旨等字，俱是諸聖一點心光相接處。

王者全旨

通重義字，以尊王說。一史所書，桓文之事耳，故當時所著者，惟伯之迹而已。經孔子一取，是非顯白於天下，如讀詩于然於美刺之際，提醒人心明察之微，而不至淪於會猷作滿世之幾希，而趣王迹於千古，此春秋繼詩而作也。

孟子曰：王者之迹熄而詩亡，詩亡然後春秋作。王者之迹熄，謂政教號令不及於天下也。詩亡，謂黍離降爲國風而雅亡也。春秋，魯史記之名。

此節一氣遞下，以王迹句爲主。王迹，指禮樂征伐之迹言。王迹熄，是作春秋骨子，叅撥亂反正，卓覷着是非一念，人心不死，故可藉以提醒君臣之義。因王迹熄而詩亡，政頹則教

貶其義悉裁自聖心故自言曰其春秋之大義則丘竊取天下之大義以還之天子矣此夫子所以存天下萬世之幾希也

○君子講

孟子自寓得統於孔子而存幾希曰人之德業在宮膝而流風餘韻之澤在後世故君子的澤大約五世而後絕小人的澤大約五世而後絕未至五世則其澤猶在

也因詩亡而後春秋作理明教復而後政可維也是則夫子作春秋之意本文着一而字然後字承接緣起甚明詩亡兩字豈是贅綴字眼

晉之乘楚之檮杌魯之春秋一也乘底記載當時行事而名之也檮杌惡獸名春秋者記事者必表年以首事年有四時故錯舉以爲所記之名也

以春秋爲主遡未經筆削之前春秋之同於列國史如此以見一經筆削關係便不同口氣直覷着竊取句隱爲義字伏案乘晉楚者例其餘也乘取紀載檮杌取懲惡

其事則齊桓晉文其文則史孔子曰其義則丘竊取之矣史史官也竊取者謙辭也

○予未講
子今去孔子未百年尚在五世之內未得親受業於門而爲孔子徒耳然孔子正傳只在人心予猶得私竊以就淑於人也幾希之脉或於此而可承乎
○可以講
孟子欲人精研於義用事有介於兩可的或事在所不必俱不免有害如臨財之時可以取其實可以無取若徑取之即不能

事不必盡出桓文列國之事惟桓文獨盛故統曰桓文之事其文則魯史舊文非仲尼所作取義者王迹既熄霸圖迭興而王迹之熄益甚故夫子於桓文之事立義而着褒貶政所以嘘王迹於既熄而存幾希於天下者也竊字是口頭謙抑一段溫良的語氣此之謂孔子

君子全旨　舜禹以下都是個存之之人孟子之私淑此人百世之前聖傳心百世之後心傳聖心心相映暗相往故曰私淑此章正見自任之功大合得幾希相傳深意

孟子曰君子之澤五世而斬小人之澤五世而斬　澤猶言流風餘韻斬絶也

此章乃幾希結脉君子即君子存之之君子小人件說澤正是君子存之之澤自其流溢於後世者言所該甚廣不可以

成其廉以物與人可以與其寔可以無與乃徑與之即不能成其惠值変故之臨若見為可以死其寔可以無死若徑死之便不能成其勇人可不細為察哉

○逢蒙講

此表端人之受報以甚不端之罪意昔羿之家衆逢蒙者學射於羿而盡得羿善射的道心裡想天下獨羿為勝巳於是乃殺羿使巳得專善

一端盡惟世遠則泯滅路盡無論君子小人大約五世而斬此是言其大凡蓋孔子之澤萬世一日何可言斬此中巳寓去孔子未及五世意

予未得為孔子徒也予私淑諸人也 私猶竊也淑善也人謂子思之徒也

未得為孔子徒非恨詞是幸生五世之內與聖未遠意未句須看人字蓋春秋之作乃孔子之所以淑萬世者而人先得之私淑私字猶云自巳下功此孟子極得力處所謂存之也

張公亮曰私淑二字是孟子寫出存幾希處與明物察倫以下諸項相對不可作現成語看過

孟子曰可以取可以無取取傷廉可以與可以無與與傷惠可以死可以無死死傷勇 先言可以者畧見而自許之辭也後言可以無者深察而自疑之辭也

射之名孟子断之曰逄蒙之罪不待言矣然是羿亦有罪焉不從未滅也昔公明儀曰羿宜若没有罪焉其意以羿之罪特薄乎云爾惡得以爲全無罪哉

○鄭人譜何以見羿之有罪也正以羿非端耳鄭人使子濯孺子潜師以侵衛孺子疾作而還衛使庾公之斯隨其後而追之子濯孺子曰吾將所以繫

此章蓋示人以精義之學廉惠勇道理自有精微恰好處若道理騎牆在兩可之間擇之不精守之不定分明以爲可其實可以無以爲名目無害而取之與之死之便傷廉惠勇也王個傷字都從幾微處忽上看出

逄蒙全旨

通章只重夫尹公之他三句方以類聚物以羣分同聲相應同氣相求彼自端人也則必得端人而教之不至有反射之禍矣孟子發此言若爲取友設在見羿之作逆知此便見孟子之意於春秋

逄蒙學射於羿盡羿之道思天下惟羿爲愈己於是殺羿孟子曰是亦羿有罪焉公明儀曰宜若無罪焉曰薄乎云爾惡得無

羿有窮后羿也逄蒙羿之家衆也愈猶勝也薄言其罪差薄耳

羿篡夏弑君其人不端以射授蒙蒙欲蒙取已之逆也盡字倣

追者、此弓之技也、今日我不幸而疾作、力不可以執弓、將何以禦追、天其死吾矣。夫問其僕曰、追我者是何人、其僕對曰、衛國善射的庾公之斯也。孺子喜曰、既是庾公之斯、吾可以不死矣、其僕疑而問曰、庾公之斯、衛之以善射名者也、夫子今以疾作當之、而曰吾生、何所恃而言此也。子濯孺子曰、吾謂吾生、亦以

是禍根蒙所以有思思天下惟羿為愈己這思便思得不好了端人便不如此於是二字口氣甚緊道有一分未盡羿尚可保一日之生也羿亦有罪亦字對蒙言此罪字在弒君上發脈引公明儀正以發明己意宜若無罪非原情解免明明羿是有罪的薄乎非減等之說與蒙對擬難道與殺者並究其本心惡得無罪片語誅心萬古定案也

鄭人使子濯孺子侵衛衛使庾公之斯追之子濯孺子曰今日我疾作不可以執弓吾死矣夫問其僕曰追我者誰也其僕曰庾公之斯也曰吾生矣其僕曰庾公之斯衛之善射者也夫子曰吾生何謂也曰庾公之斯學射於尹公之他尹公之他學射

庾公之斯嘗學射於尹公之他尹公之他學射於我夫尹公之他立心制行乃端方人也其取友必是端人矣庾公之斯果至問曰夫子何爲不執弓孺子曰今日我疾作不可以執弓斯乃自敘曰小人嘗學射於尹公之他尹公之他學射於夫子小人之道即夫子之道也我不忍以夫子善射之道反害夫子雖然

於我夫尹公之他端人也其取友必端矣庾公之斯至曰夫子何爲不執弓曰今日我疾作不可以執弓曰小人學射於尹公之他尹公之他學射於夫子我不忍以夫子之道反害夫子雖然今日之事君事也我不敢廢抽矢扣輪去其金發乘矢而後反

之語助也僕御也尹公他亦衛人也端正也小人庾公自稱也金鏃也扣輪去鏃令不害人乃以射也乘矢四矢也

孺子與庾公之斯二人俱在君事上着想侵衛之使鄭君之命也庾公之斯追之衛君之命也孺子以疾作而料其死死君命也聞追者而料其生以道自生成君命也始終在君命上用心故曰端人取友二字是此節借用語孺子心中自有主宰對僕數語安衆心也庾公之斯至而欵問以道其淵源

今日來追之事君事也我不敢以私廢公乃抽其矢扣於車輪去其箭頭之金發四矢而後反庶君師得兩全也即端人之報故曰羿亦有罪也

西子講　孟子勉人自新曰善惡轉移只在一念如西子這樣美貌一染了不潔則人遂掩鼻過之雖有惡人能齋戒無穢以潔其心沐浴以潔其体即上帝亦能感格

觀其以夫子之道反害夫子曰不忍以師故廢君之事曰不敢不敢與不忍之心合而君臣師友之義始全使羿而以君事不敢廢蒙亦以師道不忍害矣

西子全旨　此章依註說爲長西子惡人是假影子蒙不潔齋戒沐浴俱是倏忽間事一念之間何等危惕語氣側重下節要得聖人勤人自新意

孟子曰西子蒙不潔則人皆掩鼻而過之西子美婦人蒙猶冒也不潔汙穢之物也掩鼻惡其臭也

此節當防一蒙字見些塵汙不可蒙也掩鼻而過謂自失則難蓋人之耳目也玩蒙字見不潔是外加之物而本性自在人不可不慎之未蒙之先

而可以祀也，人可不急自新耶。

○〔言性講〕孟子示人見性，緣於智曰：天下之講明本性的，在那裡去指點？他只有那發現的成迹好指點得，則故而已矣。然故者以自然順利的為本，然不以穿鑿為本然也。

○〔所惡講〕然所以可惡於智者，正為其不順性而穿鑿也。如智者若禹之行水，便無惡於

雖有惡人，齋戒沐浴，則可以祀上帝。 惡人，醜貌者也。

此節當勸齊戒沐浴四字，此四字乃蕩瑕滌垢，祈見本來面目，可祀上帝，謂齊戒之心神明上通天命之元初也。玩雖字語意，見惡不足棄人也，而人亦不可自棄，一念自醒，當下即自得手。

〔全旨〕〔言性〕此章是論性密諦，所言大智者，指性之一點靈光言也。因智者過之，失之鑿而聽窮理之學，故發此論，見道理本自然，言性者須訂個故物出來，總不識性。下二節乃一串意，所無事與求其故，故字皆指其本來原有者耳，猶云本來而用鑿之則死，此智之所以可惡，而本來靈光不與焉。

孟子曰：天下之言性也，則故而已矣。故者以利為本。 性者，人物所得以生之理也。故者，其已然之跡也。利，猶順也，語其自然之勢也。

智蓋禹之行水惟因水性就下而順導之決排疏瀹雖有事而寔行所無事如今人用智者亦因本性之自然而順導之行所無事即是不鑿如此則智爲見性之智性体最大故智亦大矣不但智然也即如天之峻極而高星辰之麗天而遠最難知的苟求那年月日時過去的步筭起來縱千歲以前的冬至日所

日天下之言性者見性命之理天下不容有異說故乃源頭來處本有之物這個故物是没造作的而已矣三字當究謂性即故已明再不必別生見解也故者本體自利自然而然無一毫矯拂所謂利也本是本然不對末言與下正相照

所惡於智者爲其鑿也如智者若禹之行水也則無惡於智矣禹之行水也行其所無事也如智者亦行其所無事則智亦大矣天下之理本皆順利小智之人務爲穿鑿所以失之

夫故本自利可見凡事只索依性行去便是莫大神通鑿對渾成言吾性之理渾渾淪淪無處可容私智參一毫情識就如一物渾淪鑿破之也鑿便可惡要知惡又不是人惡他乃

謂曆元者，可不勞而筭得來也。得此求故的方法，性亦自可指示，復何難於言性哉。

○公行講

此孟子秉禮不徇變人意。昔齊大夫公行子以人子而執親之喪，諸臣承君命往弔，右師王驩亦往弔。入門有揖進右師使就已位而與說話的，又有自往就右師之位而與說話的，孟子抱道自重，獨不與

鑿者之人反之本心，亦有恧然不自安處。性本至靜，寔未嘗不通於事，事雖至紛，寔皆統於性。以有爲爲應迹，以明覺爲自然，以神感神應而天下䅂如矣，所謂行其所無事者此也。引禹治水亦不是譬喻，禹之治水正其用智處，正是性光布濩處。用智之事莫大於治水，是標個準則。

天之高也，星辰之遠也，苟求其故，千歲之日至，可坐而致也。天雖高，星辰雖遠，然求其已然之跡，則其運有常。雖千歲之久，其日至之度，可坐而得也。

此與上節口氣相承側落相足。爲是曰高曰遠，似難推測，從故處求之，絶不費力。日至至字極妙。天開於子，此繼善源頭，故復卦曰冬至子之半。歲月日時皆會於子，所以爲曆元。所

右師說話右師
心裡不歡喜而
見之言曰諸君
位的君子皆與
驩說話孟子獨
不與驩說話何
其簡畧乎驩也
孟子聞而曉之
曰禮卿大夫在
朝廷之上各有
定位不得涉歷
他人的位而相
與說話敘次班
聯各有定階不
得踰越前後之
階而相揖也我
欲行不歷不踰
之禮子敖以我
爲簡不亦可怪
異乎此孟子抑

以爲故也可坐何見不必穿鑿其智意

公行全章

畏欲行朝廷之禮是孟子倨傲大
之題卧歷側僻其寔是遠小人之意

公行子有子之喪右師往弔入門有進而與右師言者有就右師之位而與右師言者公行子齊大夫右師王驩也

有子之喪以子而執親喪也入門提起進揖而進之邀使就已位也就其位身親之也兩與言俱是致親媚之意

孟子不與右師言右師不悅曰諸君子皆與驩言孟子獨不與驩言是簡驩也簡畧也

不與言見進者就者紛紛而孟子自若許多人與他言未嘗悅孟子一個人不與之言便不悅右師到是個妙人其心裡

權臣以扶朝廷也。

○存心講

孟子揭存心之學門希聖的君子所以不同於人而今天下不可及者以其存心處惺惺不昧與人不同耳人皆殘忍君子只是仁存於心人皆傲慢君子只是個禮存於心此其所以異也。

○愛人講

以仁存心即是常存此愛人的心以禮存心即是常存此敬人

反把與言諸君子不介意把不與言之孟子着寔的青眼這起人到不如右師心裡明白衆人趨奉何等熱鬧孟子端然不動的確是簡但右師於孟子而敢於明言明是挾寵驕人

孟子聞之曰禮朝廷不歷位而相與言不踰階而相揖也我欲行禮子敖以我為簡不亦異乎歷更涉也位他人之位也。

禮朝廷三字極重乃借此以儆衆人非自解也位是本身站立之位階是朝廷敘立之班次位在階中也不歷位踰階體統何等肅然兩相字各兼我與人言人與我言我與人揖人與我揖意禮在則簡字不是言矣

存心全旨

存心二字是一篇骨子工夫不出三自反憂之一字極挾出自反精神所謂存存焉者此也蓋君子以仁禮存心

的心常存愛人的心者，人亦常愛之；常存敬人之心者，人亦常敬之。必如此，乃可驗吾之仁禮

○橫逆講

乃有人於此，我素所愛敬者，反不愛我敬我，而待我以橫逆，則君子必自反也。我必非實實有仁的，必非實實有禮的，不然此橫逆之物，奚宜至哉？而存仁存禮分敢懈也，其自反而仁以愛人矣，自反而有

不只是自家身上討好，正欲合天下於仁禮之中，以成萬物雖之學，我果能自盡，則瞽瞍傲象可化，何況橫逆，乃不能感化橫逆，正我之仁禮有未盡處，故深以不如舜為憂，憂是君子存心之懇切處，無患是君子之純常處，君子所以異於人者如此。

孟子曰：君子所以異於人者，以其存心也。君子以仁存心，以禮存心。以仁禮存心言，以是存於心而不忘也。

此異字與幾希章異字不同，見君子之為人，無不與人同，下仁禮愛敬是也，但其所以然處，人不能同他存字無工夫，仁禮正在在存心處，仁禮存則心存，究亦只是存個人所同有之心。

仁者愛人，有禮者敬人。此仁禮之施。**愛人者，人恒愛之；敬人者，人恒**

禮以敬人矣其横逆由是這等君子必自反也我必仁禮未到極處而不忠而存仁禮盖無不盡也苟自反而愛敬無不盡忠矣其横逆由是這等故君子終不責人而自責曰世間豈有如此妄人與禽獸無所分辯哉畢竟是我仁禮未至無以感化之又何用與較而留難於心焉依舊只是以仁禮存心而已

敬之此仁禮之驗

此仁者節是即發以驗其存愛人敬人見常存此愛敬之心

人恒愛敬君子豈先施而望報哉必如是而後萬物與我一體耳是合人為存處

有人於此其待我以横逆則君子必自反也我必不仁也必無禮也此物奚宜至哉横逆謂强暴不順理也物事也

三自反君子又豈望報而計施哉必如是而後我與萬物一禮耳有人於此是我仁禮做所已及者横逆至此必我必尚有打未通處不仁無禮寔寔看來自家不好時但自問也奚宜至言必我有以致之

○終身講 此其愈反愈精乃終身做不盡者是故君子有終身切已的憂沒有一朝外來的患也乃若所憂則實實有所以爲憂者其心以爲舜此人也我亦此人也舜遭人倫大变能化之爲法於天下且以可法者傳於後世我由仁禮未能化橫逆未免爲鄉里的常人也是則憂之未可釋然處其所憂必如

其自反而仁矣自反而有禮矣其橫逆由是也君子必自反也我必不忠忠者盡己之謂我必不忠恐所以愛敬人者有所不盡其心也

章旨只言仁禮而此中又添出一忠字忠非出於仁禮之外仁禮無一毫不盡即忠也

陳大士曰吾心不仁之念即仁念之橫逆也不禮之念即禮念之橫逆也除却自心之橫逆則人世之橫逆可消矣

自反而忠矣其橫逆由是也君子曰此亦妄人也已矣如此則與禽獸奚擇哉於禽獸又何難焉奚擇何異也又何難焉言不足與之較也

上三自反代君子體貼其景象耳此妄人數語亦是代君子心上話耳如云君子到此而說他是個妄人如此則等之禽獸矣若是禽獸又何難焉惟其非禽獸是故君子云云

何方可已惟求盡仁禮如舜之而法可傳而已矣若夫君子必欲如舜一朝之患則没有矣惟所爲皆仁非仁就不爲所行皆禮非禮就不行如患在一朝君子亦只自反必不空爲煩惱故不患矣此君子之存心所以異人乎

〇禹稷講

此見聖賢出處之道同昔禹稷當治平的世責任所屬禹稷三

是故君子有終身之憂無一朝之患也乃若所憂則有之舜人也我亦人也舜爲法於天下可傳於後世我猶未免爲鄉人也是則可憂也憂之如何如舜而已矣若夫君子所患則亡矣非仁無爲也非禮無行也如有一朝之患則君子不患矣鄉人鄉里之常人也君子存心不苟故無後憂

此節正申明其不與禽獸爲難之心也是故二句是總上五條之意不是又進一步的工夫君子見得這仁禮那有盡頭時所以有終身之憂也無一朝之患正見其有終身之憂也故下遂接云乃若所憂則有之謂非徒憂有所以用其憂也古人之善處横逆無如舜故引來作準則舜爲法於天下見

次過其家門而不暇入孔子賢其能憂民之憂顏子當春秋衰亂之世用之無人乃居於陋巷一簞食一瓢飲退處畎畝在人不堪其憂顏子不改其性中之樂孔子亦賢其能樂已之樂

○同道講

孟子斷之曰人知禹稷做出地平治成許大事業顏子是簞瓢陋巷之士其實是同一道

○禹思講

仁禮之極所以能提醒人之良心也此其心法萬世不能易故可傳於後世未免為鄉人是君子心裡如此說正其憂之着力念頭如舜非求如舜之品乃求如舜之心也如舜工夫只在三自反上而已矣是難之之詞非仁非禮在心內酌量正見君子存心不苟處如有旬方將借世界之缺陷以求人心之圓滿豈暇因此而攖其心哉全要關着自反說則君子不患乃引之歸於憂非置之度外也

禹稷全旨

此章為顏子闡幽非為禹稷敘功也見得陋巷中有經濟本領在同道就根原上看孟子却不說破却就應跡上說他易地則皆然下同室鄉鄰二段兩邊開說言其所異而易之之義躍乎其中不言同而同自見

禹稷當平世三過其門而不入孔子賢之平世平治之世也賢是賢其急於濟世

當禹任治水之職，思及天下，能保無一民之溺，設有之，皆由己溺之也。稷任播穀之職，思天下能保無一民之飢，設有之，皆由己飢之也。是以過門不入，如是其急也。顏子則無禹稷之任，又何急焉？向使易顏子而居禹稷之地，顏子亦能為禹稷事業也，不其皆然乎？此所為同道也。

○今有講

者嘗譬之今有

平世亂世是書法，平世見天下一家之象，而時可以出，此禹稷之地也。三過不入，影起下節居字。兩孔子賢之，俱有所感。

顏子當亂世，居於陋巷，一簞食，一瓢飲，人不堪其憂，顏子不改其樂，孔子賢之。亂世，不治之世也。其樂，性中之樂也。

亂世是顏子之地也，似不容坐視，顏子却自樂如此，孔子亦賢之，是於其樂處有深契在。

孟子曰：禹、稷、顏回同道。聖賢之道，進則救民，退則脩己，其心一而已矣。

道非二樣，顯晦一途，遇則憂，不遇則樂，都從道上發出，不着一毫意思見，所以謂之同道，只渾講，勿露心字。

禹思天下有溺者，由己溺之也；稷思天下有饑者，由己饑之也，

同室之人相鬬而其情親也當往救他雖至于被髪不暇束髪而結纓往救他是理之當然而可也

○〔鄉鄰講〕如鄉鄰之人有相鬬的其情疎矣被髪纓冠而往救他是不明理了雖閉戶不救亦理之所宜然而可也知此則知顏子之樂道以其地也以道又何有不同哉

○〔通因講〕

是以如是其急也 禹稷身任其職故以為己責而救之急也

此前見禹稷思周天下覺饑溺不能免由己由字卽自字言自我致之也全在責任上看所以顏子不得而同若止以心言則聖賢更無兩樣是以句當為顏子轉一筹急字在兩思字裡着眼

禹稷顏子易地則皆然 聖賢之心無所偏倚隨感而應各盡其道故禹稷顏子易地皆然也

上節只為禹稷下註脚不及顏子遽接云易地則皆然極可會古今無自了之聖賢禹稷之思卽顏子之思特地有不同耳若論到根源處顏子不改其樂已收禹稷許多生意在個中矣禹稷由己饑溺之仁不過卽顏子樂體抽暢之非有二

此孟子不徇世俗以没人之品意公都子曰不孝惡行也匡章為人通国皆稱他是不孝的人夫子許他遊於門墻况又加礼貌而敬重之不已甚乎敢問何所見也

○世俗講

孟子曰女安得遽信通国之言哉世俗所說不孝的有五事如怠惰其手足之四支惡親而不顧父母之奉養這是一件不孝

也故曰易地則皆然

張公亮曰禹稷顏子原來也只是一個人只緣世界有異

今有同室之人鬬者救之雖被髮纓冠而救之可也不暇束髮而結纓往救言急也以喻禹稷

此下為顏子解亦為自己地意宜重下節同室有鬬者下個救之二字可見同室無不救之理雖被髮句又淺一層以應如是急句兩可也處最員妙易地則皆然也

鄉鄰有鬬者被髮纓冠而往救之則惑也雖閉戶可也喻顏子也

鄉鄰有鬬者無救之二字可見鄉鄰之鬬無必救之理被髮纓冠而往救添一往字想他多懸隔多少步懷閉戶便[illegible]

的事於博陸圖棋好飲酒忽親而不顧父母之奉養這又是一等二不孝的好聚貨財私諸妻子忽親而不顧父母之奉養這又是一等三不孝的至於荒淫声色玷辱了父母這又是一等四不孝的至忿戾逞凶禍及父母這又是一等五不孝的今章子有一於是乎巳不可絕矣然章子所以蒙不孝之名亦有故

卷獨樂景象

通國全旨

章子爲責善故得罪於父出於厚親之意是猶可原到得罪後又知自責所以孟子不苛擯之可見聖賢取人每出俗之外

公都子曰匡章通國皆稱不孝焉夫子與之遊又從而禮貌之敢問何也匡章齊人通國盡一國之人也禮貌敬之也

曰通國皆稱見其公味口氣見與遊且不可又加以禮貌必有獨見故以爲問

孟子曰世俗所謂不孝者五惰其四支不顧父母之養一不孝也博弈好飲酒不顧父母之養二不孝也好貨財私妻子不顧父母之養三不孝也從耳目之欲以爲父母戮四不孝也好勇

夫章子子責父善而不相合也責善乃朋友之道也若父子以責善而不合賊恩之大者夫章子豈不欲有夫妻之配有子母之眷屬哉但爲得罪於父不得近於父出妻屏子終身不敢安愛妻子奉養焉苟其設心以爲不若是出妻屏子而以得罪的不介懷是則罪之大者若章子爲人乃如是而已豈如世俗之

鬭狠以危父母五不孝也章子有一於是乎 戮，羞辱也。很，忿戾也。

五不孝從輕說至重好貨財二句串說提三個不顧養正與下文終身不養相反蓋章子之責善正不欲貽親以戮危者直寫出匡章不白心事末句令他詳究章子之爲人而知不絕之故

夫章子子父責善而不相遇也 遇，合也。相責以善而不相合，故爲父所逐也。 責善朋友之道也父子責善賊恩之大者 賊，害也。朋友當相責以善；父子行之，則害天性之恩也。

責善只是子責父善此正得罪之故也以朋友之道事親是不識幾諫諭親之理故誤而賊恩傷其天性之本故曰大者

夫章子豈不欲有夫妻子母之屬哉爲得罪於父不得近出妻

所稱告哉

○武城章

此見賢人各盡其居地之當然。意昔曾子居武城，國武城大夫延之設教，一旦有越人來寇其邑，或告曰寇來何不去諸，曰無寄寓人於我講學的室，以毀傷其室中之薪木，不斷所以禦寇者何如也，及寇退，謝曰修我墻屋，我將反，於是寇退而曾子反，亦不問寇所以[illegible]如袖方。

屏子終身不養焉，其設心以為不若是，是則罪之大者，是則章子已矣。言章子自己責罰如此

夫妻子母之屬，亦其所欲也，為得罪之故，而不安於心而出屏云云。曰豈不欲，曰其設心，皆是探其隱情言之。若是字內有無限悔恨自苦意。是則章子而已矣，與有一於是乎，應見其無可擯也。孟子不絕匡章，正從其不安處一點良知可開通而成就之。

武城 全旨 宜重曾子邊，孟子以賓師居齊，於齊國之事未胥胥然也，景丑氏之徒，常以君命召不俟駕責之，不知為賓為臣，迹同地異，孔門自有家法，故借此章發之，總為自家下註脚也。

曾子居武城，有越寇。或曰：寇至，盍去諸？曰：無寓人於我室，毀傷

右私議曰，大夫待先生這等盡心致敬也，今寇來，則先去以為民望，寇退則反，殆於理有不可。沈猶行知曾子之心者，解之曰：先生之去就有道焉，是非汝所曉得的。昔先生嘗舍於沈猶氏，彼時適有負芻之禍，相從先生的有七十人，非不可與難，竟未有一人與焉。子思仕於衛，有齊人來寇，或告曰寇來何不去諸。

其薪木。寇退，則曰：脩我牆屋，我將反。寇退，曾子反。左右曰：待先生如此其忠且敬也，寇至則先去以為民望，寇退則反，殆於不可。沈猶行曰：是非汝所知也。昔沈猶有負芻之禍，從先生者七十人，未有與焉。武城，魯邑名。盍，何不也。左右，曾子之門人也。忠敬，忠誠恭敬也。為民望，言使民望而效之。沈猶行，弟子姓名也。

此節是模其遠害之事，一去一反，有休戚漠不相關意。其微意却露在先生字無寓人於室及修我墻屋等語，皆語其守舍之人。左右所言，係門人私議，忠在心，敬在貌，不可言。其不當去。沈猶行，亦門人也。有以其所見解之，知曾子所以處負芻則知今日所以處武城矣。須知癬疥小寇傷止薪木，原不

子思曰如伋聞難而去君之社稷誰與保守盂子斷之曰曾子子思事不同而同一道何也曾子在武城賓師也賓師則尊等父兄未有父兄殉子弟難者子思在衞臣也其職卑微也焉有臣子不與君父難者故使曾子子思而易所處之地曾子必不去子思亦可以去何莫不皆然

○儲子講

此見天下無不

足爲邑社憂不然師弟之情不宜恝然去也亦是兵興寇至之時非講道聚樂之日共守非體統誦非時不得不去耳

子思居於衞有齊寇或曰寇至盍去諸子思曰如伋去君誰與守言所以不去之意如此

子思示其不去之意全在君字上如伋去是自已參酌誰與守指社稷人民言不去便是死守

孟子曰曾子子思同道曾子師也父兄也子思臣也微也曾子子思易地則皆然微猶賤也

同道者兩人之心原同一道德同一學術斷之爲同道從其無不合處言也下四句是根道字發脈以師道臨人是父兄

同之人。儲子謂孟子曰，王見夫子氣象卓異，故使人微窺夫子之燕居隱微處，果有以不同于人乎。孟子答之曰，我爲人只是平常無奇的，何以異人哉。即堯舜大聖人，亦是與人同的，而況於我乎。

○齊人講

此借齊人以羞求富貴利達者意。齊國人有一妻一妾而處室，家的其良人出去則必饜足酒

地位，便不必曲意狥人，以臣道事君，即宜有致身之義，便不當自重其身而忘君父之難。徵字當作如是理會，方合旨。此易地皆然，與前不同。賢人應跡隨時，員轉到處，靈通，都是活局。

儲子曰：王使人瞷夫子，果有以異於人乎？孟子曰：何以異於人哉？堯舜與人同耳。儲子，齊人也。瞷，竊視也。聖人亦人耳，豈有異於人哉？

何以異於人句是主，堯舜只借來一證。見得堯舜也是這等。瞷字在日用動靜上着眼。何以異於人，要看個以字。言把甚麽異人，要異亦無可異處也。又要發人字，即已爲人，安得異人。此句亦要得銜口喝語氣，不要寔是塡痴講，只好就事爲上說與瞷意對。

肉而後反其妻問所與，也飲食的良人借勢焰為光寵，已盡是富貴的人也，其妻告其妾曰，良人出外則必饜酒肉而後反，問其與飲食的他說盡富貴的人也，如是則富貴之顯者，亦當過吾門也，竟未嘗有顯者來，吾將私瞯良人之所往也，於是蚤起斜行從良人之所往，但見徧國中，並沒與立談的，終往東郭外

齊人全旨　通章只重君子觀之一句，首節乞人情狀，都是與君子觀他覺得如此，故劈空摸出個乞人來，作影子，都畫如畫下節加求字，求上又加所以字，千態萬狀，皆在就中矣，又不寔說破他，一個人轉好作兩個人，寔是富貴人，喚作乞人恍惚是乞人，定睛看又却是富貴人，一擡奇絕。

齊人有一妻一妾而處室者其良人出則必饜酒肉而後反其妻問所與飲食者則盡富貴也其妻告其妾曰良人出則必饜酒肉而後反問其與飲食者盡富貴也而未嘗有顯者來吾將瞯良人之所之也蚤起施從良人之所之徧國中無與立談者卒之東郭墦間之祭者乞其餘不足又顧而之他此其為饜足之道也其妻歸告其妾曰良人者所仰望而終身也今若此與其妾訕其良人而相泣於中庭而良人未之知也施施從外來

墦間之祭，祖墓間乞其祭餘。未饜飽，又顧望那里有祭的，急而往他處，乃知平日之饜足得之以此道也。其妻歸告其妾曰：良人者，吾所仰望終身的，今所爲若此，遂與妾怨詈其良人，而對泣中庭，而良人還未曉得，復喜悅從外入來，憑醉飽之狀，以驕妻妾，然不獨齊人也。

○由君講

由君子看也，則

驕其妻妾良人，夫也。饜，飽也。顯者，富貴人也。施，邪施而行，不使良人知也。墦，冢。顧，望也。訕，怨詈也。施施，喜悅自得貌。

獨言齊者，功利之俗，孟子所最切齒者。孟子以此觀世人，全在以乞爲驕。上言妻妾者，求富貴利達無非爲此云。處室者言終身榮辱共之也。盡富貴內便有驕意，下面施施即狀此饜足之道，非只承上面以得此乞彼，說妻疑而瞯瞯而告齊人，良心欲死，尚賴此妻妾爲之保護。若妾則溺於愛，因妻之訕而訕，泣而泣也。良人未之知三字最妙。齊人若知此，決不爲此也。驕其妻妾，齊人得意處在此，驕態在施施處做起，前此則不可令妻妾見矣。

由君子觀之，則人之所以求富貴利達者，其妻妾不羞也而不

彼之所以求富貴利達而奔走於王公之前的他的妻妾見着有不羞其所爲而相泣的確甚少人何良心之喪至此耶

相泣者幾希矣。孟子言自君子而觀今之求富貴者皆若此人耳。

由君子觀之是君子把自己去觀他君子超於富貴之外方能看破富貴中人求富貴者良心汨没故不能自羞也所以孟子說極細推極其所以然未免有富貴利達之心便可羞我心獨覺其爲慙處便是妻妾羞處

孟子十七卷終

新刻李會元家藏四書講意玉振解孟子卷之十八

○舜往講
此以慕親見舜孝之大意萬章問曰嘗聞舜往耕歷山以事其親也其往田之時每呼旻天而號泣夫以舜之大孝宜平情以順親怎麼這樣號泣呢孟子曰舜之號泣是從怨自慕而思慕親的心生也

○父母講
萬章不喻怨慕

萬章上 凡九章

全旨 大舜一生心事孟子只拈以怨慕二字明所以怨慕處在准順於父母節逐段形容怨字却重重影出慕字通篇是一幅怨慕圖傳舜之神矣

舜往

萬章問曰舜往于田號泣于旻天何為其號泣也孟子曰怨慕也

舜往于田耕歷山時也仁覆閔下謂之旻天

往田就事親上看號泣激於至情不容已怨慕二字是號泣之所以然處此兩字渾淪折不開怨即是慕之迫切處下文以憂字代之極醒怨在慕中不與慕對此大舜至性懇切亦有不知其然而然處

之言，而疑之曰，嘗聞人子之事親也，父母愛他，心裡歡悅而體依不忘，父母惡他，則起敬起孝，雖勞而不怨，然則舜怨其親乎。曰非也，長息問於公明高曰，舜往于田，是躬耕以養親，則吾既得聞命矣，呼旻天父母而號泣，則吾不知其何心也，公明高曰，此舜一段苦心，非爾常情所能曉得，吾推公明高之意，蓋以孝

萬章曰父母愛之喜而不忘父母惡之勞而不怨然則舜怨乎曰長息問於公明高曰舜往于田則吾既得聞命矣號泣于旻天于父母則吾不知也公明高曰是非爾所知也夫公明高以孝子之心爲不若是恝我竭力耕田共爲子職而已矣父母之不我愛於我何哉長息，公明高弟子，公明高，曾子弟子，恝，無愁之貌。

然則舜怨乎與，則吾不知也，亦是疑其怨親，謂人子只管盡職，添些懊惱，便不是，既得聞命，指躬耕以養親言，是非爾所知，所謂至苦至哀之衷，有難知處，引公明不若恝之言，正解其疑也，恝無愁貌，正與怨字對，凡人處世，外邊順逆不可必，可必若盡其在我而已，此外誠不着[illegible]，孝子，寔一種

子的心既不得乎親則必不能若是恝然無愁而自謂我竭力耕田以共為子職吾分畢矣其心正謂父母之不我愛必我子職未盡而特不知其我罪伊何哉公明高所謂非爾所知云者意蓋如此

○帝使講

但舜在當時非無他事可快心者帝使其子九男事之二女妻之列以百官給以牛羊倉廩各

領直法便用不得舜故此怨慕也章所疑正坐是恝舜所不憂正

坐不若是恝我竭力三句正不若是恝子職已共可以釋然

而又不能釋然孝子之心潛思默忖千迴萬轉正是慕處

帝使其子九男二女百官牛羊倉廩備以事舜於畎畝之中天下之士多就之者帝將胥天下而遷之焉為不順於父母如窮人無所歸帝堯也胥相視也遷之移以與之也

合下二節說大舜處逆如窮之心仍是這個怨慕以見號泣

出于至性即芥視天下亦可豈但往田之日為然哉帝使已

下皆極力摹寫有是心不必是事帝使貫至之中亦帝善成

舜之孝處事舜畎畝之中而不欲以一毫分其怨慕也九男

孟子十八卷 二

事全備以告多於畝畝之中供養備矣天下之士向慕德化多就之者人心附矣帝深知其德可禪也始則使之爲相與之共視天下究則將使之爲君舉天下而遷之焉得君隆矣但只爲不能諭親于道以順於父母則其心弗安如窮人沒所依歸庸知所處之可樂哉

○天下講

天人悅之好色

數句相遞說下胥天下而遷之見以耕稼之夫而被非常之寵莫不以此動念其默默中所爲者只有順親一事不順於父母其情景真如窮人無所歸也歸如歸根之歸萬物本乎父母不順父母此身如何歸着直勘破他怨慕心事此不順無歸之心只舜知之他人不知也此下總是設論以推究其心也不必究其實

天下之士悅之人之所欲也而不足以解憂好色人之所欲妻帝之二女而不足以解憂富人之所欲富有天下而不足以解憂貴人之所欲貴爲天子而不足以解憂人悅之好色富貴無足以解憂者惟順於父母可以解憂孟子推舜之心如此以解上文之意

富貴人情所同欲的總不足以解窮人無歸之憂者計惟順於父母諭之以道而得其懽心而後可以解窮人無歸之憂耳

○【人少節】此心非常人所能及若世人少之時外慕未生則惟慕父母及其知好色則移其心以慕少艾有妻子則移其心以慕妻子仕則移其心以慕君不得於君則熱中而躁於急

此節只覆上文句句都在上文內了說怨慕有怨慕可疑[illegible]則別無可誘故拈憂以替怨字四個人之所欲要看得細豈心只一天別無人欲解憂解窮人無歸之憂也蓋凡外至之憂可解而根心之憂不可解即憂可解而一念慕心不可解惟順於父母句是推原其心

人少則慕父母知好色則慕少艾有妻子則慕妻子仕則慕君不得於君則熱中大孝終身慕父母五十而慕者予於大舜見之矣艾美好也不得失意也熱中躁急心熱也

人少則慕父母此時不知有他懇懇切切只有父母在念也

此句重即終身亦只是這慕慕少艾三個慕字非都忘了親

得常情大較然也惟大孝則終身之慕父母不異孩提之日也彼年至五十猶然慕親而不爲外慕所移者乎於大舜之心見之矣知此則知舜怨慕非怨親也

○娶妻講 此見聖人善處人倫之變意萬章問曰詩齊風南山之篇云娶妻當如何乃並道必通姓名告父母乃是道信如此詩之言則

只慕親之心逐物而不覺其然熟中是慕君之切處大孝句且虐勿指舜大孝非于慕有加只是終身不失其孩提赤子之心也五十而慕見可動的境界都歷過了此時不動更無可動乎於大舜見其心矣謂見其終身之心於五十也與上非爾所知應

娶妻全旨

通章總發明舜處變之心就事論事如此耳不必十分認真雖前二節是處父子之變後二節是處兄弟之變但通在孝親上愛弟正所以孝親也要見舜遭人倫之變不失天理之常

萬章問曰詩云娶妻如之何必告父母信斯言也宜莫如舜舜之不告而娶何也孟子曰告則不得娶男女居室人之大倫也如告則廢人之大倫以懟父母是以不告也詩齊國風南山篇信誠也懟讎怨也

蓋道宏莫知聖昔舜反不告而娶堯二女其所爲獨異於詩何也孟子曰告而娶是常禮若舜父頑母嚚告則定爲父母所阻而不得娶夫男女居室居繼其後乃人道莫大之倫也如告不得娶則廢大倫而至於無後且取懟於父母是以舜不告於父母也

○舜之盡

萬章曰舜之不告而娶爲不得

何也非謂其背詩言其必有與詩合者在告則不得娶也何最重正答其問不得娶非必阻而止之聖賢事親視無形聽無聲瞽瞍僞不敢違堯命或心中歉有不悅處則舜定不得妻矣男女居室父子之下第一場事故曰大倫繼祀傳後意寓其中使舜若告之不得娶是此倫廢了從天性本然處參承知廢倫定是父母之所懟者此聖孝之洞燭精微處是以不告也權非聖人不能用也

萬章曰舜之不告而娶則吾既得聞命矣帝之妻舜而不告何也曰帝亦知告焉則不得妻也以女爲人妻曰妻

帝之娶舜而不告言以君臨臣何用如此婉曲告則不得妻

孟子十八卷

娶之故則吾既得聞命矣堯帝以女妻舜宜使父母知之而亦不使舜告何也孟子曰帝亦知告之瞽瞍焉則瞍有以制舜而帝亦不得妻舜也此堯極善於處人父子之間處

○父母講

萬章又問曰舜處父母之事固以權通矣至所以處傲弟者又足異焉父母使舜完治倉廩去其階梯因放火

堯善爲舜地見舜必順從父母也處人骨肉之間自應委曲非慮瞽瞍之逆命也此見堯之至明處

萬章曰父母使舜完廩捐階瞽瞍焚廩使浚井出從而揜之象曰謨蓋都君咸我績牛羊父母倉廩父母干戈朕琴朕弤朕二嫂使治朕棲象往入舜宮舜在牀琴象曰鬱陶思君爾忸怩舜曰惟茲臣庶汝其于予治不識舜不知象之將殺己與曰奚而不知也象憂亦憂象喜亦喜完治也捐去也階梯也揜蓋也象舜異母弟也謨謀也蓋蓋井也咸皆也績功也干盾也戈戟也琴舜所弾五絃琴也弤琱弓也二嫂堯二女也棲牀也鬱陶思之甚而氣未得伸也忸怩慙色也臣庶謂其百官也

此條專重象上無過極言舜處骨肉間變之極而不失其常

焚廩而欲殺之又使浚井不覺舜出從而揜之傲象不知謂舜則已死矣乃曰謀計以蓋井掩殺都君皆我功績凡都君所有當與父母共之牛羊倉廩皆與父母以養老若干戈朕取之琴朕取之弤朕取之二嫂則使治朕所棲之床以眂我也於是象往入舜宮欲分舜所有而不意舜在床撫琴也象一見之遂飾

也完廩浚井使之者父母也焚之揜之者瞽瞍也只一瞽瞍此舜之所以得免爲廩上灰井中泥也蓋瞍雖惑于後妻而父子之恩原不泯断到死生之際自有以斡旋之此其所以終底豫也捐階下階去出浚井而出是舜不敢使父母有殺子之惡也象以謨蓋之績自專謀非出于瞍可知牛羊七句極言象殺兄之惡念中不知有兄也舜在床琴樂其天性之無傷也象雖飾爲鬱陶思君之言而天性不容泯滅真心自爾顯露臣庶予治非命其撫治之郎親之欲其貴之意言我爲天子必不舍爾爲匹天舜視象仍若孩提然未常責以知識故憂喜相關也二亦字感應甚速不知其然也

詞曰因思君體結于中是以來見也不覺愧形于色舜乃喜而謂之曰弟之來也愛我至矣惟茲臣庶汝其代予治之不識舜不知象之將殺己而喜之歟孟子曰象欲殺舜事非一日奚而不知也但舜原與弟同情象憂而舜亦憂象喜而舜亦喜

〇然則講章文問曰然則舜偽飾爲喜歟孟子曰舜非偽

曰然則舜偽喜者與曰否昔者有饋生魚於鄭子產子產使校人畜之池校人烹之反命曰始舍之圉圉焉少則洋洋焉攸然而逝子產曰得其所哉得其所哉校人出曰孰謂子產智予既烹而食之曰得其所哉得其所哉故君子可欺以其方難罔以非其道彼以愛兄之道來故誠信而喜之奚偽焉校人主池沼小吏也圉圉困而未舒之貌洋洋則稍縱矣攸然而逝者自得而遠去也方亦道也罔蒙蔽也

說出象憂亦憂象喜亦喜來明見舜常無隙的兄弟如何謂其偽喜總是代舜懷着殺巳一事物而不化耳愛兄之道與父母慦無從之心天性大常舜未常見有毫髮異也如子產之信校人亦從自巳好生大常中流出取証舜喜極爲眞切、

喜也。亦告以理矣。昔者有饋生魚於鄭國子產，子產見其生機活潑，遂使校人畜養於池。校人不忍主命，私烹其魚而食之，乃飾爲反命之辭曰：方舍之始舍於池也，但見久困而未舒焉；及少頃則舒而稍縱適焉；終則自得而遠去，與水相忘矣。子產喜而歎曰：魚其得水以爲所哉，魚其得水以爲所哉。校人出而言

校人之烹魚，此殺機也。而設爲汗洋悠然之言，則儼然生機矣。子產惟計其生，孰計其殺，故君子二句泛以人情物理言，而子產事在其中。象非愛兄之人，弟原有愛兄之理，來字好。非以象來，乃以弟來矣。天下無眞人品而有眞道理，聖人據其現前，忘其已往，故誠信而喜之。誠字另對僞，信喜二字聯，見聖人心裡只有天理，何處可着此僞妄。

象日 **全旨** 重親愛二字。其封之是親愛，其封之而善有以處之，無非爲保全地，亦是親愛。雖然一轉，更說得懇，又是親愛。仁人之於弟如此。

萬章問曰：象日以殺舜爲事，立爲天子則放之，何也？孟子曰：封之也，或曰放焉。 放猶置也。

日謹人說子産是個明睫之人夫魚予既烹而食之乃信予言而曰得所智者果如是乎可知君子雖有先見之明而亦可欺以理之所有而罔以理之所彼象以愛兄之道來亦是他良心發見處舜見其回心便實心信而喜之奚僞之有章可無疑矣

○象日講

此見舜盡親愛

日以殺舜爲事甚之也立爲天子得以問其罪也何也二字疑其輕或人緣迹而疑其放孟子按心而謂其封二句串說

萬章問舜流共工于幽州放驩兜于崇山殺三苗于三危殛鯀于羽山四罪而天下咸服誅不仁也象至不仁封之有庳有庳之人奚罪焉仁人固如是乎在他人則誅之在弟則封之曰仁人之於弟也不藏怒焉不宿怨焉親愛之而已矣親之欲其貴也愛之欲其富也封之有庳富貴之也身爲天子弟爲匹夫可謂親愛之乎流徙也放置也殺殺其君也殛誅也藏怒謂藏匿其怒宿怨謂留蓄其怨

舜流至不仁是起下意放流殺殛四字重看閑說四罪罪字作活字看誅不仁也要見除民害意於有庳之民奚罪

日象欲舜焚廩浚井日以殺舜爲事此舜之仇也及舜立爲天子誅之非過而僅放之何也孟子曰舜實以爵土封象但或人誤以爲放焉

○【舜流讙】萬章又問曰舜之爲仕也共工則流之於幽州驩兜則放之於崇山三苗則殺之于三危鯀則殛之于羽山罪此四人而天下咸服其用刑之當以所誅者不

焉相對仁人固如是乎緊頂有庳之民奚罪句此三句一氣讀正是發問之意都在貽虐邊說不藏不宿爲對世人藏宿而言若仁人之心純是天理則已無可怒無可怨究其不藏不宿之所以然只有親愛之理也而已矣天性中無一毫轉念也二欲字是親愛本念親對疏愛對忍貴對賤貴賤異則勢分懸是疏之也故親欲其貴其身逸樂不恤其弟之困苦是忍之也故愛欲其富封之有庳方是親愛實事末三句只反言以見其當封象意

敢問或曰放者何謂也曰象不得有為於其國天子使吏治其國而納其貢稅焉故謂之放豈得暴彼民哉雖然欲常常而見

仁之人也象於兄互殺乃至忍心而不仁的顧不誅之反封之有庳之地有庳之人民有何罪而遭象之虐耶此也仁人之用心固如是乎在他人如四凶則誅之以安民在弟如象之不仁則封之以貽害乎孟子曰仁人之待其弟也與處他人不同宜是非怒何怨可親焉安見無然何然可銜焉惟仁親之愛之而

之故源源而來不及貢以政接于有庳此之謂也源源若水之相繼也朝謂來朝覲也

不得有爲於其國豈得暴彼民哉此處最周盡都是親愛布護處急轉到常常而見總歸親愛上來大舜懇腸纖悉抉出諸侯見君必待朝貢之朝其朝則以政所謂朝於天子曰述職者也政在貢中非兩項不及貢以政作一句讀截以政帶下句者不是

盛德

全旨破臣堯之說在堯老而舜攝句破臣父之說在爲天子父以天下養句據理攷實明白正大末尤轉得靈宕

咸丘蒙問曰語云盛德之士君不得而臣父不得而子舜南面而立堯帥諸侯北面而朝之瞽瞍亦北面而朝之舜見瞽瞍其

已矣親之不使勢分懸隔必欲其貴也愛之不忍置之困苦必欲其富也今封象於有庳正欲富貴之以全其仁也苟己身爲天子而富且貴弟爲匹夫而貧且賤可謂是親愛之仁乎此舜之所以爲仁人也

○〔敢問講〕章又問曰舜既封象敢問或說他放是何緣故孟子曰象雖封爲有庳之君然

容有威孔子曰於斯時也天下殆哉岌岌乎不識此語誠然乎哉孟子曰否此非君子之言齊東野人之語也堯老而舜攝也堯典曰二十有八載放勳乃徂落百姓如喪考妣三年四海遏密八音孔子曰天無二日民無二王舜既爲天子矣又帥天下諸侯以爲堯三年喪是二天子矣咸丘蒙孟子弟子語者古語也蹙顰蹙不自安也岌岌不安貌也齊東齊國之東鄙也徂升也落降也遏止也密靜也

君不得而臣父不得而子古語本是形容臣子之盛德當世遂倡爲臣堯臣父瞽此意思述此議論都是無父無君之輩所謂橫議是也孟子斥之爲齊東野人者見其說之非經而不可攷據也◎堯老一句最重只八一句已斷盡不曾臣君曰攝

四書玉振解　孟子　十八卷　八

不得專施爲於其國一切施爲天子使吏代治其國因納其所收之貢稅於象焉故其迹有似于放象既不得有爲於其國又何暴彼民哉雖然欲常常於象而接見之不令疏濶故象無政治之煩得以源源而來見也古書有云不及朝貢之期不以政接見有庳之君此正欲常常見源源來之謂也舜之封象正所

則未嘗爲天子矣引堯典及孔子一段皆以發明此句則見舜本未嘗南面而立堯安所得北面而朝乎且堯既死舜且師諸侯爲堯三年喪豈堯未死顧有帥諸侯而朝之理

咸丘蒙曰舜之不臣堯則吾既得聞命矣詩云普天之下莫非王土率土之濱莫非王臣而舜既爲天子矣敢問瞽瞍之非臣如何曰是詩也非是之謂也勞於王事而不得養父母也曰此莫非王事我獨賢勞也故說詩者不以文害辭不以辭害志以意逆志是爲得之如以辭而已矣雲漢之詩云周餘黎民靡有孑遺信斯言也是周無遺民也詩小雅北山之篇也普徧也率循也文字也辭語也逆迎也雲大雅篇名也孑立之貌遺脫也

以成其仁哉

○〔語云講〕此辨舜無臣堯臣父之事。意咸丘蒙問曰、常語有云、盛德的士、君不得把他爲臣、父不得把他爲子、今舜因盛德士也、猶然堯之臣、瞽瞍之子也、夫何舜南面而立、堯率天下諸侯北面而朝他、是臣其君了、瞽瞍亦北面而朝他、是臣其父了、舜見瞽瞍其容甚不安、孔子曰於這時、君臣父

蒙之再問、須看他語氣、當云舜即無臣父之心、而彼亦天子之父。天下只有一個君、則餘皆臣矣。敢問云云、非是之謂、言詩有所指也。賢勞猶云會勞。臣子不平之心、因不得養其父母而發也。兩意字不同、害意、指志言、以意、指說詩者之心言。賢勞、志也。莫非王事、辭也。憂旱、志也。靡有孑遺、辭也。逆者、前去迎候、不敢自必、而一聽於彼、先入之見不橫於胸中也。得之、是悟之于言外也。此只破其引詩之語、至下節方辨其無臣父之理意。

孝子之至、莫大乎尊親。尊親之至、莫大乎以天下養。爲天子父、尊之至也。以天下養、養之至也。詩曰、永言孝思、孝思維則。此之

子之倫皆亂天下殆哉其不可支字但不識這話果實底孟子曰否没是事此非君子根理的言乃齊東野人無稽的話也何以辨之當堯之時舜特曰堯老倦勤而代攝天子的事也諸之堯典曰二十有八載堯死乃幾内百姓感堯德之深如喪考妣至于三年幾外四海遏止八音而不用孔子又曰民有君猶天

謂也　詩大雅下武之篇則法則也

孝子之至一句提起看以天下養以之云者謂懃懃懇懇直挈天下而敬共其親也蓋孝子深至之念必藉此尊親始展布得出故曰莫大為天子父四句歸到舜上見得舜做天子又有許多尊養在尊養以做天子而隆豈曰天性以勢分而格乎此四句已應瞽瞍之非臣句兩至字全在人子心上說引永言及孝思二語看一永字見舜為天子勢分雖格而孝思正於此培養也維則是贊詞重舜孝之至可為則上若云則舜便費周折

書曰祗載見瞽瞍夔夔齊栗瞽瞍亦允若是為父不得而子也

有曰天無二日則民無二王據孔子之言以斷其事知舜即位在堯崩之後若堯未崩而舜已爲天子矣又帥天下諸侯以爲堯三年喪是二天子了謂民無二王何

○舜之講

咸丘蒙又問曰舜未嘗臣堯則吾既得聞教命矣北山之有詩云徧天之下無地不是王的土循土至海濱無人不是王的臣

書大禹謨篇也祇敬也載事也夔夔齊栗敬謹恐怛之貌允信也若順也

引書只將夔夔齊栗正破其容有蹙之謬言尊至矣養至矣而猶本敬以事之正是形容至孝處允若只帶言大意重子雖盛德無不得子上不重感化上是爲何言豈如子所云乎

堯以

全旨

此章問答俱妙總之塞天下後世篡逆者口實耳只重天與而天與都就人歸上見得故末引太誓之言此議論最有根據處不則暗奸天位而僞託符命者不少矣

萬章曰堯以天下與舜有諸孟子曰否天子不能以天下與人

天下者天下之天下非一人之私有故也

章此問恐後世借與之名以奪之實以欺天下故特尋這個話柄做個疑案天下非天子之天下安能私以與人不能二

而舜既做天子，敢問瞽瞍獨非王的臣麽。孟子曰，這詩非臣父之謂也。王臣行役是不得以奉養其父母，所作的意。蓋曰，此行役的事，莫不是王的事，我獨會任事而當此勞，此詩人之志也。故凡說詩的，不可以一字害一句的辭，不可以一句辭害說詩的志，惟當以我的意，逆彼作詩的志，然後可以得古人之志，如

字最有意，便含下天與之人與之在。

然則舜有天下也，孰與之。曰，天與之。萬章問而孟子答也。

然則口氣承天子不能以天下與人來，究個與之實，方見是有據之談。說個天與之，見人無權，惟天有主。

天與之者，諄諄然命之乎。萬章問也。諄諄，詳語之貌。

諄諄，一語一語，正爲僞託符命者置喙。天與之命，原無言語可據。

曰，否。天不言，以行與事示之而已矣。行之於身，謂之行；措諸天下，謂之事。言但因舜之行事，而示以與之之意耳。

曰否，天雖不能諄諄，亦非渺漠。行自我言，事自及於天下言。

行之於身，即措之天下也。究竟有個當于天心之主宰處示

徒泥其辭而已矣，卽如雲漢之詩曰周家亂離之後所餘的黎民沒有子然独立而脫遺的，若錯認而信此詩所言，則是周家當旱之餘果沒遺種之民了，可不逆其志哉。

○孝子講

你不曉得說孝子之極莫大乎尊崇其親，孝子尊親歡悅之極，莫大乎以王食養其親。今舜尊其父爲天子父，尊之極也，至養

字對命字看，以言授爲命，以意授爲示而已矣，此外非天意。

曰：以行與事示之者，如之何？曰：天子能薦人於天，不能使天與之天下；諸侯能薦人於天子，不能使天子與之諸侯；大夫能薦人於諸侯，不能使諸侯與之大夫。昔者堯薦舜於天而天受之，暴之於民而民受之，故曰：天不言，以行與事示之而已矣。暴，顯也。言

不能薦人於上，不能令上必用之。舜爲天人所受，是因舜之行與事而示之以與之之意也。

此見天子不能與而能薦，天不能言而能受。天子句使王罹受說，是王諸侯大夫四句是客，其不能處皆天也。爲，進也。進之於天，使分在其事，暴顯也。使之爲相攝政，以此輝百姓之耳目，故曰暴。兩受字都受之於不言之表，受處就是示處。

其父以天下之祿養之極也故大雅下武之詩曰言人長念乎孝思則即一念孝思便可爲天下法則此正舜尊親養親之之謂也豈有臣父的理大禹謨之書曰舜平日祗敬爲子之職事及往見瞽瞍夔夔然齊栗敬謹瞽瞍雖頑亦底而順之由書言觀之可見瞽瞍反化於其子是謂父不得而子也豈如子所云

曰敢問薦之於天而天受之暴之於民而民受之如何曰使之主祭而百神享之是天受之使之主事而事治百姓安之是民受之也天與之人與之故曰天子不能以天下與人

章恐兩受終是渺茫故復究其實也主祭主事即指攝位言天之功用徵于鬼神故主祭爲薦于天朝廷舉事凡以爲民故主事爲暴於民二者各兼行事神享以祥應言百姓安之安字甚好以臣而代君行事百姓必駭爲非常都安然不以爲異便是受之爲君了天與二句舊云天既與之而又得人與以驗之則天與益決而非天子之所與可知故曰云云

舜相堯二十有八載非人之所能爲也天也堯崩三年之喪畢

堯以讓

此歸與天下之權於天以杜篡弒之口實意萬章問曰吾聞堯把天下與舜不知堯果能以天下與舜否孟子曰天下非天子所得私天子不能以天下與人章又問然則舜有天下也是誰與他孟子曰舜之有天下天實與他堯不得而知也章問天與之者果諄諄然有言以命他否孟子曰否天之

舜避堯之子於南河之南天下諸侯朝覲者不之堯之子而之舜訟獄者不之堯之子而之舜謳歌者不謳歌堯之子而謳歌舜故曰天也夫然後之中國踐天子位焉而居堯之宮逼堯之子是篡也非天與也訟獄謂獄不決而訟之也

承上章推舜說見得不特事治民安處爲天與自堯在時舜相之久即堯崩後人心之歸無非天也二十有八載見施澤久意此功德在人不可以假借者也天也與故曰天也二天字相呼應堯崩三句見三年舜尚攝天子事避堯之子政以天下還堯之子也及後舜得天下由於朝覲訟獄謳歌之歸而朝覲訟獄謳歌之歸由於久居相位施澤之久天實爲之

纂，寔不在言語，但因其身之所行與所爲的事，隱示一與之意，無他命也。

○以行講 章又曰以行與事示之者，必有其迹，果如之何以示之，請詳曰：天人授受之意微矣，天子能薦人於天，不能使天必與之天下，其所能者人也，不能者天也。諸侯能薦人於天子，不能使天子必與之諸侯，猶之大夫能薦人蒙

德

則行與事示之矣，故曰天也。此天字要根避字說來，益舜固避之，民固就之，可見非人爲了。居官逼子爲出，後世奸雄伎倆，纂字書法凜然，夫征誅之導纂也易見，而揖讓之導纂也難知，此無他，可與則可奪，奪則必巧託之於與，若入爲天所轉，天爲人而傳，豈容一毫暗奸於其間哉。

太誓曰：天視自我民視，天聽自我民聽，此之謂也。自從也。

以民歸爲天與，其說似渺茫而難信，故引證于太誓而申決之。二自字要看，見舍民之視聽，更無天之視聽也。講此之謂也，要見得民歸爲天與，乃鑿鑿可憑之理，只體貼此意便得。

全旨 通章以天與賢爲主，要知傳子是正局，揖遜之事，偶一示現耳，時當洪荒，非二大聖出繼起不能底定，故朱均

於諸侯不能使諸侯必與之大夫昔者堯薦舜之德於天而天固受之又嘗顯舜之德於民而民亦受之即此是天示之意故曰天不言但以其所行與事示之而已矣

○敢問講　章疑天受民受尚屬渺茫意度故曰敢問如何薦如何暴如何受孟子曰天之功用徵於鬼神堯使舜主祭以祀神而百神來

萬章問曰人有言至於禹而德衰不傳於賢而傳於子有諸孟子曰否不然也天與賢則與賢天與子則與子昔者舜薦禹於天十有七年舜崩三年之喪畢禹避舜之子於陽城天下之民從之若堯崩之後不從堯之子而從舜也禹薦益於天七年禹崩三年之喪畢益避禹之子於箕山之陰朝覲訟獄者不之益而之啟曰吾君之子也謳歌者不謳歌益而謳歌啟曰吾君之

之不肖天實為之二聖禹之也經數大聖人勞心之餘經綸已備得中才而君之可以不敗若小早與判定盡一傳子成就睥睨神奸生心何極天下之亂亦何時已乎天故生啓以詘益也其後天之所廢必若桀紂伊尹周公孔子數大聖人亦不有天下何況益乎未節揭出其義一也姑知上天傳子與傳賢一意宛是為此天下也天何心哉德衰之議非深知天心者也

格以享之這是天受他了朝廷之事皆以爲民使他主事以治民而事無不治百姓安于其治這是民受他了天受固是天與他人受郎人與之亦是天與他我故曰天子不能非天下與人

○舜相講

試觀舜相堯爲天子二十有八載之久此豈人力之所能爲也天實使之也至堯崩三年之喪畢舜避堯的子

子也 陽城箕山之陰 啓禹之子也

德衰之疑自是千古家天下大關頭傳賢爲盛德傳子是爲德衰此論未爲不是不知與之權操之于天傳賢傳子人君不得而主之也至於二字根堯舜傳賢盛德來天與四句重子邊天子與子原不相蒙故可與子則與子以爲天下也不可與子則與賢亦以爲天下也先舉舜薦禹一段見與子之心猶然舜薦禹之心也重禹薦益邊見禹亦欲與賢但舜與賢而民從之禹與賢而民不從耳三年喪畢政歸于啓益薦而難居也箕山之避乃避君之與而不忍逼也曰吾君之子不重吾君之有功德重賢能省吾君上此何郎含下敬承意

於南河之南，蓋將示吾君之有子也。蓋天下諸侯朝覲的，訟獄的，謳歌的，都因久戴舜的德，不往堯的子而往舜，不謳歌堯的子而謳歌舜。人心所在，即天意所在，故曰舜有天下，天與之也。

○然後講

夫然後由南河之中國，居天子位焉。設使舜居堯的宮，便是逼堯之子，是奪其位了，民且不與，安得為天與也。

丹朱之不肖，舜之子亦不肖。舜之相堯，禹之相舜也，歷年多，施澤於民久。啟賢，能敬承繼禹之道。益之相禹也，歷年少，施澤於民未久。舜、禹、益相去久遠，其子之賢不肖，皆天也，非人之所能為也。莫之為而為者，天也；莫之致而至者，命也。以理言之謂之天，自人言之謂之命，其實則一而已。

通節以子之賢不肖作主，為相久遠只帶說。二子之不肖，只不似父之神聖耳，平日之傲慢乃其不敬處，即其不肖處。啓賢二字是眼，見與子亦是與賢。敬字重，堯舜禹傳心止是一敬。危微精一之言，敬焉統之矣。啓之賢以其敬也，能敬便是能繼禹之道，便是堯舜之淵源血脉，相承禪繼一律，故可以

怎見得是天與、太誓曰、天無視從我民的視、天無聽從我民的聽、卽吾所謂必民歸方是天與之謂也、

〇人有譏

此見聖王以天下與子、亦本諸天意、萬章問曰、人有言、堯舜盛德以天下傳賢、至於禹而德衰、不傳於賢、而傳於其子、果是私天下否、孟子曰、人言非也、大禹所爲不如是也、若天所與的在

有天下莫之爲二句又推開說天是命之主宰天命是天之靈爽也上爲字是作爲下爲字是排定致是招致至是自來見上天之命不令人測度天字是主命之一字正見天之着落于人處

匹夫而有天下者德必若舜禹而又有天子薦之者故仲尼不有天下孟子因禹益之事歷舉此下兩條以推明之

合下節重繼世不輕廢上不有天下一句在天意予奪上看

匹夫不分有位無位俱是對天子言之耳仲尼不君亦爲不值與賢之天耳輕輕喚起勿泥有薦無薦二層薦是薦于天

繼世以有天下天之所廢必若桀紂者也故益伊尹周公不有

賢則承天意而與賢天所與的在子則承天意而與子試即舜禹的事觀之昔者舜命禹宅百揆而薦禹於天十有七年舜崩三年之喪畢禹避舜的子於陽城欲示天下有嗣君也乃天下朝覲訟獄之民從之若堯崩之後不從堯子丹朱而從舜一般禹亦嘗薦益於天任之於相七年禹崩三年之喪畢益避禹的

天下繼世必有大惡如桀紂如啓之太甲成王能嗣守先業則天亦不廢之

然則益是有德而有薦者又何以不有天下乎蓋以遇繼世之賢耳天欲與一匹夫必奪一繼世然繼世必桀紂天始廢之重在有能嗣業即不輕廢意此節當提益講起

伊尹相湯以王於天下湯崩太丁未立外丙二年仲壬四年太甲顛覆湯之典刑伊尹放之於桐三年太甲悔過自怨自艾於桐處仁遷義三年以聽伊尹之訓已也復歸于亳顛覆壞亂也典刑常法也桐湯墓所在艾治也亳商所都也

此條又從繼世條內引伊尹言之伊尹相湯正是薦他以王于天下是咸有一德不愧舜禹而又當嗣君之顛覆可以有

子於箕山之陰此其心猶禹避舜之子的一般心事匠朝覲訟獄的不往益而往啓謳歌的不謳歌益而謳歌啓都說吾君有象賢的子在也

○丹朱講

益以堯子丹朱之不像堯舜的子亦不像舜而舜之相堯二十有八載禹之相舜也十七年歷年多施澤於民久民心愈屬於賢矣乃啓則賢焉能以敬克承

天下之會然而天意已屬太甲則其四年二年者天若或促之也其三年聽誨天若啓之也故字亦後追論之詞但借諒陰廬墓爲詞耳必于桐者欲其顧湯墓而典思也必三年雖有三年喪亦以日久則感悟深也怨是怨已往艾是治方來仁義說得廣勿分存心處事下三年連下句讀復歸于亳政見天意

周公之不有天下猶益之於夏伊尹之於殷也復言周公所以不有天下之意

伊尹述其事而周公虛擬大意此虛實相生法且伊尹二節本借客形主而猶益之於夏又是借主形客可見文之變幻處此節亦以天與繼世立論

心法而繼禹之道非丹朱商均比也民心屬啓而益之相禹僅七年歷年少施澤於民未久而民心愈屬於啓矣夫舜禹益攝政相去久遠或不久遠舜禹之子或賢或不賢皆上天氣數所值也豈君父之所能爲也大凡人力莫之爲而自爲的上天所定也人力莫之致而自至的亦命所定也

○匹夫講

孔子曰唐虞禪夏后殷周繼其義一也禪受

引孔子禪繼一言重繼合于禪上亦收得上文滴水不漏其義一非聽天所命總是一般之說處唐虞之時則以禪爲天夏后之時則以繼爲天義者宜也繼合于禪可見繼之心不殊于禪之心也禹非德衰明矣

割烹

全旨

此章辨伊尹全在始進之正上而必本其窮之所養推其達之所施無非明始進之必正也章内開日以正天下爲案而正天下則以樂堯舜之道爲脳其樂堯舜之道則又以先覺字爲籥惟覺故樂之處便是覺處覺性體也蓋自伊尹透此覺機而明德新民一以貫之破其由天下千駟以至一介活潑處看做一條故由耕莘以至伐夏救民亦活潑地看做一椿齊之于道而揖讓征誅若春夏秋冬之以四時行也于以承夫而正天下遠近去就無所拘束樂莫大焉

萬章問曰人有言伊尹以割烹要湯有諸要求也

且古聖人不有天下，不獨一益，匹夫而有天下的，德必若舜禹，而又有天子如堯舜薦之者，故有德無薦，雖仲尼不有天下，何也，則以繼世之君賢矣，繼世以有天下，天眷先德的，天之所廢，必若桀紂無道之甚者也，否則未有不與子也，故益、伊尹、周公當繼世之賢，俱不有天下，

○伊尹講

述伊尹之事言

割烹要湯，譏其始進不正也，有諸之問，究其實也。

孟子曰：否，不然。伊尹耕於有莘之野，而樂堯舜之道焉。非其義也，非其道也，祿之以天下弗顧也；繫馬千駟弗視也。非其義也，非其道也，一介不以與人，一介不以取諸人。莘，國名。駟，四匹也。介與草芥之芥同。

道即危微精一之道，樂處便有正天下氣象，樂不是空空慕想，尹胸中生理渾全，都是堯舜之道，活潑潑躍處，下面吾身親見，正在箇中領取，不是兩層，非其義就在非其道處，堪出危微相持，只一介，蓋心精至一，介不苟，道義始無欠也，此處見尹心胸空潤處，正其極精微處，祿之四句，總是樂堯舜內事，小大兼舉，然後足以見其覺之全，此是從性分中覔堯舜

之伊共一德相湯以王於天下及湯崩太子太丁未立而死外丙方二歲仲壬方四歲皆小而難立乃立太丁之子太甲太甲縱欲敗度顛覆湯之常法伊尹因諒陰之制宮置太甲於桐三年欲其顧覗墓而興思也太甲於是悔過自怨而懲創已往自艾而修治將來朝夕於桐處心以仁而改其不義三年之間惟

非從唐虞覓堯舜也

湯使人以幣聘之囂囂然曰我何以湯之聘幣為哉我豈若處畎畝之中由是以樂堯舜之道哉囂囂無欲自得之貌

說個聘字便與要字相反囂囂三句依然勿顧勿覗胸次總是樂道性篇此曰字與下曰字及卻聘之詞俱是孟子推尹之意形容之非實尹有是言也囂囂然想摹其神我何以我豈若便見他以現在道我自得無欲之真景見非輕身功名者流正見其重始進而不輕就功名意

湯三使往聘之既而幡然改曰與我處畎畝之中由是以樂堯舜之道吾豈若使是君為堯舜之君哉吾豈若使是民為堯舜

聽伊尹之訓已也，伊尹復逃歸於亳，此伊尹所以不有天下也，而益可知矣。周公之不有天下者，以其遇成王之賢，猶益之於夏，有伯伊尹之於殷，有太甲也，此周公所以不有天下也，而益又可知。故孔子有言曰：唐虞以天下相禪，夏后殷周以天下相繼，與子亦是與賢，其爲當然之義一也，繼猶夫禪焉德果哀哉。

之民哉？吾豈若於吾身親見之哉？幡然，變動之貌。

幡然非因聘勤，蓋慶湯必可爲堯舜也，此合上囂囂二字想。其出處皆變化不拘處。吾豈若數語要想得自任意出。君民不不二使字亟，以堯舜期之，尚有待；以堯舜使之，直任現成。吾身親見，以設施言，托之空言，不如見之實事也，總是樂堯舜實際。

天之生此民也，使先知覺後知，使先覺覺後覺也。予，天民之先覺者也；予將以斯道覺斯民也，非予覺之而誰也？此亦伊尹之言也。知，謂識其事之所當然；覺，謂悟其理之所以然。

此節與上節俱是一聯之言。此人想出天意來，是任天下之，

○人有講

此辨伊尹無辱己之行意萬章問曰人有言伊尹負鼎俎以割烹說湯以用之果有此事否孟子曰人言不足信伊尹所爲亦不若此伊尹方未遇之時實耕于有莘國的野惟于其性中自有堯舜的道而樂之焉凡所取予必折之于道如非其義之所宜也即非其所樂之道也雖祿之以天下之大

本領處知是全體由迷入悟曰覺乃知之初苗覺了方知也天生斯民莫不賦之性以成形則良知一脈人所同具故不曰未知未覺而曰後知後覺先知先覺是天厚以賦之即重以責之故曰天使曰予天民真見得此身中有天此是自己真覺處予將以斯道覺斯民也道雖堯舜之道實斯民自有之道也此二句因上面知覺恐着于意識又揭出道字見其爲性體之靈明非情緣之慧照也必欲到覺的地位使見任了便是使民爲堯舜之民也非予句决言不得辭其責正是吾身親見處

思天下之民匹夫匹婦有不被堯舜之澤者若己推而内之溝

弗顧也。繫馬千駟之多，亦弗視也，何曾以之動心耶。苟非其義之所宜也，非其所樂之道也，即一介不以之與乎人，一介不以取諸人。一介不苟如此。湯聞尹樂道，使人以幣帛往聘之，囂囂然自得而言曰：我今何必以湯之聘幣爲事哉。我豈若此畎畝之中，由是以樂堯舜的道之爲自得哉。

○聘湯三講

中其自任以天下之重如此，故就湯而說之以伐夏救民。是時夏桀無道，暴虐其民，故欲使湯伐夏以救之。

思字從覺民念頭來，就天下中舉出匹夫匹婦，見一民亦所矜憐，此正是任之重，要在他心上形容，見其萬物一體意。尹之所謂澤，甚精，能養而不能教，便不是聖賢手段，必使天下之覺，盡如堯舜之痛徹，方是被澤納溝之恥，正是尹之覺處。自字與前後己字、身字相照，惟自故見重，非言其任之大也。政樂道之作用處，如此二字，有推究已得其心之意，就湯二句，自任重之事也，玩故字可見。

張公亮曰：只一覺字，刺能痛癢，能癢便與匹夫匹婦同痛同癢，伐夏救民，只此覺照然不昧處。

又湯三次使人往聘之尹始幡然改其不仕之心曰與我處畎畝之中由是以樂堯舜之道而神交于古吾豈若以此道致君使是君爲堯舜之君哉吾豈若以道治民使是民爲堯舜之民哉吾豈若出而任世於吾身親見其道之大行哉總之皆樂堯舜之道也然此非吾的意乃天意也天之生此民未必盡知解

吾未聞枉己而正人者也况辱己以正天下者乎聖人之行不同也或遠或近或去或不去歸潔其身而已矣遠謂隱遁也近謂仕近君也

吾未聞二句是通章斷案枉即枉尺之義辱即割烹正天下根上任天下來任之乃所以正之也不辱己根上弗視弗顧勿取勿與來聖人泛言行不同應迹自負不膠一轍也下四或字正不同處重近與不去上歸是會歸之歸不曰潔心而曰潔身自其行處言之也樂道之身超然物外原不參一毫世緣妥見赤洒洒只有天性舉世滋垢毫不得染故曰潔而已矣者一到聖人地位只有個潔可言也此句勿指遠近去就說更妙

也使先知以覺悟後知使先覺以覺醒後覺也予得堯舜之道是天民之先覺者也予將出而應世以此道覺此未覺之民也當此時非予任其覺之責而誰在之也即此而推其心當耕莘野時思天下之民匹夫匹婦有知覺未透是不被堯舜知覺之澤的使若已推而内之溝中故必覺盡一世而後已也其自任

吾聞其以堯舜之道要湯未聞以割烹也以堯舜之道要湯言道在此而湯聘自來

要字從堯舜之道生出相遇不在形迹在性命之中故湯有不得不聘尹有不得不出之妙非謂其能致湯爲要亦非借要字以決其誣見聖人之心昭然顯白即以要言未爲不可

割烹之說非吾所鬭於伊尹也其詞甚決

伊訓曰天誅造攻自牧宮朕載自亳伊訓商書篇名造載皆始也

放伐之事湯猶自知慚德而尹直任之曰朕載自亳兩自字膽極大力極雄全是見得到做敢如此若在形迹上躲閃便是見道未透處

孔子全旨

通章以禮義兩字爲主引衛事相接極妙癰疽之權非重于受辭辭受者也引過宋事又極妙在於如此在衛

以天下之重是道舜故說湯而聞陳王道以伐夏救民使天下成堯舜之天下也。

○〔未聞講〕吾未聞得枉己以趨功名的而能正人者也，況致身於賤辱而能正天下之人者乎。蓋從古聖人之行不同也，或遠而不仕，或近而仕，或仕不合而去，或仕合而不去，究歸其操行之潔白，以不辱其身而已。

可知禮義之宗，不以得失生死動其心，則好事者之說不攻而自破矣。夫觀人之法，貞邪異味，果斷斷乎不可移。

萬章問曰：或謂孔子於衛主癰疽，於齊主侍人瘠環，有諸乎？孟子曰：否，不然也，好事者為之也。主，謂舍於其家，以之為主人也。癰疽，瘍醫也。侍人，奄人也。瘠姓環名，皆時君所近狎之人也。好事，謂喜造言生事之人也。

癰疽侍人皆近倖於君者，主是主之以干進。好事為之，乃謂當時為汙辱之事，故為此說以行己之私，若聖人斷無是事，故曰否，不然也。

於衛主顏讎由。彌子之妻與子路之妻兄弟也。彌子謂子路曰：孔子主我，衛卿可得也。子路以告。孔子曰：有命。孔子進以禮，退以義，得之不得曰有命。而主癰疽與侍人瘠環，是無義無命也。

矣尹之就湯何嘗有不潔哉且湯尹之遇合不在形迹之間吾聞尹樂堯舜之道匪是以堯舜之道作之合而要湯未聞以宰割烹謂也伊稽之伊訓曰湯奉天討誅而始攻桀于牧宮實由我相湯以始其事於亳都也知此則割烹又可無辨

○【或謂講】此辨聖人無苟主意萬章問曰或謂孔子於衛

顏讎由衛之賢大夫也彌子衛靈公幸臣彌子瑕也

於衛主顏讎由一語截在大有根據灼然亦此然主之以其賢也彌子只借來做個引証彌子與子路敘其妻之兄弟見彌子子路相通之由彌子主我二句有市寵意子路以告之心即不悅南子之心有命謂衛卿之得有主之者聖人進退無非禮義非擇禮義爲進退有命一語正聖賢之恪守禮義於此得失關勘得十分破故能擺脫如此要則命之當然處便是義如用舍是命則行則藏便一定義禮義之所在固命之所在也此所謂義命之合一者也重退與不得還觀無義無命句便見此句不必補孔子

主衛君狎臣治癰疽之家於齊則主彌君近侍之人名瘠環的之家有是事孫孟子曰人言大非聖人所爲不如是也乃好爲見于進之事的爲此說以誣聖人也吾聞孔子於衛主賢大夫顏讎由家時衛有侍臣彌子瑕的其妻與子路之妻兄弟之親彌子私謂子路曰兩夫子若主我衛卿之位可得也子路述其

孔子不悅於魯衛遭宋桓司馬將要而殺之微服而過宋是時孔子當阨主司城貞子爲陳侯周臣不悅不樂若其困也桓司馬宋大夫向魋也司城貞子亦宋大夫之賢者也陳侯名周

不悅兩字尼父一肚皮果是不合時宜遭宋三句正是當阨時候微服二字固是聖人有命處然亦有聖不可知的處孔子當阨何最重見得所生之際尚且不苟所主如此孔子適陳主貞子則貞子固陳侯名周者之臣也臣字重志其非癰疽侍人者之流也且謚以貞子定係端人

吾聞觀近臣以其所爲主觀遠臣以其所主若孔子主癰疽與侍人瘠環何以爲孔子近臣在朝之臣遠臣遠方來仕者

言以告孔子孔子曰衛卿之得有所以主之的命即此可見孔子進以禮自重退以義自决主於一切得之不得則曰有命這是何等操持而主癰疽與侍人瘠環豈當退不介退爲無義不當當得而得爲無命也孔子肯爲之哉藏觀孔子不悅於魯而過衛不悅於衛而去之宋遭宋司馬桓魋將截于路而殺之遂微服

君子小人方以類聚鍼芥果是不爽欲定人品於此觀之自可得矣以觀近臣之法推之則知癰疽侍人决不足爲孔子主以觀遠臣之法推之則知孔子决不主癰疽侍人以遠臣何爲主不必爲孔子詳辨只是言着孔子就是不主癰疽侍人的若主之又何以爲孔子

全旨

此章議論都是無中生有智賢兩字是關目而貫挾于智帶大動業非智不能成也且文勢散落不要平忽知竅知興師此知點出生來不諫一句是一章發論本子着眼上文敘列假道一段至官之奇句無非爲奚不諫地備言黷貨慎諫正以見奚不諫之智也能智而賢覺有自鬻于君之事就品趣上抑頓尤艱極高

萬章問曰或曰百里奚自鬻於秦養牲者五羊之皮食牛以要秦穆公信乎孟子曰否不然好事者爲之也百里奚虞之賢臣

而過宋適陳是時孔子遇難猶且主賢大夫貞子為陳侯賢君名用者的臣其處變亦不苟如此吾聞觀人之法各從其類欲觀近臣之賢否以其為何等人所主觀遠臣之賢否惟觀主於何等人的家若孔子主癰疽與侍人瘠環則亦癰疽侍人一流人了何以為孔子甚矣好事者之誣也。

○百里講

按食牛之事，奚必有之。英雄失所，偃蹇𡾊崎，其為人役，亦適當其時也。但謂以干君則不倫，故以為好事者為之也。

百里奚，虞人也。晉人以垂棘之璧與屈產之乘假道於虞以伐虢。宮之奇諫，百里奚不諫。虞虢皆國名。垂棘之璧，垂棘之地所出之璧也。屈產之乘，屈地所生之良馬也。乘，四匹也。

虞人也，自去秦之後追論之。假道伐虢，見其料虞之奇。宮之奇諫何，亦為百里奚出脫。當時宮之奇輔車唇齒之說，情理若指掌，而公不悟，公之不可諫也明矣。百里奚不諫，不是諫國之忠歉于宮之奇，只為贖貨之迷必不可解，故不諫耳。正是知處其感慨急切，乃深于諫也。

此是辨百里奚無干主之事意萬章問曰或言百里奚自賣於秦養牲的之家得五羊之皮爲之食牛盡心此事使秦知其賢而用之實有這事否孟子曰人言食牛干主者非也古人所爲不如此這乃好爲干主之事誣古人而爲此言也試稽其入秦之事百里奚原本虞人也因晋人以垂棘之地所出的璧與屈

知虞公之不可諫而去之秦年已七十矣曾不知以食牛干秦穆公之爲汙也可謂智乎不可諫而不諫可謂不智乎知虞公之將亡而先去之不可謂不智也時舉於秦知穆公之可與有行也而相之可謂不智乎相秦而顯其君於天下可傳於後世不賢而能之乎自鬻以成其君鄉黨自好者不爲而謂賢者爲之乎自好自愛其身之人也

此條只有兩意先將不智提起而因斷百里奚之爲智又提起奚之賢而斷其不爲不賢之事如此看便覺有約束不散漫智就去虞入秦上見賢就相秦有功上見智以所知言賢以所爲言曰時舉於秦須知非要干秦曰知穆公可與有行

地所產的良馬假借所經之路於虞以伐虢計亦詭矣當時宮之奇諫之而不聽百里奚知諫之無益遂不諫而去之夫當其曉得虞公之不可諫而去秦之時年已七十矣以老成的人曾不知以食牛干秦穆公之爲汙也失身如此可謂智乎而以奚之事推之不可諫而不諫可謂不智乎預知虞公之將亡而先

而相之便知使穆公不可與有行且不肯相了而况肯要

萬章下 凡九章

通章重孔子聖之時句而時之妙在于智此作聖秘密藏也孟子一山道破其前四節所叙清任和時之案已具叙三聖只平平說至孔子節獨着孔子也三個字便有鄭重意在五節判斷一字不移以時字結案大布淵源也遂接以孔子之謂集大成所以尊孔子者已至矣此處只就大字形容亦只是一個時字但聖妙于智中間淵息亦盡已透露予再承說智聖譬以力其義益見特地表出中字應轉時字所謂從心所欲不踰矩也

伯夷全旨

孟子曰伯夷目不視惡色耳不聽惡聲非其君不事非其民不使治則進亂則退橫政之所出橫民之所止不忍居也思與鄉人處如以朝衣朝冠坐於塗炭也當紂之時居北海之濱以待天下之清也故聞伯夷之風者頑夫廉懦夫有立志橫謂不循法度頑者

去之有見幾之明不可謂不知也當時舉於秦明知穆公之可與行其道也而相之有撑君之識可謂不智乎相秦而取威定伯以顯其君於天下今秦国世賴之而可傳於後世非有尊王庇民之資而能之乎若自賣其身以成就其君之伯業即鄉黨少知自好的猶不肯做而說賢者肯爲之乎食牛之說誣矣

無知覺蠢者有分辨懦柔弱也

要摹寫一個清的形像但清字勿露目不視二句非却之也即在目前耳邊自有介然不屑之意伯夷只有亂則退無治則進兩句合看相形之詞不忍居必去之也推其心思以朝衣朝冠視巳以塗視鄉人如坐一念惟恐稍爲所染也數段散散說去不必如上孟一段深一段以待天下之清要看得好只想見其神情如此不然武王之時不常會朝清明乎夷則猶然爲亂耳風在感人處言頑廉以知言懦立以行言

伊尹曰何事非君何事非民治亦進亂亦進曰天之生斯民也使先知覺後知使先覺覺後覺予天民之先覺者也予將

伯夷講

此節叙孟子以見孔子爲聖之至意孟子曰吾觀伯夷眼前不看惡的色耳頭不聽惡的聲非與他一般的君則不事之非與他一般的民則不使之世清而治則進而仕世濁而亂則退而去不特此也即橫政之所出之所橫民之所止之鄉不忍居之恐被其橫也即此以推其心思與鄉人處就像

道覺此民也思天下之民匹夫匹婦有不與被堯舜之澤者若已推而內之溝中其自任以天下之重也何事非君言所事即君何使非民言所使即民無不可事之君無不可使之民也

何事非君二句打從堯舜君民來方妙隨吾所事即使爲堯舜之君何事而非君下做此此足見力量大提得起放得下見自任意惟其事皆君民所以進退無分于治亂然其不分治亂而任事使者以天覺民之責自任故也任得真切故曰重一節語意相承

吳駿公曰古風者道不行於當世而流風猶爲百世師也尹有動業故不言風孔子則太和元氣之流行風又不足言矣

柳下惠不羞汙君不辭小官進不隱賢必以其道遺佚而不怨

以朝衣朝冠之潔坐於塗炭處則恐被其汚矣當商紂之時避世皆惡伯夷居北海之水濱以待天下之清也故聞伯夷之清風的頑夫化爲廉懦夫化而有立志此伯夷之行也

○伊尹講

伊尹之言曰何事非堯舜之君何使非堯舜之民故世治亦進而事君使民世亂亦進而事君使民嘗自任曰

阨窮而不憫與鄉人處由由然不忍去也爾爲爾我爲我雖袒裼裸裎於我側爾焉能浼我哉故聞柳下惠之風者鄙夫寬薄夫敦鄙狹陋也敦厚也

自立朝說至居鄉要寫一個和的景象君自汚于我何與故不惡小官不辭原看官不在眼裏阨窮亦從遺佚來與鄉人處至浼我哉總是不分爾我不懼世浼之意正惠之寬處敦處鄙者褊急狹隘以度量言寬是有容薄者苛刻少恩以性行言敦是淳厚

孔子之去齊接淅而行去魯曰遲遲吾行也去父母國之道也可以速而速可以久而久可以處而處可以仕而仕孔子也

接淅

天之生這民也，使先知覺後知，欲其明無不遍，使先覺覺後覺，欲其蔽無不開。今予乃天民中的先覺者也，予其將以這道覺醒這民也。即其言而推其心思，到天下之民，即匹夫匹婦有人未知覺，便是不與被堯舜之澤，他就若自已推而內之溝中一般，故其自任以天下何等重，此伊尹之行也。○下惠遺

承也。淅漬，木水也。

孔子本不可以事數，仕止久速，亦因上敘三聖而及之，論仕處久速，又以去齊魯兩椿作例，標指見月之義也。四可以字便是時，四而字便是因時，本文所說時字，不在四可以字之時，而在因四可以而字之時，要渾四句看，不要拍着，要離四句看，不要執着。此獨以孔子也三字煞之，便含三聖不可語此意。

孟子曰：伯夷，聖之清者也；伊尹，聖之任者也；柳下惠，聖之和者也；孔子，聖之時者也。無所雜者，清之極；無所異者，和之極。任者，以天下爲己責也。時，謂兼三子之所以聖者而時出之。

柳下惠汙君亦肯仕而不羞小官亦肯仕而不辭，進不隱在己的賢，必以其直道也。雖遺佚不見用而不怨人，因不見用而阨窮亦不自憫。雖與鄉人處亦由由然不忍舍去也。嘗自言曰：爾自有爾之爲，我自有我之爲，雖袒裼裸裎而失禮於我側，爾亦安能浼我守礼之身哉。故聞柳下惠之和風者，鄙陋之夫且化

每句重下四句，不重聖字。是從聖字分別出來，以見孔子之異，倒轉便非。言伯夷人但知爲聖，而不知止是聖人之清，清之外不能兼也。益清到極處，只成得一個清耳。伊尹、柳下惠亦然。孔子人但知槩謂之聖矣，而不知至聖與他聖不同，乃是聖之時。如此看何等明透。時字粘着聖字，對清任和看，還是統論聖人之德。就聖心全體上說，謂其時清而清，時任而任，時和而和，如撒水銀，非不粒粒員，不曉得員的是一個孔聖之時，當就元氣渾淪處看始得。

陳大士曰：時以天地古今流行發用之物爲其形，形而色色。然則自堯舜以及夷、尹、惠，皆孔子時中流行發用之物也。

孔子之謂集大成。集大成也者，金聲而玉振之也。金聲也者，始

而爲寬，刻薄之夫，豈化而爲敦。此柳下惠之行也。

○去齊講

乃若孔子之行，在齊，郎漬米將吹，遂以手承水取米而行。在魯則曰稍從容，此吾今日之行也，蓋以去父母宗國之道，情雖惣然也。由去齊魯觀之，可以速而速，不必於久；可以久而久，而不必於速；可以處而處，而不必於仕；可以仕而仕，

條理也。玉振之也者，終條理也。始條理者，智之事也；終條理者，聖之事也。成者，樂之一終。金，聲宣也。玉，磬也。振，收也。始，始之也。終，終之也。條理，猶言脈絡也。智者知之所及，聖者德之所就也。

合下二節，是一直意，總是聖之時，直恁難說，故譬之樂，譬之樂不足，故又譬之射。集大成緊根時字來，集者道大自能包得，非必合小以爲大也。大成係樂譜借來用，下故以金聲玉振釋之。金聲爲大成之樂始條理，自金一聲衆音之條理無不以此始，是爲大始。玉振爲大成之樂終條理，自玉一振衆音之條理無不於此終，是爲大終。孔子之智無不燭，聖無不收，亦如是。兩事字言此大始大終者，孔子智聖之能事也。尤

而不必於處其斯以爲孔子乎

○伯夷講

孟子從而斷之曰此四人者皆古聖人也伯夷清造其極其聖之清者乎伊尹任造其極其聖之任者乎柳下惠和造其極其聖之和者乎孔子之聖渾清任和而出之以時者乎

○大成講

何以見孔子爲聖之時其會千聖之原兼三聖之長謂之集合

重金聲二字一串說玩一而字便包得中間許多條理玩一之字亦見玉振由于金聲始條理者拆衆理于毫芒也終條理者備衆理于一貫也條則有數而不紊理則有分而不可易智之事聖心之靈明自然洞察在事始故曰始條理聖之事聖心至成至化其自然默成在事後故曰終條理聖智雖分貼始終只取兼備之意截然下開不得聖心無始無終由事方有始終其實始終只一事重在兼總條理上以兼總條理爲大成非以始終有序爲大成也

智譬則巧也聖譬則力也由射于百步之外也其至爾力也其中非爾力也 此復以射之巧力發明聖智二字之義

古今之大成所謂集大成也者如樂以金鍾以聲揚之而宣其音而以玉磬以振止之以收其韻於中之兼總無遺矣金聲也者非自爲聲也乃樂裡面八音的節次脉絡皆從此引起也玉振之者也非自爲振也乃樂裡面衆音之清濁高下皆從此收拾也然所謂始條理者是聖之理無不照徹而爲智之事也終

孟子恐人泥始終爲先後故以巧力明之而取譬只就本體言且虛說下文正言所取譬意通明爲聖聖即智也最妙在以巧力証智聖把智聖併在一圈何謂巧非心非手純是天機太空明鏡之中不起一念不落邊際胸中完完全全有個正鵠這個就是一團元氣輕輕脫脫發處都中紅心雖然用力原不着力故曰其至云云見這裡全靠力不得由作由此射彼看百步之外似形容孔子之大成意至者造其極也中者中於時也此處點出巧字方見巧力合一之妙

周室 **全旨**

重尊王意以天子爲主爵祿之班天子班之也天子一位二節是班爵之制天子之制地方千里六節是班祿之制天子一位六句統言班爵之通於天下者君一位七句分言班爵之施於國中者也天子之制節通言班爵之通於

條理者，於聖之理無不全體，而爲聖之事也。孔子以智聖合一如此，故謂之集大成也。

○〔智譬講〕樂理還狀不盡，其再譬之於射乎。智譬那寄的之巧，聖譬那發矢之力。射的把子立於百步之外，由此而射於百步之外，其至到那把子上，是爾之力；其中那紅心，非爾之力。到此方見得智不但開聖之始，

天下者，君一位七句，分言班爵之施於國中者也。天子之制節，通言班爵之通於天下者。天子之卿五節，分言班祿之施於國中者也。天子一位，便見名分等級統于一尊，截然不可混說。天子之制，便見國都大小稟於一人，凜然弗敢違。二句當另提起，不與下混。班爵只是公侯伯子男，今添天子作六等。班祿只是公侯百里，伯七十里，子男五十里，今添天子千里，作四等，作主也。亦作倒也，蛇無頭不行，是則孟子尊王意也。通章只說其畧，切忌其詳字。

北宮錡問曰：周室班爵祿也，如之何？ 北宮姓，錡名。班，列也。

錡有感于當時爵祿踰分，已無周矣，故以周室爲問。班字有等級分明，森然不可僭差意。

孟子曰：其詳不可得而聞也。諸侯惡其害己也，而皆去其籍，然而軻也嘗聞其畧也。 當時諸侯兼并僭竊，故惡周制妨害己之所爲也。

諸侯二句，正其詳不可得而聞處。惡其害己，出于僭竊之心

而併要聖之終孔子巧力俱當以爲聖之時集大成而獨三子也。

○周室講

此明周先王班爵祿之制意北宮錡有感于當時爵祿之班非成周之舊故問曰周室之初其班爵祿之制是怎庅樣孟子曰不可得而聞也周制之詳今日然由諸侯惡其妨害已兼併之爲也而皆毀去這典籍然而輒皆去其籍挾朋黨以行私總是無王意曾聞其畧見王制雖減清議猶存正可以默持天子之統于不墜

天子一位公一位侯一位伯一位子男同一位凡五等也君一位卿一位大夫一位上士一位中士一位下士一位凡六等

此班爵之制也五等通於天下六等施於國中

天子一位是一章大頭腦宜另提君一位亦須另提君不與臣同也天子不能以一人治於是有封建之典焉一國不能以一人理於是有命官之典焉此君字是天子公侯伯子男下及卿大夫士等則其臣也兼王國侯國言故曰施于國中爵有級曰位合上下之位觀之則等分矣子男同一位猶今

也其畧何如天子一位矣然天下不可以一人治又有公一位侯一位伯一位子男同一位其等凡有五也國之大統於一君君一位矣然國不可一君理又有卿一位大夫一位上士一位中士一位下士一位其等凡有六也班爵之畧如此

○天子講爵有定則祿隨之天子分尊則祿厚其制地方

郎中員外皆五品但有正從若序立班次則子必在男之上父天母地而爲子者天子也爵位盛大以無私爲德者公也斥堠于外以君人爲德者侯也體仁足以長人者伯也德足以養人者子也德足以安人者男也出命足以安衆者君也知進退而其道上通者卿也知足以帥人者大夫也才足以事人者士也

天子之制地方千里公侯皆方百里伯七十里子男五十里凡四等不能五十里不達於天子附於諸侯曰附庸此以下班祿之制也不能猶不足也

班爵以地言者祿出于地也天子之制地方千里想見居重

千里焉自天子而下公侯皆方百里伯七十里子男五十里等凡有四也四等之外有不足五十里不能自達於天子惟附於大國的諸侯以姓名通謂之附庸輔天子之卿所同外国之侯大夫受田同伯元士受田同子男以王官之祿比藩衛之君貴在公侯之大國也受地方百里君所得田祿十倍於卿卿祿

馭輕强幹弱枝之義地字另讀方字帶下猶云正也民功曰庸以治民之功附諸侯而達之節述職意也

天子之卿受地視侯大夫受地視伯元士受地視子男視比也

王官受地視外諸侯爲例天子之卿大夫俱準侯伯子男之祿不準侯伯子男之封亦以尊天子而重王臣意且公侯伯子男捍禦于外天子之卿大夫輔弼于內功相準也入爲王朝之卿士出爲列國之諸侯秩相齒也故以王官之祿比外國之君其内外之體當如是也受地則是受田地采地也視者視其公田之所入指食祿言不言公者公與侯皆百里不言中下士者想亦視附庸耳

四倍於大夫大夫所得田祿加一倍於上士上士加一倍於中士中士加一倍於下士下士所得之田祿與庶人無爵而在官者同受祿於君祿僅足以代其耕所獲而已

○次國講

在伯之次國也受地方七十里君所得田祿十倍於卿卿固厚矣卿祿三倍于大夫大夫加一倍于上士上士加一倍于中士中

大國地方百里君十卿祿卿祿四大夫大夫倍上士上士倍中士中士倍下士下士與庶人在官者同祿祿足以代其耕也

倍之也。四四倍也。倍加一倍也。

大國次國小國之地上文已明茲復提者君爲臣綱亦所以作主作例也合下三節只重在臣祿上君祿上已見之君祿有定制國止一君分不可移也卿祿有殺大夫以下祿無所殺者祿厚而不爲之殺則祿之所出不足以供祿窮薄矣而復爲之殺則臣之所養不足以自給下士與庶人在官同祿要活看與猶許也乃活算之詞祿足以代耕正隱然見得井田封建表裡之義亦見先王之體恤至此

士加一倍于下士下士與庶人無爵而在官者同受祿於君祿僅足以代其耕所獲而巳其在子男之小國也地方五十里君所得田祿十倍於卿祿同厚矣卿祿二大夫大夫加一倍于上士上士加一倍于中士中士加一倍于下士下士與庶人無爵而在官者同受祿于君祿僅足以代其耕之所獲而巳

次國地方七十里君十卿祿卿祿三大夫大夫倍上士上士倍中士中士倍下士下士與庶人在官者同祿祿足以代其耕也

三謂三倍之也

卿之祿三等之國遞薄者是義以節國之用大夫士之祿三等之國皆同者是仁以養臣之廉

小國地方五十里君十卿祿卿祿二大夫大夫倍上士上士倍中士中士倍下士下士與庶人在官者同祿祿足以代其耕也

大夫之祿大國四之去卿尚遠次國三之差近于卿小國二之裁半于卿要見國雖小而制愈嚴有不可混亂意

耕者之所獲一夫百畝百畝之糞上農夫食九人上次食八人

○耕者議 試就耕者論之。所獲之田，一夫受田百畝。百畝之糞，有勤惰不同，則為上農夫也。計其所入，可以食九人焉。降而上次，猶足食八人。而其中也，不過食七人而已。又降而中次，猶足食六人。而其下也，不過食五人而已。耕者以勤惰分，大約有此五等。若庶人在官者，以是五等為差數。此其畧之可言也。

中食七人，中次食六人，下食五人。庶人在官者，其祿以是為差。

上文說同祿，而未說明同祿之中有不同處，故又說此節。以耕者之田，每夫都有百畝，其有上中下差等者，力有勤惰也。糞，治也。勤惰寓此字中。庶人在官者，役有大小，事有煩簡，故祿之上下亦等之。此處亦見爵祿之周密處。

不挾

全旨 論友直說到泰交上，如是天之置君，以為民也，非賢則孰與助為理乎。自孟獻子疊疊進一步說來，文勢直趨末節，當以堯舜節為主，所云友德不挾貴者如此。

萬章問曰：敢問友。孟子曰：不挾長，不挾貴，不挾兄弟而友。友也者，友其德也，不可以有挾也。挾者，兼有而持之之稱。長以齒言，兄弟以勢言。

友字重，我去友人，說挾不是挾以驕人，自己心上不能忘所

○【問交講】此見諸侯交之道貴於尊德也。萬章問曰敢問交友之道何如。孟子曰交友之道全忘其己之所有也。忘年不挾長而與人友，忘分不挾貴而與人友，忘勢不挾兄弟而與人交。忘的友也者，務友其人之德而未觀乎我也。知之何可以己之所有者爲挾也。

○【獻子講】歷稽之古人之

有便是。此上且虛虛說，下二句方推不挾之旨。友之心倘有介蔕，便與德不相入，即旦夕與之周旋，終是貌親而神不浹。也不惟我無以成德，而有德之人亦不與我友，如之何可挾。當以挾貴爲主，下四節單明不挾貴。

孟獻子百乘之家也，有友五人焉：樂正裘、牧仲，其三人，則予忘之矣。獻子之與此五人者友也，無獻子之家者也。此五人者，亦有獻子之家，則不與之友矣。孟獻子，魯之賢大夫。

百乘之家，政見其貴。五人只重記數，二人已結五人之局，忽其三，并不欲有名。獻子之與四句，一正一反，政見獻子不挾貴處。無獻子之家者，視之若無也。不重五人，重獻子自無其

不挾者曾有孟獻子世卿而有百乘之家也不自恃而有友五人焉一日樂正裘一日牧仲其餘三人則予忘其名矣可知獻子之與此五人者友也正其不把獻子之家在心裡的痕念此五人者亦有獻子之家則獻子豈肯與之友哉此試子之無挾也非惟百乘之家是這等雖費如小國之君亦有不挾者費惠

家樂與忘勢者友

非惟百乘之家為然也雖小國之君亦有之費惠公曰吾於子思則師之矣吾於顏般則友之矣王順長息則事我者也 惠公費邑之君也師所尊也友所敬也事我者所使也

惠公是不挾小國之貴者雖小國亦見其貴師友總是友德不必偏重惠公不敢躋王順長息于師友之列正其尊子思顏般處

非惟小國之君為然也雖大國之君亦有之晉平公之於亥唐也入云則入坐云則坐食云則食雖蔬食菜羹未嘗不飽蓋不敢不飽也然終於此而已矣弗與共天位也弗與治天職也弗

公曰德足範俗的子思也我則以師事之矣德足均饒我的顏般也我則以友道處之矣若王順長息足備任使足事我的豈可與子思順敵等哉此惠公之無挾也

○小國講

非惟小國之君是這等雖貴大國之君亦有不挾者晉平公之於亥唐也嘗慕其德造其廬矣入不遽入唐云入則入坐不遽

與食天祿也士之尊賢者也非王公之尊賢也亥唐晉賢人也疏食糲飯也不敢不飽敬賢者之命也

晉平公是不挾大國之貴者造亥唐之廬慕其賢也入云到不敢不飽是未節敬字然終於此爲下天下友匹夫張本乃一章轉頭話不可說壞平公弗與三句是言平公忘己之所有也士之尊賢者也二句亦說得妙就士身上看他的事也完了亦可謂尊賢者王公之事尚有可盡處

舜尚見帝帝館甥於貳室亦饗舜迭爲賓主是天子而友匹夫也尚上也館舍也貳室副宮也

館貳直是居第之盛亦饗舜是以祿養舜即上共天祿意當

坐唐云坐則坐食不淺食唐云食雖是疏食菜羹之薄亦未嘗不飽蓋飽者敬其物而不敢不飽也然終是這等而無所易也彼時忘其所有反位公弗與共也天職公弗與治也天祿公弗與食也嚴然士人之尊賢者也非王公檃爵祿者之尊賢也此平公之不披也

○舜尚講

上此而天子之交貴亦有不得而際

王字造字要活看只是畧去其名分交相往來天子友匹夫只是友其德也樣子非是王公尊賢証佐

用下敬上謂之貴貴用上敬下謂之尊賢貴貴尊賢其義一也

貴貴尊賢皆事之宜者

此節氣象甚岸偉直以尊賢頡頏貴貴是從天位三天字看來見君不友德不足以成其貴賢之關係于貴者不小故名分不足言而德實足重也敬字搆出友字意敬非容儀文在心孚意契說尊賢邊重義字要在友德上看其義一也要見位非獨重德非獨輕方合本旨

全旨

通章重事道上交際之受正以爲行道之机當時諸侯無下上之賦接遇之間術有可按机緣係之矣舍此一

拔者昔舜曰側陋而上見于帝帝則以甥禮館之于貳室而復就貳室以享舜脫畧君臣之分更爲賓主之交是弃以天子之貴而友匹夫之賤也友德至此極矣是知天下以下之賢名去敬上之有爵謂之尊貴其貴以上之有爵去敬下之賢者謂之尊敬其賢世人重爵而輕德歟以貴貴爲義不曰貴貴尊賢其

途寧有可遇合焉者乎故孟子亦其析節之虛意以爲接言通情之階而鼻論其用物之所從來與孔子爲兆同一苦心汲皇如見也

萬章問曰敢問交際何心也孟子曰恭也際接也交際謂人以禮儀幣帛相交接也

章劈頭問交際何心其日摯時主已不能行吾道用此不義之物來相交際是直爲甚麽恭以爲習奪而可御也不欲受之意已寓矣孟子答以爲恭淺淺就事論事然亦見得是時王有敬賢之心這個機緣還有可乘不欲御之之意亦已寓矣

曰卻之卻之爲不恭何哉曰尊者賜之曰其所取之者義乎不義乎而後受之以是爲不恭故弗卻也卻不受而還之也

言卻之亦嚴以持己未爲不可何故便道不恭尊者之賜又

長一而已矣故古友也者友其德也。

○交際章

此見聖賢通用世之權意。萬章問曰：敢問人以禮儀幣帛相交際者果何心也。孟子曰：恭敬之心也。章又問曰：交際固是恭，亦有卻之不受者，卻之便以爲不恭，是怎的？孟子曰：位之尊者有賜于我，禮則恭矣，乃度之心曰：彼所以取這物是合宜的不

非泛然便見其恭義乎不義乎，是他卻之之時私心竊計其如此，卻其物而輕其人，故以爲不恭。就卻餽者自家見得如此可受則受，何必專以卻爲。

曰：請無以辭卻之，以心卻之，曰其取諸民之不義也，而以他辭無受，不可乎？曰：其交也以道，其接也以禮，斯孔子受之矣。交以道，如餽贐聞戒周其飢餓之類；接以禮，謂辭受恭敬之節。

以心卻便見非不恭，取諸民不義句章心裡說得重，不義而以他辭無受，際連心卻作一氣說，謂必欲卻之也。交道接禮從恭字生來，道是恭之大意可原處，禮是恭之節目可觀處。斯孔子受之，非是把聖人壓倒他，止伏後事道之根，斯字不

合受的必合受而後受之這是卻辭其物的心以是爲不恭故君子受而不卻萬章又問曰卻之爲不恭請無直以辭卻他以心躊他卻他私計曰這物定是取諸民之不合宜的托以他辭不受他不亦可乎孟子曰不必計昔之取者何如但觀今日其交也以道來其接也以禮儀即孔子亦受之非卻他何用以他

可忽斯字何等直截他情中反覆周旋道法上原無委曲

萬章曰今有禦人於國門之外者其交也以道其餽也以禮斯可受禦與曰不可康誥曰殺越人于貨閔不畏死凡民罔不譈是不待教而誅者也殷受夏周受殷所不辭也於今爲烈如之何其受之禦止也國門之外無人之處也

引禦爲例是狠着其辭爲下文諸侯埋根斯可受禦與是倒跌法康誥以下發不可意殷受夏數句言此不待教而誅之法三代相傳不待辭說今尚明烈禦人決不可受否以周字應康誥字

曰今之諸侯取之於民也猶禦也苟善其禮際矣斯君子受之

辭無受哉、○今有講禹章曰只因交際之禮卽受設今有止人於國門之外而殺之以奪其貨其交也以道其餽也以禮遂可以受他禦得之貨與孟子曰此則不可也康誥之言禦人者曰殺人而顛越以取其貨閔然不顧不怕死凡民無不憝讟是不待告戒而當即誅也、此豈始於康誥殷以法受之於

敢問何說也曰子以爲有王者作將比今之諸侯而誅之乎其教之不改而後誅之乎夫謂非其有而取之者盜也充類至義之盡也孔子之仕於魯也魯人獵較孔子亦獵較獵較猶可而況受其賜乎（比連也）

猶禦數語是章發問本意猶字猶云無二善其禮際未交前之一着未善也問君子斯受之之意得無悖不可受禦之義乎以爲有王者作五句不是爲諸侯分解亦深原理法以明其可受耳充類至義之盡只是不苛求意充滿不義之類律之到義之至精至微盡頭處凡有一毫非義便是禦人之類便不可取若泛常議論畢竟諸侯不是盜引孔子之獵較止

又術以法受之于毀所不待教問也於今爲禦寇禦得之貨如之何其受之章問曰禦人之貨既不可今之諸侯横征暴歛取諸民其不義亦猶禦人而得貨苟善其禮以交際矣斯君子不問可否而受之敢問是何主意孟子曰諸侯取民不義比之爲禦則太甚于以爲有王者起將速令今之諸侯比之於盜而誅

見孔子寬以繩世處君必克義之盡孔子亦不可獵較了亦獵較非逐隊而趨之只是不禁止他獵較之說似與受賜不相當只借來做影子其所以猶可之故照下文看來可見

曰然則孔子之仕也非事道與曰事道也事道奚獵較也曰孔子先簿正祭器不以四方之食供簿正曰奚不去也曰爲之兆也兆足以行矣而不行而後去是以未嘗有所終三年淹也此因孔子事而反覆辯論也

事道者以行道爲事也

以獵較敝俗而猶不爲變易疑不可謂事道不知孔子原在那裡用變易工夫但滑移默奪不遽紛更正自無妨於事道獵較之弊由於祭品之競奇以簿書正之則器有常品而此

之乎？鄉告戒之不改而後誅之乎？夫謂取非其有而日之為盜者，乃克蒲不義之類到於義之至精至密處也，否則猶不可以盜目之也。當孔子之仕於魯，魯人田獵相較，奪禽獸以祭，孔子亦听其獵較，而不禁獵較之俗，孔子猶以為可。從而況諸侯之賜，豈可不受乎？○然則講萬章曰：然則孔子之仕于魯也。

風可息矣，孔子之機權如此，何用憂憂與魯人事耶？章以為奚不去，還是嫌他委曲，不如孔子不急急於更張，是從容圖回，把吾道端緒少示一二，大行之機或在於此，故謂之兆。兆自是以大行，而世人卒不能行，故孔子不得不去之速也。是以二字，緊承為之兆四句來。

孔子有見行可之仕，有際可之仕，有公養之仕。於季桓子，見行可之仕也；於衛靈公，際可之仕也；於衛孝公，公養之仕也。見行可，見其道之可行也。際可，接遇以禮也。公養，國君養賢之禮也。

三仕都是委曲將就做去，見行可，原不是十分好底，但看於季桓子三字，便見時說誤以為大行，不知此正是上節孔子非以行道爲事也孟子曰聖人正以道濟天下爲事也章又問只孔子既事道奚爲不變俗而從獵較之俗也孟子曰以道易俗固自有漸孔子欲先以簿書正其祭器不以四方難繼之物供簿書所正之器章又曰請既不行可以去矣何用委曲如此孟子曰孔子不去正欲試其道以爲大行之兆也吾道之兆足

仕嘗時也須闊闊說孔子委曲事道如此則交際之不當卻明矣蓋此原借交際以發事道之深情非徒以仕止明辭受也故孟子從交際說到出處其意可知

仕非全旨

爲貧是權法行道是正論要知立朝不行道只是爲貧一念壞了富亨于鍾貧如任吏故天下無可爲貧之仕即抱關委吏亦當斷此一念首已斷定未能字煞甚徹醒

孟子曰仕非爲貧也而有時乎爲貧娶妻非爲養也而有時乎爲養爲貧爲祿仕也

仕非爲貧何渾渾不露道字更妙爲貧全重道與時違曰有時便見非仕之常下二句申足上意

爲貧者辭尊居卑辭富居貧貧富謂祿之厚薄

以行矣而卒不能大行吾道而後去則去之甚決是以未嘗有所終三年淹留于其國也蓋孔子爲行道之計故有見其君相遇有可行之兆而仕有因其君接遇之際有可行之兆而仕因其君有公養之際見其兆可行而仕之者試微其事於季桓子之時爲之會計以用之乃見行可之仕也於衛靈公有交際禮

君子之仕以爲道也至不得已爲貧須擇處卑貧於爲貧之中而不失爲道之意乃可辭字活看爲貧那有尊富烏乎與之烏乎辭之主擇仕之時自審當如此居貧貧字是祿薄與上貧字不同蓋尊富之爵祿原是懸以待立朝行道者非爲吾人濟貧之需也此是辭尊富本旨

辭尊居卑辭富居貧惡乎宜乎抱關擊柝柝夜行所擊木也

此復舉抱關擊柝作例者恐卑貧不極行道之責猶洗刷不盡也抱關擊柝是一事不主虛縻此祿即是隨位以自盡之心正以卑官雖無行道之責薄祿亦無苟受之理

孔子嘗爲委吏矣曰會計當而已矣嘗爲乘田矣曰牛羊茁壯

是緊叫之仕也
於衛孝公有問
餽之禮是公養
之仕也此正曲
通其濟之道也
亡仕非譏

孟子重行道曰
爲仕的各有當
盡之職也仕必
行所爲原非爲
貧有時乎爲貧
或因親老祿養
而仕也如娶妻
原爲繼後則爲
代執爨者乃
一時之偶然耳
既爲貧便爲道
之位不當居辭
了爵之尊而居
其卑辭了祿之

長而已矣此孔子之爲貧而仕者也委吏主委積之吏也乘田主苑囿芻牧之吏也茁肥貌

舉孔子之爲委吏乘田是繇尊居卑之準也仕貧盡職處正是行道處會是總數計是開數當是積算明白茁壯長是茁然肥壯又生育蕃盛兩曰字是孟子度其意而言之郎與言高字相照此孔子不言高處而已矣言着實辨其事此外別無事也

位卑而言高罪也立乎人之本朝而道不行恥也爲貧者不可以居尊居尊者必欲以行道

位卑四句一直看歸重下二句言位卑則無可於言若立乎人之本朝便有行道之責烏可以貧仕而自諉乎有行道之

孟下十八卷

厚而居其薄然何者是所宜只宜抱關擊柝之吏所卑祿薄然亦未嘗無道可行也卽此亦有職業

〇孔子講

試觀之孔子嘗爲主倉廩委積之吏其意盖曰委積之吏總會計之數各得其當則職盡矣亦嘗主乘田牧之吏彼意盖曰乘田之職惟在畜養牛羊茁壯長盛而職盡矣可見道與職

會而道不行虛此尊富豈不自愧須知立朝不行道只是爲貧一念害事損一恥字令此等人眞是面目無所施不能一日安其位也

不託【全旨】通章責君待士重舉不重養問答都是居齊不受祿時事孟子之不受祿實以君不能用而以祿縻之竟是要去終亦不受其養其答萬章雖曰不敢當諸侯禮與臣禮分是如此其意全在悅賢不能舉上及章再問如何斯可謂養因說繼餽不將命而遂及於堯之舉舜主意露矣

萬章曰士之不託諸侯何也孟子曰不敢也諸侯失國而後託於諸侯禮也士之託於諸侯非禮也託寄也謂不仕而食其祿也

不託諸侯卽是不受賜託字從諸侯寄食得名諸侯出奔他國非臣也而以客禮自處食主人廩餼名曰託士出遊人國

郎位卑猶然况高位乎彼位在於卑而言高反坐出位之罪只須在本職上盡若泣乎人的本朝原該得行道的而道不行未免苟祿竊是抱愧於素餐耳故凡仕非為貧也

○士之託

此見孫士當有道意萬章問曰乃今之士者不寄託於諸侯而食其祿是怎的孟子曰士之名分固不敢托也益以諸侯有爵

未委質亦非臣也而食人祿影借此名色僭莫甚焉即非禮也故曰不敢

萬章曰君餽之粟則受之乎曰受之受之何義也曰君之於氓也固周之周救也視其空乏則周恤之無常數君待臣之禮也

餽與託原不同受其餽者士以民自待也

曰周之則受賜之則不受何也曰不敢也曰敢問其不敢何也曰抱關擊柝者皆有常職以食於上無常職而賜於上者以為不恭也賜謂予之祿有常數君所以待臣之禮也

賜有常數明是臣祿了與餽之無常數者不同故不可受且賜是以尊惠下之名餽則平安交際之名未爲臣而受祿賜

士不幸失國而後託於他國之君而食其廩餼之供是寄公之禮也士無爵上而食諸侯之祿便不是禮了萬章曰若君餽之粟則受之底孟子曰受之章曰受之其義何居也孟子曰士未爲臣亦民也君之於氓也固周其空乏章曰餽賜都出於君乃受其周而不受其賜又何意孟子曰上之分不敢受也章曰敢

士固非分未爲臣而以臣臨之君亦大倨其有受有不受分明不受牢能意不好斥言而曰吾以氓自處而受其周善辭也惟不恭所以不敢上之不敢是以各分言而不敢上同於君下不敢是以敢分言而不敢混同於臣然欲守士之分則一也

曰君餽之則受之不識可常繼乎曰繆公之於子思也亟問亟餽鼎肉子思不悅於卒也摽使者出諸大門之外北面稽首再拜而不受曰今而後知君之犬馬畜伋蓋自是臺無餽也悅賢不能舉又不能養也可謂悅賢乎亟數也鼎肉熟肉也卒末也摽麾也臺主使令者賤用也

此節見可受餽亦須餽之有道亟問上要點悅子思之賢意

問怠的不敢曰雖抱關擊柝者皆有常職以食於上士無常職而受其常數之賜即為不恭也故不受其賜

○君餽講

章曰君餽之粟則受之不識可常常繼續乎孟子曰亦看他所以餽者何如耳昔繆公之待子思也竊其賢而悅之亟命使者問其安而亟餽之鼎肉子思不勝其受之煩而不悅其終復來

亟餽鼎肉不妨只是不合亟問盛亟問是屢以君命將之也即非其道也故子思不悅摽使下受何必於卒此見聖賢發之不暴處摽之只請出在外非逐去也前此猶望其悟也稽首再拜聖賢竟是何等氣象臺無愧還是知媿意但悟則猶未也公不能養只上亟問事

曰敢問國君欲養君子如何斯可謂養矣曰以君命將之再拜稽首而受其後廩人繼粟庖人繼肉不以君命將之子思以為鼎肉使己僕僕爾亟拜也非養君子之道也僕僕煩猥貌

繼粟繼肉當以下節百官牛羊倉廩備句照看摋置人役常在聽候供其匱乏初頭以君命將之此自不可少的將之者

餽以手麾使者出諸大門之外北面稽首再拜而不受曰今而後知君非敬伋乃以犬馬畜伋蓋自是繆公不令臺官來致餽也夫繆公之於子思非惟不能舉而用之且致不悅而養亦不能舉悅賢之至也

能可謂悅賢乎

○敢問講章曰敢問國君欲養君子必急底如斯可謂能養矣孟子曰始餽時以君命將之重其禮也賢

何開具個人役供給件數也以後便不消頻頻了恐勞賢也

此節全要見委曲尊賢之意君命勞巳是孟子推當時却餽之意代子思發出以明巳之所言爲養君子之道也

堯之於舜也使其子九男事之二女女焉百官牛羊倉廩備以養舜於畎畝之中後舉而加諸上位故曰王公之尊賢者也能養

此節不重贅堯只因堯以示悅賢之極而束以王公之尊賢能舉乃成其能養能尊又見其能悅只一意九男二女亦是養堯之百官亦臺人輿人皂人牧人之屬此時專以養言後舉而加之上位即總五典納百揆之位也不是禪位曰王公

者再拜稽首而受其餽重君命也及其後使司廩人粟的人繼續其粟之所無使司庖的人繼其肉之所無不復以君命將之省煩於亟教之勞方是能養子思以爲鼎肉的故使己僕僕然有亟拜之勞非國君養君子之道也其能養而又能舉的惟堯乎昔堯之待舜也使其子九男以奉事他以二女嫁他且百官牛

之尊賢見非常待士者之可律

不見全旨

此章重在不可召上以義兩字作骨在士則有禮有義以後往則可以見往則不可在君則以多聞爲賢以官召則可以賢召則不可首云庶人不傳贄爲臣不敢見於諸侯禮也牒個禮字往役義也往見不義也牒個義字後以義路禮門雙結與就不往不往見上說所曰是路是門孔子往召時爲臣也以其官召之與不傳質爲臣句應此文情照應處止發明士不可召意俱是由是路出入是門處

萬章曰敢問不見諸侯何義也孟子曰在國曰市井之臣在野曰草莽之臣皆謂庶人庶人不傳質爲臣不敢見於諸侯禮也

傳通也質者相見以自通者也

草莽士亦諸侯之臣故以不見爲異二臣字輕是庶人自稱說不必黏國野二字義發揮只重普天率土皆王臣意傳質

羊倉廩備衛以養舜於畎畝之中養之周也及其後舉而加諸百僚之上位乘之隆也故曰王公之尊賢也今世無尊士之義士敢安託而受其賜乎

○不見諸

此評士不見諸侯之義意爲章旨敢問士于諸侯不求見不往見其義何在孟子曰士在諸侯之國其在國都則謂市井的臣其在郊野則謂

就是臣不傳贄就是庶人禮只是安爲下之分是也自重抗節意却在下文義内透出禮義非兩件循理處即是義安義處亦是禮

萬章曰庶人召之役則往役君欲見之召之則不往見之何也曰往役義也往見不義也往役者庶人之職不往見者士之禮

往役句輕重往見句往役爲義謂君不知其爲士徒以庶人待之則可往見不義謂君明知其爲士復以庶人待之不可所以不肯往見也上曰禮此曰不義蓋不守禮而往見便是不義

且君之欲見之也何爲也哉曰爲其多聞也爲其賢也曰爲其

草莽的臣名雖爲臣其實皆謂庶人庶人未通贄不爲臣與既爲之不同其不敢見於諸侯者乃安分的礼也

○庶人講

萬章曰上既與庶人同乃庶人喚他來役使則往應其役使君欲見有所以重着他召之則不肯往見之是怎的孟子曰是又不可執一論若君與役使是君以民處之也側往役義也若君

多聞也則天子不召師而況諸侯乎為其賢也則吾未聞欲見賢而召之也　聞以學言　賢以德言

以下五節反覆明不往見之意只在一召字生出許多議論全在彼不可召上見我不可往而彼所以不可召者全在君欲見三字下文全就他欲見的心事析之且君之欲見之也何爲也哉這一喒潮頭高大發出一番大議論不則拘拘於往役不往見之辨硜硜自守士氣亦不揚也多聞二句是萬章答語多聞與賢統就在一人身上說爲人所資可備顧問故曰多聞自己有大涵養大作用去輔世長民則曰賢側重

◎賢邊爲其多聞而欲見之是明知士之可師也師道至尊則

明曉得他是十而復以民待之也。一往見則枉道徇人，非長也。凡君之欲見士之心也，果何爲也哉。章曰，爲其胸中蘊蓄之富而多聞也，爲其是以輔世長民而賢也。孟子凡既爲其多聞，便當師，雖天子之貴，猶不當召師，何況諸侯。既爲其賢，便當就見，則吾未聞諸侯欲見賢而反召天子之所不敢召者也。

天子不召師，見决無召師之理。爲其賢其尊德樂道不如是不足以有爲，未聞賢可召也。孟子言至此，大展宗風，氣象岩岩不可近矣。

繆公亟見於子思，曰：「古千乘之國以友士，何如？」子思不悅，曰：「古之人有言，曰事之云乎，豈曰友之云乎？」子思之不悅也，豈不曰：「以位，則子君也，我臣也，何敢與君友也？以德，則子事我者也，奚可以與我友？」千乘之君求與之友而不可得也，而況可召與？孟子

引子思之言而釋之，以明不可召之意。

此節即子思之言以明其不可召之意。繆公引古爲言，是自多其能友士，故子思不悅。子思氣槩甚偉，游神曠遠，若對繆

○繆公謂何以見上不可召。昔繆公慕子思之賢而亟見之，因自誇曰：古千乘之君能友一介之士何如？子思不悅曰：古之人有言，但以尊崇而師事之云乎，何曾知友之云乎。吾推子思不悅的意，其心豈不曰以位言，則子是君，我是臣，何敢與君友也；若以德言，則子當以師事我者也，何可以與我友。此子師

公若不對繆公，大似在笏看西山爽氣時也。孟子先着不悅兩字，妙得其神，非戛戛以事友乎也。事之云乎二句，又不是抄古人之言，謂古人有言，且說是個事之云乎，負說是個友之云乎，猶俗云汝曾見人是怎麼講來。灝氣全在兩乎字下文，又虧孟子洗發一番，以德非謂繆公之德不如我，就他尊德之衷言其不傾心於師事，必不能取善受益，益自尊以尊位也，不可誇。所謂在我當安庶人之卑，在君則當致事師之隆者也。求友不得二句，大占地步，況可召與，正是回顧召則不往見之處。勿粘子思繆公看。

齊景公田，招虞人以旌，不至，將殺之。志士不忘在溝壑，勇士不忘

意也夫千乘之君求與賢爲友且不可得况可以召乎也賢者必不往也昔齊景公田獵招掌山澤之虞人以旌虞人不至將殺之是虞人守死不往也孔子賢之曰志士雖在溝壑此志不忘勇士雖到喪其元而此志不忘孔子何爲取他取非其分之招而能守死不往也

○招虞講

奈何上之守道

喪其元孔子奚取焉取非其招不往也非其招非其分所當得之招也。

說到不可召處與尚了話頭益旺了遂引虞人一段來助談鋒越狠越快此不過取他非招不往以明不賢之召不可加于賢人耳然三節總明往見不義之義要知虞人正是子思影子。

曰敢問招虞人何以曰以皮冠庶人以旃士以旂大夫以旌皮冠田獵之冠也通帛曰旃士謂已仕者交龍爲旂析羽而注于旂干之首曰旌。

前言以大夫之招招虞人故此因虞人之皮冠而直推至大夫之旌見名物相違之象此節重首末二句講法須頓挫當以旌與皮冠聯絡照應而以旃以旂輕輕遞過皮冠象其所

不如虞人之守官也。萬章曰，敢問招虞人把茲物，曰以皮冠。象其所有事也。自庶人之外，若庶人便把通帛的旃，士便把交龍的旂，惟大夫然後招之以析羽的旌。夫景公以虞人虞人守死招大夫的去招不敢往。若以招士之旂去招庶人，庶人豈敢往哉？況乎厚之以召，而以不賢人之招去招賢人，怎的使得彼國

執之事。旃象其幽閑貞素之義，十乃傳質已為臣者。旂象其出潛變化之意。旌象其羽儀文明之采。此士是已仕者，上中士下士之士，非上文未傳質為臣之士。未為臣，則庶人也。

以大夫之招招虞人，虞人死不敢往；以士之招招庶人，庶人豈敢往哉？況乎以不賢人之招招賢人乎？欲見而召之，是不賢人之招也

此節見即虞人所守，可以推庶人，而況賢乎。招庶人者，猶是以貴招賤，非以不賢招賢。況乎字意可思。何謂不賢人之招？蓋招之則來，麾之則去，惟不賢人則然耳。招之便是以不賢待之矣。

欲見賢人而不以其道，猶欲其入而閉之門也。夫義，路也；禮，門

君欲見賢人而不以道猶欲他進而閉了門一般。士自入去。義乃天理之宏猶略然事事不能外。禮乃天理之節文猶門然時時不可違。天下惟君子一行一止都是義能由是路一進一退都是禮能出入是門也。小雅大東之詩云禮義大道之平如底其直如矢君子所履以為行節小人所視以為法豈可輕往見

也惟君子能由是路出入是門也詩云周道如底其直如矢君子所履小人所視詩小雅大東之篇底礪石也言其平也矢言其直也視視以為法也

上說以不賢人之招招賢人幾乎動氣然亦怪他不得見賢不以其道就是欲入而閉之門欲其入適以拒其入耳此是罵世主不曉事谿示以斷斷不可召一刀兩斷絕之也至矣禮義兩字總攝上文不可召之意謂之路門何等拘檢豈許汝胡行亂走的如往見諸侯便是走到曲徑邪竇裡去差却路門矣看一惟字是何等地步堂堂皇皇要絲毫做假不得也要拆開說出泰山喬嶽大局面不要說密致曰出曰出入有盤旋回盪於此而不出其牖了意引詩須視之言雙綰禮

也萬章曰昔孔子君命召不俟駕而行然則孔子非禮義與孟子曰孔子嘗仕魯之時有官守的職故魯君以其官召着他特召以官不召以士而士之不可召如故

○〔一鄉章〕孟子示萬章取友之道曰善無窮友善亦無窮也自己賢地堪如一鄉自第十方總又得一鄉的善士一國天下亦然惟是地

義重此句凡引証都是身說大意泥着路字側承便痛既看却顧之義禮義之爲世坊也如此周道亦只就道理說

萬章曰孔子君命召不俟駕而行然則孔子非與曰孔子當仕有官職而以其官召之也駕取駕也官職居官職事也

然則孔子非與非疑孔子爲非重在因孔子而疑士意當仕有官職則往召又是禮義了要不可以之律士

〔一鄉全章〕此友善圖也圖欲表凡例不得不畫層次其實無層次圖是死的機是活的融會之則方寸中羅萬象一室內聯千秋矣盍曰由鄉與國與天下而漸進之以友古人者乎渾看勿拆看斯得之通篇關鍵全在足之一字

孟子謂萬章曰一鄉之善士斯友一鄉之善士一國之善士斯友一國之善士天下之善士斯友天下之善士此言友善隨高下以爲廣狹也

位彷彿，總彼此做得個朋友，就此友之心，猶以為未足，故進而以誦讀求友古人。不因詩書何由以見古人也。但糟粕中或未必能知其人，是以要究論其世。真若設身處地，親見其行事者。然這總是尚友乎古人也，交友必要有這些心量方可。

○問鄉講

此見鄉不同，而為閑之心則一。

意。齊宣王問先

就現成說，即取人以身之意。斯字最妙。自家人品不到此，即與聖賢覿面，亦自當面錯過了也。畢竟自家為何等人品，方絕交何等人品。鄉國天下，口氣嫵實，不要沾滯。

以友天下之善士為未足，又尚論古之人。頌其詩，讀其書，不知其人，可乎？是以論其世也。是尚友也。尚，言進而上也。論其當世行事之迹也。

未足是善之本量，友善之虛衷。此無窮念頭，覺得天下未為廣，又尚論云云事。雖兩層，實在一念中迴旋也。尚者，神之所往也。論世知人，不在誦讀外。詩書死語耳，論世而詩書種種活耳。設身處地，易地而觀，我做古人，古人做我，不得全在自己開眼目。古人交道，稱相知知心，方是友得也。不知其人，可

王是宮設卿何爲也孟子反詰之曰王是何等卿也宣王曰卿不同乎孟子曰卿有不同也有與君同姓爲貴戚的卿有與君異姓爲異姓的卿王曰請問貴戚的卿是怎麼曰如君有大過則盡言以諫之至于反覆諍切而猶不聽則不得已而易君之

乎看反語喚醒末二句見如此纔是論世纔是尚友着眼

知其人上

張公亮曰詩書乃是今日我誦讀反是昔日古人千古一堂精神意氣初無間斷也

問卿全章 反覆之三字最重積誠以感動盡力以扶持懇懇惻惻直到無可用情處然後可以議易位議去不則猶未可

齊宣王問卿孟子曰王何卿之問也王曰卿不同乎曰不同有貴戚之卿有異姓之卿王曰請問貴戚之卿曰君有大過則諫反覆之而不聽則易位大過謂足以亡其國者易位易君之位更立親戚之賢者

貴戚之卿必待大過方諫者亦父子之間不責善也反覆字有無限深心在內非徒瑣瑣于口舌也易位所以尊先王貴稷也

異姓之卿、孟子曰異姓之卿、君有過則盡言以諫、至于反覆之而不聽、則以去悟君也、王知知此、則知卿之所以立矣。

〔反覆衍〕爲後世藉口僭立者發、反復是計無復之無可奈何、其心獨苦、故不覺其轉輾於此。

勃然變乎色 勃然變色貌、

變色者有駭異失常意、

曰王勿異也王問臣臣不敢不以正對 孟子言也、

正對者、君昕社稷之危而易位以定之、此宗臣之行權、而不失其正者也、對君之道、惟此爲正、

王色定然後請問異姓之卿曰君有過則諫反覆之而不聽則去 君臣義合不合則去、

王色定、亦是足用爲善意輔弼之臣不論過之大小俱諫不必反覆云者、猶貴戚之心也、去所以感悟人主、即反覆復合貞、

孟子十八卷 終

新刻李會元家藏四書講意玉振解孟子卷之十九

○杞柳講
此闢告子以爲杞柳言性意。告子曰，言性者類評性善，我則以性無知無能，塊然一質，猶杞柳未斲未琢，頑然一物也。我則以義非性所有，猶桮棬本非杞柳所有也。惟以人矯揉之，乃成仁義，猶[illegible]者以代之。一聞孟子之言，遂勃然變乎色，孟子解之。

四書玉振解

告子上 凡二十章

全旨 此章闢告子在爲字破案。告子認性本無仁義，作爲字，不知性即仁義，而率性爲道，纔說人力，便失天命本然。孟子却不着寔與他爭轉，從爲字分別順與戕賊，似與他商量一般，拨定是戕賊了，一刀劈去，則爲之說不攻自破矣。

告子曰：性猶杞柳也，義猶桮棬也。以人性爲仁義，猶以杞柳爲桮棬。性者，人生所禀之天理也。杞柳，柜柳。桮棬，屈木所爲，若卮匜之屬。

上二句且虛講，下二句方可見人性本無仁義之意。杞柳之說猶言體質渾淪，即無字之旨；言把人性做出仁義來，猶把杞柳做出桮棬來，葢言人生之初，止有知覺運動，何嘗有仁義名目，因後來人爲之巧，乃成仁義，要知告子所云性即其

曰王勿怪異也王問臣臣不敢不以正理對王之定矣爰請問杞柳自然之性而以爲桮棬乎將戕賊杞柳之性矯揉而後成一桮棬也如將戕賊杞柳而以爲桮棬則亦將以人爲之私戕賊人之所以爲人者而後可以爲仁義與斯言一倡則人皆謂性中本無仁義遂棄仁義而不肯爲是率天下之人而禍仁義

所認生之謂性之性降衷等字用不着也註中矯揉字雖貼爲字然下面戕賊正是矯揉意此處說出下詰難便不親切至下方露爲妙

孟子曰子能順杞柳之性而以爲桮棬乎將戕賊杞柳而後以爲桮棬也如將戕賊杞柳而以爲桮棬則亦將戕賊人以爲仁義與率天下之人而禍仁義者必子之言夫順任其自然也戕賊琢削也禍害也

仁義我性所固有非由外鑠我也何順如之而可以戕賊之桮棬擬乎代爲以戕賊不怕告子不縮舌矣性原着不得一毫人爲是自然的故曰順能順二字是不加人力不能順定是加以戕賊也此二句是決詞一氣是與他揣度一番令他

力必因子以人性爲仁義之言夫其弊可勝道哉。

○湍水諭

此闢告子言性無定体意。告子少变其說曰，人性本無定体，猶湍水瀠洄旋轉，未有定向也。但決而引諸東方則東流，決而引諸西方則西流。人性未嘗分一定善、一定不善。

台醒自悟也。不言戕賊性而曰戕賊人者，言人之所以爲人者性也。玩亦將句，見人萬不可戕賊也。此句重棄仁義了。爲卽是仁義之禍，禍字領戕賊字意說。必子之言夫，味言字。見他只是如此說，亦必不如此也。

全旨 湍水

湍水卽杞柳之見。但上章說無善，此兼說無善無不善也。孟子闢他，只就他說東西中指出上下來，告子便動不得，可知故者以利爲本，乃再暢其決之之說，以至搏激，此正所謂戕賊也。兩可使字，正可對上章以人性爲仁義以字、爲字看。人無有不善，水無有不下。夫孰使之而爲也乎哉。

告子曰：性猶湍水也，決諸東方則東流，決諸西方則西流。人性之無分於善不善也，猶水之無分於東西也。湍，波流瀠回之貌也。

杞柳言善惡皆性之所無，湍水言善惡皆非性之所能主，首

孟子 十九 二

切不可東可西誠無分於東西難道無分於上下麽人性原頭從天賦來一定是善的正猶水一定是就下的可知人斷無有不善水斷無有不下也然人豈有不善的豈性之本体今夫水性本下搏擊而躍起之有可使過額時壅激而逆行之有可使

三句一連說不能自主所以無定體所謂無善無不善也水勢旋轉無定曰湍決字亦卽上戕賊意

孟子曰水信無分於東西無分於上下乎人性之善也猶水之就下也人無有不善水無有不下言水誠不分東西矣然豈不分上下乎

孟子言無分於上下是言必就下不就上卽無事決已見定於善了下二句則決斷其辭而信其必善是足上人性之善句無有不三字見人性無有一毫不善之雜非人人皆善之謂不必添人性字照下人之可使為不善說

今夫水搏而躍之可使過顙激而行之可使在山是豈水之性哉其勢則然也人之可使為不善其性亦猶是也搏擊也躍跳也顙額也

在山時是豈水之性哉搏激之勢使之然也人之爲不善乃全屬人爲所使不是原來的本性亦猶水之搏激也則性之必善更可反觀而知矣

○生之謂　此折告子執生以言性意告子曰吾以爲性本自人生之初人生即有知覺不待人爲自是性

○孟子詰　孟子欲詰其生之異而先質其

此節語意只是言不善非本性以明性之無不善要知不是爲不善人分疏正見人無有不善處爲不善而出於不可見天下決無有不善之性勢字從使字勘出使字從搏激兩字勘出過顙在山非水性則使爲不善人之做出惡來非性做出來是人爲做出來令性不得安乎自然也故曰其性亦猶是也

生之全旨　生之謂性告子之言亦未嘗不是但其所認爲生處決不能洞徹源頭故孟子兩詰之是揆他見地何如得其兩然始知其認生大蠢認性太頑認無大斷滅不能斷到人之所以異於禽獸者幾希處故孟子不以言知覺運動之所以是性處但以犬之性牛之性折之便可無辭

告子曰生之謂性　生指人物之所以知覺運動者而言

生之同曰子謂
凡有生同謂之
性猶凡物之白
同謂之白歟告
子曰然凡白均
謂之白果猶凡
生均謂性也

○白羽諺

孟子曰子謂凡
白俱謂之白然
白裡面如白羽
白雪白玉有輕
重堅脆不同則
白羽之白猶白
雪之白白雪之
白猶白玉之白
麼告子俱瀾荅
曰然是凡白的
物俱說是白凡
有生的俱說他

生字卽活字告子謂人生來只有些子知覺運動並無些子夾帶善不善處待到有善有不善此是做出來不叫做性依舊是無善無不善之說

孟子曰生之謂性也猶白之謂白與曰然白羽之白也猶白雪之白白雪之白猶白玉之白與曰然白之謂白猶言凡物之白**者**同謂之白更無差別也

此處辯析只重同謂之白不重存質之異故以白之謂白援之探他突鶻與否而告子果應曰然復以白羽白雪白玉探之局定他突鶻不轉動而告子又應曰然三猶字政是凝而無別意兩詰卽兩然之見其不求諸心而深自別白處

然則犬之性猶牛之性牛之性猶人之性與孟子又言果若如此則犬牛與人皆

是性孟子於是析之曰果如子言則凡生俱謂性矣然則犬牛與人都是有生的便都無分別何麽吾恐物難以人同類也安得混生以槩性哉

○[食色論]此所告子義外意告子以生爲性又曰人之甘食悅色是情識自然發見的非性如何但言食色爲性故言人之甘食悅色者即其性喜色是心裏喜好仁屬愛故在內該食該色是

有知覺皆能運動其性皆無以異矣

然則二字緊接上曰然來要見人性爲至如云凡物同謂之白則人之所以異於禽獸者將安在耶犬牛亦將猶人矣此三性亦指生言犬之性只帶過一步以起下句可見生處非性必有所以生生者方是性

[食色全旨]此章深抑告子之義外二三節因其論義外而即其言以辯之四五節因其執義外而就其非以通之以白辯長卽從色字來以嗜炙辯長卽從食字來都是就事論事處大都告子論長始終以人孟子論長始終以心

告子曰食色性也仁內也非外也義外也非內也告子以人之知覺運動者

食色性也所謂生之謂性也墮地思乳開眼見光甘食悅色

外邊應該義屬宜故在外孟子辨之曰仁義是一個道理須何分內外

○彼長論

告子曰吾謂義外正以義主於敬而敬莫先於敬長如彼人年長而我稱之爲長不過因其長也長之非先有長之之心於我也猶彼白而我曰非我先有白之之心也從其白於外也可知推白從於外故義謂之外

我以彼爲白也

都是生機不假安排處性之爲性止此矣仁義數句本條關說但依食色以見例何謂仁甘之悅之之謂仁就不假安排處溜下一坎然猶與初機相粘故曰內何謂義甘之悅之宜之謂義就不假安排處溜下二坎全與初機不相粘了故曰外內外性之內外也重義外邊兩非字有斷斷不可移易之意他自負得意認得極眞孟子故且詰他令其自吐得明白然後可以一搥打破

孟子曰何以謂仁內義外也曰彼長而我長之非有長於我也猶彼白而我白之從其白於外也故謂之外也我長之我以爲長也我亻

○白馬講
孟子曰子安在以白喻長人有白者馬亦有白者人有長者馬亦有長者如白馬與白人只認個白便了原無有所若長馬與長人畢竟敬人不敬馬難道絶無異的子謂人的年紀長我去敬他長還是長者義乎長之者義乎你自己心上去度量一番便曉得從心裡發出的了尚可以言外哉

何以謂句重關義外邊彼長四句是借白以形長我長之且只說以彼爲長勿露彼字非有長於我言非先有長彼之心於我故如白白一般故謂之外

白異於白馬之白也無以異於白人之白也不識長馬之長也無以異於長人之長與且謂長者義乎長之者義乎義不在彼之長而在我長之之心則義之非外明矣

告子所爲彼長彼白俱泛言孟子都依其言生出馬與人來折他白馬白人俱是稱之爲白長馬長人亦是稱之爲長此二句輕只起下二句長馬只說他長惟長人則必行吾心之敬以敬之所以不同也此四句辨其以喻長之不合且謂二

○吾弟講
告子畢竟泥在外邊故又將仁內申說義外曰義終非仁比也均之弟也愛吾弟不愛秦弟是有分別繇得我心裡的故謂之內若義則異是長楚長亦長吾長是沒分別的憑外邊轉的故謂之外

○耆炙講
孟子見彼此言語繼續說開愈不得明白故反到原問食色上只明之曰長楚

句玩兩個者乎字明是詰詞全以長之二字爲根要發權度繇中意分明長做不得主以見其必屬於我也蓋義不在彼之長而在我長之之心而豈曰非有長於我乎則義之非外明矣告子未達下文竟去長之者而認長者爲義矣

曰吾弟則愛之秦人之弟則不愛也是以我爲悅者也故謂之內長楚人之長亦長吾之長是以長爲悅者也故謂之外也言愛主於我故仁在內敬主於長故義在外

告子又借仁內以明義外終在長上認義而不以長之者爲義若曰不必說其長人長馬只就人之中而長亦有兩等我只一尊長之初無分別非若愛人者有愛有不愛我自做得

人之長亦長吾之長不特於人同敬至於耆秦人之炙與吾之炙無異在物亦有然者難道所耆只隨外邊轉不具我自巳要會夫心全沒相干益就其本旨而還詰之耶知長在外而所以長者心義豈在外哉

〇孟李講

此以敬明義而見義非外意孟李子問公都子曰衆人皆謂義外孟子獨排衆

主張愛與長俱出於我之傾愛傾長故曰悅吾弟二句强不得吾之愛也可見仁在内長楚二句沒不得人之見也可見義在外此是以仁形義不平

曰耆秦人之炙無以異於耆吾炙夫物則亦有然者也然則耆炙亦有外與言長之耆之皆出於心也

告子說以長爲悅悅之者心也心既在内而義豈在外哉故借耆炙一段來全要味一耆字以見其在心亦字亦有來歷炙雖在外而所以耆之者則出於吾心長雖在外而所以長之者則出於吾心故知義亦在内物字指炙然字指心之同要知白馬白人與耆炙本非根食色發論分耿得恰合亦奇

説而内之不知孟季何以謂義内公都子曰義主於敬也行出吾心的敬來行雖在外而敬在吾心故謂義爲内也

○鄉人請一

孟季子曰行吾敬一問是義設有一鄉人長於伯兄一歲則敬那個十歲以親疏爲厚薄自當敬吾兄若伯兄與鄉人飲酒酌則先那個曰酌以賓主爲後先自當先酌鄉人曰所敬既在伯兄所

全旨 舊以因時制宜説甚徭標外之理者主因標内之理主圓故被孟季子把因邊側跌孟子則教以因中顯制孟季子遂把舊伎倆來弄那不知制在因中也公都子此時已七穿八洞了故把冬湯夏水一指詰理遂顯也

孟季子問公都子曰何以謂義内也孟季子孟仲子之弟也

人皆謂義外孟子獨言義内其義内之説何以云云

曰行吾敬故謂之内也所敬之人雖在外然知其當敬而行吾心之敬以敬之則不在外也

妙在一吾字是破義外了蓋義之端顯於敬而敬之行本於心夫人之可敬者皆從吾心之敬以行之主吾不主人則敬既在内義豈在外此從孟子長之者義乎句悟來摘得甚醒觀故謂二字分明指着孟子

長文在鄉人是敬不由吾而由長告子曰義外者果在外非由內也

○不能講

公都子不能對述其言以告孟子孟子曰子代不依他誰敬之問反詰之曰弟與叔父皆至親也你還是敬叔父乎還是敬弟乎彼必將執其礼之常而曰敬叔父子又有他誰先之問詰之曰設使弟爲象神之尸則將誰

鄉人長於伯兄一歲則誰敬曰敬兄酌則誰先曰先酌鄉人所敬在此所長在彼果在外非由內也伯長也酌酌酒也此皆季子問公都子者也

伯兄鄉人之辯依舊是長之之說據孟季子此問畢竟把敬字與酌字一例看都是外面虛文故有彼此之說破壞他吾字見得所敬所長自家一毫無主安得謂內看一果字分明執告子義外之說蒙他長吾長楚之辯了

公都子不能答以告孟子孟子曰敬叔父乎敬弟乎彼將曰敬叔父曰弟為尸則誰敬彼將曰敬弟子曰惡在其敬叔父也彼將曰在位故也子亦曰在位故也庸敬在兄斯須之敬在鄉人只祭祀所主以象神在位弟在尸位鄉人在賓客之位也庸常也斯須暫時也

敬彼必執其礼之變而曰弟爲尸則當以敬祖者去敬弟子折之曰既曰敬弟則叔父不得伸其尊所以敬叔父者安在彼將曰敬弟以在尸位故也子亦曰我謂先酌鄉人以在賓客之位者也以此觀之庸常之敬在兄暫時之敬在鄉人臨機應變各在其宜豈得謂義在外乎孟季子聞之終不曉用敬在心而曰

不能答只是析義未精以告欲得其透義以明之此處只就他所敬二句暢之曰則誰敬曰惡在其敬兩語正喚起因時制宜意出來令彼自曉重庸敬在兄句此敬根自孩提稍長以來之心言故曰庸移其敬兄者斯須以及鄉人則繇此敬兄之心變化出來也要知上在位故也雖指弟言却要歸重叔父上見弟若不在尸位叔父之敬豈有時易乎下在位故也雖指鄉人言亦要歸重伯兄上見鄉人若不在賓位伯兄之敬豈有易乎可見隨時斟酌吾心確有權衡非徒因人轉移者也

季子聞之曰敬叔父則敬敬弟則敬果在外非由內也公都子

當敬叔父時則敬叔父當敬弟時則敬弟依然是敬鄉人一般義果在外非由內也公都子以冬之異施猶飲食冬日宜湯則飲湯夏日宜水則飲水孟子謂飲在外然則飲食亦在外歷若斟酌之宜在心豈得謂義在外

○性無善

此專明性善意

公都子曰今之論性者紛紛無一定見在告子曰本性原來没

曰冬日則飲湯夏日則飲水然則飲食亦在外也[illegible]

季子覺孟子之叔父仍前是他敬中語故即辯則敬二語兼着一頂語曰果在外云不知因字根原已破綻出來了公都子因庸字斯須字遂悟出飲湯飲水之主本於發明冬飲夏飲有湯水之別猶敬兄敬鄉人有常暫之別也而敬之非外不辯自明矣

性無 全旨

三說總是疑性未必善孟子所謂善直遡之天命之性如何開口故不得不以情與才驗之重在因情以驗性上才字對情字不過然吾人盡性工夫全要在才上擴充以善其情之用故孟子以盡其才為盡性要知性情才俱就一時見若稍分漸次便不能不輾轉於三說之藥曰矣末節引詩而遡之於天則天命之謂性宗旨也

公都子曰告子曰性無善無不善也此亦生之謂性食色性也之意

有善沒有不善這以本無爲性者也或曰性可以習爲善可以習爲不善是故文武興而導之善則民好善幽厲興而導之暴則民好暴此以不定爲性者也或曰有性生而一定善有性生而一定不善是故以堯之聖爲君而有象之傲以瞽瞍之頑爲父而有舜之聖以紂爲兄之子情則親矣且以爲君分則尊矣

三說各有所見然束於所見決裂全體不能觀其會通此重

◎無字謂善惡皆性所無乃痴蠢而無別者以性之本體言

或曰性可以為善可以為不善是故文武興則民好善幽厲興則民好暴此即湍水之說也

此重個為字謂善惡係於所習乃活動而可轉移者王性之無定體言均一民也好善因乎文武好惡因乎幽厲是性之善惡無定則民亦無定也

或曰有性善有性不善是故以堯為君而有象以瞽瞍為父而有舜以紂為兄之子且以為君而有微子啓王子比干微子比干皆紂之叔父

似易然君丸者乃有紂兄微子啓叔父王子比干之稱聖賢此性之兩岐者也

【三說解】三說紛紛一傍着性相近也說一傍着習相遠也說一傍着惟上智與下愚不移說故引孔子做斷案三說不攻自破

三說雖紛紛靡究確有證據公子獨曰性善彼三說都不是麼但夫子把甚麼來作證佐

此重個有字言善惡本於性生乃一定而不可易者有瞽叟親薪移最易堯爲聖君黎民於變而又有不可化之象以象是性生不善不可化也瞽瞍爲頑父所爲皆不善而又有自聖之舜以舜是性生善而不爲不善所化也以紂爲兄之子則親矣且以爲君則尊矣而有微子云云是天生其性之善非化導所能移善惡非性生如何

今曰性善然則彼皆非與

公都子知義內斷不疑性善但欲尋個的確根因以降伏衆論今曰性善定是確有所見也彼皆非與還是疑三說之爲非故舉以相質耳

○〔乃若講〕孟子不辨三說之非，但約言性善曰：我所謂性善者，只據發乎性而未離乎性、而爲情者言之，則可以爲本然之善矣。此我所以斷說性善也。然世間假有不善的，不限性也。性之作用爲才，原是如的，人爲不善，另有緣故，豈是才的罪。

〔二節解〕可以爲三字，就是他才發處。若夫爲不善又是

孟子曰：乃若其情，則可以爲善矣，乃所謂善也。乃若，發語辭。情者，性之動也。

孟子不憂憂與三說爭者，我理既顯，彼理自詘也。乃若字從性中隱無形處摹出個自然而形的情出來觀，一其字直自性根描出，則以爲善。爲字作謂字看，言此不假思慮、不假安排，勃發而不可禦者，儘可叫做善，乃所以爲善。見其說於人性的有可據，此孟子勘性精要處。

若夫爲不善，非才之罪也。才猶材質，人之能也。

此與上節語意相承，用若夫二字起，是從不善處推究言爲處便涉後起之[illegible]也，豈性之勃然感動處不能運用此情而爲才之罪者非也。性根也，情芽也，才則其中之生意也。三者

他不肯為善，不是不可以為善。○惻隱講，何以見性善也。蓋人之心感物而動，歷数其情，惻隱心、羞惡心、恭敬心、是非心，件件人皆有之，故即其惻隱羞惡之形，就是吾性之仁義；即恭敬是非之形，就是吾性之礼智。可知仁義礼智非繇外邊鑠進來，乃我性中原具而固有的，但人不肯去從醒思到情性妙

只是一性合下并來一齊都到的，知此則知性善矣。

惻隱之心，人皆有之；羞惡之心，人皆有之；恭敬之心，人皆有之；是非之心，人皆有之。惻隱之心，仁也；羞惡之心，義也；恭敬之心，禮也；是非之心，智也。仁義禮智，非由外鑠我也，我固有之也，弗思耳矣。故曰：求則得之，舍則失之。或相倍蓰而無算者，不能盡其才者也。

恭者，敬之發於外者也；敬者，恭之主於中者也。鑠，以火銷金之名，自外以至內也。算，數也。

此節承上文說來，惻隱是發明情善、性善、才無不善之意，語氣相承不斷，不要割裂以分貼性情才，亦不必填實一字。仁義禮智三句，還帶下說以起弗思句。鑠者，殘其純朴也。仁義是吾性命合下物，如何是從外殘其純朴入向內來的？固有言

十九

處耳吾故曰能
思而求便得此
仁義礼智之善
不思便失之以
不求視求的人
至於倍蓰無算
總縣不能盡其
才不去盡性裡
的作用豈是才
不可盡乎哉

盡字解

本來之才初無
限量只緣發便
有過任了不能
透露若能一念
善念念拓念念
充以盡之於故
能盡其才隨在
皆可以為善

實實落落有之也便見在我的無求而不得之理此正才善
處拈出思字又示人金針法與皆有正相應弗思不必說到
陷溺於物上是說人不肯提醒耳思主於入最能破障盡其
才者正從此處得力求之一字專為弗思者指點路頭叫他
從真與窺默默鑽研能思處即是求此又是靈機運用處得
是還復其固有看二則字直參性體稍費尋求便不是性矣
失是暫舍其固有倍蓰無算正從失處狀其情逐境遷移千
態萬狀不能自主不專指惡一邊盡才極妙一性中萬理咸
備發用出來件件做得自一念至萬念無不可乎雖陷溺后
未嘗無才只不能盡耳不盡不但為惡即善亦不能滿其量亦

蒸民詩

然以情善而驗性善者非没證據也大雅之詩云天之生衆民也有一物即有一規則恰當之理乃此民秉以爲常性的所以油然悅心而好是美德也孔子讀此詩而贊之曰爲此詩者其知性情相因之道乎蓋民得氣以成形而有物必有理以成性乃民之秉有此恒性也故無不

不盡也就原頭初善處一念不盡便到無算急急喚醒要人去思想以盡才也

詩曰天生蒸民有物有則民之秉彝好是懿德孔子曰為此詩者其知道乎故有物必有則民之秉彝也故好是懿德詩大雅蒸民之篇蒸衆也物事也則法也夷彝常也懿美也

孟子初只以情與才驗性引詩并性之源頭亦說明了邈出天字如黃河之水天上來引孔子贊的詩詞指出一個證佐以伏諸子有物必有則我固有之者也物則二字妙天命流行物與無妄一物有一物之理本來停當自然恰好若有規則而不可易者秉之則爲彝好懿德四德也仁義禮智非由外

好此懿德的孔子只就其言以解之衆言淆亂衷諸聖論可見性善是確乎有證據的以性爲善豈吾創言哉

〇富歲講

此推人心之同以見人性之善意孟子曰性一也豐年子弟固多爲善荒年子弟固多至於暴而爲不善者豈天之降才於此子弟者獨不同由陷物欲陷溺其心而自然然

鑠我也何懿如之好正是情之可爲善處好是懿德句重惟其物必有則真精湊泊處寔膠結不可解故曰好是禮義悅心真趣得此不覺神怡狀性善之逼真處孔子於詩詞未嘗有翻譯只用必字也字故字作襯語便源源委委剔透朗耀

富歲

全旨

此章亦是論性善而首曰天之降才就是性了其寔說心卽說性非二也最重在同然理義句此一章寔際語也自陷溺句提出心字早覷在這處而故作疑腳別起話頭者曉人之法要開拆說不要圇圇說也故舉麥類以例人類復舉人身以例人心則同然之覺趣昭矣其妙在何獨至於人而疑之至於心獨無所同然乎二句挑醒石人亦醒大意既明緊束以理義悅心芻豢極可會

孟子曰富歲子弟多賴凶歲子弟多暴非天之降才爾殊也其所以陷溺其心者然也富歲豐年也賴藉也

也若論其才則自可爲善豈有不同哉。

陷溺難

陷溺有汩沒其中不出意見性善爲私欲汩沒不透露也。

○麰麥講

試觀之大麥原是美種本含生意方其播種於地而復以土覆其種其所種之地同其樹植之時又同及其勃然發生至於氣候至時則皆成熟雖其間所熟有先後遲速不

四書玉振解

富歲凶歲不重只借多暴之繇於陷溺其心非專就豐凶上論性也子弟亦人僞漸生時最易爲習俗所移多暴還重多字活看言未必盡然今人指浮蕩不肖者爲無賴則賴字即善字意正與暴字對於降才句挑剔總有活眼不說降衷而曰降才自有其爲善爲暴處言之也陷溺者以人心汩沒道心愈微愈危之狀也

今夫麰麥播種而耰之其地同樹之時又同浡然而生至於日至之時皆熟矣雖有不同則地有肥磽雨露之養人事之不齊也

麰大麥也耰覆種也日至之時謂當成熟之時也磽瘠薄也

此合下節即物類之同以見人類之同麰麥乃天所降之才

同則以地氣有肥腴磽瘠雨露所養有厚薄人事有勤惰不齊也豈大麥之性有異哉

○故凡講即牟麥推之凡天下萬物同種類者其才舉相似也何獨至於人反疑其不相似而有善暴之殊也究而論之緣聖人之至亦與我同一人類者又何所異也人本何不自承當而懷疑念哉

由種而生而熟皆同此才即皆不殊雖有不同者反上不皆熟說肥磽雨露亦總是人事不齊者此政於不同處發明他同處

故凡同類者舉相似也何獨至於人而疑之聖人與我同類者

聖人亦人耳其性之善無不同也

故字承上推開說舉相似也句內不要添出性字吾人不肯合下承當只此疑根作阻孟子曰何獨至於人而疑之喝出本來面目何處更看聖凡二相接云聖人與我同類者闡以我作主而謂聖人同之皆人可為堯舜詎得更親切不說破相似而相似之意在言下

○龍子講

惟人類之同也故龍子曰不曉得人足之大小而做屨我知其必似足形必不至於做成簣器屨之相似是天下的足一樣然人的一身其所同者寧獨足哉

○口之講

彼口之於味有同以為嗜也雖易牙不過於衆口同嗜中先得我口之所同嗜者也設使易牙口之於味也其所嗜之性與人

故龍子曰不知足而為屨我知其不為蕢也屨之相似天下之足同也蕢草器也

上以物類引起人類下以人身引起人心已極委婉而於人身中又先用足同以起口同耳同諸體足爲粗口耳則皆有靈皆心之用也漸次比喻蹊粗說到精也有同類必同性之意不知我知處都在同然處印合此意巳下節節有但不可露出下二句解龍子之言

口之於味有同耆也易牙先得我口之所耆者也如使口之於味也其性與人殊若犬馬之與我不同類也則天下何耆皆從易牙之於味也至於味天下期於易牙是天下之口相似也易牙

不同相去之遠有如犬馬之與我不同類也則天下之人何其所嗜者皆從易牙所調之味以為美也至於味天下皆期必於易牙之所調無過天下的口是一樣的

○於聲譆至於聲天下都期必於師曠之所和是天下的耳是一樣的豈惟耳相似惟目於色亦有然者至於子都美男

古之知味者言易牙所調之味則天下皆以爲美也

提頭一句見味不與口期而口自得乎味故曰於味有是本然意同者所耆同知其味也易牙先得我口重我與易牙同意先得二字妙爲聖人先得張本如使五句反言以明其同於犬馬之與我不同類也與故凡同類相應期字即必字言必以易牙爲美末句復申其叮嚀之意

惟耳亦然至於聲天下期於師曠是天下之耳相似也師曠能審音者也言師曠所和之音則天下皆以爲美也惟目亦然至於子都天下莫不知其姣也不知子都之姣者無目者也子都古之美人也姣好也

此二節用亦然二字見同處無異語意與上節相似但不可

子天下都知他美好若不曉得子都之姣好的必是沒有目的便得是天下之目都是一樣的

○此日講

吾故曰口之耆味同耳之嗜音同目之悅色同至於人之一心宰衆体以神用者獨沒有所同以為然乎心之所以同然的是麼物謂秉彝之理裁制事物之義也此理義雖聖人亦不過先得我心之所同

纏引易牙復引師曠總是影出個聖人來不可以師曠即為樂中之聖天下莫不知其姣正是目之同處曰無目者也便見天下無無心者

故曰口之於味也有同耆焉耳之於聲也有同聽焉目之於色也有同美焉至於心獨無所同然乎心之所同然者何也謂理也義也聖人先得我心之所同然耳故理義之悅我心猶芻豢之悅我口然猶可也草食曰芻牛羊是也穀食曰豢犬豕是也

首六句非只承上起下政要在口耳目上顯出個心來至於二字其意甚是婉曲獨無二字須體聲口為妙說到然字方是同然處同然然字然否之然不是虛字對耆字聽字美字

然耳豈有異於人哉此理義之悅我心都是自然的猶芻豢自然悅我口而無不皆然也知人心之自然則知降才之非殊也

〔先得解〕同然不是同好只是契合之意此指人心本然之初看當其所以然之心與聖人所然之心都是真心契合初無些減但聖人先得乎此耳聖人與人異只爭差一個先字其

看即所謂悅也理義兼體用在心上説理即降衷秉彝之理天理未發渾然在中義即就此理之發現處裁制合宜之妙理此二字要看得重見理義是天地間至純至粹的人心所同然就是這個此處要隱隱藏個性善意方妙先得句要刷一先字衆人陷溺須觸此理纔見其然便屬後得聖人的心是不起念而常存的不思而得原無不然即先得也要知先得非獨得要於先中見同此句正應聖人與我同類句悅口二句看一我字只説自家爲切理義即是我心何着一悅字悅便是我心的趣理義的精神兩兩相投自然契洽不待使心到理上方悅也口遇芻豢自然悅不待使口到芻豢上

所以然之理義殊無些毫爭差。

〔牛山講〕此章養心以能盡其才意。孟子曰：我知人心无，觀山木好東南。牛山的木，前此人無所戕，固嘗美然矣，特以其在邑外而近於大國也，斧斤時時伐之，創嘗美者可嘗保其美乎？然而根本猶存，則其日與夜氣化之所生息，加以雨露天澤之滋潤，非無萌蘖之生机焉，此

然後悅，總是天機之妙，不待安排處，正所謂同然也。

牛山全旨

此承上章存心意來，悅人以存心也。章中三存字相頂。要看首云存乎人者，就此心本來存；繼云夜氣不足以存，說人不能存；終云操則存，教人去存。存之在操，得其養，無不長，是放字對針藥也。要知吽人致力，操存只旦晝不梏便了，不是從夜氣上喫力。山木人心俱重下半段，平旦之氣是旦晝做工夫的樣子。

孟子曰：牛山之木嘗美矣，以其郊於大國也，斧斤伐之，可以為美乎？是其日夜之所息，雨露之所潤，非無萌蘖之生焉，牛羊又從而牧之，是以若彼濯濯也。人見其濯濯也，以為未嘗有材焉，此豈山之性也哉？牛山，齊之東南山也。邑外謂之郊。萌，芽也。蘖，芽之旁出者也。濯濯，光潔之貌。材，材木也。

◎此節只引起下文，嘗字要玩，以山木之本來言。以其郊於大國句最要着眼，正斧斤牛羊所自來也。郊近則伐之易，國大

正可培養處乃不曉得防衛牛羊又從而牧養於其地致令生机斬絶是以没草木而若彼光潔也人只據今日而見其光潔無草木也以爲未嘗有生木之材焉此豈山之性也哉則亦失求致之耳

〔息字辯〕息字對生字言見斧斤之伐已息生的机就在此處萌了

○〔雖〕存辯非特山木爲然

則伐之衆二意當串看可以爲美爲字言本來美的原不假爲失美之後雖欲爲美亦不可得了然美雖失而根本猶存天地元氣流行通乎晝夜時時生時時息也息處就是生處故不曰日夜之所生而曰日夜之所息就氣化生物說日夜與旦晝一般下節重夜字潤即潤其所生息者不與日夜平對萌蘖政見生機可培處非無云者猶言必有也牛羊句最重不可與斧斤並看見雖伐之於斧斤不牧以牛羊萌蘖處正好培養何據至此濯濯失其本性矣末三句決言山木必美意山之性生材者是

雖存乎人者豈無仁義之心哉其所以放其良心者亦猶斧斤

雖存乎放失之人者其始豈無仁義之良心哉其所以放失其良心之美者乃物欲攻取亦猶斧斤之於山木也且攻取無已旦旦戕而伐之人心而可以完其美乎然良心雖放本体未泯是其日之夜其氣清時候良心亦有所生息至於旦平分未與物接其氣清明此時靈明透露其所好所惡都是本來初念與

之於木也旦旦而伐之可以為美乎其日夜之所息平旦之氣其好惡與人相近也者幾希則其旦晝之所為有梏亡之矣梏之反覆則其夜氣不足以存夜氣不足以存則其違禽獸不遠矣人見其禽獸也而以為未嘗有才焉者是豈人之情也哉良心者本然之善心也平旦之氣謂未與物接之時清明之氣也幾希不多也梏械也反覆展轉也

雖存乎人者二句不須山木但隱然照牛山之木嘗美矣看曰豈無仁義是從旣放之後追論未失之前如此故用雖字此句喚起下文良心是自然而然不假學慮之謂心何以放物欲擾於心不在腔子內矣亦猶三句見陷溺之甚講此句要得不即不離之妙旦旦字重正以旦字照起下夜字又與

人不梏違背是
良心下萌至微
至少的於此不
加保養則其旦
晝之所爲不善
併其幾希都梏
亡之矣梏之不
已而至於反覆
則其夜氣亦不
足以存那良心
丁到夜氣不足
以存則好惡拂
人之性其去禽
獸只爭形骸耳
所以然處也不
遠矣人見他是
禽獸而以爲斯
人不能爲善未
嘗有天降之才
焉者是豈人本

後旦晝字相互映息是生息見良心雖放本體未泯平旦平字兩分之義謂自夜向旦欲分未分時也良心理也而乃言平旦之氣蓋理氣不相離虛靈一念每乘氣機出入氣清明則理發現言好惡從良心之萌動處言也與人相近人所謂本來也此時一點靈心至微至少但恍恍可認故曰幾希這是好底關頭亦是不好底關頭下則其二字極緊言纔有此心隨手便梏亡了旦晝與物接之時自已不能做主受其所制也梏即桎梏之梏象良心爲物欲所制之字指幾希言反覆謂夜夜有生息旦旦有梏亡良心一點桎此兩端梏之則夜氣穀薄則挽回不轉就是一點良心不存 說不足以存

來人情也哉亦失其害之也

夜氣解

特提夜氣二字以驗人心之真夜氣不是天地之氣此心生生不息處即是氣寔與氣机相出入

○故苟講

以此觀之故凡既喪亂失之物苟得其養而稍加培溉沒有一物不充長苟失其養而稍加斲喪沒有一物不消滅轉移只在一念人心其可失養乎

那本然的良心非存夜氣也復言夜氣不足以存見良心也死一夜氣必不足以存到此即是禽獸了用人與禽獸有分故曰違不遠就心上說人見者言自巳不見也在行事上見仁義是性好惡是情能好惡是才於此而歸咎於才豈人本然之情哉蓋人情本善雖此禽獸之時未嘗不可為善故也此反言人之未嘗能盡其才也

故苟得其養無物不長苟失其養無物不消山木人心其理一也

此節只空空說若拘拘以山木人心入講則末節不得力矣物字所包廣養字從既壞了說來較於上節有情長即生機日暢意失養是既梏不知保消者剝落日甚意二苟字極醒

○操則講
孔子嘗曰此有物焉時時提醒而操習則還其本体而存不操而舍則失去而亡此中乘氣机爲出入無有定時莫能知其一定之向若此者其惟心之謂與獨是這個心恁般活動最難操存無一刻放不下也

○無或講
此見齊王用賢不專意在子曰君德莫善於啓

動長不在維持之久消不在漸磨之久只一念自爲轉移耳◎王失邊

孔子曰操則存舍則亡出入無時莫知其鄉惟心之謂與孟子引此以明心之神明不測失之易而保守之難不可須臾失其養

引孔子之言狀人心是個難把捉的物而不可不操以申言養以足上節之意不足形容心之神明不測也操字非把捉只是提醒得力不爲世情所滯礙便是養心之□存者不失之謂舍即操之心稍放下是也亡是走作逐物之謂存亡便是出入入則在這裡出則亡失了無時言不可定也腔子裡是心之鄉莫知其鄉言不可在腔子裡得□□作也病在莫

無怪乎齊王不能通達事理自成其智有所以致之也雖有天下至易生的物若一日暴之以陽而陽氣發舒十日寒之以陰而陰氣閉塞陽微陰盛其物未有能生者也吾進見齊王之時亦少矣吾退而諂媚之人所以寒王者皆至矣縱王暫振萌動而群邪交攻吾安能如善心有萌焉何哉

○夫奕譜

知二字若知則主人翁醒了決不被他走去惟心之謂與是指點示人見不可不加存養工夫也

張公亮曰這個出入之心所謂妄想緣氣於中積聚假名為心耳非真心也

無惑全旨

通章兩節總是一意重不專心致志上寒雖在退而寒之根則已伏見時以鴻鵠之心未斷也小人巧而善入君子正不為逢一日之暴如水投石十日之寒則浸淫洽其中而不可解點了二語打轉不智以翻騰為倒映矣甚痛甚

孟子曰無或乎王之不智也或怪也王指齊王

無或乎有怪嘆意說王原是智的今之不智是王自失其智臨之宜真可怪也此處隱含下不專心致志意

雖有天下易生之物也一日暴之十日寒之未有能生者也吾見亦罕矣吾退而寒之者至矣吾如有萌焉何哉暴溫之也

總亦王自馳其心也今夫圍棋之爲技無關國家大事不過小技也尚學之不專一其心以極其心之向則欲其奕之精不得也彼善奕名秋的通國中惟他極高於奕者也設使奕秋教誨二人學奕其一人專心致志惟奕秋之教誨爲聽其一人雖或耳聽之乃一心想着若有鴻鵠將至思引弓繳而射之是其學

雖字對難生之物言易生兩字亦是提醒人處陽明喻君子陰濁喻小人蓋智是人心生生不已機括暴之以陽則生機自暢寒之以陰則生機阻遏一暴十寒則暴暫而寒久也吾見亦罕矣是君子之進難吾退二字見進不多時而寒之者至是小人之易合萌字甚巧生機儘有只是一暴不勝十寒吾亦沒奈何矣

今夫奕之爲數小數也不專心致志則不得也奕秋通國之善奕者也使奕秋誨二人奕其一人專心致志惟奕秋之爲聽一人雖聽之一心以爲有鴻鵠將至思援弓繳而射之雖與之俱學弗若之矣爲是其智弗若與曰非然也奕圍棋也數技也致極也奕秋善奕者名

在奕秋而其心在鴻鵠也雖與彼一人俱學乎奕而其藝不專亦弗若彼矣為是其生稟之智弗若彼與曰非聰明不及而然也乃彼聽誨不專之故也王之不智何以異是

○兼我講

此反復提醒人之失其本心意孟子曰人之不能破生死富貴之關只未察其本心耳試以味論魚是真味固

秋繳以繩繫矢而射也

此節重學奕不重誨奕上見齊王不智根蘇全在不專心致志上小數也政對國家大事說心志為求智之本非此則不可得奕秋以奕擅名是智巧俱備可稱國手者也見此是善於教人者也使是設使之使專是心專於奕而不他致是求至於奕秋而後已總是收歛精神純用之於一事意雖聽之心未嘗不致只在此不多也一心以為有四字是就他的心志空虛無着中畫出一個光景耳思字即一心之變幻射之是欲於此求勝也身在局中心在局外也所以俱學而弗若也不二句須得反復詰問之意不可直說所以弗若

十九

救所欲熊掌亦魚
美味亦我所欲我
然或勢不可兼
得寧舍魚而取
熊掌生而全形
亦我所欲義而
全節亦我所欲
但生介於義不
義之間不可兼
得寧舍生而取
義終不肯以彼
易此也
○生亦講
然所以舍生取
義者必有個緣
故蓋生亦是我
所欲的如何割
捨得去了生畢
竟所欲有甚於
生的舍生就義

全旨 通章以義字作主總是反覆挑出人人必有之良心示人所謂性善也其中把生死關頭破富貴關絕妙絕妙
人有身之生死不顧而身外之種種愛緣尚
足戀者乎提醒人本心字字活字字血矣

孟子曰魚我所欲也熊掌亦我所欲也二者不可得兼舍魚而
取熊掌者也生亦我所欲也義亦我所欲也二者不可得兼舍
生而取義者也 魚與熊掌皆美味而熊掌尤美也

魚與熊掌引起義當取意生是形骸義是主宰下觀者也二
字是現成語二者不可得兼謂生介於義不義之間義介於
生不生之間取生舍義不是勉人之詞蓋人心本然如此義
尤重意下文方發

生亦我所欲所欲有甚於生者故不為苟得也死亦我所惡所

心安意肯快然自慊，的生不肯苟得也。不生便是死，死亦是我所惡的，如何肯就死？單爲所惡有甚於死的，不義避死，慚愧可憎，做人不成，故患有所不避也。可知取義爲欲惡之最重矣。

〇如使講

如使人之所欲，惟生爲甚，更沒有可欲勝得他，則凡可以免死偷生的，皆將無不用也。如使人之所惡，惟死爲

惡有甚於死者，故患有所不辟也。釋所以舍生取義之意。得，得生也。

此下三節反覆指點個甚字，與取生舍義人心本然之權度也。數折翻弄，真一摑一條痕，一掌一把血。尤妙在不道破義字，極空極醒，正要人在此不道破中認出真心來。舍生則必死矣，故兼死言。生死對義，不過生死在義內，聽命於義，全是義做主張。有甚於生者，則生不足言，雖死猶生也，故不苟以得生；有甚於死者，則死非所論，雖生猶死也，故不避患而貪生。不曰義不義而曰甚，見生死雖切於人，而尤非切於人者，惟此爲至切也。甚就是生死之所以然處，下文本心二字是

如使人之所欲莫甚於生，則凡可以得生者何不用也？使人之

甚更沒有可惡勝得他則凡可以有免而辟患的皆將無所不爲也可見生死爲欲惡之非輕也

○由是講

踪其必有秉彝之良心故知所欲有甚於生則得生而有不用也所惡有甚於死則可以辟患而有不爲也是知能依順本心欲惡雖生死之際亦不違心也

○是故講

是故所欲有甚

所惡莫甚於死者則凡可以辟患者何不爲也設此見人有秉彝之良心也

此節語氣是反跌他生死爲欲惡之非輕處全在何不由是等字轉換精神兩如使正爲兩由是設也要緊緊相連凡字何不字俱要發得透辭兼生死總是舍生意串講爲是

由是則生而有不用也由是則可以辟患而有不爲也由其必有秉彝之良心是以其能舍生取義如此

承上文數層轉折總是反覆要推鞫所欲所惡的本心出來

由是兩字作何講定[illegible]指其心而言是直截念頭並無一毫計較正是順他本然欲惡爲生死之不違心處

是故所欲有甚於生者所惡有甚於死者非獨賢者有是心也

於生的所惡有甚於死的這個心非獨賢者能有人皆同有此羞惡之良心惟賢者不爲利誘不爲害動而勿喪其良心耳

〇一簞講

此見得人皆有也試觀一簞食一豆羹得失生死之際極其關切若咄哮於口而與之卽行道之人以非禮義而不受也蹴踏於足而與之雖乞人之賤以非禮義而不屑也

人皆有之賢者能勿喪耳 羞惡之心人皆有之但衆人汨於利欲而忘之惟賢者能存之而不喪耳

是故二字綰上起下重人皆有之句然必不獨賢者有而皆有之心能勿喪則是賢者此句雖帶言亦是線索所關已下失其本心在此句過脈正照看

一簞食一豆羹得之則生弗得則死嘑爾而與之行道之人弗受蹴爾而與之乞人不屑也 豆木器也嘑咄哮之貌行道之人路中凡人也蹴踐踏也乞人丐乞之人也不屑不以爲潔也

此節不是證人皆有是從生死大關頭看他義心激發他以爲欲惡甚於生死之證也簞豆至微見受之無害係於生死極大見不得不受嘑爾蹴爾其非禮義也極小見不必深討

足徵此心人人具有一觸即露也使人常存是不受不屑之心雖賢者不是過也

萬鍾講

夫何良心不存的至於萬鍾則不辨其合禮義與否而受之萬鍾之得於我身上何所增加求之不得其故想其心或爲宮室之美可以侈觀而受之與爲妻妾之奉可以嗚得意而受之與爲所識親友之

行人乞人非士君子之倫正見人皆有也不受之心知電光忽過景不及捺正與乍見一般稍落第二念則擾擾萬慮而未必不受矣此不受的人與下受無禮義之萬鍾的人作一人看人之心一也此亦非真弗受弗屑也但其亦有愧赧不安之狀即是不受不屑耳

萬鍾則不辨禮義而受之萬鍾於我何加焉爲宮室之美妻妾之奉所識窮乏者得我與萬鍾於我何加言於我身無所增益也所識窮乏者得我所[illegible]知識之窮之者感我之惠也

萬鍾亦一簞一豆之所積也無禮義亦嘑爾蹴爾之類也而於我何加又非得生死之會也只要在此處辯之而已不辯

窮乏之得我以示因惡而受之與逐一推究之定是爲這幾種緣故也

□鄉爲講

然鄉爲身死不受今爲宮室妻妾所識窮乏倒爲之這等沒要緊事有甚歇不得處是亦不可以已乎可已而不已不可受而受所謂欲惡有甚於生死者何心而一旦棄之也此之謂失其羞惡約本心而

今日禮義之有無即是不辯向日本心之辭受處無加錯云

沒緊要爲宮室等事照下鄉爲六句看乃叫起他求法窮乏之

得我正是戰國時習氣勿錯認作厚道與宮室妻妾一例看

鄉爲身死而不受今爲宮室之美爲之鄉爲身死而不受今爲妻妾之奉爲之鄉爲身死而不受今爲所識窮乏者得我而爲之是亦不可以已乎此之謂失其本心本心謂羞惡之心

鄉字今字不必泥只就上文慨嘆其最提醒人處只在身死◎二字着眼見得人世種種嗜好俱附身而起此六句有令人不可解意可已只在無關生死上見此句與醒最妙本心字極痛切應皆有句失其本心與賢者句相應嘑蹴不受乃羞

行乞之人不若矣舍生取義者當精晰乎此也、

○仁人講

孟子示人自求其心曰世人看得仁義的道理大不知仁不是別樣人心生活之理便是義不是別樣人生通行之路便是、

○舍其講

若舍了路不去由便一步行不去放了心不曉得去求便渾身是死的這是自

惡之真心所謂本心也此本字敢應前由是二字此之謂三字是悲嘆口氣與他處別

仁人全旨

開口雖說仁義總來只是論心分言之有仁有義合言之只一個心最妙是轉換處帶起舍其路而不由倒接放其心而不知求便統融作一個了道理透文字奇歸結在示人以求放心切不要把學問之道在内纏擾玩上文自得之中點一知字尤是金針訣勿草草看

孟子曰仁人心也義人路也仁者心之德義者行事之宜

此節語意是直指人妙明之心而言要味兩人字便有含蓄不得意了仁與心是一件仁是心之本體義即仁之隨機應緣有條有理者也非兩平路即率性之道道字帶心字無麻說下心無此義一步行不去必兼言人路者恐人求之於杳

失此所以為人大可憐憫哉此人也。

〇人有講

世人豈是一無所求的？若有雞犬，是沒要緊的，放去尚曉得求；心係般關係，放了反不曉得求，謂何？這等様顛倒，這總是不學問之過耳。

〇學問講

夫千古聖賢都有個學問，其方法多門，然總不外於求放心。將這活潑潑東西收掇得來欛柄

寘昏默之中，而不足以應酬萬變，亦不成其為心體矣。故下文便以人路說起，意自可會。

舍其路而弗由，放其心而不知求，哀哉！哀哉二字，令人惕然有深省處。

兩其字，即上文兩人字，見其所舍者乃其自有之路，所放者乃其自家的心也。放心加一不知求三字，便見人心放逸，都從昏昧不覺來。看來這一知字便是求放心的機括，一句串哀哉哀其不得為人耳。

人有雞犬放則知求之，有放心而不知求。心至重，雞犬至輕；雞犬放則知求之，心放則不知求，豈愛其至輕而忽其至重哉，弗思而已矣。

此節政以見哀哉二字之意，勿輕看過。知不知兩邊相形，雞

在手只此一善一了百了此外又有何事也知學之道而仁義在是矣

〔求字解〕

求放心之功有三求放而守之此純養之學問將放心而防之此慎獨之學問既放而挽之此善及之學問

〔放字解〕

要須內不放出外不放入內不放出則即是內心無隳外不放入即是外息諸緣

夫是身外無關之物則知則字見隨放隨求有急速意放心而不知求何等昏逸但求放心不是外面求得個放心來只是求時便在

學問之道無他求其放心而已矣學問之事固非一端然其道則在於求其放心而已

此節政示以學問之法非抹殺學問也語意直截無他二字指定學問根脚此便是知求之心便是學問之道求放心者豈外此心乎非求諸已放之心求之心之未放不求之心即爲放知放之心即爲求上面知字極得力也而已矣三字見求得放心即是學問真寔本領工夫更無別事與無他二字緊相呼應

○全節講

孟子欲人當伸其大體曰今人身中有常伸於萬物之表的爲最急若是無名的指非切於用也卽不伸亦可乃其屈而不信非有疾痛於身妨害於事也設有能伸其指的心不憚秦楚之遠而求以伸之爲其指之屈不若人之伸也夫

○指不講

夫指本至輕也指不若人之伸則疾得惡之心

八　全旨

借指之屈伸立論總是提醒人求心之詞心不若人方四字極冷極刻全在類上味不若人亦不知反觀

孟子曰今有無名之指屈而不信非疾痛害事也如有能信之者則不遠秦楚之路爲指之不若人也無名指手之第四指也

屈伸字緊要人心本伸於萬物之上今鄙屈於物欲而不能伸故借指之屈伸爲喻曰今有當前人體之所自有者曰無名指對心看便見沒緊要下句卽申此句疾痛害事對心疾爲甚大看有能伸之對自家看秦楚之路對方寸之間看不遠不以爲遠也亦非欲其爲我伸之也只不甘人下之意不必討個着落

指不若人則知惡之心不若人則不知惡此之謂不知類也不知

爲一身之主，屈於物誘而不若人之常伸，則恬然不知恥，而不知求所以伸之，此之謂不知輕重之類也。吾不能不爲斯人慨矣。

○拱把講

孟子即物以醒人當養身，曰：養身者當知所重。如拱把桐梓，一物之微耳，人尚愛其材之美，而欲生之，皆知所以加培植之功，而柴之皆至於

類，言其不知輕重之等也。

知字恥字要醒發，從他求伸上看出知意，恥不若人在屈於物欲上見不知類，不是將心與指比較，但言指甚輕，心甚重。明明白白，他無不曉得，倒置舛錯，非誠所謂不知類，而爲天下之至愚極暗者而何，無非竦動人的口氣。

孟子曰：拱把之桐梓，人苟欲生之，皆知所以養之者。至於身，而不知所以養之者，豈愛身不若桐梓哉？弗思甚也。拱，兩手所圍也。把，一手所握也。桐梓，二木名。

此章生字重，養正所以全其生也，須就不若桐梓處淺淺與醒，所以二字是一章精神，弗思甚全要含蓄，這所以處說得

劍不曉得值字其虛靈以养之者豈愛己身反不若桐梓哉總繇不曾想到吾身之甚不可不知所以養處

〔生字解〕本文無心字不必添出生之二字尤可思要此身何一日不生何一日是生思人是思其所以生之

〔於身講〕孟子醒人審所養曰人惟不自照察故於其身只一槩不忍毀傷而愛之也便

透所以養者非以養為養以不養為養也惟養其生而有盡之身養其生而不死之身也思非只在養處摸索先從身上看破盖身非血肉之身自有箇真身在能思身之所以為身然後能思養之所以為養也愛身不若桐梓只是不曾想到耳須看一甚字不是概其不思正是提醒他使用其思思字與知字相關切身字只還他身字

〔全旨〕通章連所以考其善不善三句下只發明此意耳次以大人小人比對正見所養善否關係最大而後就養不善一邊以垂鑒戒盖申說養小之為小人而盖見當審於己也然只論他人品卑汚猶未說到人賤惡他處曰則人賤之正激發其羞惡之良此為當時時會饕貪飢渴害心者發

孟子曰人之於身也兼所愛兼所愛則兼所養也無尺寸之膚

一槩謂護而養之也勢必無尺寸之膚不致其愛焉便無尺寸之膚不致其養也此亦太無分別矣然所以究孰養之得其道而善孰養之不得其道而不善者不必在他處只於巳身之大且貴者取而審之則善不善可知矣何用別求

○体有貴賤

大者其善不善者蓋以吾之体有分有等尊卑貴有賤其役使

不愛焉則無尺寸之膚不養也所以考其善不善者豈有他哉於巳取之而巳矣人於一身固當兼養然欲考其所養之善否者惟在反之於身以審其輕重而巳矣

人之於身五句非徒槩論人情只隱隱言其所養之無別以起下自考意要人提醒此本念耳無尺寸二句只是上兼字意考是究詳意所以二字在先一着處垂照精到此毫釐彼千里有不兼而乃以兼兼之而不兼者是為善不善若只義利兩途何須考於巳取之此示以考之着落處正見等級分量當體而具勿認做近取意

體有貴賤有小大無以小害大無以賤害貴養其小者為小人養其大者為大人賤而小者口腹也貴而大者心志也

爲賤有各分一賤爲小有權無不統爲大豈可一槩都養切不可養小以小害大養賤以害貴若養其小的便爲徇人欲的小人養其大的便爲完天理的大人此是自考的方法也今之養体者辟如治場圃之師乃舍其梧檟之貴養其樲棘之賤是美惡不辨則爲賤場師焉

○養指講

又有人焉養其

此節正於己取之意貴賤大小宜虛說八爾獨尊爲貴聽其役使爲賤權無不統爲大各一爲官爲小無以二句大雖自大小雖自小考之未得其方法其權倒置則有反害之病小人便不善大人便善都在身上考來見人品由己轉養之得失可反證

今有場師舍其梧檟養其樲棘則爲賤場師焉 場師治場圃者。梧桐也。檟梓也。皆美材也。樲棘小棗非美材也。

合下二節都着則爲二字見養小者爲小人由己不能考其善不善耳此節是就物上比養小

養其一指而失其肩背而不知也則爲狼疾人矣 狼善顧疾則不能故以爲

一指之小而失其肩背之大不知也，而無兼顧之明，爲狼疾的人也。

○飲食講

故飲食之人不照管自家本性，則人賤之爲小人矣。爲其養小以失大，而心爲嗜欲所汨也。

○口腹講

若飲食之人能不失大體也，則口腹所在，卽爲心志。口腹豈適爲尺寸之膚已哉。此見飲食之人斷然無有失大

夫肩背之喻。

此就身上比養小，肩背亦譬喻之詞，非寔以肩背爲大也。狼疾，狼善顧，不能顧，卽狼之疾，是有狼疾之人，言人一處病則周身皆不能顧。

飲食之人，則人賤之矣。爲其養小以失大也。飲食之人，專養口腹者也。

合下二節反復叫應，都是假設之詞，正見養小之必失大也。看一失字，正形容嗜味之迷人。飲食之人，猶言飲食這一等人也。不專就嗜味上說，意在貧富貴賤上說，則人賤之，聖賢看世味中果是不直半文錢也。養小以失大，謂[illegible]爲嗜欲[illegible]

飲食之人無有失也，則口腹豈適爲尺寸之膚哉。此言其[illegible]養口腹[illegible]而能使其[illegible]

体故不可養小以害大耳。

○鈞是講

此見大人以心之先立爲大意。公都子問曰：一般是天地間人，宜其品局一樣，或稱爲大人，或稱爲小人，這從何處分？孟子曰：体有大小，正須審辨。如大体爲主，天理用事，便是參天地的大人；如小体爲主，人欲用事，便是禽獸的小人。

○或從講

不失其大體，則口腹之養軀命，所謂不但爲尺寸之膚而已。

無有失，是就飲食之人撥轉他語。若能就形色中認出天性，就嗜欲中認出天理，則口腹不但爲尺寸之膚，言即口腹有關於心志，此句宜看得大。

鈞是全旨

通章綱領在從其大體爲大人一語，要一思字。先立乎其大，思是也。這思不見臨時卜度的，玩耳目之官不思、心之官則思二語，可見思是合下靈虛，非物來而後感，故曰先立。立者，卓然精明之謂。細會之，只是非禮勿視聽的道理。

公都子問曰：鈞是人也，或爲大人，或爲小人，何也？孟子曰：從其大體爲大人，從其小體爲小人。鈞，同也。從，隨也。大體，心也。小體，耳目之類也。

鈞是人也，兩唱起，最是警醒。二從字宜玩。從其大體，是憑他做主；從其小體，是任他馳逐。從其大體、從其小體，亦只在一

公都子又問曰一般是天地間人宜其趨向一様或從其大体或從其小体這是何分孟子曰体有耳目焉有心志焉耳目所司之職只會視聽而不能思乃爲聲色所障蔽以聲色之物交於耳目之物則視聽俱被他引去了昔心所司之職在思思則得心的職不思則不得心的職此心乃神與氣合而生是天與

念轉關

曰鈞是人也或從其大體或從其小體何也曰耳目之官不思而蔽於物物交物則引之而已矣心之官則思思則得之不思則不得也此天之所與我者先立乎其大者則其小者不能奪也此為大人而已矣官之爲言司也。

耳目之官四句言耳目所以爲小體心之官三句言心所以爲大體此天四句則從其大體爲大人而小人不言自見也各有所司依口官耳目以形用本體自不能思非指心不思也蔽於物物交物總因不思也引只是引耳目勿牽連心得是自得其心之本體也心得其職則耳目亦得其職不思不

的故此心維寄於形骸之內而寔與天相通太虗同体何等大須先把這心的大体養得精明植立得定不令昏昧放倒則其耳目的小体雖在外邊交涉自然聲色不能奪我的心此為從大体之大人而已矣

○天爵講

孟子勉人寔脩曰爵一也有天爵者是有生以來性分中自然

得益見心所係之大也此段六句總是說個思字要緊下接去此天之所與我者須思說下極清楚天與重心字天命之性無聲無臭而能宰攝乎衆形是吾人的大源頭大指全體而言立非先耳目而立大者立則過化存神并耳目一齊俱立也立非矜持之謂乃天理自強不能奪正是能立不能奪有各得其職之意固是妙其能思之用亦是還其無思之體句句喫力末句着大人身說見大人正在此處大也

張公亮曰易曰無思見心無思乃能無所不思若事物未形而先存一思則是憧憧往來鏡先有物何以照形

天爵全旨

玩本章文勢趨末似宜重脩得人爵而棄其天爵二句季世人情不可以理欲繩要字亦且恕他但得其修而勿棄斯可矣故曰則惑之甚者也無限怪嘆意全倒在這邊而嚇以必亡正惟理欲之不及繩者可以得失動也言為人

有的有人爵者是人世寵榮有生以後別人那到我身上的如本依德愛之仁合宜之義有定心之忠信皆天所賦的故秉彝好德自然樂之而不倦此本有之貴是爲天爵也若失九命而公六命而卿三命而大夫爵之自朝廷而權非在我是爲人爵也

古人講

古之人汲汲修其天爵而人爵

爵討天爵亦不可以一日不修此係孟子不得已委曲喚人之詞

孟子曰有天爵者有人爵者仁義忠信樂善不倦此天爵也公卿大夫此人爵也天爵者德義可尊自然之貴也

當時都在人分上求只知人爵何嘗曉得天爵天爵二字是創談把來壓倒他是從維皇寵綏處化來人爵使然之貴也兩有字言惟自有之也語天爵只仁義已括盡性理忠信就仁義之眞實處言之非有二也合而名之則曰善中有一段活潑沖融的意思則曰樂善不倦樂趣也在樂内非有進步總是天生合下帶來的皆屬先天非緣情想故曰天爵公卿大夫不與仁義忠信對說只可云若夫人爵不過是公卿大

便得從他是得
則很微了、

○今人講

今之人特假脩其天爵以要求人爵他雖起念不淸則仁義等功原未嘗廢人爵亦自可得迨旣得人爵而棄天爵則并前有爲而脩不免致露所得之人爵亦亡是失則俱失了世間能保祿位的有幾人可以醒矣

○欲旨講

孟子爲求人爵

夫而已

古之人脩其天爵而人爵從之脩其天爵以爲吾分所當然耳人爵從之不待求之而自至也

玩一脩字古人不待不聽爵於人亦不聽爵於天要發得古人眞心實情與天爲徒瞬息存養無一毫落人想從即聽其自至之意

今之人脩其天爵以要人爵旣得人爵而棄其天爵則惑之甚者也終亦必亡而已矣要求也

脩天爵則仁義等功未嘗廢但以此要人爵起念便不純粹便不是眞脩脩時便有棄的機了故一得便棄是一串事則惑之甚一惑字是提人處要之人心何惑也爲人爵惑也惑

首發曰凡天地間的人於人世需㦤那一個不要是人之同心也人惟不欲貴則已既欲貴則反求到自己身上那個沒有貴的但人只在外邊馳逐不向自己思忖耳

○人之譏人之所貴的不過以爵祿加之也不是那自然的良貴也若趙孟能以爵祿加我而使之貴就能奪人爵祿而賤之這是言奪

人則不見天纔棄天爵時則所為不在天理上有損於民無補於君能保祿位者幾人終亦必亡此自害事非故作惡而為是言

欲貴全旨 此是孟子就人身所自有者指出來使之反求而知其無待於外也打動人處在欲貴二字喚醒人處在弗思二字談良貴全在末節吐暢說幾分岩岩氣象何如兩不顧內重外輕道理合得如此拚不在心裡便丟不在眼裡只是更不要作彼此較量小家語耳

孟子曰欲貴者人之同心也人人有貴於己者弗思耳貴於己謂天爵

貴因有所崇重而得名欲貴只是說願慕尊榮意人只一味向外趨慕將自己的都忘却了同心者世人不謀而合也曰人人則不拘何等人矣有貴於己非由人貴所謂良貴也

謂人自己保不穩的，若是良貴則絕不聽人予奪，自已保着受用。

○既醉講

曷不觀大雅既醉之詩所云乎？言今日之燕享既醉以酒矣，此中德意無窮，既飽以德，蓋言仁義充足於心，就像吃飲飽的何等快足，未曾想到人之膏粱之味，而中有仁義自然有聞譽彰著於外，未嘗想到人之文繡也。

弗思耳。似於語似欲勸令他放下人爵一念，反助有貴於己者，自不以軒冕簪纓動念也。

人之所貴者，非良貴也。趙孟之所貴，趙孟能賤之。人之所貴，謂人以爵位加己而後貴也。良者本然之善也。趙孟，晋卿也。

此節借人以顯己，借賤以顯貴。人所貴，人能賤，使非所性而有本然之貴也，徒供世途之顛倒耳，人試思之。

詩云：「既醉以酒，既飽以德。」言飽乎仁義也，所以不願人之膏粱之味也；令聞廣譽施於身，所以不願人之文繡也。詩大雅既醉之篇。飽，充足也。願，欲也。膏，肥肉。粱，米穀。令，善也。聞，亦譽也。文繡，衣之美者也。仁義充足而聞譽彰著，皆所謂良貴也。

不說仁義如何可貴，只就世情中翻出兩個不願以見意，正

吾性中自己的貴這等樣然更何假人貴爲哉

○仁之講

孟子勉人力仁曰仁是人的本心不仁是仁的客念人能常常操存這本心則客念原不能相侵就像似水自能勝火若平日都是不好念頭偶然有些兒好念要去降伏那不好的念如何消滅得他來正猶以杯水救車薪之火者火不

是令人可思慮飽乎仁義一句揭良貴理已盡令聞廣譽施於身包在飽乎仁義一句內飽字在上文樂善不倦上見連令聞廣譽都是本來受用令聞廣譽即此仁義煇然之章采惟廣譽而曰令聞則令德之聞於世者廣也曰施於身正見其有貴於己者在膏粱文繡人之所貴也兩人字正對己看不願者不欲也所以字甚喫力從上何討出兩不願是不在心裡非說不在眼裡二所以字政要人思

仁勝全旨　此章指點極真切把今之爲仁者一段情弊摸來道破更容何處推諉要在勝字之字上討分曉勝則仁存不勝則仁亡

孟子曰仁之勝不仁也猶水勝火今之爲仁者猶以一杯水救

猶從衛水原不勝火助之不仁念頭愈加冒熾是反助那不仁了

○亦終講

說被不好念所勝則好念亦必心灰連這些兒畢竟都喪亡了可見爲仁須要充擴其本量如泉之必達方爲得力

○五穀講

孟子勉人力仁曰五穀能生人本是種之美苟不用力去熟則不堪取食而失

一車薪之火也不熄則謂之水不勝火此又與於不仁之甚者也與猶助也

仁與不仁只是一箇念頭仁翻轉便不仁矣非兩者對待也仁勝不仁直是要他勝使他不起他便不得起理欲關頭大分如此謂之不勝是爲仁者推諉的口實他何嘗有心爲仁故直罵以與於不仁之甚與幫助也言不仁本無這等氣焰而汝却去幫助他恨甚之詞猶水句決言其勝杯水句言薪無可熄之理勝則獨爲操救則彼爲主也

張公亮曰今之爲仁者正是不爲仁者也若能猛發一念即有不仁如若彌山亦可使墮何以故不仁無定性故

亦終必亡而已矣言此人之心亦且自怠之爲仁終必并與其所爲而亡之

甚美便不如荑稗了仁乃元善之長統四端而貫萬物亦人之所繇生爲種之美者須要用功操存直要勿忘勿助打成一片不待存而無不存纔可言熟爲仁者未至於熟不可已也

○羿之講孟子即曲藝以明聖學曰學必有法而後可成羿之教人射宜若可獨運其巧必以弓滿之彀爲的而學射者

終亦必亡即指今之爲仁者說葢連前杯水之仁而亦亡矣弁理根都打斷了可憐可憐言外要得哀憫意勿徒作據理判斷扯淡也

孟子曰五穀者種之美者也苟爲不熟不如荑稗夫仁亦在乎熟之而已矣荑稗禾之似穀者

此章甚言仁之當熟以成其爲美也種而曰美正以一團元氣渾淪包涵在內無些夾襍有生生不已之機獨舉五穀是於美種中有獨見其眞正者在也不熟是不曾用力去熟不如荑稗不是取荑稗甚言五穀之不可不熟耳不必添出他道字葢仁熟則有德原不是可以偶合他取來的須是想念

亦必則於弓滿之彀，蓋法在於彀，有必不可舍的。

○大匠講
大匠之教也，宜若有獨運其得心應手之妙，而必以規矩爲指示之方，而學於大匠的亦必以規矩爲受教之準。蓋法在規矩，有必不可舍者。知此則知聖道之教矣。

○任人講
此見禮有當重

意旨任人有問

都空正助俱泯，時時是未發以前境界。莊熟纔是仁。夫仁句看一之字，指工夫言，非以成功言，亦在乎者不欲失此美種也而已矣。若不熟不已也。要知熟處難言，只在日至之時。凡培植灌溉可用力處，還是人功，若到日至便屬天然矣。此仁之妙境也。

羿之

全旨 此章以心法不可發說上達之妙不離下學，傳其可傳而不可傳者在其中。重教者上。四必字見斷乎不容廢。

孟子曰：羿之教人射，必志於彀；學者亦必志於彀。

羿，善射者也。志，猶期也。彀，弓滿也。滿而後發，射之法也。學，謂學射。

精神全注志字。彀者羿之巧所自出也，必滿彀而後能及遠，不然不中的矣。志即志於學之志，精專期赴，不自限足之意。

屋廬子曰廿食之中有礼礼與食果那一件重此屋盧子曰礼所以節飲食之流礼是重的悅色之中有礼焉色與礼果那一件重此屋廬子曰礼所以節男女之防禮是重的

○以禮譜任人乃設变以難之曰礼固重於食矣設其飢餓之甚必待礼而後食則飢餓而死不待礼以食則得食生死

學者欲以盡羿之巧便當以極等事為期赴故曰亦必志云下同

大匠誨人必以規矩學者亦必以規矩大匠工師也規矩匠之法也

規矩者大匠之巧所自出也不由規矩何以做得方員以用也規矩無一定之則大小方員惟所用之也學者欲盡大匠之巧安得不以規矩

告子下凡十六章

任人全章屋廬子禮重之說是外食色以論礼是以窮於禮食親迎之辯孟子高處全在置禮於不論而[illegible]就所為食色以破之何也禮與食色定是渾然分不開的可見鳳非食色偷輕重禮亦有輕重也乃食色中之輕重莫非禮之輕重矣

任人有問屋廬子曰禮與食孰重曰禮重任國名屋廬子名連孟子弟子也

之際亦重矣子亦必以禮乎禮固重於色矣設若貧乏之其必要親迎備礼而娶則不得妻不拘親迎之礼則得妻夫婦之倫亦大矣子亦必親迎乎吾未見禮之果重於食色也

○屋盧講

屋盧子心雖明白一時不能對明日往鄒以任人之言告孟子孟子教之曰礼重乃千古不易

與禮孰重任人復問也

禮與食色非有二食者禮之著於養人廉恥之心也色者禮之著以立人道大防也是食色以禮爲輕重不與禮相爲輕重也任人有意乎輕禮屋廬子有意乎重禮故其問答如此

禮以食色中之禮言兩曰禮重是不必以食色較執其常耳

曰禮重曰以禮食則饑而死不以禮食則得食必以禮乎親迎則不得妻不親迎則得妻必親迎乎

此節兩段起語都是守其禮之重者不以禮食則得食如嗟重也可食之類不親迎則不得妻謂其家貧不能具六禮之類必以禮乎必親迎乎舉禮之變以折屋廬子也

之理於答是也何難之有如任人之論但言禮之末耳如夫不揣其在下之本而齊其在上之末明片方寸之木可使反高於岑樓而亦畢失當矣

○金重説

彼亦言其禮之輕者耳夫金之本重於羽者皆謂一鉤金與一輿之羽而較其輕重之謂哉

○取食證

若就任人之説

屋廬子不能對明日之鄒以告孟子孟子曰於答是也何有何有

不難也

覩上面兩個禮重胸中儘井井但被任人設難一時不能對他蓋能了了於心未能了了於口也非謂其真疑食色之重也問於孟子終不敢以禮爲輕於答是也何有亦指在答上見原易辯也原自辯也

不揣其本而齊其末方寸之木可使高於岑樓本謂下末謂上方寸之木至卑階食色岑樓樓之高銳似山者至高階禮

合下節總一意而一正一反相承言之言如是較則失其平欲得其平不可如是較也總不露正意亦多禮與食色本不

□□取食而死
□之重的與禮
食之輕者而較
量之則食必不
可無奚翅食差
重於礼乎取廢
人倫色之重的
與親迎礼之輕
的而較量之則
色必不可無奚
翅色差重於礼
乎

□往應譴

汝盍往應之曰
食固重如紾兄
之臂而奪他的
食則得食不紾
則不得食而死
則將犯礼以紾
之乎吾知寧飢

待較以大分言也本與本揣末與末齊也右任人之論是不揣其本而齊其末之說也方寸之木高於岑樓其豈也不揣句是通章斷案

金重於羽者豈謂一鉤金與一輿羽之謂哉 鉤帶鉤也

緊頂上節吾人所以較禮與食色者豈若是之謂哉鉤金與羽不可平論從本上揣之則不至鉤其金與其羽而寸木之食色岑樓之禮自較然於天地之間

取食之重者與禮之輕者而比之奚翅食重取色之重者與禮之輕者而比之奚翅色重 奚翅猶言何但

此節方明折偏較之失緊上相連說猶言必欲如是較是取

而死而兄臂之必不可紾也色固重如踰東家墻而摟其未嫁的處子則得妻不摟則不得妻而絶倫則將從礼而摟之乎吾知寧絶嗣而處子之必不可摟也較之於此則禮有常重而食色不足言矣於答是也何有哉

○閩文講

此是聖人皆可為意問答問曰人之言曰人皆可以做得堯舜

食色之重者與禮之輕者而比之將率人至於滅禮是相有無之勢非相輕重之勢也兩奚翅食重色重亦不足以言之矣與上節諸重字自相呼應上是比喻此是正意

徃應之曰紾兄之臂而奪之食則得食不紾則不得食則將紾之乎踰東家墻而摟其處子則得妻不摟則不得妻則將摟之乎

紾戾也摟牽也處子處女也

此節就任人語復任人總是徃應之曰真景上見於答是也何有彼所重者食色也重食色而至於紾兄臂摟處子可爲重乎兩則將何正使之自揣倘也任人岐禮與食色而二之則有無異而不止輕重殊孟子合食色於禮而一之則輕重中

果有可為之理麽孟子决之曰堯舜與人同耳何人做不得果皆可以為也

○交聞講 交便有慕聖人意而曰交聞文王能為堯舜身長十尺湯能為堯舜身長九尺今交之身有九尺四寸以長益介在湯交之間宜若可為堯舜也但只食粟而已不幾空負此軀哉

○溪有譏 孟子即就他為

仍不得分輕重而體有常神矣

曹交 全旨 此重人皆可以為堯舜以堯舜之道孝弟而已矣作骨子紧要在為之一字所謂弗為耳及所不為也皆為之而已矣一句相應而行堯行字與歸求求字皆所以為之指出徐行後長一語正是孝弟真際正是為堯舜下手工夫末節知字極要緊外知而言為便是肯修踪做了

曹交問曰人皆可以為堯舜有諸孟子曰然 曹交曹君之弟也

人皆可以為堯舜而曹交述之只淺淺說言人皆做得堯舜否曰然字是要他合下承當直决其可為耳

交聞文王十尺湯九尺今交九尺四寸以長 句 食粟而已如何則可 曹交問也食粟而已言無他材能

曹交不在性體上求聖但從十尺九尺處說乃彼丈夫我丈

字引之曰子何必以食粟爲歉哉大打緊氣力去做便了譬如有人在這裡向之不用力卽不能勝一匹雛便做成個無力人倘肯用力而曰舉百鈞之重便做個有力人矣可見勇怯只在人自奮尚肯奮發而舉烏獲之任是亦爲烏獲而已則夫人之爲堯舜的豈以資質庸下弗勝[illegible]之任爲[illegible]哉特患於自棄

天之意正其刻厲眞切處也食粟句言無他才能空負九尺四寸與湯文相類之軀也如何則可愧得熱惱得荒了有以不勝爲患意

曰奚有於是亦爲之而已矣有人於此力不能勝一匹雛則爲無力人矣今曰舉百鈞則爲有力人矣然則舉烏獲之任是亦爲烏獲而已矣夫人豈以不勝爲患哉弗爲耳匹雛也烏獲古之有力人也能舉移千鈞

言欲爲堯舜奚有於是形體哉亦在踐形盡性實力於爲堯舜之爲而已矣設喻一段叫他辨一個必爲聖人之志出來

亦爲句最重無力人有力人全在一念奮發上見[illegible]勇

而自不爲耳。

○徐行講　然堯舜何难爲也。與長同行，只走得落後些，這就是弟；若疾行而先之，便是不弟。夫徐行有甚麽難事，豈不能哉？是忽其易而不爲也。可知堯舜之道，萬古無兩人，只道他怎麽樣大，却不知只是孝弟便了。

○子服講　子能於原頭上理會了，則日用

怯之無常，徵用力亦在我。蓋曹交把湯文與己對說，便分做三個人看；孟子借烏獲爲喻，只做一個人看。然則云云，語意暗影堯舜。若曰爲堯舜，便是堯舜也。患弗爲，不患不勝，只呌他在身上認取此弗爲，泛就聖道說是畏其難而不爲。

徐行後長者謂之弟，疾行先長者謂之不弟。夫徐行者，豈人所不能哉？所不爲也。堯舜之道，孝弟而已矣。孝弟者，人之良知良能，自然之性也。堯舜人倫之至，亦率是性而已，豈能加毫末於是哉。

人盡以不勝爲患，故把極容易的來說。徐行後長，不在足上，徐在心上；徐不在迹上，後在心上。後此即孩提一念悠然不容強之心，於步趨間自然有一段從容和順處，這便是弟。便常行之間，穿堯的衣服，說堯的言語，幹堯的行事，儼然做出一個堯來，叫他不是堯不得，是即堯而已矣。這便是學好樣做好人。不然則出此入彼，不是堯則服的言的行的就是桀了。吾故曰奚有於是，亦為之而已矣。

○交得讀　交聞言而有感於心也，乃曰夫[illegible]至

是唐虞揖讓氣味寔寔落落地也。反是則不弟。夫徐行三句，又特地醒出為字，非不能，即是可為所不為，是忽其易而不為堯舜之道。道字不另講，下孝弟即是道也，九字只作一句看。蓋約堯舜而盡之孝弟，非謂率孝弟而充之也。不在功業上看。此處直將孝弟二字顯出一個活堯舜來，正見人皆可為。

子服堯之服，誦堯之言，行堯之行，是堯而已矣。子服桀之服，誦桀之言，行桀之行，是桀而已矣。言為善為惡皆在我而已。

此節言爾自已發一個念頭去為堯，就是堯了，有甚麼難。只怕不為堯，便到桀一路了。非教他區區從服言行上去求，是叫他從性之源頭上提醒。源頭合，件件今於孝弟橫來豎去

矣交曰幸於鄒君有鄒好之雅倘得見於鄒君可以假館舍願留於此而受業於夫子之門可也

曰夫道講　孟子指點之曰夫堯舜之道只在徐行後長正是一條大路有甚难知歸到家裡就事親從兄處做自有一段不學而知不慮而能莫之為而為的止是出來這是就自已所

都是堯舜源頭差佐件件差也堯桀之学只在天理人欲之間是堯是桀兩而已矣正與孝弟而已矣應

曰交得見於鄒君可以假館願留而受業於門假館而後受業又可見其求道之不篤

曹交見孟子指點得他一身輕快所以輕必就學而願假館受業得見可以假館分明是有志求教自幸之詞勿說壞他

曰夫道若大路然豈難知哉人病不求耳子歸而求之有餘師言道不難知若歸而求之事親從兄之間則性分之内萬理皆備隨處發見無不可師不必留此而受業也

孟子却欲乘機以速其悟言此道原無等待原不向人求索明白現前至易至簡自身便是師適間教汝徐行者便是師

行的便是師方且用之不盡何必須留受業子其勉力為之可也。

○小弁講　此以怨徵仁孝之心意。公孫丑問曰：高子之說詩嘗曰小弁非仁孝之用心，乃小人的詩也。孟子曰：高子怎的這樣說？曰：以其處父子之間適於哀怨要切也。

○固哉講　孟子曰：以小弁之怨為小人固

否如何舍却自身之師而師受業哉。知字重提醒他良知一竅，從孩提良心處體認堯舜之道，完完全全無分毫虧欠，此爾有餘之師也。亦非不必假之謂，但假館是逝，歸而求之處是真正切己工夫。有此工夫，雖假館亦無不可。

楊機部曰：歸而求之何處？汝若說誦堯舜也，其皮說誦皮若走動堯舜也，其汝走動何處不是堯舜，何處不是師。

小弁全章　通章以仁孝作主，重小弁有不得已之怨上。觀風特因小弁而及耳。人子處親之變，自有必不可怨的，怨固不是；有必不可不怨的，不怨亦不是。孟子論到愈疏不可磯處，非致曲盡此都不能。

公孫丑問曰：高子曰：小弁，小人之詩也。孟子曰：何以言之？曰：怨。

高子，齊人也。小弁，小雅篇名，周幽王黜申后，廢宜臼，作此詩以敘其哀痛迫切之情也。

小人之詩，以其處父子之間哀痛迫切，外無溫柔敦厚之意

滯不通哉高叟之爲詩也有詮人於此越人無故關弓而射之則已談笑而緩辭以說他無他射的是越人與我疏遠故言不甚切也其兄若將關弓而射之則已垂涕泣而激切以說他無他射的是其兄與我至親故言之如此懇切令小弁處父子之變而詩之怨則親親之道當如是也親親之心仁心發見也豈

而薄之也

曰固哉高叟之爲詩也有人於此越人關弓而射之則已談笑而道之無他疏之也其兄關弓而射之則已垂涕泣而道之無他戚之也小弁之怨親親也親親仁也固矣夫高叟之爲詩也

固謂執滯不通也爲猶治也越蠻夷國名道語也親親之心仁之發也

固哉言其不能以意逆志也高子薄之之處正孟子服之之處也幽王廢嫡立庶天性之恩絕而危亡之禍成爲之子者能恝然乎小弁之所以不得不怨也亦涕泣乎兄之關弓者也有人於此之人越人與其兄所欲射之人也關弓將射未射之時一談笑一涕泣蓋親疏異故言有切不切也小弁之

十九卷

有小人而仁者乎以厚爲薄固矣夫高叟爲詩

○凱風讙

丑曰親之有過固當怨矣乃凱風處母子之變何以不如小弁之怨

○過大譏

孟子曰凱風事閨家庭親之過小者也小弁繫屬宗社親之過大者也親之過大而不怨是親絕我而我又絕乎親則愈疏也親之過小而怨是少拂之則怒

怨親親也不忍同親爲越人故哀痛惻怛仁之根中而發外者也此仁是一念愛親之心怨是自然有戀戀感悟之意

曰凱風何以不怨凱風邶風篇名衛有七子之母不能安其室七子作此以自責也

且引凱風非疑凱風之不怨蓋借其不怨以形容小弁之不當怨耳

曰凱風親之過小者也小弁親之過大者也親之過大而不怨是愈疏也親之過小而怨是不可磯也愈疏不孝也不可磯亦不孝也磯水激石也不可磯言微激之而遽怒也

小弁非可以凱風律之宗社之變與帷簿之羞其親過之大小原不同也但把怨不怨相形說正見仁孝之苦心處親之

如石之不可激水也愈疏亦不孝也不可磯亦不孝也奈何以凱風律小弁哉固矣夫高叟之爲詩也。

○至孝講 孔子曰舜其至孝矣五十而慕則知小弁之怨即是舜之慕故以爲親親而無傷其爲怨耳、

○宋牼講

過大而不怨是愈疏也疏字應上親之大要即懟字之意上段得下段而愈明不可磯者若無所容也水微激於石而遽號子微激於母而遽怨故曰是不可磯石比母子比水不爲意者外之深無所容者發之暴故皆以爲不孝

孔子曰舜其至孝矣五十而慕言舜猶怨慕小弁之怨不爲不孝也

引舜之慕爲怨字作證見得有此慕則不得不有此怨怨處正是慕處是孝是仁而高子者理蔽於方情趨於懟徒欲執物理以束至情不亦固乎

宋牼全旨

此章孟子惓惓於宋牼者乃以挽回世道之機寄之策上目擊戰國構兵之禍烈矣宋牼欲一言而罷之豈非生民之福而仁人之所甚願者哉顧利端一開君臣父子兄弟將利是趨春秋弑君三十六大抵皆見利而動其禍又有

此以王道規說上意。昔有說士宋牼者，將往楚而遊說。孟子適相遇於石丘。孟子曰：先生將何往？蓋欲問其所至也。

○吾聞講　牼曰：吾聞秦楚兩雄構兵，我將南抵郢而見楚王，說而使之罷兵。有如楚王不悅，我將西叩函關，延見秦王，說而使之罷兵。我竊計二王將必有一遇合焉。

甚於構兵者。是聖賢不得不嚴其防，全在先生之號則不可一句。數懷字極重，就人心上挽回世道。仁義二字是利字對症之藥。

宋牼將之楚，孟子遇於石丘，宋姓，牼名。石丘，地名。曰：先生將何之？學士年長者，故謂之先生。

首節須得記事體，亦見天假以抑功利之一機。此係聖賢辯論之會，關係不小，不可作尋常途遇。忽遇孟子，蓋知宋牼爲說士，問以何之，蓋欲得其旨而正之也。

曰：吾聞秦楚構兵，我將見楚王，說而罷之；楚王不悅，我將見秦王，說而罷之。二王我將有所遇焉。遇，合也。

兩軍相鬭曰構兵。只漫說兵連禍結，其主意全在說字裏頭。

此我今日所供之意也、
〇軻也講
孟子曰、軻也請不及具問其詳、願聞其遊說的主意、不知先生說之將主何見而陳詞也、牼曰、我將言其講兵甚無所利於國也、孟子止之曰、當此時而以罷兵為念、先生之志誠大矣、但以利為號則不可、
〇以利講
何以見利不可為號也、先生以

罷之、正見其說之必行也、不悅不重、只用此適到秦王上去、遇即言聽計從、有所遇、非楚必秦、不可倒說非秦必楚、以孟子從楚說起也、

曰、軻也請無問其詳、願聞其指、說之將如何、曰、我將言其不利也、曰、先生之志則大矣、先生之號則不可、能於戰國擾攘之中、而以罷兵息民為說、其志可謂大矣、然以利為名、則不可也、

指大指也、敷演況譬其說雖詳、大指不過一字、言其不利、須像戰國策士口氣、不利二字其說未為不是、但未能治其本而徒治其末、恐說行而禍猶甚於此也、故孟子許其志而又不可其說也、志大對戰國士言、當時謀臣策士盡入殺局場

利爲端說秦楚之王、而曰罷兵爲利、秦楚之王皆悅於利、而罷三軍之衆、是三軍之士所以樂罷者、皆心裡悅於利也、旣罷以後、從此人心趨利爲人臣的念念爲利以事其君、爲人子的念念爲利以事其父、爲人弟的念念爲利以事其兄、是君臣父子兄弟、終竟去仁義之根、無復良心、所由往來之間、都是以利爲

中獨有心於救民趨向逈異故曰大號即指也但有倡召之義指則隱約藏於胸號則顯揭呼於世矣觀下文皆人心號召而變處

先生以利說秦楚之王秦楚之王悅於利以罷三軍之師是三軍之士樂罷而悅於利也爲人臣者懷利以事其君爲人子者懷利以事其父爲人弟者懷利以事其兄是君臣父子兄弟終去仁義懷利以相接然而不亡者未之有也

兩節所說臣子弟不必拘定在三軍中說至於懷利懷仁義亦不復拈用兵時矣無時非此念也三軍之士師頂三軍之師說俱兼將卒兩悅字妙有所以動之而皆悅其心也兩樂

念利念昌熾国脉琢喪然而国不亡者断乎未之有也

○仁義講

先生以仁義爲端以説秦楚之王而曰殃民非仁過制非義秦楚之王皆悦於仁義而罷三軍之衆是三軍之士所以樂罷者皆心裡悦於仁義也既罷已後從此人心惟知仁義之為美為人臣的念念思仁義之所以然以事其君爲人

字是合君民皆悦而共相鼓舞也懷字得之悦樂來懷者拳拳在心若或據之也懷利相接處緊要在去仁義上説得去字醒然後懷字十分精神終字下得極妙見仁義我所固有不可令之去即去望其來復如何終去此鄭重之詞亦痛惜之語總之懷利之念心各有所覬也此相接處皆是相構處豈必兩國構兵哉即本國中皆秦楚也如何不亡

先生以仁義説秦楚之王秦楚之王悦於仁義而罷三軍之師是三軍之士樂罷而悦於仁義也為人臣者懷仁義以事其君為人子者懷仁義以事其父為人弟者懷仁義以事其兄是君臣父子兄弟去利懷仁義以相接也然而不王者未之有也何

子的念念思仁義之所以然而事其父爲人弟的念念思仁義之所以然而事其兄是君臣父子兄弟去利心箇有此一點仁義之心則相交接之際惟以仁義爲心躬人心自過國勢自張然而不王者斷乎未之有也說秦楚之王何必以利爲號哉

○居鄒講

此見施報得宜

意旨孟下居鄒

必曰利此章言休兵息民爲事則一然其心有義利之殊而其效有興亡之異學者所當深察而明辯之也

以仁義說秦楚如硤民非仁過取非義之說而罷三軍之師

而字何等自然仁義所自至也懷仁義以事者以事君爲仁義所當然而吾所當自盡也事父兄做此懷仁義相接巧處亦在去利利原非人心所有故只曰去利見去之惟恐不速也全重去利上必去得利盡方爲仁義懷仁義相接則寔有血脈貫串而無所覬覦於其間也此所謂愛親急君於王何有何必曰利先生之號萬萬有所不可也

居鄒　**全章**通章重儲子邊首節爲相處守四字作案不成章三字是斷案得之鄒二句是結案

孟子居鄒季任爲任處守以幣交受之而不報處於平陸儲子

之時，季子爲任君處守其國，使人以幣帛至鄒交於孟子，孟子受之而不往謝。嘗處於平陸，儲子爲相，使人以幣帛交於孟子，孟子受之而不往謝。及至他日，孟子從鄒往任見季子以報答其禮；從平陸往齊，因不見儲子以報答其禮。屋廬子喜曰：交同答異，必有緣故，連得間而問之矣。

爲相，以幣交，受之而不報。季任，任君之弟。任君朝會於鄰國，季任爲之居守其國也。儲子，齊相也。不報者，不見則當報之，但以幣交，則不必報也。

此節是敘事中書法，曰居鄒，曰處守，便見季子不得之鄒意；曰處平陸，曰爲相，見儲子得之平陸也。却未道破，講中不宜露出。均以幣交，賢未爲非禮，故孟子均受，但不拜答其禮者。看後意何如耳。

他日由鄒之任，見季子；由平陸之齊，不見儲子。屋廬子喜曰：連得間矣。屋廬子知孟子之處此必有義理，故喜得其間隙而問之。

由鄒由平陸不重，只重見不見上。見卽報，不見卽不報。連得間矣，喜其聽教有地也，不是捉得破綻。

〇問曰講

問曰季任儲子均之以幣交也而夫子往任見季子往齊獨不見儲子為其只是爲相非可同於攝位的麽、

〇非也講

孟子曰非為相之故也周書曰享賢之道貴厚其礼意若物有餘而礼儀不及物則不得謂之享惟以其不用志于享而徒飾虛文故也今吾之不見儲子正

問曰夫子之任見季子之齊不見儲子為其爲相與言儲子但爲齊相不若季子攝守君位故輕之邪

爲其爲相乃執國權君子避遠權勢所不輕見特設爲此問以探禮義所在耳

曰非也書曰享多儀儀不及物曰不享惟不役志于享書周書洛誥之篇享奉上也儀禮也物幣也役用也為其不成享也孟子釋書意如此

引書專重惟不役志于享一句志乃儀之本幣乃交物也親來致幣與遣人致幣是其將物之儀也書曰享多儀是指此行禮進退揖讓之儀享貴多儀若物多儀缺故爲儀不及物曰不享蓋以不役志于享故其簡於儀惟簡於儀則雖有物以享

爲異不役志于享不得謂之成享也

與不享同儲子物儀非少也而不親致簡於儀矣是不役志于享矣爲其不成享與爲其爲相相應專指儲子也

○子悅講

屋廬子聞言而悅其所處有理也或人問儲子不成享之故屋廬子曰鄒任異國也季子處守不得往鄒幣交足矣儲子爲齊相得往平陸豈以一幣交足爲成享哉孟子不見之故於此可推矣

屋廬子悅或問之屋廬子曰季子不得之鄒儲子得之平陸季子爲君居守不得往他國以見孟子則以幣交而禮意已備儲子爲齊相可以至齊之境內而不來見則雖以幣交而禮意不及其物也

悅字與喜字應是心契所處之當也然均是幣交均是不親致而一成享一不成享此或人之所以疑而問也故屋廬子以不得之鄒得之平陸曉之見季子之儀只合得如此非簡也儲子烏得與之相例論哉抑揚重儲子

各 **全旨** 先

通章以仁賢爲骨子數不用字爲血脈先纖瑕分三說總爲無功而發不知功之成成於用孟子折辯之意分

○名寔講

此見君子去就之間非人所可測意淳于髡謂孟子曰天下之道出與處而已彼以名寔為急着原要利益人國君不務名寔乃自揣不能為人止求獨善耳今夫子在三卿之中既是為人的了名寔未加於上下君民俱未得益而乃去之又不能為得人來仁者固如此[illegible]乎

明見齊不用已而去反之此心人已兩無媿也彼所謂仁人君子者也孟子終不欲自暴褻托古人見意

淳于髡曰先名實者為人也後名實者自為也夫子在三卿之中名實未加於上下而去之仁者固如此乎名、聲譽也。實、事功也。

名實二字相連聲譽由事功而著而有事功者必有聲譽只渾渾合看先是急切意後是不關係意自為為人髡雖並言其寔致譏重為人邊其言為人特管晏之事功自為乃沮溺之行徑在三卿之中見得似非自為名實未加猶云不曾做一些甚麼事就置位去了又不成其為人仁人以萬物一體為心置斯人於度外而不相關切仁者不為也固如是乎着一固字見仁者但有其心不必有其事求立功濟世說

○治下講
孟子因他論名實在去就處故曰去就亦將不定亦有居賤人之位不以己之賢事不肖之君必擇而事是伯夷以去爲道五爲湯所聘而就湯五爲湯所使而就桀惓惓以濟世爲心的是伊尹任去就之間若不惡汚君而事不辭小官不然一無所忤於世者柳下惠以就爲道三子

孟子曰居下位不以賢事不肖者伯夷也五就湯五就桀者伊尹也不惡汙君不辭小官者柳下惠也三子者不同道其趨一也一者何也曰仁也君子亦仁而已矣何必同有者無私心而合天理之謂

此敘三子之事而歸之於仁乃緣他自爲爲人來說下位士賤之位不是爲官吏似一於自爲尹與惠似一於爲人惠之功業遠不及尹則其爲人之名寔亦大有晦顯焉倘以名寔未加爲非仁則夷惠一無所見而尹尚浮沉五就之間何祿祿也五就桀是就湯以後事既爲湯出了便當以湯之心爲心就桀者湯使之就望桀改過而遷善也不惡二句意主於就道指其去就之迹言趨是心之所向也一也乃至一無二

十九卷

或去或就，各不同道，其趨向則一，只要不傷本心，合着仁便了，何必形跡之同。子以名寔未加爲未仁，三子可以未仁議之乎。

○魯繆讙

淳于髡又曰：去就固不定，然如魯繆公之時，公儀子爲相，又得子柳、子思爲臣，這是用賢的，而國勢日削，就是賢者在位，亦濟不得甚事，又何必以去不去論哉。

必能有爲也。

意不是一般仁字，照名寔未加看，仁是各人心苗裡眞種子，各人了當自已心事，君子只是自認個本心做得透徹，此心安處即是天全之仁，那管形迹上辯同異，言不必於先後之間求之也。此君子，孟子自指。

曰：魯繆公之時，公儀子爲政，子柳、子思爲臣，魯之削也滋甚。若是乎賢者之無益於國也！公儀子名休，爲魯相。子柳，泄柳也。削，地見侵奪也。髡譏孟子雖不去，亦未

此節譏其雖不去齊，未必寔加於上下也。爲政，相也。爲臣，庶官也。削字活看，只是不能振刷，不能起魯之衰，即是滋甚之意。若是乎賢者，不專指公儀等，政關着孟子。此節若果譏公

○虞不諱
孟子曰你道用賢無益均一百里奚虞不用百里奚便亡了秦穆公用之而伯天下不用賢則亡欲求一削亦是不可得的知此則雖得賢之居人國便有益時患君不用耳

○昔者講
淳于髡曰既是賢者也要做出來看昔者王豹處於淇以善謳名而河西化之皆善謳緜駒處

儀子椰子思便非只是將來作個話柄

曰虞不用百里奚而亡秦繆公用之而霸不用賢則亡削何可得與

魯削未有寔錄孟子卻置不辯只以大意發明用賢之益引百里奚重用不用上百里奚非愚於虞而智於秦只用與不用耳不用賢一句推開說削字泛論不粘魯事以削形亡只在用不用相較量見賢者之有益人國處彼此所引各以伸其意而已非喋喋斷鬼錄也

曰昔者王豹處於淇而河西善謳緜駒處於高唐而齊右善歌華周杞梁之妻善哭其夫而變國俗有諸內必形諸外為其事

於高唐以善歌名，而齊右化之，皆善歌。華周、杞梁之妻善哭其夫，而齊國化之，皆變其俗。大凡有諸內之抱負，必形諸外之功業。若爲其事而無功效，還是無賢。有則髡定然識得他。

○司寇講

孟子曰：你如何識得賢者？如孔子爲魯司寇，不用，復因燔肉不至，不脫冕而行之速。當時揣度

而無其功者，髡未嘗覩之也。是故無賢者也，有則髡必識之。王豹，衛人，善謳。淇，水名。縣駒，齊人，善歌。高唐，齊西邑。華周、杞梁，二人皆齊臣。髡以此譏孟子仕齊無功，未足爲賢也。

髡譏孟子一步緊一步。始之名實未加而去，責之猶寬；繼之曰無益人國，然猶以賢字與之；至此則直說其非賢。所引豹、駒、周、梁之妻，愈引而愈下矣。謳歌本一類，說文：咏詩曰歌，而謳則似加以曲折。善哭變俗，只是人化之而篤於夫婦之倫，非變而皆哭之謂也。內以抱負言，外以功業言。爲其事即項有諸內，無其功即反形諸外。是故無賢者，暗指齊國。今日識之，非識其人，上下各寔顯者，自有功可見也。

曰：孔子爲魯司寇，不用，從而祭，燔肉不至，不稅冕而行。不知者

者不知的以爲爲肉，知的以爲爲無礼，而孔子則不欲彰顯君相色荒簡賢之過，本意則欲微其罪而行，不欲爲無故而苟去。此在不知者固不足道，即知者亦止知其旁意，終未知其本意。君子的心事，衆人豈易測識也。子無復自謂爲賢者也。

○五伯講

孟子深罪逢君者曰，世至於今

以爲爲肉也，而知者以爲爲無禮也。乃孔子則欲以微罪行，不欲爲苟去。君子之所爲，衆人固不識也。從，隨也。祭，郊祭。膰肉，胙肉也。微，罪也。

此是借孔子事道自家本色，重不用二字，以見齊王不能用耳。爲曾司寇時影在三卿句，不用至不稅冕時影名寔未加而去之句。知與不知只在肉與無禮上着想，總不知其爲不用也。罪屬君相，微對顯看，隱晦之義也。以女樂去則君相罪彰，以膰肉去則君相受女樂之罪隱矣。不欲爲苟去與上句意相足，蓋是時孔子雖不以女樂去，而畢竟欲去，倘於去之時不託一名目，漫然以行，人必追論其去之之因，而君相之罪亦反以明。事理相因，慮必萬全，大凡君子到心迹難明處

十九卷

功罪昭然吾嘗較而論之五伯者得罪於三王乃三王的罪人也今之諸侯得罪於五伯又五伯的罪人也豈獨其君之罪哉今之大夫亦罪於諸侯又今之諸侯的罪人也此三者皆自以爲功不知寔自有罪耳

○天子講

何以見之三王之世天子以時適諸侯國各曰巡狩諸侯以時朝於天子各曰

其委曲至意正要人摸捉不着指所以行之心言照仁字看衆人非君子之流安能設身處地而知君子之微意也斥晃爲衆人其意亦冷而微

五霸　全旨

此章文勢趨末通以王字立案一節重二節蓋爲今之諸侯大夫而發而責大夫意尤重然無王之罪却由五霸作偏孟子追列其罪所以窮僭竊者假借之端須得尊王弁傷時意

孟子曰五霸者三王之罪人也今之諸侯五霸之罪人也今之大夫今之諸侯之罪人也五霸齊桓晉文秦穆宋襄楚莊也三王夏禹商湯周文武也

五霸當另提起講諸侯大夫遞講下不對罪皆在無王上見五霸在當時之天下不爲無功在三王之世不得爲無罪今之諸侯不特不容於三王之世亦且不容於五霸之法今之

述職又天子諸侯春省民耕有不足者補之秋省民斂有不給者助之天子入諸侯之疆見其土地無曠閑田野無荒蕪養老無凍餒尊賢不簡慢俊傑皆在位而不遺棄則有慶賞以勸之而慶則以地入其疆見其土地荒蕪不治遺老棄不養賢者失禮不尊聚斂之臣在位則有讓以責之以爲不職者懲焉若諸

大夫雖若有功於今之諸侯而寔得罪於今之諸侯愈降愈衰王降而霸猶可言也霸降而今不可言也紧紧歸罪大夫上

天子適諸侯曰巡狩諸侯朝於天子曰述職春省耕而補不足秋省斂而助不給入其疆土地辟田野治養老尊賢俊傑在位則有慶慶以地入其疆土地荒蕪遺老失賢掊克在位則有讓一不朝則貶其爵再不朝則削其地三不朝則六師移之是故天子討而不伐諸侯伐而不討五霸者摟諸侯以伐諸侯者也故曰五霸者三王之罪人也

慶賞也益其地以賞之也掊克聚斂也讓責也移之者誅其人而變置之也討者出命以討其罪而使方伯連帥帥諸侯以伐之也伐者奉天子之命聲其罪而伐之也摟牽也五霸牽諸侯以伐諸侯不用天子之命也

侯一次不朝，是不臣之萌矣，則降級以貶其爵。再不朝，是不臣著矣，則隨爵而損其地。三次不朝，是不臣之甚，則以六師之衆，誅其人而變置其國。已上皆天子之命也，是故天子惟出令討罪人，而不親伐，以損威重。諸侯但奉命以伐罪人，而不敢出令以討罪，以侵天子之大權所從來矣。今五伯者但率連帥與諸

自天子至移之總言王章炳赫威福之權出自天子諸侯罔敢專焉緊接是故二句以立罪五霸之案大意止此若瑣瑣分截亦渙散不警策矣省耕二句與巡狩述職原是一套事先王衆建諸侯總以爲民巡以此巡述以此述故入疆必察其土田次問高年次問人才而威福行於其間討伐所由來也天子討而不伐二句不平看重天子上討而不伐天子由命聲其罪命方伯連帥伐之不親伐也方伯連帥躬秉斧鉞奉命以從事焉若致討之命聲之乎天子者非諸侯所敢干也連者挾與國而偕也五霸之摟諸侯伐諸侯正竊連帥之意而未嘗承有天子之命是以討自專而天子自爲也無

侯以伐諸侯之異己者不復禀命於天子是三王之法所不貸也故曰五伯者三王之罪人也

○桓公講

五伯雖視天下而惟桓公爲盛觀其葵丘之會諸侯也但束牲載書而無事歃血其威信服人如此其盟之初命曰爲國者誅不孝以正綱常無易所立之冢子以亂統無以妾爲妻以亂嫡再命曰賢者隆

莫甚焉但其倡言其罪乃合諸侯之議并諸侯之力以爲出於公故曰五覇假之也三王之罪人也這一句要緊緊與上二句相照罪案便昭據律讞决可謂平允

五霸桓公為盛葵丘之會諸侯束牲載書而不歃血初命曰誅不孝無易樹子無以妾為妻再命曰尊賢育才以彰有德三命曰敬老慈幼無忘賓旅四命曰士無世官官事無攝取士必得無專殺大夫五命曰無曲防無遏糴無有封而不告曰凡我同盟之人既盟之後言歸于好今之諸侯皆犯此五禁故曰今之諸侯五霸之罪人也

葵丘之會陳牲而不殺讀書加於牲上壹明天子之禁樹立也已立世子不得擅易賓賓客也旅行旅也士世祿而不世官恐其未必賢也官事無攝當廣求賢才以充之不可以闕人廢事也取士必得必得其

十九卷　四十八

之以位有才則厚之以祿正以彰顯有德三命曰敬老年慈卑幼以收丕國之人心無忽賓旅以收異國之人心四命曰士世祿而無世官重各器也官事無攝熬聽官也取士必得其人樂選舉也無不請天子而專殺大夫慎刑僇也五命曰吾國有水旱無曲爲隄防以病鄰國鄰國有凶荒無嚴於閉糴坐視其災

人也無專殺大夫有罪則請命于天子而後殺之也無曲防不得曲爲隄防壅泉激水以專小利病鄰國也無遏糴鄰國凶荒不得閉糴也無有封而不告者不得專封國邑而不告天子也

王者之權莫大於征伐伯者之威莫大於會盟故孟子鋪敘其事以立罪案要知五禁皆天子之禁桓公特修明之而已非創禁也此是桓文創伯第一勝着稱桓公爲盛非許之也以其假得正大足以攝天下之權而歸於巳所謂挾天子以令諸侯也東牲二句正見其爲盛下五命卽是書詞句句須在天王上發來其首綱常次旌別次綏柔次用舍刑殺次修睦分封極是鄭重而囑以言歸于好還可見其正大心腸不孝是不子易樹子是不父以妾爲妻則夫婦之倫瀆彰德雙

而不救也無私
封國邑而不告
國太子也五命
既盟又叮嚀之
曰凡我同在會
盟的人自今既
盟之後恪守成
命以歸于和好
今之諸侯都犯
此五禁故曰今
之諸侯五伯之
罪人也

曲防能

曲為隄防利在
水則壅之使歸
內而鄰国之旱
弗顧也利在無
水則激之使歸
外而鄰國之壑
弗顧也

承尊育有非教育而在職而忠信重祿之類老吾老幼吾幼指本國言別國卿大夫為賓旅人為旅來往不相關即怠也世官恐爵及惡德官事無攝極識機宜侵與曠皆自攝生賢大夫有王命有罪必請命於天子而後殺不敢專也無曲防者利害與鄰國共也無遏糴者豐歉與鄰國共也無有封而不告戒擅權也言是語詞好者心篤五禁遵尚不敢忽忘也犯五禁緊緊與上文相呼應方見其罪此即伏下大夫逢君之案今之諸侯得罪於五霸即是得罪於三王

長君之惡其罪小逢君之惡其罪大今之大夫皆逢君之惡故曰今之大夫今之諸侯之罪人也

君有過不能諫又順之者長君之惡也君之過未萌而先

○長君講

至於匡救之責，是在大人。其大君過已萌，臣曲順以長君之惡，其罪猶小。惟君過未萌，而臣先意以導之，是逢君之惡，其罪甚大。今之大夫雖不是逢君的，故曰今之大夫，今之諸侯之罪人也，只在罪所不容的，可不自惕哉。

○魯欲講

此見人臣當以道引君，亦齊與[illegible]其來舊矣一

意導之者，逢君之惡也。

此節通章大意歸重處見諸侯無王之罪皆大夫逢君之罪也。惡即指犯五禁言。長惡豈是小罪，所以甚逢惡之罪也。長惡無能，乃巽懦阿諛人也；逢者先意而巧為迎逆揣而中其欲，其為諸侯之害不小。雖然今且功之矣，何罪焉？但彼所以效忠處，正其所為得罪處。下章富強輩即其人也。

慎子

全旨

重一仁字。道不與仁平，仁之所以行即為道。殃民非仁，違制過取亦非仁。過取不與殃民平，從取[illegible]彼以與此，然且仁者不為，是明以過取為非仁也。中間[illegible]明王制，乃因慎子不滿不可之言，而擇之曰氣抑揚重[illegible]，況於殺人以求之乎。末節歸到引君當道志仁，而於[illegible]職無恨仁在當道中，便志了。末要挽到不可殃民[illegible]去。

魯欲使慎子為將軍。慎子，魯臣。

且曾欲使慎子爲將軍以伐齊取南陽之地

○不教講

孟子曰不教練其民而用之戰是致民於死地謂之殃民殃民之罪惡不容於堯舜之世縱然吾子有善戰之才一戰勝齊遂舉南陽而有之揆之於理然且不可曾何爲而有是使乎

○慎子講

慎子勃然不悅曰戰勝得地而有功如此謂之不可此則且猶不可

欲是將然未然之志蓋將以伐南陽也此雖曾君之過亦慎子所以引之也須吸起末節意

孟子曰不教民而用之謂之殃民殃民者不容於堯舜之世教民者教之禮義使之入事父兄出事長上也用之使之戰也

教民云云平日言時魯乘齊亂欲使慎子伐齊取南陽倉卒興謀不教民之說亦據事論事之詞非謂魯有教練之師便可以戰也殃民是兵法非所素習一旦陷民於死也堯舜以愛民爲心不容者甚言殃民之不可也

一戰勝齊遂有南陽然且不可是時魯蓋欲使慎子伐齊取南陽也故孟子言就使慎子善戰

慎子勃然不悅曰此則滑釐所不識也滑釐慎子名

孟子講意 卷五 十九卷 五十

滑稽所不識也、
○吾明講
孟子曰吾明告子以不可之故、夫先王自有定制在耳、夫子之地方千里、不千里、不足以供朝聘而待諸侯、若諸侯之地方百里、不百里、不足以奉天子而守宗廟之典籍、此王制也、
○周公講
獨不觀齊魯之始封乎、周公有夾輔之功、而天子封之於魯、僅僅以百里、此是

承上節說下歸重然且句設使一戰成功不至殃民且於理上去不得況未必勝而殃民乎此分明引起下違制意此則字單承不可邊當時用兵志在克敵得地故不解不可之說

曰吾明告子天子之地方千里不千里不足以待諸侯諸侯之地方百里不百里不足以守宗廟之典籍待諸侯謂待其朝覲聘問之禮宗廟典籍祭祀會同之常制也

此以下皆明不可意明告子是告以不可之故舉先王建國之初制雖併天子說重在諸侯上方百里宗制也不百里足上方見宗要百里也典禮也籍方冊也諸侯典禮如祭祀會同之類二足字見不容增益令後人以寘之議附益亂成法

豈地亦不足以
封而止而不過
於百里太公有
勳勞之烈而天
子封之於齊亦
僅僅以百里止
是豈地之不足
以封也而止而
不過於百里

「儉字解」
立國之初宜作
法於儉後來二
國之并地皆奢
使之也奢則不
遜故至於無王

〇今魯講
以初封之制律
之今魯方百里魯國之大皆并吞小國而得
者五矣子以為之有王者作則必在所損矣、

也守字着力遵舊章不敢以私意混亂也受之天子載之方册藏之宗廟故云宗廟之典籍即國家之典籍也、

周公之封於魯為方百里也地非不足而儉於百里太公之封於齊也亦為方百里也地非不足也而儉於百里二公有大勳勞於天下而其封國不過百里儉止而不過之意也、

此因魯欲伐齊而舉齊魯以為言重魯邊當時二公有大勳勞僅止百里亦字見得開國之初雖周公亦與太公埒不得以親故益地便見此不可益彼不可損意勿平看

今魯方百里者五子以為有王者作則魯在所損乎在所益乎

今世有王者作而明制典則爵在所減損乎在所加益乎今日之事不用戰爭空空可以取諸彼以與此非分所應得然且仁者不爲況於互相攻伐而殺人以求之乎此我所謂不可也

○事君講

然則君子之事君也惟務多方引其君以當行於事事合理之道一心向於天理之仁而已矣今子爲君伐齊

今魯封域五諸侯見魯已違王制王者作必明分封之典則五百里之地且在所損豈可益乎重損邊兩乎字是令他參㪅與上不識二字應

徒取諸彼以與此然且仁者不爲況於殺人以求之乎徒空也言不殺人而取之也

徒取諸彼二句正應上不可意宜推開說猶言只要空空取彼以益此仁者循天理不爲苟取決是不爲的況違制侵人土地必殺人以求之始得乎殺人字映上殃民

君子之事君也務引其君以當道志於仁而已當道事合於理志心在於仁

此節總承上意以責慎子不但虛虛示個事君之道道者仁

取仁助道乎仁
不無一可者也
〇今之謂
孟子歸富強之
臣曰良臣之事
君也引君以當
道志仁而已乃
今之事君者動事
自負曰我能替君
君開墾土地以
充滿府庫即浚
民之膏不恤矣
在今則謂良臣
在古則謂民賊
也何也君不鄉
道不志於仁與辟開
桀之貪何異爲墾也、
臣者反爲聚斂
而求富之是富

之發仁者道之存總是一心而口氣白務引其君起直貫至
而已矣止亦沒有轉折頓跌作一句讀纔像務引非多方引
導之說是屏去功利不令他向邪路上走心之所向純全一
個天理纔了得帳玩志於仁一於字垂重志仁邊
全旨 通章專非人臣見富強之術是毒藥猛獸賊其民味有
不反中其身及其子孫者故說由今之道一節極痛快
激切不能一朝居要根民心說方與上民賊有
精得戒人主而認賊爲良而自取危亡之道

孟子曰今之事君者曰我能爲君辟土地充府庫今之所謂良臣古之所謂民賊也君不鄉道不志於仁而求富之是富桀也

我能是自負之辭辟與充一串盡地力則有財也看我能等

桀也此所以謂之民賊也、〇「我能」講」又曰我能替君約合與國而使戰無不克在今則謂良臣在古則謂民賊也何也君不鄉道不志於仁與桀之暴何異爲臣者反開兵端而求爲之強戰是輔桀也。〇「由今」講」世主良之者以爲可以得天下耳不知由今所以致富強之道无變今之所尚

語何等利嘴撩牙自以爲取天下之策在此矣這便不顧民便是民賊了此民賊以盜民財言君心不向於道便無一念利於仁桀不作人説自君心之不仁言、

我能爲君約與國戰必克今之所謂良臣古之所謂民賊也君不鄉道不志於仁而求爲之強戰是輔桀也約要結也與國、和好相與之國也、

約與戰一串合與國之力則可以決勝也上良臣以富言此良臣以強言此民賊以殘民命言兩求字根我能字來正是賊臣千計百較以中人主之欲者

由今之道無變今之俗雖與之天下不能一朝居也言必爭奪至危亡上下

道與俗俱以富強言由今之道即是無變今之俗行爲道言以成

強之條雖與之
天下而人心離
叛不能一朝居
也況不能得天
下乎

○白圭謂
此見中正之法
不可變意白圭
情嘗時重歛故
曰古今稅法皆
什分取一吾欲
更之二十而取
其一何如

○貉道辯
孟子曰子之道
夷貉道安可行
於中國也設使
萬室之國以一
人爲凡器供其

風爲俗俱指君身說富强之策此無得天下之理雖與之甚言其不能得天下耳鄉道志仁是一天下之本也君失此本而欲富大業不能一朝居之也甚言富强非長治久安之策

陳大士曰理財治兵國家大事若向道志仁此事正須講究在孟子之言自有閒酌

一取

全旨 此章與闢許行同意重無君子上引貉言城郭等項而下則歸之人倫君子末又專歸之君子言人倫則該得城郭等項言君子則該得人倫蓋君子者維持此人倫者也無君子又誰維持此人倫乎什一而稅以供祿養此乃堯舜中正之定制如何可增減乃爲極輕之說開後人議重之端究且到於無君子矣

白圭曰吾欲二十而取一何如白圭名丹周人也欲更稅法二十分而取其一分

白圭憤世之苛歛而矯爲二十取一大約以認薄之道行之

孟子曰子之道貉道也貉北方戎狄之國名**萬室之國一人陶則可乎曰**

用則可乎曰不可以萬室而取給於一人器不足用也

〇夫貉講

孟子曰子如知此則知貉之不可行於中國矣貉地寒五穀不生而惟黍生之則所入之少本不可以多取况無城郭宫室則無營繕之費無宗廟祭祀之禮則無犧牲之費無諸侯幣帛饔飧則無禮物之費無百官有司則無廩祿之費

不可器不足用也 孟子設喻以詰圭而圭亦知其不可也

提出貉道二字見得中國而以夷狄之道治之成何世界萬不可行也次節設喻以詰之一人之陶不足以給萬室之用猶孤君豈足以治一國此之不可不待詰而知之者正意宜渾渾不露爲下節作引了

曰夫貉五穀不生惟黍生之無城郭宫室宗廟祭祀之禮無諸侯幣帛饔飧無百官有司故二十取一而足也 此方地寒不生五穀黍早熟故生之饔飧以飲食饋客之禮也

此節正明其爲貉道也五穀不生三句是所入之少不可以多取無城郭三句是所費之少不必於多取少邊當重看故

故二十取一而足也。

○今居謹　今居中國，子欲二十取一，必至去而人倫無爵祿之需，必至於無君子，怎麽的二十取一而可也。夫陶以一人，且器不足用，不可以為國，况無君子，而謂與共理國家乎？此貉道之斷不可行也。

○欲輕謹　堯什一而稅，堯舜中正之道也。貉則輕之，欲輕

二十取一云。

今居中國，去人倫，無君子，如之何其可也？無君臣祭祀交際之禮，是去人倫；無百官有司，是無君子。**陶以寡，且不可以為國，况無君子乎？**因其辭以折之。

今居中國，見其別於夷也。去人倫無君子，此無字只頂上無百官有司無字。如之何其可，見不成中國體面，什一之稅，萬是減不得的。前一人陶對稅法言，此陶以寡對君子言，此節獨歸君子，蓋城郭宮室皆由君子而立，人倫亦賴君子而明耳。見其非貉之比也。中明如之何其可意，下節遂以貉桀援

○言承上起下，語脉甚明。

欲輕之於堯舜之道者，大貉小貉也；欲重之於堯舜之道者，大

之於堯舜之道者，彼爲大貉；此爲小貉也。輕則必至於加重，重取者惟桀。欲重之於堯舜之道者，彼爲大桀；此爲小桀也。桀固不可爲，貉亦豈可爲哉。

○丹之讓

此見始害於鄰國，爲仁人所惡。意當時諸侯有小水，白圭行壅水之法，因自誇其能曰：吾極善治水的，惟禹豈禹更費力耳之

桀小桀也　什一而稅，堯舜之道也。多則桀，寡則貉。今欲輕重之，則是小貉小桀而已。

提出堯舜之道以示夷夏之則。堯舜什一之法，蓋酌量多寡之間而經久可常之道。如何易得兩欲字，不過是私意揣度其間，非酌中道之爲言也。輕之重之，皆非中也。大小見貉桀共一途也。桀邊輕言輕賦之實，有同於重賦；其實是賦輕不可復減，其究必至復增，故不若什一之規，萬世無弊。

治水全旨　通章重一仁字。仁人所惡，只在洪水害人上。水之道也一句極有味。言不以一已之私意治水，而以水之道治水，便是因其就下而導之之意。白圭以鄰國爲壑，便非水之道，便無異洪水之災，是不仁也。不仁亦爲禹所惡，又敢言愈禹

白圭曰：丹之治水也愈於禹。　當時諸侯有小水，白圭爲之築隄壅而注之他國。

自誇治水愈禹，在以功之速，不必八年於外上看。講中於是

白圭治水前後一提
郎上低勝過禹
些。
○孟子過講
孟子曰子之治
水過矣禹之治
水乃順水之道
也。
○禹壑講
是故禹以四海
爲受水之壑今
吾子以鄰国爲
受水之壑果水
之道乎夫以鄰
國爲壑是逆水
之性而行也水
逆行倒流横溢
謂之洚洞無涯
之水洚水者即
堯時浩大的洪

口氣不可説低了他極言貶禹之勞而己之愈自見

孟子曰子過矣禹之治水水之道也順水之性也

二過字俱就失言説水之道也道路也天地脉絡陰陽關會水所必繇之路也繇路則歸海下故曰禹以四海爲壑

是故禹以四海爲壑今吾子以鄰國爲壑壑受水處也

四海爲壑便得其道鄰國爲壑便是不道圭因國内有小水壅之出境使不内入即私謂便宜沾沾自見德焉兩以字有分禹以是行所無事圭以屬之有心

水逆行謂之洚水洚水者洪水也仁人之所惡也吾子過矣水逆

行者下流壅塞故水逆流今乃壅水以害人則與洪水之災無異矣

水也乃仁人之所惡而欲去其害者也吾子乃欲嫁禍於鄰国而以愈禹自矜吾子治水之道誠過矣

不亮講

孟子望人自信曰君子的人是非疑似見得分明方緩有個把柄去執而不可摇奪若是不亮便沒有個把柄將甚麽去執

為政講

此者類書之優

自王築隄壅水非水之道也其為逆也多矣鄰亦何辜而代承其壑乎水逆行謂之洚水就爾時壅水言之洚水者洪水也則把古來水害州比例以見其毒仁人所惡不重只重洪水害人上兩過矣深闢之也

孟子曰君子不亮惡乎執亮信也惡乎執言凡事苟且無所執持也

亮與諒不同此亮乃是明亮之亮心體上見得明明白白然後可固執而不淪不亮則此心自信不過依違猶豫事到面前如何執得住曰惡乎執言其事持兩可心無主裁也

子正

全旨

此見治天下不但無不能而在不自有其能蓋宰相之休休與儀布詞不同首節落克之見用下表其有好善之

然而復於大

下也末節轉

於治意皆欲使樂正子總其國政孟子曰吾聞得這事確是歡喜既得不寐、

○強乎講
公孫丑不知遂歷問曰樂正子強可任事乎曰否有智慮可策國乎曰否多聞識可達於机宜乎曰否

○然則講
公孫丑曰這三

魯欲使樂正子為政、孟子曰吾聞之喜而不寐喜其道之得行
為政是舉一國之政聽其秉理不是小小任用道可繫此而
大行喜而不寐寤寐中不忘大道之行也

公孫丑曰樂正子強乎曰否有知慮乎曰否多聞識乎曰否此三者皆當世之所尚而樂正子之所短故丑疑而歷問之
強以力量言用之擔當智慮以明慧言用之籌畫多聞以博
覽言用之參稽成典皆一人之才曰否只是言其喜不以此
隱然見有不假強而立不待知識而濟意非說正子短於此

然則奚為喜而不寐丑問也曰其為人也好善曰好善足乎丑問也
從三否來見今日國家急需於士非此三者未必道之大行

者皆治國之必不可少的那㮣正子一件也沒有夫子思的喜而不寐孟子曰其爲人的心極處能容受天下之善蓋好善人也曰治魯國单是這一件好善難道便彀了

○好善講
孟子曰人能好善治天下尚且有餘何况一国乎

好善解
爲人誠有好勝好表卽不好善

○好善與強智慮多聞正相違強知多聞必沾沾自好豈能好人耶必無他技乃能有容可欲之謂善善自與善相投反之必而可欲卽遇人之善而亦欲之須在其自爲人處見之此句當切相度上講全在虛受之量絶無爾我之隔上清空揣寫方得好字眞景○還疑好善不足以治國足字好足者滿足之謂映下優字

曰好善優於天下而况魯國乎 優有餘裕也言能治天下尚有餘力也

此節至未泛論道理非指樂正子也好善便見休休有容意非必盡無強知多聞也強知多聞歛而不露也優於天下正在好字上見出言其心之量能并包宇宙四海於天下尚覺

爲人智者好察好察爲人博好自多好自多即好善爲人善者即善下即善採即善察即善用故曰優於云云

曰夫苟訑何以見好善有餘夫苟爲政者就一念之好充滿其量則四海之內皆將輕千里而來告之以善把天下的善都攝在這好裏而以天下之善去治天下有何不實循

有餘未說到用天下之善上而況何只是優於天下意非小覷魯國也

夫苟好善則四海之內皆將輕千里而來告之以善輕易也言不以千里爲难也

上面優於天下正在輕千里來告上見夫苟好善比上進一步此就一念之好充滿其量不但空空好也告之以善善原天下之一精神畢聚於善自有合同渾一之妙

夫苟不好善則人將曰訑訑予既已知之矣訑訑之聲音顏色距人於千里之外士止於千里之外則讒諂面諛之人至矣與讒諂面諛之人居國欲治可得乎訑訑自足其智不嗜善言之貌直諒多聞之士遠則讒諂

○示不好講
夫苟不好善，則人將望而畏之，曰這為政的其狀訑訑自足，彼自謂予於天下的事我已曉得了，有此訑訑之声色距人，人皆聞風自遠而距人於千里之外，則善必不來了，所來的都是讒諂面諛的人，與這樣人居，國亦不可治，况天下，則好善之果優於天下也可知。
○陳子講
此見君子幾幾

面諛之人至，理勢然也。

此節一反尤痛快，夫苟不好善，亦不是忌賢害能，是其好善之心未能若已有之耳。人非別人，是說不好善之人也。訑訑摹其狀，予已知之矣，乃摹訑訑者之言。言於天下事理我都曉得了，即以强智之聞自炫，露意彼亦何嘗明言距人，然人睹此容貌，接此聲音，已聆裡縮卷沉吟，其氣已陰折，逆拒人於千里之外，令其衆足而不前矣。正士退則壬士進，讒是毀善，凡讒必卑諂，而面諛如此，方與他不好善之意相投也。有過不聞，好勝自賢，理亂之幾，決在於此，國欲治得乎？又何有於天下也。

仕道之心陳子傷當時之不可仕故曰古之君子何如則仕但不曉孔子怎的總仕孟子曰君子之所處覌其遇也其重所就就的不一有三亦不輕所去去的亦有三

○「迎之謹」何以言之如國君待之內致敬心而外有礼文君子之所言又將施行其言也言行則道有可行之机則就之苟既接之後礼貌雖未衰而其

周仲馭曰好善的精誠甚於吁呼能散一心置天下善中又能聚天下之歸一心中便可合天下作一善體

全言　陳子為當時不可仕而孟子以告之去就明白告之雖言委曲而方正寔寓其中蓋行道之心形迹所不必拘不屈之志生死猶不可易卽至於免死亦所謂存其身以有待也看而已矣三字何等限制其次以下亦就所遇之不同說如云一樣又一樣耳

陳子曰古之君子何如則仕孟子曰所就三所去三其目在下

要看一古字今時則不然矣何如則仕亦傷當時之不可仕而言也故孟子以君子不得已之仕告之去就相因說總在仕上見凡不一之詞皆曰三不必泥是三件然去卽伏於就之中方見君子之不苟於就耳看兩三字見君子欲仕之心愈殷愈苦矣

言已弗行也當此亦無益則去之

○其次講

其次君雖未能行其言也但迎之致敬以有礼則就之以迎其可用之机苟既就之後礼貌或衰君子不可虚拘則去之耳

○其下講

其下至朝不得食夕不得食饔飧不給至飢餓不能出門戶即欲去而不能君聞而自悔曰

迎之致敬以有禮言將行其言也則就之禮貌未衰言弗行也則去之 所謂見行可之仕是也

此一項以道爲去就迎之只是接遇非郊迎致敬以有禮一串看中着一以字敬在心而礼則其文也猶云恭而有礼之謂言字發語詞將行其言句重言行則道亦行矣故君子爲道而就礼貌相連猶言礼文礼未衰而言巳不行君子不可虚拘則去之

其次雖未行其言也迎之致敬以有禮則就之禮貌衰則去之 所謂際可之仕是也

此一項以礼爲去就主於行其言雖未行非不行也因礼

吾第一件不能行其經國的道，次又不能從其納誨的言也。且饋遺不行，飢餓於我土地，是吾不能養賢之恥也。因是餽粟以周之。夫君既知周之，亦可受也。蓋不過免死而已矣，是亦終於去也。君子之去就有三，蓋如此。

〇釋斧議

此見困足以成人意。孟子曰：天之生人，亦人自成。非窮有虞聖君

文而就，正是君子委曲行道意。禮衰而去，亦不得已而去也。

其下，朝不食，夕不食，饑餓不能出門戶。君聞之曰：吾大者不能行其道，又不能從其言也，使饑餓於我土地，吾恥之。周之，亦可受也，免死而已矣。所謂公養之仕是也。君之於民，固有周之之義，況此又有悔過之言，所以可受。然未至於饑餓不能出門戶，則猶不受也。其日免死而已，則其所受亦有節矣。

此節全是去，全無就了。朝不食二句，只是困窮之甚，不必認真。吾大者不能行其道，即上所云行其言。又不能從其言也，此言字與行其言之言不同，此乃因事納誨之言。使字頂上二句。吾恥之，有深自悔過意，此意重。惟其能悔，故可受。然受曰亦可，豈得已哉。

也寔舜迹畎畝之中若王佐有傳說者相高宗則舉於版築之間有膠鬲者則寔文王之臣舉於魚鹽之中至於伯佐有管夷吾則舉於士師之囚孫叔敖爲楚莊王令尹則舉於海濱之際百里奚爲秦穆公之相則舉於市井之地諸人都從困厄中發達豈是生而顯榮乎

○〔故天講〕故知天之將降

舜發〔全旨〕本章疊七說去，末以憂患安樂二語，註解極明，可無側揣別解。然細玩大意，似當以大任節爲主。聖賢之與多貧賤，非必生而即有困之來也。中人又非所以自處，且人恒過節亦只是反覆以明上節動忍增益之意。動心忍性，正聖賢之憂患出死入生之大關也。

孟子曰：舜發於畎畝之中，傅說舉於版築之間，膠鬲舉於魚鹽之中，管夷吾舉於士，孫叔敖舉於海，百里奚舉於市。發顯其迹也。魚鹽販築事也。士獄官也。海海濱。市市井也。

舜曰發，傅說以下曰舉，君相之別也。發者奮自己，舉者拔自人。傅說、膠鬲王之臣，餘三人霸之佐。此見蹊帝而下王臣伯佐皆自困而亨如此。

故天將降大任於是人也，必先苦其心志，勞其筋骨，餓其體膚

君相大任於是人必先苦其心志使內不去舒勞其筋骨使外不去息餓其体膚而飲食不充空乏其身而財用不足外遇境遇困窮交集真是無可奈何又且身之所行動事之所營爲相爲拂逆錯亂不得自聯處困至此可謂極了此正所以聳動得其心中的思慮不令他晏安堅忍邪情性一切嗜好都熬鍊得

空乏其身行拂亂其所為所以動心忍性增益其所不能降大任使之任大事也空窮也乏絕也拂戾也言使之所為不遂多背戾也動心忍性謂竦動其心堅忍其性也

故字緊承上節聖賢之困皆天意也此節文勢甚澎湃要依他疊疊散落不破碎又不扭揑爲住天下大擔子都是天生個人來擔當人須要看得自已大凡窮厄不能困者皆其富貴不能淫者也若困厄時不能自持即富貴當身有何濟天以此生死關陶鑄人要人自立將降者天意有所屬也是人即舜說諸人必先與下所以相煉苦者內有所憂勞者外有所役餓是其不能安食非飲食不充空乏是未能受祿非財用不足行拂亂其所爲心之所謀如是而行未能遂如其

過直是吃一跌長一識才能方有所增益繇是降之大任皆有不勝乎

〔心性能〕性非食色之性也猶俗云性氣大凡任性而逞者未有不輕試而喪功者也惟忍乃克有濟使剛銳圭角之氣盡歸含忍斯能卒然臨之而不驚無故加之而不怒即此便是增益處

〔人恒過〕即此觀之大抵

心也所以字屬聖賢不屬天心靈而能應故貴動動者寧極而浮潑也性寂而能止故貴忍忍者變化而藏密也即此便是增益其所不能聖賢受天磨難益加奮發所以動忍增益之義也聖賢有所不能如瞽瞍未底豫時就是舜所不能處不能是心性做得的但不動忍未能造其極動忍處極難做的亦無不可做是動忍增益之也見大任之重有一毫不能有負上天之任也舜說諸人一發一舉於大任將無所不勝都是從動忍處增益得來所不能所字是聖賢分上事也

人恒過然後能改困於心衡於慮而後作徵於色發於聲而後喻恒常也猶言大率橫不順也作奮起也徵驗也喻曉也

人情常多過，然後能悚惕自改。可知人心裡一團不能打破，想路不能透出，方纔肯把心慮料擻振作將起來。一事不合於人，不覺徵於態狀，面發於声音，方纔自己懊恨曉得不是。所謂恒過能改，大都如是。

○入則謹　不然，入則沒有法度的世家、絕

此節即申上兩節足意，趣乃完動忍增益事。莫大於過，故特以過言之。此聖賢反己親切處，不則如苦勞餓乏拂亂等，因未有不可諉而咎天也。人字緊指人情，自聖賢而下皆包得。恒過未必皆以過改，而以過改者恒多。下二段正是有過而後改。困於心，憂鬱不能自舒；衡於慮，思索不能自通。困心衡慮，徵色發聲非過，唯自失錯點簡不到，以致於困心衡慮。徵色發聲處是過也。作有奮發意，是動處不容自已；喻有警省意，是知處不容自昧。此中見心之迷而後動，性之恣而後能忍，能之頓挫而後能增。凡人大槩如此。

入則無法家拂士，出則無敵國外患者，國恒亡。此言國亦然也。法家，法度之世

我以礼法佛逆順我的出則没的直臣不肯阿有均敵之國意外之患則人主一無顧忌便終日般樂怠傲了所以其國多分要亡、

○**然後講**

這樣看起來千古之窮通得喪歷歷如指諸掌、憂患是人道不好的、如今方曉得生從在於憂患、安樂是人道好的、如今方曉得死倒在於安

臣也、拂士輔弼之賢士也

此節推論至國家、極淋漓痛快、合富貴與貧賤、總不能脫此耐苦一局、收上大任意尤密匝、入出猶云內外、法家法字、與法語之言法字同、謂世臣以法規君者、拂士不必改作弼士、佛卽拂逆、忠言逆耳利於口、其爲拂也多矣、敵國是相敵之國、如秦楚之構兵、外患是意外之患、如奸宄之竊發、兩無字本屬家國說、亦是君心自無之、不把這兩件在心上也

然後知生於憂患而死於安樂也以上文觀之、則知人之生全出於憂患、而死亡由於安樂

此節無限叮嚀、然後知三字、正從世人痴夢中大喚醒一番、生死心性各人自、全在以人成天、故曰生於憂患云云、憂

絲人能從困苦鍛煉出來又何憂患是以困我而不早自立哉

○教亦講盖了聖人体教用君子以曲成學者為心其巧於用教的机權多術言非一亦不一矣有薄端屑潔也其人而不屑以教誨他正使他自去推求舉一反三點頭悟覺即是教誨他的處在不屑亦是教誨其為術不亦多乎

患是所以處困窮之心安樂是所以處佚豫之心生死字要看得活即成敗亦是生死關頭要從心性理命形骸存亡不與也非動心忍性者不能知此然後知字重

孟子曰教亦多術矣予不屑之教誨也者是亦教誨之而已矣

不是表明君子有無窮之教乃是要人曲體君子不教之教方有進益處術路也引誘人之路也不止一端故曰多術處唱以起下文下不屑教正是多術正以見君子多方曲成之意是亦兩字多字恍恍可見

孟子十九卷終

新刻李會元家藏四書講意玉振解孟子卷之二十

盡心上凡二十六章

盡心全旨　通章只是一個盡心，到盡處，就到立命處。首節是言了徹事。二節下手功夫。三節用功極頭，到立命處也，只完個盡心。總之，性、天、身、命原是一個，貂得是一，不是二，則天不在太虛之上，命不在於穆之表，盡在我這腔子裡面，一徹盡徹，別無餘事。

○盡心講　孟子示盡心的全功曰：理具于心，統于性，而原于天。人能充拓此心以滿其量，以盡之，則心之本体不爲情識所封，自能透識繼善元頭，而知其性也，則靈光不昧，直與天相脗合無間矣。

○存心講　若下手做功夫，却在那裡？在於存心，着力操存。

孟子曰：盡其心者，知其性也。知其性，則知天矣。心者，人之神明，所以具衆理而應萬事者也。性則心之所具之理，而天又理之所從以出者也。

心性一也，只爲性有動靜，幾有微危，故別之爲心。人生而靜之初，不可言說，不可致思，惟心有寂感，微危可以察識保養，性功全要在心上着力，盡心即是知性，無兩體，無先後也。君此心不令他放逸，又在於養性。此性漠然無朕，性勿忘勿助，以溫養他，我把這心性在這裏存養，則我這點靈光炯炯不昧，直與天的靈光相爲對越，乃所以事天也。然存養以事天的，若爲生死所顛倒，便難用功。必殀壽亦是一樣的，照常存心養性，把形色化爲天性而身亦修矣。然後呼吸與命相通，我便可主張

子戒懼愼獨，總是識其幾而謹之而已。心，天心也。直到知天，始爲盡心。盡者，由靈致虚，渾同天載而已。

存其心，養其性，所以事天也。存謂操而不舍，養謂順而不害。事則奉承而不違也。

存養無二理，存者存其性中之天理，養者養其存中之天機，味二其字，可見心性皆天也。存而養，則顧諟不忘先天，弗違正在後天而奉若矣，非所以事天乎？所以二字，從兢兢業業處看出，舍此別無秖事處。

殀壽不貳，脩身以俟之，所以立命也。殀壽，命之短長也。貳，疑也。

此見心性功夫，皆是實事，非説玄説妙也。殀壽不貳二句，串説，非我不貳於殀壽，不貳於我；天地有銷歇，而我這箇無銷

得命了，猶此而吾性之分量，乃全盡而無餘欠矣。

○**莫非講**

孟子申明修身立命之意曰：吾人氣稟于天，則人生之殀壽生死，莫非是命也。這個命是由不得我的，只好順受其正，以盡其所能爲者而已。惟是要順受其正，是故知命的人不站立乎將覆若險的墻之下，以免覆壓之禍，只是存心養

歟？何貳之有？蓋直以修身內撑持造化，生滅不及，獨往獨來，故云立命。到這田地，吾性分量纔有實際，始全盡不虧矣。

莫非盡道**全旨**　此章申明立命之旨。人事盡，方可言命。下二段見得必盡道，乃爲順受。順受二字，乃是了生死要訣，語意仍歸上。

孟子曰：莫非命也，順受其正。莫之致而至者，乃爲正命，故君子修身以俟之，所以順受乎此也。

人生殀壽，莫非命也，順受其正而已矣。正者，天命流行，物與無妄之命，不隨生而存，不隨死而亡者也。須知正字在順受上見，順受則無矯拂，便洒下盡道意在。

是故知命者不立乎巖墻之下。命，謂正命。巖墻，墻之將覆者。

知命是打破性命關頭的，不立，只就其存養處與利欲相遠，

性盡其修身之道以俟命之自至這便是正命若不盡道而犯法被桎梏而死在天不曾要死我我自去取死敗這便不是正命了存養的君子修身以立命其容已哉

○求則講

孟子示人審所求曰求一也而有益不益之分焉人能着力去身求他就得放舍他就失這是得因於求乃求有益於得是我

無速取死之道乃論其自處之理非論其自免之必也世上人欲之覆壓人即巖墻也

盡其道而死者正命也盡其道則所值之吉凶皆莫之致而至者矣

虛空有盡此道無盡曰盡其道則存養到頭必性無一毫虧欠禮所謂全而歸之是也以此而死乃夕死可矣之死非順受正命而何

桎梏死者非正命也桎梏所以拘罪人者

桎梏死非死于枷鎖也凡非盡道而死皆是耳彼不聞道不知性醉生夢死抱衾影之幽慚與草木同朽腐雖闔身無憾何殊桎梏

自巳做得主張求的正求之有益則是這等若夫求他有個道理不可妄求得他有個天命不可必得這是得不因於求乃求無益於得是也自巳做不得主張的正求之無益是這等奈人只馳求於外遂忘却了在我的同具此我的自知所求也

〔萬物識〕

孟子示人以真我曰吾人心性本來即是真我

全旨 以有益無益二字轉內外之關是有益無益在我在外不必真益正是以內外之別而求非指內外之實也

孟子曰求則得之舍則失之是求有益於得也求在我者也在我者謂仁義禮智凡性之所有者

舍則句乃足求則得之句見舍而不求方有失若求則未有不得者也兩則字得失轉關甚捷與人甚精求而得即是有益于我我即萬物皆備之我求是隨處體認隨時涵養工夫與操則存思則得稍別

求之有道得之有命是求無益於得也求在外者也有道言不可妄求有命則不可必得

求之有道二句要透出是求無益意有道不是有個求之道

我與天下含靈之物原相爲一體的没有一物不具備在我心裡時患人我隔膜未免有虛假相欺所以要反躬其實與不實若反身果誠實則心體洞然八荒我闥自覺揚快得緊其樂莫有大焉。

○强恕講　人不能到這田地怎麼做功夫有個强恕的方法勉强去行這推己及人的事雖未到一體田

理言求乃道所不載者要去求却有道在那邊防閑了求不得的得之有命言求也自有得的時節但其得也不由我主張乃造化默定了不能隨求而隨得也在外言凡一切外物都成幻想

萬物全旨　通章以仁字作主皆備是仁體反身而誠順皆備說下樂是仁極强恕則求仁工夫也但倒提出仁字血脉便聯貫末句廻環亦自得勢且省却誠字仁字許多分疏在。

孟子曰萬物皆備於我矣　此言理之本然也

萬物皆備於我以萬物爲一體也渾天渾地渾人物而爲一大身也方是完全的我要見我與物物與我我之爲我者萬物而已不可以物八分爲二反似先說離了然後說向合上

也□於此萬物一體的仁莫切近焉到了仁則萬物一體而皆備於我者無餘歉矣

○行之講 孟子醒人用功求道曰道在人身可由也而亦可知其所以然着得落已實際在那裡行了而行之本原則猶然不能彰明出來而着落又常在那裡行而習矣於實之精妙不能剖析進去而察焉所以終

去也仁體原是如此

反身而誠樂莫大焉誠實也

此身從天命來原有與先天未分的體段反是直究到這個去處誠者真實之義於皆備的去處實實証果毫無影泛也樂則皆備的盎溢光景生心飛躍分明是仁者氣象

強恕而行求仁莫近焉強勉強也恕推己以及人也

此從皆備上參來仁者萬物一體痛痒相關不仁之人如手足痿痺麻木強恕是就其麻木處下鍼欲他痛痒也痛痒既知則我與物不相間隔私意既去自與萬物相見于原頭仁在當下矣故曰莫近恕行無強但真妄相戰之介非強力

身行之而不知其本有性天道者蓋非一人也

○人不講

孟子勉人存真心曰恥是人所固有的真心人豈是可以無恥的知無恥不得爲人而以此爲恥即此赧然動念處便無可恥之累而可爲人矣

○恥之講

孟子惕人存良心曰人生只此羞惡一念可以無所不爲凡人必有這個恥方

不勝也

孟子曰行之而不著焉習矣而不察焉終身由之而不知其道者衆也著者知之明察者識之精衆多也

○通章一氣遞疊末句只頂上二句說下作怪嘆喚醒語非有轉折行習久都是外邊沿迹事不曾問心裡體會著淺察深字義稍殊總一由字知字攝之不知而由是不能不由非能由也若能由便是知了衆字指人說要得言外儆省人意

孟子曰人不可以無恥無恥之恥無恥矣人能恥己之無所恥是能改行從善之人終身無復有恥辱之累矣

此欲人存羞惡之心不可以三字在人字上着力恥是吾人

總成個人無這個恥，使不成個人，恥是這等樣關繫的。故云人哉世。只有為機變之巧的，他心裡閃掠轉動甚捷，其變詐疊出，更為巧的，做得這等樣事的人，就是有羞恥之心也沒處用了，即有不若人處，他也全然不恥。只這不恥不如人了，還有什麼如得人來，可見恥之於人大矣。

○古之道

孟子以古道望

羞惡之真心，赧焉自愧，奮然不自安，念頭無恥之恥，是個恥中恥，恥而無恥，則無恥外恥之恥，恥字真見其不可無。

恥之

全旨

重機變之巧句。世人只為用巧，把良心汩沒而不覺，不知人之為人，全靠這一點羞惡作主。三人字最宜玩。

孟子曰：恥之於人大矣。恥者吾所固有羞惡之心也。

恥者人心一點不為不欲之真，在隱微獨覺之際，聖賢關鍵在此，故曰大。曰恥之于人，可見恥是人心所固有，故將大字提醒他。

為機變之巧者，無所用恥焉。為機械變詐之巧者，所為之事，皆人所深恥者。

機變二字不分，機械之術，做到極變幻處，即陰施陽設之意，俱在立心上看，正是無恥之病根。說一為字，便是有意反真

當時曰今天下大率輕士而士亦自輕我想古之賢王嘗思善有關於治理好善若嗜而忘勢若夫賢王之下交類然矣乃若古之賢士何獨無所好無所忘乎亦樂其道之在已而忘其勢之在人故王公欲見之必致敬盡禮而後可不然則士以道自重欲亟見得乎見且猶不得亟而況得以爵祿奔走而臣之乎

心而出之說無所用恥機變慣熟之人丟却機變無處着精神此三字極中其心髓言他的恥心用不着了也

不恥不若人何若人有但無恥一事不如人則事事不如人矣

不恥二字緊根機變來謂不以機變之巧爲恥便是不恥這一件不若人了惟不恥一事不若人則機變日深詐僞日熟生平必無好事做出來更有那件如人故曰何若人有此句儆醒人極其痛切

孟子曰古之賢王好善而忘勢古之賢士何獨不然樂其道而忘人之勢故王公不致敬盡禮則不得亟見之見且猶不得亟而況得而臣之乎言君當屈己以下賢士不枉道而求利二者勢若相反而實則相成蓋亦各盡其道而已

今天下非無士也，如古賢王之好士者可多得哉。

○好遊講

此進說士以得已之道意。孟子謂宋句踐曰：子好挾策以遊于諸侯乎？吾語子以遊於世而無不得的道也。遊世之士而不可以人知不知爲欣戚。知人知之，也只是這等自得；人不知之，也只是這等自得，斯爲善遊者耳。

○何如講

此章欲爲君者各自賢以成其高也。語氣重在士邊。兩言古，正見今之不然。好善忘勢與樂道忘人之勢，原非有待而然，蓋善與道，君非此不尊貴，臣非此不高貴，故曰何獨不然。樂其道而忘人之勢，見其養之定，非氣之高也。此趕下其語，顯昂昂明見得士自不輕，上安得輕之。故王公四句正好善忘勢所必然。致字盡字有味，即敬賢加禮，稍未致未盡，就不得亟見了。非士重其見也，道之所在，勢至此自窮也。古賢王固知重士，亦士自重有以致之，故兩成其賢。孟子此言責士意居多，隱隱以古賢士自負。極得旨。

好遊全旨

此孟子爲句踐牖換俗骨，度說士入賢關也。說士多不識德義，惟欲其言之是售，往往以人知不知爲欣戚。孟

句踐曰不知何如乃可以囂囂矣孟子曰德是道得於躬的而我自尊崇之無少屈也義是理合其宜的而我自快適之無少戚也內裡是這等樣滿足自然外來不能動我則可以囂囂矣

○故士講

惟是這等樣囂囂故為士者定迥然別於流俗他能樂義自窮時有守而不失義他能尊德自達時可行而不

子故以囂囂歸之尊德樂義聖賢本來原不為遊說說以下亦只暢發囂囂之意雖窮達守緣知不知生來然亦寬說出處遊說在所略也未嘗寄懷古人與孔子求志達道之概同一曠遠

孟子謂宋勾踐曰子好遊乎吾語子遊宋姓句踐名遊遊說也

好遊不能無欲是點他病穴吾語子遊謂有遊于世而無礙者在

人知之亦囂囂人不知亦囂囂囂囂自得無欲之貌

兩句定串說倒重不知邊囂囂不在知不知時全在無欲自得來知不知都是囂囂兩用亦字想見他胸中矣

曰何如斯可以囂囂矣曰尊德樂義則可以囂囂矣德謂所得之善尊之則有以自重而不慕人爵之榮義謂所守之正樂之則有以自安而不徇乎外物之誘矣

離道。
○窮不講
夫士以天地萬物為已能窮不失義方能守得此身不至喪失故士得已焉達不離道方能道濟天下以慰民望故民不失望焉。
○古之講
得不把古人做傍樣以做法之也古之人得伸清世之志自有無窮之澤加於民若不得其志則修其身自有闡而彌章的表

由賦畀言門德尊尚義遵以行動光明正大言曰義尚操持邊德義一理也尊樂則千中我存也全在心體上打點得乾淨天爵足以自尊故不見人知為榮性分活潑足以自樂故不見人不知為悶內裡足這樣滿足自然外來不能動我何不可以囂囂則可以三字要玩以德義可之也

故士窮不失義達不離道此尊德樂義見於行事之實也

此以下借士與古人模寫尊樂的光景故字緊承上尊樂來窮達雖俱知不知來須寬說窮主守故曰義達主行故曰道總是一個德義我所固有一旦遺脫謂之失我所合一之物一旦睽隔謂之離以窮達入道義中則窮達無權而道義有

見於世，窮則獨以善治其身，而未嘗不失乎義，故無不得之己焉。達則化天下，同歸於善，而未嘗離乎道，故民自不失其所望焉。遊說的人，能效法古人如此，則非隨行逐隊，而自隘其胸次之流也。

○文王講

孟子激人爲豪傑曰：人須自己奮發興起，如必待文王之教而後興起者，是阘庸常的人也。

權○尚何有失有離也。

窮不失義，故士得己焉；達不離道，故民不失望焉。得己，言不失己也；民不失望，言人素望其興道致治，而今果如所望也。

得己不失望，就在不失不離之內，特申說之。得己二字妙。猶云故吾以義言己，以不失言得，渾身是名理鑄成，腑何得何失，大可想見樂處。不失望字，不在既出之作用，在生平之抱負，即得己中作用也。

古之人，得志，澤加於民；不得志，脩身見於世。窮則獨善其身，達則兼善天下。見，謂名實之顯著也。

引古人見非今時士比，須看一志。志政己中之精蘊也。曰得

若夫豪傑之士才智過人他立志卓異本性中自有個文王雖沒有文王精神常自激勵猶然興起也人可不以豪傑自期而甘為凡民哉

○附之講

孟子狀士心之超然曰有人於此性天原無一物一旦益之以韓魏之家如其自視沖然不盈此表一段遠識超出風塵之外真過人遠矣

○以供講

志曰澤加者澤自這出一片精神流注於彼也修身曰見於世照民不失望看見彼雖無逢世之心而未始無震世之養精采自然表見於世窮達字承得志不得志來二則字甚員善之本體獨時善不曾減兼時善不曾添獨善其身非只自了其身兼善天下纔能完滿乎己二者全不在一毫事功上着脚所以隨時轉移而本體不失此正可想其囂囂處

張公亮曰得志不得志如神龍飛潛楊躍總一龍德

孟子曰待文王而後興者凡民也若夫豪傑之士雖無文王猶興

興者感動奮發之意凡民庸常之人也豪傑有過人之才知者也

孟子此言總是欲激凡民為豪傑待文王無文王以志言興

孟子示服民之道曰道者此心之天理也上之人原要佚之不得已而勞之是以佚之道而使之民亦諒其欲佚之心雖勞亦不怨上之人原要生之不得已而殺之是以生之道而殺之民亦諒其欲生之心雖被殺亦不怨總之是天理可以合人心也

○伯者講

孟子以伯形王道之大曰欲辨王伯者視之民

字亦自心精言有待而興總無自己奮發念頭所以爲凡民若豪傑自心有文王不以時地自限也味若夫二字有推重豪傑意

孟子曰附之以韓魏之家如其自視欿然則過人遠矣（附益也韓魏晉卿富家也欿然不自滿之意）

此爲世之溺情於好惡者發附之云者非我固有若贅麗然於自家生添一物也玩自視二字謂其不從韓魏起見也欿然是性分上韓魏無着脚處雖附之猶然平巳一般樣子過人遠就識趣上見得

孟子曰以佚道使民雖勞不怨以生道殺民雖死不怨殺者（以佚

感而已。伯者的道使民，謂不欲使之也，以
民沾沾見德。雖生道殺民，謂不欲生之也。

是歡樂，又虞度
於心，其氣象殆
驩虞如也。王者
的民廣大自得，
求其喜悅而不
得，其氣象始皞
皞如也。何以見
其皞皞？王者非
死殺也，但因民
之所惡而去之，
民亦相忘于殺。
非無利也，但因
民之所利而利
之，民亦相忘于
利。非不教之為
善也，民日迁於
善，而不曉得那
個教他何等樣。

二道字最重。全從為民之實心上看出，不勞無以成其佚佚之之道，就在勞字內。不致死一番，生不得生之之道，就在殺字內。如此看，於雖勞雖死二句，情理更順。使民殺民，出於自為，皆人欲也。出於不得已，皆天理也。上下相與往來於天理之中，安得有怨？看道字，極上心而言，極精。

霸者**全旨**

通章贊嘆王道，加氣甚渾淪磅礴，從民情說起，而主意歸結在王者身上，重過化存神句。然却不是推原一層語，只是就上文而淫泆咏嘆之。

孟子曰：霸者之民驩虞如也，王者之民皞皞如也。皞皞，廣大自得之貌。

抑揚重王民邊。驩虞皞皞，只在有意無意上別出，然忽露出。

皞皞也。由是而死若了，凡他政教所施及之處，人便變化了；他念頭所存主之處，人便感格了。其所化所存，上下與天地的神化一同流行，並是重陶一番世界，豈曰小小補益其罅隙者哉？此王道之所以大也。

○仁言講

吾今論治道淺深，曰仁言仁聲，皆所宜有的。但仁言發於一時，仁聲乃播于平日

其氣象各別處只在民風上模寫。驩虞，驩處可虞，照下神化看。皞皞，註訓廣大自得，極得。吉兩如字，摹擬不盡之詞。

殺之而不怨，利之而不庸，民日遷善而不知為之者。庸，功也。

此節正見廣大自得的意思。不言生人而言殺人者，必如此方見其神化。殺當其罪，故不怨；利出於因，故不以為功；教本於性，故不知。不怨、不庸、不知，重民忘帝力上。

夫君子所過者化，所存者神，上下與天地同流，豈曰小補之哉？

君子，聖人之通稱也。所過者化，身所經歷之處，即人無不化；所存者神，心所存主處，便神妙不測。

提箇夫君子三字，因王民想到王者身上。過，指政教風聲之所被。若言化，是言其速，不必積久也；存，是神理內蘊，見不必

仁言不如仁聲之入人深也。然究其得民，則法制禁令之煩，號與道德齊礼之化。

○善政講

善政之約束羈令，民特畏其法耳。若以善教數而德化洽，民自仁受藏而不敢忘言也。惟善政而民畏不敢奢侈，則民自足。民足而君亦足，所得特民之財耳。惟善教則民有恆心，可以得其尊君親上之心不止

形出來，其化之不測處，所神也。與上下同流，甚妙。見王者直將一箇高高下下便亮的天地重鑄一番，便做個活活潑潑的世界，同是渾作一團意，似末句直贊皞皞如耳。不得說有補于天地，有補便小也。小補二字暗含覇字在內，以見王者之大耳。

全章　仁言仁聲，皆由善政、善教中來，而入人有淺深處。實之辨也。善政善教得民，又有淺深，下故指言之。下節只說善政善教得民，不消更說仁言仁聲以滋糾纏。

孟子曰：仁言不如仁聲之入人深也。仁言，仁厚之言也。仁聲，有仁之實，而為眾所稱道也。

此節不重，特興起下節耳。仁言出於上之口，亦能聳動得人，然無實以繼之，故其入人淺。仁聲由實政實教淪洽來，故其

于愛君矣知此則知仁聲之所由起也仁言比之感矣

○人之講

孟子示人克良心曰世人都從學慮上講求仁義則枝葉愈繁本体愈晦不知人之所不消學問而自然而能這個是本然的能人之所不消思慮而自然知的這個是本然的知

○孩提講

怎麼見得孩提之童並沒一些

入人深

善政不如善教之得民也政謂法度禁令所以制其外也教謂道德齊礼所以格其心也

緊承上節來見得仁聲之所從出者在善政善教而政教亦自有淺深總以形善教之更勝政中必不容無教耳

善政民畏之善教民愛之善政得民財善教得民心得民財者百姓足而君無不足也得民心者不遺其親不後其君也

此節民畏民愛所以得財得心之源也民畏謹守制度乃自畏非畏上也民愛傾心向化乃自愛非愛君也得財非聚斂以歸上善政納民于禮樂之中民無驕奢淫溢則財無所耗民足即君足所謂藏富于民是也得心非利誘勢挾君將善

學不慮無不曉得愛其親及其稍長益及一些學慮無不曉得敬其兄。

○親親講

這個親親就是万物一体的仁，敬長就是群動不容的義，仁義原該括乎天下，怎麼就把親親敬長一人的私情抵當了，此後有他故，正以親親敬長可以達之天下也。擴充此一念之愛敬，達之天下無所不愛敬，斯以為

政更加諄諭，使民曉然知其所以然，民心與君相孚，故自不敢萌後君念頭也。如此畏又不足言耳。細玩之，方知上二節不如字之意。

人之

全旨 此章是指點出仁義之根原，要把不學不慮看得重，方見得這愛親敬長，是所性而有的。若非吾性原有仁義，如何合下生來便人人有此愛敬，直是達之天下無不同也。人欲盡仁義，惟無失其孩提稍長之真心而已。

孟子曰：人之所不學而能者，其良能也；所不慮而知者，其良知

良者，本然之善也。

首揭人字，通人盡為喚醒。兩所字正不學不慮之根源。吾人本體靈靈之妙，反在不學不慮中見出，可見人生原有天生的知能，此正性之本善而無矯揉處。其字亦可味，自有之良

仁義仁義這等樣極大道理只親親敬長便是人患亦不在此處認取

□舜之議

孟子狀舜之心休曰欲觀舜之動靜當觀其靜机舜之居深山之中渾然無所倚矣心休與木石同靜與豕鹿同動他居遊處都與外物相忘其所以異處不同於深山的野人实差不多及其聞一善言見一善行取諸人

非由外得也

孩提之童無不知愛其親也及其長也無不知敬其兄也 孩提知孩笑可提抱者也愛親敬長所謂良知良能者也

此節正見其良處吾人本來之真到知誘物化以後又不能盡然故就孩提稍長無不知愛無不知敬時言以見愛敬之理具足性靈與心俱生當處員滿也無不知三字一頭冒着自己一頭管着天下知字包得能字

親親仁也敬長義也無他達之天下也 言親親敬長之念達之天下而無不同所以爲仁義也

仁義根於人心無可指示故就親親長長知能最切近以見

以爲善若決江河一瀉動他机括沛然莫之能禦何過都他不住若豈是形迹間可窺測得的。〇無爲講孟子欲人不失其初心曰吾人多少塵寰不能依得的術是轉念若是本心不要做的本心不肯欲的人之初念是如此就係着他不要依他依着了要欲入能而存得這本心出來工夫如此便了本心之

其本來也。然愛敬固係良知良能怎麽一入之私情就抵得仁義此沒有他故正以親親敬長可達之天下也與此一念之愛敬能達之天下無所不愛斯以爲仁義夫仁義這等樣大道理只在愛親敬長發於孩提稍長之一念便可見知能之良何等直捷簡易人怎麽不在此處認取

孟子曰舜之居深山之中與木石居與鹿豕遊其所以異於深山之野人者幾希及其聞一善言見一善行若決江河沛然莫之能禦也

居深山謂耕歷山時也

此章俱一來一往反覆讚嘆之詞總是狀舜之心境寂然不動感而遂通天下之故也居深山取靜虛之義也與木石居

外不能再加些毫也。

○德慧講　孟子爲處困者勉曰：人之本体上原不有德而德性上所有初發于未然的談，慧作用處有巧術其中有處無不友的知解，這等兼体用而有的人，就如身有小疾在疢患中一般，其德慧術智的常在乎此中得之。

○獨孤講　這是何等樣人，惟獨孤遠的臣。

靜總其靜也，與鹿豕遊動總其動也，斯時人莫得而窺其際矣。異於野人是說異，實說不異聖人，哈然穆然其異能幾何。發希字空說之，更便於轉谷且兩理更員映也。及其二字似轉背帶分不得寂感，善言善行總舜之故物，故能若決江河，以聖心原是江河浥沛然莫禦，總是不生揀擇不留停滯意。楊維十日深山混沌，如黑夜無月，終成頑冥世界，有聖人黑夜月出矣，然黑夜之月非所以鑿混沌之氣，正所以存其氣。

孟子曰：無爲其所不爲，無欲其所不欲，如此而已矣。人之本心不爲不欲也。無爲無欲，不爲不欲之也。

細玩二所字，在心體上說，不爲不欲的不到心上，則所爲所欲的都是本體。可見人能於心體中打疊得乾淨，聖賢學問

庶孽的子不得乎君親正是有疢疾的其操存乎心危殆而不敢自安思慮乎患深沉而不敢浮淺心慮是這等樣操練故達欲有智慧的當以二種人為個榜樣也

○有事謹

孟子欲人法上臣意曰臣品當進而上之有不為偉人臣人而僅為事君人絲事丁這個君只要以体而得君之欢心便丁這

工夫自一了百當故曰如此而已矣

全旨　德慧

此可與舜於畎畝章參看德慧術智此命根也而多從疢疾得之正所謂生於憂患也人若沒有此慧此智生亦死也人言有此慧此智死亦生也然則疢疾于人果何如哉指孤孽是極疢疾的真切樣子

孟子曰人之有德慧術知者恒存乎疢疾德慧德之慧術知術之知疢疾猶災患也

德慧是德性中的靈慧以本體言術智是巧術上的知解以作用言蓋兼體用而有之德無慧則知經而不知權術無智則可常而不可變此是性地靈耀大聖賢豪傑作用非小慧私智者流也疢疾是小疾常需在身不去着世人身經險阻若認做自巳身上的病痛則精神自專一自周到種種慧智皆從此露故曰恒存乎疢疾存者謂有所安頓而不失也疢

等臣不足言也。

○有安講

有爲社稷安危所係的心事，只在國事上，只以奠安社稷爲中心喜悅。這等臣與容悅的大相懸絕也。

○有天講

然進而上之，有承天之委托，以代時的，謂之天民。他的心事，必要俾世生[illegible]咸拯，方纔肯行。不則寧甘隱遯，而不輕於行也。然達可行，畢竟要遇時方纔行得事。

疾雖以過言，却重在心上。

獨孤臣孽子，其操心也危，其慮患也深，故達。孤臣，遠臣。孽子，庶子。達，謂達於事理。

此節以孤孽明之。孤臣不必遠臣，即立朝以一君子居衆小人之中，皆孤也。孽子不必庶子，即嫡出兄弟之多，在疑忌之中者，皆孽也。獨字見疢疾亦不止於是，人惟此爲甚耳。操心是恐懼意，慮患是修省意，正謂君父之倫理無可逃，臣子之義責無可諉，欲推推不去，自己身上病痛，如何丟得。操危慮深，豈徒爲免禍計，亦欲以成其君父也。達字兼知明處當，臣子所當盡者說，所謂德慧術智者如此。

有全旨

此章總論人品，容悅臣不足言，由社稷而上之，要當以大人爲歸，則中間層累中氣象亭亭獨出，如後[illegible]

若主持世道的大人，則不論過之通塞，皆要極世，只端正了自己身子，存神過化，一切感通於物，自然各正，這是天下俱在他默移之中，臣品之最上的，必到此方是眞人品。

〇三樂講

孟子示人眞樂曰，君子有三件快活，而王天下這等可樂的，還數他不到，三樂何如，幸而父母俱存，兄弟無故，一堂之內，承歡聚

激切不可着些，比擬其前淺開後，反失寬渾磅礴之致，大不妙也。

孟子曰有事君人者事是君則為容悅者也阿徇以爲容，逢迎以爲悅。

不曰臣，而曰事君人者，玩一人字，是卑其品，不足側于臣矣。

容悅，乃體面上修飾得好，以見容於君爲悅，對下以安社稷爲悅，可見看一爲字，亦無所不至矣。

有安社稷臣者以安社稷為悅者也言大臣以計安社稷，悅其君也。

以安社稷爲悅，渾心渾身都是社稷了，只自心上如此悅者，以此爲快心也。

夏賡公曰：容悅之臣，與安社稷之臣，皆世之所謂有才人也，以其才自爲，則悅在君，以其才爲君，則悅在社稷。

有天民者達可行於天下而後行之者也民者無位之稱，以其全盡天理，乃天之民

順天倫之奉，何等可樂，這是第一樂事。

○仰不講

若己私已克，天性已全，仰不愧于天，俯不怍于人，心廣體胖，自成其所以為人，故為第二樂。

○育才講

君子于身備天人之理，又能得天下英才而教誨養育之，道有可傳，足以慰吾成人的襟懷，故為第三樂。

○君子講

君子有此三樂

故謂之天民。

天民是全乎天之民，而承上天之委託者，達字稍斷，可行何只主道不主時，要認於天下三個字，偏安小補之術，天民不輕試也，然重吾道，政所以為天下也，可行後行，不是目了漢。

有大人者，正己而物正者也。大人，盛德而上下化之。

大人如易乾所云九五九二之大人，此大人不專以有位言，他只曾正了自己，存神過化，一切感通於物，自然各正，非待我正物也，這是天下俱在他點化之中，功化更普，故謂大人。

三樂全旨

此是名教中樂事，世人說樂事，至王天下極矣，孟子都說得君子有三樂，而王天下不與存，有字妙，內重則外輕，我固有之，見得吾性中自有真樂，原與世味毫無干，在人認取何如耳。

眞休之恬愉何如、其視王天下的樂、豈有存於三者之間哉。
○廣士講
孟子形狀君子的本性、曰君子之本性、是我自家分定的、連可欲可樂的都說不上、有如廣土衆民、爲道可得行、君子也要他、豈不欲之、但所樂不在這裡、
○中天講
至中天下而立、定四海之民、更爲道可大行、君子也快活、但本

孟子曰君子有三樂而王天下不與存焉不與存、不在其中也、

王天下不能是有天下、有天下只是位、謂之王者、位在而道亦在也、不與存三字妙、言三樂或遂或不遂、總屬性分之事、可以常存于意中、即王天下這等可樂的、還數他不着。

張公亮曰、君子有三樂、正是有終身之憂處、識得終身之憂、纔見他三樂在何處、故知憂樂只是一念、

父母俱存兄弟無故一樂也此人所深願而不可必得者、今既得之而樂可知、

父母俱存、得以致吾孝、兄弟無故、故字該得廣、無閲墻之乖、齊呺之妾、皆是須關到君子身上來、此二句是一家太和位育景象、眞有所謂樂、斯二者、樂則生矣、一段光景、故曰一樂

仰不愧於天俯不怍於人二樂也仰不愧、俯不怍、心廣體胖、其樂可知、

性不在這裡。○所性講 若君子的本性，雖大行，也增加不得；到性外，雖窮居，也減損不得。到性內，這是本分內一定的緣故。夫君子所以分定者，正惟君子有定也。

○仁義講 君子的本性，仁義禮智根於心，衆美俱備，無一欠缺，因有在裡，而自然發達，從裡來，其生色也，有睟然潤澤之貌，發見於面。

人之所以為人，道理原自天來，惟能全天之所賦，可以質對於天而無愧，自有以成其為人，與天下之人相往來于世命之中，無一毫欺詐，可以自對而不怍，愧怍就現成者言之，盡性君子到此，真是心暢神怡，故曰二樂。

得天下英才而教育之，三樂也。盡得一世明睿之才，教而養之，則斯道之傳，得之者衆，故樂。

天下猶云世上，才曰英，如草木之英，此中生意正貴蓄涵濡焉，故不但曰教，曰育，這纔完得物我同稟之性，纔遂得萬物一體之願，胸襟何等瀟洒，故曰三樂。

君子有三樂，而王天下不與存焉。

此上三樂皆在我可必得者，故曰有三樂，復結此一句，慨然

盎溢於背施展於四體不消告戒而自会得此喻乎舞足蹈都在這裡向這乃見实受用處豈是所能加損的故欲樂的不在此念也

○伯夷講

孟子望諸侯善以養養老曰王政莫樂也先于養老養老莫如師文王當伯夷避紂居北海之水濱太公避紂居東海之水濱都所得文王爲西伯興起曰何不歸乎來

有餘味口角間真有翱翔千仞之思。

全旨 通章以所性無加損爲主自欲樂說來見聖賢無偏祐廣土之學大行之業性量所弥綸也而此性真原不掛着勳業邊分定二字正見不可加損正見自家本性素定的遭欲樂也說不土末節定着君子身上生色以下性機噴薄此便是大行的規模了蓋真定即貞行此足以中天下定四海矣不必立其位有其民也所謂無加無損者如此

孟子曰廣土衆民君子欲之所樂不存焉地闢民聚澤可遠施故君子欲之然未足

廣衆是活字即以當天下四海亦得不必說其狹于天下四海也土廣民衆此大行之藉也猶未見之於行故但云欲所樂不存以道未至於大行也

中天下而立定四海之民君子樂之所性不存焉其道大行無一夫不被其

吾聞西伯善養
老者可歸以就
其養矣天下有
善養老的與焉
則仁人咸以為
已歸矣
○五畝講
然善養老豈人
賜家給哉一夫
受田五畝之宅
樹墻下以桑令
匹婦蚕之蚕桑
之利與則老者
足以衣帛矣令
一家养母雞五
母彘二無失其
蕃息之利滋
則老者足以無
失肉矣每匹夫
受百畝之田令

澟故君子樂之然其所
得於天者則不在是也。
中天下亦是活字宅中圖大見非偏安一隅也此與上節事
差一定字蓋定則盡己性而盡人物之性矣以其大行故云
樂猶云豈不樂之所性不存見外面事業特性之發用而非
所性之本體也

君子所性雖大行不加焉雖窮居不損焉分定故也分者所得於天之全体故不以窮達而有異

此節只見所性與外遇無涉非性足貞過之說曰加如眼中
着屑眼中豈可着屑損如肉上剜瘡肉上豈可剜瘡分定
猶云體量卽言稱物則則字也但說性便見分但說分便是

他盡力耕之則足以仰事俯育，八口之家可以没得飢矣。養老之政如此。

○西伯講

彼伯夷太公所謂西伯善養老者，正以制其田里，有五畝百畝之分，教之樹畜，有蚕桑雞豚之養，不過導其妻子，使養其老而已。彼五十血氣始衰，非帛不煖；七十血氣既衰，非肉不飽。若使之不煖不飽，謂之凍餒其民文

定，但說定便見無可加損。要知惟定，故可無加損，不是以無可加損處爲定。

君子所性，仁義禮智根於心，其生色也睟然，見於面，盎於背，施於四體，四體不言而喻。

仁義礼智，性之四德也。根，本也。生，發見也。睟然，清和潤澤之貌。盎，豐厚盈溢之意。施於四体，謂見於動作威儀之間也。喻，曉也。

此不可與上節看作兩層。仁義禮智根於心，即是君子所性，不可謂仁義礼智之性又根於心也。根字内有工夫，然此只據其現成言之，性體如是，君子只恰恰如是也。生色處皆是根心處。睟然二句就精神看，不就形骸看。曰睟然見於，曰盎於，又當貼在仁義礼智上論，不貼在面上背上論。盎者溢發

孟子二十卷

十七

王之民老者衣帛食肉無凍餒的老者此制田教而導以養老之謂也為政可不以文王為法哉

○易其疇

孟子論治先足民曰治天下者欲仁民先自養民始驅民以力農而無不熟之田取民以什一而薄其稅斂無過取之賦菽粟積得多所以民可使富足然富而不節貧亦隨之又使食之有

之意與見面見字同活看不言而喻形容順應之妙信手拈來不煩思議事業與心盡一片滚出也

伯夷

全旨 中節最重五畝之宅三段即孟子所以告當世王而世王莫有行之者故從文王善養老說起緣此二節經濟前叶後應中段安備自己於畧脈絡甚明見得己所常言皆關雎麟趾之心周官之法度諸侯有能行此仁人必為己歸七年之內必為政於天下不是哄人話

孟子曰伯夷辟紂居北海之濱聞文王作興曰盍歸乎來吾聞西伯善養老者太公辟紂居東海之濱聞文王作興曰盍歸乎來吾聞西伯善養老者天下有善養老則仁人以為己歸矣己歸謂己之所歸

二老稱仁惟其以天下為心故也彼聞文王等事必能使天

個時候而下多食用之有節禮制而不濫用積下菽粟如去交易所以財不可勝用夫此足民耳而仁民即在是夫民非水火則不可生活於此這等關切宜其愛之矣昏暮叩人之門戶與不與的求水火没有一个只因他多得緊所以不至吝惜聖人治天下更無別法只是使有菽粟如水火菽粟果如水火則民

下之老無凍餒故不但曰歸而曰以爲己歸蓋以天下之所歸者爲己之所歸也

五畝之宅樹墻下以桑匹夫蠶之則老者足以衣帛矣五母雞二母彘無失其時老者足以無失肉矣百畝之田匹夫耕之八口之家可以無饑矣此文王之政也一家養母雞五母彘二也

此舉文王之政爲下節張本老者衣帛食肉曰足以八口無饑曰可以見得少壯只要無饑寒而老者必令飽煖養民之政而寓養老之政亦王政斟酌處這便有善字意但未明說

所謂西伯善養老者制其田里教之樹畜導其妻子使養其老五十非帛不煖七十非肉不飽不煖不飽謂之凍餒文王之民

皆有無相通以救衆相周爲要有不仁者乎可見治天下者宜以足民爲首務也

〇孔子講

孟子不違聖之學曰聖非易達亦非難達大哉孔子其造詣之高造詣既高則俯視一世見地易自應高于一國其如登東山便小了魯高于天下如登泰山便小了天下既造高識然人怎廣測度得他來見卻

無凍餒之老者此之謂也田謂百畝之田，里謂五畝之宅，樹謂耕桑，畜謂雞彘也。

所謂二字即指伯夷所稱上節何等懇醇氣象大要是因民之利惠而不費故括以制其田里四句見非家賜而戶給之也正其善養老處五十四句泛論以起文王之老無失所本意欲養老先爲八口計必致少壯無饑乃能盡力於孝養亦爲養老地此之謂也打轉首謂字大約見王道因民而易行

【全旨】此爲當時人主政不恤民而發通章重使有菽粟如水火句所以使之足在首二節下節咏嘆輕落懷想聖人所以仁天下亦不外富民仁民意從中想出爲高益恒座極心存則俱存自然之理也教化意又在後一層不要添入

孟子曰易其田疇薄其稅斂民可使富也易治也疇耕治之田也

開口說易田疇便是貴菽粟之旨易其田疇易字屬上不違

觀于海的望洋無際凡水不足以比量难乎爲水游於聖人之門者你高莫測凡情不易度量從那裡望去指點他难乎爲言

○觀水謹然雖难測度觀他自有個方法如觀水有術必看了水的波瀾潆洄處就可曉得水源的深處了日月有明觀他也有術可容那光的罅隙處必照入焉看容光必照的所在

農時使得盡力於農畝所以易之也疇一井也薄稅斂只是什一使民富便是仁仁不可使也

食之以時用之以禮財不可勝用也教民節儉則財用足也

食時用禮雖民自食自用實上有以教之非時不妄食非禮不妄用侈僭之費其爲漏卮也實多故必財不可勝用而後使之富者可使之常富耳上下相承說

民非水火不生活昏暮叩人之門戶求水火無弗與者至足矣聖人治天下使有菽粟如水火菽粟如水火而民焉有不仁者乎水火民之所急宜其愛之而反不愛者多故也

此節見富民之道即仁天下之道民非水火四句只起至足

就曉得日月的光明了既測識得他來便可去用造詣其造詣處方觀之水便可得之流水之為物也不盈科此科必不能行到彼科況君子之志於道也若不成就章美使下學有得必不能上達總之聖人之道雖至高難似學者必循乎始基之程方能陟最高之域也

○雞鳴講

孟子辨聖征之

二字使字重有工夫正指上二節說仁是人的本心生養不足民胥失之耳菽粟如水火要在民心蒲足上說焉有不仁是反跌語意可見足民即所以仁民也仁以相周相恤言方與無弗與切貼

孔子全旨

通章是假借形容語首節登山觀海總籠自境界說次節觀瀾有明則直指心精言也末節成章故達完此心精便是聖境

本義如此

孟子曰孔子登東山而小魯登太山而小天下故觀於海者難為水遊於聖人之門者難為言此言聖人之道大也東山蓋魯城東之高山而泰山則又高矣

○孔子二字提起登山二語無層次只是在一國則高一國在天下則高天下東山不及泰山高聖道卻無兩樣接下難言

幾曰人知聖征懸絕不知其起初實差不多誠便雞鳴而起乃一日之初念就這念頭相續不斷暑不放懈為的是善這便是舜這一類的人就這念頭不息不已處為的是利這便是蹠這一類的人

○欲知講然則欲知舜與蹠之分沒有他故只在那利與善出此入彼間不容髮處不甚可以其為隱微

意一氣勿斷推聖人所處者如此其高故人之見之者如此其大本文故字自明言以闡道难爲言即是难爲道此言是有道者之言不是小可尋常之言猶难爲水亦是江淮河漢之水小小之水可與海較量乎

觀水有術必觀其瀾日月有明容光必照焉此言道之有本也瀾水之湍急處也明者光之体光者明之用也

觀水觀字承上觀海意來從駭望洋而不探討心精則聖境亦郛郭矣故教以觀水之法觀水觀瀾此是欲後語瀾水之大波也這個瀾從何處來觀水者但就這去處着眼則水可知日月有明二句口氣與上二句妙有迎送蓋承观瀾之意

而忽乎哉。

○楊子講 孟子闢異端曰。千古道術不外。於利己利人。及人己兼利。有楊子一種的專取着為我。便拔一根毛之小。有利於天下之小。他也做的。其意欲人人自為。而天下治。然終身自了。漢於世界何益。

○墨子講 又有墨子一種的兼愛衆人。圓乃研磨頂突自上直到脚下。利

而發之上下相足。日月有不息之明。透底發越。自容光必照。也。側則水之所以瀾也。側鄙倒映合說出孔聖一段心精脉只一串乎

流水之為物也。不盈科不行。君子之志於道也。不成章不達。

言學當以漸乃能至也。成章所積者厚。而文章外見也。達者足於此。而通於彼也。

孔聖心精上節已描寫得盡。已為下成章兩字立張本了。志於道只就自已心上用精力。更不必向孔子之大小上討消息。章字指心体之瑩粹處言。成章云者。是本原上足便自達于聖道。故達也。以盈科作引者。成章以前有無限積累在志字得力。

得天下也去做雞鳴

此雖於世有濟，終是從井救人。

〇子莫講

又有子莫一種的，執爲我兼愛之半，而取其中，似乎與道為近，然中須有權變。若執不定而沒權，與為我兼愛的，便是一般樣了。所惡執一者，為其賊害於道，今舉了一件，把道中的百件都廢了，所以為賊道而可惡。

〇飢者講

孟子戒人毋以

全旨 此章是爲學聖狂兩念者惕九關也。聖狂之介，只在一念有覺之初。此間至危至微，無可踟躕處，出此則入彼。人知舜蹠懸絕，不知爭只在毫末。此危微之旨，而聖賢慎獨之學也。

孟子曰：雞鳴而起，孳孳爲善者，舜之徒也。孳孳，勤勉之意。

不曰明旦而曰雞鳴，此時去亥爲子，正氣與心萌動之時。從此時動念，相續不已，就是孳孳爲善。非必見之事，只念頭所向者在善一邊去了。着一爲字，便分利善。徒字活，猶言是那一邊人。

雞鳴而起，孳孳爲利者，蹠之徒也。蹠，盜蹠也。

舜蹠雖是平說，側重蹠邊。莫說錯走路頭方是蹠也，時時在善，而一時一念稍差，便不免爲蹠也。終身品格始自雞鳴一

物欲累心曰飲食自有沖和之正味乃飢得急了覺得凡食這等好吃的渴得急了覺得凡水這等好飲的是未得飲食的正味乃飢渴所迫而害之也豈惟口腹為然凡人的心亦莫不然小之受嗟來嘑蹴之簞豆大之受非禮義之萬鍾人能無以飢渴之害將來做心的害則肚皮熬得過膏粱箜得起便目前不

念豈可不慎

欲知舜與蹠之分無他利與善之間也間者相去不遠所爭毫末耳

舜與蹠之分提舜在上以舜為主也下復云利與善之分提利在上何也蓋去明來病除體復也知字正點破舜蹠關頭分者兩頭分開也間者是純然一片混沌忽然分際處乃間不容髮者無他二字指定與汝認得此善無令利得以伺其隙而入之耳

楊子全旨

此章總要辨明個中字然中從權出認得權字透則中字自明楊氏主於為我便不復及人墨氏主於兼愛便不復顧己總題他是執一意下斷子莫曰猶執一也正與此兩節來訴承閑應末節以舉一廢百言之亦只闢其偏執處所缺者多非其在一與百拘泥也

及人學問造詣絕不濟然有這根器到底造得上不及人不足為焉矣可見淡泊嗜欲乃是為學根基也。

○下惠講

孟子於和者之守曰。柳下惠於人知其和矣吾觀其介不惟做士師是這等就與他以三公之位他的介性亦是不易的其胷性如此所以為聖之和也。

○有為講

孟子勵人為學

孟子曰楊子取為我拔一毛而利天下不為也（楊子名朱取者僅足之意）

取如取必之取言楊子立意如此為我言天下皆我也各盡其我而天下治拔一毛句自其為我之心言非真拔一毛不為也。

墨子兼愛摩頂放踵利天下為之（墨子名翟兼愛無所不愛也摩頂摩突其頂也放至也）

兼愛言天下同此人也天下為公而大道行摩頂放踵自頂摩抱以至於踵舉全身言也此亦自其兼愛之心言之也

子莫執中執中為近之執中無權猶執一也（子莫魯之賢人也近近道權稱錘也）

子莫這中如貢者較數歲之中那中字近之是將抑故揚語執中就是無權以其偏僻之念不能虛活也猶執一也三人

曰學而會竅有為的必須透徹源頭方得他受用譬若掘井的掘至九仞之深而不穿及泉源猶為廢棄的井也把從前功夫都枉費無用豈不可惜

○堯舜講

孟子辨王伯以窮其心術曰純間自唐虞堯舜渾然性体单在性上用事乃性之的湯武實落在身上踐形以盡性乃身之的若五伯亦有假

總一無變化心腸

所惡執一者為其賊道也舉一而廢百也賊害也

所惡二字根猶執一講下見其雖曰中實是一也賊道是賊害仁義之道道原是活潑不拘無可數并亦無一可指舉其一即廢其百自一而至百之說無所不廢也

飢者全章

此就世味中推究人心受累處而動以超然世味之思說人心亦皆有害就是上飢渴之害人生飢渴念頭放不下遂至失其良心故說人能無以云云勉人打破此關也通就世味上說爲妥

孟子曰饑者甘食渴者甘飲是未得飲食之正也饑渴害之也豈惟口腹有饑渴之害人心亦皆有害人心為貧賤所害故於富貴不暇擇而失正理

病在一甘字為飢渴所使急不暇擇失了脚飲食之正淺淺

性皆身然他只在事上作用鋪排一個体面却是假之的假而知歸此性尚可為我有他今久假而不歸則本体不性人都被他掩過他自己併不曉得其非实有矣故不可以入堯舜之道也

○伊尹諡

此見推非聖人不能用意公孫丑曰君臣的公極是厭的吾聞古聖人伊尹曰予不欲習見制

說甘者為甘不以不甘者為甘則正矣玩亦皆有三字見得世之飢渴我者非一端而我心所甘者亦非一端其意虛含喚人處

人能無以饑渴之害為心害則不及人不為憂矣人能不以貧賤之故而動其心則過人遠矣

無以饑渴為心害亦無別法只是既醉以酒既飽以德不令他饑渴則一切世味自不足以動其心何言甘之能無以三字有力是刀鋸鼎鑊學問真能如此掃除其心害這便是境不能轉的人尚何憂不及勿認作追人看人即聖賢豪傑之人但勿露

君所為不順于是托名諒陰放太甲于桐當時民大悅其能匡君過及太甲悔過而賢又自桐返歸于亳當時民又大悅能成君德。

○賢者講

由此观之凡賢者之為人臣也倘遇其君不賢則固可放而於大分無損底孟子曰君何可放循其志何如耳欲尭舜其君放也為君役也為君使為人臣的

孟子曰柳下惠不以三公易其介 介有分辨之意

此章顯微闡幽見下惠之和處正是其介處人見其為士師必以其道介然不易不知此是柳下惠骨性就是與之以三公其介亦不可易也不然幾是一個混帳漢

孟子曰有為者辟若掘井掘井九軔而不及泉猶為棄井也

精神全在此有為二字蓋水在地中只為土掩着理在心中只為私意掩着沙泥漸去則源頭漸近學者然要克己淘得此心十分潔淨方得源頭滾滾源泉混混時出之矣雖功深至九仞便一欲未前功盡棄棄井猶云廢井

性之全旨

此章帝王之誠以别伯者之偽只論真假不可于性身別假借言氣就身之道句一截便得肯綮

有伊尹之志則或可，沒有伊尹的志而為其事，則為專權自利，簒奪君位必不可也。安得口实伊尹而冒簒君之罪也。

○〔許口講〕此見君子有功於世道意。魏風伐檀之詩曰：不素餐兮。君子不空食于人國。公蓋必有功而後食于人也。公君子無功不自食其力，而傳食于諸侯，是怎的。孟子曰不但是計

孟子曰：堯舜性之也，湯武身之也，五霸假之也。堯舜天性渾全，不假脩習。湯武

脩身体道，以復其性。五霸則假借仁義之名，以求濟其貪欲之私耳。

性之性字虛，只是合下稟得，合下便將來受用；身之雖內外皆性，微有體備功夫；假則總在性與身之之外做事。三之字不要指定一件。性則渾身是性，身則渾身是身，假則渾身是假矣。

張公亮曰：性是未出胎胎時事，堯舜終身是未發之中。用事，位育滿天地，而此性不動分毫，却似終身猶處胎內。

久假而不歸，惡知其非有也。歸，還也。有，實有也。

假是假托，歸是還歸于本性。惡知非有，係從旁提醒之辭，言汝這樣久假不歸，殊不知原非汝有。惡知兩字有無限慨挑

功受餐　君子
之用。必有世道。
若他居那國也。
其君能用其納
誦之言。能使其
君安富尊榮。固
可以浩無疆之
休。即君不用。而

孝弟忠信。尤見
以移風化俗。不
素餐之功。誰有
大於君子的。不
知其功。而可輕
議君子哉。

○士何講

此見士所事之
大意。王子墊問
曰。人生天地間

撥在。

伊尹全旨

此章借尹立案。所以樹人臣不軌之防。首問賢者兩字已是抓開話論了。下則可。則篡。都不粘尹說。志字重。要自家念頭拆得過。追魂攝魄。兩边判開。如森羅鏡騰矣。一毫躲閃不得。

公孫丑曰。伊尹曰。予不狎于不順。放太甲于桐。民大悅。太甲賢。又反之。民大悅。

予不狎于不順。太甲篇文。狎。習見也。不順。言太甲所為不順義理也。

不狎句。是師傅責君口氣。狎者輕忽之意也。言他輕忽不順我。我不可使之輕忽。尹於君。放之反之。人見其任意為之。不知他的心與民心相同。然放處反處。極當民心。故皆悅也。此處見尹之心。照然日月。無所掩昧也。故字不必廻避。亦可。故之意。原欲成其君。君既賢。果能成其君矣。

各有所事但不
曉得士是卻是
底事的孟子曰
大士身雖卑微
他心之所向的
極尊尚而不卑
瑣也勢同人同
此志何獨士爲
尚志孟子曰仁
義吾心之天理
即士之志也更
無別樣他所志
既定稍萌殺一
無罪的念頭即
非仁微有取非
其有的意思即
非義心之所居
何在自必在于
仁非仁不以之
居也路是所由

賢者之爲人臣也其君不賢則固可放與

此三句乃丑欲設難以探其聖賢之用心詎泛言

孟子曰有伊尹之志則可無伊尹之志則篡也伊尹之志公天下以爲心而無一毫之私者也

尹志全在堯舜其君上亦在任字上想出見此志非臨時辦得全體精神正在不與不取弗視弗顧中打磨出則可二字可想他一段不得已哀腸原不是正當的道理語意倒在則◎篡邊

公孫丑曰詩曰不素飡兮君子之不耕而食何也孟子曰君子居是國也其君用之則安富尊榮其子弟從之則孝悌忠信不

的果何在自必於義非義必不由也既居的是仁由的是義便把大人之事已完備於此一志而無欠也一志而大人之事都該士豈無事哉

○仲子講

孟子着仲子矯廉之非曰即仲子不食不居推之説若不義與之齊國必不肯受人便以爲大節都信其賢不知此不受齊國在仲子不過舍簞食豆羹之義

素餐兮孰大於是詩魏國風伐檀之篇素空也無功而食祿謂之素餐

素餐之論原非欲君子必耕而食即彭更傳食諸侯爲泰意也其君其子弟二其字指上是國字但曰居便不必拘定在仕字上說用之已下見聖賢出處皆有功用只是用其言安對危言無可危即安富對貧言上下足即富尊無人役榮有懷畏雖在國上見却要關着君子身上從之即是從其教所以能使子弟固有之良心孝弟忠信都有孰大于是非較量之說令他從君子之出處推究其功則不素飱之功何等大也孰大二字要發揮上段虛下段實渾渾照本文雙提語氣發揮不必分疏口氣自寬大

理耳，何也？親戚君臣上下，人之大倫也。人孰大下云此也。今仲子辟兄離母，不食君祿，大倫亡滅，以其小者信其極大處，無可議幾何？不以小節害大道，奚可哉。

○舜爲題

此見聖人善於處變。意桃應問曰：天下惟事之變者，可以窮得聖賢。當舜爲天子，皐陶爲士，設遇瞽瞍偶然殺人，皐陶當此將

尚志

全旨

通章以尚志爲主。首尾兩事，俱應曰士何事，曰大人之事備矣。志士所尊，乃大人之事，蘊於志，而爲大經綸。那一件不從心做起？若只在事功上着脚，根基便淺了。是知即志即事，正與尚字照。非志虛而事實也。

王子墊問曰：士何事？墊，齊王之子也。

孟子曰：尚志。尚，高尚也。志者，心之所之也。

墊問作何事業是士。尚志，謂不卑汚其志，有萬乘莫能屈，天下莫能加意。士只有一志，尚志即其事。

曰：何謂尚志？曰：仁義而已矣。殺一無罪非仁也，非其有而取之非義也。居惡在？仁是也。路惡在？義是也。居仁由義，大人之事備矣。非仁非義之事，雖小不爲，而所居所由，無不在於仁義。此士所以尚其志也。

曰尚志，此曰仁義而已矣。不是說士志于仁義，仁義正士之志也。而已矣，見仁義道大，窮養達施，取用不窮也。殺一無罪

何如處孟子答之以法在皋陶管他做甚拿了他就是此外又何説也曰舜難道聽他執絕不禁止麽孟子曰夫舜怎麽禁得法者天下之公自古至今相傳下的夫有所受之也曰舜既不禁却怎生自處孟子曰舜以親為重他視棄天下猶棄敝蹝也將未然之先必將竊負瞽瞍而逃遵循海濱而處得免父於死便

四句洗論道理居惡在四句正説其尚志處仁義對功利説不殺不取是本心浩然無愧怍處已出人情世俗之表故曰尚志兩是也見舍此更無他道自志之所棲泊曰居自志所率循曰由自居由之所獨崇曰尚自尚之所主曰在自在之所包曰備備即萬物皆備之備大人之事實體備於士而無遺今日獨行其道他日與民由之正此意

孟子曰仲子不義與之齊國而弗受人皆信之是舍簞食豆羹之義也人莫大焉亡親戚君臣上下以其小者信其大者奚可哉

仲子陳仲子也

此見不可以小廉博大義也仲子無讓國實事但以不食不

終身欣然快樂而忘了天下可見聖人當此爽故但發乎至情紙極难處亦自有善處之方也

○百范講

此示天下以廣居意孟子自范邑往於齊望見齐王的子其容貌氣象大有異人処因有感而喟然嘆曰大凡居能移之氣位尊則氣象軒昂養亦能移体蘊藉厚形体便隨之而舒暢大哉居所関氣体不

居推之而知其必能爲此也不義謂不當得國雖與之必不受人便以爲大節而信其賢即使仲子做得這讓國的事也當不得𢘑大事是含單食豆羹之義也不重矯名意讓國誠非小可事但以下文大倫對之即爲小也人莫大焉亡親戚上下一句讀人更有那一件大于亡親戚上下者大小泛説焉字容只當一於字奚可言當核其真也

桃應全旨

此章只論處変之心桃應此等問頭極好非孟子胸中有箇忠臣守法之見與真孝子愛親之心者決不能答

桃應問曰舜爲天子皐陶爲士瞽瞍殺人則如之何桃應孟子弟子也設此問以观聖賢用心之所極也

當以舜爲天子四字立案爲天子父必無從吏訊之理爲天

小乎夫王子非一槃是人之子典孟子曰王子雖他日有君昂子民之寄其所居的宮室所乘的車馬所穿的衣服大畧與人一樣它乎氣体亦與人同而王子之氣体若彼者其居儲君之位故祿養之厚使之如此異也夫勢分之居猶能使人異況居天下之廣居以天地為宇者乎

○魯君垤

只其氣体又不知

子執法之臣必無迯為君父之理寔覺有難處

孟子曰執之而已矣言皐陶之心知有法而已不知有天子之父也

執是執法非執瞽瞍然不曰罪而曰執分明有不可轉移處而已矣再無第二法也

然則舜不禁與桃應問也

不曰聽而曰不禁分明有不屈法處此正是桃應問意

曰夫舜惡得而禁之夫有所受之也言皐陶之法有所傳受非所敢私雖天子之命亦不得而廢之也

惡得而禁意不在禁也夫有所受者奉法承天法不可枉

然則舜如之何桃應問也

其何如矣其間
吾往宋傳令所
呼於垤澤之門
守門者曰此傳
令的非吾君也
何其呼之聲似
我君也此沒他
故所居皆人君
之位其養同而
聲亦因之也觀
今天誰似居廣
居者乎

○負而讓

孟子示禮賢之
道曰人君之禮
賢也如食之以
祿而弗愛是以
豕交接之也愛
之而畧無尊敬
之念是以獸畜

舜如之何是處窮地了言瞍殺人未必不因舜皋陶執法實
又爲舜只舜難處耳

曰舜視棄天下猶棄敝蹝也竊負而逃遵海濱而處終身訢然樂而忘天下　蹝草履也遵循也言舜之心知有父而已不知有天下也

有天下便不可廢法舜棄天下則法在而親亦在也此就舜之心上論法之必執者士師之公竊負而逃者人子之私舜此時只知有父不知有天下所謂有天下而不與者此也欣然從有天下不足解憂看出

自范全旨

通章重況居天下之廣居一句前說王子爲居廣居而啓其端後言魯君爲居廣居而暢其說孟子平日以廣居自負因王子觸發起來遂不覺其反復感嘆若此

孟子二十卷　二十八

之也。這井岂是存君子之道。

○恭敬講

大所謂恭敬者，在幣之未將，預先有此心，乃是實心愛敬賢者也。

○無實講

若幣交勝，方恭，秘不過是虛文，並沒一毫實意。君子何人，而可以虛文拘留之于餚賢之國哉。

○形色講

孟子示人盡性，以人之生也，有是五官百骸的形，即有則身運

孟子自范之齊，望見齊王之子，喟然歎曰：居移氣，養移體，大哉居乎！夫非盡人之子與？范，齊邑。居，謂所處之位。養，奉養也。

居移氣二句，係觸發語，要體貼出喟然嘆口氣，眼裏看着王子，心裏想着廣居。謂吾乃今知居之移氣而養之移體也。神情直管至況居廣居止，須虛說，若止為王子提此兩句，有何趣味。居養一串言，居則養在其中。地曰居，就中享用曰養。氣是氣象，體是體態，亦串移。如造化密移之移，轉換不覺。大哉居乎，廣居勢，居意俱在內。夫非何至然也，方指王子。

王楙小曰：氣体者，神明之應跡也。神則無象，氣象之，但觀所居何如耳。

孟子曰衍文

動的色其中有個天命靈覺之性也這天性與形色原是合一不離的惟是聖人形色中都是天性充滿其中然後能踐履其實故形神俱妙事理雙圓也非聖人而能若是乎

○短喪講

此見喪出至情不可已意齊宣王欲短三年之喪公孫丑附會其說曰王之意以爲朞之喪猶愈於止而不爲

此三字最有光景蓋孟子既歎而又言也

王子宮室車馬衣服多與人同而王子若彼者其居使之然也況居天下之廣居者乎睟然見於面盎於背居天下之廣居者然也

此節文脉與上緊連要衛孟子輕覷王子口氣與人同乃日用所資之同非制度華美之同多亦只是大畧意若彼言其異其居使之句只感歎無抑揚分意廣居虛說勿露仁字爲妙況居天下之廣居其神情丰采從性分發越者其光景又當何如

魯君之宋呼於垤澤之門守者曰此非吾君也何其聲之似我君也此無他居相似也垤澤宋城門名也

見孟子曰王欲短喪而子謂兪然也是猶或戾其兄的手臂子截諭之且徐緩些這等說夫徐徐獨非紾乎教人的亦教之孝弟以動其良心自愧得兄臂之不可紾矣爲暮之說者亦豈所以教王哉

○王子講 丑斯時無以自解適有王子有其所生之母死者其傅爲之請行數月之喪以盡人子之道公

之末偶爲國事往呼于魯君自呼方切氣體所者所云蓋爲見聲之似我君而歎異之此非吾君句別有覷破自居廣居者不一人人不一局孔孟以韋布聯衡千古迹覷之其與帝王卿相寧不殊也乃其廣居自不殊則其移氣移體亦不殊此無他居相似也自負之意隱躍言表

食而

全旨 此章敬字作骨實字又不敬字之骨言待君子者不當以虛而以實也若能認幣帛爲恭敬則虛矣虛豈可以拘君子哉上節恭敬即下節實字下節恭敬是上節幣字要認明白

孟子曰食而弗愛豕交之也愛而不敬獸畜之也交接畜養也獸犬馬之屬

食愛敬遞說直歸到敬上以起下節之意食祿養也愛或問其名而慕之或意有可親而昵就之敬有尊德樂道意養犬

孫丑曰若這樣的見何如、數月猶可、期月乃不可耶、曰是猶不可例論也、彼王子明欲終喪、但厭于嫡母、而不可得終喪耳、故其傅爲之請、雖加得一日、少伸至情尤勝於全止而毫不得伸也、所謂齊王之不可者、夫莫之禁而自不肯爲三年也、可與不得已而加者等哉。

○教者講

孟子歷敘君子

馬、尚有愛惜處、豕則豢之而已。

恭敬者幣之未將者也將猶奉也

恭敬只一心、故上節單言敬、指未將處爲恭敬見幣帛不可爲恭敬以起下虛拘而申言豕交獸畜之意。

恭敬而無實君子不可虛拘此言當時諸侯之待賢者、特以幣帛爲恭敬、而無其實也、拘留也。

恭敬而無實、是徒以幣帛爲恭敬、而未將之先無此實心、正所謂豕交獸畜之也、君子不可虛拘、猶言把空套子決是拘留他不得。

孟子曰形色天性也惟聖人然後可以踐形踐如踐言之踐

形色天性、言形色便是天性、語氣要把形色兩字提得高高。

曲成之教曰君子設教以徇鑄群品因材而篤不止一端所以教者大約有五最上的有因學者功候已到一語就能點化的是以時雨之道化之也次有因他在德性上修持我就他德性琢磨以成就之次之有因他在材幹上操練我就他材幹引導以通達之又次之有因他來問我去答他又有生不同時得其

方於末句踐形吋得起見形色不是空空的形色有物有則形則不可踐也惟聖人然後踐形挽轉甚活言形不可不踐非聖人則不踐也見為聖人纔不負此堂堂七尺軀意添一襯語便索然踐者實之之義

短喪全旨

通章以註中至情二字為主引王子正見其真心自不容已處齊王喪緊在亦教之孝弟而已矣一句莫之禁而弗為孝弟之心安在

齊宣王欲短喪公孫丑曰為朞之喪猶愈於已乎已猶止也

看一欲字有不忍遽短意看愈於已字亦有不忍顯言意

孟子曰是猶或紾其兄之臂子謂之姑徐徐云爾亦教之孝弟而已矣紾戾也

嘉言善行,私自淑,若艾治的,此王者正君子之所以教也,乃隨其人之分量以自得耳。

○道則講

此是明其教不可貶意。公孫丑曰,君子的所地位,峻絕高矣,卻此便是極精妙處,豈不美焉。自由教入道者觀之,直若登天之不可及,柯不少貶從卑以教之,使彼學者庶幾可以攀及而孳孳去做得。

教之孝弟,緊頂紾兄臂者說,是把孝弟提真心點醒他,俱就紾兄說,教短喪在言。

王子有其母死者,其傅為之請數月之喪。公孫丑曰:若此者何如也?其母,所生之母也。其傅,王子師傅也。

數月二字,政暗對朞月。若此者何如,又直究其無已之情也。

曰:是欲終之而不可得也,雖加一日愈於已,謂夫莫之禁而弗為者也。禁,有所制也。

不可得三字,真情鬱勃,萬難自伸也。雖加一日愈于已,謂抱無窮之慕者,視三年猶一日,拘有限之分者,得一日為三年。此可以觀人真心所為處,莫之禁而弗為,政見其孝弟之良

〇大匠講

孟子曰立教自有一定的法何可貶也大匠不爲無能的拙工改廢運斤的繩墨羿不爲無能的拙射變易彎弓的彀率是法不可貶曲藝且然

〇君子講

故君子的教法只授以爲學而不告以上達之妙如引滿其弓而不發矢那矢在弓上自躍之欲出光要在舉目之間立矣中

教首 全旨 此章是表教者之功自如時雨化至答問係君子所教功不侍言私淑艾的亦係君子教功所及否則私淑艾亦無從矣本文所以兩字要渾首尾兩與極鄭重可觀

孟子曰君子之所以教者五君子有世道之責者

君子之教涵育羣品陶鑄百代與專門之教不同所以字全是君子神通妙用不曰教而曰教者政指君子之心言五字正見其曲成天下處

有如時雨化之者時雨及時之雨也

時字最重適當其可之謂時惟時故化日時雨見雨與物兩相湊着物亦無所歸功雨亦不任其德化者不知其然而然也

道自然現前會得的就能依我的所引發將出來因而從之這全要學者自去做教者如何盡替得他

○天下講

孟子為枉道從人者發曰貞出處的是箇原與身是合一不離的天下有道是我身子做得主出來用世道便跟隨着我身子天下無道是我身子做不得主凡進退生死都未可必只好把

有成德者有達財者達財各因其所長而教之者也

德是天資純粹者才是天資明敏者不兼學力說恐兼亦不妨成對虧言達對滯言成字薰陶醞釀意多達則開其義理壯其氣力挑撥疏暢之意多也

有答問者就所問而答之

成德達財中答問固在而此則專謂答其來問者雖鄙夫亦竭兩端之按答問所括甚廣不必拘定師承

有私淑艾者私竊也淑善也艾治也

淑艾自是兩意義亦一串淑字進善邊居多艾字去惡邊居多去惡正所以從善也私者默衷獨自意此正孟子所謂私

道來做主、以身去跟隨着他。未聞以道去殉了他人。隨人的喜怒爲轉移、自己全做不得主。世道如此、真可怪也。

○滕更講

此見求教貴誠意。公都子曰、滕更乃滕君貴介之弟、又知來學而在門也。宜若在所加禮、有問必答、不答其問是何意。孟子曰、受教之心貴虛、不可以有挾也。挾[illegible]之貴而

淑諸人意、

張公亮曰、私淑艾、譬如人借日之光、還能見日。學者借聖人之光、還能摹倣聖人、正是聖人一光之所變動處。

此五者君子之所以教也聖賢施教、各因其材、小以成小、大以成大、無棄人也。

找此一句、見得君子教思無窮、甄陶之術亦無窮、在受教者之自得如此耳。

●

道則全旨

此章是說教法、丑欲孟子貶教、非欲孟子貶道也。故孟子答以引而不發、而繩墨彀率之論、與發明道體無干。

公孫丑曰、道則高矣美矣、宜若登天然、似不可及也、何不使彼爲可幾及而日孳孳也

○道字泛言君子之道。高矣、卓絕。而且美矣、精粹。當串講、重在高邊看。下登天句、可見。登天然是言其不可幾及、屬由教人

問技巳之資而
問技巳之年長
而問技有動勞
于師而問技巳
于師有舊好而
問此五者一有
挾則求教之心之限
不盡皆君子所也
不答也滕更未
免有二焉這等
即教之亦不能
領受吾何以答
為哉
曰不可講
孟子戒用情之
偏曰凡急心刻
心躁心最害事
如事閑最急必
不可止的于此
而止焉其他事

道若觀之若此使学屬教者言為可幾及謂改變其身近易
行之法
孟子曰大匠不為拙工改廢繩墨羿不為拙射變其彀率彀率彀弓
兩拙字正帀起末節能字改廢繩墨改即發也變其彀率即
非彀率也此節見教毋容貶
君子引而不發躍如也中道而立能者從之引引弓也發發矢也躍如如踴躍而
出也中者無過不及之謂中道而立言其
非難非易能者從之言學者當自勉也
引字發字明屬教法說引謂導拙其緒也發則徹底發明之
矣不發者至理寓于不言之中也恍然心目之間掩藏不住

稍緩者，反有不己的事係最切，萬不容薦的，于此而薄焉；其他情稍疎者，沒有不薄的。若用意太急而進之速的，不過是浮氣，浮氣渙不耐久，進未幾而退，且立見矣。這三者，皆人情所必至的，可不知所戒哉。

○於物講

孟子示君子推恩有等曰：君子用情固有等，其於物也，只去愛恤他而弗仁於

故曰躍如，猶云活現，中道而立，又即是躍如中現出光景，謂標的宛宛在前，不是非難非易之說，能是善學者得其所未發，洞破躍如之妙的，從作與之爲一，看亦要見無人不可從意。正與丑問意相反，言從之是學者事，非教者所能使也。

孟子曰：天下有道，以道殉身；天下無道，以身殉道。殉如殉葬之殉，以死隨物之名也。未聞以道殉乎人者也。以道從人，妾婦之道。

殉字奇，猶云死緊跟定也，隨他起倒，相跟不離之義。天下有道，是我身子做得主，出來用世，道便跟隨着我身子。天下無道，是我身做不得主，凡進退生死，取未可必，只好把道來作主，以身去跟隨着他也。徇人，如當時策士隨人之喜怒以投

民也只去仁衆
他而弗親。乃
加那同宗的親
而於民止用仁。
則仁澤無窮而
親有獨隆也。仁
乃加那一體的
民。而於物止用
愛。則愛施可遍
而仁有專在也。
君子之用情。乃
善其施於不匱
者也。
○知者講
孟子論治要曰。
論知者本體。是
無所不知的。亦
不泛用其知。惟
於最當知的事
而急爲之。仁者

其説一味跟着人轉。未聞兩字亦一陞歎。亦橫恨嬉笑怒罵。恣
蒹之矣

滕更全旨

有所挾則其心不虛而道不能入。須知不答是
蓋拆其恃心亦不屑之教誨也。有二要字説。

公都子曰：滕更之在門也，若在所禮，而不答，何也？滕更，滕君之弟，來學者也。

禮字主答問言。不答其問。即是不在所禮了。

孟子曰：挾貴而問，挾賢而問，挾長而問，挾有勳勞而問，挾故而問，皆所不答也。滕更有二焉。二，謂挾貴挾賢也。

挾貴不是我貴了不怕你不我答。是他心中道吾貴的比尋
常來學不同。便是挾貴。又道吾能總了責來下學。便是挾賢。
挾長只是弟子中最長。非必長於師也。挾有勳勞。謂有功勞

的本體是無所不愛的亦不泛用其愛惟親愛賢者之爲急務堯舜之知千古稱極至的何嘗徧物以爲知惟急其也務以養吾智而善用其明耳堯舜之仁百世推首出的何嘗徧愛人惟親賢之爲急以完吾仁而善用其愛耳此堯舜之所以爲知務也務合其重而務其輕如不能三年之重服而緦麻小功之服

在師身邊挾故謂己與師有舊好挾這念頭來問道則胸中有物何地可容道理便中距不入故皆所不答有二是猜度他挾貴挾賢須渾融說

不可
全章此三者皆人情所必至者以示戒非過不及之説撤開三平甚洒脫

孟子曰於不可已而已者無所不已於所厚者薄無所不薄也已止也不可止謂所不得不爲者也所厚所當厚者也此言不及者之弊

合下節都在爲治上説謂不可已而已者漫不事事是清淨家一流人其所厚者薄慘刻少恩是形名家一流人二無所不三字是其弊之必至者

其進銳者其退速進銳者用心太過其氣易衰故退速

必致詳。會其大而務其小。如不謹于肆飯長歠失礼之大而講問莫以齒斷乾肉失礼之小者。是之謂不當務之為急也。求仁知者亦惟法堯舜而已。

○〔不仁議〕孟子倣好戰者曰。君莫先於不仁。最不仁是梁惠王何也。仁者發源是愛自然及其所不愛。不仁者發端是不愛自然不暇顧其所愛。今惠王

喜于有為而不能持久是更張無漸一流人進銳是躁心此念不能多時就是退速乃事勢之必然者

孟子曰君子之於物也愛之而弗仁於民也仁之而弗親親親而仁民仁民而愛物物謂禽獸草木愛謂取之有時用之有節

此是遡君子之仁愛有原世間惟親者是我骨肉本根之地能於此寘力胸中純是至性醞釀以遇民自無慊刻而仁以遇物自無傷殘而愛矣弗仁弗親非留此以待彼只這親親雖親仁不無少斬而仁愛自周遍矣正是君子民胞物與處本文口氣直下中間用一字過文不得細玩之上二句虛提懸說畧似歇後語下二句始明白乃下解上格無有兩層

以不愛及其所愛故吾以為不仁公孫丑曰何謂以其所不愛及其所愛也孟子曰梁惠王因貪人土地之故糜爛其民之血肉而戰之至于大敗將復之以雪其恥恐敗兵莫肯用命而不能勝故驅其所愛太子申以殉之卒殺其軀是以土地之故及其子故謂以其所不愛及其所愛也

○春秋講

知者全旨

此章是發知仁之極則仁智兩務字當一樣看上言當務為急下言親賢正是急當務蓋仁智原是互用分言之則有知有愛合言之急親賢為務只則當務之急自無不舉矣未只結在不知務上括盡仁智之道

孟子曰知者無不知也當務之為急仁者無不愛也急親賢之為務堯舜之知而不徧物急先務也堯舜之仁不徧愛人急親賢也 徧周徧也

論仁智之本體是無不知無不愛的而究所以用吾仁智者則必不徧物而知乃所以無不知不徧愛人而愛乃所以無不愛此親賢之務所以急也兩不徧不泛用其心正以善用知愛也親賢則知可周而愛可廣也急則求之切親則待之隆要領全在知務堯舜正是能知務的樣子

孟子深罪五伯曰凡戰之道王於義而已春秋所書戰的事沒有以為合於義而許之的但就其中而較之或彼有假借名義而兵端更善於此的容或有之彼實非義其戰怨怒緣故謂之征者乃上伐下之名也若敵國相征則無王矣今春秋之戰皆不禀王命豈肯義其戰哉

○盡信識

孟子杜人輕殺

不能三年之喪而緦小功之察放飯流歠而問無齒決是之謂不知務三年之喪服之重者也緦麻三月小功五月服之輕者也察致詳也放飯大飯流歠長歠不敬之大者也齒決齧斷乾肉不敬之小者也問講求之意

此節乃不知之模樣不能四句如詩之興体言今之為仁智者如此是謂之不知務不知智之當務不知仁之急親賢為務也末二句是正意照上二務字作飲食大小之務無味

盡心下凡三十八章

不仁全旨 此章言發政施仁澤及天下好戰殘民災及其親譏惠王以為當時戰爭之儆

孟子曰不仁哉梁惠王也仁者以其所愛及其所不愛不仁者以其所不愛及其所愛親之而仁民仁民而愛物所謂以其所愛及其所不愛也

之心曰人皆謂書以載事垂訓傳信的必書吾以為盡信之則不若無書之為愈即如武城垂世之經我也只取得他二三策外此可盡信哉怎底緣故仁人無敵於天下者理也以武王之至仁伐紂之至不仁人心自然歸服何消到那血流標杵的田地武城血流標杵之言非可以為訓也書可盡信哉

仁者四句以仁形起不仁重不仁邊正以明首句之意俱泛說仁者發源是愛自然及其所不愛不仁者發源便是不愛自然不暇顧其所愛仁者之及是推及不仁者之及是波及

公孫丑曰何謂也梁惠王以土地之故糜爛其民而戰之大敗將復之恐不能勝故驅其所愛子弟以殉之是之謂以其所不愛及其所愛也糜爛其民使之戰鬬糜爛其血肉也復之復戰也子弟謂太子申也

何謂是問以其所不愛及其愛也故是爭土地之故糜爛是肝腦塗地意大敗是忠信未孚于民心民無敢戰之勇也恐不能勝恐士卒不肯用命也驅字下得太慘子弟亦未必樂從迫之以不得不然之勢殉之雖在被擄後見之嘗驅之時

也不知有子弟了而不愛只以土地對子弟說如証說反不親切

○帝人識　孟子罪強兵者旧有人不能引君志仁乃自負其能曰我善能整肅行伍而爲陳我善能攻取必勝而爲戰此謂君好戰以殃民其罪非小也若國君好仁雖救民于水火之中誰與爲敵也成湯好仁之君也其征諸國也南征北怨東征西怨怨者曰均一被虐也奚爲不先來征我國哉而敵之者誰

春秋全旨　此章意在尊王一部春秋道名分只以無義戰三字斷之征者上伐下也句最重是断案的律令正明所以無義戰之故

孟子曰春秋無義戰彼善於此則有之矣無義戰不義其戰也

春秋指聖經非以時言義字着力言聖經無有義其戰者中有假借名義出師有名如桓文之類較他人他事雖善亦難道不是諸侯相伐也而擅用其師則均爲不義而已矣

征者上伐下也敵國不相征也征所以正人也

諸侯有罪天子討而正之諸侯奉而伐之是天地間之大義

武王好仁之君也其伐殷也載輜重之華車止三百兩射御之虎賁止三千人且其入殷之初王謂商人曰爾無畏我我正寧爾百姓也非敵爾百姓也於是商人稽首至地有如獸角之下綱然敵之者誰也征之爲言正虐民者的罪也民爲暴君所虐各欲仁人來正己之國也而又焉用戰戰既不用戰又何用善

纔戰便是敵國相征了將天子放在何處故曰春秋無義戰

盡信書全旨　此章專爲血流漂杵一言而發此句書本係實錄但戰國殺機方熾孟子恐人藉口故直破之見仁人爲天下之故苟不免於殺則商人自相殺與武王殺之也何異要知此是拔本塞源之論

孟子曰盡信書則不如無書無書恐其滋惑也

書泛指紀載之書盡信字則泥古人之詞無書非廢之善讀之而會意于事迹之外也

吾於武成取二三策而已矣武成周書篇名策竹簡也取其二三策之言其餘不足盡信也

於武成之所取處不過二三策可以知書之不可盡信也

仁人無敵於天下以至仁伐至不仁而何其血之流杵也杵舂杵也

仁人無敵在至仁伐至不仁上見何其二字緊頂上句血流

陳善戰之人哉

○梓匠講

孟子示人學自我心悟曰道理在吾學者之自悟耳梓匠輪輿之教人也但能與人規矩使人循是以爲方爲員而巳至得心應手之巧敎不能使之也可知學貴心悟如此

○舜之講

孟子極形容聖心曰大舜之心容容洞洞方其在側陋也所飯的是糗所茹的是草也窮至此

漂杵之言甚不可信也

全章 首節言強兵之罪下節言好仁之無敵以明之也全重好仁節

孟子曰有人曰我善爲陳我善爲戰大罪也 制行伍曰陳交兵曰戰

有人曰是人臣自負之詞大罪重殃民上從兩善字來

國君好仁天下無敵焉 好仁弔民伐罪也

仁即安天下不嗜殺人之仁無敵要見不待戰陳意

南面而征北狄怨東面而征西夷怨曰奚爲後我 此引湯之事以明之

武王之伐殷也革車三百兩虎賁三千人 又以武王之事明之也兩車數一車兩輪也

王曰無畏寧爾也非敵百姓也若崩厥角稽首 寧安也稽首至地如角之崩也

湯武平看俱是好仁無敵者湯重奚爲句武重若崩句三千

極矣舜則安乎今之現在若終身焉絕不想着後面的富貴及其受堯禪而爲天子也被袗衣以華體鼓琴以娛意二女果以美其奉富貴非其素有也舜則若固有之絕不想到前面的貧賤總之聖人於富貴貧賤一視隨寓而安的不於世境上動一念也

〇吾今講

孟子做好殺孝

三百言其少也此二句只言不尚兵威崩字取下垂之意殷民稽首不指無畏寧爾一將言還重感之有素意

征之爲言正也各欲正己也焉用戰民爲暴君所虐皆欲仁者來正己之國也

此節是從湯武看來決仁者之無敵耳正己已字暴國之民自指其國言以仁易暴此便是正焉用戰正所謂無敵也

孟子曰梓匠輪輿能與人規矩不能使人巧規矩法度可告者也巧則在其人雖大匠亦未如之何也已

與人以規矩就是使人巧但未悟者執以爲規矩耳在學者自悟非教者所能使也

孟子曰舜之飯糗茹草也若將終身焉及其爲天子也被袗衣

曰吾今而後知殺人親之所係甚大也。殺人的人，自爲得計，豈料適自害。然則殺人的父，人亦殺其父；殺人的兄，人亦殺其兄。然則明非自殺，只是此往彼來，隔一番手耳。其實與自殺何異？信乎殺人親之重也。

○古之識

孟子傷今爲法之弊，曰：今之天下，猶古之天下也，乃古之設立

鼓琴，二女果，若固有之。飯，食也。糗，乾糒也。茹，亦食也。袗，畫衣也。二女，堯二女也。果，女侍也。

此孟子形容大舜性體之定。飯糗茹草，畫出舜窮困風味；被袗衣八字，畫出榮華的景象。若將終身、若固有之，畫出舜淡漠的精神，浮雲任變，太虛不動者也。[illegible]一直說，勿板對。

孟子曰：吾今而後知殺人親之重也。殺人之父，人亦殺其父；殺人之兄，人亦殺其兄。然則非自殺之也，一間耳。親，父兄也。重，所係之大也。

此吾儒說因果處，口氣俱作已事之詞。今而後知，恰似豁然大悟語，提醒人最爲深至。殺人之父兄者，自爲得計，不知殺其父兄者，卽此人。一間者，猶云假手于人，只隔一番手耳。

孟子曰：古之爲關也，將以禦暴。譏察非常。今之爲關也，將以爲暴。

道路之關，原其本意不過譏察異言異服，爲只禦暴，今之設卡道路之關，原其本意直是要征商稅，爲暴于民也。君自爲暴，將使誰禦之？可慨矣。

○身不講

孟子勉人盡道，曰：道必可化人，方可令人。如身不合道，而所行有咎，藏身不恕，何以喻人？便不可行於妻子。使人不以身所行，厚則用的道，則所令反有[illegible]

此爲當時橫征而發，從禦暴處挑出爲暴來，無限怪歎。壞法之盛，悽然慘然。世之敝也，往往借古人之美意而行今人之厲政，衰世之法，莫不如此。二將以字是爲關的主意。

艾千子曰：古之良法，今之弊政，即一關以槩其餘。天下無事不是如此，曷勝借哉。

孟子曰：身不行道，不行於妻子；使人不以道，不能行於妻子。

此即正己物正之理。以妻子言者，亦即脩身齊家之旨也。兩道字作一樣看，即天理當然之則是也。使人不以道，又本身不行道來，不能非勢，不能但無觀感而興起耳。

孟子曰：周于利者，凶年不能殺；周于德者，邪世不能亂。周，足也。言積之

所好亦不能行於妻子妻子且不能行不能使況遠而國家哉信乎不可不盡道于身也

○周于講

孟子勉人蓄德曰君子之處世不患世道不正惟患吾德未周耳我觀周于利的積儲素克則凶荒有備雖凶不能殺矣如人周于德的保合完固足以轉移世道雖邪世亦不混亂信乎蓄德當素也

上二句引起下二句勉人畜德意性體原自原滿故說個周字周如守到識到身也治亂以政言邪正以道言不能亂有轉移世道砥柱中流手段

孟子曰好名之人能讓千乘之國苟非其人簞食豆羹見於色

千乘之國利之大者簞食豆羹物之小者

病在一好字縱使能讓千乘原非眞顧道義所謂非其人也夫以名利相較則可以舍利而取名然好利根子原在身子裡不曾拔去所以於簞食豆羹之微不覺遂把隱情露出用苟非其人四字喝醒上句空着眼

不信全旨

以仁賢爲主不信仁賢矣又安有禮義有政事後二節正是空虛

二十卷

○好名講
孟子窮好名之真情曰、名利原不能兩兼、在好名的人、能把千乘這等大國也、都讓得、以讓之可以得名也、苟非真能讓國之人、只因名不在、就是些小的簞豆也見於顏色、而好利之心、不覺吐露矣、看來世人好名的心、較之好利還是勝些、
○不信講
孟子示治國之要曰、國家全藉

孟子曰不信仁賢則國空虛空虛言若無人然
一德交孚之謂信不信則上下心不合雖仁賢蒲署亦空虛
無禮義則上下亂禮常典也義禮之舍于宜者亂上僭下偪也
別尊卑之謂禮防僭竊之謂義專主名分說無禮義便是亂
無政事則財用不足生之無道取之無度用之無節故也
政事不專在理財上而財則政事之所經理天下大勢煩簡疏密相均相制無非財用之湊理故政事最喫緊
孟子曰不仁而得國者有之矣不仁而得天下未之有也言不仁之人騁其私智可以盜千乘之國而不可以得丘民之心
此章以仁字喚醒互相吞噬之諸侯得國者得之於諸侯之

人以斡旋，若不措心委任以信仁賢，雖有亦如無人的一般，其國不亦空虚乎。無仁賢，因無禮義，則上下等分雖在人，都去紊乱得他，上下便乱了。無仁賢，因無政事，則開源節流，没有個方法，財用便不足了。然則信任仁賢以明禮義，以修政事，可不亶亶急圖乎。

○不仁講

孟子微不仁曰

手，尚可以勢力搶奪得來，有之矣三字極活，亦未必可得而得者有之。得天下者，得之於天下之人心，決非勢力所能懾服也，豈可倖得的？斷斷乎未之有也。

民爲全旨

通章重民爲貴句。戰國之君，視民如草芥，不知興廢存亡皆此焉出。丘民三節，是總發民爲貴，社稷次之，君爲輕之意。

孟子曰：民為貴，社稷次之，君為輕。社，土神。稷，穀神。建國則立壇壝以祀之。

上句一串說，貴對賤言，只是知民之關係於君與社稷，而心上不輕賤之也。即此可以知次字輕字之意。

是故得乎丘民而為天子，得乎天子為諸侯，得乎諸侯為大夫，丘民，田野之民，至微賤也。

不仁之人聘其私智勢力竊據以得國的間有之若天下之大那私智却弄不得不以仁德收民心而謂可以得天下的斷乎沒有這理

○民爲講

孟子爲不恤民者發曰就世法看來則君爲貴社稷次之民爲輕不知好惡心萬古不變是極可貴的社稷爲民而立次于民君爲民社而立則又輕于民矣

此節全要體貴字出來首句是一節之綱下把諸侯大夫配說見得丘民之權即天子不能與之相抗丘民二字作匹夫匹婦說只說得民心便了不必管他衆寡

諸侯危社稷則變置諸侯無道將使社稷爲人所滅則當更立賢君是君輕於社稷也

危社稷要根虐民來變置是天子更立賢君與滅國不同

犧牲既成粢盛既潔祭祀以時然而旱乾水溢則變置社稷祭祀不失禮而上穀之神不能爲民禦災捍患則毀其壇壝而更置之

成者肥腯之意以時者春祈秋報不失期也變置社稷是遷其壇壝蓋示更新之義總是爲民而已

孟子曰聖人百世之師也伯夷柳下惠是也故聞伯夷之風者

何以言民爲貴也，得乎丘民，是天下民心歸向，大家推戴他爲天子；若得乎天子爲諸侯，得乎諸侯不過命之爲大夫。視民之所與不遠甚乎。君爲社稷而立，若諸侯無道，危了社稷，則當更立賢君，變置諸侯；君如何比得社稷。來，社稷既受了民的祭祀，自當爲民捍患，而旱乾水溢，則當毀其壇壝，變置社稷。社稷如

頑夫廉，懦夫有立志；聞柳下惠之風者，薄夫敦，鄙夫寬。奮乎百世之上，句百世之下，聞者莫不興起也。非聖人而能若是乎？而況於親炙之者乎？興起，感動奮發也。親炙，親近而熏炙之也。

通章表夷惠之風遠，以見其爲聖人也。百世言其流風之遠播也。師字只在聞風興起內見之。風善感人，披拂所及，感化無窮，故說百世之師。夷惠具清和不磨之精神，奮然特起，自然心動奕世，故莫不興起也。末二句不盡贊歎。

張公亮曰：聖人不死，死於人心；亦賴人心之不死耳。不然，伯夷之世有廉來，柳下惠之門有盜跖耳。

孟子曰：仁也者，人也；合而言之，道也。仁者人之所以爲仁之理也。

上句是尋索于人之內而指出仁的本體，言此形骸能知能

何比得民來可見民爲貴而社稷與君遍輕貴是千古不易之確論

○百世講

孟子表夷惠之爲聖人曰凡品浩其極的聖雖無功德其風流亦足感化後世誠可爲百世師也何人可當此伯夷柳下惠是也二聖往矣故聞伯夷的清風雖頑賤之夫亦變爲不苟取懦弱之夫亦變爲不可突聞柳下

覺能運動處醒然完具者即是仁人仁不須臾離此便是合

便是率性之道言字是詳究其所以然

孟子曰君子之厄於陳蔡之間無上下之交也君子孔子也厄與厄同君臣皆惡無與文也

厄指絕糧之時上下指陳蔡君臣無交言君不下賢臣不薦賢

稽大

全章通章士字重吲詩不是說文王孔子亦曾不埋於口分明是責備他爲士必如文王孔子而後可

貉稽曰稽大不理於口貉姓稽名爲衆口所訕理賴也

不分辨曰理不理者好歹無辨妄加非議大字猶云着實的

孟子曰無傷也士憎茲多口爲士者益多爲衆口所訕

惠之和風的對澆薄之夫亦變而淳厚鄙陋之夫亦變而有容此兩人者奮然特起于百世之上故百世之下聞其風者莫不奮然興起也聞其流風餘韻即百世之下猶然感化非聖人而能若是乎而況於當時與夷惠親炙者乎其感發興起又當何如耶宜乎夷惠之爲百世師也

○仁也講

孟子論道不遠

無傷言無傷於士行德愈高而人知愈希行愈卓則疾愈眾故

憎茲多口多字應上大字

詩云憂心悄悄慍于群小孔子也肆不殄厥慍亦不殞厥問文王也詩邶風柏舟及大雅緜之篇也悄悄憂貌慍怒也肆發語辭隕墜也問聲問也

引詩須得聖賢兢兢之心見謗毀不但不爲士累益爲吾儆省進修之助此心只是憂只惟恐隕豈可謂我德已至而付人言於不足恤哉二詩原非孔子文王之詩合詠此可得孔子文王之心故以歸之也

孟子曰賢者以其昭昭使人昭昭今以其昏昏使人昭昭昭昭明也昏昏闇也

人曰通天地萬物而爲仁其理即具在七尺不死之形是知仁就是人可見仁與人原是一個生的把這有生之理合在有生之形上方行得去故謂之天下通行的道

〇君子講　孟子明孔子阨窮之故曰處德君子若孔子者當絕糧而尼於陳蔡之間蓋因陳蔡之君上不下賢下不薦賢故有此阨也

此節是明新註疏言外無限怪歎昭昭明而又明之意明明德的人自有潛孚默化的妙處正不使之使也昏昏不明之甚自己心地尚且闇昧動輒要維新斯民此使字未免有敢令強人意今者觸目當時而爲言不必泥古字

孟子謂高子曰山徑之蹊間句介然用之而成路句爲間不用則茅塞之矣今茅塞子之心矣徑小路也蹊人行處也介然倏然之頃也用由也路大路也爲間少頃也茅塞茅草生而塞之也

通章只就山上翻出精神未句一點便破用只惺惺一念不令放逸意徑是路之基此可想良心之不死山亦茅之蔽曰之頃間此可想人心道心危微之幾介然爲間只當須臾看

○稽人譏

此見士當自修而謗不足計意

發稽曰世人何足不必皂白溷然詆謗着我孟子曰不理之謗於士的實行何傷也但是爲士的便見憎於人因茲故衆多其口何以見之孔子爲士而師宜無可憎然猶舟之詩云仁人所以憂心悄乜者以其見愠于群小人而不自安而孔子的事可以當之文王爲

必川之而成一九成之難不用句塞見茅塞之易此處正見心學不可稍有間斷也今字要看見前此不然茅塞子之心見人欲蔽膛天理希乎微乎可不自醒哉

圈全旨 論樂者會其性情本其功德方可以採其精蘊高子徒之評以聲後証以一器之追蠡至優劣文孟子亦始以時有久暫用有多寡就彼言辯之耳至於樂中一段情神烏可與支叟者道也

高子曰禹之聲尚文王之聲 尚加尚也

聲從以樂言尚加也只言禹樂過於文王

孟子曰何以言之曰以追蠡 追鍾紐也蠡者齧木蟲也

追蠡单指鍾言以其用之者多而見優

曰是奚足哉城門之軌兩馬之力與 奚足言此何足以知之也軌車轍迹兩馬一車所駕

士而君宏無可慍然大雅綿之詩亦大王事昆夷雖不能殄絕其愠怒亦不自隕其声聞而文王的事足以當之士惟不能爲孔子文王耳不理于衆口何傷

○昭昭識

孟子重身教曰賢者是明明德的人其明德中自有作民如處故天下的民自然各新其德若今已德且不明顧欲人之明其明德是藏身不

是奚足哉言一追蠡何足以論樂城門之軌二何見異處在

以上不在車所以由上

齊飢全旨

孟子來齊勸王發棠可謂言前行其言矣及今不能用而爲引導終無改意是負隅之虎莫可攖也當此不止豈不見笑於士哉引馮婦處正以發其不可之意

齊饑陳臻曰國人皆以夫子將復爲發棠殆不可復陳臻問言齊人望孟子復勸王發棠而又自言恐其不可也

想初勸王發棠王必有不樂而强從意故陳臻以爲不可復

孟子曰是爲馮婦也晉人有馮婦者善搏虎卒爲善士則之野有衆逐虎虎負嵎莫之敢攖望見馮婦趨而迎之馮婦攘臂下車衆皆悅之其爲士者笑之手執曰搏卒爲善士後能改行爲善也之適也負依也山曲曰嵎攖

媿何以喻諸人觸也、笑之、笑其不知止也、

哉

○、山徑講、此見道必貴於常用意、孟子謂高子曰、人心惟在所用耳、山中小路暫行之處、悠然之頃、都在口那裡行、遂成大之路、既用之後、少頃不去行、則茅遂閉塞之矣、今子的心私欲滿腔、恁茅塞之乎、

○雹之講、此見不可以器論樂意、高子曰、帝王治世、代必作樂、以象其功、

是為馮婦也、即非為士也、善士淺說、只去其賈勇力之習、攘臂下車、殊無從容斟酌之意、衆皆悅之、欲齊國人說其為士者笑之、不重取笑、只見義不可耳、

全旨、此章孟子從耳目口鼻四肢等表出個天命精微之理、來於仁義禮智中表出他個着落處、所謂窮源以防流、體實而証虛、數個之於字可想、見此中有妙明在、非關人力也、兩不謂總是教人認取性命合一處、

孟子曰、口之於味也、目之於色也、耳之於聲也、鼻之於臭也、四肢之於安佚也、性也、有命焉、君子不謂性也、五者之欲、性也、然有分不能自如其願、則是命也、不可謂我性之所有、而求必得之也、

性者生也、口之於味等、是人生本來如此、所謂上智不能無

尚禹之樂过於文王之樂乎孟子曰如何說也过曰其追如蠡而欲絕曰是追蠡何足定樂之優劣哉你看城門之車轍跡門中為獨深豈一車所駕兩馬之力次則知追蠡用久使然未可以此而尚禹樂矣

〇齊飢講

此見君不能用士當知止意昔齊飢陳臻曰前此齊飢夫子嘗勸王發棠邑之

人心也謂命不謂性見有一定之天則存于中也

仁之於父子也義之於君臣也禮之於賓主也智之於賢者也聖人之於天道也命也有性焉君子不謂命也仁義禮智天道在人則賦於命者所稟有厚薄清濁然而性善可學而盡故不謂之命也

命諸天非人所能奪也仁之於父子等此正維皇降衷之命所謂雖下愚不能無道心也智之於賢者與父子等二例言之這兩個名理屬在這個事物不兼言賢否者知其賢則不賢即否也天道父子等俱有就以聖人言者此盡人者也人盡而天完貼貼相麗故以此歸之即此可見命也有性焉之旨便可以見君子不謂命之去

粟以賑恤者國人皆以夫子將復請王發棠以發論之殆不可復孟子曰以吾今日之遇而復請發棠是為馮婦了晉人有馮婦的善以手執虎卒之攻其雄心而為善士是足見重于士林矣乃一旦則作野有衆逐虎七方依于山曲居得其險人莫之敢攖觸望見馮婦趨而迎之馮婦見獵心喜攘臂下車以搏其

浩全旨 此章最重可欲之謂善一句，因許正子以善信，而歷敘人品以要其極，末節一中四下，無限獎勸正子意。

浩生不害問曰：樂正子何人也？孟子曰：善人也，信人也。浩生姓，不害名。

正子未汩于習，直可以本來善字予之，故曰善人也。亦實落完全此善，而非虛名而已，故曰信人也。此二句豎說，非橫說。

何謂善？何謂信？不害問也。

何謂二句是究善信之義，非許正子之實。

曰：可欲之謂善，其為人也，可欲而不可惡，則可謂善人矣。

可欲是自己心體上覺得有油然可嗜之真，所謂懿德之好，善理之悅心者是也。善即性善之善。

有諸己之謂信，凡所謂善，皆實有之，則可謂信人矣。

□書玉振解　孟上　二十卷　四十

讀衆皆悅之其為士者笑其必不濟也汝欲吾為馮婦耶

〇卩之講

孟子欲人盡性至命曰性命之理一也原於天則為命具於人則為性如口知味目知色耳知聲鼻知臭四肢欲安佚五者之欲這也分明是情識的性但有稟受的命為制限所以君子不把他算做性奉命作主則不得恣情識以揀命

有諸己卽是自有其本性欲者己之眞趣信者善之實體

充實之謂美 力行其善至於克滿而積實則美在其中而無待於外矣

信善兼攝學問無窮連美大聖神都在裏面故一滾說出見信善不是住脚處信者實也克足滿其實之量也隱微曲折之間盡皆清和純懿故謂之美

充實而有光輝之謂大 和順積中而英華發於外也發於事業則德業至盛而不可加矣

光輝卽其所克實之美不容揜藏處暢于四支發于事業不可以偏長目一節名善之量極其廓落圓滿處故謂之大

大而化之之謂聖 大而能化使其大者泯然無復可見之迹則不思不勉從容中道而非人力之所能為矣

善信憑恣天資美以上則憑恣學力至于聖神則學力亦無所事

的權。至君人心之理，而仁屬乎父子，義屬乎君臣，礼屬乎賓主，智屬乎賢否，聖人之於天道，五者之理分明是賦理的命，但有個靈覺的性完具於我，君子不把他算做命，要克全這性，不使氣數得以操其權。總之性命端的是一個，惟剖析得精，方主張得定也。

○浩生講

此見學貴造其極。意浩生不害

聖以全體至極言，大欲其化，化即化其大之迹。

聖而不可知之之謂神。聖不可知，謂聖之至妙，人所不能測。

聖不可知，指其化之至妙者言之也。以聖不足以盡之，故更着神字。而神不出聖外，畢竟加聖一等，到此纔是善信之極。

樂正子二之中，四之下也。蓋在善信之間。

二之中，言其爲善信以內之人。四之下，勉之非限之也。

逃墨全旨

孟子距楊墨而外，人皆稱爲好辯，故自發其一片的婆心，與他人好辯不同，非但欲成就楊墨，并欲收以爲用者，憫其陷溺之久，而取其悔悟之新也。

孟子曰：逃墨必歸於楊，逃楊必歸於儒。歸，斯受之而已矣。歸斯受之

逃墨二句，一串說到歸儒上。逃是不安乎彼意，必字以理勢

問曰樂正子所造之品果何如人也孟子曰其資與學殆無惡而善人也無歉而信人也不啻又問曰克固善信人矣然何以謂之善何以謂之信也孟子曰吾人心體上有懿德可欲之好秉彝之本體故謂之善此善實有諸己是誠意的學問故謂之信若此善信充滿積實是虛灵粹美在其中矣故謂之美克中

言曰歸如遊蕩的歸家一般原是我家人安不得不受曰斯者有來即受也曰而已矣者受之之外無他說也

今之與楊墨辨者如追放豚既入其苙又從而招之放豚放逸之豕豚也苙蘭也招罥也羈其足也

辨字亦是引他來歸的方法上逃字正得之于辨字來既歸則當徐以俟其自悟若既歸而辨使彼窮於無所入矣放豚之喻病在招字言攻擊之甚反堅其不善之念也

孟子曰有布縷之征粟米之征力役之征君子用其一緩其二用其二而民有殍用其三而父子離

此見不徒法外能病民即法內亦能病民也說個有布縷粟

而有光明燦爛則將而發揮有位育的事業矣發將出來故謂之大大而化其大大之迹德造其極謂之聖聖而不可知神妙不測謂之神這等總完得善信的本体今樂正子爲善信中人而在美大聖神四者之下造道之程有此數種正子當步步向上不可少爲足也

〇逃墨講

此見聖賢道大

宅者安宅失其宅者危

米力役之征，定是額内不可少的之賦了，亦須爲人上者當取民之時，而寓休養之意。只一緩二，非免其二，只調停其間，令民得以從容輸納也。用二用三，則民窮財盡，不能保其性命全其身家，有殍與父子離所必致也。要想君子一種惻怛撫字之意。

孟子曰：諸侯之寶三：土地、人民、政事。寶珠玉者，殃必及身。言寶得其

寶是珍惜愛重意。人主寶土地，有開闢不致荒蕪意，亦有不以園囿汚池曠廢民產意。寶人民，不忍傷殘之，以令其樂生意。寶政事，則紀綱法度無所廢弛也。如此則寶歸于身，而如

無所不容意孟子曰今之學楊墨的吾恐其不能久安也蓋墨子兼愛他力量做不來料他定要逃去了其勢必歸於楊以楊子只是自爲簡而易行也楊子爲我於世法上終行不去又要逃去其勢必歸於儒以儒者人也兩利以他既有所開悟而來歸向斯即受之合爲一家就罷了又何容算來之哉今之與楊

爲我享若以身殉珠玉則身且不保何寶之有紂衣珠玉以自焚豈非殷鑒

盆成括仕於齊孟子曰死矣盆成括盆成括見殺門人問曰夫子何以知其將見殺曰其爲人也小有才未聞君子之大道也則足以殺其軀而已矣盆成姓括名也恃才妄作所以取禍

此章見才不論大小皆不可有惟不有便大惟大便是君子之道盆成括殺其軀在小有其才見以其未融之於道無濟於用只彀得殺其軀而已

之滕全旨 此見聖賢曲成後學之心彼或人能道之重斯受之而已矣一句

孟子之滕館於上宮有業屨於牖上館人求之弗得館舍也上宮別宮名

畢辨的他既曉業屨織之有次当而未成者蓋得歸我把他既館人所作置之牖上而失之也往的復声言其非像似追放豚既入其闌又從而羈其足這等反失了大道為公的氣象、

○布縷講

孟子為取民無制者發曰人君經營國用亦當保聚民生是不能自織有布縷之征不能自耕有粟米之征不能勞力有力役之征供億不勝繁矣必用一緩二斯民所以相

孟子不過于齊梁而之滕耳其道之窮處館人求屨弗得雖偶與其行會也亦以見賢人之遭際

或問之曰若是乎從者之廋也曰子以是為竊屨來與曰殆非也夫子之設科也往者不追來者不拒苟以是心至斯受之而已矣或問之者問於孟子也廋匿也

若是句便有為大道致惜意設科一段半解半譏拖大道為公之心一言道破往指前日言來謂來學也是心向道之心也斯受句着而已矣三字見其只有受更不懸一驅逐以阻來學也

生相養也若併用之而二而三則民苦於奔命而有殊不得安其室家而父子離散民者可無制哉

○寶三讓

孟子示人君當慎所宝曰有國者當知所宝諸侯所宝愛惜的有三宝其邦基曰土地宝其邦本曰人民宝其紀綱曰政事若合此而宝珠玉則宝失所宝而殃必及身可不慎所宝哉

不忍全旨

此章見不忍不為吾人本來之真心也故首節論其心而達之即是仁義就本體言次節指真心之實而充之就用工言然亦只了得本體之事末二節又指所謂充無穿窬之心以示人知所充耳而充無欲害人之心可類觀也

孟子曰人皆有所不忍達之於其所忍仁也人皆有所不為達之於其所為義也惻隱羞惡之心人皆有之故莫不有所不忍不為此仁義之端也

人皆有三字喚醒之詞兩有字不虛就全體之露其端處說達之云者非從忍為處折而絕之直從不忍不為之初機直下提醒自不至于有忍有為也不落轉機工夫如許直截仁也義也真指全體言從達所到處說也

張公亮曰我心中本無忍處本無為處若見自心達亦強名

人能充無欲害人之心而仁不可勝用也人能充無穿窬之心

〇盆成講

此只沿上指當以大道意盆成括世所稱有才的及其仕於齊孟子策其必敗而曰盆成括其有死之道乎既而盆成括果見殺于齊門人問曰夫子何以曉得他將見殺孟子曰他爲人器局不大而小有其才未聞君子大經綸的道理則恃才妄作處儘彀得殺其身而已有才者可不聞道哉

而義不可勝用也 充蒲也穿穿穴踰踰墻皆爲盜之事也

恐人把不忍與忍、不爲與爲、看作兩層、未曉得直捷闗棙、故後申之以充。惟充則達、充其無欲害人穿窬之心而仁義不可勝用、正是達處。此不忍不爲本體在心、蒲心在世、蒲世仁義之量到此、其無境不逢源矣。

人能充無受爾汝之實無所往而不爲義也 此中說上文充無穿踰之心之意也蓋爾汝人所輕賤之稱

上節無穿窬之心一語、義字已盡、但穿窬之事易見、穿窬之類难盡、故特舉此二節以見例。〇爾汝輕賤之稱、人或當面受了、本心畢竟不甘、這是他實處、充此無受愧怍之實方纔

（一）之滕章

此見孟子遇窮於滕意昔孟子欲行道而往於滕自舍館于上宮時有織之未成之屨置之牖上館人覓之不見或人疑門人竊之問曰若是乎夫子之相從的門弟子匿人物如此也孟子曰子以爲我之從者果爲竊屨而來滕與或人自悟其失曰非爲竊屨而來也但夫子之設科科條以曲成來

於一切隱忍者俱不做此是克到本心細微處故無所往而不爲義也

士未可以言而言是以言餂之也可以言而不言是以不言餂之也是皆穿窬之類也餂探取之也

◎士字重提起畧讀極矜貴喚人自愛也以言餂之以不言餂之都是竊人之意二之字在處心積行根源上推究故言其與穿窬一類此類在隱微上論必能克至此方是達字源頭透露處

言近**全旨**

見道原具于當身言於言此字者守此舍了此身無處下手君子修身而天下平只是箇人己之分以近寓遠以約該博方纔無病

塈也即往之不
善不復追之而
求其过其潔已
而來者不拒絕
而阻其進苟以
向道之心而至
斯與其進而受
之耳豈有竊屨
之事哉

○人皆講
孟子欲人擴克
其本心曰仁義
原是人的本心
就是極殘忍的
人也不無惻隱
之心就是極卑
污的人也不無
羞惡之心就這
一隙之明遍到
那全体就是仁

孟子曰言近而指遠者善言也守約而施博者善道也君子之言也不下帶而道存焉不下於帶而至理存焉所以爲言近而指遠也

重近約一邊言道串言以言此道道以行此言兩善字只作妙字看言近是切于約處言之指是言中含蓄的旨趣守約是守其言之近者施是守中發出的施爲遠就博的無二君子之言不離着當身故不下帶而道存道存要切指字即此可知言道合一之妙

君子之守脩其身而天下平此所謂守約而施博也

○此言善道則又着修身見君子之守約總不外此身上做工夫天下平只在修身上平中雖尚有設施總完得個修身事

義了無欲害人是不忍之最重的人再没有要害人的心就是在那裡做害人的事他心裡畢竟不欲的人能克蒲無欲害人之心正是以所不忍達之所忍仁便不可勝用也無穿踰是不為之最重的人再没有要做穿踰的心就是在那裡做穿踰的事他心裡畢竟不欲的人能克蒲無穿踰的心正是以所不為

人病舍其田而芸人之田所求於人者重而所以自任者輕此言不守約而務博施之病

人病字貫舍田芸田下是影喻非譬喻求人重自任輕是病。根可知不足以治天下者正由不足以治其身故也以此收結上文着甚警醒

堯舜

全旨

此言堯舜湯武性反雖别而究歸于同見人不可不盡其性意下二條泛論性反之事不就堯舜湯武說然堯舜湯武亦只是這等性者與性之不同性之以道言性者以人言反之與身之亦不要還到元性

孟子曰堯舜性之也湯武反之也性者得全於天無所汚壞不假脩為聖之至也反之者脩為以復其性而至於聖人也

性是本來天德者以人言堯舜是純乎天德的人反是還其

達之所為義便不可勝用也試把義的隱情推究之尒汝稱呼人當面只得受了本心畢竟不欲這是他實處克無受尒汝之實方纔於一切隱忍者俱不做了不但常人就是為士的一語嘿之間未該言而言是把我的言去餂取人隱情該言而不言是把我的不言去餂取人隱情這都是竊人之意與竊財一般

元性有修爲皆反性功夫及到所以然處湯武與堯舜一樣

動容周旋中禮者盛德之至也哭死而哀非為生者也經德不回非以干祿也言語必信非以正行也經常也回曲也三者亦皆自然而然非有意而為之也皆聖人之事性之之德也

此形容性之之妙動容舉一身而言周旋則動容中之曲折中禮者聖人舉動處便是禮即由仁義行意盛德之至在自然上見得非爲生是真痛非嘴飾生人耳目也中庸天下之大經即是庸德故曰經德不回者任所蹈履皆是天下萬世之常經不走一線也非以干祿見不轉一念矣此干祿之念便是回言語必信決定信也非期必之必言必可行之謂信

是皆穿喻之類也義之隱情無不克如此而仁之能克自不言可知矣

○言近譏

孟子示人言道之準曰大凡人的言行惟是所言淺近而指意悠遠者這方是好的言語所守簡約而設施廣博者這方是好的道理君子之言也不下帶這等切近於身而道理無不存焉此即言近而指遠者君子之守

緣正行而信初無不好只多了此照管安排念頭便不是自然而然之聖自然而然在三非上見

君子行法以俟命而已矣法者天理之當然者也

此節語脉全與上節相連法即性之理乃天理之當爲的命即天命謂性之命乃性字本色行法以俟其命之自合命不可強合也俟之而已即由勉然以至自然之義

說大全旨重在我皆古之制句惟在我皆古之制便得志弗爲若在我無古之制漫言藐大人恐終爲巍巍壓到

孟子曰說大人則藐之勿視其巍巍然大人尊貴者也藐輕之也巍巍富貴高顯之大

說字是把古制來規正他大人乃堂高數仞之大人故曰巍巍藐非傲他勿視即藐意放開眼界全不把大人在心上

修其自己之身人人亦各修其身而天下平此即守約而施博者若今人通病都是舍其自己的田而芸他人的田所求於人的甚重而所以自任的極輕自己反不去修身所守不約而可務即博施者哉立言求道的信當以君子為法

〇堯舜[illegible]

孟子示人入聖之準曰堯舜湯武皆聖人也然堯舜本体渾全

堂高數仞榱題數尺我得志弗為也食前方丈侍妾數百人我得志弗為也般樂飲酒驅騁田獵後車千乘我得志弗為也在彼者皆我所不為也在我者皆古之制也吾何畏彼哉榱桷也題頭也食前方丈饌食列於前者方一丈也此皆其所謂巍巍然者

堂高等正鋪張他巍巍處三弗爲鄙之之詞堂高二句宮室之侈食前二句食色之侈般樂二句宴遊之侈制字如行法法字古來道理當然若有成法故曰古制言我正以斥彼言古正以卑今吾何畏彼言我有足以自重而彼又無足爲我重有邈然不相關意

孟子曰養心莫善於寡欲其為人也寡欲雖有不存焉者寡矣

不假修習現成是一個的性湯武由克己復禮反轉來的何以如其反也舉動容止之間周圓旋轉無不中禮乃是他性反之功已造其極盛德之至也就如那哭死而哀非感於生者而自然哀的經常之德不回互非以干求爵祿而自然不回的言語必定信實非以端正其行事而自然信的這非得見是性上的

其為人也多欲雖有存焉者寡矣欲如口鼻耳目四支之欲雖人之所不能無然多而不節未有不失其本心者學者所當深戒也

此示人以養心之要先看出養字然後纔發得莫善二字精神出說一寡字那工夫便有許多斟酌欲是心之生機寡欲不是減少之謂是令生机活潑不因物而遷有若存若亡之精神有不操不縱之工夫這等纔是勿忘勿助長道理這纔是養心故日莫善於寡欲下四句存不存相形寡欲所以為養心之善處存如主人在家不外馳意

曾皙

全旨 通重不忍二字首節就合着獨字意乃與下文相闗次節只是發首節不忍二字意

曾皙嗜羊棗而曾子不忍食羊棗羊棗實小黑而圓曾子以父之父沒之後食必思親故

作用。學問到了講性，方從先作，便成一定的法則了。故後學的君子，但照這個法，遵行用功，盡其當為之事，便是立命之學。此外絕不計較，而已矣。惟俟命，益見行法之純，而與性為一也。

○說大講　孟子自認其真我，曰大人固當貌然，說大人時，則輕藐之，不把他的巍巍然的放在眼裡。彼大人所為巍巍，我

不忍食也。

曾子事親如生如存，念頭於身不離，觸羊棗而動其不忍之心，若在羊棗上着念，認影子作真人也。

公孫丑問曰：膾炙與羊棗孰美？孟子曰：膾炙哉。公孫丑曰：然則曾子何為食膾炙而不食羊棗？曰：膾炙所同也，羊棗所獨也。諱名不諱姓，姓所同也，名所獨也。肉聶而切之為膾，炙，炙肉也。

然則何，謂膾炙既美於羊棗，則膾炙必為曾皙所食者。曾子不忍之心，何獨觸於羊棗而不觸於膾炙？同謂人皆然。獨字重，惟獨則不論美不美，乃父之精神所寄，故深足以動其哀愴。諱名三句，正發明獨字。此是孟子体貼曾子語，曾子初無

知之矣。不过堂高数仞，榱題之頭則数尺，食列于前方一丈，侍妾于側数百人之多，盤旋佚樂以飲酒，驅騁車馬以田獵，後之隨車千乘，他這数件事都是我不做的。在彼之势焰，皆我所不屑為也；在我所為者，則皆古聖賢天則中之法制也。吾何所歉而畏彼哉。

○養心說

孟子示養心之要曰：心者人之

此計較也。

〔在陳全旨〕此章以中道作王道統之傳，始堯舜，止有一中，即章末所謂經也。絕續辨于命，歎孔子之思狂狷，思其真也，故曰不得中行而與之，必也狂狷乎；惡鄉原，惡其似也，故曰自以為是而不可以入堯舜之道。孟子拈出反經而已矣，可謂得中之嫡派。

萬章問曰：孔子在陳曰：盍歸乎來！吾黨之士狂簡，進取不忘其初。孔子在陳，何思魯之狂士？

盍，何不也。狂簡，謂志大而略於事。進取，謂求望高遠。不忘其初，謂不能改其舊也。

狂簡兩字連看，狂者必簡，不簡則不得謂之狂。初体本簡也。

不忘其初，所以能簡，所以能進取。進取是超然獨上，不受塵勞羈束也。

本体欲養其心使常存于中其法莫有善于寡欲其為人是個寡欲的則方寸中優游恬適此心雖有不存在腔子裡亦少其為人是個多欲的則蒲腔中都是情識攪擾此心雖有存在當下的亦少欲養心者可不自減所欲哉

是孝子不忍忌親之心無時不在意曾皙嗜性獨好羊棗及

孔子曰孔子不得中道而與之必也狂獧乎狂者進取獧者有所不為也孔子豈不欲中道哉不可必得故思其次也孔子豈不欲中道以下孟子言也

孔子不得四句是引孔子之言下是推其意中道無過不及融狂狷之偏者也狂者志向高達壓得人欲到狷者操心耿介不近於人欲皆可進道故思之亦且空敘過勿說盡方不礙萬章之問豈不欲二句是孟子之言次照中行看指狂士

敢問何如斯可謂狂矣萬章問

曰如琴張曾皙牧皮者孔子之所謂狂矣琴張名牢字子張

問狂是問當時曾士中如何人可謂狂也如琴張如字有不

其没也而曾子觸物思親不忍食羊棗公孫丑問曰膾炙與羊棗那一件味更美些孟子曰膾炙哉公孫丑曰膾炙既為尤美亦必曾晳所嗜的然則曾子何為食膾炙而不食羊棗曰膾炙衆人所同嗜的羊棗曾子所獨嗜也譬如只諱親的名不諱親的姓蓋以姓所同也名所獨也知此則知曾子不忍之心矣

能盡舉意講此句註中實事不必用旦牧皮無實事只虛講為是

何以謂之狂也萬章問曰其志嘐嘐然曰古之人古之人夷考其行而不掩焉者也嘐嘐志大言大也重言古之人見其動輒稱之不一稱而已也夷平也掩覆也言平考其其行則不能揜其言也

何以句是問狂之實志字微斷逗讀嘐嘐然曰連讀古人之志常於言見之他志大故言大也動稱古人期待甚遠總是進取之意夷平也夷考其行謂考其平日之行沒一些遮掩以自蓋是一言一行便可想狂者之胸次便是入道基址

狂者又不可得欲得不屑不潔之士而與之是獧也是又其次

○狂狷講
此見聖人崇正
闢邪意萬章問
曰昔孔子在陳
嘆曰何不歸于
魯乎吾黨之士
志向高大而狂
自是簡易率真
他進而取法乎
古永不忘其最
初第一念吾欲
歸而裁之也夫
狂士非中正之
品而孔子在陳
何故思魯国的
狂士孟子曰孔
子嘗謂中行不
得而與之必也
狂狷乎狂者進
欲進取狷者常

也此因上文所言遂觧所以思得獧者之意獧潔也

不可得大約是难得不多得意不屑不潔要看出他清清楚楚大斬截的骨力與藏頭縮脚拘牽齷齪者自不同與之是亦與他傳道是獧也是指出他本質見能操持固守足為入道基址又中行之次也

陳慧生曰章单問狂孟子遂說獧盡抱孔子欲傳中道一片婆心傾囊倒出也

孔子曰過我門而不入我室我不憾焉者其惟鄉原乎鄉原德之賊也曰何如斯可謂之鄉原矣原謹愿之人也鄉里所謂愿人故謂之鄉原萬章又引孔子之言而問也

此係孟子述孔子之言見孔子惡鄉原之心即其取狂獧之

有所不為也夫孔子豈不欲中道之士哉但中行不可必得故思其次而及於狂狷也萬章曰敢問何如人斯可謂狂矣孟子曰如琴張曾晳牧皮其人乃孔子之所謂狂矣萬章曰怎麽樣謂之狂也孟子曰狂者之志大故嘐嘐然大言曰古之人古之人如此古之人如此者其行一任率真而行不遮掩以自蓋也奈何任

心過我二句總是以不見親就爲幸深惡而痛絕之之詞德即中道也鄉原似德非德而反亂乎德故曰德之賊曰何如曰字是章問言究鄉原爲人之實也

曰何以是嘐嘐也言不顧行行不顧言則曰古之人古之人行何為踽踽涼涼生斯世也為斯世也善斯可矣閹然媚於世也者是鄉原也

踽踽謂行不進之貌涼涼薄也不見親厚於人也閹閉藏之意也媚求悅於人也

何以是嘐嘐五句譏狂行可為句譏獧鄉原未必有是言只推其意見如此言行不顧大言不顧行之不及踽踽是立也嚴峻涼涼是待人疎薄踽踽即獨清獨醒意涼涼是不諧俗非刻薄也生斯世三句鄉原所自言其志也善斯可矣緊頂

若又不可多得、乃欲得介然絕俗、不屑爲不潔之士、而與之、是狷之所以爲狷也、是又中行之次也、

○過我講

萬章曰、孔子嘗曰、人有過我門而不入我室、我不以不見親就爲憾焉者、其惟鄉原乎、蓋鄉原乃中道之賊也、不入何憾焉、敢問是何等人、斯可謂之鄉原矣、孟子曰、欲知鄉原盍自志行觀

爲斯世也、亦善人以爲善也、謂稱其長厚、許其貝通也可矣、

二字正與上何爲相叫應、不二句是因其志而斷其爲人也、

闇然是深自閉藏、媚世只是要取悅於人、不欲一言一事忤人也、是鄉原也、言這個乃是鄉原也、只承上一句、

萬章曰、一鄉皆稱原人焉、無所往而不為原人、孔子以為德之賊、何哉

原亦謹厚之稱、而孔子以爲德之賊、故萬章疑之、

一鄉皆稱、似有定評、無所往、見他立身行己、一味謹厚、則非僞爲可知、孔子何究其惡之之意、

曰、非之無舉也、刺之無刺也、同乎流俗、合乎汙世、居之似忠信、行之似廉潔、衆皆悅之、自以為是、而不可與入堯舜之道、故曰

之彼譏狂者曰何以是嘐嘐也言不照顧行行不照顧言動輒曰古之人古之人不過如此乎又譏獧者曰行何爲踽踽而獨行涼涼而冷落既生在斯世也則當爲斯世的人使人皆以爲善斯可矣他不爲狂獧只是闇然自閉藏以求媚於世也者這是鄉原的行也

〇二一鄉讚

萬章曰一鄉公論所出今一鄉

德之賊也 流俗者風俗頹靡如水之下流衆莫不然也汙濁也

合下節孟子發孔子之意 引孔子之言爲証也原是一意自非之無舉句起至衆皆悅之句止大意只一套總是形容善斯可矣一句意歸重在似忠信廉潔二句非之者緊舉其失而非之刺者細數其失而深入以攻激之無舉無刺是掩護之工蓋藏之密也同合只是不與世俗相異相離意似忠信二句做事不根性情只在世情上做雖居之行之都是逢世方術故曰似衆是流俗汙世之衆人也悅亦爲其似所瞞着看他不破把他忠信廉潔都當作眞的自以爲是見得人皆悅之世人皆哄過自己又用疑也不可入堯舜之道病根

皆稱原人爲定是立身行己都是謹原的人孔子到以爲德之賊是怎的孟子曰鄉原之為人欲舉舉其失以非之若無過可舉也欲細摘其過而刺之則若無失可刺也同乎流俗而不異合乎汚世而不離本非忠信也居之若篤實而不欺本非廉潔若持守之清介人莫能辨之故衆皆悅其似彼亦自以爲是

全在似上然假不可以爲眞自然之理故日云云故字總承

一節德字本堯舜中道來

孔子曰惡似而非者惡莠恐其亂苗也惡佞恐其亂義也惡利口恐其亂信也惡鄭聲恐其亂樂也惡紫恐其亂朱也惡鄉原恐其亂德也孟子又引孔子之言以明之莠似苗之草也佞言似義而非義也利口多言而不實者也鄭聲淫樂也樂正樂也紫間色朱正色也

承上文孔子所以惡之者正在是也首句是冒下數句歷指其目歸重鄉原一句恐字皆是自推其惡之心亂者眩亂莫辨之意似而非形迹恰像其實不是莠似苗實非苗佞人善爲巧說鋪張道理攻之而無以破故能亂義利口似便似忠

而不悟其非這人終其身不可與入堯舜之中道故孔子以爲德之賊也孔子嘗曰眞是的不足惡吾偏惡乎似而非的如莠之亂苗佞之亂義利口之乱信鄭聲之亂樂紫之亂朱俱深惡之至下鄉原似中道實非中道恐其亂堯舜中道之德也故以爲德之賊也然其所由亦自經常之道不正故矣故君子闢邪

直其實是明白欺人像個不欺人的模樣故能亂信亂樂亂朱都是邪亂正德是中道的你一生依附各理之中最能亂堯舜中道之德令人莫辨而喪其本來之眞所以孔子惡之尤深

君子反經而已矣經正則庶民興庶民興斯無邪慝矣反，復也。經，常也。萬世不易之常道也。興，興起於善也。邪慝，如鄉原之屬是也。

鄉原賊德在兩個似字破似莫若眞故主張世道之君子急於反經狂不掩狷不屑纔可以勝得他外此無別術也都從最初第一念認取種子既與堯舜胚胎的的不爛孔子取之即所以反經也眞便是眞是常行于世而深絕乎鄉原之有

說惟要反堯舜經常之道而已矣經既正則庶民知真是之當道便不為似是所惑也夫孔子思任狷惡鄉原總為中道慮也

○由堯講

孟子自任道統曰道始于堯舜其間一脈相傳由堯舜至于湯以歲計之蓋五百有餘歲其在當時若禹皋陶親承其道則見而知此道已後若湯時異世殊則聞而知此道

是無非若也若既大明當天是非顯然人各復其初心矣直有斬然出拔意斯字見經正民興之後去邪不費力了邪之匿于心曰慝指鄉原闇然閉藏者言無邪慝方成個堯舜經常之世也

由堯全旨

通章是孟子自任聞知而歸功於見知本文雖見知聞知平敘而兩提而有節自其至其五百有餘歲則其君斷若續之際見知之所關纏而流傳者居多矣歷敘以至今則其以聞知自處顯然矣

孟子曰：由堯舜至於湯，五百有餘歲，若禹、皋陶，則見而知之；若湯，則聞而知之。五百歲而聖人出，天道之常，然亦有遲速，不能正五百年，故言有餘也。知，謂知其道也。由湯至於文王，五百有餘歲，若伊尹、萊朱，則見而知之；若文王，則聞而知之。萊朱，湯賢臣。由文王至於孔子，五百有餘歲，若太公望、散

由湯而下五百有餘歲而有文王當時若伊尹萊朱親承其道則見而知此道已後若文王時異世殊則聞而知此道由文王而下五百有餘歲而有孔子當時若太公望散宜生親承其道則見而知此道已後若孔子時異世殊則聞而知此道由孔子而來到於今僅百有餘歲由戰國溯春秋去聖人之世若此其

宜生則見而知之若孔子則聞而知之散氏宜生名文王賢臣也

一中之傳發自堯舜故道統以堯舜爲始五百有餘歲見其世代相隔之遠見知聞知知堯舜之道也見知雖是面承聞知雖是私淑實自見自聞其性即堯舜以來之道也五百年見聞不斷即是道脉相傳禹皋則有執中之命典禮之謨湯則有制事制心之學伊萊則有一德之訓建中之誥文王則有緝熙敬止之心呂散則有敬義之戒彜教之廸孔子則有識大識小之學列聖實事亦不可不知

由孔子而來至於今百有餘歲去聖人之世若此其未遠也近聖人之居若此其甚也然而無有乎爾則亦無有乎爾孟子言孔子至

未遠也由鄒至魯近聖人之居若此其甚也然心源相接自是有人知得聖道假令此時無有見而知之者則後世亦無有聞而知之者吾身可不以見知自任哉

今時未遠鄒魯[illegible]又近然而已無有見而知之者矣則五百餘歲之後又豈復有聞而知之者乎

此正孟子自任之深自信之眞也末二句見得由堯舜由湯由文王以來此知歷歷不泯於人心不絕於天下自孔子而來世若此未遠居又若此其甚近難道見知聞知都中斷了不成言外有舍我其誰之意玩兩乎爾字明是設爲怪歎之詞以顯其擔當斯道　自已之心也

孟子二十卷終

標孟七卷序一卷

清　汪有光撰

清康熙刻本

標孟序

戰國之士縱横馳騁其文章議論往往恢詭放誕離經叛道獨孟子生其間稱仁義抑功利貴王賤霸力距邪說明於井田封建學校之制而私淑於孔子然其文時有奇氣蓋欲引君當道因其機而利導之如太王好色公劉好貨等語讀之可喜可愕若與戰國之士無大異者而要其歸粹然一軌於正先儒曰聖人之文猶化工也賢人之文猶巧工也孟子七篇校之孔子論語其規模氣象稍別獨其詞氣蓊涌真如泰山之雲觸石而出膚寸而合則亦謂之化工而已矣同時莊子之文深博無涯涘然虛無

悠謬君子所不取荀卿之文明王道述禮樂然使其與孟子相遇性善性惡之辨終不能合也後世之名文章家者無不知讀孟子昌黎原道自堯舜歷數之至於孔孟程子謂其必有所見其送王秀才序喜其好舉孟子之所道者柳州自序其文則云參之孟荀莊老以盡其變若蘇氏父子皆喜讀孟氏書梅聖俞於科場中謂子瞻試藝絕類孟子老泉贊歐陽公文歷數孟子陸宣公韓李二公文以比擬之而司馬温公與王介甫書稱其平日好老子孟子而所爲與之背馳要之諸君子特文人之雄耳其於孟子之道誠不知其何如也由孟子而

來一千八百餘年至明初方正學著書其辨仁義王霸甚悉談井田封建學校甚備其文時有奇氣而粹然一出於正故其所成就卓犖若此是豈非真能讀孟子者哉汪子標孟一書其於章句心融神悟冰解凍釋若舍孟子無文者乃自序曰當今之世而不急急焉以文誘

序　三

人則孔孟或幾乎息矣然後知其憂深而思遠也蓋將欲斯世由孟子之文而坐進於斯道也雖然人皆可以爲堯舜顧爲堯舜者蓋寡今世以文章取士用四子六經命題七篇之旨童而習之矣至其爲文卒膚淺庸陋若不知有孟氏者何也汪子此書出使天下之士伏而讀之其於文也幾矣彼區區摹擬秦漢者奚爲也

時

康熙丙寅仲冬月北海曹貞吉敬書

序　四

序

孟子一書不可以文章論豈惟孟子哉天不可作文觀也觀乎天文以察時變人不可作文觀也觀乎人文以化成天下知文則天人之事思過半已宰我子貢善爲說辭冉牛閔子顏淵善言德行兼之者孔子孟子天下文章莫大乎孔

孟而局局然降而索諸秦漢以下何哉五霸桓公爲盛秦漢以來百家之書戰國策爲雄納國策於孟子不啻小石小木之在泰山也太史公史記本戰國策而破其樊籬讀至孟子荀卿列傳其行文磊落奇怪得孟子之氣之勢之神殊無類荀卿者吾知其傳孟子而但以荀卿附見焉耳猶之傳屈原而但以賈生附見焉耳何則以其行文直逼離騷也戰國之世去七十子之徒不過百餘年孟莊屈並世而生夫然後而我乃今知造物之不可以輕量也當今之世而不急急焉以文誘人則孔孟或幾乎息矣孟子曰予豈好辯哉或謂魯論出有子

曾子之門人而七篇之作序詩書述仲尼之意特出孟子與萬章兩人手故萬章一卷尤爲獨絕嗟乎作者難識者不易千年以來鑒此者太史公一人而已矣余既取蘇氏子枕中書而繙之未畢不覺悠然於東海方子春也

時

康熙丁巳歲仲春月新安汪有光謙子氏

題於樂取堂

序　三

標孟卷之一上

新安汪有光謙子甫評
弟汪有熊駿子甫校
門人汪能承爾茂甫編

孟子見梁惠王（一句緘住）王曰叟不遠千里而來亦將有以利吾國乎孟子對曰王何必曰利亦有仁義而已矣王曰何以利吾國大夫曰何以利吾家士庶人曰何以利吾身上下交征利而國危矣萬乘之國弒其君者必千乘之家千乘之國弒其君者必百乘之家萬取千焉千取百焉不為不多矣苟為後義而先利不奪不饜未有仁而遺其親者也未有義而後其君者也王亦曰仁義而已矣何必曰利

（二句註仁義字所謂不講之講）

王何必曰利開手便掃掃一題豎一題譬如拔趙幟立漢赤幟然既掃卻利字則利字已成死灰下文卻將利字滾滾說去勢如翻江攪海既將仁義字豎起一題則應將仁義字重發乃只用兩句送過且又是反筆側筆凡自無之有之謂變自有之無之謂化看此篇初於利字觀其化於仁義字觀

標孟　卷之一上　一

其變次於利字觀其變於仁義字觀其化總之有
有無無變變化化○一王曰變出大夫曰士庶人
曰一吾國變出吾家吾身又變出萬乘之國千乘
之國千乘之家百乘之家一利字變出危字弑字
奪字遺親字後君字千軍萬馬勢不可當○文章
要剛柔相濟孟子見梁惠王一句截住叙事簡老
更無踰此此剛筆也不違句婉切入人此柔筆也
王何必二句斬釘截鐵又剛筆也王曰三句渟滀
而來亦剛筆也上下交征句頓挫略住此柔筆也

萬乘六句波濤怒發此剛筆也萬取千焉三句冷
冷感慨又柔筆也苟爲二句陡然截住又剛筆也
兩未有斜飛而入翩躚似燕又柔筆也結句剛○
文字發端最喜喝得破接得緊王何必曰利一喝
便破王曰句下緊接大夫曰士庶人曰勢甚激烈
上下交征句用總法略作一頓萬乘之國六句波
外生波如天馬飛空而來萬取千焉三句急流中
着一逆筆法最險絕苟爲句繳得剛健急接未有
仁云云本是正說卻用反勢一兜便住王亦曰云

云用前語繳上句卻倒在下一倒勢更緊峭得之
徐揚貢論枕中書○文之至者大都講一半留一
半且所重處偏不說破此篇所重在仁義如何爲
仁義不僻說出

小序佳

孟子見梁惠王王立於沼上顧鴻雁麋鹿曰賢者亦
（兩句截住一正一反下分兩段）
樂此乎孟子對曰賢者而後樂此不賢者雖有此不
樂也詩云經始靈臺經之營之庶民攻之不日成之
經始勿亟庶民子來王在靈囿麀鹿攸伏麀鹿濯濯
白鳥鶴鶴王在靈沼於牣魚躍文王以民力爲臺爲

沼而民歡樂之謂其臺曰靈臺謂其沼曰靈沼樂其
有麋鹿魚鼈古之人與民偕樂故能樂也湯誓曰時
日害喪予及女偕亡民欲與之偕亡雖有臺池鳥獸
豈能獨樂哉

引書本與臺池無關只憑空補一句

開口二句突兀驚人爲二句太奇不可無證佐下
就引詩書二段以證之一從君落到民上去是用
順勢一從民挽到君上來是用倒勢一倒一順自
相擊應○湯誓語與臺沼絕遠毫無關連處卻一
筆就繳到箇中更矯更警豈非絕大辨才若必尋

一典故仍與臺池鳥獸相干反失文章虛實之妙○說詩處口角津津滿天喜氣說書處聲色凜凜滿天怒氣真化工也○二段中觀其章法伸縮○所重在與民偕樂如何爲與民偕樂不曾說出○一篇優游涵泳處全在說詩一段其餘俱險峻○首章抹倒他一箇利字說到國危君弒機鋒惡毒極矣卻得仁義一味補藥殺中有生二章扶起他一箇樂字說到以民力爲臺爲沼而民歡樂之牽承極矣卻得民欲與之偕亡一味毒藥生中有殺

梁惠王曰寡人之於國也盡心焉耳矣河內凶則移其民於河東移其粟於河內河東凶亦然察鄰國之政無如寡人之用心者鄰國之民不加少寡人之民不加多何也孟子對曰王好戰請以戰喻填然鼓之兵刃既接棄甲曳兵而走或百步而後止或五十步而後止以五十步笑百步則何如曰不可直不百步耳是亦走也曰王如知此則無望民之多於鄰國也不違農時穀不可勝食也數罟不入洿池魚鼈不可勝食也斧斤以時入山林材木不可勝用也穀與魚

救法點水不漏

鼈不可勝食材木不可勝用是使民養生喪死無憾也養生喪死無憾王道之始也五畝之宅樹之以桑五十者可以衣帛矣雞豚狗彘之畜無失其時七十者可以食肉矣百畝之田勿奪其時數口之家可以無饑矣謹庠序之教申之以孝悌之義頒白者不負戴於道路矣七十者衣帛食肉黎民不饑不寒然而不王者未之有也狗彘食人食而不知檢塗有餓莩而不知發人死則曰非我也歲也是何異於刺人而殺之曰非我也兵也王無罪歲斯天下之民至焉

此文寬中著緊合前後中間共五段各段各一關鍵通篇總一關鍵氣勢馳驟紀律謹嚴馬班之所畏也○不違二段本一套事分作兩層講中用一腰鎖法閒之在他人定以教養分段不免排板矣人用閒我用架如月吐樓閣籠以輕雲直自清絕○沼上章本兩對文字對而不對方中有員盡心章本不是兩對文字不對似對員中有方○中二段幾箇不可字也字幾箇可以字矣字自相擊應○王無罪歲四字包括不違兩大段渾然無迹○

倒問兩番

掃一盡心憑空豎出一箇盡心來便有議論有局面然其遊戲神通政在首尾談兵處中間分二段卻二段都是說養一邊教只於中附見一二語非古文無此體製不違節本不曾說完於中忽作一束使人喫驚非古文無此氣脈政說得和風朗日忽著狗彘食人食一折天愁地慘雷雹交加真奇觀也

梁惠王曰寡人願安承教孟子對曰殺人以梃與刃有以異乎曰無以異也以刃與政有以異乎曰無以

異也曰庖有肥肉廄有肥馬民有饑色野有餓莩此率獸而食人也獸相食且人惡之爲民父母行政不免於率獸而食人惡在其爲民父母也仲尼曰始作俑者其無後乎爲其象人而用之也如之何其使斯民饑而死也

語意痛快而篇體離奇爲其轉換捷而波瀾遠也

起手虛撩二層已令人傾倒惡在其爲民父母也如之何其使斯民饑而死也輕輕詰問如冷水澆背須著眼其離合句不與王相黏者離句也與王相黏者合句也挺與刃離句刃與政合句率獸食人合句獸相食離句爲民父母合句作俑離句使民饑而死合句　昔人謂以獸相食跌出爲民父母來以作俑跌出使民饑而死來何等機鋒卻不知開口殺人二字早已太阿出匣矣率獸食人比殺人進一步父母率獸而食人又比率獸食人進一步　此篇文字機鋒惡毒極矣其最妙卻在入手虛撩二層烟波千頃使人墮其彀中不覺不知後來便劈面劈腦下棰下棒無不倒頭折服

好樂章可得聞歟一段同此機軸皆一篇中烟波迷人處也

梁惠王曰晉國天下莫強焉叟之所知也及寡人之身東敗於齊長子死焉西喪地於秦七百里南辱於楚寡人恥之願比死者一洒之如之何則可孟子對曰地方百里而可以王王如施仁政於民省刑罰薄稅斂深耕易耨壯者以暇日修其孝悌忠信入以事其父兄出以事其長上可使制梃以撻秦楚之堅甲利兵矣彼奪其民時使不得耕耨以養其父母父母

一篇標軸全在出語人曰四箇字上倩女離魂通身脫出而毫髮不遺

文章之妙無過絕而復生今夫天下之人

牧一轉從意盡言止處跌起大可玩

大手便將一題急竪一題

凍餓兄弟妻子離散彼陷溺其民王往而征之夫誰與王敵故曰仁者無敵王請勿疑

孟子見梁襄王出語人曰望之不似人君就之而不見所畏焉卒然問曰天下惡乎定吾對曰定於一孰能一之對曰不嗜殺人者能一之孰能與之對曰天下莫不與也王知夫苗乎七八月之閒旱則苗槁矣天油然作雲沛然下雨則苗浡然興之矣其如是孰能禦之今夫天下之人牧未有不嗜殺人者也如有不嗜殺人者則天下之民皆引領而望之矣誠如是也民歸之由水之就下沛然誰能禦之

兩人問答寄在出語人上發出脫胎換骨其格甚靈。今夫天下之人牧未有不嗜殺人者也嗜殺人本前面說過語再一提出卻如突起一峯妙於跌宕者也

齊宣王問曰齊桓晉文之事可得聞乎孟子對曰仲尼之徒無道桓文之事者是以後世無傳焉臣未之聞也無以則王乎曰德何如則可以王矣曰保民而王莫之能禦也曰若寡人者可以保民乎哉曰可曰何由知吾可也曰臣聞之胡齕曰王坐於堂上有牽牛而過堂下者王見之曰牛何之對曰將以釁鐘王曰舍之吾不忍其觳觫若無罪而就死地對曰然則廢釁鐘與曰何可廢也以羊易之不識有諸曰有之曰是心足以王矣百姓皆以王爲愛也臣固知王之不忍也王曰然誠有百姓者齊國雖褊小吾何愛一牛卽不忍其觳觫若無罪而就死地故以羊易之也曰王無異於百姓之以王爲愛也以小易大彼惡知之王若隱其無罪而就死地則牛羊何擇焉王笑曰是誠何心哉我非愛其財而易之以羊也宜乎百姓之謂我愛也曰無傷也是乃仁術也見牛未見羊也君子之於禽獸也見其生不忍見其死聞其聲不忍食其肉是以君子遠庖廚也王說曰詩云他人有心予忖度之夫子之謂也夫我乃行之反而求之不得吾心夫子言之於我心有戚戚焉此心之所以合於王者何也曰有復於王者曰吾力足以舉百鈞而不足以舉一羽明足以察秋毫之末而不見輿薪則王許之乎曰否今恩足以及禽獸而功不至於百姓者

倒間

再潑擲三句文局又活所謂絕處逢生

獨何與然則一羽之不舉爲不用力焉輿薪之不見
爲不用明焉百姓之不見保爲不用恩焉故王之不
王不爲也非不能也曰不爲者與不能者之形何以
異曰挾泰山以超北海語人曰我不能是誠不能也
爲長者折枝語人曰我不能是不爲也非不能也故
王之不王非挾泰山以超北海之類也王之不王是
折枝之類也老吾老以及人之老幼吾幼以及人之
幼天下可運於掌詩云刑于寡妻至于兄弟以御于
家邦言舉斯心加諸彼而已故推恩足以保四海不

倒問

五句中又用抑字轉小法也一

推恩無以保妻子古之人所以大過人者無他焉善
推其所爲而已矣今恩足以及禽獸而功不至於百
姓者獨何與權然後知輕重度然後知長短物皆然
心爲甚王請度之抑王興甲兵危士臣構怨於諸侯
然後快於心與王曰否吾何快於是將以求吾所大
欲也曰王之所大欲可得聞與王笑而不言曰爲肥
甘不足於口與輕煖不足於體與抑爲采色不足視
於目與聲音不足聽於耳與便嬖不足使令於前與
王之諸臣皆足以供之而王豈爲是哉曰否吾不爲

盡此上下之間呼吸變化奔騰控御若捕龍蛇真文之至也

欲言制民之產先提

是也曰然則王之所大欲可知已欲辟土地朝秦楚
莅中國而撫四夷也以若所爲求若所欲猶緣木而
求魚也王曰若是其甚與曰殆有甚焉緣木求魚雖
不得魚無後災以若所爲求若所欲盡心力而爲之
後必有災曰可得聞與曰鄒人與楚人戰則王以爲
孰勝曰楚人勝曰然則小固不可以敵大寡固不可
以敵眾弱固不可以敵彊海內之地方千里者九齊
集有其一以一服八何以異於鄒敵楚哉蓋亦反其
本矣今王發政施仁使天下仕者皆欲立於王之朝

由發政施仁四字將一時朝野空空摹寫一番不徑說入

欲言人君制民之產先將士民空彩一番不徑說入

欲言制民之產之法先將古今制民之產

耕者皆欲耕於王之野商賈皆欲藏於王之市行旅
皆欲出於王之塗天下之欲疾其君者皆欲赴愬於
王其若是孰能禦之王曰吾惛不能進於是矣願夫
子輔吾志明以教我我雖不敏請嘗試之曰無恒產
而有恒心者惟士爲能若民則無恒產因無恒心苟
無恒心放辟邪侈無不爲已及陷於罪然後從而刑
之是罔民也焉有仁人在位罔民而可爲也是故明
君制民之產必使仰足以事父母俯足以畜妻子樂
歲終身飽凶年免於死亡然後驅而之善故民之從

兩路空翻不與決破

稅斂出制民恒產之法以爲保民着萬處如黃河之水百折而來觸石一山皆住海口反掉結

之也輕今也制民之產仰不足以事父母俯不足以畜妻子樂歲終身苦凶年不免於死亡此惟救死而恐不贍奚暇治禮義哉王欲行之則盍反其本矣五畝之宅樹之以桑五十者可以衣帛矣雞豚狗彘之畜無失其時七十者可以食肉矣百畝之田勿奪其時八口之家可以無饑矣謹庠序之教申之以孝悌之義頒白者不負戴於道路矣老者衣帛食肉黎民不饑不寒然而不王者未之有也

此文渾渾灝灝如大海揚波茫無津涯今分三大

段讀之自起至遠庖廚也是首一段王說曰至蓋亦反其本矣是中一段今王發政施仁以下是末一段首段挑動其仁心中段攻其欲心末段教以仁政總因他是心上不免夾帶所以全用兩路攻打而行仁著落處卻留住不徑與他說明譬如錮疾遇大醫生初只輕輕投以生脈散次務除其病根然後施以補劑此其救拔之大機用也三層段落緜此分疏段落既清觀其行文之轉折抑揚予奪轉折處於王語中尋之抑揚予奪處於孟語中

尋之初看其段落再看其轉折再看其予奪則此文之雲詭波譎千態萬狀畢出矣○開口直直截截許他可以保民許他足王看到後來卻是王之不王功不至百姓一班話頭居其大半筆墨作怪一至於此豈非活活死死死死活活手段○人知此篇極縱橫不知其極含蓄言保民不言保民下手處言老老幼幼不言老老幼幼下手處言推恩不言推恩下手處言發政施仁不言發政施仁下手處言制民之產不言制民之產之法到盡頭方

與決破通篇文勢如花之欲開不開可謂含蓄之極惟其極含蓄所以能從空中卷舒翻騰成此一篇極縱橫文字○每於急流中脫卸一步不知何處來不知何處去此閃脈也何筆爲然百姓皆以王爲愛也有復於王者曰吾力足以舉百鈞挾泰山以超北海語人曰我不能權然後知輕重鄒人與楚人戰無恒產而有恒心者惟士爲能以上等筆皆是○是心足以王矣只提一句下文淨去王字單拈是心字空翻直至此心之所以合於王者

何也王字方纔躍出是文章斷續處○保民二字爲骨心字欲字爲眼千奇百怪從心字欲字簇出而針鋒所向卻只在保民上不曾走動絲毫他文出奇定不能通篇一意到底若通篇一意到底又不能出奇無窮如此○文章之妙無過於用逆筆不逆則不險不險則不奇讀此篇須於用逆筆處子細著眼

標孟卷之一下

天外烟波

莊暴見孟子曰暴見於王王語暴以好樂暴未有以對也曰好樂何如孟子曰王之好樂甚則齊國其庶幾乎他日見於王曰王嘗語莊子以好樂有諸王變乎色曰寡人非能好先王之樂也直好世俗之樂耳曰王之好樂甚則齊其庶幾乎今之樂由古之樂也曰可得聞與曰獨樂樂與人樂樂孰樂曰不若與人曰與少樂樂與衆樂樂孰樂曰不若與衆臣請爲王言樂今王鼓樂於此百姓聞王鐘鼓之聲管籥之音舉疾首蹙頞而相告曰吾王之好鼓樂夫何使我至於此極也父子不相見兄弟妻子離散今王田獵於此百姓聞王車馬之音見羽旄之美舉疾首蹙頞而相告曰吾王之好田獵夫何使我至於此極也父子不相見兄弟妻子離散此無他不與民同樂也今王鼓樂於此百姓聞王鐘鼓之聲管籥之音舉欣欣然有喜色而相告曰吾王庶幾無疾病與何以能鼓樂也今王田獵於此百姓聞王車馬之音見羽旄之美舉欣欣然有喜色而相告曰吾王庶幾無疾病與何

以能田獵也此無他與民同樂也今王與百姓同樂則王矣

立論奇布格奇寫景奇結勢奇何言之王好樂原不從國起見曰王之好樂甚則齊國其庶幾乎立論之一奇也樂本有古今曰今樂猶古樂立論之二奇也一樂字分出獨樂人樂少樂衆樂四項立論之三奇也好鼓樂是本題添出田獵陪說布格之一奇也撰出兩箇今王鼓樂於此兩箇今王田獵於此平列四段布格之二奇也四段分明是正

講卻都是無端結撰勢如天馬行空布格之三奇也到末句方歸正位然只是從上文順勢帶下了不沾實布格之四奇也憑空畫出四箇聞聲見色寫景之一奇也畫出兩箇蹙頞相告兩箇喜色相告歷歷如親聽來寫景之二奇也說著愁處便覺滿天淒風苦雨說著喜處便覺滿天霽日和風轉移造化只在呼吸寫景之三奇也不安根蒂不說緣因突以苦樂光景虛寫於前再以同樂不同樂之故倒我於後則其結勢之奇尤稱獨步○不從正位中起卻從莊暴發端亦一奇格○兩大段落落起照說去絕不著今樂古樂下一註腳得大解脫○虎歸穴尾先入龍出雲首倒掛今王鼓樂二大扇中無端從百姓說起寫得淋漓痛快然後以同樂不同樂跌出一句此正虎尾先入龍首倒掛之勢○自首至尾布出如許論頭都是空中樓閣齊國庶幾一案到末纔著一句打破手法老辣○兩扇中不自家下一實筆只假設百姓云云借喉出氣水月鏡花韓退之送李愿歸盤谷序頗摹倣

其格調

齊宣王問曰文王之囿方七十里有諸孟子對曰於傳有之曰若是其大乎曰民猶以爲小也曰寡人之囿方四十里民猶以爲大何也曰文王之囿方七十里芻蕘者往焉雉兔者往焉與民同之民以爲小不亦宜乎臣始至於境問國之大禁然後敢入臣聞郊關之內有囿方四十里殺其麋鹿者如殺人之罪則是方四十里爲阱於國中民以爲大不亦宜乎

著語不多鋒芒射人雖雄文大篇無以復加然一

篇奇情盡從民猶以爲小也一句生出。加臣始至於境十四字大饒景色。民猶以爲小此險筆也險必救之以夷夷險相生一切奇文皆從此出觀沼上及此篇可見。入國問禁此閒筆也凡議論文字插閒情冷境可免塵囂。說文囿寫景如在目前引而近之之勢也說王囿只作依稀耳閒推而遠之之勢也。接箇囿字上手換箇阱字還他機鋒惡毒

雙關放去

齊宣王問曰交鄰國有道乎孟子對曰有惟仁者爲能以大事小是故湯事葛文王事昆夷惟智者爲能以小事大故大王事獯鬻句踐事吳以大事小者樂天者也以小事大者畏天者也樂天者保天下畏天者保其國詩云畏天之威于時保之王曰大哉言矣寡人有疾寡人好勇對曰王請無好小勇夫撫劍疾視曰彼惡敢當我哉此匹夫之勇敵一人者也王請大之詩云王赫斯怒爰整其旅以遏徂莒以篤周祜以對於天下此文王之勇也文王一怒而安天下之民書曰天降下民作之君作之師惟曰其助上帝寵

先議論後引證

又先議論後引證

先引證後議論

之四方有罪無罪惟我在天下曷敢有越厥志一人衡行於天下武王恥之此武王之勇也而武王亦一怒而安天下之民今王亦一怒而安天下之民民惟恐王之不好勇也

似開似合似述似脫有意無意之間自成絕妙篇法。看他仁智勇如何安排保天下安天下如何安排湯文大王文王武王如何安排引詩引書如何安排便知天地間有此一種化工文字。齊大國也齊王口中雖說交鄰胸中橫著一箇大字在孟子不論大小都教他一箇事法政是極力陶鎔追出一箇彼惡敢當病根來然後以一怒安天下正論足之不但作川甚奇看他前半用箇事字後半用箇怒字極文章抑揚起伏之勢。胸中有一怒安天下一案然後引詩引書然引詩處有怒字引書處無怒字政文章虛實之妙不必銖銖兩兩計較也

齊宣王見孟子於雪宮王曰賢者亦有此樂乎孟子對曰有人不得則非其上矣不得而非其上者非也

一句裁住卻又寬放

二句立論殺手

借引證爲詠歎大有波瀾

韻語助色

借解釋爲詠歎大有波瀾

爲民上而不與民同樂者亦非也樂民之樂者民亦樂其樂憂民之憂者民亦憂其憂樂以天下憂以天下然而不王者未之有也昔者齊景公問於晏子曰吾欲觀於轉附朝儛遵海而南放於琅邪吾何修而可以比於先王觀也晏子對曰善哉問也天子適諸侯曰巡狩巡狩者巡所守也諸侯朝於天子曰述職述職者述所職也無非事者春省耕而補不足秋省斂而助不給夏諺曰吾王不遊吾何以休吾王不豫吾何以助一遊一豫爲諸侯度今也不然師行而糧食饑者弗食勞者弗息睊睊胥讒民乃作慝方命虐民飲食若流流連荒亡爲諸侯憂從流下而忘反謂之流從流上而忘反謂之連從獸無厭謂之荒樂酒無厭謂之亡先王無流連之樂荒亡之行惟君所行也景公說大戒於國出舍於郊於是始興發補不足召太師曰爲我作君臣相說之樂蓋徵招角招是也其詩曰畜君何尤畜君者好君也

起只虛虛寫箇憂樂光景而急借景晏一大段以實之寓主於客又竟以客收局了不打轉真脫胎

標孟　卷之一下　廿二

窮民一段本與上文平分六段卻散開多說幾句有伸縮有波瀾

奪舍手段入頭數行何其清空忽轉一局又何博雅引證語又蒼又秀亦詩亦史反覆百讀不厭而結何尤爲閒閒冷冷韻流天外

齊宣王問曰人皆謂我毀明堂毀諸已乎孟子對曰夫明堂者王者之堂也王欲行王政則勿毀之矣王曰王政可得聞與對曰昔者文王之治岐也耕者九一仕者世祿關市譏而不征澤梁無禁罪人不孥老而無妻曰鰥老而無夫曰寡老而無子曰獨幼而無父曰孤此四者天下之窮民而無告者文王發政施仁必先斯四者詩云哿矣富人哀此煢獨王曰善哉言乎曰王如善之則何爲不行王曰寡人有疾寡人好貨對曰昔者公劉好貨詩云乃積乃倉乃裹餱糧于橐于囊思戢用光弓矢斯張干戈戚揚爰方啟行故居者有積倉行者有裹糧也然後可以爰方啟行王如好貨與百姓同之於王何有王曰寡人有疾寡人好色對曰昔者大王好色愛厥妃詩云古公亶父來朝走馬率西水滸至於岐下爰及姜女聿來胥宇當是時也內無怨女外無曠夫王如好色與百姓同

標孟　卷之一下　廿三

之於王何有

格法與交鄰似。但交鄰後半只有寡人好勇一轉此篇卻有好貨好色兩轉物有雙則境濃故好勇本一項則分文武二段好貨好色既有二項則各著一段單行單中取雙雙中取單總不失為雙也然畢竟此篇多一轉更覺勢如游龍○後半勝交鄰然前半交鄰勝○文王公劉大王平分三段而作一中紐體運之料料整整自成妙局○前一段說王政是實說煞說後二段不說王政未嘗不是

王政是空說活說有前一段則後二段不落空有後二段併前一段都活動○三段三引詩亦有照應不打轉明堂亦見高手○文章妙境須於人所思路不通措手不得處發一想轉一筆自然驚人所謂行到水窮處坐看雲起時也如此篇論行王政到好貨好色處在他人定是攔截他好色好貨方說得去若就好貨好色上起論如何措手卻只搭上云好貨可王好色可王豈不奇想天開得之徐揚貢論枕中書○前一段極正後二段極奇○

好貨段說詩只就詩說詩是詩中所有好色段說詩從詩外添出內無怨女外無曠夫一段公案是詩中所無正文章虛實之妙○後二段已包在文王治岐一段裏面文王不是好貨好色緣何體貼得如許周到後二段不過足上意耳但以文勢一變便自波瀾橫溢使人眼花

孟子謂齊宣王曰王之臣有託其妻子於其友而之楚遊者比其反也則凍餒其妻子則如之何王曰棄之曰士師不能治士則如之何王曰已之曰四境之

內不治則如之何王顧左右而言他

一含一吐一吐一含半開蓮花浥露更妍○清空淡遠文品似檀弓

孟子見齊宣王曰所謂故國者非謂有喬木之謂也有世臣之謂也王無親臣矣昔者所進今日不知其亡也王曰吾何以識其不才而舍之曰國君進賢如不得已將使卑踰尊疏踰戚可不慎與左右皆曰賢未可也諸大夫皆曰賢未可也國人皆曰賢然後察之見賢焉然後用之左右皆曰不可勿聽諸大夫皆

二喻文若不對而意自相足

曰不可勿聽國人皆曰不可然後察之見不可焉然
後去之左右皆曰可殺勿聽諸大夫皆曰可殺勿聽
國人皆曰可殺然後察之見可殺焉然後殺之故曰
側伸二脚
國人殺之也如此然後可以爲民父母
疊嶂層巒蒼鬱茂密無端說到可殺使人驚詫不
已文章不能境外生境不能窮奇極變○生氣奕
奕殺氣凜凜奇情幻筆

齊宣王問曰湯放桀武王伐紂有諸孟子對曰於傳
有之曰臣弒其君可乎曰賊仁者謂之賊賊義者謂

之殘殘賊之人謂之一夫聞誅一夫紂矣未聞弒君
也

孟子見齊宣王曰爲巨室則必使工師求大木工師
得大木則王喜以爲能勝其任也匠人斲而小之則
王怒以爲不勝其任矣夫人幼而學之壯而欲行之
王曰姑舍女所學而從我則何如今有璞玉於此雖
萬鎰必使玉人彫琢之至於治國家則曰姑舍女所
學而從我則何以異於敎玉人彫琢玉哉
爲巨室喻治國家工師喻賢人大木喻賢人所學

得大木下發明賢人所學是姑舍不得的其意已
明獨遺下爲巨室三字未得了局變出治玉一喻
以足其意雖有兩截實是一串但移步換形使人
目眩夏雲變幻彷彿似之○前段緩語收輕輕呼
起下文後段急語收疾忙繳轉上文兩掌相拍空
谷答響○一篇詰問體

齊人伐燕勝之宣王問曰或謂寡人勿取或謂寡人
取之以萬乘之國伐萬乘之國五旬而舉之人力不
至於此不取必有天殃取之何如孟子對曰取之而

燕民悅則取之古之人有行之者武王是也取之而
燕民不悅則勿取古之人有行之者文王是也以萬
乘之國伐萬乘之國簞食壺漿以迎王師豈有他哉
避水火也如水益深如火益熱亦運而已矣

齊人伐燕取之諸侯將謀救燕宣王曰諸侯多謀伐
寡人者何以待之孟子對曰臣聞七十里爲政於天
下者湯是也未聞以千里畏人者也書曰湯一征自
葛始天下信之東面而征西夷怨南面而征北狄怨
曰奚爲後我民望之若大旱之望雲霓也歸市者不

止耕者不變誅其君而弔其民若時雨降民大悅書
曰徯我后后來其蘇今燕虐其民王往而征之民以
為將拯己於水火之中也簞食壺漿以迎王師若殺
其父兄係累其子弟毀其宗廟遷其重器如之何其
可也天下固畏齊之彊也今又倍地而不行仁政是
動天下之兵也王速出令反其旄倪止其重器謀於
燕眾置君而後去之則猶可及止也

鄒與魯鬨穆公問曰吾有司死者三十三人而民莫
之死也誅之則不可勝誅不誅則疾視其長上之死

而不救如之何則可也孟子對曰凶年饑歲君之民
老弱轉乎溝壑壯者散而之四方者幾千人矣而君
之倉廩實府庫充有司莫以告是上慢而殘下也曾
子曰戒之戒之出乎爾者反乎爾者也夫民今而後
得反之也君無尤焉君行仁政斯民親其上死其長
矣

滕文公問曰滕小國也間於齊楚事齊乎事楚乎孟
子對曰是謀非吾所能及也無已則有一焉鑿斯池
也築斯城也與民守之效死而民弗去則是可為也

滕文公問曰齊人將築薛吾甚恐如之何則可孟子
對曰昔者大王居邠狄人侵之去之岐山之下居焉
非擇而取之不得已也苟為善後世子孫必有王者
矣君子創業垂統為可繼也若夫成功則天也君如
彼何哉彊為善而已矣

滕文公問曰滕小國也竭力以事大國則不得免焉
如之何則可孟子對曰昔者大王居邠狄人侵之事
之以皮幣不得免焉事之以犬馬不得免焉事之以
珠玉不得免焉乃屬其耆老而告之曰狄人之所欲

者吾土地也吾聞之也君子不以其所以養人者害
人二三子何患乎無君我將去之去邠踰梁山邑于
岐山之下居焉邠人曰仁人也不可失也從之者如
歸市或曰世守也非身之所能為也效死勿去君請
擇於斯二者

魯平公將出嬖人臧倉者請曰他日君出則必命有
司所之今乘輿已駕矣有司未知所之敢請公曰將
見孟子曰何哉君所為輕身以先於匹夫者以為賢
乎禮義由賢者出而孟子之後喪踰前喪君無見焉

公曰諾樂正子入見曰君奚為不見孟軻也曰或告寡人曰孟子之後喪踰前喪是以不往見也曰何哉君所謂踰者前以士後以大夫前以三鼎而後以五鼎與曰否謂棺槨衣衾之美也曰非所謂踰也貧富不同也樂正子見孟子曰克告於君君為來見也嬖人有臧倉者沮君君是以不果來也曰行或使之止或尼之行止非人所能也吾之不遇魯侯天也臧氏之子焉能使予不遇哉

標孟　卷之一下　三六

標孟卷之一

突入子路不知何處來有狀宕有狀則有態貼恰如飛來一峰

轉問愈加然則二字豈真或人有此分曉自是孟文設辭抑揚之妙三箇如彼字亦下得好

此段凡三轉

此段凡四轉

標孟卷之二上

新安汪有光謙子甫評

弟汪有聲駿子甫校

門人佘心澤汝悅甫編

公孫丑問曰夫子當路於齊管仲晏子之功可復許乎孟子曰子誠齊人也知管仲晏子而已矣或問乎曾西曰吾子與子路孰賢曾西蹵然曰吾先子之所畏也曰然則吾子與管仲孰賢曾西艴然不悅曰爾何曾比予於管仲管仲得君如彼其專也行乎國政如彼其久也功烈如彼其卑也爾何曾比予於是曰管仲曾西之所不為也而子為我願之乎曰管仲以其君霸晏子以其君顯管仲晏子猶不足為與曰以齊王猶反手也曰若是則弟子之惑滋甚且以文王之德百年而後崩猶未洽於天下武王周公繼之然後大行今言王若易然則文王不足法與曰文王何可當也由湯至於武丁賢聖之君六七作天下歸殷久矣久則難變也武丁朝諸侯有天下猶運之掌也紂之去武丁未久也其故家遺俗流風善政猶有存

標孟　卷之二上　一

應以齊王

應賢聖之君六七作一段

者又有微子微仲王子比干箕子膠鬲皆賢人也相與輔相之故久而後失之也尺地莫非其有也一民莫非其臣也然而文王猶方百里起是以難也齊人有言曰雖有知慧不如乘勢雖有鎡基不如待時今時則易然也夏后殷周之盛地未有過千里者也而齊有其地矣雞鳴狗吠相聞而達乎四境而齊有其民矣地不改辟矣民不改聚矣行仁政而王莫之能禦也且王者之不作未有疏於此時者也民之憔悴於虐政未有甚於此時者也饑者易爲食渴者易爲

飲孔子曰德之流行速於置郵而傳命當今之時萬乘之國行仁政民之悅之猶解倒懸也故事半古之人功必倍之惟此時爲然

說管晏處不言己之不爲管晏借喉出氣而已之不爲管晏自見說文王處不言文王只言商之難失而文王之難王自見說王齊處不言己之如何王齊只言今時齊王之易而王齊反手之故自見可見好文字都是從圈子外得來然要先識得箇一大圈子方可跳出圈子外也不然欲作行空文字不得下手處何謂大圈子曰大地山河都是作料

○此篇極善打勢前以管晏功烈之陋打起以齊王反手之勢後以文王之難打起今時則易之勢乘勢而往則不費氣力而光豔自生○文字圓則難起峰此篇筆筆圓筆筆有峰縱橫跌宕而嚴嚴之性固在○齊人有言一節是前後過文乘勢是橫說待時是縱說前段論文王時勢先縱說後橫說後段論齊時勢先橫說後縱說是文法變換處○賢聖之君六七作伏王者不作案其故家遺俗

流風善政猶有存者伏憔悴虐政案尺地莫非其有伏齊有其地案一民莫非其臣伏齊有其民案氣格浩蕩而埋伏照應卻甚精明○於議論中插入齊人有言曰孔子曰二節大得抵巇之道非此則文氣太平滿少崎嶇○武丁已見上文又用武丁朝諸侯二句重起一頂如衝風之衰而復振此等筆路著意摹之

公孫丑問曰夫子加齊之卿相得行道焉雖由此霸王不異矣如此則動心否乎孟子曰否我四十不動

心曰若是則夫子過孟賁遠矣曰是不難告子先我（一轉）
不動心曰不動心有道乎曰有北宮黝之養勇也不（二轉）
膚撓不目逃思以一毫挫於人若撻之於市朝不受
於褐寬博亦不受於萬乘之君視刺萬乘之君若刺
褐夫無嚴諸侯惡聲至必反之孟施舍之所養勇也
曰視不勝猶勝也量敵而後進慮勝而後會是畏三
軍者也舍豈能爲必勝哉能無懼而已矣孟施舍似
曾子北宮黝似子夏夫二子之勇未知其孰賢然而
孟施舍守約也昔者曾子謂子襄曰子好勇乎吾嘗

聞大勇於夫子矣自反而不縮雖褐寬博吾不惴焉
自反而縮雖千萬人吾往矣孟施舍之守氣又不如（三轉）
曾子之守約也曰敢問夫子之不動心與告子之不
動心可得聞與告子曰不得於言勿求於心不得於
心勿求於氣不得於心勿求於氣可不得於言勿求
於心不可夫志氣之帥也氣體之充也夫志至焉氣（四轉）
次焉故曰持其志無暴其氣既曰志至焉氣次焉又
曰持其志無暴其氣者何也曰志壹則動氣氣壹則（結○煞○　五轉）
動志也今夫蹶者趨者是氣也而反動其心敢問夫

引喻先提一句莊子多此法

養氣段竟以助苗長收局格超氣逸

子惡乎長曰我知言我善養吾浩然之氣敢問何謂
浩然之氣曰難言也其爲氣也至大至剛以直養而（六轉）
無害則塞於天地之間其爲氣也配義與道無是餒（反○掉）
也是集義所生者非義襲而取之也行有不慊於心
則餒矣我故曰告子未嘗知義以其外之也必有事（反○掉）
焉而勿正心勿忘勿助長也無若宋人然宋人有閔
其苗之不長而揠之者芒芒然歸謂其人曰今日病
矣予助苗長矣其子趨而往視之苗則槁矣天下之
不助苗長者寡矣以爲無益而舍之者不耘苗者也

（一○勁○合）（反○掉）（七轉）
助之長者揠苗者也非徒無益而又害之何謂知言
曰詖辭知其所蔽淫辭知其所陷邪辭知其所離遁
辭知其所窮生於其心害於其政發於其政害於其
事聖人復起必從吾言矣宰我子貢善爲說辭冉牛（八轉）
閔子顏淵善言德行孔子兼之曰我於辭命則不能
也然則夫子既聖矣乎曰惡是何言也昔者子貢問
於孔子曰夫子聖矣乎孔子曰聖則吾不能我學不
厭而教不倦也子貢曰學不厭智也教不倦仁也仁
且智夫子既聖矣夫聖孔子不居是何言也昔者竊（九轉）

將說到願學孔子又藉皆古聖人吾未能行二句特用逆筆打勢○願學孔子以下

聞之子夏子游子張皆有聖人之一體冉牛閔子顏淵則具體而微敢問所安曰姑舍是曰伯夷伊尹何如曰不同道非其君不事非其民不使治則進亂則退伯夷也何事非君何使非民治亦進亂亦進伊尹也可以仕則仕可以止則止可以久則久可以速則速孔子也皆古聖人也吾未能有行焉乃所願則學孔子也伯夷伊尹於孔子若是班乎曰否自有生民以來未有孔子也曰然則有同與曰有得百里之地而君之皆能以朝諸侯有天下行一不義殺一不辜

將放到孔子異于羣聖從同說到異從從異轉出同特用逆筆打勢以下借喉出氣舒逸絕塵○洛我段借資形去子貢有若二段空中打勢總無一字黏皮帶骨

而得天下皆不為也是則同曰敢問其所以異曰宰我子貢有若智足以知聖人汙不至阿其所好宰我曰以予觀於夫子賢於堯舜遠矣子貢曰見其禮而知其政聞其樂而知其德由百世之後等百世之王莫之能違也自生民以來未有夫子也有若曰豈惟民哉麒麟之於走獸鳳凰之於飛鳥泰山之於丘垤河海之於行潦類也聖人之於民亦類也出於其類拔乎其萃自生民以來未有盛於孔子也

此篇分三大段看自起至不如曾子之守約也論不動心之道是第一段借告子與己伴說告子是影黝舍是影外之影請來影告子又請出曾子子夏來影黝舍然說到曾子子夏又不知不覺漸漸影上身來其曲折之趣迴合之情真真不可思議自敢問夫子之不動心至必從吾言矣以告子之學與己對勘是第二段不得於言勿求於心便伏知言案不得於心勿求於氣便伏養氣案至寫自己養氣處明明插入告子外義又借影助長一段字字打到告子上去說知言處全不把好邊講單

著詖淫邪遁生心害政等語又字字打到告子上去玲瓏映徹通身是眼宰我子貢以下至末推原知言養氣之學從願學孔子來是第三段卻欒用借賓形主文法先以孔子不自居聖作一折次以姑舍聖門諸子作一折又次以夷尹不同道作一折然後從論列三聖中跌出願學孔子來路何等曲折既出願學孔子淨丟下願學二字不題單以孔子空翻作一大波瀾初以孔子不同夷尹作一折次以有同作一折然後以所以異作數段詠

歎去路何等委蛇竟不將自己不動心知言養氣等項打轉一筆又何高脫○首段幻極中段精極末段曠極

孟子曰以力假仁者霸霸必有大國以德行仁者王王不待大湯以七十里文王以百里以力服人者非心服也力不贍也以德服人者中心悅而誠服也如七十子之服孔子也詩云自西自東自南自北無思不服此之謂也

孟子曰仁則榮不仁則辱今惡辱而居不仁是猶惡

溼而居下也如惡之莫如貴德而尊士賢者在位能者在職國家閒暇及是時明其政刑雖大國必畏之矣詩云迨天之未陰雨徹彼桑土綢繆牖戶今此下民或敢侮予孔子曰為此詩者其知道乎能治其國家誰敢侮之今國家閒暇及是時般樂怠敖是自求禍也禍福無不自已求之者詩云永言配命自求多福太甲曰天作孽猶可違自作孽不可活此之謂也

孟子曰尊賢使能俊傑在位則天下之士皆悅而願立於其朝矣市廛而不征法而不廛則天下之商皆悅而願藏於其市矣關譏而不征則天下之旅皆悅而願出於其路矣耕者助而不稅則天下之農皆悅而願耕於其野矣廛無夫里之布則天下之民皆悅而願為之氓矣信能行此五者則鄰國之民仰之若父母矣率其子弟攻其父母自生民以來未有能濟者也如此則無敵於天下無敵於天下者天吏也然而不王者未之有也

非所以三句刻意匠心極其澹宕　將首節人皆有三字空翻反剔　用四箇端字逗出擴充來如錦花見點○漸漸說入擴充來極

孟子曰（陡起）人皆有不忍人之心（陡接）先王有不忍人之心（又陡起）斯有不忍人之政矣以不忍人之心行不忍人之政治

天下可運之掌上所以謂人皆有不忍人之心者（轉出○說出落筆作一大翻）今人乍見孺子將入於井皆有怵惕惻隱之心非所以（對○承）內交於孺子之父母也非所以要譽於鄉黨朋友也非惡其聲而然也由是觀之無惻隱之心非人也無羞惡之心非人也無辭讓之心非人也無是非之心非人也惻隱之心仁之端也羞惡之心義之端也辭讓之心禮之端也是非之心智之端也（翻出四段）人之有是四端也猶其有四體也有是四端而自謂不能者自賊者也謂其君不能者賊其君者也凡有四端於我者

警聲勢○直遽意止處物物欲注

活潑變幻不可端倪若游龍若閃電

知皆擴而充之矣若火之始然泉之始達苟能充之
足以保四海苟不充之不足以事父母
分明談人君治天下事卻寬寬若論泛常人者談
好邊請出先王作榜樣則談歹邊理合及時王卻
只把賊其君一句遠遠影照到君止來何等心閒
手糝古來奏議家未有立言之妙一至此者
孟子曰矢人豈不仁於函人哉矢人惟恐不傷人函
人惟恐傷人巫匠亦然故術不可不慎也孔子曰里
仁爲美擇不處仁焉得智夫仁天之尊爵也人之安

宅也莫之禦而不仁是不智也不仁不智無禮無義
人役也人役而恥爲役由弓人而恥爲弓矢人而恥
爲矢也如恥之莫如爲仁仁者如射射者正己而後
發發而不中不怨勝己者反求諸己而已矣
先以傷人不傷人淺淺引入再後喝出反求諸己
一句抖出爲仁之惱以恍恍惚惚布勢以直直截
截收局○忽矢人函人忽巫匠忽擇里忽單提仁
字忽連說仁智禮義忽人役忽弓人矢人忽將仁
智禮義四字變出一箇恥字臨了又將仁智禮義

恥五字歸併一箇已字不反已總是不仁不智無
禮無義無恥總是人役腦後一槌死人驚起○此
篇僅二十六句而有十三層實說喻說正說反說
錯綜不羈第一層喝一句云矢人豈不仁於函人
哉他人要說世無不仁之人想不到矢人函人縱
想到矢人函人也不能如此下筆陡然第二層矢
人惟恐不傷人函人惟恐傷人只兩句分疏明白
何等簡潔第三層巫匠亦然使上文無單禿下文
無徑遂之病全賴此句然更不用分疏上是伸筆

此是縮筆縮筆在文中愈簡愈妙第四層故術不
不不慎也輕輕喚醒略作一收言盡而意不盡第
五層引證孔子云云正入仁字然只說擇里不露
正意殊飄忽有致第六層提仁字實講然尊爵安
宅俱喻言點綴了無色相第七層莫之禦云云連
鎖不仁不智殊見筆力第八層兼承不仁不智帶
舉無禮無義至目之爲人役幾於毒呵痛斥然語
勢撇截筆無停留第九層忙接人役而恥爲役猶
弓人而恥爲弓矢人而恥爲矢忽與章首矢人函

人映射似此飛翔之勢迴合之情真仙筆也第十層如恥之莫如爲仁振起文勢躍出正旨截然挺然第十一層仁者如射云云以反求諸已實闡爲仁要指收束全局有千鈞力而其妙處在仍將射字助色倒照弓人矢人又照到矢人函人真真臨去秋波總而論之本說仁先說不仁又說不智又說無禮無義錯錯紛紛目光欲眩而只就射上一路話頭借影若有意若無意離合俱化全以神行老蘇所謂活潑變幻不可端倪者此也

孟子曰子路人告之以有過則喜禹聞善言則拜大舜有大焉善與人同舍已從人樂取於人以爲善自耕稼陶漁以至爲帝無非取於人者取諸人以爲善是與人爲善者也故君子莫大乎與人爲善

孟子曰伯夷非其君不事非其友不友不立於惡人之朝不與惡人言立於惡人之朝與惡人言如以朝衣朝冠坐於塗炭推惡惡之心思與鄉人立其冠不正望望然去之若將浼焉是故諸侯雖有善其辭命而至者不受也不受也者是亦不屑就已柳下惠不羞汙君不卑小官進不隱賢必以其道遺佚而不怨阨窮而不憫故曰爾爲爾我爲我雖袒裼裸裎於我側爾焉能浼我哉故由由然與之偕而不自失焉援而止之而止援而止之而止者是亦不屑去已孟子曰伯夷隘柳下惠不恭隘與不恭君子不由也

標孟卷之二下
孟子曰天時不如地利地利不如人和三里之城七
里之郭環而攻之而不勝夫環而攻之必有得天時
者矣然而不勝者是天時不如地利也城非不高也
池非不深也兵革非不堅利也米粟非不多也委而
去之是地利不如人和也故曰域民不以封疆之界
固國不以山谿之險威天下不以兵革之利得道者
多助失道者寡助寡助之至親戚畔之多助之至天
下順之以天下之所順攻親戚之所畔故君子有不

戰戰必勝矣
孟子將朝王王使人來曰寡人如就見者也有寒疾
不可以風朝將視朝不識可使寡人得見乎對曰不
幸而有疾不能造朝明日出弔於東郭氏公孫丑曰
昔者辭以病今日弔或者不可乎曰昔者疾今日愈
如之何不弔王使人問疾醫來孟仲子對曰昔者有
王命有采薪之憂不能造朝今病小愈趨造於朝我
不識能至否乎使數人要於路曰請必無歸而造於
朝不得已而之景丑氏宿焉景子曰內則父子外則

君臣人之大倫也父子主恩君臣主敬丑見王之敬
子也未見所以敬王也曰惡是何言也齊人無以仁
義與王言者豈以仁義爲不美也其心曰是何足與
言仁義也云爾則不敬莫大乎是我非堯舜之道不
敢以陳於王前故齊人莫如我敬王也景子曰否非
此之謂也禮曰父召無諾君命召不俟駕固將朝也
聞王命而遂不果宜與夫禮若不相似然曰豈謂是
與曾子曰晉楚之富不可及也彼以其富我以吾仁
彼以其爵我以吾義吾何慊乎哉夫豈不義而曾子

言之是或一道也天下有達尊三爵一齒一德一朝
廷莫如爵鄉黨莫如齒輔世長民莫如德惡得有其
一以慢其二哉故將大有爲之君必有所不召之臣
欲有謀焉則就之其尊德樂道不如是不足與有爲
也故湯之於伊尹學焉而後臣之故不勞而王桓公
之於管仲學焉而後臣之故不勞而霸今天下地醜
德齊莫能相尚無他好臣其所教而不好臣其所受
教湯之於伊尹桓公之於管仲則不敢召管仲且猶
不可召而況不爲管仲者乎

景子纔開口孟子早已知他有將朝不果一段事横其胸中卻若爲不喻其意也者只接他一箇敬字自發出一段說話不管與他機鋒對針不對針得此數行文字便覺千頃烟波收攬不盡禮曰以下發問本意已自顯然孟子只是冽冽發付話頭雖長一槩遠神遠態先引曾子語稱述一番發明一番次把大有爲之君起一大勢次引湯桓一證次將今天下影照一步復把湯桓提起單用管仲二句作波全不於朝不朝上置一語水月鏡花可

玩不可卽。景子曉得君臣卻不曉得有大有爲之君所不召之臣說到此應使世人大開眼界

陳臻問曰前日於齊王餽兼金一百而不受於宋餽七十鎰而受於薛餽五十鎰而受前日之不受是則今日之受非也今日之受是則前日之不受非也夫子必居一於此矣孟子曰皆是也當在宋也予將有遠行行者必以贐辭曰餽贐予何爲不受當在薛也予有戒心辭曰聞戒故爲兵餽之予何爲不受若於齊則未有處也無處而餽之是貨之也焉有君子而可以貨取乎

孟子之平陸謂其大夫曰子之持戟之士一日而三失伍則去之否乎曰不待三然則子之失伍也亦多矣凶年饑歲子之民老羸轉於溝壑壯者散而之四方者幾千人矣曰此非距心之所得爲也曰今有受人之牛羊而爲之牧之者則必爲之求牧與芻矣求牧與芻而不得則反諸其人乎抑亦立而視其死與曰此則距心之罪也他日見於王曰王之爲都者臣知五人焉知其罪者惟孔距心爲王誦之王曰此則

寡人之罪也

通篇都是賓位只爲王誦之一句是主暢復所云將上面許多說話縮作四字而許多說話又原自在不曾少卻一字眞鏡花水月也

孟子謂蚳鼃曰子之辭靈丘而請士師似也爲其可以言也今旣數月矣未可以言與蚳鼃諫於王而不用致爲臣而去齊人曰所以爲蚳鼃則善矣所以自爲則吾不知也公都子以告曰吾聞之也有官守者不得其職則去有言責者不得其言則去我無官守

我無言責也則吾進退豈不綽綽然有餘裕哉
孟子爲卿於齊出弔於滕王使蓋大夫王驩爲輔行
王驩朝暮見反齊滕之路未嘗與之言行事也公孫
丑曰齊卿之位不爲小矣齊滕之路不爲近矣反之
而未嘗與言行事何也曰夫既或治之予何言哉
孟子自齊葬於魯反於齊止於嬴充虞請曰前日不
知虞之不肖使虞敦匠事嚴虞不敢請今願竊有請
也木若以美然曰古者棺槨無度中古棺七寸槨稱
之自天子達於庶人非直爲觀美也然後盡於人心

不得不可以爲悅無財不可以爲悅得之爲有財古
之人皆用之吾何爲獨不然且比化者無使土親膚
於人心獨無恔乎吾聞之也君子不以天下儉其親
沈同以其私問曰燕可伐與孟子曰可子噲不得與
人燕子之不得受燕於子噲有仕於此而子悅之不
告於王而私與之吾子之祿爵夫士也亦無王命而
私受之於子則可乎何以異於是齊人伐燕或問曰
勸齊伐燕有諸曰未也沈同問燕可伐與吾應之曰
可彼然而伐之也彼如曰孰可以伐之則將應之曰

峭壁層巒驚濤怒浪觀者自是忱動

爲天吏則可以伐之今有殺人者或問之曰人可殺
與則將應之曰可彼如曰孰可以殺之則將應之曰
爲士師則可以殺之今以燕伐燕何爲勸之哉
一篇文字都是無中生有前段答沈同就切沈同
身上生情引而近之之勢也後段答或問無端說
到殺人又無端說到士師可殺人推而遠之之勢
也戴云前段取譬透切後段淋漓奇崛字字欲舞
燕人畔王曰吾甚慙於孟子陳賈曰王無患焉王自
以爲與周公孰仁且智王曰惡是何言也曰周公使

管叔監殷管叔以殷畔知而使之是不仁也不知而
使之是不智也仁智周公未之盡也而況於王乎賈
請見而解之見孟子問曰周公何人也曰古聖人也
曰使管叔監殷管叔以殷畔也有諸曰然曰周公知
其將畔而使之與曰不知也然則聖人且有過與曰
周公弟也管叔兄也周公之過不亦宜乎且古之君
子過則改之今之君子過則順之古之君子其過也
如日月之食民皆見之及其更也民皆仰之今之君
子豈徒順之又從爲之辭

此篇佳境全在文外餘地看陳賈與王冷地打疊一番細雨微波烟光可掬至周公之過不亦宜乎問答已竟突出古之君子一段風濤怒發勢欲拍天且就周公上便射著陳賈鬼斧神工不可思議

孟子致為臣而歸王就見孟子曰前日願見而不可得得侍同朝甚喜今又棄寡人而歸不識可以繼此而得見乎對曰不敢請耳固所願也他日王謂時子曰我欲中國而授孟子室養弟子以萬鍾使諸大夫國人皆有所矜式子盍為我言之時子因陳子而以

告孟子陳子以時子之言告孟子孟子曰然夫時子惡知其不可也如使予欲富辭十萬而受萬是為欲富乎季孫曰異哉子叔疑使己為政不用則亦已矣又使其子弟為卿人亦孰不欲富貴而獨於富貴之中有私龍斷焉古之為市者以其所有易其所無者有司者治之耳有賤丈夫焉必求龍斷而登之以左右望而罔市利人皆以為賤故從而征之征商自此賤丈夫始矣

但解龍斷二字正意已躍躍言外

孤情絕照。心事不曾說出一字言在言外格在格外味在味外。章法奇甚真如蛇蹤蛛線若斷若續膠青鹽味若即若離楊復所云。季孫段看其敘斷夾行古之為市下看其開合相迫

孟子去齊宿於晝有欲為王留行者坐而言不應隱几而臥客不悅曰弟子齊宿而後敢言夫子臥而不聽請勿復敢見矣曰坐我明語子昔者魯繆公無人乎子思之側則不能安子思泄柳申詳無人乎繆公之側則不能安其身子為長者慮而不及子思子絕長者乎長者絕子乎

欲識其去先識其來於來上又分識不識兩局詞鋒斐然

孟子去齊尹士語人曰不識王之不可以為湯武則是不明也識其不可然且至則是干澤也千里而見王不遇故去三宿而後出晝是何濡滯也士則茲不悅高子以告曰夫尹士惡知予哉千里而見王是予所欲也不遇故去豈予所欲哉予不得已也予三宿而出晝於予心猶以為速王庶幾改之王如改諸則必反予夫出晝而王不予追也予然後浩然有歸志予雖然豈舍王哉王由足用為善王如用予則豈徒齊民安天下之民舉安王庶幾改之予日望之予豈

懷形於辭意之表襮而不緊亂而不亂紛綿惟悱惻彷似之

若是小丈夫然哉諫於其君而不受則怒悻悻然見於其面去則窮日之力而後宿哉尹士聞之曰士誠小人也

從予說到王從王說到予反反覆覆只是一句如有千句萬句就是千句萬句只是一句所以爲情之至所以爲文之至空空說箇王庶幾改之王如用予當日去齊之故總不曾說出惟不說出其故所以千迴萬轉愈有得說愈有得想

孟子去齊充虞路問曰夫子若有不豫色然前日虞

聞諸夫子曰君子不怨天不尤人曰彼一時此一時也五百年必有王者興其閒必有名世者由周而來七百有餘歲矣以其數則過矣以其時考之則可矣夫天未欲平治天下也如欲平治天下當今之世舍我其誰也吾何爲不豫哉

孟子去齊居休公孫丑問曰仕而不受祿古之道乎曰非也於崇吾得見王退而有去志不欲變故不受也繼而有師命不可以請久於齊非我志也

標孟卷之二

標孟卷之三上

新安汪有光謙子甫評
弟汪有聲駿子甫校
門人舒嘉祐篤之甫編

滕文公爲世子將之楚過宋而見孟子孟子道性善言必稱堯舜世子自楚反復見孟子孟子曰世子疑吾言乎夫道一而已矣成覸謂齊景公曰彼丈夫也我丈夫也吾何畏彼哉顏淵曰舜何人也予何人也有爲者亦若是公明儀曰文王我師也周公豈欺我

哉今滕絕長補短將五十里也猶可以爲善國書曰若藥不瞑眩厥疾不瘳

滕定公薨世子謂然友曰昔者孟子嘗與我言於宋於心終不忘今也不幸至於大故吾欲使子問於孟子然後行事然友之鄒問於孟子孟子曰不亦善乎親喪固所自盡也曾子曰生事之以禮死葬之以禮祭之以禮可謂孝矣諸侯之禮吾未之學也雖然吾嘗聞之矣三年之喪齊疏之服飦粥之食自天子達於庶人三代共之然友反命定爲三年之喪父兄百

官皆不欲曰吾宗國魯先君莫之行吾先君亦莫之
行也至於子之身而反之不可且志曰喪祭從先祖
曰吾有所受之也謂然友曰吾他日未嘗學問好馳
馬試劒今也父兄百官不我足也恐其不能盡於大
事子爲我問孟子然友復之鄒問孟子孟子曰然不
可以他求者也孔子曰君薨聽於冢宰歠粥面深墨
即位而哭百官有司莫敢不哀先之也上有好者下
必有甚焉者矣君子之德風也小人之德草也草尙
之風必偃是在世子然友反命世子曰然是誠在我

五月居廬未有命戒百官族人可謂曰知及至葬四
六來觀之顏色之戚哭泣之哀弔者大悅
滕文公問爲國孟子曰民事不可緩也詩云晝爾于
茅宵爾索綯亟其乘屋其始播百穀民之爲道也有
恆產者有恆心無恆產者無恆心苟無恆心放辟邪
侈無不爲已及陷乎罪然後從而刑之是罔民也焉
有仁人在位罔民而可爲也是故賢君必恭儉禮下
取於民有制陽虎曰爲富不仁矣爲仁不富矣夏后
氏五十而貢殷人七十而助周人百畝而徹其實皆

什一也徹者徹也助者藉也龍子曰治地莫善於助
莫不善於貢貢者校數歲之中以爲常樂歲粒米狼
戾多取之而不爲虐則寡取之凶年糞其田而不足
則必取盈焉爲民父母使民盻盻然將終歲勤動不
得以養其父母又稱貸而益之使老稚轉乎溝壑惡
在其爲民父母也夫世祿滕固行之矣詩云雨我公
田遂及我私惟助爲有公田由此觀之雖周亦助也
設爲庠序學校以教之庠者養也校者教也序者射
也夏曰校殷曰序周曰庠學則三代共之皆所以明

人倫也人倫明於上小民親於下有王者起必來取
法是爲王者師也詩云周雖舊邦其命維新文王之
謂也子力行之亦以新子之國使畢戰問井地孟子
曰子之君將行仁政選擇而使子子必勉之夫仁政
必自經界始經界不正井地不均穀祿不平是故暴
君汙吏必慢其經界經界既正分田制祿可坐而定
也夫滕壤地褊小將爲君子焉將爲野人焉無君子
莫治野人無野人莫養君子請野九一而助國中什
一使自賦卿以下必有圭田圭田五十畝餘夫二十

三段立案據乃各在頭句而開章一句尤為通篇擘領

三句三聖人字有態

此下八往返詰中不着一語不作一語鮮中肯綮

五畝死徙無出鄉鄉田同井出入相友守望相助疾疾相扶持則百姓親睦方里而井井九百畝其中為公田八家皆私百畝同養公田公事畢然後敢治私事所以別野人也此其大略也若夫潤澤之則在君與子矣

有為神農之言者許行自楚之滕踵門而告文公曰遠方之人聞君行仁政願受一廛而為氓文公與之處其徒數十人皆衣褐捆屨織席以為食陳良之徒陳相與其弟辛負耒耜而自宋之滕曰聞君行聖人

之政是亦聖人也願為聖人氓陳相見許行而大悅盡棄其學而學焉陳相見孟子道許行之言曰滕君則誠賢君也雖然未聞道也賢者與民並耕而食饔飧而治今也滕有倉廩府庫則是厲民而以自養也惡得賢孟子曰許子必種粟而後食乎曰然許子必織布而後衣乎曰否許子衣褐許子冠乎曰冠曰奚冠曰冠素曰自織之與曰否以粟易之曰許子奚為不自織曰害於耕曰許子以釜甑爨以鐵耕乎曰然自為之與曰否以粟易之以粟易械器者不為厲陶

三何字

七句空翻不出大人小人字而

舜禹益稷契皋陶或串講或單提

治陶冶亦以其械器易粟者豈為厲農夫哉且許子何不為陶冶舍皆取諸其宮中而用之何為紛紛然與百工交易何許子之不憚煩曰百工之事固不可耕且為也然則治天下獨可耕且為與有大人之事有小人之事且一人之身而百工之所為備如必自為而後用之是率天下而路也故曰或勞心或勞力勞心者治人勞力者治於人治於人者食人治人者食於人天下之通義也當堯之時天下猶未平洪水橫流氾濫於天下草木暢茂禽獸繁殖五穀不登禽

獸偪人獸蹄鳥跡之道交於中國堯獨憂之舉舜而敷治焉舜使益掌火益烈山澤而焚之禽獸逃匿禹疏九河瀹濟漯而注諸海決汝漢排淮泗而注之江然後中國可得而食也當是時也禹八年於外三過其門而不入雖欲耕得乎后稷教民稼穡樹藝五穀五穀熟而民人育人之有道也飽食煖衣逸居而無教則近於禽獸聖人有憂之使契為司徒教以人倫父子有親君臣有義夫婦有別長幼有序朋友有信放勳曰勞之來之匡之直之輔之翼之使自得之又

頂上二段

引孔語一段文境愈開文氣愈警

三段通作一段

未聞變於夷下應以陳相不善變接上乃

從而振德之聖人之憂民如此而暇耕乎堯以不得舜爲己憂舜以不得禹皐陶爲己憂夫以百畝之不易爲己憂者農夫也分人以財謂之惠教人以善謂之忠爲天下得人者謂之仁是故以天下與人易爲天下得人難孔子曰大哉堯之爲君惟天爲大惟堯則之蕩蕩乎民無能名焉君哉舜也巍巍乎有天下而不與焉堯舜之治天下豈無所用其心哉亦不用於耕耳吾聞用夏變夷者未聞變於夷者也陳良楚產也悅周公仲尼之道北學於中國北方之學者未

標孟　卷之三上　六

從開出三段先點出良之賢次點出相之倍次引證孔門之義然後以今也南蠻句遙接變夷句其大開合

三段通作一段

能或之先也彼所謂豪傑之士也子之兄弟事之數十年師死而遂倍之昔者孔子沒三年之外門人治任將歸入揖於子貢相嚮而哭皆失聲然後歸子貢反築室於場獨居三年然後歸他日子夏子張子游以有若似聖人欲以所事孔子事之彊曾子曾子曰不可江漢以濯之秋陽以暴之皜皜乎不可尚已今也南蠻鴃舌之人非先王之道子倍子之師而學之亦異於曾子矣吾聞出於幽谷遷于喬木者未聞下喬木而入於幽谷者魯頌曰戎狄是膺荆舒是懲周

删生一意作結是波外波

收局三句本從偏位中來卻關鎖得一篇起

公方且膺之子是之學亦爲不善變矣從許子之道則市賈不貳國中無僞雖使五尺之童適市莫之或欺布帛長短同則賈相若麻縷絲絮輕重同則賈相若五穀多寡同則賈相若屨大小同則賈相若曰夫物之不齊物之情也或相倍蓰或相什伯或相千萬子比而同之是亂天下也巨屨小屨同賈人豈爲之哉從許子之道相率而爲僞者也惡能治國家

篇有二意一關並耕一關變夷關並耕段以堯舜爲主禹益稷契助之關變夷段以孔子爲主周公

標孟　卷之三上　七

曾子助之凡鋪張處皆實境也其運旋處則虛境也大約虛實相間敘事夾議論體須於實處看其氣色於虛處看其筋絡其氣色之榮華筋絡之適勁兩擅其勝又須於一虛一實相閒處看其局陣之變化○倒詰陳相一段烟雨離迷咫尺千山中幅雲裹帝城聳人瞻仰用夏變夷以下夕陽樵笛雨後煙村別是一種風味

墨者夷之因徐辟而求見孟子孟子曰吾固願見今吾尚病病愈我且往見夷子不來他日又求見孟子

孟子曰吾今則可以見矣不直則道不見我且直之吾聞夷子墨者墨之治喪也以薄爲其道也夷子思以易天下豈以爲非是而不貴也然而夷子葬其親厚則是以所賤事親也徐子以告夷子夷子曰儒者之道古之人若保赤子此言何謂也之則以爲愛無差等施由親始徐子以告孟子孟子曰夫夷子信以爲人之親其兄之子爲若親其鄰之赤子乎彼有取爾也赤子匍匐將入井非赤子之罪也且天之生物也使之一本而夷子二本故也蓋上世嘗有不葬其

親者其親死則舉而委之於壑他日過之狐狸食之蠅蚋姑嘬之其顙有泚睨而不視夫泚也非爲人泚中心達於面目蓋歸反虆梩而掩之掩之誠是也則孝子仁人之掩其親亦必有道矣徐子以告夷子夷子憮然爲閒曰命之矣

標孟卷之三下

陳代曰不見諸侯宜若小然今一見之大則以王小則以霸且志曰枉尺而直尋宜若可爲也孟子曰昔齊景公田招虞人以旌不至將殺之志士不忘在溝壑勇士不忘喪其元孔子奚取焉取非其招不往也如不待其招而往何哉且夫枉尺而直尋者以利言也如以利則枉尋直尺而利亦可爲與昔者趙簡子使王良與嬖奚乘終日而不獲一禽嬖奚反命曰天下之賤工也或以告王良良曰請復之彊而後可一

朝而獲十禽嬖奚反命曰天下之良工也簡子曰我使掌與女乘謂王良良不可曰吾爲之範我馳驅終日不獲一爲之詭遇一朝而獲十詩云不失其馳舍矢如破我不貫與小人乘請辭御者且羞與射者比比而得禽獸雖若丘陵弗爲也如枉道而從彼何也且子過矣枉己者未有能直人者也

一引一斷再引再斷敘事夾議論體也參差出入結陣玲瓏○前云枉尋直尺權且寬一步後云枉己未有能直人著實緊一步然尤妙在先放寬一

步此文家一大機用也○如不待其招而往何哉如枉道而從彼何也一何哉一何也冷冷詰問使人通身汗下再加且子過矣一振異樣警策○虞人段突述其詩後點孔子以推原其意妙在倒王良段用雙關文法細敘妙在曲○宜若可為也亦可為與非為也數箇為字相應○篇多婉語用剛筆掉尾故自倔拔

景春曰公孫衍張儀豈不誠大丈夫哉一怒而諸侯懼安居而天下熄孟子曰是焉得為大丈夫乎子未

學禮乎丈夫之冠也父命之女子之嫁也母命之往送之門戒之曰往之女家必敬必戒無違夫子以順為正者妾婦之道也居天下之廣居立天下之正位行天下之大道得志與民由之不得志獨行其道富貴不能淫貧賤不能移威武不能屈此之謂大丈夫

周霄問曰古之君子仕乎孟子曰仕傳曰孔子三月無君則皇皇如也出疆必載質公明儀曰古之人三月無君則弔三月無君則弔不以急乎曰士之失位也猶諸侯之失國家也禮曰諸侯耕助以供粢盛夫人蠶繅以為衣服犧牲不成粢盛不潔衣服不備不敢以祭惟士無田則亦不祭牲殺器皿衣服不備不敢以祭則不敢以宴亦不足弔乎出疆必載質何也曰士之仕也猶農夫之耕也農夫豈為出疆舍其耒耜哉曰晉國亦仕國也未嘗聞仕如此其急仕如此其急也君子之難仕何也曰丈夫生而願為之有室女子生而願為之有家父母之心人皆有之不待父母之命媒妁之言鑽穴隙相窺踰牆相從則父母國人皆賤之古之人未嘗不欲仕也又惡不由其道不

由其道而往者與鑽穴隙之類也

文字要精采煥發妙在打勢此篇本明難仕卻把急於仕痛講大半篇全以逆筆打勢本意便透露○前半大戰一場兩下都是假殺丈夫生以下方入正講卻以游戲出之了無戰色○說足弔凡數十言說載質寥寥數語文字伸縮之妙戴忠甫云

彭更問曰後車數十乘從者數百人以傳食於諸侯不以泰乎孟子曰非其道則一簞食不可受於人如其道則舜受堯之天下不以為泰子以為泰乎曰否

至此雖倒用志字倒而復起絕處逢生

士無事而食不可也曰子不通功易事以羨補不足則農有餘粟女有餘布子如通之則梓匠輪輿皆得食於子於此有人爲人則孝出則悌守先王之道以待後之學者而不得食於子子何尊梓匠輪輿而輕爲仁義者哉曰梓匠輪輿其志將以求食也君子之爲道也其志亦將以求食與曰子何以其志爲哉其有功於子可食而食之矣且子食志乎食功乎曰食志曰有人於此毀瓦畫墁其志將以求食也則子食之乎曰否曰然則子非食志也食功也

以食字立論從來經書中一新題目辨難往來皆劍鋒上事○前半用雙闗文法翻去正講只三五句而已後半於意盡言斷處忽生一志字另抽新機脫盡色相結句尤爲花光月影把捉不定

萬章問曰宋小國也今將行王政齊楚惡而伐之則如之何孟子曰湯居亳與葛爲鄰葛伯放而不祀湯使人問之曰何爲不祀曰無以供犧牲也湯使遺之牛羊葛伯食之又不以祀湯又使人問之曰何爲不祀曰無以供粢盛也湯使亳衆往爲之耕老弱饋食葛伯率其民要其有酒食黍稻者奪之不授者殺之有童子以黍肉餉殺而奪之書曰葛伯仇餉此之謂也爲其殺是童子而征之四海之內皆曰非富天下也爲匹夫匹婦復讐也湯始征自葛載十一征而無敵於天下東面而征西夷怨南面而征北狄怨曰奚爲後我民之望之若大旱之望雨也歸市者弗止芸者不變誅其君弔其民如時雨降民大悅書曰徯我后后來其無罰有攸不爲臣東征綏厥士女匪厥玄黃紹我周王見休惟臣附于大邑周其君子實玄黃

于匪以迎其君子其小人簞食壺漿以迎其小人救民於水火之中取其殘而已矣太誓曰我武惟揚侵于之疆則取于殘殺伐用張于湯有光不行王政云爾苟行王政四海之內皆舉首而望之欲以爲君齊楚雖大何畏焉

孟子謂戴不勝曰子欲子之王之善與我明告子有楚大夫於此欲其子之齊語也則使齊人傅諸使楚人傅諸曰使齊人傅之曰一齊人傅之衆楚人咻之雖日撻而求其齊也不可得矣引而置之莊嶽之間

數年雖日撻而求其楚亦不可得矣子謂薛居州善士也使之居於王所在於王所者長幼卑尊皆薛居州也王誰與爲不善在王所者長幼卑尊皆非薛居州也王誰與爲善一薛居州獨如宋王何

前輩云文章要理順詞明無過一正一反此語極平淺卻得眞實受用若引而伸之具有無窮變化如此篇先喻後正總不離一正一反然兩正兩反落落開說不著一語關合自是奇格

公孫丑問曰不見諸侯何義孟子曰古者不爲臣不見段干木踰垣而避之泄柳閉門而不內是皆已甚迫斯可以見矣陽貨欲見孔子而惡無禮大夫有賜於士不得受於其家則往拜其門陽貨瞯孔子之亡也而饋孔子蒸豚孔子亦瞯其亡也而往拜之當是時陽貨先豈得不見曾子曰脅肩諂笑病于夏畦子路曰未同而言觀其色赧赧然非由之所知也由是觀之則君子之所養可知已矣

戴盈之曰什一去關市之征今茲未能請輕之以待來年然後已何如孟子曰今有人日攘其鄰之雞者或告之曰是非君子之道曰請損之月攘一雞以待來年然後已如知其非義斯速已矣何待來年

公都子曰外人皆稱夫子好辯敢問何也孟子曰予豈好辯哉予不得已也天下之生久矣一治一亂當堯之時水逆行氾濫於中國蛇龍居之民無所定下者爲巢上者爲營窟書曰洚水警余洚水者洪水也使禹治之禹掘地而注之海驅蛇龍而放之菹水由地中行江淮河漢是也險阻既遠鳥獸之害人者消然後人得平土而居之堯舜既沒聖人之道衰暴君代作壞宮室以爲汙池民無所安息棄田以爲園囿使民不得衣食邪說暴行又作園囿汙池沛澤多而禽獸至及紂之身天下又大亂周公相武王誅紂伐奄三年討其君驅飛廉於海隅而戮之滅國者五十驅虎豹犀象而遠之天下大悅書曰丕顯哉文王謨丕承哉武王烈佑啟我後人咸以正無缺世衰道微邪說暴行有作臣弒其君者有之子弒其父者有之孔子懼作春秋春秋天子之事也是故孔子曰知我者其惟春秋乎罪我者其惟春秋乎聖王不作諸侯

放恣處士橫議楊朱墨翟之言盈天下天下之言不歸楊則歸墨楊氏爲我是無君也墨氏兼愛是無父也無父無君是禽獸也公明儀曰庖有肥肉廄有肥馬民有饑色野有餓莩此率獸而食人也楊墨之道不息孔子之道不著是邪說誣民充塞仁義也仁義充塞則率獸食人人將相食吾爲此懼閑先聖之道距楊墨放淫辭邪說者不得作作於其心害於其事作於其事害於其政聖人復起不易吾言矣昔者禹抑洪水而天下平周公兼夷狄驅猛獸而百姓寧孔

子成春秋而亂臣賊子懼詩云戎狄是膺荆舒是懲則莫我敢承無父無君是周公所膺也我亦欲正人心息邪說距詖行放淫辭以承三聖者豈好辯哉予不得已也能言距楊墨者聖人之徒也

匡章曰陳仲子豈不誠廉士哉居於陵三日不食耳無聞目無見也井上有李螬食實者過半矣匍匐往（閑○撼）將食之三咽然後耳有聞目有見孟子曰於齊國之（先○揚○後○抑○）士吾必以仲子爲巨擘焉雖然仲子惡能廉充仲子（拈○出○蚓○字○）（提○起）之操則蚓而後可者也夫蚓上食槁壤下飲黃泉仲子所居之室伯夷之所築與抑亦盜跖之所築與所食之粟伯夷之所樹與抑亦盜跖之所樹與是未可知也曰是何傷哉彼身織屨妻辟纑以易之也曰仲子齊之世家也兄戴蓋祿萬鍾以兄之祿爲不義之祿而不食也以兄之室爲不義之室而不居也辟兄離母處於於陵他日歸則有饋其兄生鵝者已頻顣曰惡用是鶃鶃者爲哉他日其母殺是鵝也與之食之其兄自外至曰是鶃鶃之肉也出而哇之以母則（內○據　督○策）不食以妻則食之以兄之室則弗居以於陵則居之

是尙爲能充其類也乎若仲子者蚓而後充其操者（含○謀○度○收○）也○

居食二字來便接居食二字翻到底文機爽快○兩人各爲仲子寫影俱有躍躍欲生處後一幅纔加兩筆便覺前一幅直是畫皮所謂加兩筆者兄母二字也○蚓操夷築夷樹等語得未曾有○此一篇仲子傳也實錄只仲子齊之世家一節前半設爲問答皆空中游戲語一結又謹嚴又游戲天機爛漫文字○以居食二字爲眼目段段不放過

似唐宋以來文式而奇特處終不可到。辟兄離母四字是一篇骨子妙在第三段中漏出一妻字作引綫此埋伏神手

標孟卷之三

轉得捷○仁不仁並提明就不仁邊斷下○一句兼收拾放暨俯夾字於後

標孟卷之四上

新安汪有典甫評
弟汪有聲孔甫編
男汪啓常伯良甫編

孟子曰離婁之明公輸子之巧不以規矩不能成方（亂○關○下○去）員師曠之聰不以六律不能正五音堯舜之道不以仁政不能平治天下今有仁心仁聞而民不被其澤不可法於後世者不行先王之道也故曰徒善不足以爲政徒法不能以自行詩云不愆不忘率由舊章

遵先王之法而過者未之有也（兩○提○起）聖人既竭目力焉繼之以規矩準繩以爲方員平直不可勝用也既竭耳力焉繼之以六律正五音不可勝用也既竭心思焉繼之以不忍人之政而仁覆天下矣（覆○上）故曰爲高必因丘陵（一○句○開）爲下必因川澤爲政不因先王之道可謂智乎（一○句○合）是以惟仁者宜在高位不仁而在高位是播其惡於衆也（就○翻○下○去）上無道揆也下無法守也朝不信道工不信度君子犯義小人犯刑國之所存者幸也故曰城郭不完兵甲不多非國之災也田野不辟貨財不聚非國

泄泄猶沓沓也非閑數條大是特題

之害也上無禮下無學賊民興喪無日矣詩曰天之方蹶無然泄泄泄泄猶沓沓也事君無義進退無禮言則非先王之道者猶沓沓也故曰責難於君謂之恭陳善閉邪謂之敬吾君不能謂之賊

條而議論條而援引轉換過接隨其興會所至尤妙在隨興轉換之中各段嚴嚴而出〇有作兩截文字看者以可謂智乎分界上截思古下截傷今思古處勢奔放以激昂傷今處調淋漓以凄切又上截以行仁政不行仁政二意間插出入勢如跛

山涉水下截以責君責臣二意分路馳驅勢如雲蒸霞變此等文字初讀則渾成一氣再讀三讀則滅沒萬狀〇有作四段文字看者四段各用故曰字束之行中有止負中有方亂中有整故能使人讀之而動讀之而靜動靜者文字之精魂亦讀文字者之精魂也戴忠甫亦皆如此著眼〇開口以古與今言堯舜亦只與今人平等不行仁政則堯舜是今人遵先王之法則今人是堯舜壓倒堯舜激勵今人筆興勃勃如狂風驟雨聖人既竭段直

推到上古創法聖人此進一步語也爲政不因先王之道可謂智乎高聲一呼叫起下半篇文字播惡於衆下文急以上下朝野君子小人疏明衆字國之所存者幸也下文急以非國之災非國之害一段影得明白喪無日矣打起責望臣子一段下文急以天之方蹶緊緊接去一路馬跡蛛絲統線草蛇一篇上好壓而文字〇一派反筆側筆駕空飛行單放出惟仁者宜在高位一句屹然獨立如海中一柱〇無數不字花蝶相亂〇以離婁公輸

師曠發端到中段併規矩六律等項都打入聖人身上去變幻如夏雲〇堯舜以仁政平治天下尙是中古遵法之人非創制立法者揭出聖人二字直翻出堯舜二字之上文勢亦欲拍天而上此是篇中第一最高源頭〇徐揚貢論枕中書云翻法之變不可勝窮老泉批首節云亂翻下去者翻法之絕頂者也謂上無所承勞空翻下正喻並舉若無倫次故謂之亂批上無道揆節就翻下去者謂就上翻下去與亂翻下去者不同也聖人既竭段

批云再提起提起者謂懸空提筆而起文家第一最要訣也尋常人絕不解提法但勉强起一頭便謂之提求其實落提得起者十不能一二所以多成扶牆靠壁文字爲其氣怯而力綿也再提起者謂上文曾經說過幾番此意幾懈再著一筆陡然提起此提法更有精神爲高二句批云襯上襯法如衣之有襯也謂恐其單薄再襯起也凡文法單則薄襯則濃或引喻或引事或引語皆襯法也此段話說甚佳○議論援引相間成文或議論中插援引或援引中插議論雖亂流而濟卻紀律森然詳其竅度大略抵巇法也先輩極言抵巇之法文章奧府得其解者能斷能續能出能沒能反能覆能亂能錯何謂抵巇抵擊實也巇𨻶隙也又如兩山之中一水出焉兩水之中一山出焉皆抵巇之勢也古文中慣用此法者孟子而外莊周司馬遷也

孟子曰規矩方員之至也（比興起）聖人人倫之至也（一句承上生下）欲爲君（脫卸）盡君道欲爲臣盡臣道二者皆法堯舜而已矣不以舜之所以事堯事君不敬其君者也不以堯之所以（分開兩股字法[illegible]）治民治民賊其民者也孔子曰道二（一筆滾江）仁與不仁而已矣暴其民甚則身弒國亡不甚則身危國削名之曰（分善不善兩層有波瀾）幽厲雖孝子慈孫百世不能改也（激已動人）詩云殷鑒不遠在（引詩波瀾）夏后之世此之謂也

政說堯舜忽說到幽厲轉境甚險

孟子曰三代之得天下也以仁其失天下也以不仁國之所以廢興存亡者亦然天子不仁不保四海諸侯不仁不保社稷卿大夫不仁不保宗廟士庶人不仁不保四體今惡死亡而樂不仁是猶惡醉而强酒

孟子曰愛人不親反其仁治人不治反其智禮人不答反其敬行有不得者皆反求諸己其身正而天下歸之詩云永言配命自求多福

孟子曰人有恆言皆曰天下國家天下之本在國國之本在家家之本在身

孟子曰爲政不難不得罪於巨室巨室之所慕一國慕之一國之所慕天下慕之故沛然德教溢乎四海

孟子曰天下有道小德役大德小賢役大賢天下無

道小役大弱役强斯二者天也順天者存逆天者亡齊景公曰既不能令又不受命是絕物也涕出而女於吳今也小國師大國而恥受命焉是猶弟子而恥受命於先師也如恥之莫若師文王師文王大國五年小國七年必爲政於天下矣詩云商之孫子其麗不億上帝既命侯于周服侯服于周天命靡常殷士膚敏祼將于京孔子曰仁不可爲衆也夫國君好仁天下無敵今也欲無敵於天下而不以仁是猶執熱而不以濯也詩云誰能執熱逝不以濯

議論夾引證論中出論證中生證錯綜變幻絳雲在霄○師文王暗說點破仁字明說先暗後明文章含吐之道

標孟　卷之四上　六

（虛領起仁字）

（一喻未了又生一喻前喻民上生後喻桀上生用倒勢）

孟子曰不仁者可與言哉安其危而利其菑樂其所以亡者不仁而可與言則何亡國敗家之有有孺子歌曰滄浪之水清兮可以濯我纓滄浪之水濁兮可以濯我足孔子曰小子聽之清斯濯纓濁斯濯足矣自取之也夫人必自侮然後人侮之家必自毀而後人毀之國必自伐而後人伐之太甲曰天作孽猶可違自作孽不可活此之謂也

正意先說在前文氣激烈自孺子歌以下壓壓疎歎凡波瀾四層急發緩收文章妙格○文有一步緊一步者亦有一步寬一步者一步緊一步則有精力一步寬一步則饒風態如此篇開口一句不仁者可與言哉何等嚴緊忽轉一句云不仁而可與言則何亡國敗家之有死中求活更爲得勢不仁字面起段兩見以後更不復出凡文字有丟開不照管者定屬高手

標孟　卷之四上　七

孟子曰桀紂之失天下也失其民也失其民者失其心也得天下有道得其民斯得天下矣得其民有道得其心斯得民矣得其心有道所欲與之聚之所惡勿施爾也民之歸仁也猶水之就下獸之走壙也故爲淵敺魚者獺也爲叢敺爵者鸇也爲湯武敺民者桀與紂也今天下之君有好仁者則諸侯皆爲之敺矣雖欲無王不可得已今之欲王者猶七年之病求三年之艾也苟爲不畜終身不得苟不志於仁終身憂辱以陷於死亡詩云其何能淑載胥及溺此之謂

（流水三疊）（流水對）（又關二喻）（今時事關湯武　歎王關下）（接下）

也。
以仁字作胄。斷續出沒草裏蛇眠。就下走壙。毆
魚敺爵七年病三年艾風藻滿把
孟子曰自暴者不可與有言也自棄者不可與有爲
也言非禮義謂之自暴也吾身不能居仁由義謂之
自棄也仁人之安宅也義人之正路也曠安宅而弗
居舍正路而不由哀哉
孟子曰道在爾而求諸遠事在易而求諸難人人親
其親長其長而天下平

孟子曰居下位而不獲於上民不可得而治也獲於
上有道不信於友弗獲於上矣信於友有道事親弗
悅弗信於友矣悅親有道反身不誠不悅於親矣誠
身有道不明乎善不誠其身矣是故誠者天之道也
思誠者人之道也至誠而不動者未之有也不誠未
有能動者也
孟子曰伯夷辟紂居北海之濱聞文王作興曰盍歸
乎來吾聞西伯善養老者大公辟紂居東海之濱聞
文王作興曰盍歸乎來吾聞西伯善養老者二老者

盈野盈城工語半土地而食人肉借語

天下之大老也而歸之是天下之父歸之也天下之
父歸之其子焉往諸侯有行文王之政者七年之內
必爲政於天下矣
孟子曰求也爲季氏宰無能改於其德而賦粟倍他
日孔子曰求非我徒也小子鳴鼓而攻之可也由此
觀之君不行仁政而富之皆棄於孔子者也況於爲
之强戰爭地以戰殺人盈野爭城以戰殺人盈城此
所謂率土地而食人肉罪不容於死故善戰者服上
刑連諸侯者次之辟草萊任土地者次之

發端奇入題奇洗發奇斷制奇波瀾奇最奇尤在
況於爲之强戰一句矯健異常○欲說强先說富
似比似興頓挫優柔
孟子曰存乎人者莫良於眸子眸子不能掩其惡胷
中正則眸子瞭焉胷中不正則眸子眊焉聽其言也
觀其眸子人焉廋哉
孟子曰恭者不侮人儉者不奪人侮奪人之君惟恐
不順焉惡得爲恭儉恭儉豈可以聲音笑貌爲哉
淳于髡曰男女授受不親禮與孟子曰禮也曰嫂溺

則援之以手乎曰嫂溺不援是豺狼也男女授受不親禮也嫂溺援之以手者權也曰今天下溺矣夫子之不援何也曰天下溺援之以道嫂溺援之以手子欲手援天下乎

公孫丑曰君子之不教子何也孟子曰勢不行也教者必以正以正不行繼之以怒繼之以怒則反夷矣夫子教我以正夫子未出於正也則是父子相夷也父子相夷則惡矣古者易子而教之父子之間不責善責善則離離則不祥莫大焉

無端及此全是天機

孟子曰事孰爲大事親爲大守孰爲大守身爲大不失其身而能事其親者吾聞之矣失其身而能事其親者吾未之聞也孰不爲事事親事之本也孰不爲守守身守之本也曾子養曾皙必有酒肉將徹必請所與問有餘必曰有曾皙死曾元養曾子必有酒肉將徹不請所與問有餘曰亡矣將以復進也此所謂養口體者也若曾子則可謂養志也事親若曾子者可也

前半反反覆覆凡三層開合盡致後半請出曾子不言守身而守身已躍然水月鏡花誰與共賞○起三層前後合璧中間串珠又是一格養曾皙兩段似將沒緊沒要事瑣瑣細敘卻又不是沒緊要太史公嘗竊其法敘完總斷兩句先斷曾元後斷曾子此倒捲也結句另起一頭不局定上文所包者遠○前半議論後半敘事若悊然各自成片布格甚奇○突入曾子來路奇不打轉守身去路奇

孟子曰人不足與適也政不足閒也惟大人爲能格君心之非君仁莫不仁君義莫不義君正莫不正一正君而國定矣

孟子曰有不虞之譽有求全之毀

孟子曰人之易其言也無責耳矣

孟子曰人之患在好爲人師

樂正子從於子敖之齊樂正子見孟子孟子曰子亦來見我乎曰先生何爲出此言也曰子來幾日矣曰昔者曰昔者則我出此言也不亦宜乎曰舍館未定曰子聞之也舍館定然後求見長者乎曰克有罪

孟子謂樂正子曰子之從於子敖來徒餔啜也我不

第一筆第二筆空中一落第三筆倒插梢花

意子學古之道而以餔啜也

孟子曰不孝有三無後爲大舜不告而娶爲無後也君子以爲猶告也

孟子曰仁之實事親是也義之實從兄是也智之實知斯二者弗去是也禮之實節文斯二者是也樂之實樂斯二者樂則生矣生則惡可已也惡可已則不知足之蹈之手之舞之

孟子曰天下大悅而將歸己視天下悅而歸己猶草芥也惟舜爲然不得乎親不可以爲人不順乎親不可以爲子舜盡事親之道而瞽瞍厎豫瞽瞍厎豫而天下化瞽瞍厎豫而天下之爲父子者定此之謂大孝

第一筆云天下大悅而將歸已不知說何處話第二筆云視天下悅而歸已猶草芥也又不知說何處話至第三筆惟舜爲然纔倒跌出此起法之絕奇者末說到天下化天下定只是了得天下大悅而將歸已一句留下視天下悅而歸已猶草芥也一句撇在言外不曾說出結法之絕奇者〇瞽瞍厎豫而天下化瞽瞍厎豫而天下之爲父子者定大論創獲文章至此方可言閎中肆外〇不得乎親四句作空翻看更覺烟波無盡於上文又有脫卸於下文又見跌宕

標孟卷之四下

孟子曰舜生於諸馮遷於負夏卒於鳴條東夷之人也文王生於岐周卒於畢郢西夷之人也地之相去也千有餘里世之相後也千有餘歲得志行乎中國若合符節先聖後聖其揆一也

子產聽鄭國之政以其乘輿濟人於溱洧孟子曰惠而不知爲政歲十一月徒杠成十二月輿梁成民未病涉也君子平其政行辟人可也焉得人人而濟之故爲政者每人而悅之日亦不足矣

孟子告齊宣王曰君之視臣如手足則臣視君如腹心君之視臣如犬馬則臣視君如國人君之視臣如土芥則臣視君如寇讎王曰禮爲舊君有服何如斯可爲服矣曰諫行言聽膏澤下於民有故而去則君使人導之出疆又先於其所往去三年不反然後收其田里此之謂三有禮焉如此則爲之服矣今也爲臣諫則不行言則不聽膏澤不下於民有故而去則君搏執之又極之於其所往去之日遂收其田里此之謂寇讎寇讎何服之有

孟子曰無罪而殺士則大夫可以去無罪而戮民則士可以徙

孟子曰君仁莫不仁君義莫不義

孟子曰非禮之禮非義之義大人弗爲

孟子曰中也養不中才也養不才故人樂有賢父兄也如中也棄不中才也棄不才則賢不肖之相去其間不能以寸

孟子曰人有不爲也而後可以有爲

孟子曰言人之不善當如後患何

孟子曰仲尼不爲已甚者

孟子曰大人者言不必信行不必果惟義所在

孟子曰大人者不失其赤子之心者也

孟子曰養生者不足以當大事惟送死可以當大事

孟子曰君子深造之以道欲其自得之也自得之則居之安居之安則資之深資之深則取之左右逢其原故君子欲其自得之也

孟子曰博學而詳說之將以反說約也

孟子曰以善服人者未有能服人者也以善養人然

後能服天下天下不必服而王者未之有也
孟子曰言無實不祥不祥之實蔽賢者當之
徐子曰仲尼亟稱於水曰水哉水哉何取於水也孟子曰原泉混混不舍晝夜盈科而後進放乎四海有本者如是是之取爾苟爲無本七八月之閒雨集溝澮皆盈其涸也可立而待也故聲聞過情君子恥之
孟子曰人之所以異於禽獸者幾希庶民去之君子存之舜明於庶物察於人倫由仁義行非行仁義也
孟子曰禹惡旨酒而好善言湯執中立賢無方文王

視民如傷望道而未之見武王不泄邇不忘遠周公思兼三王以施四事其有不合者仰而思之夜以繼日幸而得之坐以待旦
孟子曰王者之迹熄而詩亡詩亡然後春秋作晉之乘楚之檮杌魯之春秋一也其事則齊桓晉文其文則史孔子曰其義則丘竊取之矣
孟子曰君子之澤五世而斬小人之澤五世而斬予未得爲孔子徒也予私淑諸人也
孟子曰可以取可以無取取傷廉可以與可以無與與傷惠可以死可以無死死傷勇
逢蒙學射於羿盡羿之道思天下惟羿爲愈己於是殺羿孟子曰是亦羿有罪焉公明儀曰宜若無罪焉曰薄乎云爾惡得無罪鄭人使子濯孺子侵衛衛使庾公之斯追之子濯孺子曰今日我疾作不可以執弓吾死矣夫問其僕曰追我者誰也其僕曰庾公之斯也曰吾生矣其僕曰庾公之斯衛之善射者也夫子曰吾生何謂也曰庾公之斯學射於尹公之他尹公之他學射於我夫尹公之他端人也其取友必端

矣庾公之斯至曰夫子何爲不執弓曰今日我疾作不可以執弓曰小人學射於尹公之他尹公之他學射於夫子我不忍以夫子之道反害夫子雖然今日之事君事也我不敢廢抽矢扣輪去其金發乘矢而後反

兩段一形一影若斷若續若開若合而精神緊緊注射不消添設一語○夫尹公之他端人也其取友必端矣一篇大意在此三句洩出羚羊挂角無迹可尋○每以逆筆作勢極善頓挫凡文章能用

逆筆則勢自險何謂逆筆公明儀曰宜若無罪焉
今日我疾作不可以執弓吾死矣夫庾公之斯衛
之善射者也夫子曰吾生何謂也今日之事君事
也我不敢廢如此等句皆逆筆也最妙者到盡頭
猶著今日之事一轉活裏死死裏活尤爲險絕○
敘子濯孺子一段瑣瑣細細愈多愈妙太史公嘗
竊其法○孟子曰以下三筆三轉擒而復縱縱而
復擒以相背句見態

孟子曰西子蒙不潔則人皆掩鼻而過之雖有惡人

齊戒沐浴則可以祀上帝

孟子曰天下之言性也則故而已矣故者以利爲本
所惡於智者爲其鑿也如智者若禹之行水也則無
惡於智矣禹之行水也行其所無事也如智者亦行
其所無事則智亦大矣天之高也星辰之遠也茍求
其故千歲之日至可坐而致也

公行子有子之喪右師往弔入門有進而與右師言
者有就右師之位而與右師言者孟子不與右師言
右師不悅曰諸君子皆與驩言孟子獨不與驩言是

結句洒然欲飛

簡驩也孟子聞之曰禮朝廷不歷位而相與言不踰
階而相揖也我欲行禮子敖以我爲簡不亦異乎

孟子曰君子所以異於人者以其存心也君子以仁
存心以禮存心仁者愛人有禮者敬人愛人者人恆
愛之敬人者人恆敬之有人於此其待我以橫逆則
撇然起波
君子必自反也我必不仁也必無禮也此物奚宜至
哉其自反而仁矣自反而有禮矣其橫逆由是也君
子必自反也我必不忠自反而忠矣其橫逆由是也
君子曰此亦妄人也已矣如此則與禽獸奚擇哉於

禽獸又何難焉是故君子有終身之憂無一朝之患
一句讀上教下去
又分憂患作一讀
也乃若所憂則有之舜人也我亦人也舜爲法於天
下可傳於後世我由未免爲鄉人也是則可憂也憂
之如何如舜而已矣若夫君子所患則亡矣非仁無
讀下又讀上
爲也非禮無行也如有一朝之患則君子不患矣

單句提起次變走馬三疊次變一滾三疊如黃河
之水自積石龍門一決而下波浪澎湃觀者駭愕
三自反寫竟已是百尺竿頭又轉出憂患二字分
作兩段寫其未盡之意不痛快淋漓不已突入大

只用是以句接出禹稷心事顔子已瞭然

更不必説

舜尤爲天外飛來〇欲言横逆先言恆愛恆敬頓挫有勢欲言如有一朝之患君子不患先言無一朝之患也若夫君子所患則亡矣又頓挫有勢

禹稷當平世三過其門而不入孔子賢之顔子當亂世居於陋巷一簞食一瓢飲人不堪其憂顔子不改其樂孔子賢之孟子曰禹稷顔回同道禹思天下有溺者由己溺之也稷思天下有饑者由己饑之也是以如是其急也禹稷顔子易地則皆然今有同室之人鬬者救之雖被髮纓冠而救之可也鄉鄰有鬬者被髮纓冠而往救之則惑也雖閉戸可也

雙承單受　單承雙受　正承喻接

凡五層一層立案二層斷制三層寫意四層重斷五層譬喻首尾四層都是排體中間單插禹思天下一段摹寫禹稷心事藏卻顔子一邊不説而説顔子處就寄在説禹稷裏面躍躍逗出半面美人臨鏡獨舞〇所重在顔子常手作文定於所重處著力高手作文往往於所重處半含半吐甚則不欲一字觸著如此篇所謂不欲一字觸著者也〇本意講完突出同室一段文外烟波蕩人精魂

公都子曰匡章通國皆稱不孝焉夫子與之遊又從而禮貌之敢問何也孟子曰世俗所謂不孝者五惰其四支不顧父母之養一不孝也博弈好飲酒不顧父母之養二不孝也好貨財私妻子不顧父母之養三不孝也從耳目之欲以爲父母戮四不孝也好勇鬬狠以危父母五不孝也章子有一於是乎夫章子子父責善而不相遇也責善朋友之道也父子責善賊恩之大者夫章子豈不欲有夫妻子母之屬哉爲得罪於父不得近出妻屏子終身不養焉其設心以

爲不若是是則罪之大者是則章子已矣

曾子居武城有越寇或曰寇至盍去諸曰無寓人於我室毀傷其薪木寇退則曰修我牆屋我將反寇退曾子反左右曰待先生如此其忠且敬也寇至則先去以爲民望寇退則反殆於不可沈猶行曰是非汝所知也昔沈猶有負芻之禍從先生者七十人未有與焉子思居於衛有齊寇或曰寇至盍去諸子思曰如伋去君誰與守孟子曰曾子子思同道曾子師也父兄也子思臣也微也曾子子思易地則皆然

與禹稷章參看禹稷章奇格此正格前兩段敘事是太史公合傳末段斷制是太史公論贊雖滅沒不逮禹稷篇而伸縮變化具見體裁○留之一字文訣也看他二段敘事都不說出所以然戴忠甫云○此篇佳處在武城段點染許多沒要沒緊閒情冷景其最佳處尤在沈猶行一段謎語

儲子曰王使人瞯夫子果有以異於人乎孟子曰何以異於人哉堯舜與人同耳

國語疊見只隔六字然不覺冗複益其運筆妙處

先敘此一句

三字前意俱在卻不覺略

轉作斷語簡潔[illegible]

齊人有一妻一妾而處室者其良人出則必饜酒肉而後反其妻問所與飲食者則盡富貴也其妻告其妾曰良人出則必饜酒肉而後反問其與飲食者盡富貴也而未嘗有顯者來吾將瞯良人之所之也蚤起施從良人之所之徧國中無與立談者卒之東郭墦間之祭者乞其餘不足又顧而之他此其為饜足之道也其妻歸告其妾曰良人者所仰望而終身也今若此與其妾訕其良人而相泣於中庭而良人未之知也施施從外來驕其妻妾由君子觀之則人之所以求富貴利達者其妻妾不羞也而不相泣者幾

諸傳多用此

希矣

前段本是譬喻化作正講末段本是正講化作斷詞移賓作主移主作賓其格甚靈○而良人未之知也由君子觀之二句呼應有神○今若此以下如劍拔弩張鳳翔龍躍而良人未之知也一轉尤覺神乎其神戴忠甫云○而良人未之知也一轉絕處逢生

標孟卷之四

剖析妙雅

本要原舜意卻解公明高意水月鏡花

反復益發愈不厭如聽瀑谿但見蒼翠

標孟卷之五上

新安汪有光謙子甫評
弟汪有嶭駿子甫校
男汪啟學仲效甫編

萬章問曰舜往于田號泣于旻天何為其號泣也孟子曰怨慕也萬章曰父母愛之喜而不忘父母惡之勞而不怨然則舜怨乎曰長息問於公明高曰舜往于田則吾既得聞命矣號泣于旻天于父母則吾不知也公明高曰是非爾所知也夫公明高以孝子之心為不若是恝我竭力耕田共為子職而已矣父母之不我愛於我何哉誰○接帝使其子九男二女百官牛羊倉廩備以事舜於畎畝之中然○嘆天下之士多就之者帝將胥天下而遷之焉為不順於父母如窮人無所歸天下之士悅之人之所欲也而不足以解憂好色人之所欲妻帝之二女而不足以解憂富人之所欲富有天下而不足以解憂貴人之所欲貴為天子而不足以解憂人悅之好色富貴無足以解憂者惟順於父母可以解憂人少則慕父母知好色則慕少艾有

妻子則慕妻子仕則慕君不得於君則熱中大孝終身慕父母五十而慕者予於大舜見之矣結○得○悠○然

何為其號泣也則吾不知也是非爾所知也於我何哉只此發端處幾重謎語已自煙波撩人當日歷山一泣不但天下後世人不能代為之解在舜當日原自不能知不能解惟其不能知不能解所以為怨慕不但往田之日是箇怨慕直至有天下為天子之日總是這箇怨慕窮天盡地極古今來人情世態左磨右勘總形容這箇怨慕不出一部離騷從此結胎○怨慕二字豎起一題可謂沈鬱之至迺其行文卻運得如許壯麗如許飛舞豈非神筆○曰帝曰天下之士曰人之所欲曰人少都是起照曰帝使其子云云曰帝將胥天下而遷之曰人悅之好色富貴都是起用照用雙彰宜乎有神有色有氣有勢○人字是一篇丹頭本說舜卻說人人字層見疊出大孝終身慕父母一句來○須看其陡開陡合處凡四開四合俱開得極闊收得極緊然則舜怨乎來路本緊接以長息問於公

明高開得何等闊父母之不我愛於我何哉收得何等緊接以帝使其子云云開得何等闊爲不順於父母如窮人無所歸收得何等緊接以天下之士悅之人之所欲也開得何等闊惟順於父母可以解憂收得何等緊接以人少云云開得何等闊結以大孝終身慕父母收得何等緊○通篇懸空飛行不下一實筆○如何爲怨慕孟子說不出託之公明高公明高說不出又發孟子重譯一番此何等樣筆法但粗淺言之則代法也孟代公明高

意中語借公明高代舜意中語婉轉玲瓏七穿八透眞是無上神品○帝使其子九男二女一段陡現神通光怪陸離篇中之獨拔也○如窮人無所歸已自截斷下文天下之士云云起頂開說不安不順父母句突下四箇不足解憂直是天馬行空到惟順於父母句方始跌破梅花倒插此種筆路極是迷人又極動人○人少段又變出一層波瀾

上分開此分架

萬章問曰詩云娶妻如之何必告父母信（頓挫）斯言也宜莫如舜舜之不告而娶何也孟子曰告則不得娶男（一句○陡○轉○大）女（奇　下○起　議論）居室人之大倫也如告則廢人之大倫以懟父母是以不告也萬章曰舜之不告而娶則吾既得聞命矣（大○奇）帝之妻舜而不告何也曰帝亦知告焉則不得妻也萬章曰父母使舜完廩捐階瞽瞍焚廩使浚井出從而揜之象曰謨蓋都君咸我績牛羊父母倉廩父母干戈朕琴朕弤朕二嫂使治朕棲象往入舜宮舜在牀琴象曰鬱陶思君爾忸怩舜曰惟茲臣庶汝其于予治不識舜不知象之將殺已與曰奚而不知也

象憂亦憂象喜亦喜曰然則舜僞喜者與曰否昔者有饋生魚於鄭子產子產使校人畜之池校人烹之反命曰始舍之圉圉焉少則洋洋焉攸然而逝子產曰得其所哉得其所哉校人出曰孰謂子產智予既烹而食之曰得其所哉得其所哉故君子可欺以其方難罔（恕○合）以非其道彼以愛兄之道來故誠信而喜之奚僞焉

問舜之不告而娶可也妻舜不告一問豈不詫異

開章說娶妻不幾句忽轉一局不是說娶妻豈不

詫異完廩段生附絶倫使人耳目一易生魚段字
字飛動又使人耳目一易如與山異水煙雲徑路
無一不異此種異文使人讀之脱書卷氣○一不
告而娶一象喜亦喜截然兩開氣脉自貫與思狂
士章同格○完廩段問繁答簡生魚段問簡答繁
○生魚一引與本事絶不相倫所以爲奇○摹寫
象口角校人口角地湧金蓮
萬章問曰象日以殺舜爲事立爲天子則放之何也

就此二句又生一折

孟子曰封之也或曰放焉萬章曰舜流共工于幽州

放驩兜于崇山殺三苗于三危殛鯀于羽山四罪而
天下咸服誅不仁也象至不仁封之有庳有庳之人（結○上○生○下）

仁人句絶下文筆杪流煙

奚罪焉仁人固如是乎在他人則誅之在弟則封之
曰仁人之於弟也不藏怒焉不宿怨焉親愛之而已（二○轉）（一轉）

富貴句絶下文筆杪流煙

矣親之欲其貴也愛之欲其富也封之有庳富貴之
也身爲天子弟爲匹夫可謂親愛之乎敢問或曰放
者何謂也曰象不得有爲於其國天子使吏治其國

故謂句絶下文筆杪流煙

而納其貢稅焉故謂之放豈得暴彼民哉雖然欲常
常而見之故源源而來不及貢以政接于有庳此之

謂也
封之也或曰放焉七字爲句折腰體也本是一套
無兩事萬章卻分出兩箇問頭孟子只是歸到親
愛一路正惟一箇要分作兩路一箇要併做一路
而文之滅没奇崛遂從此生○萬章前一問內藏
兩案均一不仁而或誅或封一案也有庳奚罪又
一案也孟子只把封弟一着說明留下有庳奚罪
一案不說問之所有答之所無後一問只是一箇
放字孟子既把放字辨明急用雖然一轉仍繳到

親愛上去且源源而來常常而見一段話頭又是
補前意所不到問之所無答之所有○有庳之人
奚罪爲於前段遥遥一呼豈得暴彼民哉於後段
遥遥一應斷續滅没灰線草蛇○仁人固如是乎
上意已完加在他人則誅之在弟則封之二句封
之有庳富貴之也上意已完加身爲天子弟爲匹
夫可謂親愛之乎三句故謂之放上意已完加豈
得暴彼民哉一句都是餘波蕩漾文家云筆杪流
煙又云玉人歸去楊柳遺煙皆此類也

文錦先合急挽兇遞下皆散又生一折

咸丘蒙問曰語云盛德之士君不得而臣父不得而
子舜南面而立堯帥諸侯北面而朝之瞽瞍亦北面（提得注）
而朝之舜見瞽瞍其容有蹙孔子曰於斯時也天下
殆哉岌岌乎不識此語誠然乎哉孟子曰否此非君
子之言齊東野人之語也堯老而舜攝也堯典曰二
十有八載放勳乃徂落百姓如喪考妣三年四海遏
密八音孔子曰天無二日民無二王舜既爲天子矣
又帥天下諸侯以爲堯三年喪是二天子矣咸丘蒙
曰舜之不臣堯則吾既得聞命矣詩云普天之下莫

仍引詩書證者斷斷

非王土率土之濱莫非王臣而舜既爲天子矣敢問
瞽瞍之非臣如何曰是詩也非是之謂也勞於王事
而不得養父母也曰此莫非王事我獨賢勞也故說（一○斷　波○瀾）
詩者不以文害辭不以辭害志以意逆志是爲得之（二○斷○波○瀾）
如以辭而已矣雲漢之詩曰周餘黎民靡有孑遺信
斯言也是周無遺民也孝子之至莫大乎尊親尊親（以○上○四○句○皆○論○列　此　上　意）
之至莫大乎以天下養爲天子父尊之至也以天下
養養之至也詩曰永言孝思孝思維則此之謂也書
曰祗載見瞽瞍夔夔齊栗瞽瞍亦允若是爲父不得

而子也

雄辨確據錯落紛披直至滿盤掃空令人口塞末
忽將起段抽出一句放活所謂棋無蠢殺看到此
令人欲飛○辨臣堯處開口急將堯老舜攝一句
送過然後從容引書引孔子語印證舜攝二字辨
臣瞽瞍處且不提起孝子事親事儘與將讀詩之
法縱論一番極其痛快然後收迴本旨一先實後
虛一先虛後實雄辨之中節以開神（奇）

萬章曰堯以天下與舜有諸孟子曰否天子不能以（更○奇）

天下與人然則舜有天下也孰與之曰天與之天與（再轉）
之者諄諄然命之乎曰否天不言以行與事示之而（三○轉）
已矣曰以行與事示之者如之何曰天子能薦人於（四轉）
天不能使天與之天下諸侯能薦人於天子不能使
天子與之諸侯大夫能薦人於諸侯不能使諸侯與
之大夫昔者堯薦舜於天而天受之暴之於民而民（只明○第三轉語）
受之故曰天不言以行與事示之而已矣曰敢問薦
之於天而天受之暴之於民而民受之如何曰使之
主祭而百神享之是天受之使之主事而事治百姓

安之是民受之也天與之人與之故曰天子不能以（又○例○明○第○一○轉）
天下與人（語）舜相堯二十有八載非人之所能爲也天（應○天○字）
也堯崩三年之喪畢舜避堯之子於南河之南天下
諸侯朝覲者不之堯之子而之舜訟獄者不之堯之
子而之舜謳歌者不謳歌堯之子而謳歌舜故曰天（反○撥?）
也夫然後之中國踐天子位焉而居堯之宮逼堯之
子是篡也非天與也太誓曰天視自我民視天聽自
我民聽此之謂也

天子不能以天下與人一句立案仍以天子不能以天下與人一句了案此正文也舜相堯以下則文外波瀾也正文中許多層折卻清空一氣了無指實而當年情事盡留在波瀾中點染顏色虛虛實實布格靈變○前半隨問隨答層層折折煙波縹渺舜相堯以下敘一兩句隨斷一兩句蕭蕭疏疏如寒鴉數點流水孤村別是一種風致○天子能薦人於天一段勢如天馬行空是此篇大開局處○第四轉中只明第三轉語此近鎖也第五轉中又倒明第一轉語此遠鎖也○舜相堯一轉水窮雲起別轉出一段議論是問月所未及而居堯之宮忽作反勢一掉矯矯如舞鶴之盤空戴忠甫云

萬章問曰人有言至於禹而德衰不傳於賢而傳於
子有諸孟子曰否不然也天與賢則與賢天與子則（四○句○開○局）
與子昔者舜薦禹於天十有七年舜崩三年之喪畢
禹避舜之子於陽城天下之民從之若堯崩之後不（縮?）
從堯之子而從舜也禹薦益於天七年禹崩三年之
喪畢益避禹之子於箕山之陰朝覲訟獄者不之益（仲）
而之啓曰吾君之子也謳歌者不謳歌益而謳歌啓
曰吾君之子也丹朱之不肖舜之子亦不肖舜之相（就○君○之○子○開○說）
堯禹之相舜也歷年多施澤於民久啓賢能敬承繼
禹之道益之相禹也歷年少施澤於民未久舜禹益
相去久遠其子之賢不肖皆天也非人之所能爲也（提○總○一○句）（唱○歎）
莫之爲而爲者天也莫之致而至者命也匹夫而有（明○首○天）
天下者德必若舜禹而又有天子薦之者故仲尼不（不○與○益）
有天下繼世以有天下天之所廢必若桀紂者也故（明○子○天○不○廢○啟）
益伊尹周公不有天下伊尹相湯以王於天下湯崩（仲）

太丁未立外丙二年仲壬四年太甲顛覆湯之典刑伊尹放之於桐三年太甲悔過自怨自艾於桐處仁遷義三年以聽伊尹之訓己也復歸于亳周公之不有天下猶益之於夏伊尹之於殷也孔子曰唐虞禪夏后殷周繼其義一也（猶）（只以孔子語）（結○更○爲○）

前半以舜禹之有天下形益後半以仲尼伊尹周公之不有天下形益前半尙遊方之內後半全是遊方之外插入仲尼尤爲天外一峯○天與賢四句開局至皆天也四句了案此正文也匹夫以下五段則文外波瀾也大槩兩轉局與與舜篇同但前篇前虛後實此篇前實後虛各具一勢○本論禹益忽及朱均忽及仲尼忽及桀紂忽及伊尹周公忽總收起益伊尹周公忽將唐虞夏殷周一併收起忽伸忽縮忽分忽合其鬼神於文者乎○楊復所李溫陵戴忠甫三公俱在詳畧伸縮處著眼而戴又云丹朱一段以舜禹益反覆較論極錯綜穿插之勢且文情酣暢更無賸義至莫之致而至者命也已了上案匹夫一轉絕處逢生自此以下

從天生民說起倒折上身來便得勢結用反掉又得勢

若斷若續愈出愈奇

萬章問曰人有言伊尹以割烹要湯有諸孟子曰否不然伊尹耕於有莘之野而樂堯舜之道焉非其義也非其道也祿之以天下弗顧也繫馬千駟弗視也非其義也非其道也一介不以與人一介不以取諸人湯使人以幣聘之囂囂然曰我何以湯之聘幣爲哉我豈若處畎畝之中由是以樂堯舜之道哉湯三使往聘之既而幡然改曰與我處畎畝之中由是以樂堯舜之道吾豈若使是君爲堯舜之君哉吾豈若使是民爲堯舜之民哉吾豈若於吾身親見之哉天之生此民也使先知覺後知使先覺覺後覺也予天民之先覺者也予將以斯道覺斯民也非予覺之而誰也思天下之民匹夫匹婦有不被堯舜之澤者若己推而內之溝中其自任以天下之重如此故就湯而說之以伐夏救民吾未聞枉己而正人者也況辱己以正天下者乎聖人之行不同也或遠或近或去或不去歸潔其身而已矣吾聞其以堯舜之道要湯未聞以割烹也伊訓曰天誅造攻自牧宮朕載自亳

（飢○鷹○斜○擊）（跌○揚）（叠上一句）（下排三句）（接○得○緊○然）（又○轉）（跌○宕）（又○一○轉）

以堯舜二字豎起一題就把堯舜二字直貫到底每一轉幻出一境百萬樓閣憑空飛來○若買言之只是湯三往聘故就湯而說之以伐夏救民兩句便了此把就湯一句立定骨子此句以上俱在題前布勢此句以下全是文外戲弄煙波神龍威鳳把捉不得○總是借伊尹發明吾輩出處鄭重耳不必伊尹當年有其事有其語古人著書往往借題寫意○徐揚貢論枕中書與我處畎畝之中由是以樂堯舜之道蘇批螢上一句吾豈若使是

君云云蘇批下排三句疊法排法似相近也而不相通也疊者疊上也若累棋然蓋危而不墜文家積勢法也排者排下也謂其勢引而長也如時文之有排段排而長也故曰疊法排法相近而不相通也吾未聞枉己而正人者也是虛接法聖人之行不同也又是虛接法此虛接法最是文家三昧虛接者上下文皆實境中間用幾筆作虛渡勢作家得之使讀者一唱三歎流連往復而不能已如就湯而說之以伐夏救民之下分明可接入未聞

有割烹要湯之事矣蓋上下文情緊相接應已如磁針相引乃卻多轉幾筆然後折入未聞割烹句故謂之虛接法比如主司城貞子下儘可接入若孔子句偏於氣脈緊相湊合處忽插吾聞觀近臣二句雖勢陡節促無此則許多烟波然嬌健有力便可當作兩扇文字故亦謂之虛接法

萬章問曰或謂孔子於衛主癰疽於齊主侍人瘠環有諸乎孟子曰否不然也好事者為之也於衛主顏讎由彌子之妻與子路之妻兄弟也彌子謂子路曰

孔子主我衛卿可得也子路以告孔子曰有命孔子進以禮［一折繳命字］退以義得之不得曰有命而主癰疽與侍人瘠環是無義無命也孔子不悅於魯衛遭宋桓司馬將要而殺之微服而過宋［對］是時孔子當阨主司城貞子為陳侯周臣吾聞觀近臣以其所為主觀遠臣以其所主若孔子主癰疽與侍人瘠環何以為孔子［再一折］

於衛主顏讎由一句了當突地風波就手又起二證一以不主彌子證一以主司城貞子證而癰疽瘠環不待奔刀已自若然可見好文字多是雕燈

取影○引顏讐由引彌子就以衛事辨衛事絶妙機鋒不離本色○不悅魯衛一轉奇峯飛來篇中獨拔

萬章問曰或曰百里奚自鬻於秦養牲者五羊之皮食牛以要秦穆公信乎孟子曰否不然好事者爲之也百里奚虞人也晉人以垂棘之璧與屈產之乘假道於虞以伐虢宮之奇諫百里奚不諫（惡盡立論一句一轉）知虞公之不可諫而去之秦年已七十矣曾不知以食牛干秦穆公之爲汙也可謂智乎不可諫而不諫可謂不智乎

知虞公之將亡而先去之不可謂不智也時舉於秦知穆公之可與有行也而相之可謂不智乎相秦而顯其君於天下可傳於後世不賢而能之乎自鬻以成其君鄉黨自好者不爲而謂賢者爲之乎

不於要秦穆還辨只以去虞霸秦兩節事反覆低徊看來孔子所主篇一味起照此篇兼起照起用孔子所主篇在題左題右著筆此篇在題前題後著筆總無一句隨窠臼中合看二篇文章之事思過半矣○晉人假道一段去本題絶遠卻漸說向本事來正在有意無意不卽不離之間因悟絶不相干故事一經妙手皆成作料絶無考據題目一味白戰皆可撰出一篇妙文天下原自無枯題也○所辨者干秦穆也錯綜紛披幻出六層文字首層急點出此意下數層俱淺放過第六層又急點出青蜓點水或著或不著尤須於淺放過處看其戲弄烟波○百態橫生使人心目無主祭其文情只從知虞公之不可諫而去之秦一句生出可見縹渺恍惚文字不是一味用意思人可以邀倖一銖

標孟卷之五下
孟子曰伯夷目不視惡色耳不聽惡聲非其君不事
非其民不使治則進亂則退橫政之所出橫民之所
止不忍居也思與鄉人處如以朝衣朝冠坐於塗炭
也當紂之時居北海之濱以待天下之清也故聞伯
夷之風者頑夫廉懦夫有立志伊尹曰何事非君何
使非民治亦進亂亦進曰天之生斯民也使先知覺
後知使先覺覺後覺予天民之先覺者也予將以此
道覺此民也思天下之民匹夫匹婦有不與被堯舜

標孟　卷之五下　十七

之澤者若己推而內之溝中其自任以天下之重也
柳下惠不羞汙君不辭小官進不隱賢必以其道遺
佚而不怨阨窮而不憫與鄉人處由由然不忍去也
爾爲爾我爲我雖袒裼裸裎於我側爾焉能浼我哉
故聞柳下惠之風者鄙夫寬薄夫敦孔子之去齊接
淅而行去魯曰遲遲吾行也去父母國之道也可以
速而速可以久而久可以處而處可以仕而仕孔子
也孟子曰伯夷聖之清者也伊尹聖之任者也柳下
惠聖之和者也孔子聖之時者也孔子之謂集大成

集大成也者金聲而玉振之也金聲也者始條理也
玉振之也者終條理也始條理者智之事也終條理
引○譬○喻○入　正○意
者聖之事也智譬則巧也聖譬則力也由射於百步
之外也其至爾力也其中非爾力也
鏡○花○水○月
前以三聖人影孔子借照於人後以樂與射影孔
子借照於物多方形容宛然形容不出此爲妙於
形容○四聖人平列四案各以一字斷之再提起
孔子特說不復繳出三聖人而隱隱隆隆總在裏
許從來孔子贊此爲第一曰神奇宰我次之曰簡

標孟　卷之五下　十八

老子貢又次之曰正大有若又次之曰恣肆又次
則太史公世家贊曰淡遠中庸祖述篇又其次矣
曰奇在一結
北宮錡問曰周室班爵祿也如之何孟子曰其詳不
可得聞也諸侯惡其害己也而皆去其籍然而軻也
嘗聞其略也天子一位公一位侯一位伯一位子男
同一位凡五等也君一位卿一位大夫一位上士一
位中士一位下士一位凡六等天子之制地方千里
公侯皆方百里伯七十里子男五十里凡四等不能

五十里不達於天子附於諸侯曰附庸天子之卿受地視侯大夫受地視伯元士受地視子男大國地方百里君十卿祿卿祿四大夫大夫倍上士上士倍中士中士倍下士下士與庶人在官者同祿祿足以代其耕也次國地方七十里君十卿祿卿祿三大夫大夫倍上士上士倍中士中士倍下士下士與庶人在官者同祿祿足以代其耕也小國地方五十里君十卿祿卿祿二大夫大夫倍上士上士倍中士中士倍下士下士與庶人在官者同祿祿足以代其耕也耕

者之所獲一夫百畝百畝之糞上農夫食九人上次食八人中食七人中次食六人下食五人庶人在官者其祿以是爲差

只不挾貴一條生出二條襯貼

萬章問曰敢問友孟子曰不挾長不挾貴不挾兄弟而友友也者友其德也不可以有挾也孟獻子百乘之家也有友五人焉樂正裘牧仲其三人則予忘之矣獻子之與此五人者友也無獻子之家者也此五人者亦有獻子之家則不與之友矣非惟百乘之家爲然也雖小國之君亦有之費惠公曰吾於子思則

此條以逓歷代敘事

師之矣吾於顏般則友之矣王順長息則事我者也非惟小國之君爲然也雖大國之君亦有之晉平公之於亥唐也入云則入坐云則坐食云則食雖疏食菜羹未嘗不飽蓋不敢不飽也然終於此而已矣弗與共天位也弗與治天職也弗與食天祿也士之尊賢者也非王公之尊賢也舜尚見帝帝館甥于貳室亦饗舜迭爲賓主是天子而友匹夫也用下敬上謂之貴貴用上敬下謂之尊賢貴貴尊賢其義一也

斷制者文章之殺氣也此文起繳遏遲常帶斷制

所以骨節都響○非惟百乘之家爲然也雖小國之君亦有之非惟小國之君爲然也雖大國之君亦有之俱躍躍欣賞之詞至然終於此而已矣一折忽然劈面打下與是虎威叵測龍性難馴誰敢捋其鬚批其鱗乎

萬章問曰敢問交際何心也孟子曰恭也曰卻之卻之爲不恭何哉曰尊者賜之曰其所取之者義乎不義乎而後受之以是爲不恭故弗卻也曰請無以辭卻之以心卻之曰其取諸民之不義也而以他辭無

受不可乎曰其交也以道其接也以禮斯孔子受之（三折）
矣萬章曰今有禦人於國門之外者其交也以道其
餽也以禮斯可受禦與曰不可康誥曰殺越人于貨（四折）
閔不畏死凡人罔不譈是不待教而誅者也殷受夏
周受殷所不辭也於今爲烈如之何其受之曰今之
諸侯取之於民也猶禦也苟善其禮際矣斯君子受
之敢問何說也曰子以爲有王者作將比今之諸侯（五折）
而誅之乎其教之不改而後誅之乎夫謂非其有而
取之者盜也充類至義之盡也孔子之仕於魯也魯

標孟　卷之五下　卅

（獵○較○）人獵較孔子亦獵較獵較猶可而況受其賜乎曰然
則孔子之仕也非事道與曰事道也事道奚獵較也（又○就○孔○子○生○一折）
曰孔子先簿正祭器不以四方之食供簿正曰奚不
去也曰爲之兆也兆足以行矣而不行而後去是以
未嘗有所終三年淹也孔子有見行可之仕有際可
之仕有公養之仕於季桓子見行可之仕也於衛靈
公際可之仕也於衛孝公公養之仕也
總是要發明士君子行道苦心耳不得此幾拗則
舉世寫不出可見拗之一字訣力最大○受交際

何心也事道也爲之兆也卻不一句說破一路層
層折折翻花滾浪恣其文情然後從翻花滾浪中
躍出此意以正旨奇格位活如游龍○此文無數
轉折卻一氣直下合問答看迺得其反覆激昂之
勢史記孟子七篇與萬章同事故萬章一卷尤爲
獅子雙吼聲振大千
孟子曰仕非爲貧也而有時乎爲貧娶妻非爲養也（抵○觸）
而有時乎爲養爲貧者辭尊居卑辭富居貧辭尊居
卑辭富居貧惡乎宜乎抱關擊柝孔子嘗爲委吏矣（起○峯○頭）

標孟　卷之五下　卅一

曰會計當而已矣嘗爲乘田矣曰牛羊茁壯長而已
矣位卑而言高罪也立乎人之本朝而道不行恥也
正意只立朝道不行一句前面全不說出反將爲
貧而仕疊疊恣說意本如此而文卻如彼至末句
一躍而出之覺以前句句都是擊射此句眞腕中
有神
萬章曰士之不託諸侯何也孟子曰不敢也諸侯失
國而後託於諸侯禮也士之託於諸侯非禮也萬章
曰君餽之粟則受之乎曰受之受之何義也曰君之

忽又尊入前意烟波迴環

於氓也圖周之曰周之則受賜之則不受何也曰不敢也曰敢問其不敢何也曰抱關擊柝者皆有常職以食於上無常職而賜於上者以爲不恭也曰君餽之則受之不識可常繼乎曰繆公之於子思也亟問亟餽鼎肉子思不悅於卒也摽使者出諸大門之外北面稽首再拜而不受曰今而後知君之犬馬畜伋蓋自是臺無餽也悅賢不能舉又不能養也可謂悅賢乎曰敢問國君欲養君子如何斯可謂養矣曰以君命將之再拜稽首而受其後廩人繼粟庖人繼肉

不以君命將之子思以爲鼎肉使己僕僕爾亟拜也非養君子之道也堯之於舜也使其子九男事之二女女焉百官牛羊倉廩備以養舜於畎畝之中後舉而加諸上位故曰王公之尊賢者也

一篇凡八折自一折至五折全用退一步法一毫不露圭角至第六折中放出子思不悅一段稍稍露出圭角然但言繆公失養賢之道不言養賢應當如何仍是忍住一半不欲說出至第七折中方說養賢之道然只說得養賢未及尊賢仍是忍住一半不欲說出至第八折不因問頭自起一頂提出堯之於舜來方是正論王公尊賢將欲揚之必固抑之文之沈鬱頓挫者也前五折說士守禮把士壓在地下後三折說君尊賢把士擡在天上而轉換處不見痕迹讀之但覺詭譎異常周之則受賜之則不受到此處在他人定要露出身分來了仍不與他決破段是文章祕術機軸不識可常繼乎只一句過到君上去如月移花影使人不知不覺極是轉局妙境子思不悅子思不受

文勢激仍氣若益折一句話與然則治天

上段說過卻留下子思以爲鼎肉一段意思於隔段中了案可悟斷續出沒之妙

萬章曰敢問不見諸侯何義也孟子曰在國曰市井之臣在野曰草莽之臣皆謂庶人庶人不傳質爲臣不敢見於諸侯禮也萬章曰庶人召之役則往役君欲見之召之則不往見之何也曰往役義也往見不義也且君之欲見之也何爲也哉曰爲其多聞也爲其賢也曰爲其多聞也則天子不召師而況諸侯乎爲其賢也則吾未聞欲見賢而召之也繆公亟見於

下獨可耕且爲與句法同
再句一上一下

子思曰古千乘之國以友士何如子思不悅曰古之
人有言曰事之云乎豈曰友之云乎子思之不悅也
豈不曰以位則子君也我臣也何敢與君友也以德（一句咬定）
則子事我者也奚可以與我友千乘之君求與之友
而不可得也而況可召與齊景公田招虞人以旌不（旁引）
至將殺之志士不忘在溝壑勇士不忘喪其元孔子（文勢未絕就中又轉）
奚取焉取非其招不往也曰敢問招虞人何以曰以（倒插法）
皮冠庶人以旃士以旂大夫以旌以大夫之招招虞（補法）
人虞人死不敢往以士之招招庶人庶人豈敢往哉

況乎以不賢人之招招賢人乎欲見賢人而不以其（挈起）（黏上賢人字）
道猶欲其入而閉之門也夫義路也禮門也惟君子（又黏門字）
能由是路出入是門也詩云周道如厎其直如矢君（又黏路字）
子所履小人所視萬章曰孔子君命召不俟駕而行
然則孔子非與曰孔子當仕有官職而以其官召之
也

與不傳質爲臣暗應

通篇以德位二字作主張德字是正旨位字是借
作波瀾然篇中起伏抑揚全是取位字爲用神庶
人不傳質爲臣不敢見諸侯一抑往役二抑子君
也我臣也何敢與君友也三抑虞人不敢受大夫
之招庶人不敢受士之招四抑君命不俟駕五抑
此五抑皆從位字上生得此五抑遂使一篇文字
詭譎變化入地出天神品神品。文字有權有實
有縱有奪自然上下抑揚勢如生龍活虎至於一
篇之中變態屢呈此文尤爲獨步。開章至未聞
欲見賢而召之也正文已竟下文隨證隨解都是
文外波瀾引子思本色證也引虞人格外旁引也
本色證明格外旁引幻明則知其來路幻則不知

其來路矣兩引證下俱有重加洗發之法子思段
就子思言下洗發子思言下之意不離本色虞人
段不洗發虞人意從孔子贊虞人言下洗發孔子
贊虞人之意則於格外之中又幻出格外矣子思
段洗發子思意畢急以而況可召與一句鎖住虞
人段洗發孔子意畢且不關鎖住再生出敢問招
虞人何以一轉則又不知幻向何處去矣問招虞
人何以答以以皮冠亦自可了無端添出庶人以
旃三句更說遠了不期一筆兩筆又就收迴本旨

兎起鶻落杳無去路來路而諦觀之離而能合斷
而可接當於此玩其空轉之妙○老蘇批子思段
本色證尤明謂其比旁引虞人較爲明切使後人
易學耳若論文法虞人段奇幻飄渺當更勝然一
明須一幻一幻須一明二者不可缺一○欲見賢
人以下已是餘波詠歎孔子君命召一轉更是水
窮山盡處又現出一水外水山外山結句不結之
結水月鏡花悠然無盡

孟子謂萬章曰一鄉之善士斯友一鄉之善士一國

之善士斯友一國之善士天下之善士斯友天下之
善士以友天下之善士爲未足又尚論古之人頌其
詩讀其書不知其人可乎是以論其世也是尚友也

齊宣王問卿孟子曰王何卿之問也王曰卿不同乎
曰不同有貴戚之卿有異姓之卿王曰請問貴戚之
卿曰君有大過則諫反覆之而不聽則易位王勃然
變乎色曰王勿異也王問臣臣不敢不以正對王色
定然後請問異姓之卿曰君有過則諫反覆之而不
聽則去

標孟卷之五

標孟卷之六上

新安汪有光謙子甫評
弟汪有犖駿予甫校
男汪啟新又日甫編

兩層出落有風度

前四句活末二句煞

告子曰性猶杞柳也義猶桮棬也以人性爲仁義猶
以杞柳爲桮棬孟子曰子能順杞柳之性而以爲桮
棬乎將戕賊杞柳而後以爲桮棬也如將戕賊杞柳
而以爲桮棬則亦將戕賊人以爲仁義與率天下之
人而禍仁義者必子之言夫

俘他一爲字來換卻戕賊字使自機鋒逼人○爲
則不順矣只一順字輕輕點化意已躍如所謂引
而不發○句法嫩柳臨風章法亦復嫩柳臨風○
總不說破如何爲仁義故得如許戲弄煙波此文
情所自生也

兩層出落

告子曰性猶湍水也決諸東方則東流決諸西方則
西流人性之無分於善不善也猶水之無分於東西
也孟子曰水信無分於東西無分於上下乎人性之
善也猶水之就下也人無有不善水無有不下今夫

水摶而躍之可使過顙激而行之可使在山是豈水之性哉其勢則然也人之可使爲不善其性亦猶是也。振起

告主横孟主縱機鋒相錯電擊星馳。決東則東決西則西告子論性早已落於勢了若云此勢也非性也便一口說完那得如許飛舞。方說水無不下就著水有不下硬生一折雪屋銀山不可逼視。戴云兩路截攻無可逃遁有前段不可無後段。

三反覆如層崖斷岸

告子曰生之謂性孟子曰生之謂性也猶白之謂白與曰然白羽之白也猶白雪之白白雪之白猶白玉之白與曰然然則犬之性猶牛之性牛之性猶人之性與

獅子滚毬不離不著而毬中獅子躍躍欲吐。胷中徹極筆下活極徹而活故言外有言活而徹故短言可當長言無言可當有言。閒閒詰問總不與他說破凡文字惟不說破最是令人起悟

告子曰食色性也仁內也非外也義外也非內也孟子曰何以謂仁內義外也曰彼長而我長之非有長於我也猶彼白而我白之從其白於外也故謂之外也曰異於白馬之白也無以異於白人之白也不識長馬之長也無以異於長人之長與且謂長者義乎長之者義乎曰吾弟則愛之秦人之弟則不愛也是以我爲悅者也故謂之內長楚人之長亦長吾之長是以長爲悅者也故謂之外也曰耆秦人之炙無以異於耆吾炙夫物則亦有然者也然則耆炙亦有外與

告子說道理孟子卻不與他說道理滾滾花翻風無色相。食色句本非埋伏末段卻似埋伏嗜炙段本非照應首句卻似照應有意無意之間天機湊泊。白雪章疏梅見點白馬章海棠半綻。以上四章告子之論居然印泥畫沙了無疑問他一生不得勿求病痛抖底畫出然躍馬橫戈屢敗屢進孟之告莊之惠也惠與告皆郢人之質乎其質不死其啄長鳴敵乎降乎壯哉。孟子之論就窠打劫全不起爐作竈

水窮雲起

從嗜炙脫出而也字

更冷

只此一問便自風發泉湧雲蒸霞蔚

孟季子問公都子曰何以謂義內也曰行吾敬故謂之內也鄉人長於伯兄一歲則誰敬曰敬兄酌則誰先曰先酌鄉人所敬在此所長在彼果在外非由內也公都子不能答以告孟子孟子曰敬叔父乎敬弟乎彼將曰敬叔父曰弟爲尸則誰敬彼將曰敬弟子曰惡在其敬叔父也彼將曰在位故也子亦曰在位故也庸敬在兄斯須之敬在鄉人季子聞之曰敬叔父則敬敬弟則敬果在外非由內也公都子曰冬日則飲湯夏日則飲水然則飲食亦在外也

兩人機鋒相錯滾滾花翻使人目迷○往應之曰在位故也一語已足迺故翻出敬叔父乎一段來分明仍是伯兄一段說話改頭換面耳然使人目迷心亂不覺墮入彀中全在此○伯兄段機頭已斷另換新機文家三昧

公都子曰告子曰性無善無不善也或曰性可以爲善可以爲不善是故文武興則民好善幽厲興則民好暴或曰有性善有性不善是故以堯爲君而有象以瞽瞍爲父而有舜以紂爲兄之子且以爲君而有微子啟王子比干今曰性善然則彼皆非與孟子曰乃若其情則可以爲善矣乃所謂善也若夫爲不善非才之罪也惻隱之心人皆有之羞惡之心人皆有之恭敬之心人皆有之是非之心人皆有之惻隱之心仁也羞惡之心義也恭敬之心禮也是非之心智也仁義禮智非由外鑠我也我固有之也弗思耳矣故曰求則得之舍則失之或相倍蓰而無算者不能盡其才者也詩曰天生蒸民有物有則民之秉夷好是懿德孔子曰爲此詩者其知道乎故有物必有則

民之秉夷也故好是懿德

諸子說性孟子不輕易與他說性且與他言情言才何謂性何謂情何謂才楊復所云性根也情萌芽也才生意也惻隱之心八句盡出箇萌芽來惻隱之心仁也以下盡出箇生意來至末節物則秉彝等語方逗漏到根上一篇機軸全是用逆○以不深入故筆陣得以疏落擺脫乃爾末段幾入理窟矣然看來孟子竟不曾着一筆只是引詩只是引孔子說詩且孔子又只是以詩說詩不著於詩

以非殊字變作同字又以兩變似字一轉精神煥然

外另設一筆理學風流逸韻翩翩。本是說善卻著若夫爲不善二句或相倍蓰二句以不善逼出善來置之死地而後生

孟子曰富歲子弟多賴凶歲子弟多暴非天之降才爾殊也其所以陷溺其心者然也今夫麰麥播種而耰之其地同樹之時又同浡然而生至於日至之時（又○時）皆熟矣雖有不同則地有肥磽雨露之養人事之不齊也（故○帶○挑○未○拓○調）故凡同類者舉相似也何獨至於人而疑之（偃○接）聖人與我同類者故龍子曰不知足而爲屨我知其不爲蕢也屨之相似天下之足同也口之於味有同耆也易牙先得我口之所耆者也（以○出○數○句○作○波○瀾）如使口之於味也其性與人殊若犬馬之與我不同類也則天下何耆皆從易牙之於味也至於味天下期於易牙是天下之口相似也惟耳亦然至於聲天下期於師曠是天下之耳相似也惟目亦然至於子都天下莫不知其姣（不云至○於○色○變○文）也不知子都之姣者無目者也故曰口之於味也有同耆焉耳之於聲也有同聽焉目之於色也有同美焉（方○久○木○意○）至於心獨無所同然乎心之所同然者何也謂理也義也聖人先得我心之所同然耳故理義之悅我心猶芻豢之悅我口（聖○人○同○類）（又○以○口○字○結）

從麰麥說起引到凡同類上從凡同類引到人上到了人上從足說起引到口上從口引到耳上目上從口耳目引到心上抽蕉剝筍鬆脆可愛。同字是篇骨卻乃從麰麥處躍出幾箇同字來如此伏案法匪夷所思。龍子段沒緊沒要最是襯貼佳境看古文須著眼此等處。聖人與我同類一提聖人先得我心之所同然耳一應開闔極大。虛提與我同類一句至末方點出心之同然極有含蓄。故曰口之於味數句再數一遍似複似贅妙有敲打獨無所同然乎所同然者何也連用兩句虛喚風流欲絕。徐揚貢論枕中書蘇於何獨至於人而疑之句批徑接二字爲上文有雖有不同一曲故此不嫌於徑又下文有無數波折故此更不嫌於徑所謂緩脈急受也故龍子曰以下又一是急脈緩受故批徑接二字於中則前後緩脈曲勢俱此二字影出自起而轉而又轉到至於心句

兩段對說感慨有味

如層巒疊嶂蒼翠插天口耳目三段連山斷嶺一段一變獨口之於味段一往一復峯勢紆迴耳目兩段一正收一反掉各自成勢而奇絕處又在故曰一束各段至此聚齊然後跌落至於心三字如萬弩齊到故蘇評云只至於心獨無所同然乎一句斡轉筆力萬鈞○一篇十四同字花蝶相亂

孟子曰（突○起）牛山之木嘗美矣（○語○頓○挫）以其郊於大國也斧斤伐之可以爲美乎是其日夜之所息雨露之所潤非無萌蘖之生焉牛羊又從而牧之是以若彼濯濯也人

見其濯濯也以爲未嘗有材焉此豈山之性也哉（上○下○收○放）雖存乎人者豈無仁義之心哉其所以放其良心者亦猶斧斤之於木也（○激○右○波）旦旦而伐之可以爲美乎其日夜之所息平旦之氣其好惡與人相近也者幾希（進○一步）則其旦晝之所爲有梏亡之矣梏之反覆則其夜氣不足以存夜氣不足以存則其違禽獸不遠矣人見其禽獸也而以爲未嘗有才焉者是豈人之情也哉故苟得其養無物不長苟失其養無物不消孔子曰操則存舍則亡出入無時莫知其鄉惟心之謂與

從嘗美說到不美地步文氣已頹矣得是其日夜云云一筆振起從萌蘖之生說到濯濯地步文氣又頹矣又得人見其濯濯一筆振起蕩夷之中抑揚秀拔非大手筆不能○通篇之妙全在上下收放四字所謂雙關文法也○前路俱是空翻喚起一箇養字不肯下一實筆局陣飛舞○故苟得其養無物不長九箇字把前兩段一齊撥轉萬類回生○徐揚貢論枕中書劈空喻起飄宕靈忽如魚熊掌篇是也此篇亦然而逐步分截脈路又變第

一句從最後想起最初無限感慨此一句自爲一截以其郊於大國三句爲一截其日夜之所息三句爲一截牛羊二句爲一截人見其濯濯二句爲一截凡四轉轉轉有情此豈山之性又一轉此轉正呼吸首句嘗美意挽住凡文有轉筆無挽筆如形家所謂行龍不結地也故必須挽一筆方結得住下文急用逆勢跌入正意從最後之不存想起初之尚存雖存乎人兩句照牛山首一句句法變而意實對惟意對而句不對文情益復峭起也此

句頭云吾子婉轉悱惻

專心致志句已提明上提而結之法不盡

二句自爲一截其所以放二句爲一截插入斧斤之於木略照上喻以後絕不照喻而句法似同似不同隱隱相對兩層文字之活而不板者蘇批云兩段對說感慨有味又云上下收放上下收放者其法也感慨者其味也感慨之味行於上下收放之中

孟子曰無或乎王之不智也（提一句）雖有天下易生之物也（就人喻）一日暴之十日寒之未有能生者也（三句收）吾見亦罕矣吾退而寒之者至矣吾如有萌焉何哉今夫弈之爲數小數也不專心致志則不得也弈秋通國之善弈者也使弈秋誨二人弈其一人專心致志惟弈秋之爲聽一人雖聽之一心以爲有鴻鵠將至思援弓繳而射之雖與之俱學弗若之矣爲是其智弗若與曰非然也

兩截若關應若不關應首云不智末云爲是其智弗若與曰非然也似向似背活不可言○連用二喻已將正意洗發明白卻着一問答語結水月鏡花政妙在不分明徐論枕中書一句喝起便截住雖有天下易生之物云云翩然而下用三句點撥即入正意正意亦只三句兩矣字一何哉極其飄宕落到今夫弈一段曲盡形容妙在不專心致志五字先於入喻時提清下文一人其一人兩兩相比專心致志字而一處全出一處半隱半現只寫其意鴻鵠將至思援弓繳幻情幻境無端變現末只一句挽轉呼吸智字而不專心字面全隱不現只用非然也三字虛歇如紅日將沒光映碧山別有異觀故蘇批不答之答意甚含蓄意卻說明

在前亦是一結法

孟子曰魚我所欲也熊掌亦我所欲也二者不可得兼舍魚而取熊掌者也生亦我所欲也義亦我所欲也二者不可得兼舍生而取義者也生亦我所欲所欲有甚於生者故不爲苟得也死亦我所惡所惡有甚於死者故患有所不辟也如使人之所欲莫甚於生則凡可以得生者何不用也使人之所惡莫甚於死者則凡可以辟患者何不爲也由是則生而有不用也由是則可以辟患而有不爲也是故所欲有甚

分開三節作波

二句一柔一剛結

於生者所惡有甚於死者非獨賢者有是心也人皆有之賢者能勿喪耳一簞食一豆羹得之則生弗得則死嘑爾而與之行道之人弗受蹴爾而與之乞人不屑也萬鍾則不辨禮義而受之萬鍾於我何加焉爲宮室之美妻妾之奉所識窮乏者得我與鄉爲身死而不受今爲宮室之美爲之鄉爲身死而不受今爲妻妾之奉爲之鄉爲身死而不受今爲所識窮乏（反照賢者勿喪句）者得我而爲之是亦不可以已乎此之謂失其本心

本爲不辨禮義而受萬鍾者說先以死生關頭空

說大半篇竟不知因何發議此布勢之妙將入萬鍾不徑入萬鍾以簞食豆羹一段跌起此襯貼之妙至萬鍾何加已是水窮山盡處忽生出宮室妻妾等語另出機軸非前半所有此反覆敲打之妙○義字一篇之骨入首兩點出下文伏而不現但以所欲有甚等語空翻至萬鍾句方再一出下文又伏而不現但以受不受空翻秋水長天一片空明○前半生蛇渡水後半明霞互天一簞食下將行道乞人與萬鍾人双作一團分拆不開機鋒利

害。○篇法到一簞食換局得之則生二句關合上下文情末路單拈死字尤爲警策○空靈幻動極矣然其法有可指者生亦我所欲六句是反覆法如使人之所欲八句是跌宕法萬鍾則不辨五句是頓挫法鄉爲身死六句是迴環法徐揚貢云

孟子曰仁人心也義人路也舍其路而弗由放其心而不知求哀哉人有雞犬放則知求之有放心而不知求學問之道無他求其放心而已矣

孟子曰今有無名之指屈而不信非疾痛害事也如

有能信之者則不遠秦楚之路爲指之不若人也指不若人則知惡之心不若人則不知惡此之謂不知類也

孟子曰拱把之桐梓人苟欲生之皆知所以養之者至於身而不知所以養之者豈愛身不若桐梓哉弗思甚也

孟子曰人之於身也兼所愛兼所愛則兼所養也無尺寸之膚不愛焉則無尺寸之膚不養也所以考其善不善者豈有他哉於己取之而已矣體有貴賤有

小大無以小害大無以賤害貴養其小者爲小人養其大者爲大人今有場師舍其梧檟養其樲棘則爲賤場師焉養其一指而失其肩背而不知也則爲狼疾人也飲食之人則人賤之矣爲其養小以失大也飲食之人無有失也則口腹豈適爲尺寸之膚哉

體有貴賤六句正講安於中間以前後八層鼓舞筆端編離法也前四層頓挫後四層波瀾○本爲大體說卻將尺寸之膚兼愛兼養處翻一番涵詠得趣體有貴賤六句直截喝破場師三段與他譬喻一番商量一番末忽挾起作一勢收仍舊打轉兼愛兼養意煙波迴環○戴云末路二語如飄風忽舉驚鳥乍飛妙絕妙絕○

公都子問曰鈞是人也或爲大人或爲小人何也孟子曰從其大體爲大人從其小體爲小人曰鈞是人也或從其大體或從其小體何也曰耳目之官不思而蔽於物物交物則引之而已矣心之官則思思則得之不思則不得也此天之所與我者先立乎其大者則其小者不能奪也此爲大人而已矣

孟子曰有天爵者有人爵者仁義忠信樂善不倦此天爵也公卿大夫此人爵也古之人修其天爵而人爵從之今之人修其天爵以要人爵既得人爵而棄其天爵則惑之甚者也終亦必亡而已矣

孟子曰欲貴者人之同心也人人有貴於己者弗思耳人之所貴者非良貴也趙孟之所貴趙孟能賤之詩云既醉以酒既飽以德言飽乎仁義也所以不願人之膏粱之味也令聞廣譽施於身所以不願人之文繡也

孟子曰仁之勝不仁也猶水勝火今之爲仁者猶以一杯水救一車薪之火也不熄則謂之水不勝火此又與於不仁之甚者也亦終必亡而已矣

孟子曰五穀者種之美者也苟爲不熟不如荑稗夫仁亦在乎熟之而已矣

孟子曰羿之教人射必志於彀學者亦必志於彀大匠誨人必以規矩學者亦必以規矩

兩層出落
善用誘筆

標孟卷之六下

任人有問屋廬子曰禮與食孰重曰禮重色與禮孰重曰禮重曰以禮食則饑而死不以禮食則得食必以禮乎親迎則不得妻不親迎則得妻必親迎乎屋廬子不能對明日之鄒以告孟子孟子曰於答是也何有不揣其本而齊其末方寸之木可使高於岑樓金重於羽者豈謂一鉤金與一輿羽之謂哉取食之重者與禮之輕者而比之奚翅食重取色之重者與禮之輕者而比之奚翅色重往應之曰紾兄之臂而

不折之折

奪之食則得食不紾則不得食則將紾之乎踰東家牆而摟其處子則得妻不摟則不得妻則將摟之乎

翻簸玲瓏文家清品岑樓鉤金連引兩喻濯濯新拔。於答是也何有便當以往應之曰緊緊接上中間數段是先打得屋廬子胸中玲瓏然後教以往應最是文章頓挫妙處亦是空中布勢處。取食之重一段只用輕重字空翻不離本色。奚翅食重比間意硬進一步欲取關與

曹交問曰人皆可以爲堯舜有諸孟子曰然交聞文王十尺湯九尺今交九尺四寸以長食粟而已如何則可曰奚有於是亦爲之而已矣有人於此力不能勝一匹雛則爲無力人矣今曰舉百鈞則爲有力人矣然則舉烏獲之任是亦爲烏獲而已矣夫人豈以不勝爲患哉弗爲耳徐行後長者謂之弟疾行先長者謂之不弟夫徐行者豈人所不能哉所不爲也堯舜之道孝弟而已矣子服堯之服誦堯之言行堯之行是堯而已矣子服桀之服誦桀之言行桀之行是桀而已矣曰交得見於鄒君可以假館願留而受業

於門曰夫道若大路然豈難知哉人病不求耳子歸而求之有餘師

公孫丑問曰高子曰小弁小人之詩也孟子曰何以言之曰怨曰固哉高叟之爲詩也有人於此越人關弓而射之則己談笑而道之無他疏之也其兄關弓而射之則己垂涕泣而道之無他戚之也小弁之怨親親也親親仁也固矣夫高叟之爲詩也曰凱風何以不怨曰凱風親之過小者也小弁親之過大者也親之過大而不怨是愈疏也親之過小而怨是不可

磯也愈疏不孝也不可磯亦不孝也孔子曰舜其至
（點學字結）
孝矣五十而慕
二篇水窮雲起文字結尤古怪物有雙則境濃
單則淡故淡題喜濃寫濃題喜淡寫前段單說小
弁題之淡者也憑空撰出越人關弓其兄關弓如
許議論後因小弁連及凱風題之濃者也便將兩
項自相資主本色掃去更不生枝布葉自有長袖
善舞之勢當於此悟破文家機軸
宋牼將之楚孟子遇於石丘曰先生將何之曰吾聞

秦楚構兵我將見楚王說而罷之楚王不悅我將見
秦王說而罷之二王我將有所遇焉曰軻也請無問
其詳願聞其指說之將何如曰我將言其不利也曰
先生之志則大矣先生之號則不可先生以利說秦
楚之王秦楚之王悅於利以罷三軍之師是三軍之
士樂罷而悅於利也爲人臣者懷利以事其君爲人
子者懷利以事其父爲人弟者懷利以事其兄是君
臣父子兄弟終去仁義懷利以相接然而不亡者未
之有也先生以仁義說秦楚之王秦楚之王悅於仁

總感遂生

義而罷三軍之師是三軍之士樂罷而悅於仁義也
爲人臣者懷仁義以事其君爲人子者懷仁義以事
其父爲人弟者懷仁義以事其兄是君臣父子兄弟
去利懷仁義以相接也然而不王者未之有也何必
曰利
孟子居鄒季任爲任處守以幣交受之而不報處於
平陸儲子爲相以幣交受之而不報他日由鄒之任
見季子由平陸之齊不見儲子屋廬子喜曰連得閒
矣問曰夫子之任見季子之齊不見儲子爲其爲相

與曰非也書曰享多儀儀不及物曰不享惟不役志
于享爲其不成享也（不成出）屋廬子悅或問之屋廬子曰季
子不得之鄒儲子得之平陸
以逐層次第吐出故佳若一口道破何味妙在
孟語仍舊囫圇而正意寄在屋廬子口中道破似
波瀾似正講妙妙戴云鏡花水月可玩不可即
屋廬子悅或問之七箇字似隱似現似斷似續妙
不容言
淳于髡曰（一折）先名實者爲人也後名實者自爲也夫子

暗從名實未加轉出一論其大辨才明快至此更有何處下得轉語

衆人二字劈面一掌

在三卿之中名實未加於上下而去之仁者固如此乎孟子曰居下位不以賢事不肖者伯夷也五就湯五就桀者伊尹也不惡汙君不辭小官者柳下惠也三子者不同道其趨一也一者何也曰仁也君子亦仁而已矣何必同曰魯繆公之時公儀子爲政子柳子思爲臣魯之削也滋甚若是乎賢者之無益於國也曰虞不用百里奚而亡秦穆公用之而霸不用賢則亡削何可得與曰昔者王豹處於淇而河西善謳緜駒處於高唐而齊右善歌華周杞梁之妻善哭其夫而變國俗有諸內必形諸外爲其事而無其功者髡未嘗覩之也是故無賢者也有則髡必識之曰孔子爲魯司寇不用從而祭燔肉不至不稅冕而行不知者以爲爲肉也其知者以爲爲無禮也乃孔子則欲以微罪行不欲爲苟去君子之所爲衆人固不識也

三問三答淳于總要侵到孟子身上孟子總只開門開說不沾上身而巖巖氣象自見此之謂不辨之辨○淳于語風發泉湧孟語水到渠成

孟子曰五霸者三王之罪人也今之諸侯五霸之罪人也今之大夫今之諸侯之罪人也天子適諸侯曰巡狩諸侯朝於天子曰述職春省耕而補不足秋省斂而助不給入其疆土地辟田野治養老尊賢俊傑在位則有慶慶以地入其疆土地荒蕪遺老失賢掊克在位則有讓一不朝則貶其爵再不朝則削其地三不朝則六師移之是故天子討而不伐諸侯伐而不討五霸者摟諸侯以伐諸侯者也故曰五霸者三王之罪人也五霸桓公爲盛葵丘之會諸侯束牲載書而不歃血初命曰誅不孝無易樹子無以妾爲妻再命曰尊賢育才以彰有德三命曰敬老慈幼無忘賓旅四命曰士無世官官事無攝取士必得無專殺大夫五命曰無曲防無遏糴無有封而不告曰凡我同盟之人既盟之後言歸于好今之諸侯皆犯此五禁故曰今之諸侯五霸之罪人也長君之惡其罪小逢君之惡其罪大今之大夫皆逢君之惡故曰今之大夫今之諸侯之罪人也

魯欲使慎子爲將軍孟子曰不教民而用之謂之殃

審法躍然○愼子勃然不悅正與魯欲字對針看法文跡然

從分封說來伏王者案

跌起二句作波

民殃民者不容於堯舜之世一戰勝齊遂有南陽然且不可愼子勃然不悅曰此則滑釐所不識也曰吾明告子天子之地方千里不千里不足以待諸侯諸侯之地方百里不百里不足以守宗廟之典籍周公之封於魯爲方百里也地非不足而儉於百里太公之封於齊也亦爲方百里也地非不足也而儉於百里今魯方百里者五子以爲有王者作則魯在所損乎在所益乎徒取諸彼以與此然且仁者不爲況於殺人以求之乎君子之事君也務引其君以當道志於仁而已。

殺人以求四字是章骨百里不百里俱非實語不過借來作勢耳鼓煽極大○初云殃民後云殺人進一步語初云教民後云事君亦進一步語○天子之地至在所損益凡三滾頭具大縱橫○不千里不足云云欲說多不得先說少不得絕妙機鋒○結局三句堂堂正正若與前路不相綰帶結法之最高者

孟子曰今之事君者曰我能爲君辟土地充府庫今之所謂良臣古之所謂民賊也君不鄉道不志於仁而求富之是富桀也我能爲君約與國戰必克今之所謂良臣古之所謂民賊也君不鄉道不志於仁而求爲之强戰是輔桀也由今之道無變今之俗雖與之天下不能一朝居也

白圭曰吾欲二十而取一何如孟子曰子之道貉道也萬室之國一人陶則可乎曰不可器不足用也曰夫貉五穀不生惟黍生之無城郭宮室宗廟祭祀之禮無諸侯幣帛饔飧無百官有司故二十取一而足也今居中國去人倫無君子如之何其可也陶以寡且不可以爲國況無君子乎欲輕之於堯舜之道者大貉小貉也欲重之於堯舜之道者大桀小桀也

善用間法隔法故筆陣滅沒○意在戒重歛耳只末一句是正位前路一番問答俱是假說古人著書布勢立格往往如此○先言無城郭宮室云云轉一語云去人倫無君子又轉一語云況無君子一步緊一步○一結莊嚴大貉小貉大桀小桀千古妙論

白圭曰丹之治水也愈於禹孟子曰子過矣禹之治水水之道也是故禹以四海爲壑今吾子以鄰國爲壑水逆行謂之洚水洚水者洪水也仁人之所惡也吾子過矣

孟子曰君子不亮惡乎執

魯欲使樂正子爲政孟子曰吾聞之喜而不寐公孫丑曰樂正子強乎曰否有知慮乎曰否多聞識乎曰否然則奚爲喜而不寐曰其爲人也好善好善足乎曰好善優於天下而況魯國乎夫苟好善則四海之

內皆將輕千里而來告之以善夫苟不好善則人將曰訑訑予既已知之矣訑訑之聲音顏色距人於千里之外士止於千里之外則讒諂面諛之人至矣與讒諂面諛之人居國欲治可得乎

陳子曰古之君子何如則仕孟子曰所就三所去三迎之致敬以有禮言將行其言也則就之禮貌未衰言弗行也則去之其次雖未行其言也迎之致敬以有禮則就之禮貌衰則去之其下朝不食夕不食饑餓不能出門戶君聞之曰吾大者不能行其道又不能從其言也使饑餓於我土地吾恥之周之亦可受也免死而已矣

不字虛

孟子曰舜發於畎畝之中傅說舉於版築之閒膠鬲舉於魚鹽之中管夷吾舉於士孫叔敖舉於海百里奚舉於市故天將降大任於是人也必先苦其心志勞其筋骨餓其體膚空乏其身行拂亂其所爲所以動心忍性曾益其所不能人恆過然後能改困於心衡於慮而後作徵於色發於聲而後喻入則無法家拂士出則無敵國外患者國恆亡然後知生於憂患

而死於安樂也

忽帝王忽豪傑忽天忽人忽國家忽生死起落跌斷突兀離奇讀一過長人精神生人氣骨

孟子曰教亦多術矣予不屑之教誨也者是亦教誨之而已矣

標孟卷之六

標孟卷之七上

新安汪有光謙子甫評
弟汪有聲駿子甫校
孫汪錫顯素書甫編

孟子曰盡其心者知其性也知其性則知天矣存其心養其性所以事天也殀壽不貳修身以俟之所以立命也

孟子曰莫非命也順受其正是故知命者不立乎巖牆之下盡其道而死者正命也桎梏死者非正命也

孟子曰求則得之舍則失之是求有益於得也求在我者也求之有道得之有命是求無益於得也求在外者也

孟子曰萬物皆備於我矣反身而誠樂莫大焉強恕而行求仁莫近焉

孟子曰行之而不著焉習矣而不察焉終身由之而不知其道者衆也

孟子曰人不可以無恥無恥之恥無恥矣

孟子曰恥之於人大矣爲機變之巧者無所用恥焉不恥不若人何若人有

孟子曰古之賢王好善而忘勢古之賢士何獨不然樂其道而忘人之勢故王公不致敬盡禮則不得亟見之見且猶不得亟而況得而臣之乎

孟子謂宋句踐曰子好遊乎吾語子遊人知之亦囂囂人不知亦囂囂曰何如斯可以囂囂矣曰尊德樂義則可以囂囂矣故士窮不失義達不離道窮不失義故士得己焉達不離道故民不失望焉古之人得志澤加於民不得志修身見於世窮則獨善其身達

則兼善天下

孟子曰待文王而後興者凡民也若夫豪傑之士雖無文王猶興

孟子曰附之以韓魏之家如其自視欿然則過人遠矣

孟子曰以佚道使民雖勞不怨以生道殺民雖死不怨殺者

孟子曰霸者之民驩虞如也王者之民皞皞如也殺之而不怨利之而不庸民日遷善而不知爲之者夫

君子所過者化所存者神上下與天地同流豈曰小補之哉

孟子曰仁言不如仁聲之入人深也善政不如善教之得民也善政民畏之善教民愛之善政得民財善教得民心

孟子曰人之所不學而能者其良能也所不慮而知者其良知也孩提之童無不知愛其親也及其長也無不知敬其兄也親親仁也敬長義也無他達之天下也

孟子曰舜之居深山之中與木石居與鹿豕遊其所以異於深山之野人者幾希及其聞一善言見一善行若決江河沛然莫之能禦也

孟子曰無爲其所不爲無欲其所不欲如此而已矣

孟子曰人之有德慧術知者恆存乎疢疾獨孤臣孽子其操心也危其慮患也深故達

孟子曰有事君人者事是君則爲容悅者也有安社稷臣者以安社稷爲悅者也有天民者達可行於天下而後行之者也有大人者正己而物正者也

孟子曰君子有三樂而王天下不與存焉父母俱存兄弟無故一樂也仰不愧於天俯不怍於人二樂也得天下英才而教育之三樂也君子有三樂而王天下不與存焉

孟子曰廣土衆民君子欲之所樂不存焉中天下而立定四海之民君子樂之所性不存焉君子所性雖大行不加焉雖窮居不損焉分定故也君子所性仁義禮智根於心其生色也睟然見於面盎於背施於四體四體不言而喻

孟子曰伯夷辟紂居北海之濱聞文王作興曰盍歸乎來吾聞西伯善養老者太公辟紂居東海之濱聞文王作興曰盍歸乎來吾聞西伯善養老者天下有善養老則仁人以爲己歸矣五畝之宅樹牆下以桑匹婦蠶之則老者足以衣帛矣五母雞二母彘無失其時老者足以無失肉矣百畝之田匹夫耕之八口之家可以無飢矣所謂西伯善養老者制其田里教之樹畜導其妻子使養其老五十非帛不煖七十非肉不飽不煖不飽謂之凍餒文王之民無凍餒之老

者此之謂也

孟子曰易其田疇薄其稅斂民可使富也食之以時用之以禮財不可勝用也民非水火不生活昏暮叩人之門戶求水火無弗與者至足矣聖人治天下使有菽粟如水火菽粟如水火而民焉有不仁者乎

本是經濟常談不安聖人治天下五字於前便自突兀民非水火不生活一句不知何處來昏暮叩人之門戶一句又不知何處來得此數句滿篇驗岩有神。暗點使菽粟如水火之方在首次點水火次點聖人治天下使有菽粟如水火格法純用逆。昏暮叩人之門戶三句開處著精神

孟子曰孔子登東山而小魯登太山而小天下故觀於海者難爲水遊於聖人之門者難爲言觀水有術必觀其瀾日月有明容光必照焉流水之爲物也不盈科不行君子之志於道也不成章不達

忽登山忽觀海忽遊聖門忽觀水觀瀾忽日月忽流水寫得如許離奇滅沒忽用兩句正語鬪鎖爲一篇之鎮如碣石一山當住海口眞大觀也

孟子曰雞鳴而起孳孳爲善者舜之徒也雞鳴而起孳孳爲利者蹠之徒也欲知舜與蹠之分無他利與善之間也

孟子曰楊子取爲我拔一毛而利天下不爲也墨子兼愛摩頂放踵利天下爲之子莫執中執中爲近之執中無權猶執一也所惡執一者爲其賊道也舉一而廢百也

孟子曰饑者甘食渴者甘飲是未得飲食之正也饑渴害之也豈惟口腹有饑渴之害人心亦皆有害人能無以饑渴之害爲心害則不及人不爲憂矣

孟子曰柳下惠不以三公易其介

孟子曰有爲者辟若掘井掘井九軔而不及泉猶爲棄井也

孟子曰堯舜性之也湯武身之也五霸假之也久假而不歸惡知其非有也

公孫丑曰伊尹曰予不狎于不順放太甲于桐民大悅太甲賢又反之民大悅賢者之爲人臣也其君不賢則固可放與孟子曰有伊尹之志則可無伊尹之

志則算也

公孫丑曰詩曰不素餐兮君子之不耕而食何也孟子曰君子居是國也其君用之則安富尊榮其子弟從之則孝弟忠信不素餐兮孰大於是

王子墊問曰士何事孟子曰尚志曰何謂尚志曰仁義而已矣殺一無罪非仁也非其有而取之非義也居惡在仁是也路惡在義是也居仁由義大人之事備矣

孟子曰仲子不義與之齊國而弗受人皆信之是舍簞食豆羹之義也人莫大焉亡親戚君臣上下以其小者信其大者奚可哉

桃應問曰舜為天子皐陶為士瞽瞍殺人則如之何孟子曰執之而已矣然則舜不禁與曰夫舜惡得而禁之夫有所受之也然則舜如之何曰舜視棄天下猶棄敝蹝也竊負而逃遵海濱而處終身訢然樂而忘天下

奇文驚鬼膽高論破天荒如此奇文更何必論事論理○尤妙在出之以非出之以決渾身是膽○

不了　而了結覺緊

二大士對談不必盡解但知其妙

孟子自范之齊望見齊王之子喟然歎曰居移氣養移體大哉居乎夫非盡人之子與孟子曰王子宮室（另○轉○一頭○妙）車馬衣服多與人同而王子若彼者其居使之然也況居天下之廣居者乎（縱○有○力）（轉○挾○有○條）魯君之宋呼於垤澤之門守者曰此非吾君也何其聲之似我君也此無他居相似也

上只廣居一句借王子影出凡作三層段落一層泛論而略帶王子二層就王子上帶出廣居三層

併王子廣居二俱不著另換出一世界戴云安章頓句莊周似之○羚羊挂角○章首安望見二字此一篇遂體所從生

孟子曰食而弗愛豕交之也愛而不敬獸畜之也恭敬者幣之未將者也恭敬而無實君子不可虛拘

孟子曰形色天性也惟聖人然後可以踐形

齊宣王欲短喪（摘）公孫丑曰為朞之喪猶愈於已乎孟子曰是猶或紾其兄之臂子謂之姑徐徐云爾亦教之孝弟而已矣王子有其母死者其傅為之請數月

之喪公孫丑曰若此者何如也曰是欲終之而不可得也雖加一日愈於已謂夫莫之禁而弗爲者也

章首點一句齊宣王欲短喪接以公孫丑孟子問答是小出脫王子以下是大出脫讀此種文字胎骨欲仙一篇檀弓文字章法句法字法無不神肖疑檀弓倣此而作者欲終二語恐王子未必能自寫出入王子處先點事後點問筆法大妙○波瀾甚長

孟子曰君子之所以教者五有如時雨化之者有成

德者有達財者有答問者有私淑艾者此五者君子之所以教也

公孫丑曰道則高矣美矣宜若登天然似不可及也何不使彼爲可幾及而日孳孳也孟子曰大匠不爲拙工改廢繩墨羿不爲拙射變其彀率君子引而不發躍如也中道而立能者從之

孟子曰天下有道以道殉身天下無道以身殉道未聞以道殉乎人者也

公都子曰滕更之在門也若在所禮而不答何也孟子曰挾貴而問挾賢而問挾長而問挾有勳勞而問挾故而問皆所不答也滕更有二焉

孟子曰於不可已而已者無所不已於所厚者薄無所不薄也其進銳者其退速

孟子曰君子之於物也愛之而弗仁於民也仁之而弗親親親而仁民仁民而愛物

孟子曰知者無不知也當務之爲急仁者無不愛也急親賢之爲務堯舜之知而不徧物急先務也堯舜之仁不徧愛人急親賢也不能三年之喪而緦小功

之察放飯流歠而問無齒決是之謂不知務

標孟卷之七下

孟子曰不仁哉梁惠王也仁者以其所愛及其所不愛不仁者以其所不愛及其所愛公孫丑曰何謂也梁惠王以土地之故糜爛其民而戰之大敗將復之恐不能勝故驅其所愛子弟以殉之是之謂以其所不愛及其所愛也

孟子曰春秋無義戰彼善於此則有之矣征者上伐下也敵國不相征也

孟子曰盡信書則不如無書吾於武成取二三策而

已矣仁人無敵於天下以至仁伐至不仁而何其血之流杵也

孟子曰有人曰我善爲陳我善爲戰大罪也國君好仁天下無敵焉南面而征北狄怨東面而征西夷怨曰奚爲後我武王之伐殷也革車三百兩虎賁三千人王曰無畏寧爾也非敵百姓也若崩厥角稽首征之爲言正也各欲正己也焉用戰

孟子曰梓匠輪輿能與人規矩不能使人巧

孟子曰舜之飯糗茹草也若將終身焉及其爲天子也被袗衣鼓琴二女果若固有之

孟子曰吾今而後知殺人親之重也殺人之父人亦殺其父殺人之兄人亦殺其兄然則非自殺之也一閒耳

孟子曰古之爲關也將以禦暴今之爲關也將以爲暴

孟子曰身不行道不行於妻子使人不以道不能行於妻子

孟子曰周于利者凶年不能殺周于德者邪世不能

亂

孟子曰好名之人能讓千乘之國苟非其人簞食豆羹見於色

孟子曰不信仁賢則國空虛無禮義則上下亂無政事則財用不足

孟子曰不仁而得國者有之矣不仁而得天下未之有也

孟子曰民爲貴社稷次之君爲輕是故得乎丘民而爲天子得乎天子爲諸侯得乎諸侯爲大夫諸侯危

社稷則變置犧牲既成粢盛既潔祭祀以時然而旱
乾水溢則變置社稷
孟子曰聖人百世之師也伯夷柳下惠是也故聞伯
夷之風者頑夫廉懦夫有立志聞柳下惠之風者薄
夫敦鄙夫寬奮乎百世之上百世之下聞者莫不興
起也非聖人而能若是乎而況於親炙之者乎
一篇寫影文字專取遠體不著其人言而言其
風又不言其風而言聞繪花繪香繪月繪光而況
於親炙之者乎一掉意在筆先勢來天外聖人

百世之師也空中一拳伯夷柳下惠是也倒插梅
花故聞一段離鐙取影奮乎三句宛起鶻落非聖
人而能若是乎象王回顧而況於親炙之者乎怒
龍掉尾
孟子曰仁也者人也合而言之道也
孟子曰孔子之去魯曰遲遲吾行也去父母國之道
也去齊接淅而行去他國之道也
孟子曰君子之戹於陳蔡之閒無上下之交也
貉稽曰稽大不理於口孟子曰無傷也士憎茲多口

詩云憂心悄悄慍于群小孔子也肆不殄厥慍亦不
隕厥問文王也
孟子曰賢者以其昭昭使人昭昭今以其昏昏使人
昭昭
孟子謂高子曰山徑之蹊閒介然用之而成路爲閒
不用則茅塞之矣今茅塞子之心矣
高子曰禹之聲尚文王之聲孟子曰何以言之曰以
追蠡曰是奚足哉城門之軌兩馬之力與
齊饑陳臻曰國人皆以夫子將復爲發棠殆不可復
（伏衆字妙）

孟子曰是爲馮婦也晉人有馮婦者善搏虎卒爲善
（制做住）
士則之野有衆逐虎虎負嵎莫之敢攖望見馮婦趨
而迎之馮婦攘臂下車衆皆悅之其爲士者笑之
（一把一擲結）
敘馮婦事閒冷曲至絕不出正意更高卒爲善
士則之野七字淸絕
孟子曰口之於味也目之於色也耳之於聲也鼻之
於臭也四肢之於安佚也性也有命焉君子不謂性
也仁之於父子也義之於君臣也禮之於賓主也智
之於賢者也聖人之於天道也命也有性焉君子不

謂命也
浩生不害問曰樂正子何人也孟子曰善人也信人也何謂善何謂信曰可欲之謂善有諸已之謂信充實之謂美充實而有光輝之謂大大而化之之謂聖聖而不可知之之謂神樂正子二之中四之下也
孟子曰逃墨必歸於楊逃楊必歸於儒歸斯受之而已矣今之與楊墨辯者如追放豚既入其苙又從而招之
孟子曰有布縷之征粟米之征力役之征君子用其

標孟　卷之七下　十五

一緩其二用其二而民有殍用其三而父子離
孟子曰諸侯之寶三土地人民政事寶珠玉者殃必及身
盆成括仕於齊孟子曰死矣盆成括盆成括見殺門人問曰夫子何以知其將見殺曰其為人也小有才未聞君子之大道也則足以殺其軀而已矣
孟子之滕館於上宮有業屨於牖上館人求之弗得或問之曰若是乎從者之廋也曰子以是為竊屨來與曰殆非也夫子之設科也往者不追來者不拒苟

以是心至斯受之而已矣 即後充字
孟子曰人皆有所不忍達之於其所忍仁也人皆有所不為達之於其所為義也人能充無欲害人之心而仁不可勝用也人能充無穿窬之心而義不可勝用也人能充無受爾汝之實無所往而不為義也士未可以言而言是以言餂之也可以言而不言是以不言餂之也是皆穿窬之類也
能充無穿窬下奇舉疊見如一林脩竹觸地而出可謂秀絕○充無穿窬已峭刻無受爾汝又峭刻

標孟　卷之七下　十六

言餂不言餂更峭更刻已開韓非氣脈○仁義並舉雙來單受參差入妙而筆氣又何淋漓乃爾
孟子曰言近而指遠者善言也守約而施博者善道也君子之言也不下帶而道存焉君子之守修其身而天下平人病舍其田而芸人之田所求於人者重而所以自任者輕
孟子曰堯舜性者也湯武反之也動容周旋中禮者盛德之至也哭死而哀非為生者也經德不回非以干祿也言語必信非以正行也君子行法以俟命而

已矣
孟子曰說大人則藐之勿視其巍巍然堂高數仞榱題數尺我得志弗爲也食前方丈侍妾數百人我得志弗爲也般樂飲酒驅騁田獵後車千乘我得志弗爲也在彼者皆我所不爲也在我者皆古之制也吾何畏彼哉
孟子曰養心莫善於寡欲其爲人也寡欲雖有不存焉者寡矣其爲人也多欲雖有存焉者寡矣
曾皙嗜羊棗而曾子不忍食羊棗公孫丑問曰膾炙

與羊棗孰美孟子曰膾炙哉公孫丑曰然則曾子何爲食膾炙而不食羊棗曰膾炙所同也羊棗所獨也諱名不諱姓姓所同也名所獨也
萬章問曰孔子在陳曰盍歸乎來吾黨之士狂簡進取不忘其初孔子在陳何思魯之狂士（伏○俏○乙○案○後○）孟子曰孔子不得中道而與之必也狂獧乎（丨○步○進○丨○步○）狂者進取獧者有所不爲也（丁○思○狂○案○）孔子豈不欲中道哉不可必得故思其次也敢問何如斯可謂狂矣曰如琴張曾皙牧皮者孔子之所謂狂矣何以謂之狂也曰其志嘐嘐然曰古之人古之人夷考其行而不掩焉者也（丁狂字案）狂者又不可得欲得不屑不潔之士而與之是獧也是又其次也（丁○狷○字○案○）孔子曰過我門而不入我室我不憾焉者其惟鄉原乎鄉原德之賊也曰何如斯可謂之鄉原矣曰何以是嘐嘐也言不顧行行不顧言則曰古之人古之人行何爲踽踽涼涼生斯世也爲斯世也善斯可矣閹然媚於世也者是鄉原也萬章曰一鄉皆稱原人焉（絕處逢生）無所往而不爲原人孔子以爲德之賊何哉曰非之無舉也刺之無刺也同乎流俗合乎汙世居之似忠信

行之似廉潔衆皆悅之自以爲是而不可與入堯舜之道故曰德之賊也孔子曰（詠歎）惡似而非者惡莠恐其亂苗也惡佞恐其亂義也惡利口恐其亂信也惡鄭聲恐其亂樂也惡紫恐其亂朱也惡鄉原恐其亂德也君子反經而已矣經正則庶民興庶民興斯無邪慝矣

本論狂士御得狷者來陪說文情便不冷淡無端轉入鄉原天外飛來即就鄉原中急入狂狷一段借鄉原寫狂狷語作鄉原自寫海影倒翻不可名

狀過此以下竟將鄉愿直講到底若與狂狷了不相涉然句句講鄉愿句句是反影狂狷真是水中鹽味色裏膠青似此境界韓柳歐蘇一輩人未夢見在○何以是嘐嘐段倒文也若順之當云何以嘐嘐曰古之人古之人言不顧行行不顧言踽踽涼涼段又倒文也若順之當云生斯世也爲斯世也善斯可矣行何爲踽踽涼涼○孔子曰過我門二十七字是孟子引來作思狂狷波瀾屬上文看篇法大妙

標孟　卷之七下　十九

孟子曰由堯舜至於湯五百有餘歲若禹皋陶則見而知之若湯則聞而知之由湯至於文王五百有餘歲若伊尹萊朱則見而知之若文王則聞而知之由文王至於孔子五百有餘歲若太公望散宜生則見而知之若孔子則聞而知之由孔子而來至於今百有餘歲去聖人之世若此其未遠也近聖人之居若（四○篇○變○換○突入○一○層○新○意）此其甚也然而無有乎爾則亦無有乎爾

妙在插入若禹皋若伊尹若太公三筆便如美女插花臨池欲笑若無此三筆則一篇文字有縱無横未免孤幹摯風結句花光月影不可把捉尤是無上神品○閱此一過再看莊周馬班自序便是傖父頭面凡作大文字全要議論正氣骨高

標孟卷之七終

標孟　卷之七下　廿

四書辯訛孟子二卷

清　汪陞撰

清康熙三十四年學誨堂刻本

康熙三十四年新鐫

星江汪蘭友著

四書題解辨訛

吾
師是集極得聖賢真詮標焉既精語焉
亦詳訛必述其訛之由辨必窮其辨之實一
觸目間是非疑似皆可得而晰也欲識聖賢
真詮者其亟鑒焉

門人　燻謹識

學穀堂藏板

四書譌解辨序

紅秋館藏本

時文以善變而愈工而聖賢之理斷無變通之說蓋今之爲時文者竭其聰明

思慮日出其新而未有已遂能使新者忽故而轉又生新其不離乎故之中皆無不出乎故之外此所謂善變也若夫聖賢之理根乎性命而性命之理出乎人心因取四書註疏及理學諸書循而達之故無容

出其獨見以奪其所有而予其所無然則汪子四書譌解之辨何爲乎作也則以人心日趨乎僞而好爲

高奇詭僻之論以湮沒聖賢之眞理故不得不爲之辨也且夫人則未有自安於譌者也而嘗若於不自

知汪子取四書每章每節每句之舊有沿譌者合之於儒先之書而辨之曰若者如是也若者不如是也

又取先正及近今之名文而辨之曰若者如是也又取諸選家評跋之語而辨之曰若者又無不如是也

蓋至是而四書之正旨明聖賢之眞理出矣而又非謂盡天下之人無有不譌者而辨之也夫天下豈少

好學深思之人其不至於
譌者將讀是編而快意焉
如逢故人而共道其所讀
之書所得之學相視莫逆

油油乎其甚適也其不幸
而竟有忘其爲譌者讀之
則大赧面赤泚然汗下退
而力爲創懲精究其至是

無非之義如中夜入幽室
中倀倀何之而忽得舉燭
也如瞽者之蚤夜思視而
一旦金鍼爲之撥明也至

若辨之爲名則又非如創
爲議論以聳其忿好而疑
信相借褒貶相貸也不過
就題求理理則固然之理

也就理求文文則共見之文也就文求評評則久傳之評也無穿鑿無囁嚅而直追而窮之以至於無可

韓序七

變通而後止讀書者其可少此明辨之功乎哉世之學者以是不易之理而發其善變之文心理學明文

風盛汪子之功庸有量乎余未識汪子介吾友王子升吉寄是書來京師以徵序於余余覽之知汪子之

韓序八

學非無原本者也遂書數言綴於簡端汪子名壁蘭友其字也其宗孫請業者名熏亦與有參訂之功云

康熙乙亥歲春正月穀日

長洲韓菼譔

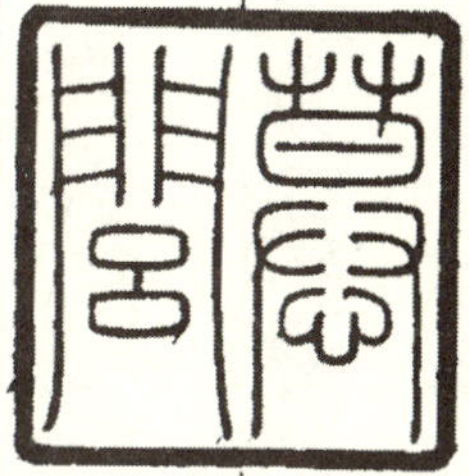

四書辨譌序

自仲尼沒而微言絕七十子喪而大義乖聖賢之統猶幸而不絕如綫者獨賴其書存耳然孔氏之書更秦漢歷唐析文便辭支離破碎

千餘年間無復搜擇而融浹之者昌黎一代名儒猶等孟夫子于荀卿楊雄之列況其他哉自宋程朱諸大儒出作爲傳註以羽翼遺經至於今懸爲取士之式自太學以

至郡縣學士莫不誦習其說以治心養性兼以講明夫爲天下國家之具夫士去聖人之世二千餘年矣猶得因其書以側聞聖人之道之什一則傳註之功豈不偉哉獨

沈序二

是紫陽朱子竭畢生之力以爲傳註而其時卽有譏其爲訓詁俗學者子靜之尊德性陽明之良知類皆得其半而遺其半其於孔孟之傳殊有間矣後之學者則又因其

異同互相標榜於是旁見側出而門戶紛然其高者負絕世之姿放言高論以鼓簧一世之聽其卑者勦其成說以相附會至於一二猥瑣流俗之士則惟剽竊疑似以應

沈序三

有司之求已耳其於聖賢之意豈有當哉原其弊皆始於時文時文之所以悅人耳目者惟務新奇於是穿鑿隱僻而副墨指南衷旨說統之書閧然並出世之學者如入

百戲之場耳目眩亂心志回惑終身顛倒于其說而不知所歸不亦悲夫予就傅之年即讀紫陽朱氏之書比長亦汎濫於宋明諸儒之說竊欲一正其譌而學力淺陋故

不敢逞其臆見新安汪子蘭友獨能以濬湛之思剖晰是非成訂譌一書寓書京邸以相考證夫新安朱子之鄉也士生其間必有讀遺書而興起於千載以上者汪子湛

精覃思較然排衆說而不惑夫豈小辨破言小言破道者可同日而道哉昔歸震川送其友王子敬欲以瓣香謁紫陽之祠使知數百載後猶有自信而不惑者予於汪子

其亦同此感也夫昔

康熙三十三年歲次甲戌嘉平月

吳興年家眷弟沈朝初拜譔

四書辨訛序

國家以經義取士歷明至今鴻才輩出稱極盛矣先儒之論文也曰載道曰明道則夫代聖賢以立言豈易事哉後之學者誠能以子朱子爲之鵠研聖學之精微辨諸儒之同異浚造

不已久而自得趣鄉既端根柢既厚於以闡發微言羽翼大義將閎中肆外自了然於心與手之間然而風尚各殊文體迭變一科之內或雅鄭雜陳淄澠罔辨一篇之中亦有純疵相半首尾衡决推原其故皆由於舍難就易不特朱子全書未及窺尋即傳註本文從無詳玩徒拘牽於高頭說約之解況錮於歷科房行之選而欲據其理以爲文豈不誖哉又其甚者莊列楞嚴秘爲妙義稗官野史佐其清言方且詡詡然以爲標新領異擺

脫陳因蠅竅蛙聲此倡彼和使不過其流而清其源將載道之具道反以叛明道之資道因以晦以訛傳訛勢不至胥天下而爲誣聖之書不止今

聖天子敦崇正學振興大雅文體日增道

上近得呂晚村仇滄柱兩先生出取

各科鄉會房行諸選絡貫乎濂洛關
閩之言而衷之以朱子於是操觚家
始畧識其鵠之所在間有一二才辨
之士故矯其説詭立異趨嗜爲新奇
不知天下至正卽是至奇文之新者
詞新而理不易也余自丁卯來新安

命題課藝常以兩先生爲程式歷今
八載閲文甚夥幸多士之有合於鄙
趣而因思夫新安古理學名區爲朱
子發祥之地當必有聞風與起如仇
呂其人者出而嗣響焉適婺學汪子
蘭友來余齋中出所輯四書辯訛問

序於余余披閲數過其間審同辨異
取有明先輩文及近今時藝不下數
萬篇考得失於錙銖定從違於毫芒
勃窣理窟而淸言娓娓誠足以含吐
二公之英華補苴二公之闕畧余不
禁脱帽起舞歎爲仇呂之知己紫陽

之功臣而能謝今日新奇之卮也學
者茍紬繹是書以探尋朱子之義蘊
則臨文之際自能洞徹本源載道明
道端在於斯又何至羣迷岐路以上
負
國家右文之治也耶若乃陳言務去則

余更有說焉夫善於文者莫如歸熙甫其論文有曰惟不切者爲陳言然則先儒之精義而豈有不切者乎闢入譌說而反不爲陳言乎哉是又可以悟矣汪子潛心理學謬以余爲知言不遠數百里而問學辨疑其雅志

誠不可及也余願就當世之賢人君子共正之可乎旹

康熙三十二年歲在癸酉仲春月穀旦宛陵耿世際題於新安之寄雪齋

四書辯訛序

今學者束髮受書先從四子之書誦習而卒業焉誠以聖賢之微言大指在是即千古相傳之道統在是也幸遇

聖朝崇尚理學遵傳註而黜異說天下固翕然向風矣然自諸家講義林立爭出

騰說競尚新奇不免歧途之惑呫嗶之士非析理精微胸有定識將泥於所見遂有毫釐千里之謬識者鰓鰓焉憂之此辯訛一書汪子所由作也汪子蘭友攻苦力學不窺園者有年其於經史諸子靡不博綜貫穿而四子之書尤殫心

研慮以倡明聖道爲己任乃取大全或問蒙引存疑淺說等書會萃而折衷之以期至當即帖括制義可以互相發明者亦博採以証其說要使聖賢之微言大指炳如日星而學者知所趨尙此其裒輯之苦心也今是集付之剞劂以公海內眞足羽翼傳註津梁後學其有功於斯道豈淺鮮耶余素稱汪子之好學以遠到期之者適問序於余因述數語以弁之首　昔

康熙癸酉歲次仲秋月玉峯李天叙題

四書辯訛序

四子之書如日月經天江河行地昭昭日在人耳目之前童而誦之皓首而習之夫寧可不求得乎當日語意之眞而竟訛以傳訛耶其訛也八股之失也八股之失講說誤之也蓋世之習制藝家不能於雪案螢窗間從白文中反覆咀玩又不能於朱子章句細心熨貼而徒取三家村塾中老學究所授高頭腐爛講章一部奉爲指南以爲趨便就易獵取科名足矣又何怪乎聖賢語意之眞不出而書理之日晦也然則講說槩可廢乎則又不然蓋講說亦非

盡訛也特習於講說者之不能辨之耳有明以前者無論自永樂中頒行大全以後如蔡虛齋之蒙引林次崖之存疑陳紫峯之淺說顧麟士之說約類能得經傳真詮爲章句羽翼近日晚村呂先生滄柱仇先生介眉陳先生亦皆持論嚴確其於俗解

之訛亦既辯之詳且悉矣然而彼此不無同異而撦觚家亦互有從違此而不彙羣說而精爲辯之別其異以歸於同吾恐毫釐千里而聖賢語意之真終無有定也此汪子辯訛一書之不得已乎汪子家世青箱殫精舉業其於是書也博取先儒語錄諸家講解以及近君子之評語潛心研辯棄其駁取其純刪其繁就其簡析其參錯歸其一致庶幾書有定解文有定識雖區區股偶之中可傳聖賢語意之真而不致訛以傳訛也其有功於經傳有功於章句豈淺鮮哉余故閱其書而樂爲之序峕

康熙癸酉季春月年家眷弟胡繩聖嗣武氏拜譔於星江清署

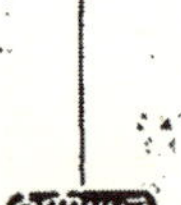

四書辯訛序

叔祖蘭友四書辯訛講義成告余曰吾是書蓋認取聖賢眞面目而作也余聞之悚然曰叔祖作是書心良苦矣功綦大哉嘗聞學術關乎人心而學術之原則由於求理之眞則講義之有蹈於訛者烏可不辯訛者辯則眞者面目見矣則是書之有關於學術人心者豈不大哉然吾觀是書而得叔祖之眞面目矣孝以事母慈以撫姪信以處友將見異日爲臣忠以事君皆於是書信之矣嗟乎今之人而能認取聖賢眞面目者幾人哉宜其自見眞面目者鮮也

昔

康熙三十二年癸酉孟夏月愚姪孫旰拜譔

自序

夫四子之書義精理確[illegible]所謂百代之矩範萬事之權衡也

國家奉以取士蓋欲學者從事於斯揣摩聖賢義理小而庶物大而人倫各得其所當然之則與其所以然之故以之治己以之訓世以之致君澤民庶幾身修家齊國治天下平耳豈徒使之手披口吟藉爲行文之具哉勝朝首此命題昭代因之我

章皇帝嘗申遵註之令俾聖賢本旨不爲俗解所蒙今

聖天子右文興學復有

經筵日講解義頒行天下以故四子之書燦然昭著於世如日月之經天江河之行地矣然從來講章常多同異逐時制藝更有是非前後相沿不能無訛傳焉蓋講章既多言人人殊豈能悉當且無論後人之訛前人不能逆覩未由評駁

卽前人已評駁者後人弗考亦莫知其訛也如
紫陽抹而去之之説陽明先生猶自矜爲剏獲
者夫豈少哉至於制藝號曰時文數見不鮮陳
言務去標新領異以免知希祇求文心之出俗
不顧書理之失眞者自昔已然故於聖賢之言
或全者偏之詳者畧之或順者逆之隱者露之
或比者與之母者子之奴者主之與夫以文害
辭屈經從傳失却廬山眞面目者不可勝數甚

自序　二

而以後世之情形概前朝之事勢以異端之宗
旨爲吾儒之指歸以小人之機權作君子之經
濟者往往有矣漢儒釋經經反晦於漢儒豈虛
語耶聖賢之義理弗明儒生之學術皆謬蓋心
有所不達則發於其言見於其行皆不得其道
矣故孟子謂詖淫邪遁之病原生於心而蔽陷
離窮之矣必害於政與事也士習係乎民風士
習不端民風何由移易文章關於國運文章弗

正國運奚以維持艾東鄉曰學術之毫釐有差
貽害世道人心不小然則説之訛者其可以弗
辯乎哉陞祖父三代俱困宮墻明季遭難縹緗
蕩廢家貧落魄無以爲生先君游學四方不遑
内顧賴母氏女紅度活勉給膳束令陞從師三
載將及離經之年始能受書於家塾稍踰授田
之歲輒已餬口於童蒙晚學無師獨學無友故
聖賢義理茫然未有得焉然經書既完曾學帖

自序　三

括承塾師與夫子指示謂作文字必須貼切聖
賢本旨乃佳陞佩服其教見制義有不當於茲
者博而索之書解覺書解有不合於是者反而
求諸白文反覆玩味始知聖賢語意自有眞也
後又叅於理學名儒諸公之説與之合者十踰
二三竊自喜其所見頗不甚訛因不自揣復擇
世之訛者辯之或纂人言作證或出己意發明
隨其所輯謄爲一編藏之篋中欲以課子使知

聖賢本旨庶於義理可明耳既而思之韓昌黎有曰知而不以告人者不仁也㘡之所知固不足以告人而人又有言曰護己短而背有道君子羞之苟不就正當世烏知所辯者之訛與不訛也因不自量竟以付梓書既成有從而詰之者謂大全說約天下靡不共遵子之所辯亦不盡從其說何耶㘡應之曰各家書解瑕者必有瑜瑜者必有瑕也如說統雖駁而純處儘多翼

註固精而疵處不少况大全一書乃集諸儒之說以備參考者耳無問其他即朱子亦有未定之見與大註相矛盾者而謂可盡從乎語出大全世遂以爲不易之解亦已泥矣說約原本較他家爲純一後來增補便多瑕疵即劉先生所纂亦有失其當者故廣陵史君蒙解講宗說約於未帖處則筆削所必加也詰者又曰明之艾子清之呂子仇子皆精於書義者可爲紫陽功

臣也何於其說亦不盡從答以三先生者㘡固北面事之矣從其說者千百違者什一耳如謂先民之說必欲有從而無違也則呂子之於艾子仇子之於呂子何以不盡相沿耶且諸子之於朱子亦或間有異同何哉朱子見其徒蔡先生壁經之解遂自言其誤註鳴鶉未及改正於兩程夫子固謂有以接乎孟氏之傳幸爲私淑而與有聞者也及自著述未嘗附和而雷同焉

可見前之君子念矢虛公原不自執乎已見理求眞確亦不徇於人言存聖賢之心明聖賢之道者固如是也㘡乃迂儒下士何足語此抑心所謂危不敢自欺以欺人耳詰者於是唯唯而退然戰國策有曰悖者之患以不悖者爲悖㘡之所辯以爲訛者庸詎知其非非訛耶以爲不訛者庸詎知其非非不訛耶世之君子有見而知其訛者不惜直言轉而辯我令不至復以

訛傳訛也則予小子當奉令承教拜嘉不遑矣

旹

康熙甲戌冬月婺源後學汪堅書於學誨堂

凡例八則

四書之理本自明白何以有訛耶葢有英資敏捷早歲成名不暇研窮書理者有賢智過人縱其才識所及越却書理者此訛之所不免耳雖事帖括者不能專求書理之精取科第者不必悉由書理之當然而書之爲理則不容有訛也故辨之

凡講章制義評語苟有訛處則皆辨之然而訛者多矣辨之未盡辨也補義之刊願以異日

每段之首必看某說訛也一句葢欲使人先知訛之所在繼乃觀其所以訛與不訛者耳非如朱子綱做春秋目做左氏之說也

人之訛者少而理之易辨者文則從畧難辨而訛者多文則從詳故文之詳者多則五六頁少亦四三篇也苟有疑似難明而必欲求其說之至當者亦或不厭其繁乎

凡解之訛與不訛者必引成說以證之葢恐無徵不信耳其說雖長亦盡引而不畧者恐加筆削則失本意如子禽問於子貢曰章說約芟除淺說字句遂致誤解是也且使觀者得覩全文可免復索他本之勞

諸家講章有竝列兩般見解而不分別是非者有直連兩人說

話而不剖清彼此者皆使觀者難認也集中所引所辨必有折衷之語起結之句以明之故多浮詞複說耳

凡引說之訛者則用點其不訛者則用圈說得諦當明快者則密圈雖巳之辨論亦用密圈而不嫌者欲明理之是非不得不然

凡引古今先達皆當稱號與字以尊之集中有呼姓名某先生者由陛地僻人微見聞不廣兼之家少載籍素無縉紳末由稽考故耳觀者幸諒

陛再識

四書題解辯訛總目

上編

卷之一大學　卷之二中庸

中編

卷之三上論　卷之四下論

下編

卷之五上孟　卷之六下孟

首載序文　末附跋文

吾師是書蓋爲維持經學而作也世之治經學者每不潛心儒宗語錄但見講義之新奇超脫者遂奉爲實籙競相傳習而不察其非甚且自矜才智託言先正提挈串插之法一章之中妄拈一二句以爲主腦强取一二字以爲眼目自謂推陳出新另開生面評文者亦或隨聲附和以爲獨出手眼濃圈極贊而不知其於聖賢語意顛倒紛錯相去千里矣噫經學之未明賴講書者闡之書理之未徹賴作文者發之文章之未醇賴評選者論定之苟講書作文評選者惟知訛以傳訛不思辨宜早辨則經學之晦者何由而明乎吾師用取平昔所覽諸家講義迄前後制義文評斥其非而標其是不使異端紊聖學不使霸術雜

王道不使微文害大義不使餘意淆正解彙爲一書就正有道宛陵虞麐先生一見而擊節不置曰此真足以維持經學者盍付梓以公諸世吾師緣剞劂無資彙刪有待約舉其半先登棗梨計三百七十餘則共十九萬數千言海內君子誠無徂於舊聞惑於異說取是書而反復玩味焉其亦曉然於經學矣夫

門再姪孫基謹識

四書辯訛上孟卷之五

星江汪陞蘭友著 門姪孫 黷漢汲 炘明萬仝較 鼎伯新

王何必曰 一節

訓此節是正說道理者訛也說統曰這兩句只就理欲上看到中間乃只並陳利害出來合參曰亦有仁義是正說仁義未嘗不利是權說說約遍下二節云夫利固不可求亦知求利又自有害乎若夫仁義既正固所當行况仁義又自有其利乎俱將此節與下文看作兩樣矣此不知聖賢因時立言因人立言之道也蓋時勢或異人心不同聖賢立言原不執一故春秋言是非戰國則言利害矣孟子之對惠王原是就利害說何必曰利即含言利必有害也亦有仁義即含言仁義反有利也觀末節結文及各節註語可見蓋與惠王正說不可利已損人的道理彼則曰苟利於己何恤於人必以孟子之言爲迂闊而不聽矣曾何益哉說統有曰按戰國之君中於利已深只空空以仁義說之必不見信孟子打動他處全在剖析利害此見甚是夫既

欲以利害動他則不必正說道理矣雖曰下節亦是說到利害上去而此節先說道理不已失之迂闊耶孟子之告時君亦或有時正說道理而此章郤是專言利害也必亦以正說道理言之則非孟子意矣朱子小註曰孟子所遇皆庸君下士槩多有爲之言其說是也如好勇好貨好色好世俗之樂之說亦皆順而從之但必引之於正不徒順適其意而已故與阿諛諂佞者不可同日而語耳老泉謂進諫者貴得其術此亦有識之論孟子於不可理諭之人則勢禁而利誘之非所謂能得其術者耶雖齊梁之君亦終未行其道此則聽者之愚儒耳而孟子進言

則已得其術矣如是進言而不聽乃可曰是彼之逆忠也每見說書作文者於聖賢權宜說話必以正當道理解之使聖賢因時立言因人立言之道皆埋沒了無怪讀聖賢之書者進說於人猶復不得其術俾阿諛諂佞之輩反誚儒術之迂疎而無用也故特辨之於斯

未有仁而　一節

親亦指人主者訛也翼註曰一說君親二字俱指梁王說陳大士文兩句皆作人主自饗其利而曰王於民于情爲親於分爲君此本翼註所引之一說也後來作者多倣大士之解而以親字指人主說矣然忠孝雖無二致而君親實有不同不可混而一之也註中自親戴於己句雖是指人主說然是說完本文之後側到人主身上以明仁義有益於君見梁王當言仁義之意耳若本文未有仁句郤仍是說大夫士庶各愛其父母也翼註曰看來只可結歸梁王正講還題其言是矣凡說書作文者言内言外必須還他分曉方於聖賢意旨不差不獨此章然也

謹庠序之　二句

謂教卽以成養者訛也宋羽皇先生曰教正所以成養也時文亦有如是立說者如曰人有養之具而不率養之教卽我養人

之心未盡人裕養之資而不明養之義卽我養人之道未盡是也然教與養原是兩事註中明言飽煖無教則又近于禽獸故既富而教以孝弟矣慶源輔氏曰制民之產使之有以遂其生而又爲之學校之教使之得以全其性則養自養教自教豈所以成養者耶艾千子曰可以衣帛可以食肉言富而有其資也庠序之教孝弟之義則養志皆在其中不獨口體矣借父耰鉏慮有德色毋取箕帚立而誶語此豈富而無其具者乎此教正以善吾養耳不知庠序之教原不專於孝弟孝弟之義亦不止於養老此段單言教事不必合到上文衣帛食肉而以爲善

吾養也衆三先生曰庠序只是明養道故下云頒白者不負戴於道路矣不知下文頒白者不負戴是言服勞非奉養也如何以此謂庠序只是明養道耶難題問答有曰初因梁王倂荒而告以養民之道民之中老者尤在所養但民不知養老故敎之孝弟以使養其老是敎孝弟正所以養老養老正所以養民也不知養老特養民中之一端耳老者當養黎民亦當養也謂養老正所以養民則只言老者衣帛食肉足矣何以又說黎民不饑不寒耶此三說者皆爲不然但前後俱是說養只此段单是說教作文須要跟養入教耳故徐闇公先生評庚午楊君鄉墨

曰通章皆言足國養民之政惟此乃入教民一段他作竟從本題舒展不復迴顧上脉維斗獨能尋其來處法脉井然也然承題云教所以終養之事也中云庠序皆言養道末云教之之道即其所以養之之方故曰王道養民而已亦是將教說歸於養與設教之本旨有不合矣陳大士先生文則無此弊也

樂天者保　二句

專就氣象規模說者訛也翼註曰保天下保其國俱是實事不止是氣象規模存疑曰註保天下之氣象這句側在保天下上保國之規模亦然觀翼註存疑之解則氣象規模非實說保天下保其國也蒙引曰眞實會保天下曾保其國或謂止是論其氣象與規模而已非也其曰保天下之氣象保一國之規模者蓋謂樂天者如何屬以保天下畏天者如何屬以保其國蓋樂天者包涵徧覆無不周徧便是保天下之氣象也故屬以保天下也云耳又曰保天下保其國爲宣王言也而語類又拘拘於氣象規模者蓋非有此氣象有此規模亦無能有保天下保其國之事矣蒙引發揮註意尤明白也仇先生有評曰保天下自有實事時文誤看註中氣象二字動謂事不必有以及之而必有以及之籠統寬泛極矣介眉先生曰樂天者三字只當以

大事小者五字以大事小强不凌弱衆不暴寡天下之安可知則保天下乃實事非虛效也註中氣象一段是又從保天下處想出近文泥此往往作虛摸口氣如所云未有其事而已有其理千手雷同不識題目爲何物矣二先生之論樂天者句題文切中時弊而畏天句從可知矣

樂天者保　一句

就安民說者訛也此題文字說樂天者以大字小不動干戈四方百姓皆賴以安者多矣然觀畏天者保其國句是言人君之效則此何亦就人君之效言之似是說能統攝各國諸侯耳蒙

引曰樂天者保天下明說做效蓋包涵徧覆無不周徧則天下皆翕然歸心矣天下安得不爲其保也艾千子亦曰保天下ミ就萬邦惟懷多方誕受說方切近不泛成化丁未會試程文曰雖未必一一而懷柔之然凡有茅土者皆在其統御之中若湯雖七十里之國萬邦以之而惟懷也雖未必一一而撫摩之然凡有血氣者皆在其範圍之內若文王雖百里之地多方自爾而誕受也此文爲得其解若作安天下之民則不貼切人君之教與保其國何不相類矣且安民是後三節事此處只就交隣說觀總註曰能懲小忿則能恤小事大以交鄰國能養大勇則

能除害救民以安天下前後分爲兩截可見

爲我作君　一句

以晏子進言爲臣悅君者訛也遍觀書解文字詮相悅處俱有二說一說晏子進言是臣悅君景公聽言是君悅臣一說景公喜晏子之進言是君悅臣晏子樂景公之聽言是臣悅君據陸看來仍是後說爲當蒙引曰一說景公欲比先王之觀而晏子善之歷歷告以先王之法及今時之弊而請使自擇此臣悅其君也景公聞晏子之言遂大戒於國出舍於郊而興發補不足此君悅其臣也此說亦無妨但恐告景公時尚未必其果能行

與否未敢便悅若悅亦須是大戒出舍之後方見相得之情耳且其召太師云云乃發自景公意也太師之作樂實在大戒於國之後晏子之悅亦可想見又曰君之悅臣只用上文景公悅之字是了然景公之悅晏子而悉以其言見諸行事如此則晏子之悅景公又當何如耶此可以想見矣是晏子之悅其君當在大戒出舍之後不必就以上文善哉問也以下爲臣悅其君也況使非景公悅大戒於國云云則臣之悅其君者亦不成矣蒙引之辯如此則後說實爲當也存疑曰晏子陳先王之法今時之弊以告景公而致景公之悅是臣有以悅君也此解則費

曲折矣折衷謂此說較蒙引之說覺明顯者殆不可從

左右皆曰　一段

並重國人之論與國君之察者訛也說統鄒浩曰公議不可不恤獨斷不可不謹是將入君之察與國人之論並重矣遍觀此題文字無有不如是立說者然看下節故曰國人殺之也句及末節註云民之所好好之云云則孟子之意是專重國人之論不重人君之察也翼註曰左右諸大夫之言至國人而始決吾之察亦因國人而後施重國人上此說爲得其旨介眉先生評甲子浙墨曰此題以國人爲主孟子見齊王用人多由左右諸

大夫而進故以國人公論動之即憂樂同民之旨觀下國人殺之與爲民父母可見題中國人皆曰賢句最重大意是爵人衆共方無私好作者不體會章旨細審題情往往并國人駁倒是國人句下亦須添未可也三字矣浙墨多然元作不免甚矣相題之難也又曰何嘗不須察但必國人皆曰賢然後察耳此意何以無人點醒陳先生亦見作者皆不合措故云然耳然丁嘉猷先生者能知歸重國人落句云此無他左右諸大夫之爲國誠不如國人之爲國而實以自爲也陳先生評之曰齊王之廷所信者左右諸大夫耳孟子欲其無惑於近習而引之以國人

之公論作此題者毋曲意迴護左右諸大夫反貶駁國人殊不解也此篇將上二項總發落到國人處極合題情定衛評閒君諦元吳先生者曰然後察之從國人之論生來不是拋却國人獨逞己見末句云仍因國人而察之用之殊有卓識此作者閱者所見皆同也至於房書惟胡君諦作梅先生者得解自記曰着眼國人二字不但故曰國人句可通即爲民父母之義亦得矣其見甚是陳先生亦評之曰題雖有察用二層大意只重國人耳從來作者蒙混無如此之明確者也再則馮大木先生者如題挨講亦合專重國人語意其他則竝重人君之察矣甚而專重人君之察矣雖仇先生曰重國人人皆見及據墨所見則見及者少也

事齊乎事　二句

說作俱覺不可事者訛也折衷曰文公之意以爲小國而間於大國之間不事之則侵凌不可免兼事之則力有不能故欲擇一强者事之耳說統徐儆弦曰兼事不能不事不可因其事以自結而修好則得免於事之者之伐因其强以自庇而求援則得免於不事者之伐文公之謀專恃人也故孟子教以自守之竊觀折衷說統之解則文公是謂齊楚有可事者非謂齊楚皆

不可事也遍觀此題文字皆云事齊而危事楚而亦危事齊恐禍即生於齊事楚恐禍即生於楚事齊而恐開罪於楚事楚而恐開罪於齊如此云云是文公自謂不可事齊亦不可事楚矣何待孟子曰是謀非吾所能及耶此種說話原是孟子是謀非吾所能及也之意非文公意中之言也章素文評嶠先生文曰滕文口中說事齊又說事楚滕文意中却正事齊不得事楚又不得夫滕文意中若自覺其如此又何須以事之者問孟子耶晚村評曰若在齊楚尚有法則出來須做得不事不可事亦不可專事不可兼事尤不可或事而他國伐之或事而本國侮之

四路把截無可伸縮制算纔是兩乎字神情愚謂文公意中只覺兼事不可初無專事不可之說只覺不事不可初無事亦不可之說是因兼事不可不事不可故欲擇其强者而專事之耳兩乎字不過是商量質問之詞似非無可制算之說也時文俱作左顧右盼無可柰何光景恐非滕文當日語意矣

德之流行　一節

謂德之流行不假時勢而自速者訛也折衷曰此引孔子之言見仁政之行其機本自速而不假於時勢也時文多從此解如辛卯鄉墨中亦有如是說者自愚思之孔子當日雖未嘗計及

時勢而爲是言然言德之流行甚速者亦非必謂是不假時勢而自能然也廣炬訂引與公之言曰時勢齊人能言孔子則言德孔子豈不知百里難與百年難洽者又自言曰按時勢二字非聖言所有必要縮帶豈尼父預爲援引地耶尤須說來不與文王相悖方好觀此二語明孔子雖未言及時勢亦非不知有時勢也孔子口中雖不必縮帶時勢而欲不悖於文王則無論孔子自說與孟子引說皆不可謂德之行不假時勢而自速也如謂不假時勢而德之行自速則文王之德何以猶未洽於天下耶孟子既言文王何可當矣何以又言猶方百里起是以難

耶且事半於古人而功必倍之者何以謂惟此時爲然耶蒙引曰德之流行一條不必言時勢既易則德行自速蓋自爲一條上文雖云行仁政而王莫之能禦也饑者易爲食渴者易爲飲然其實只據見成時勢道雖兼德化意不曾兼德化對說至此方說出德行之速而下文方總之曰當今之時萬乘之國行仁政民之悅之猶解倒懸也又曰若以德之流行就帶上文時勢易說則下文所云當今之時萬乘之國行仁政民之悅之猶解倒懸者不必用矣故須各自爲一項說而下方總云云蒙引之言如此亦是謂此節不可牽入時勢在內以侵下節總言地位

耳非謂孔子是爲不假於時勢者言之也程先生鄉墨有曰我言時勢而德在其中孔子言德而時勢亦在其中雖似託疏却已見得明白陳先生者有云或者曰時勢雖處其易而德終處其難握至易之資據至難之術是兩詘也則是時勢能動而德反阻也時勢能遠而德反邇也時勢能急而德反緩也殆未聞吾孔子之言矣此反德行之速即借時勢翻來不離時勢却又側到德上尤爲得解得法鄉墨中有謂德高無位德隆無遇而美惡所及亦可以感格於遐邇者若如此說則孔子何以不能行道孟子何爲必欲以齊王耶雖至德感人亦有不借尺土而

能王者而此章德字是指仁政而言非其人有德之謂則無時勢必不能行非遇時勢之易亦必不能行之速也與論匹夫而有天下者不同又有以六州來歸虞芮質成謂文王德之流行亦未當不速者此意又差蓋孟子是論文王之難於王而因言時勢與德之易以明王齊反手之故顧謂文王之德雖無時勢其行亦速不與孟子所言猶方百里起是以難者相背耶雖劉子壯先生房書亦如是說却不可從若晚村之評趙先生者尤似近於迂闊矣

自反而不　四句

謂四句俱是言大勇者訛也嘗見古今文字概以四句爲大勇者甚多細思勇字之義却不可從蓋勇者怯之反也自反而不縮雖褐寬博吾不惴焉者理屈而氣不伸也氣不伸則爲怯矣尚得爲勇耶故必自反而縮千萬吾往方是大勇翼註曰自反而不縮不過設言以起下文耳重在理直氣壯一邊勿以善藏其勇善用其勇平對此說甚是羽皇曰往千萬人之勇易見惴褐寬博之勇難知合惴往俱是大勇其解非也潘士藻先生一節題文結比曰其有不直也若非所以養勇然惟反其不直者而後常直者在我必往之勇藏於拙矣其有所畏也宜不足以

言勇然惟求其可畏者而後不可畏者在人天下之勇莫能當矣文定文在雖淺取之然如此幹旋似費曲折不若以上二句作賓下二句作主之爲順耳仇先生曰縮爲大勇之本此句最得要言可知不兼不縮邊矣

志壹則動　二句

以兩句分好反者訛也說統李衷一曰志本是心之動的不一則渙散無其帥氣本是周流的不動則枯槁無其充故志可一而氣不可一氣可動而志不可動也志之動氣則氣發越充滿氣動志者則心體亦多不寧照下蹶者趨者看則志一動氣宜

主好邊說也古今文字本此說者甚多然大全朱子曰志動氣是源頭濁者故下流亦濁也氣動志者是下流壅而不泄反濁了上面也則兩句俱是主不好說矣說統董思自曰志壹動氣由於志不持氣一動志由於暴其氣此壹是偏向一邊之壹玩持其志的持字似是不可使之壹也孟子之言如此不爲無見且說約曰按近文志一句多講是志帥氣一般不知壹字動字俱不是好說話無一樣兩句爲兩解之理由說約言之則以上句主好邊說下句主不好邊說者誠不可從故仇先生文俱作不好者言其自記曰按朱子語錄源濁流濁及流壅源濁之說

則知兩句皆當就不好處說況動字與不動心對照其義已明孫先生評袁君一節文曰壹與動俱是不好字面觀朱子源流上下之論俱以濁字言之自明二先生俱從小註之解則兩句確宜俱主不好說矣彙解曰大註云志之所向專一則氣固從之猶上言志氣之帥一般既謂從之即如徒卒之從將帥矣小註又云志一動氣是源頭濁者下流亦濁是志亦不當一以動氣矣此朱子未定之解仍從大註可也壁謂大註從之二字似亦未見得是主好邊說也則從小註無妨

必有事焉　四句

不照註分兩截者訛也此題文字格法不一多與註中其或未充一轉不合意耳文微有評曰依註義有事勿正作一層用其或未充作轉醒出心字而以勿忘頂有事勿助頂勿正確不可移若提有事作主下文只消說勿正勿忘何以又說勿助且將心字夾在中間不甚清楚矣正音有評曰按大全有事勿忘是一類勿正勿助是一類鐵板不易凡一頭三脚與側重助長者皆非也持論有評曰此題向非一格或三平或兩對或一頭兩脚以正字縮忘助或三段聯合互相糾纏總不若註中上下分講爲定格也歷觀諸評則書解作法俱可識矣而時文種種之

弊何必待辨而後明耶

乃所願則　二句

以知言養氣詮願學者訛也知言養氣雖屬不動心之源然此節是言孔子仕止久速各當其可故願學耳與知言養氣不相涉矣嘗觀此題文字以知言養氣立說者十之八九都不合旨崇禎周燦先生文就出處上說出願學之故能得脉理故麟士先生評曰夷尹雖皆聖人然於仕止久速各見得一邊畢竟有動心處若孔子無可無不可何等坦然其當大任不動心也決矣孟子願學主腦在此斯文獨得其實仇先生亦評曰此文專

就出處進退上講絕不插入知言養氣俗眼視之必疑其粗豪善玩書理方知其體貼之精蓋知言養氣是推原不動心之由乃四十以前事此處丑問伯夷伊尹而孟子舉仕止久速爲言本就行藏出處而言即章旨卿相行道之意故知願學孔子亦當緊承仕止久速說若只管推溯到心學工夫俱與此意不合矣讀此文方知善會節旨亦且善握章旨此二評俱確若宋羽皇先生所謂須對照夷尹亦要與知養相符者非也翼註曰願學孔子要與不動心相關蓋仕止久速一聽於時此心常如太虛無一毫芥蒂便是不動心源頭壁謂孟子不動心源頭雖在

知言養氣而此只言願學孔子之仕止久速耳牽合不動心亦覺迂闊

見其禮而　二句

兼說孔子在內者訛也蒙引曰見其禮而知其政云云孔子亦在其中子貢所以知夫子爲生民以來所未有亦以此耳時文依此立論而謂夫子亦有禮樂評者以爲得旨似不可解雖蒙引存疑亦會說出夫子之禮樂來究爲不當彙解曰若不先差等百王何以見生民未有之聖故從禮樂政德說起原不兼夫子在內因禮樂而知德政可以見百王之聖之實而以此比量

夫子則夫子又爲生民未有之聖非百王之所能及都在爲聖人說處不必强說夫子之禮樂高於百王也此說甚確脫村先生曰四個其字明明虛指百王與孔子分賓主如何選家反說包有孔子在內孔子安得有禮樂與政且子貢於孔子又何消禮樂而知耶此種俗解夾七夾八胡纏謬旨反拋荒正義惑亂後學不小此評又辨得明快矣

伯夷隘柳　二句

就流弊說者訛也每見時文多說夷惠原非隘與不恭特人效之而流弊至此此爲二子廻護詞耳或問隘與不恭是流弊朱

子曰這也是諸先生恐傷觸二子所以說流弊今以聖人觀二子則二子多有欠闕處纔有欠闕便有弊所以孟子直說他隘與不恭不曾說末流如此艾千子曰隘與不恭即伯夷柳下惠當身非流弊也若說弊字非是徐健菴先生評葉君文曰隘與不恭直就夷惠說方有下二句意俗儒强作廻護必謂流弊乃然與白文顯悖篇中直窮夷惠之失一語人不敢下然正是看書獨到處仇先生曰向作是題多周旋夷惠語豈知本文明說個隘與不恭何必曲爲諱耶觀諸先輩之言則說流弊者恐不可從

隘與不恭　二句

說由清和而不由隘不恭者訛也翼註曰不由即是不由其清和不必說由其清和但不由其隘不恭也存疑曰惟其隘與不恭故君子不由其道也不由其道是不由其清和蒙引可由其清不可由其隘可由其和不可由其不恭恐未是蓋伯夷之清便有隘之弊柳下惠之和便有不恭之弊非清和之外又有隘不恭也翼註存疑之解如此見得確當夏官明先生曰君子不由舊云不得其清先得其隘不得其和先得其不恭有病又曰由其清可也由其隘不可也由其和可也由其不恭不可也尤

非豈有由其清和而不至於隘與不恭哉只是不由其清不由
其和便是此解更爲明晰矣
謂孟子欲人法夷惠之得戒夷惠之失者訛也存疑陳氏曰孟
子一書言夷惠者不一以百世之師稱之以聖之清和許之此
章則謂其隘與不恭似若相反蓋孟子實欲人法夷惠之得又
恐人不知夷惠之失其憂學者至矣此說雖是似猶未得孟子
立言本旨雲峯胡氏曰道惟中則無弊夷惠不合乎中庸之道
故君子所不由夫子之道大中至正之準故孟子所願學則孟
子此章是自明其所以願學孔子也故艾千子曰此卽孟子願

學孔子之意不必迴護兩人亦不必罵兩人只爲願學孔氏之
神而已萬曆沈演先生一節題文破云大賢發兩聖之微而願
學不存焉可謂得解詮末二句云有清有濁而後有隘以風頑
懦可耳君子視人之濁猶已濁安恐於一體之中過爲峻絕有
爾有我而後有不恭以風鄙薄可耳君子視人之失猶已失安
能舉是非之故置諸度外如此立說能得本章之解且於後章
無礙也此節題文謬說俱多不可殫述

禹疏九河　二段

作孟子自辨水道者訛也據集註及金仁山之說則本文所言

水道多有不合故作文者皆欲爲之斡旋然據壓言之孟子既
是說錯則代孟子立言者便當將錯就錯矣自加辨駁㠯爲補
正似非語氣朱子曰決汝漢句似但取其字類足以對偶云耳
只是行文之失無害於義理不必曲爲之說朱子既如是言作
者何須多事仇先生曰本文有錯綜處拘於題面則與水道不
符盡據水道則與題面相戾壓謂代孟子立言相戾題面則不
可不符水道似無不可也評介眉先生文者有曰水道不合舍
題面而武斷似非孟子文章過於迴護解釋又似孟子自作分
疏非語氣矣此見甚是則爲此題只宜依其本文立論可耳如

以不合水道必須斡旋則周室班爵祿章與周禮王制不同爲
彼章文亦照周禮王制曲說於其間耶

有官守者　四句

官守言責俱指蚳鼃說者訛也說統曰古者封疆之臣或守一
郡或守一邑各有土地人民之寄謂之官守朝廷之臣爲腹心
耳目凡有所見皆得上聞謂之言責按此則有官守者與有言
責者是兩樣臣故朱子於論語事君章竝舉有官守者修其職
有言責者盡其忠也如距心治平陸是有官守者蚳鼃爲士師
是有言責者嘗引存疑謂蚳鼃之諫而去是孟子之爲之者只

引有言責者不得其言則去二句言之非有見於此耶乃古今文字有以官守言責俱指蚳鼃說者失之混矣雖蚳鼃始爲靈丘亦是有官守者然諫而去是有言責者不得其言之事兼說有官守者不得其職不得也初終異任亦自不同何容混而爲一耶蓋下二句照蚳鼃說上二句乃陪說耳前章牛羊之喻是謂有官守者不得其職則去也

如以利則　三句

以枉尋直尺爲言利所必至者訛也嘗觀萬曆戊戌一節會墨及近時試牘與則枉尋直尺題文皆是謂言利者始而枉尺繼

將至於枉尋始而直尋繼將止於直尺爲勢之所必至矣若如是說則如以利句不只注到則枉尋直尺處止耶試玩本文及註中語意如以利句是徑注到末句方止中間七字總是一句蓋設言枉者之利以起下不可爲之意非實說言利者必爲枉尋直尺之事也作者截則枉尋直尺五字爲題已失相連文勢矣至講三句大抵多曰如以利則何所不至乎云云則而利二字竟接不上亦可爲與句不更爲贅耶且如是說似是言如以利則枉尋直尺之利亦欲爲矣於本文可字與字口氣亦爲不符註中找一句云甚言其不可也極得孟子當日語意作者何以皆恍惚耶徐果亭先生有則枉尋直尺而利句文觀其命題已當矣破云大賢明枉者之失而姑設言其利焉通篇俱就設言爲說斯爲得解

居天下之　八句

徑拈大丈夫說者訛也此數句雖是實說大丈夫之事然至末句方纔結出大丈夫來則此數句仍宜空講不得徑露大丈夫字也嘗見此數句題文徑說大丈夫者居多若如是說則語氣已斷末句可刪却矣無論截去末句卽作一節題講居天下之廣居數句亦須空講方好接出末句〻也先就大丈夫言之則

孟子曰如此方是大丈夫而作者曰大丈夫固是如此語氣不相背耶昔刑愿先生首三句文字逐比皆有惟大丈夫句是無末句地位了不可以訓申解元庚子鄉墨入題提出大丈夫一句後各比中只用有人焉三字虛喚得妙盛君諦符升先生者通篇不露大丈夫字各比起句以不有人焉喝出本題亦爲得法故陳君叡長評曰本題三句突然而起入手不先喝出大丈夫只用不有人焉呼動更爲渾合陳大士亦評曰本題三句竝無大丈夫字迺直至末句方見此文通篇惟用暗呼手眼可云獨絕也得志與民由之二句萬曆癸丑章張三先生會墨亦是

空講惟周順昌先生者徑就大丈夫說耳富貴不能淫三句嘉
靖戊子韓君程文亦絕不露大丈夫字也

古之人未　一句

專就致君澤民說者訛也按註雖不潔身以亂倫句則古人欲
仕之意是爲仕以行義耳故書解有云知君臣之義不可廢也
偏觀此題文字却俱以君民在念爲言則又是就行道說矣據
此看來此二說者皆似不合本旨蓋上文言急於仕者是爲恐
廢祭祀也此句忽又說到行義行道上去則與上文之意何交
涉耶折衷曰或兼無以盡尊親之仁行君臣之義說亦好此是

並照上文與註意也合衆曰忠尊之心甚殷不可不心乎仕亦
是如此說矣然據愚見宜帶行君臣之義側重盡尊親之仁上
方合本旨蒙引講又惡不由其道云雖曰不敢以祭則不敢以
宴而有所不恤也是於下句照上句說矣則於此句亦當照上
文說可知也包君諱咸先生文字雖亦言不忘君民然後比云
苟曰賓王之無志也將昔之無田不祭者何爲乎此能迴映上
文不失章旨若他文專以致君澤民立說則不但不合上文而
且不合註意矣雖君子欲仕之心原爲行道濟時而然然聖賢
因人立言不拘一律如子路對丈人便言行義而不言行道矣
則此章又可泥耶

段干木踰　三段

以孔子作主者訛也觀於總註是以孔子爲正故仇先生曰總
註聖人禮義之中正過之者傷於廹切而不洪不及者淪於汙
賤而可恥據此自當以孔子爲主其末節諂笑赧色一流實與
踰垣閉門者相對此過不及反照處也然階細玩本文語意則
三節相承說下却專重在末節仇先生遵依總註之說似不可
從蓋註曰下三節勿以太過不及中正立意總是明不見諸侯
之義若謂段干木泄柳皆守不臣不見之義者但已甚耳孔子

不爲已甚然亦先而後見不先則不可見也觀曾子子路得孔
子家法者其所譏評如此而君子之所養可知必不輕見諸侯
折衷曰段干木節是太過者末節是不及者陽貨節是聖人禮
義之中正然三節實自相承如云求見之切不可不見故先來
加禮則聖人亦不得不見之若禮未至如曾路之所譏者亦不
可見也觀此二說則不當以孔子作主可知矣前輩陸樹聲先
生全章題文破云士不見君之義必如聖人而後至也錢士熬
先生者曰三言士不見君之義當折衷聖人也此皆是依總註
之說耳不合本文相承語意矣惟許鍾斗先生者得解破云諭

不見諸侯之義歷証諸古而益信也不曾偏重中節講首節云君子以爲甚惟其廹也不廹而何以見哉講次節云君子以爲宜惟其先也不先而何以見哉俱側到不見上以合章旨故文在評曰廹主不見而干木泄栁偏曰已甚孔子偏曰豈得不見若意言矛盾者此孟子文章曲處此獨將廹字先字拈出而直截痛快言之所謂相題之神便可不隨題轉者也

戴盈之曰　一章

謂慮來年難已者訛也時文皆云今年不已則陷於因循來年必終不能已也陞謂盈之言今茲未能欲已於來年者必自有

說局外之人何由知其來年必不能已耶黃蘊聲先生文言事有不可如何者三曰盈之一旦不在位宋君一旦不聽盈之宋國公私凋盡一旦不祀雖痛於民不可如何及順治丁酉行書有曰使其國一旦變生費用益繁即不然而寵衰去位無由諳關更不然而廷臣聚訟沮抑不行云云俱是空中樓閣耳孟子之意只是欲其速已於今年不是慮其難已於來年也苟欲待之即使來年能已其如今年之非義何蓋非義之事不容一刻安也一年不已則一年爲非義矣一月不已則一月爲非義矣一日不已則一日爲非義矣非義之事其可待哉翼註曰末節只認本題義字既非義斷不可一朝居矣何待來年不必說到農商怨畔及來年又將因循皆旁枝意且是論利害不是論義了翼註深得孟子之意作者多不拈此立說何也

予豈好辯　二句

謂孟子辭其辯者訛也新安陳氏曰孔子曰予欲無言終不能無言也作春秋以爲後法猶未至於辯者蓋孔子之時異端未熾而孔子之聖言教易孚故也至孟子則時益降異端益熾而孟子之亞聖又不及孔子公孫丑萬章之徒聞言猶未達況於外人則其闢楊墨烏得而不言言烏得而不辯蓋有大不得已

焉由陳氏之言觀之則孟子實已辯之特出於不得已而非其好焉耳孔子之道著楊墨之道息不至率獸食人人將相食者皆孟子辯之之力也韓文公推尊孟子以爲功不在禹下者豈爲誣哉蘇東坡六一居士文集序謂孟子既沒有申商韓非之學行於世秦以是喪天下陵夷至於勝廣劉項之禍死者十八九天下蕭然洪水之患尚不若是烈也蓋世無大人先生如孔子孟子者推其本末權其禍福之輕重以救其惑故至此耳自漢以來道術不出於孔氏而亂天下者多矣晉以老莊亡梁以佛亡莫或正之五百有餘年而後得韓文公文公能排異端攘

斥佛老不遺餘力其有裨於世道人心者非小其功可以配孟子也文公之後三百餘年而後得歐陽子其學推韓愈孟子以達於孔氏著仁義禮樂之實以合於大道當日不謀而同曰歐陽子今之韓愈也由蘇子之言觀之則孔子之道孟子而後不有賴於韓子韓子而後不又賴於歐陽公耶歐陽公沒十有餘年士始爲新學以佛老之似亂周孔之眞蘇子謂識者又憂之矣後得周子張子相繼而起道學乃明又有程氏兩夫子出而孟子之傳於是乎接焉至我考亭先生集諸儒之大成而折衷之其理益精觀其與生徒朋友反覆辨論不諱其直不憚其煩

是亦豈好辨哉無非孟子不得已之心也堯舜之道非得孔子則後世無以明孔子之道非得孟子則後世無以著孔孟之道非得朱子則千百世而後孰能悉知其義而使之流傳不朽哉甚矣明道者不可無其人也或曰移風易俗君相有其權闢邪崇正聖賢有其道既無其權又無其道則天下之是非邪正聽之可矣而亦嘵嘵然肆其論辨多見其不知量耳嗚呼孔子至聖固可言矣孟子大賢固可辨矣然獨不曰能言距楊墨者聖人之徒乎朱子本註已解之曰言苟有能爲此距楊墨之說者雖未必知道則其所趨正矣是亦聖人之徒也且曰邪說害正

人人得而攻之不必聖賢如春秋之法亂臣賊子人人得而誅之不必士師也今於人之未爲聖賢未能知道者而遂謂其辨論爲過豈非朱子所謂不能攻討而又倡爲不必攻討之說其爲邪詖之徒亂賊之黨者乎小註又曰不討亂賊而謂人勿討者凶逆之黨也不距楊墨而謂人勿距者禽獸之徒也聖賢立法之嚴至於如此可不畏哉朱子丁寧言之如此而人猶復不畏何也彼蓋未知異端所貽之害爲甚大亦未知聖賢所辨之理不可外耳唐世之諱嫌名殊屬無謂不但闇於理而且害於事韓公辨之引經據典痛快明白甚矣若父名仁子不得爲人

乎一語雖頑石亦應點頭而當時猶以韓公此篇之文爲太紕繆吁可怪也語曰習俗移人賢者不免又曰下士聞道大笑之豈不信哉

使禹治之　一節

歸重使字者訛也使字頂上節來雖似歸功於堯然使之者堯而治之者禹也此與益耕章不同彼言掌火治水教稼明倫雖是益禹稷契之功却重在舜之使上蓋下文云舜以不得禹皐陶爲已憂也此言治水則見禹之能轉亂爲治耳故結云禹抑洪水而天下平不及於堯也以承三聖者註云禹周公孔子也

則堯不在其內矣廣烜訂於昔者節引吉士先生之言曰使禹者堯也而歸功禹周公相武王耳而歸功周公春秋天子之事而歸功孔子孟子分明自爲地步觀此則此節不必歸重於使禹者可知江汝璧先生會試程曰聖帝命臣治水而續用成見世治之一驗也同文錄評云治水者禹題所重者使禹也破便見主意此說非矣瞿昆湖先生墨文承題云孟子述之以見天下之治於堯者非偶也此更脫却禹字尤爲不可孟子本言天下治於禹作者必謂天下治於堯語意已相抵牾同文錄仍深取之豈於上下脉理不必求其有合耶評王守溪會墨有曰補

武王人所知也三聖只是周公不是武王先提於是有周公出爲一句方得賓主彼節既不是武王而此節亦不是堯也固可以例推矣周仕佐先生破云大賢叙堯臣治水之功以見世之一治也斯爲合旨

四書辯訛上孟卷之五終

四書辯訛下孟卷之六

星江汪壁蘭友著

聯熙星文
熙文
全較

男
永立卓然
永正且中

秋館藏本

聖人既竭 一節

謂聖人不必用法者訛也大全慶源輔氏曰不爲之法度則聖人之耳目心思止於聖人之身而已不能徧天下與後世也故聖人制爲法度以繼續之使天下之爲方圓平直正五音仁天下者皆取法焉所謂不可勝用而仁覆天下也雙峰饒氏亦曰

惟天下不能常有聖人所以要繼之以不忍人之政繼字最有意味不然仁政雖自聖人而始者亦自聖人而止矣此二說者是謂聖人立法專爲天下後世起見自已可以不用也顧錫疇先生一節題文及王守溪三句者俱如是說後來文字如是說者亦多矣然考之蒙引有問在聖人本身若竭心思而不用仁政果能仁覆天下否曰分明說堯舜之道不以仁政不能平治天下了先儒謂聖人若只竭心思而不繼以仁政則仁自聖人而始亦自聖人而止者誤矣蒙引此解存疑亦以爲是則大全

之說恐不可從仇先生有評曰聖人立法固是為後人而設然聖人自己身上若不創立法度又何以制器審音而濟人利物乎故竭耳目心思處正欲立法以致用不可謂聖人不恃法也此處人多認錯仇先生所見是矣金君諱德嘉先生文字亦為得解故介眉先生評之曰註云猶未足以徧天下及後世是專為天下後世立法然聖人為方圓平直未嘗舍規矩準繩聖人正五音未嘗舍六律篇中講上二段人已兩層俱到也由是觀之則謂聖人立法專為天下後世而設自己可以不用者似失之偏矣

行有不得　二句

專指上文三句者譌也說統曰行有不得雖是推開其實含三者之外更無自反處不過即是三者之中而無時無處不反求諸已故下一皆字此說不然蓋無時無處之反求者總不外於三項則說皆字不得也孔子嘗曰上好義則民莫敢不服上好信則民莫敢不用情則義與信獨不當反求者耶大全雙峰饒氏曰上面三句包括未盡所以下面又說皆當反求諸已添箇皆字凡有行不得所欲者必自反諸身則我之身無不正而天下亦歸之矣皆字說得濶不特說上面三者而已饒氏之說是也或謂若不止上文三者則註中解此二句何故即以上文三者為訓耶此又不知朱子着一如字之意矣蒙引曰如之一字可見不只是上文三自反至於下句云反求諸已謂反其仁反其智反其敬也是承上文如不親不治不答說去非是上句下如字下句又就指此三者此甚說得註意明白但其所云愛人治人禮人三者以所接之人言則盡矣若以事物言則未盡者是將上文專貼接人此節專貼處事上下判作兩樣不合二句語意耳細玩二句語意不止上文三者而上文三者亦在其中故註即以上文為訓而但着一如字以該括他端也則此二句

說不得專是處事矣存疑曰行有不得皆反求諸已又是放開說故曰其身正而天下歸之不如此天下未必歸之蓋修身尚有許多事天下尚有許多人非容易可了看本文皆字及註自治益詳字可見存疑此解是兼人與事言之所見為當故折衷謂專言處事物專言接人似俱偏而以存疑所云者既放開說又不偏主為是也錢蕭樂先生全章題文過下節處兼括上文而推廣言之可謂合解庚子江西其身正一句文承上反求說身正處皆專就前節三事言之有評曰反求註云反其仁反其智反其敬則身之正是正於仁正於智正於敬可知又有評曰

身之所由正不越上文仁智敬三項豈作者專貼三項易於立說閱者就文論文故云然耶

齊景公曰　一節

責景公不能自强者訛也說統曰引齊景一段不是受命爲順天正是不能自强不免人役底證驗翼註亦曰齊景公節不是許他能順無道之天只是言其計出無聊如此所以愧當時諸侯不能自强者耳此二說俱不可從觀註云引此以言小役大弱役强之事也則此節是言景公能順無道之天以起下節小國耻受命耳雖孟子之意原是重在囘天不重順天然前三節

是說不能自强則聽天所命後三節方說修德行仁則天命在我前後原有語次若以此節與下節便責他自强以囘天則如耻之二句轉不來了故大全汪氏曰絕物即是逆天齊景公畏天者也畏天者猶保其國存疑曰引齊景公是順天事也此俱是作取之之詞慶源輔氏曰景公之言宜若可取然景公之齊即桓公霸諸侯之齊雖時世下衰苟振起作新之猶不在我乎而顧爲是與言橫涕孟子姑取其說以證小役大弱役强之事其委薾自棄之罪未暇議也此雖亦言孟子不取景公之意然而云未暇議則自棄之罪不在言下可知也作者爲此節題便俱作責之之詞非其旨矣明儒吳道光先生全章文曰景公當無道之天也不耻受命而涕以女吳蓋以亾國爲鑒哉而今人處景公之天也般樂怠傲而耻言受命求因無亾得乎其講此二節固只說當順天也若陳大士四節文曰景公惟不能中其賢德之權故女吳以緩其禍而吳乃得以恃其强大之勢抗齊以自張此則是責景公不能自强之說矣行遠集所選者講此節處亦與大士意同歷謂皆似越却孟子語次說聖賢書者語次能與斯意指能明越却語次便昧了意指此不可以不辯

道在爾而　一章

就人君治民說者訛也大全南軒張氏有人君倡率之說似是爲治天下者言文字亦有就治民說者究非孟子所言之意蒙引曰此章論道術也蓋當時處士橫議所謂人挾一椎鑿家築一宮墻墨氏之徒則曰但使人人視親疎爲一體則天下平矣楊氏之徒則曰但使求已之非是而不較人之是非則天下平矣孫吳之徒則曰行吾之志自足以平天下申商之徒則曰行吾之法自足以平天下故孟子以爲此皆亂天下者也惡能治天下說統曰此爲人之思以道術易天下者發天下平不重只見得性之外無餘道率性之外無餘事不必求諸遠且難耳覩

此二說則與人君治民之說無關矣故仇先生曰各術孝弟之
行而天下可平所謂道近而事易也此欲世之騖遠好難者使
之反求自得耳與中庸道不遠人同意甲午墨卷多主王者治
民說未合題旨也介眉先生亦曰只五倫之外無奇行意爲異
端別塗標爲凡民示指歸原非王道泛論也此更說得直切矣

而天下平　一句

以天下平爲遠難者訛也嘗見鄉墨有將遠難字貼天下說謂
遠莫遠於天下難莫難於天下平者不知親親長長正是邇易
遠難是指異端之學與親親長長相反者而言於天下平無干

說統姚元素曰道具於心何甚邇也外心而求焉則遠矣道之
知能處即是事不學而知不慮而能何甚易也舍自有之知能
而更求所爲事則難矣自我觀之人人只親其親長其長而天
下平矣此只舉一近易底道理指點與人看見得親長便是道
親之長之便是事而天下之平即此而在何必求之遠且難也
不得以平天下做遠且難看徐儆弦亦曰天下平不是遠且難
親親長長而天下自平見不必求之遠且難觀說統二子之說
則以遠難貼天下平者謬矣存疑曰使親親長長而天下未能
平則親長之外尚有道親親長長未足以盡道而道不爲邇矣

此孟子立言之意也匪謂親親長長未足以盡道而道不爲邇
矣此句猶差蓋邇易字即是指親親長長而言天下平見得不
必求之遠且難耳非以此爲事與道之邇且易也玩註可見

曾子養曾　一節

粘守身說者訛也說統曰引曾子養曾晳正是說曾子之不失
其身能事其親處書解多如是言故古今文字無有不粘守身
立意者不但作者以此爲要旨而評者亦以此爲確論矣然曾
子固是能守身者而此節之旨却不在此觀本節註云此承上
文事親言之及下節事親若曾子者可也則是只言事親之道

不復及守身矣故蒙引曰曾子養曾晳一條其旨歸在事親若
曾子者可也不必粘着守身蓋事親本於守身此意上段發之
已盡矣不復用贅矣故下言事親事之本也守身守之本也再
不用以守身事親交言之此段特舉曾子之養志以示人子事
親之法蓋養志實事親之大綱要也存疑亦曰既明事親守身
之大又除守身不道而言曾子之養志以示事親之則也觀蒙
存之言則不必復粘守身說也明矣若新安陳氏曰集註於此
一節只曰此承上文事親言之然觀曾子養志如此惟恐一毫
咈其親之志欲子之不失其身尤父之志之大者一飲食間尚

體承親志如此則立身行已間所謂身也若親之枝也行父母之遺體敢不敬乎其能謹守此身以承親志不言可知矣此乃推論之詞非孟子意也蒙引有曰曾子養曾晳至事親若曾子者可也只以事親言之至言外方可貼云原來曾子固是善守身者故其善事親如此不失其身而能事其親者云云豈不信哉陋謂言外猶不須如此貼也蓋守身爲事親之本養志爲事親之道原有兩意言外只宜貼云然則事親者可不守身以爲事之之本復養志以盡事之之道哉若云曾子惟能守身故善事親如此而復繳到不失其身數句上則前後爲混纏矣存疑

有曰曾子養曾晳一條不必復換守身來說意各洒脫道理亦未嘗欠缺其言是也

有不虞之　一章

說壞毀譽者訛也定衡曰毀譽原非是非之公而况出於不虞求全者乎說統曰譽已作好况復不虞毀已作惡况復求全是將毀譽作不好字面看矣遍觀此題文字多如是說評者亦然却似不合此章之解翼註曰此毀譽字不必依論語作過情看只在不虞求全上見得不實觀註未必皆實可見亦有實者此說爲得其旨錢士鰲先生文曰溢美之言命之曰譽溢惡之言命之曰毀是毀譽者有其事而稱之太過耳不虞求全之毀譽更屬無因至前則將毀譽看作不好說者似亦有此一層道理然玩孟子語意則無是也蓋孟子是言毀譽未必皆實則毀譽之實者孟子亦必以爲當矣安得作不好者說耶此題文字惟明儒康海先生者曰誠善而譽其譽也宜誠惡而毀其毀也當不將毀譽說壞耳順治乙未史君房書雖晚村滄桎介眉諸先生皆取之然觀其前云孰意無賞罰褒貶之權徒狥其私好私惡之意又有所爲毀譽也者孰是毀譽也而可有哉抑是毀譽也而能禁其不有哉結云安得天下毀譽之人而盡無之也似

將兩有字貼毀譽說矣註云毀譽之言未必皆實則兩有字是貼不虞求全說也故康海先生曰天下所謂譽者豈皆如是而此能必其盡無耶天下所謂毀者豈皆如是而此能必其盡無耶如此說有字方合孟子語意耳若將有字貼毀譽說則是譽盡爲不虞之美毀盡爲求全之刺矣本文集註語意皆不如是

仁之實事　一章

以仁義領智禮樂者訛也大全雙峰饒氏曰此章有經緯仁義是經智禮樂是緯雲峰胡氏曰前兩實字是就本心上說下三實字是就工夫上說蒙引曰孟子每只言仁義是並舉體用而

言以該天下之道也此章言仁義之實亦是一大頭腦所謂天下之道皆原於此者也其下條智禮樂云云則皆所以全乎孝弟二者而已非以智禮樂之實來對仁義之實而竝言之要有主客故朱子亦分爲兩解總註亦然存疑曰此章實字文勢雖是一般意思却有二樣仁義之實是以其發見之親切者爲言也智禮樂之實又是從此而得意思與上不同仁義之實是箇本領智禮樂之實却是爲此底工夫故總註曰天下之道皆原於此然必知之明而守之固然後節之密而樂之深也歷觀書解如是俱以仁義與智禮樂分輕重說故從來文字有不平列

五段者矣作者閱者俱遵大全蒙引存疑之說此亦何容復辯然據愚思之仁義禮智樂五者皆所謂天下之道也何以見得仁義是經智禮樂是緯耶孟子本文只是論理五箇實字本是一樣如何以前兩實字爲就本心說下三實字爲就工夫說耶則大全之說不可從矣孟子一生雖每只言仁義而此章則並言智禮樂也聖賢說話逐時不同何得以他章概此章而謂專重仁義耶若朱子分爲兩段之解則四書中雖無主客者亦多有之何得以此爲証耶至於總註事親從兄四句原貫通章而言如何單以此爲貼上節說耶則蒙引之說又不可從矣仁義

禮智均是性之四德惟樂不列五常之內耳智之實乃吾心之良知禮之實乃吾心之良能樂之實亦是吾心自然之和皆發見之親切者也如何單以仁義之實爲發見之親切者而謂智禮樂有不同耶總註天下之道二句是通章之正意也末二句另說下節次序乃餘意耳何得以上二句爲言仁義本領下四句爲言仁義工夫耶則存疑之說亦不可從矣有文評曰首節以事親從兄分貼仁義而智禮樂却總頂斯二者來此處須有斟酌不知仁主於愛只可言事親不可言從兄義主於敬只可言從兄不可言事親若智禮樂則事親從兄皆兼之者也故上

節以事親從兄分貼而下節以斯二者總頂耳此處有何分別而謂須有斟酌耶又有評曰道莫大於仁義可以包智禮樂故以仁義爲重智禮樂爲輕若如是言則仁統四端可以包義智禮樂也宜專以仁爲重義智禮樂均爲輕矣如何並重乎義耶輕智禮樂耶無論他章專言仁義可該他道此章並言仁義智禮樂則是平說也而孟子之意原只重事親從兄耳又以仁義爲重不將頭上安頭耶說統曰此章重孝弟二字天下之理盡於仁義智禮樂其實皆在事親從兄上可見道原於孝弟玩五箇實字通章作五平看勿以下三段承上二段折衷曰全章大

旨總是詳斯道之寔而歸之於孝弟以示人知所本也五者平看不必分兩截說葢此章大旨總重五箇寔字總註所謂工夫次序却在言外此二說者俱爲合解蒙解亦曰謹按總註皆原於此以上是通論一章之旨蒙引謂只指首節說似未然葢天下之道四字所該自廣也知之明以下却是說第二節示人以用功之法由知而行由勉强而自然也但本文語氣只是論理並未言用功之次說者言外補足可也此更說得明白矣明儒陸澄先生文字平列五者破云大賢論衆理之寔皆原於孝弟而已能得要旨

以善服人　四句

作教養百姓說者訛也大全東陽許氏曰以善養人謂有善於身而能敎化撫字使民同歸於善也此是以人字指百姓言矣文字從此說者甚多却不切旨蒙引曰此章葢爲當時國君而言曰服人曰養人此人字亦指其平等人言非必指百姓故許氏敎化撫字之說不敢從只看成湯之於葛伯可見麟士先生謂蒙引指平等人者爲是矣千子亦曰大全小註朱子云以善服人惟恐人之進於善如張華對武帝恐吳人更立令主則江南不可取之類以善養人惟恐人不入於善如湯於葛遺之牛

羊又使人往爲之耕之類張南軒謂伯者所爲不過欲以善服人如齊桓會首止而定王世子晉文盟踐土率諸侯以朝王之類故作此四句題當從王者伯者服當時諸侯處想像貼切今作者皆就教養百姓上講涙及井田學校孝弟忠信勞來匡直等絕與題不相蒙此更說得詳明矣存疑曰服人養人及未有能服人之人俱指平等人言是也其曰然後能服天下又說得大了不止平等人矣則非蕃人字旣指諸侯豈天下字又指百姓耶上下一串不應作兩樣也折衷曰天下則盡乎人矣謂盡乎人者亦是盡乎諸侯之人耳豈遂不止爲平等人耶陳大士先生以善養人二句文字破云有所以大服諸侯者是天下字亦指諸侯言矣俞寧世先生及張先生諱福衍者亦然存疑之說不必從也

天下不心　二句

謂決以善養人之效者訛也嘗見爲此章題者於末二句皆承以善養人說來謂能以善養人天下猶不心服而王者未之有也歷竊疑而怪之雖吳因之先生鄉墨亦如是言而終不敢信其說也然後能服天下雖是心服然以善養人二句是對以善服人二句而言語氣已斷至末二句又復反言致王之理葢爲

以善服人者言非指以善養人者說也如指以善養人者說則
不字宜在而字之下王字之上如云以善養人天下旣心服矣
而猶不能成王業乎如此云云則可耳今不字旣在心服之上
天下之下則不如是說矣而字是轉語詞觀蒙註曰天下不心
服而乃能致王者未之有也只如是說甚順可免定衡全旨曰
上是公私感應之異下決言不得人心不足以致王於末二句
曰見得王天下必須得天下心服而後可欲王天下心服必須以
善養人定衡所言則更說得明白矣此句語意原自淸楚不知
作者何以亦說錯也

王者之迹　一章

以王伯立論者訛也明儒顧天峻先生文字以王伯立論破云
惟王迹變爲霸圖故魯史成爲聖經是謂孔子之作春秋以存
王而抑伯也此因末節有桓文字遂以伯者與王者立論耳寔
非本旨艾千子先生曰有因王者二字遂將伯者並次取意然
則隱桓之時伯事未興昭定哀之世伯統已絶則孔子遂無義
可取耶夫桓文言其大概耳非謂春秋一書專爲桓文紀載取
義而以伯對王也艾子辯之如此可謂明矣而時文猶有犯者
何耶

以尊王立論者訛也古今文字以尊王立論者多矣不知孔子
之作春秋是存王迹非尊王也意固有別夫當時固無王矣春
秋一書其大旨固在尊王矣然孔子所取之義則不止於尊王
已也春秋之作所以繼詩而存王迹也王者之迹指政教號令
而言政教號令豈專爲尊王者耶蒙引曰二雅之詩槪是朝廷
禮樂征伐命德討罪之擧及君君臣臣親親賢賢之事則詩亦
非專爲尊王詠也王者之迹不專在於尊王二雅之詩亦非專
咏尊王則春秋之義又豈止於尊王耶畹村曰春秋固爲誅亂
臣討賊子而作然中如朝聘郊禘蒐狩卒葬包舉許多典章制

作在故註云定天下之邪正爲百王之大法義始完備自蘊明
允著春秋論只說得是非賞罰令人往往疑其半逬矣觀畹村
之言則時文單以尊王立論者不更失之偏耶

謂以天子之權予魯者訛也蘇老泉謂周公嘗行天子之事魯
爲周公之後故孔子作春秋以天子之權予魯時文有祖此立
說者矣不知周公當日攝行天子之事猶奉成王爲天子未嘗
自爲天子而擅行其事也何得以天子之權予魯耶孔子因詩
之亡慮天下不復知有王者之迹欲有所託以繼之而孔子魯
人也春秋魯史也以魯人而修魯史於勢爲便於理爲宜故獨

取春秋而作之也豈欲以天子之權予魯而因作春秋耶則文有曰夫子之獨予乎魯何也周公負扆周基八百年有功焉而禮樂在魯也此說亦非故艾千子評曰此又漢儒穿鑿附會之譚也又有說是治晉楚正桓文者皆非大旨

王者之迹　一節

謂春秋與詩不相干者訛也曉村先生曰詩亡只是迹熄之徵王教不復行於天下故春秋之義不得不取詩與春秋本無關連也强爲牽合徒見支離據愚思之若詩與春秋本無關連則孟子何不只曰王者之迹熄然後春秋作而必繼以而詩亡一句且必復以詩亡二字耶說統曰詩亡與春秋何干蓋詩書春秋皆史而經者也詩以志王迹之盛春秋以維王迹之衰詩亡則春秋不得不作所爲六經爲宇宙元氣有絕必續又引顧涇陽之言曰但看春秋有是非詩有美刺便見所以續詩之義此似說得春秋之作由於詩亡之意也周龍先生文曰以匹夫託南面之權而善善惡惡凜凜乎若天王之所勸而懲焉所以振王迹於既熄者由是矣夫以空言立經世之文而一褒一貶侃侃乎若詩人之所美而刺焉所以存雅詩於既亡者由是矣夫削本徹先生文曰是迹之熄也而王道之凌遲君子所痛也乃

詩之亡也令後世併不覩一王之法而羲皇堯舜之經當世泯焉尤君子所懼也此春秋所爲作也此二公文皆以存王迹與續詩並言未嘗遺却詩邊而徑說王迹也然觀仇先生之評陳大士文曰拘拘將詩與春秋美刺褒貶兩相較擬却是以春秋續詩不是以春秋維王迹矣通篇拏王迹作王腦而詩之與廢春秋之始末皆以此貫之足以正他文之謬則曉村之言又覺未爲不是也然作文亦不可脫却詩耳

王者之迹　二句

以不巡狩爲王迹熄不陳詩爲詩亡者訛也說統金華王氏曰王者之迹熄而詩亡非曰王者之詩亡也凡言詩風雅皆在其中非獨以爲雅也竊意王制有曰天子五年一巡狩太師陳詩以觀民風自昭王膠楚澤之舟穆王迴徐方之馭而巡狩絕迹諸侯豈復有陳詩之事哉民風之善惡既不得知其見於三百篇者又多東遷以後之詩無乃得於樂工之所傳誦而陳詩之法則不舉久矣至夫子時傳誦者又不可得益不足以著諸國民風之善惡然後因魯史以備載諸國之行事其說與註相背時文亦有本之立說者艾千子嘗駁之曰以迹熄爲不巡狩之指詩亡爲採風之詩不專指雅亡此不惟將迹字爲車轍馬跡之

跡熄政教號令四字已概斷於且列國之風何往非東遷以後則安在非採風貢俗亦皆爲不巡狩耶觀艾子之辯則時文之從王氏說者非矣

而詩亡　一句

就黍離聲口卑薾立說者訛也大全潛室陳氏曰東遷以後朝廷既無制作公卿又無獻納故雅詩遂亡獨有民俗歌謠其體制聲節與列國之風同故止可謂之王風存疑曰若黍離之類其氣象萎薾與列國之詩無異不復得入雅矣故雅詩於是亡也蒙引曰雖雅之變者亦皆是刺其非以追於正棹其流而反

其源其意度終與黍離之氣象薾然悽然無復起廢興衰之望者不同此正所謂詩亡也以上三說俱以體制聲節氣象爲言又楊氏曰黍離之詩周大夫之作也以王之大夫而作爲是詩歸之於雅宜也然其閔周室之傾覆傷宗廟盡爲禾黍其辭悲其意怨與稱述先王盛德大業者固不侔矣施之於燕享非所宜奏之於朝會又不可繼之於二雅之正經無是辭也實同於風土情思之作謂之王風可也此亦以辭悲意怨爲說與大全存疑蒙引之言俱非本旨孟子既言王者之迹熄而詩亡則詩之亡由於王迹之熄可知也蓋天子之詩謂之雅諸侯之詩謂之風王者之迹未熄則政教號令及於天下是爲天子之事也故作之而爲雅王者之迹既熄則政教號令不及於天下無異諸侯之事也故降之而爲風由是言之則與體制聲節氣象之卑薾及辭意之悲怨者何關耶麟士先生曰詩亡既作雅詩亡只頂王迹熄自足黍離聲口卑薾與列國同又是一意可以不用此說甚是則時文之以聲口音節立論者似不可從又有曰非獨雅亡風亦亡者尤非也以言列國多東遷以後之詩以言周朝則王風錄爲何謂風亦亡耶

晉之乘楚　一節

謂列國有史由於王迹之熄者訛也說統李衷一曰天下一統只宜天子有史乃史權分散於列國亦見王迹之熄處即我魯猶然也故孔子欲以一國之史還之爲天子之事時人亦有本此立說者矣不知古者列國皆有史官掌記時事註中已言之矣魯之春秋是有之於詩未亡之前也則王迹未熄之先魯已有春秋矣而列國之史又豈必因迹熄而後有耶稟解曰或謂王迹熄故列國有史非也周公初制列國皆有史官掌記時事以示勸戒但至孔子時史多失實不足以爲勸戒耳觀杜預左傳序自見其說是也時文有曰諸侯有史而史亦亡史亡則莫

若以史救之亦曰使春秋正其爲春秋而魯不得有春秋焉耳文存評之曰使魯不得有春秋議論尤正彼謂以天子之事予魯者其說大謬至謂以天子之事予魯固大謬矣使魯不得有春秋其議論亦未爲正也又有文曰國自爲史家自爲書而春秋何可以不作不知孔子之作春秋是爲二雅之詩亾非因列國之史與也以此立說似非本旨

其事則齊　一句

泥說桓文者訛也明儒劉黃裳先生文字破承云魯史紀伯者之事春秋所以作也夫王降而伯魯之所紀者皆伯事則時可知也此春秋所由作歟如此說者是謂春秋一書只載桓文之事矣然王迹既熄伯事固由之以興而以伯事概乎春秋所紀則非也艾千子先生曰單舉桓文猶四時專舉春秋也言桓文不獨秦穆楚莊宋襄在內即晉悼楚平吳夫差與夫大夫專盟陪臣執政十二公列國之事皆在其中時文專講桓文可謂以詞害意矣此說甚是又有謂春秋紀桓文之事者以桓文猶有尊王之名也尤似謬矣

其義則丘　一句

專就桓文說義者訛也說統尤西山曰前此諸侯雖擅征伐天下正論猶在至齊桓一匡天下而晉文繼之天下始翕然歸功爲正論始廢春秋爲正人心而作故獨取義於桓文題旨君常先生曰只就桓文定罪纔是聖人獨斷處若必對亂賊說三尺童子亦可取義矣此二說者皆以義字就桓文說也時文亦有如是立論者矣然尹氏謂定天下之邪正爲百王之大法則其所該者廣矣非僅斷桓文之功罪也存疑曰義者事之宜春秋之當褒當貶當予當奪以至抑揚進退皆有至當恰好者在即是事理之宜而爲春秋之義也仇先生曰程子謂大義數十炳如日星者固不勝舉而正君臣父子夫婦之倫謹禮樂會盟征伐之事凡敬天而重民尊王而黜伯勸善而懲惡別嫌而明微無非遏人欲存天理而正人心也觀次崖滄柱兩先生所言則孔子所取之義何得專就桓文說耶時文又有曰義法天也義尊王也義親魯也義以治晉楚正桓文也此猶不足以該之矣仇先生又有言曰春秋義理萬言難盡可謂見得周到

不貼春秋說取字者訛也本文之字是頂其義而言其字是指春秋則之字亦是指春秋矣彙解曰義原春秋所自有非孔子創之故曰其義則取之者是取春秋之義也陸稼書先生文曰取之舜以立其極取之湯以廣其變取之文武周公以正其統

曉村雖贊之曰串挿上文極得孟子大旨據此看來似與其字不合意也蒙引曰取裁定也則取之是就論斷而言諸名公文暢發取字各有妙義亦似非本旨耳

不依謙詞說竊字者訛也竊字之意猶云據愚一已之私見云爾㕘疑主意曰竊取舊以爲竊賞罰之權誤甚夫賞罰之權豈有可竊之理既是竊權又何以謂之謙詞乃是不敢以義自任云也彙解亦曰竊取只是謙詞若說無位則眞是僭了如云竊比於我老彭亦豈位不在耶其辯可謂明矣時文有曰儒生不敢擅賞人罰人之權則假天子以行其賞罰假者竊之意也韋

布不得行榮人辱人之事則託其微文以寓其榮辱託者竊之實也如此說者是將竊字作活字解了與註所言謙詞不合近來諸公從竊字發揮者議論俱佳但不合謙詞似非孔子意耳然而謂夫子不敢以義自任者則又非也觀註云蓋言斷之在己所謂筆則筆削則削游夏不能贊一詞者也則夫子正是以義自任何謂其不敢耶黃汝亨先生文曰春秋之所予世或未必盡予而吾予之之心與受予者之心彼此俱無愧義也是丘之獨契也春秋之所奪世或未必盡奪而吾奪之之心與受奪者之心彼此俱無恨義也是丘之專斷也知我者其惟春秋乎

罪我者其惟春秋乎丘竊取之而無所辭矣此方能得竊取之旨

天下之言　一章

夾說論性處事者訛也說統曰孟子見當時人好用私智以處事故有此論折衷曰此孟子見當時之人好用私術以攙天下於多事其原在於不識性也故首節先以性言之蓋原其性本自然而下二節因言智以處事者當順其自然之理乃爲智也蒙引曰不可以言性一節遂爲智者之事益首一節是論理之自然下二節方是言人能順其自然之理乃爲智也若謂言性

以故利爲本亦是智則下文是就處事上說智而此節智分言行矣俱是牽捏彙解亦謂首節見性爲自然之理不重言字数說俱屬可從按之總註亦覺慰貼但據愚思之似是正天下之論性者若是教人處事則首節只說性當盡之於故可也徑說性之本無不利可也何必着天下之言性也一句耶故說統有曰言性之上冠以天下二字專爲論性者而發也蒙引講首節可言性而但言其故又以利者爲本此便是智如告子異端之說皆失之鑿矣亦不必專就處事上說而謂此節不可露出智字來末節註云況於事物之近若因其故而求之豈有不得其

理者但曰因其故而求之亦未見得專是就處事說也蒙引之說似是次節雖有行字然所惡二句是頂首節說來則本其故之利者而言之便是不鑿亦可謂之行所無事也呂晚村曰或疑此章專主言性不專爲智而發不知從來言性者孰不因用智穿鑿卻孟子言四端便是故言乍見入井便是利此其所以爲大智也然則程子專爲智發之云正對告子及荀楊韓蘓諸言性者而說耳柰何看成兩件乎况既知言性爲主便不是性爲主矣智字正從言字生來如何以矛刺盾耶仇滄柱曰當時告子之流喻性爲湍水喻義爲桮棬大約不以利而以鑿故

往往失其指歸孟子此論正欲返其邪而歸之正也是呂仇兩先生亦主論性說矣如不主論性之說則通章俱安就處事言蓋孟子之意若是正天下之論性者則次節雖有行字卻是順其自然之理而言之不是謂處事也若是教天下之處事者則首節雖有言字卻是明性之所以爲性不是辯論性也孟子所言自有大旨固不容於騎牆矣蒙引又有曰大抵智者言與行俱得其理不必泥禹之行水謂全不當提言性但當專主言性說此雖通融之解卻屬模稜之見禹之行水四句明墨曰或推是心以議道歟則所以闡明性始指陳化理者一因乎天命人

心之正而不肆爲偏曲之說以亂眞或推是心以置法歟則所以見之規制布之紀綱者一順乎民情物理之常而不過爲一切之法以持世此是兼言與行爲說亦蒙引所言之意耳蔡虛齋先生文字通篇前後俱貼言性不夾處事故艾子評曰此章書爲天下之言性者而發故頻呼言性二字如此則是如此則非綱領既明不煩瑣屑也後來作者講次節處就處事說卻從言性作主前後便不相串於首節就言言次節就行言行未節就求言求固依本文立說然於通章大旨未見融貫雖蒙引曾辯當主言說當主行說而作文者或弗之考卽作者某處或

主言說或主行說而闊文者亦未之覺故歷詳引二說以辯之

天下之言　一節

謂當時止以故言性者訛也朱子小註曰當時之言性者只說得故而已如荀言性惡楊言善惡混但皆說得下面一截皆不知所以謂之故者如何不知以利爲本而然也此說想是朱子未定之解諸理齋先生文字竟從此解立論破云大賢因天下之言性者止於已然而進之以自然也艾千子韓求仲兩先生皆湊取之此說於首節語氣雖似恰合然觀末節苟求其故一句則當時不求其故可知乃若其情則可以爲善矣乃所謂善

也是孟子獨得之見故此章曰天下之言性也則故而已矣此
蓋論言性之道當如是耳非謂當時之言性者止如是也觀註
但言其故而理自明句可見故者以利爲本句是又恐人以惡
者爲故故更進一解耳其實當時之人併不知求其故也此謬
雖不多見於世然朱子既有此說文定文在又皆極贊理齋先
生文字爲妙恐人誤認故亦辯之

故者以利　一句

以不學不慮說利字者訛也嘗見此章文字多以不學而能不
慮而知詮發利字閱者皆淚取之據歷看來利字是對不利者

說若以不學而能不慮而知爲利則必以學之而能慮之而知
爲不利矣然註云如人之善水之下非有所矯揉造作而然者
也若人之爲惡水之在山則非自然之故矣則不利者是矯揉
造作而爲惡者耳故朱子小註曰若四端則無不順利若殘忍
之非仁無恥之非義不遜之非禮昏惑之非智即故之不利者
也翼註亦曰如乍見孺子自然惻隱是故而利者可以言性若
他處有矯爲殘忍者雖亦是故却非利矣不可以言性也由是
觀之則不利者豈學之而能慮之而知者耶不利者既非學之
而能慮之而知則利者又豈不學而能不慮而知者耶爲此說

者雖多却似不當石君諱爲崧先生畧曰性之所發其轉念亦
有未善而自然者則尤足以見其性之無不善此以初念之善
對轉念之未善者而言乃爲得旨歷思利與不利之意即湍水
章總註所云性本善故順之而無不善本無惡故反之而後爲
惡者是已故朱子於此節註亦引孟子彼章之說以爲証也明
儒沈演先生文曰言故而不言利則或依性以動或矯性以行
善惡紛然而靈機愈晦其曰依性以動是利者也其曰矯性以
行是不利者也則利與不利是順逆之分非安勉之別也以學
慮立論者殆誤認註中自然字耳

所惡於智　二節

謂上節是專言利下節是專言故者訛於上節並說故利下節
並說利故者亦訛也大全新安陳氏於次節曰此一節以治水
申言利字之意於末節曰此又以天度申言故字之意此是以
利故分屬兩節也蒙引曰此節似言利然利即故之利也下節
似言故然故即其利者也决不可依新安之說强分故與利此
是以利故兼屬兩節也作者或依新安之說於次節言利而不
及故末節言故而不及利者有之或依蒙引之說於次節言利
而兼言故於末節言故而兼言利者有之何屺瞻先生評戊辰

全章刻文有曰此題下二節予以本文條理求之以爲次節之申言利字是順頂以利爲本末節之申言故字是倒說轉來求節註中而何以穿鑿爲哉句又從求其故下補挽利字蓋因此章專爲智而發題中利字尤重也此是主新安之說也汪武曹先生曰愚謂此章尤重在利字言利則故在其中故總註事物之理數語專以利言之東陽許氏曰天與星辰之故亦只是利而已然則末節如何可離却利字耶屺瞻力主新安陳氏次節爲利末節爲故之說而譏蒙引所駁爲未當又以爲末節與鑿字初不相涉與鄙見尤相牴牾此是主蒙引之說也各持所見

兩不相屬歷謂二人之說皆是也蓋首節云故者以利爲本則利字原貼故字言也利必求之故舍故無所爲利矣故必本於利則舍利亦非所云故矣故存疑曰首節雖先說故後說利却歸重在利上總是利之故也故第二節只承利字說去第三節又只言故而不及利者其所謂故卽利之故非有外也由是言之則武曹先生之說固爲是矣然所惡於智二句是緊頂故者以利爲本說來則次節不可謂非申言利字也末節明曰苟求其故亦不可謂非申言故字也由是言之則屺瞻先生之說亦不得爲非也且彼有曰利雖必求之故然禹之行水只証利字

故字但可於如智者亦行無事句穿入在行水中先故利雙頂則於爲其鑿也句語脉不清矣故雖必本於利然千歲日至只証故字利字但當於講完造曆後補出若云造曆亦當不以鑿而以利則苟求其故本位反不醒矣然則屺瞻先生原不謂次節不當補故字末節不當補利字也但謂須清次節語脉醒末節本位耳此亦何嘗說得不是耶但據歷見言之次節補入故字亦宜云循其故之利者而行之雖帶入故字仍側重利字方於次節語脉能清若如刻文講次節云禹惟不執一己之見以拂就下之性行所無事而能於其利之故而求之也猶似未清語

脉矣末節補利字亦宜云因其利之故而求之雖帶入利字仍側重故字方於本位能醒若如刻文講末節云天與星辰未嘗無故在焉求日至者千歲可坐而致亦無所不利焉猶似未醒本位矣且次節雖是言利末節雖是言故然末節是頂次節順下言不惟不當鑿而亦不必鑿也故註繳云而何以穿鑿爲哉存疑曰其所謂故卽利之故則末節亦頂次節言利之意說去故本文雖只言故而註中可補言鑿也屺瞻謂末節與鑿字初不相涉註中而何以穿鑿爲哉是從求其故下補挽利字此亦似不然耳

所惡於智　一節

將智字說入性字裏者訛也定衡曰智卽性之明覺至虛至明最神最速貫千古而不息觸萬彙而森如乃吾性本然之智何可惡也若以私意攙入便爲穿鑿便失了本然之智而其用不神所以可惡智者若能如禹則本然之智完完全全神明出矣蓋本然之智大智也人爲之智小智也此是將智字說入性字裏也此題刻文亦有至此說者似不合解蓋性中雖有智而此章性字是概指事物之理而言不關智也智雖本於性而此章智字是另指夫人之識而言不關性也孟子因小智之人自矜

其識以論性故謂論性者當循其發見之自然者言之務爲穿鑿則失其性之理反不得爲智而見惡於君子耳如此云云則智與性原自開說與中庸以智爲性之德不同若將智字說入於性字裏則上下文意俱說不去矣

天之高也　一節

指高遠字立論者訛也爲此題者多謂智者之鑿皆窮高極遠故舉最高最遠者以示之不知鑿之者是不循其自然之發見者而言之如性本善而曰惡性本無不善而曰善惡混耳原非求之高遠故吧瞻先生評刻文有曰鑿字與高遠字别也舉天之高與星辰之遠者是存疑所云舉至難以明至易耳蒙曰以天之高亦可求其故而致之况性之非高者乎以星辰之遠亦可求其故而致之况性之非遠者乎言高遠者之可因故而得以見言性者之不必鑿也與窮高極遠之說無干吧瞻曰末節高遠二字乃天與星辰本然之體但可對事物之近說而不可以窮高極遠影合鑿字此其所見是矣

王使人瞯　一章

謂齊王之瞯與孟子之言皆爲堯舜而發者訛也翼註曰齊王見孟子言必稱堯舜疑有驚世駭俗之爲者故使人於隱微處

竊瞯之大全新安陳氏曰堯舜與人同之說與人皆可以爲堯舜之說實相表裏說統亦曰孟子言必稱堯舜所以動齊王之疑直以堯舜與人同一語覿面喝出便打破千古疑團此俱是着迹於堯舜二字也歷推齊王所以瞯之與孟子所以答之者並無此意折衷曰齊王慕孟子之道德聞望意其必有異於人者故使人竊視之齊王瞯之之意誠如是也孟子言堯舜與人同者言雖聖人亦無異於人耳舉堯舜爲言是明己之無異於人與人皆可以爲堯舜意不相關也題炬有曰不只証己之無異仍是打動齊王爲堯舜以實己堯舜陳前意此說勿從近來

文字似不合當日情事㪅多矣

堯舜與人　一句

就形性說者訛也新安陳氏曰堯舜所以與人同者非但形體之同其性善本與人不異惟聖人能盡其性常人每虧其性於是常人與聖人始懸絶耳存疑曰堯舜與人同此形同此性也但堯舜能盡其性而充其形與人始異耳蒙引曰堯舜與人同耳其中便是同此性而能盡其性同此形而能踐其形者按此三說俱以形性爲言作文者亦有以此立說者矣據閻思之孟子所答必就齊王瞯之之意而破之也蒙引曰是令人窺其燕居獨處之時動靜語默之間果與常人不類乎若容貌則王必已見之矣蒙引此說能得齊王瞯之之意王已見其容貌瞯固此形之說不必及也若同此性之說又無關於所瞯之意齊王所瞯者在於動靜語默之間孟子所答者乃及於性之同不亦迂乎翼註曰堯舜何以與人同葢堯舜不過盡得人道人自於人道有虧故不若堯舜堯舜實不遠人也此將人字貼說覺爲切近陞爲之廣其說曰堯舜之動靜亦猶人之動靜也堯舜之語默亦猶人之語默也豈有出於人之動靜語默之外而立異以爲高者哉葢就人之所同然者而言之耳若堯舜之動靜語

默得其理人之動靜語默失其理則固在於不言之中也翼註曰所瞯在日用動靜上若容貌則齊王已見之若心術則非瞯所及也夫心術非瞯所及孟子必不與之言心可知旣不與之言心又豈與之言性哉說統曰只在做人上說方與瞯字相關不必涉形性字此說甚是

由君子觀　一節

說妻妾能知羞者訛也齊人之妻妾知其可羞求富貴者之妻妾未必知其可羞也葢乞丐之行衆所共惱勢利之途人所咸羡爲男子者不屑做乞兒未嘗不欲做財主與老爹爲女子者不屑做乞兒婆未嘗不喜做財主婆與老奶也故不辨禮義而受萬鍾者妻妾亦從而奉之旣以富貴爲榮則不以求富貴爲辱卽使見其求之之狀豈必果羞而泣哉但由守道義惜名節之君子觀之覺求富貴者無異齊人故謂使其見之當羞而泣耳說統陳抱冲曰世緣薰染男子亦鮮能自振拔況可望之愚婦人乎意重良人之可羞泣不重妻妾之能羞泣卽由君子觀之一語可見此解甚是明儒徐日久先生文類拈君子字洗發故文開評曰妻妾之必羞必泣總是君子看他情狀想當然耳故此節由君子觀之一句直貫到底此篇比比從君子起意直

須題神也宋列皇先生亦曰妻妾之羞當看得活全從由君子
觀之來應屢醒君子乃得歷觀今人之文竟有不從由君子觀
之空說妻妾之羞而泣謂巾幗之氣節反勝於鬚眉者殊爲非
解旁書有云丈夫常爲女子之行而婦人反萌君子之心此雖
妙語但恐不合婦人心事耳笑罵由他笑罵好官自我爲之宇
宙之中固不乏此男子輩矣伯也執殳爲王前驅猶美之曰邦
之桀今自昔女子亦已有然若晏子御者之妻見其良人之儲
狀遂欲求去此種女子不可多得且爲御者亦非富貴利達者
比故羞之耳蘇秦遊說列國迎合諸侯意旨因孟子所謂公孫

衍張儀爲順夫子之妾婦者也一旦富貴親戚且畏懼之彼蛇
行蒲伏不敢仰視者尚知羞而泣耶故求富貴者偃然自覺其
得計視彼守道義惜名節之君子反以爲迂儒而嗤之維彼妻
妾亦竊喜曰我良人才智能取富貴以帶挈我不若彼迂儒輩
飢寒其妻妾也因相與奉之不暇耳猶有嫌其卑賤泣於中庭
而羞之者噫幾希矣

我竭力耕　四句

單以首二句接上句者訛也業引曰口說當云夫公明高以孝
子之心既不得乎親則必不能若是其恝然不介懷以爲我但

知竭力耕田以共子職而已矣孝子之心正以謂父母之不我
愛於我果何罪以致之此其所以怨慕耳又曰夫公明高以孝
子之心爲不若是恝我竭力耕田共爲子職而已矣作一氣讀
下此與下句正是一反一正說正見得舜未嘗自以爲孝也若
曰我竭力耕田共爲子職而已矣則是自以爲孝孝子之心初
不若是恝曰我竭力耕田共於子職已盡矣蓋父母之不我愛
我必有罪以致之而猶未知耳此是將首二句接上讀斷下二
句又另說也折衷亦從此解沈幾先生文字亦如是言然玩本
文語氣四句似是一直說去總申不若是恝之意故備旨曰恝

字與怨字對直貫至末則不得於首二句單接上文而下二句
又另說起也存疑曰言在公明高以孝子之心不得乎親不能
若是恝然不介懷以爲我竭力耕田亦惟共爲子職而已矣今
父母之不我愛必是子職有未盡不然此物奚宜至哉此說似
合語氣翼註前說有曰我竭力耕田不過共爲子職之常而已
此外未盡道者甚多父母之不我愛必我有罪以致之但不知
我罪伊何故呼天欲其啓予衷耳照註說是如此此與存疑合
解後說曰蓋使自謂我只竭力耕田共爲子職吾事畢矣若夫
父母之不我愛於我亦且奈之何哉此正是恝然而無愁孝子

之心不若是也說統亦有此說却與註中解於我何哉句云自
責不知已有何罪耳不合不可從也

父母使舜　　揜之

以瞽瞍之慈立說者訛也明儒楊澔先生此題文字以瞽瞍之
慈立說後來作者皆如是言謂天下有不孝之子必無不慈之
父弟或有不恭其兄父未有不愛其子舜之免於難者瞽瞍有
以生之也作者自以爲高識評者亦以爲定論而歷則覺爲迂
謬耳蓋人性皆善則孝慈皆屬良知良能若爲氣稟所拘物欲
所蔽因失其性則天下旣有不孝之子亦必有不慈之父何云

父無不愛其子者耶天下之父果無不愛其子則文王爲父而
止於慈亦不足稱矣何以爲聖人之止至善耶且陳氏何以謂
父雖不慈而子不可以不孝耶且韓魏公之對宋英宗何以謂
惟父母不慈而子不失孝乃爲可稱耶雖天下之人孝者少而
慈者多然瞽瞍却不得爲慈者也書曰父頑母嚚蔡先生註云
心不則德義之經爲頑心旣不則德義亦必不慈其子可知矣
且瞽瞍果有慈舜之心孟子何云父母之不我愛耶雖象曰謨蓋
都君咸我績而瞽瞍亦聽象之計矣故萬章言父母使之也蒙
引曰即舜不告而娶一事亦可見瞽瞍果有殺舜之心何也丈

夫生而願爲之有室女子生而願爲之有家父母之心人皆有
之而瞽瞍乃不得與舜娶當時四岳舉舜舜年三十矣猶曰有
鰥在下曰虞舜則父母之心何在謂非有殺舜之心不得矣盧
齋之言可謂公論出字題文許虬先生以瞍之慈立說不若錢
櫃先生以舜之孝立說者爲確也姚君襄周評許君文曰將以
慈字加之瞽瞍此方是大孝心事此方是人子之言歷謂自人
子言之不可謂已之父母不慈自衆人論之不可謂天下無不
慈之父母也仇先生評楊君文曰說得瞽瞍如此大慈亦是曲
意周旋然天下無不是底父母即以此歸美其親亦未嘗不可

天王聖明臣罪當誅忠臣存心如是孝子何獨不然噫萬章豈
瞽瞍之子耶抑代萬章立言者豈瞽瞍之子耶瞽瞍是慈父則
商紂亦仁君矣天王聖明此自文王說耳豈天下後世皆當周
旋商紂不可謂其不仁耶噫誤矣不求合乎事情徒爲非常可
喜之論似無庸耳

父母使舜　　已與

以象必無殺舜之事立說者訛也大全程子曰萬章言舜完廩
浚井之說恐未必有此事論其理而已堯在上而使百官事舜
於畎畝之中豈容象得以殺兄而使二嫂治其棲乎饒氏

日完廪浚井事僞無則不告而娶亦焉知其非無翼註曰説者謂舜升聞在克諧之後必無不告而娶及焚廪浚井之事孟子眞知舜之心而事之有無姑置不論此見甚高此三説者皆言之有理然朱子曰萬章所言其有無固不可知則亦未嘗質言其無也而作者竟以必無此事立説豈學識能過於朱子耶且若必無此事孟子何必又辨其事之無而煩推論其心耶且八股者是代聖賢立言者也代聖賢立言須依聖賢口語萬章既述焚廪浚井之事爲問則爲此題文字須從萬章所引之事爲説而謂必無此事不與所問者有相背耶且孟子之所答者不

亦爲無因耶以此作論則可以此作八股則不可也前廢八股時作論者凡遇題目皆當反覆翻駁發明其所以然之理却只順題虛衍不加翻駁是以八股爲論也至作八股者不依口語自加翻駁不叉以論爲八股耶文各有體似不可以若是其混也

不藏怒焉　二句

謂仁人有怒怨者訛也行遠集所選試牘有曰仁人之怒猶夫人之怒也人皆曰怒仁人曰非怒豈人情哉故仁人不必無怒即不必無怒於其弟乃其怒也依然吾弟也則非他人之怒而弟之怒矣云云原評曰非不怒不怨而不藏怒不宿怨也此聖人所以爲人情之至也最得解作者閲者俱似説得有理識見亦高但恐不可以語於仁人之心耳此仁人雖是泛説却是暗指舜言舜大聖人也聖人之心自與常人不同故人曰怒聖人則不怒人曰怨聖人則不怨故爲人情之至耳若當時亦怒亦怨只後日不藏不宿則稍賢於常人者亦能之矣何足以爲聖人耶如浚井而出象往舜宫舜即喜曰惟兹臣庶汝其於予治此時寧有怒怨之心耶而何待於後日不藏不宿也嘗引曰不可謂雖有怒而不藏其怒雖有怨而不宿其怨仁人之於弟也

雖可怒而不怒雖可怨而不怨直是無怨無怒也其謂之不藏不宿者亦因萬章之問立爲天子與所謂封之者皆是後來事此不藏不宿二字所由來也存疑亦取此説説統曰因後日爲天子不復追念前日殺已事故有藏宿之説若在舜之心直一無怨無怒已耳翼註曰不藏怒不宿怨只是忘其怒怨非有怒怨但不藏宿也折衷曰不藏不宿直作無字看猶言可怒不怒而無怒之可藏可怨不怨而無怨之可宿非謂有怒有怨而但不藏不宿也諸書之解皆如是説者蓋以有怒於弟有怨於弟便非仁人之心也且定衡曰不藏不宿非有之而不藏宿蓋見

弟無可怒可怨之理只有親愛之理既無可怒可怨之理則仁人又焉有怒之怨之之心耶謂大舜亦必怒怨於象是以聖人爲常人也而謂瞽瞍必欲保全乎舜則又以凶人爲善人矣此皆智者過之之說非確論也

丹朱之不　二句

謂二子非眞不肖者訛也黃蘊聲先生文字說二子皆非不肖寔有讓德之賢可比泰伯許者無不賛其議見之高讀者無不快其議論之闢自歷言之則覺不可從也孟子明言二子不肖矣而顧謂其皆賢也不與孟子相背哉孟子之言不肖者是明

民心不歸之故見其所以不有天下耳今云皆非不肖則民心何以不歸天下何以不有耶且朱均之不肖是對下文啓賢而言謂其亦非不肖而賢則與啓之賢也何以別乎且考之堯典放齊曰胤子朱啓明帝曰吁嚚訟可乎蔡先生註云朱蓋以其開明之才用之於不善故嚚訟此見堯之至公至明深知其子之惡而不以一人病天下也又考之益稷禹戒舜曰無若丹朱傲惟慢游是好傲虐是作罔晝夜額額罔水行舟朋淫於家用殄厥世由尙書觀之則丹朱豈非不肖者乎丹朱爲人如此故稱爲不肖而商均亦以不肖稱之則其爲人亦可推矣黃先生曰帝子皆賢以爲不肖者誣之也噫天下有誣人孟夫子哉又謂孟子稱二子之不肖者蓋謂其德稍不若堯舜而已不知不肖二字猶云無似耳猶云弗類耳是與賢字相反非謂不像其父母也故對天下之前輩尊者亦可自稱不肖今人於此二字皆見左了故於此二句書亦至誤解而謂丹朱不肖堯商均不肖舜耳誤解不肖二字則背了孟子之言而且無以處堯舜矣蓋子非無似弗類者流何必不與天下耶馬世奇先生管叔以殷畔文亦與此作同病也其曰向也子而攻父節今也子而復父佐代殷者非孝即復殷者孝向也臣而殘其主今也臣而扶

孽主伐殷者非忠即助殷者忠是以管叔爲忠且孝而以武周爲不孝不忠矣武周不孝不忠反誅管叔之忠且孝則何足以爲武王何足以爲周公將湯武革命順乎天而應乎人及武王周公其達孝矣乎者皆說不去矣翻案之文須於情理無碍乃可以訓如倪元璐先生子路慍見題文反嘉子路之義雖屬奇談却爲正理斯爲有功世道人心文字黃先生與馬先生此二題義恐與蘊公武王非聖人論同爲過奇失正之說矣是豈可以訓哉艾千子評馬先生管叔以殷畔題文曰管叔一庸妄人耳疑周公則闇而無識黨殷則忘親事佐公以聖人之心待叔叔

以奸人之見度公當日目之爲蠢動可謂極肖乃謂爲周頑民殷忠臣貶武王護管叔得罪名敎不可不辨陛辨黃先生此題文者亦遵艾子之意耳

啓賢能敬　一句

說傳子卽傳賢者訛也陳大士文曰吾則謂禹無論鎰薦之時未嘗與子卽故立之後亦未嘗與子也與賢而已矣近文亦皆云與子卽與賢也評者皆以爲妙論卻似非題本旨首節以賢與子配說是分兩樣人言此句賢字只對上文不肖字耳意義原自不同且前旣云天與賢則與賢天與子則與子矣而此顧

云與子卽與賢也語意不相背耶此題文字笪君諱重光先生者待解故介眉先生評曰英闢之論又切照章旨無俗下傳子卽傳賢陋語也介眉先生自作亦無此弊徐果亭先生評之曰題只對照朱均爲其子之賢不肖句伏案尙未及傳天下意蓋禹只薦益未嘗欲傳子因啓賢而民自歸之上文甚明時文動云傳子卽傳賢絕非此處語意上下文俱碍矣此語作偏者不過偶爾借擊賢字不意遂爲此題濫觴也還題本位隱逗天字足正從來之誤仇先生亦評之曰說啓之賢正對上朱均不肖總欲跌出賢不肖皆天意耳非謂啓賢便當傳位也時文動云

傳子卽傳賢不過因題中賢字巧作闗合耳此文還題本位只說啓之賢並不及傳位一語處處隱逗天意握題正旨豈非披雲霧而見青天陛過觀此題文字方知評者之快心於合作也

耕者之所　一節

就重農說者訛也此題文字多拈重農立論否則將勸耕者與勵在官者兩意互發耳不知此節是明祿足代耕之義與重農意無干故仇先生評章君文曰題本發明代耕之義此從耕者身上生出意議亦是另立一格文字介眉先生之評張君文亦曰重農題外義也陳子龍先生作祖章大力之說從差祿代耕

上看出先王封建之用卽寓於此又從封建之用看出舉於井田亦由於此此論尤爲迂濶故孫君若士評王綱先生文曰無見作者於此多作封建井田解其義鉅甚而寔不精切此只發明祿足代耕之義其議甚細而未嘗不闗係鉅大也然若士有曰農夫無祿而所食有自然之等庶人在官者其祿以是爲差則君卿大夫士其祿亦以是爲差矣況農夫有上中下五等則天子班爵於天下班爵於國中五等六等之爵亦昉於此矣此節語似淺微包義甚廣若士此說亦係推論之詞非孟子意也此節題文如上面所述者皆屬浮談無闗本旨介眉先生有評

曰代耕之差所以明食不苟得勵庶人使勤於在官正意也推而下之差在官以恒耕者且祿起農夫見封建井田相表裏客意也泝而上之差在官以差君卿大夫見受祿不誣之義亦客意也陳先生所言說盡此題從來之弊矣

仕非爲貧　一章

責備不行道者說也大全新安陳氏曰此章始爲爲貧而仕者言終爲位高祿厚者言居卑貧者其職易稱尚必求稱其職如孔子之爲委吏乘田必求會計之當牛羊之茁是也豈有位高祿厚而不求行道以稱其職者今人於位卑言高則凜然懼其爲罪而不敢犯於立朝道不行則寘然不以爲耻而肯犯之陳氏此說是責立朝者以行道也文字如此說者雖多却非孟子本旨蒙引曰此章專爲當時有爲貧而苟祿者發不知高官厚祿非爲貧之具也既是爲貧便自有爲貧者所宜做底官豈可苟哉此說是矣艾千子先生曰此章爲亂世之君子而言也度天下必不能用我而道不行只得爲貧祿仕而祿仕却不必言高只抱關擊柝委吏乘田盡職無罪而已此篇全在末節看精神惟其言高爲罪所以卑者只盡卑者之職惟其道不行爲耻所以辭尊居卑章意總是歸結爲貧而仕本無責備立朝不行

道意艾千子之言如此可謂得解辛未房書題有評曰此章自是重在爲貧觀末句可見矣何者有道可行乃君子也特相其時之不可行故不立乎人之本朝以取耻耳若責當時卿大夫則彼又何道可行之有此更見得眞矣翼註曰道不行不必是無才德但只沮於時而不行便有苟祿之耻既云沮於時則雖有才德亦安能行其道耶時既不能行其道而責其道之不行焉不亦冤乎此題文字前之郝敬先生今之滄桂先生者能說得明確也

孔子嘗爲　一節

謂孔子不曠職者說也嘗見此題文字多言孔子之爲委吏乘田位卑祿薄亦不敢曠其職必求會計之當牛羊之茁况君尊富者乎以此見立朝者不可不行其道也如此說者似非孟子所引之意翼註云孔子雖大聖而當道與時違之日若做大官便廹於不合則去之義而於貧終無濟矣玩本文而已矣三字其意盖曰今吾之職不過如此外此别無行道之責所以可居也新說作亦不敢曠其職似高但於而已矣字不肯此說甚是

位卑而言　一節

平分兩意者說也位卑而言高有罪則位卑者無言高之任此

卑貧之所以可居也立朝而道不行為耻則立朝者有行道之責此尊富之所以當辭也文平意串總見得為貧者當辭尊富而居卑貧之意觀註徵語自明時文以上二句為論小臣下二句為論大臣者失其意矣

人無有不　二句

作人人皆善水水皆下者訛也告子言人性之無分於善不善者是各就一人而言非謂天下之人彼有善而此有不善也言水之無分於東西者是各就一水而言非言天下之水彼或流東而此或流西也告子言之者如此則孟子辨之者亦必如是

可知矣人無有不善言人之身只有善而無不善也水無有不下言水之流只就下而不就上也雖推之天下之人天下之水皆無有不善不下者而孟子之意却是對告子就一人一水言之不是統論天下之衆人衆水也定衡解首節曰善不善作一人看分字從善惡相對生也解次節云人無有不善二句只是言人性無惡水性無上不可言人人皆善水水皆下諸書之中惟此為得解耳折衷曰凡謂之人其性一定是善決無有不善者似亦是如此說但云無有不三字是決辭不重同意似猶未曾見得了徹蓋不但不重同字原無同字之意也然而遍觀文字未見有合其解者何耶

泥人字立說者訛也時文每曰言性不如言人如某君之文所謂言性而猶疑於純雜之或分言人而可悟以賢愚之一致者多矣不知上既言人性矣此句言人即是言性原無分別焉素修先生評崇禎江西墨曰言性不如言人通塲皆為此意所誤不知天下儘有不善之人撇却性字何從見其無有不善韓慕盧先生亦評之曰上文明言人性之善猶水之就下此二句不過作反詞以決之言下亦偶遺性字耳豈必駁去以為高哉觀此二評其義明矣難題問答曰令人開口便云吾與天下言性

不如與天下言人此語最害事天下人豈能皆善正在性見其無有不善耳若說言性不如言人性不在人之外耶時文如此者不少玉君此言良然講書作文者泥其字句而不求其意理以致說錯者豈獨此章有是哉

今夫麰麥　二節

謂譬降才之同併此陷溺其心者訛也大全新安陳氏曰以譬降才同而養其心與陷溺其心有不同也時文多從此說雖於意理相符而於語次不合蒙引曰總見同類相似之意不必依新安陳以譬降才同而養其心與陷溺其心有不同也觀下文

後云故凡同類者舉相似也可見蓋所謂賴其心與陷溺其心之不同意皆在言外通一章看可見蓋聖人與我同類而人心皆同然乎理義如此然則其所以不同者非以陷溺其心乎蒙引此說甚合語次故說約亦取之也羅孝春先生此題文字前後俱只說麰麥之同講末三句曰肥磽代其責則麰麥之同者自在也雨露分其愆則麰麥之同者又在也人事之不齊者任其失則麰麥之同者無不在也並不拈及陷溺二字若他文有照上文說者雖或許之曰緊照上文降才爾殊陷溺其心二句寫得花團錦簇如許却於蒙引之解有未協耳

萬鍾於我　一句

說無關於性分者訛也本註雖只言於我身無所增益未嘗明言其所以然然下節以鄉為身死與宮室三者並提而論則萬鍾於我何加是言無關於身之生死耳故存疑曰萬鍾則不辨禮義而受之與行道弗受乞人弗屑說萬鍾於我何加照得之則生弗得則死說也翼註亦曰於我何加言得失無係於生死不作性分之上不容一物則時文說到性分無關者似為迂濶又有將萬鍾字與我字空空較說不就生死言之者亦覺浮泛

學問之道　一節

謂學問盡於求放心者訛也說統焦漪園曰求放心即是學問之道不是以學問去求放心也若云另有學問以去求放心便是騎驢覓驢此說差矣故湛甘泉嘗駁之曰學問所以求放心蓋覺其明去其蔽而放心自存是不求之求也子夏曰博學而篤志切問而近思仁在其中矣若謂求放心即是學問之道是流於禪寂之歸而不自知其不可也大全蔡氏曰或者見孟子有無他而已矣之語便立為不必讀書窮理只要存本心之說所以卒流於異學集註謂學問之事固非一端然其道則在於求其放心而已正所以發明孟子之本意以示異學之失其說

是也艾千子曰此題作者皆病在學問之道只求放心便了詳孟子朱子之意乃是學問許多道理都是為求放心語意毫釐千里又曰此題集註自明而人罕能體貼直切朱子曰不是學問之道只有求放心一事乃是學問之道皆所以求放心求放心即是求仁故學問之事非一端而其道只在此又曰若說學問止於求放心則無論其說墮於空寂即安得謂之學謂之問所以朱子曰學問之事固非一端然其道則在求其放心而已歷觀艾子之說是非更可瞭然晚村曰學問之道四字講得精切方不為金谿姚江邪說所亂但講做只有求放心此外更無

學問自以爲得而已矣語氣不知其流入於不必讀書窮理邪說去也滄桓先生曰先儒謂講習討論玩索涵養持守踐行擴充克治皆所以求放心看得學問工夫最詳盡正說得學問本領最精要固知舍學問而求心舍求心而學問異學空虛俗學支離皆不得其道者也呂仇兩先生亦見得透說得確矣若文在所選張君文字與韓求仲先生所評皆說統焦公之見不可從也

謂求放心而後可學問者訛也湯顯祖先生全章題文有曰使人之心果放而即求與則其心爲有主之心而用之學問其析

理必精是心與學問得則俱得者也使人之心果放而不求與則其心爲無主之心而用之學問其見理必粗是心與學問失則俱失者也如此詮說不合本旨故艾千子評曰心爲有主之心而理精心爲無主之心而理粗是先求放心而後有學問與學問總爲求放心語意相遠也語類問求放心一段第一次看謂不過求放心而已第二次看謂放心既求盡當窮理今乃知第二說已自隔作兩段須是窮理而後求得放心不是求放心而後窮理曰然按語類之說則不可謂求放心而後可學問也明矣存疑曰此章所重只在求放心蓋仁人心也能求放心則仁

存而義亦在我所謂仁義不可勝用者是也故曰已矣言自此之外無他事也朱子小註放心不收則何者爲學問思辨收斂此心方驗得聖賢之言有歸著此說不是大註能求放心則氣質清明義理昭著而可以上達及雖曰從事於學終不能有所發明似亦是小註意思存疑此說是矣然蒙引曰味無他字見得非是先求放心只是其道在求放心也集註自明人或誤看耳至引程子曰聖賢千言萬語云云下學而上達也則益明矣或疑朱子曰蓋能如是云云似有先求放心之說非也蓋學問以求放心爲要下學也義理昭著則說向上達求放心則是下

學之事非謂求放心而後可學問也則先求放心之說非矣蒙引之疏集註如此則蓋能如是以下殆明學問之道所以在求放心之故非說先求放心而後可學問與鄧以讚先生文曰學雖以致知爲明然皆其緩也而惟求心寔爲之急學雖以力行爲先然皆其後也而惟求心寔爲之先此是將求心學問分作兩項了艾千子嘗駁之曰致知力行即求放心也果有先後乎若椒泉山文曰須臾不愼已昏於氣而放焉不存矣學問之功正以去其昏而收其放使夫馳逐於千里之外者復歸於一腔之中幾微不察已蔽於欲而放焉不檢矣從事於學正以通其蔽

而儉其放使夫縱逸於雜亂之途者復還於神明之舍此則說
得諦當耳
專就靜存言者訛也翼註曰一念少懈即謂之放終食不違乃
淺於求兼靜存動察言折衷曰靜時昏眛動時擾亂皆是放心
存養使不放於靜省察使不放於動皆求放心也是書解俱兼
動靜言矣丁樵先生文曰靜而知所求焉則心不放於靜矣蓋
靜無主則昏昏即放也學問之道息有養瞬有存凡以濶其放
使不馳於外耳動而知所求焉則不放於動矣蓋動無主則妄
妄即放也學問之道言有教動有法凡以收其放使復還於我

耳不必逐物忘返而後謂之放處事一不得其當心不存也故
或求之事物應酬之際皆學也皆所以求放心也不必屏絕事
物而後謂之存酬酢萬變而不亂皆心之用也故或求之前言
往行之間皆學也皆所以求放心也此文詮求放心甚是明確
則有專言靜存如釋氏之入定坐禪者謬矣
不以仁言心者訛也大全雙峰饒氏曰上文說仁人心也是把
心作理義之心不應下文心字又是一意若把求放心做收攝
精神不令昏放則止說從知覺上去恐與仁人心也不相接了
曩皆以此質之勉齋勉齋曰學問之道非止一端如講習討論
玩索涵養擴充克治非止一端其所以如此者非有他也不過
求吾所失之仁而已此乃學問之道也三箇心字脉絡聯貫皆
是指仁而言今讀者不以仁言心非矣新安陳氏曰仁者人之
本心也不仁之人失其本心放其心故也本心存則爲仁放則
非仁非仁則不能居仁以立其體必不能由義以達其用矣求
放心即所以求仁也學問者求仁之方求仁者學問之本此章
歸宿在求放心上是歸宿在求仁上也一章四個心字皆是指
仁而言觀雙峰勉齋陳氏之說則此節心字不可不就仁而言
之矣朱彝先生文字兼以仁義說心可謂得解故晚村評曰心

字從首節生來心即仁也故第三節註云上兼仁義下專論求
放心則不違於仁而義自在其中勉齋亦云三心字皆指仁而
言時文空空說求放心便是陸學收拾精神本領更進亦止得
上蔡知覺是仁一層耳此能兼統仁義立說直透本原非經生
庸見所及蓋孟子此一篇中自公都子章至末皆指仁義之良
心而言未有泛指血氣浩動之心而言者象山提唱先立其大
亦是錯認孟子正與假借良知立字之術同皆指鹿爲馬也呂
子此評所見甚精方韓先生文字亦就仁義而言故仇先生評
曰求放心只是求其仁義之心方見吾儒本天與佛氏信心者

有別陸象山先生取孟子先立乎其大一句爲學問本領但其
意却與孟子不同孟子此言從心之官則思說來其所謂思則
得之者思得其理也言心而性在其中象山則謂此心但存則
理自明欲不假於思而理自出但認此心靈覺之體而不識天
理自然之則此所以同於佛氏之信心而於學問精一之功終
有缺也仇先生之說與晚村同俱合雙峰勉齋陳氏之旨歷觀
從前文字俱是空說求心不貼仁義故晚村於朱先生之說仁
義處而曰白沙甘泉以來總無見及此者也徐健菴先生評此
題文亦言之詳矣噫聖賢書理非得有學識之人正之其不流

於異端之說者幾希豈獨紫陽爲功臣哉

乃孔子則　二句

以微罪屬孔子說者固訛以二句俱爲曲全君相者亦訛也蒙
引曰乃孔子則欲以微罪行謂孔子以膰肉不至而行其用意
欲使人咎其以細故去國在孔子微有罪也非謂以君相之微
罪而行也此所以爲不欲顯君相之失以爲用意忠厚也然雖
細故亦有故也故又曰不欲爲無故而苟去存疑曰以微罪行
不欲苟去是二意俱就膰肉上見得蓋膰肉小節聖人乃以是
去不爲無罪是在聖人有微罪也然雖小事在魯君亦不是亦

有可去處是其去亦有故也蒙引曰上句微罪字重其失在己
也下句苟去字重其失在人也微罪從前俱作君相說惟蒙引
作孔子說最說得好當從是蒙引存疑俱以微罪屬孔子說矣
王思任先生文曰君恩亦重何爭於一膰而遽違之不幾於瑣
瑣乎而是瑣瑣者雖敬愛之切微有罪焉而孔子正欲被此以
行也此身既行何爭於一冕而不脫之不幾於悻悻乎而是悻
悻者雖忠憤之餘微有罪焉而孔子正欲持此以行也此文是
王蒙存之解然歴思之君子去就必自處於無過之地豈可自
帶微罪耶且禮貌衰而去乃君子見幾之哲亦去就之一道也

其何罪之有耶既以爲有罪又以爲有故亦似矛盾故折衷曰
此說殊欠伶俐皆由不玩傳註而襲舊說故雖虛齋猶緣誣舊
解殊不可曉也則以微罪屬孔子說確不可從矣然以下句亦
作曲全君相說者又非胡定先生文字過下句曰夫以微罪行
吾猶不得爲無罪也孔子誠愛吾執若以無故去耶不以此去
必欲以微罪及其君又何與此辨可謂明矣下句何容亦作曲
全君相說耶雖邵先生文曰有所諱而勉圖固非其心之所樂
無所因而苟去終歉於迹之未融是以膰肉之不供有司之無
禮也若無係於國事之非而禮貌之既衰吾行之有詞也寔足

以掩前事之失益自爲肉爲禮之言一出衆人不復以女樂之受而議君相之後矣如此云云似說得去然觀本文苟去二字及註中又字則下句定就孔子自身說也故說統袁了凡曰註所謂不欲顯其君相之失其本意全在此然無故苟去又恐涉於去就之不明故不以女樂去而以膰肉行黍疑王意亦曰不以女樂去而以膰肉行則君相之失既掩於無形而在我之行又託於有故此所以爲至妙而不可識也胡定先生文字是從此解破云大賢推聖人之去國有愛君之仁有潔己之義焉講上句云聲色荒政君之過大者也吾以是去則天下之人將以

是罪吾君矣是故隱恐於受女樂之日而復發於不致膰之時使天下見吾去之迹而不及察其心庶吾君受其過之小而得以辭其大君子之愛其君如此其至也講下句云進退之間君子之所重也使吾無故而去則天下之議必集於我矣是故雖不去於齊人之歸女樂而猶必待乎膰肉之不至使諸侯國不得聞魯國之陋而吾亦有辭於天下庶吾身既不絕去國之義而亦得以遠身於亂朝君子之愛其身如此其至也分作兩意可謂說得明白則俱作曲全君相者謬可知矣但以微罪作小過說註無此解黍疑王意曰微字不可看作細微之微乃微顯

闡幽之微作掩字看註所謂不欲顯其君相之失是也折衷亦曰北虞邵先生云微罪二字連說死說大不是玩註不欲顯並解欲微字也君相之失正解罪字也惟不欲顯其君相之失故不以女樂去又不欲爲無故而苟去乃以膰肉行此何等簡明斷定從之此解於註爲合較之以罪字加君相者覺爲有理許應科先生文曰天下方緣是以議吾君而又因吾去以顯之吾不忍也故可以去而不去必欲微君之罪而後行焉天下方緣是以議吾相而又因吾去以顯之吾不忍也故不可留而且留必欲微相之罪而後行焉如此詮發微字是照註不顯字說也

似亦可從丘兆麟王思任先生作亦然但丘以不苟去爲悟君殊屬無謂王拈行字去字並說謂但有行而無去者尤不可解耳

五霸者三　一章

專罪五霸者訛也說統曰通章以王字並案語意雖垂重傷今然無王之罪却由五霸作倡當以五霸句作主腦蓋五霸假王法以濟己私其實無王使後世僭竊不逞之徒遂有所借以藉口故諸侯敢於犯禁大夫敢爲逢惡孟子追列其罪所以塞僭竊者假借之端也此說不合孟子三平語意孟子生平雖嚴王

霸之辯而此章則兼論諸侯大夫之非不是辯王霸也嘗見刻
文有主專罪五霸者似不合解蓋五霸三王之罪人言五霸違
三王之法也違三王之法在於侵天子賞罰征討之權耳諸侯
五霸之罪人言諸侯犯五霸之禁也犯五霸之禁在於不行誅
不孝等事與侵天子賞罰征討之權不同大夫諸侯之罪人言
大夫逢諸侯之惡也逢諸侯之惡翼註云不出富强貨色之類
則倂不止於犯五禁矣與侵賞罰征討之權者更何關耶孟子
是言此三樣人各有所得罪處非以三王之法概律五霸諸侯
大夫也孟子平斷三樣人罪而作者必欲大辟五霸未減諸侯

大夫則是孟子所斷之罪後人可以輕重而出入之耶吾恐五
霸有靈必不心服矣語云讀書不讀律致君堯舜終無術歷謂
不善讀書者必不能讀律蓋君相律法皆本聖賢書理而制之
者也苟書理不明則律法罔識無論不克致君堯舜也卽治民
聽訟安能據事原情因人定罪使曲直重輕各得其平耶

天子適諸　一節

不拈三王立論者訛也此節重天子字蓋爲五霸不用天子之
命也然本旨是言三王之制以見五霸違之爲罪人耳故說約
講中起處必云彼三王之世後必云三王之制如此今作者徒
拈天子立論而竟忘却三王然則是五霸者天子之罪人耶不
可合矣前朝謝廷莊先生入其疆一段題文有云吾嘗上追三
王而見王者之慶諸侯大都在巡狩入疆時哉是句已淸大旨
國朝蔣君諱伊先生者起處亦云我思三王而知封建分其權
巡狩合其勢也中云夏之五年一巡也遍方岳焉殷之六年一
巡也省殷土焉周之十有二年一巡也大弍序焉以三王分貼
不徒混拈天子入其疆三句試牘開講云嘗觀古王者之世封
建與井田蓋相爲表裏者也挑比云三王盛時總奉天子之版
章而敢有私擅者乎中比云夏后殷周之世地無不墾之土結

云乃知三代田賦之法不一其名大約不外井田而已逐處俱
切三王發論與節末之語相符他文則拈天子而不及三王
者多矣評者曾不置辨何耶

五霸桓公　一節

重天子之禁立論者訛也註中雖云壹明天子之禁然此節是
言桓公之霸能申其禁於諸侯以見今之諸侯之犯之者爲罪
人耳前後文字多重天子之禁不重桓公之命則下文當曰今
之諸侯天子之罪人矣何以言五霸耶上節宜重三王不拈三
王而重天子已爲不合此節宜重五霸亦不拈五霸而重天子

尤似不當各節繳語各有頭腦而作者自不察耳且天子之禁卽是天子之命而本文五命命字却是指桓公而言作者竟似說做天子之命則桓公之明其禁者安在耶

尊賢育才　二句

以有德單屬賢者訛也新安陳氏曰才者育之異於尊賢所以明貴德成化甲午黎君程文本此爲說蓋以育字爲輕於尊而將有德單貼賢者說矣然蒙引曰賢才皆有德者也才者於道固亦各有所得也陳氏之說非又曰按貴德尊士賢者在位能者在職德字亦該賢與能翼註曰賢是德之全才是德之用尊

育不分祿位折衷曰賢者德之成才者德之用尊之使在位育之使在職皆所以彰有德也觀諸書之解無有以德單屬賢者之說故錢吉士先生文詮上句曰賢非才可比也是抱德而處者也才雖未及乎賢也亦從德而發者也詮下句曰以爲德者人之表率可以風於有位故譽髦之彥與材藝之倫皆朝廷所造就而成而寵遇有殊栽成更篤云云是謂賢才皆爲有德尊之育之皆所以彰之也但別賢於才正所以進才於賢也二句又似糊塗耳

君子之事　一節

以過制殃民分貼當道志仁者訛也大全新安陳氏曰事合理必不爭已所不當有之地心存仁必不殺人以爭地存疑曰當道是終然且不可之意志仁是終殃民之說俱是以當道志仁分貼過制殃民也錢謙益先生文云違制非道也殃民非仁也陳大士曰君不當道而事之所行者皆爲王者之所禁君不志仁而念之所形者卽爲殃民而不辭從來文字皆是如此分貼矣然按徒取諸彼以與此然且仁者不爲則分貼覺不可也蓋仁者不爲是以其過制也不爲過制亦稱仁者則仁字亦兼說過制而言不專就殃民言矣仁字旣兼就過制而言則道字亦

兼就殃民而言也可知蒙引曰徒取諸彼以與此然且仁者不爲以其非道也而乃係於仁以此一句究之則仁與道亦不全判然爲二但上文之意則寔有兩段也說統姚承菴亦曰孟子首說殃民就理伏一仁字繼說然且不可亦是於理上去不得總是一仁下文俱發明然且不可意而況於殺人以求之乎一句又應轉殃民來總見其君不向道不志於仁而臣爲之强戰非君子事君之道也故說君子事君以終之觀蒙引說統之說則不可分貼也明矣淺說講中繳云彼其驅不敎之民以圖非分之地其心可謂不仁而事亦爲過當矣豈君子事君之道乎

亦是總就過制殃民而分事與心也陸龍其先生文字入題云今日者南陽之舉以事言之則非道也以心言之則非仁也總出道字仁字此爲合解其挑比云君子以尊王守法爲學凡一事不可質之先王者不敢爲也一念不可質之先王者不敢存也此邊就過制言亦兼道仁說也君子以仁民育物爲懷行一事焉必其有益於民生者也存一念焉必其有益於民生者也此邊就殃民言亦兼道仁說也中比云一事或睽於道上之戒戾於王章下之貽禍於兆姓其過非細也對云一念或戾於仁王制由是而隳焉民生由是而蹙焉其過非淺也以道與仁分

比猶必各兼過制殃民爲說後比分應批比亦俱兼道與仁言之惟其見得明確故分說合說皆無遺漏如此此題文字當以陸先生者爲正也至於側重當道謂能當道自可志仁與側重志仁謂能志仁自可當道紛紛謬解更不必辨矣

夫苟好善　一節

作賢才輻輳者訛也嘗見爲此題者有言好善則賢才畢集有可相助爲理者矣然觀本文告字只是進言非求用也翼註曰來告以善則衆思集而忠益廣故優於天下然不可說賢才輻而天下治蓋此主聽言說不主用人此解甚確且下節訑訑註云自足其智不嗜善言之貌未嘗曰不嗜善人也翼註亦曰言彼訑訑然自謂天下之事予既已知之矣雖有善言不能益我矣以此觀之則此節是說嘉言罔攸伏耳豈謂野無遺賢耶時文每云强者効其勇智慮者効其智聞識者効其謀俱似說做賢才輻輳輔佐有人一般非其解矣翼註曰善字廣不止强智聞識則來告以善者亦不必泥定三項說也存疑曰好善不作好人之强力智慮多聞識詳其言是矣但又曰亦不是好善言善行只好人之有善人之有技若已有之人之彥聖其心好之是也此則是主用人之說不可從耳

舜發於畎　一章

單重聖賢者訛也嘗見此題文字有單重聖賢立論者艾千子曰此章書原以舜說諸聖賢爲主而人恒過二節特借其小者作証耳陸莫知其解也翼註曰首二節聖賢由困而亨第三節推之常人第四節推之國家末節結之也折衷曰首二節言聖賢由困而亨也第三節言中人由過而改也第四節言國家以逸豫而亾也末節則總上四節而决其成敗之機蓋以理斷之也合參曰首二節言聖賢之亨於困第三節言中人之成於困第四節言國家之保於困末節總結其成敗之理見生全出於

憂患欲人於憂患中圖生而不必與偉乎安樂也歷觀書解何嘗有單重聖賢之意耶文在文閑所選文字魏允中蔡獻臣鄭振先三先生者俱是乎說可謂得肯綮之論馮明玠兩先生者單重聖賢鄒破云聖賢所以體天者憂患而已馮破云天之所以生聖賢者憂患而已竟脫却中人國家是何理耶周鍾先生亦以當大任者立論恍先生評曰天降大任必從艱難困苦中磨礪聖賢兩節反覆推明此意自重其常人之改過庸主之亡國特帶舉言之末句雖屬總承而策勵英雄使向憂患中尋生路前後仍自相應此評恐未確也至於後來文字不但單重聖

賢而已或於上四節中說破末節或於第二節插入第三節於第三節插入第四節甚而於二節內竟驟及第四節於末節後只挽結首二節者比比皆是雖評者皆以為巧自歷思之似覺失却步驟且不合語意耳

所以動心　二句

作一串說不分才德者訛也淺說講上句云而德於是乎益純矣講下句云而才於是乎益周矣分說才德其解確當蒙引亦曰動心忍性成其德也增益其所不能成其材也或謂只動心忍性便是增益其所不能則欠了才一脚未週也嘗見此題文字說大任之降非無所不能者不足以勝之而能是從心性所發動心忍性正是欲增益其所不能如是立說則又似欠了德一脚矣不知當大任者必才全德備始能勝任豈可有一無二耶且所以二字總頂上五句來貫到下二句止言天必先困之如此者蓋所以動忍其心性而增益其所不能耳若說動心忍性是欲增益其所不能則忍性之下增益之上要加所以二字接去矣語氣不亦贅乎故晚村許史先生文曰增益不能正動忍得力處似微有次第然所以二字直貫語氣無側折蓋動忍其心性而增益者其才也作三平理固無害亦以所以二字原是直貫不得於忍性下另作側折也

盡其心者　一章

單重心者訛單重性者亦訛也從來文字有單重心立論者如楊維斗先生作是也有單重性立論者如徐元敔先生作是也然以首節言之知性乃能盡心則不重心而重性矣以次節言之存心方能養性則不重性而重心矣故雲峰胡氏曰欲造其理者用工全在知性上知性有工夫盡心無工夫盡是大段見功知是積累用功欲履其事者用工全在存心上存心有工夫養性無大工夫存者操之而不舍養不過順之而不害耳由是

言之則兩節之中心性互重不得單重心或單重性也至於末節殀壽不貳註謂知天之至蒙引曰該盡心知性修身以俟之註謂事天以終身蒙引曰該存心養性則心性二者平說到底安得有所偏重於其間耶

單重知天者訛也明儒葉秉敬先生文單拈知天立論謂始終一知天焉其見偏矣觀外註朱子所云不知其理固不能履其事然徒造其理而不履其事則亦無以有諸已矣及云智有不全固不知所以為仁然智而不仁則亦將流蕩不法而不足以為智矣則知行工夫雖有先後而無重輕安得單以知天作貫

耶折衷曰此示人以為學之全功也首節是造其理之智次節是履其事之仁末節是智仁各造其極總是窮理盡性以至於命也折衷全旨是會總註朱子之說為言能得一章大意而以知天貫者豈有合耶

將天字看作天地之天者訛也張子曰由太虛有天之名九峯蔡氏曰橫渠四語只是理氣二字由太虛有天之名即無極而太極之謂以理言也蒙引又疏之曰太虛即太極之謂虛者不雜於氣之名形而下者謂之氣則皆是寔物惟理則虛周子所以有無極之說謂太極者以其統乎二氣五行萬象而莫與對焉者也即是太虛以其不雜乎氣者也朱子小註亦曰天者理之自然而人之所由以生者也先賢於此章天字俱是指理言之至於天地之天則是屬氣而非此章天字之謂矣時文於此章天字說做彼蒼者天於事天句說到郊壇對越不亦誤乎艾千子評劉泓先生文曰如此方是知性之自天若如楊復所作則是知天地之天耳觀此評可知此章之天與天地之天不同矣此章天字即是天命之謂性底天字今人於彼此兩章皆誤解了故文字中有錯說者而世亦莫之辨也

知其性則　二句

將知天說在盡心後者訛也嘗見時文有曰既知其性則不但能盡其心而已又知天焉是將知天說在盡心之後非其理矣大全問盡心今既一定作知至說則知天一條當何係屬係之知性之下盡心之前與知性俱為一滾事耶抑係之盡心之下乃知至又精熟底事耶朱子曰知其性則知天矣據此文勢只合在知性裏說蒙引曰知性知天是一時事盡心稍在後觀朱子虛齋之說則知天在於盡心之前矣晚村先生曰心是活物惟其虛靈故能具性情惟其具性情之德故其虛靈直肖天體必知性知天則見得極處方是盡其心故知天只在知性裏說

若倒說在盡心後便天在心外失其所謂心矣晚村此解亦見得確也韓先生一節會墨承題云知性則心盡而天即在焉晚村評曰知性則知天而能盡其心故朱子云知天只在知性裏說此於語勢倒矣至於後股曰知極乎此覺陰陽名象之數皆爲形下之粗而吾心之精微者何若與對云知深乎此則高深隱顯之境皆爲大化之行而吾心之廣大者何若與此則得解矣故晚村評曰知天後倒繳盡心好也顧憲成先生一節文說知天云借曰天有未知則吾之知性亦揣摩億度之知耳於心不相涉也其奚以盡心也耶此其反掉首句處有理會也

存其心養　二句

以存養專爲靜時工夫者詎即謂存心兼動靜養性專屬動者亦詎也蒙引曰存養二字本該動靜朱子解中庸所謂存養省察之要者借此存養二字用也但以對省察而言則存養偏爲靜時工夫而存養二字未爲誤用若孟子存養二字本意省察已該其中今人自習舉業時誦箇存養省察字便以存養二字爲主靜言却以後來註脚中存養字來奭勘孟子本文存養字此其所以誤也又曰存心兼動靜故養性亦兼動靜但養性於動上工夫居多故曰事事順理若喜怒哀樂之未發時固亦須

有養也故曰息有養瞬有存若論靜時存心則寔該得養性爲全未有事也或問程子曰鷄鳴而起若未接物如何曰只主於敬便是爲善可見靜時存心可該養性矣但孟子此處則當兼動靜說也蒙引之解可謂詳明存疑曰存心工夫兼動靜靜亦定動亦定是也養性亦兼動靜或謂如此則靜時工夫就該得養性矣愚謂倘有毫釐之差益應事接物順其情而不害是動養也事物未感守其理而不失是靜養也心以知覺言性以理言存疑之解如此則存心養性之俱可兼動靜者更說得有分曉矣

養其性　一句

以存心爲勉然養性爲自然者詎也熊次侯先生文曰性於心以處者也有天而無人其勢不可有爲以爲有爲之惡惡不可居有爲之善善亦不可居也於焉養之滋息久而有其自然自然久而有其充悅盎至於求理而理無可求化氣而氣無可化而勿休日休也則可謂能養矣此文是將養字說到從容渾化上去雖無人不贊爲精妙而歷細思孟子所言事天底道理似非如是說也註訓順而不害只是依其本然之意豈謂是如其自然耶故朱子小註曰養性者事必循理而不害其本然也處

源輔氏曰性是寔理須當順之而不害害謂違悖而戕傷之性本不可以戕傷言但爲自家違悖了便是戕傷之也奉承之而不違便是存心養性事蒙引曰養其性只是於應接間當仁而仁當義而義當禮而禮當信而信每事順理而不逆以害之便是養性存疑曰應事接物順其情而不害是動養也事物未感守其理而不失是靜養也折衷曰養只是順其理而不逆以害之如靜養以全其未發之中動養以慎其已發之用皆是諸書之詮養字俱是用力保護以保其本然之意不知古今文字何以皆說到從容渾化上去也說到從容渾化上去於孟子所言

事天底道理有何關切耶如謂養字不可作用力字解則試思至於身而不知所以養之者及養其小者爲小人養其大者爲大人底養字亦是從容渾化之說耶且養心莫善於寡欲章下言有存有不存者則養心即是存心也存心既可說養心則養性獨不可說存性耶中庸戒慎不睹二句註云所以存天理之本然此非養性之德於靜時耶而朱子亦用存字解之矣即曰養字養須與存字說得有別亦不可以存心爲勉然養性爲自然也蓋存心即所以養性靜存其心使天理之本然者不昧是養其性於靜也動存其心使天理之當然者不違是養其性於動也存心養性是[illegible]事兼存心既爲勉然養性又安得爲自然耶古今文字皆如此說雖從來未嘗有言其非者而歷覺其不切本旨故獨辨之

所以立命　一句

命就殀壽說者訛也毋論此題文字多以殀壽言蓋謂我能修身則必得其壽造物不能操其權或謂我能修身則雖死猶生氣數短長非所論如此說者皆非本旨註中命之短長命字是就氣言本文命字是就理言原不同也蒙引曰殀壽不貳修身以俟之此是知行之至也蓋窮理而至於殀壽不貳則理之窮

者無所不至矣力行而至於修身以俟死則行之力者亦無所不至矣如此則人道已盡而天之所付畀於我者無不全而歸之矣故曰所以立命也以立命爲與下章莫非命字相同是坐氣言者亦泥於殀壽之義而失其精意所在矣存疑曰此命是天命之謂性之命立是植立不墜之謂天之命於我者至爲完備苟有一理之未盡不能立得天命以殀壽動心而怠於自修便有欠缺不盡者矣命何由立殀壽不貳修身以俟之則爲善之心至死不懈此理之在我者植立不墜矣故曰所以立命又曰立命之命當作理說與至於知天事天爲一串事意方有歸

看蓋知天事天而至於立命猶窮理盡性以至於命也舊依小註作氣說今覺不是原來殀壽不貳這句不重只為修身以俟之說謂不以是息其自修耳若依舊說則是把殀壽當命看欲人去立之不惟與上知天事天不相照而其意亦淺矣觀蒙引存疑之解則命字不可就殀壽說也明矣人之所以多就殀壽說者蓋因下章外註所言耳然存疑嘗辨之曰殀壽不貳修身以俟之是知天事天之極功也故能立命或曰如此則下章總註曰此與上章蓋一時之言所以發其末句未盡之意如何可通曰上曰殀壽不貳修身以俟之重在立命上下曰莫非命也順受其正又是申明殀壽不貳修身以俟之意蓋人之或壽或殀莫非命也然盡其道而死者為正命殀壽不貳修身以俟之所以順受其正命耳以是為發末句未盡之意有何不通蓋不必拘兩命字之同惟取其意之相貫也存疑之解詳明如此而時文仍多說錯者何耶

莫非命也　　一章

將此章命字看做上章立命命字者訛也嘗見此章題文俱將命字做立命命字看了蓋因總註所以發其末句未盡之意一句而云然耳不知總註不如是說也蒙引曰此章與上章蓋一時之言所以發其末句未盡之意蓋云殀壽不貳修身以俟之所以立命也如此方為盡其道而死者正命也若夫桎梏死者非正命也而上章末句未盡之意於此昭昭而無餘蘊矣又曰上章大註一曰殀壽命之短長一曰立命謂全其天之所賦不以人為害之二命字分明不同又安得以下章之命字為承上章立命字耶蓋下章命字以氣言與命之短長命字正同上章命字以理言故曰全其天之所賦也此二命字既分則下章發上章末句未盡之意者亦自了然而不在於命字之間矣彙解曰上章命字以理言此章命字以氣言似不同矣然此章命字即上章殀壽也命盡道而順受其正即修身以立命也故為發上章末句未盡之意仇先生申上章所謂命以義理渾全者言此章所謂命以氣數之不齊者言故兩者不同但朱子以為發上章末句未盡之意者蓋稟命雖有氣數不齊能循理而行修身以俟則順受其正處亦即是立命之學矣觀蒙引存疑及仇先生辯語則時文之說命字者不可知其非耶

萬物皆備　　一章

並指誠仁二字立論者訛也大全新安陳氏曰誠與仁一理耳是有此理則曰誠純乎此理而無私則曰仁未有誠而不仁者

也亦未有仁而不誠者也存疑謂小註陳氏說誠仁當玩而說約亦取此說故古今文字並拈誠仁二字立論者十人而九然仁字是指所備之理而言故曰求仁誠字集註解作實字是人實此所備之理非指理言也誠仁作對於意不協異註以此章當以仁字提在首節蓋萬物皆備於我此仁體也誠即誠此仁也恕即近此仁也此說甚是但異註解誠字云誠只是實理自然是將誠字看做死字指理說矣與集註解不合耳據愚所見此題文字明之王肯堂有曰萬物皆備仁之體也反身而誠仁之事也此從異註之解為得其旨陳大士胡嗇嘉萬道吉三

四書辯訛　下孟卷之六　七十四　學誨堂

先生作亦然今之鄭君諱燿然胡君諱作梅趙君諱廷璟者皆是重仁字也仇先生評胡君文曰萬物皆備是仁體誠是實有此仁而求仁不可不行恕此理極明確又極了當先輩陳大士主此近來無人拈出令得巨靈劈山手眞覺豁若天開是仇先生亦從異註之解矣介眉先生評恭先王君文曰萬物皆備此仁體也誠字只作實字看不與仁字對註亦云體之而實語氣未嘗與仁並重也此作文格甚老但誠仁並提並收似反多節目此評亦確又有單拈誠字立論者是從蒙引反身而誠誠者也强恕而行誠之之方也之說耳然末節言求仁不言求誠則

不如拈仁字者之爲當也至有或拈誠仁恕三字或拈誠恕二字甚而或拈我誠仁三字者皆不足辨矣

夫君子所　一節

專就王德說者訛也遍觀庚子福建壬子江南鄉墨俱以此節此上節推演一層謂上節屬民風此節屬王德此節乃致上節之本領也然蒙引曰此一段不是說不怨不庸以前事亦不是說不怨不庸以後事只就不怨不庸上贊王道之大如此存疑曰殺之不怨三句道理就是過化存神上下與天地同流處所過者化一條是因其不怨不庸不知爲之而贊其德業之大也

四書辯訛　下孟卷之六　七十五　學誨堂

蒙引之說如此則此節雖說到君子身上仍是就業言之非又推原於德也晚村先生亦曰人以上文分民風此節分王德看入君子心性中去不知通章止在王者功用上說以辯霸者之非一路說到廣大處未嘗收向裏來也或云註謂德業之盛今卻子言不脫卻德字乎曰纔說業便脫不得德體用一原朱子之言所以至也章意卻止說功用與霸者對不重德也若說德則上文又何嘗不兼德業來觀晚村之言則鄉墨之就王德說者差矣

夫君子　三字

將君子與王者看作兩樣者訛也鄉墨中俱云就功業之及於民而言則謂之王者就道德之存於己而言則謂之君子是將君子與王者看作兩樣矣不知君子即是王者與左傳中一人而稱以數名者一般原無分別看作兩樣如鄉墨所云既屬無謂且於語氣不符章素文先生曰上節言王者此節言君子稍一點明未爲不是然云不名王者而名君子且云如此則爲王者如此則爲君子孟子口中自作註疏有乖理體多矣其說是也

所過者化　二句

以過化存神分貼德業者訛也衆引以德貼存神業貼過化不知化是物從而化神則化之速耳俱就王民上説何得分而爲二耶又有竟作君子之神化者尤爲誤矣

人之所不　一節

説壞學慮者訛也此題文字有言學慮害其良能之知者不知天下之事必學而後能必慮而後知學慮工夫原不可廢孟子所云不學而能不慮而知者是指愛敬之良而言耳所謂赤子之心是也若擴充其良心如大人之無所不能無所不知猶必有資於學慮矣苟廢學慮而欲專求其良則是陸象山王陽明之學流於狂禪邪教矣豈孟子所言之指耶翼註曰論吾人用功學慮亦不可廢但不學不慮尤是本體呈露之妙耳吾人用功則當學以復其不學之體慮以復其不慮之體但孟子不曾説及此耳時文説壞學慮大非此解是也晚村先生曰只爲當時不明仁義之寔反以爲外鑠無復於孝弟用功者故孟子爲指其固有之良使之保守擴充以全其本然其重在點醒故不及用功非謂惡學慮之害良而欲廢之也文能徹出學慮真有功吾道之言足以破正嘉以來邪説之妄武曹先生曰人性本善而所以盡其性者正自有學慮工夫在盖凡博學審問慎思

明辯篤行等項皆學而能慮而知之事也若説知能之良專在不學不慮反足害良知良能則非吾儒之學矣王敬齋論文曰只言人心本然之良不待學而能不待慮而知非謂學慮反欲喪失其心不若不學慮之知能爲善也孟子只爲當時人以仁義爲外鑠故特將自有之良心微微指點非以知能之良專在不學不慮也此處看差便直錯到底矣諸公之評如此則説壞學慮者非也金居敬先生鄉墨曰使由此能而充之以學則可以爲無所不能之人乃有此能而不充之以學亦斷不得曰之人也無良能也云云甚説得好陶先生者其中雖有語病而曰

自有此能而益之以學一以驗其能之所已及一以擴其能之所未及是凡所謂學而能者乃以學其所不學而能者也此說學慮字却精故喜曾先生評曰此章大旨只是性善註脚非打落學慮爲姚江開山非推崇知能爲宗門助瀾學即學其良能慮即慮其良知至理名言矣口而得也又有將學慮說到俗學上去因以爲有害於良能良知者則誠如王敬齋論文云章句捲擴原算不得學也孟子只說知能之良不待學慮耳何必說到學慮不求知能之良者耶

親親仁也　二句

以無所不愛爲仁無所不敬爲義者訛也存疑曰仁義性也親親仁也敬長義也言孝弟是人性也折衷曰末節上二句指孝弟爲仁義言孩提之親親乃吾性之仁稍長之敬長乃吾性之義親存疑折衷之解則仁即就親親言義即就敬長言蓋親親亦是仁敬長亦是義也周君兼三曰仁義何止親親敬長就人心之同然者言見得親親敬長即是仁義耳此說得是此章之意與有子所謂孝弟爲仁之本及孟子前云仁之實事親義之實從兄意思大不相同明文有曰仁者蓋將撫一世而並遂焉是何經綸哉第使盡依孩提之愛以爲愛而經綸天下固已秩如矣義者蓋將主一世而化裁焉是何宰制哉第使盡依稍長之敬以爲敬而宰制天下固已截如矣及清文曰由一念之知愛而推之無不愛是即仁之所由出也由一念之知敬而推之無不敬是即義之所由著也皆於愚解似見左矣明文瞿昆湖者曰於親親也可以觀仁蓋率其自然之愛而仁即存焉者也於敬長也可以觀義蓋率其自然之敬而義即存焉者也此方說得不差清文張君諱哲先生者曰吾有親而吾親之必非強而致也亦非外爲飾也固有所不忍於中者矣不忍不爲吾愛併不忍偶斁吾愛肫然而獨摯謂非仁之名所由立乎吾有長而

吾敬之必非勉而能也亦非襲而取也固有所不敢於內者矣不敢不盡吾敬併不敢槪施吾敬秩然而咸宜非謂義之名所自定乎此更說得明白矣此題書理易涉謬誤故並述其文之是非者以爲証也

達之天下　一句

作擴充說者訛也大全問仁義不止於孝弟而孟子以爲達之天下還是推孝弟之心以友愛天下即是仁義否潛室陳氏曰此節無推此及彼之意所謂達猶言達乎也與達道達德字同此說甚當存疑曰無他達之天下依註是明孝弟所以爲仁義

處葢性者人之公理也孝弟達之天下而無不同所以爲仁義也說統曰達字即無不知三字看出不作擴充說析衷曰夫親親敬長一人之私情也仁義天下之公理也以一人之私情而遂謂之天下之公理無他以孩提之親親稍長之敬兄達之天下而皆然耳葢惟天下無不愛其親此愛親之所以爲仁惟天下無不敬其兄此敬長之所以爲義諸書之解如此則作擴充說者謬矣蘊紫溪曰達之二字猶言知皆擴而充之也即此一念之愛而達之於無所不愛斯爲仁矣即此一念之敬而達之於無所不敬斯爲義矣此說勿從瞿昆湖先生文曰是非小吾

仁也親吾親而達之天下無不親其親則公愛也而非一人之私愛也此其所以爲仁也亦非小吾義也敬吾長而達之天下無不敬其長則公敬也而非一人之私敬也此其所以爲義也此文能合其解郝敬先生者曰一人愛一人不愛亦人生以後之客情耳不得謂之良而可謂之仁乎一人敬一人不敬亦人生以後之私情耳不得謂之良而可謂之義乎葢論仁義之本來若不以理私一人自大公於天下故論仁義之真體惟其無間於天下乃謂之仁義此更說得仁義爲天下之公理意思出矣若王君諱肯堂先生者曰仁無不愛而獨吾親者一體而兩

分故未離襁褓則怙恃之恩獨篤雖以育一世胥此出焉通天下無異道矣義無不敬而獨吾兄者同氣而異身故未出庭闈則恭讓之恩獨切雖以正一世胥此出焉通天下無別理矣此則蘊紫溪之說也後來文字如此說者亦多總由看錯上文仁義二字耳葢以無所不愛無所不敬爲仁義故須說由愛親敬長而擴充之也此處不可不辯

　　及其聞一　　四句

徒就心中感通說者訛也蒙引曰聞一善言便暢然了悟其所言之理見一善行便釋然曉解其所行之事此是若決江河處

按蒙引此解是就心中感通說也適觀此章房書試牘及戊子浙江本房墨文大約皆主此解並論然蒙引又引所謂其應甚速非止與聲入心通適與意會而已分明是樂取諸人以爲善也味沛然莫之能禦也意斷斷乎其然也之解而曰按此定說也則前解不猶未當耶存疑曰善言一聞心就通悟而用其言之善善行一見心就通悟而用其行之善其曰用其言之善用其行之善則非止就心中感通說矣大全新安陳氏曰孟子又嘗曰大舜有大焉善與人同舍己從人樂取諸人以爲善與此章寔互相發葢舜之心寔萬善之感會也聞見天下之善因感

觸吾心之善卽勇於從之合而爲一人之善此是舜之所以爲大與其曰勇於從之非已見諸行事耶說約卽纂此作講良有見也錢世熹先生曰聞善言必聽善言見善行必趨善行葢仍是樂取諸人意也江河莫禦解本如是非止胸中源源浩浩而已時解皆模糊錢先生之言是矣韓求仲所選此題文字惟蕪溶先生者曰觸斯應應斯疾有不覺其舍已從人之若此矣感斯通通斯速有不覺其取人爲善之若此矣能就舍已從人取人爲善寔說其應甚速之意餘則皆屬影响之談不得寔理

不貼居深山時說者訛也麟士先生曰及其一轉甚捷葢始終皆指歷山時也故又曰自耕稼陶漁以至爲帝無非取於人者但此不兼登庸以後說此解是也或謂深山之中安有善言善行不知既有斯人卽有善也先民有言詢於芻蕘芻蕘非野人耶戊午浙江陳君墨曰非必如賡賛之嘉謨足光謨典也卽此深山中野人子言依孝弟言依悌以自遂其天性之敷陳而舜聞之則以爲善言矣非必如神聖之奇烈足高千古也卽此深山中野人爲子行孝爲弟行悌以偶合於陳常之率履而舜見之則以爲善行矣由此文觀之則善言善行可就深山說也曉村先生曰深山云云乃孟子設言只形容無聞見時渾然景象耳俗解便要坐實舜與野人同在深山比較然是可矣或云始終皆指深山時不成升庸後便不沛然此亦言之有理然據匯言之雖不可謂舜之取善只居深山如此而孟子口中却是就居深山之時而言葢舜之居深山句原直貫通節也何得說到登庸以後耶仇先生曰通節俱就深山說自不須推到後來爲帝時事時文槪云不必帝廷之授受忻降之拜颺明是貼住深山說矣而下面却又涉明目達聰敷奏明試豈不自相矛盾此則說得是耳

謂舜之莫禦由於居游無異者訛也廣烜訂有一說曰舜之所以莫禦全在前半節惟其寂然不動所以感而遂通使先有一善便兩善相距矣嘗見時文亦有如是說者而却非也葢玩及其二字則此四句是從上文轉下不是直接語氣此與吾與回言章一般故羽皇先生曰此節與不違如愚亦足以發同意又曰添一意義如論語章俗解以如愚故不愚者遂入惡境也且觀註中聖人之心數句則舜之所以莫禦者是由於聖心虛靈萬理備具也與木石居三句只言舜之未聞見時其迹固如是耳非言其心之虛靈也仇先生曰靜虛在聖心不在境遇時文每從深山看出靜虛豈登庸受禪以後遂無靜虛乎此辨可謂

明矣註云渾然之中萬理備具一有感觸則其應甚速而無所不通者是言以舜之善遇人之善兩善相契故感而遂通耳而曰先有一善便兩善相距然則舜心惟無善也反能應之甚速耶將聖人之心亦爲枯木死灰矣敝君諱維藩先生文曰寂然之時心亦與之俱寂矣然正惟能寂者與爲能通也正惟二字不合及其語氣是涉俗說對云淡然之日性亦與之俱淡矣而孰知能淡者與爲能應也孰知二字斯於語氣有合耳於此不明則將以聖人虛靈之心同於禿丁寂滅之念矣其可乎哉故辨之。

而王天下　一句

就勢分言者說也蒙解曰既曰王天下便是王道之成非不足樂也但不在此三樂之數耳不可把王天下只作勢分看此說甚是翼註曰王天下只就勢分言未說王道之成折衷曰王天下亦是得位以有天下意未說到王道之成存疑亦如是說明文俱從其解匪却覺爲不然蓋以勢分言之是君子亦以得位爲樂也則舜禹之有天下而不與者何以稱耶鄙夫章外註有曰志於道德者功名不足以累其心志於功名者富貴不足以累其心志於富貴者即孔子所謂鄙夫也此君子三樂所謂道德也王天下所謂功名也若以王天下就勢分言則所謂富貴也樂富貴者乃鄙夫耳豈足以言君子而與所謂三樂較量其與存之數耶且下章云中天下而立定四海之民此正王天下事也而曰君子樂之則君子固亦樂及於王天下矣故廣炬訂云不與存云者亦不是輕天下猶云不必在此耳不然便碍君子樂之句也然下章不徒曰中天下而立必又曰定四海之民則王天下是就王道之成而言可知下章既有確證復何疑焉存疑曰王天下只是有天下不是王道之成若是王道之成則仰不愧俯不怍固其所必有其道大行無一夫不被其澤其樂

尤不讓夫英才樂育也不知不愧不怍是就君子自身各事言之與王天下之專於及人者不同其道大行無一夫不被其澤是一時事英才樂育註云天下後世將無不被其澤矣則是萬世事也吳因之先生全章文字講末節曰三樂在萬世而王則一時也一時有限而萬世無窮則王天下不若英才樂育之爲公其說是矣宰我曰以予觀於夫子賢於堯舜遠矣程子曰語聖則不異事功則有異堯舜之治天下夫子又推其道以垂教萬世堯舜之道非得孔子則後世亦何所據哉由是以觀則其道大行無一夫不被其澤者其樂遂不讓夫英才樂育耶書解

文字雖俱以勢分言據歷思之則覺蒙解之說爲確耳

菽粟如水　二句

不照無弗與意說者訛也大全新安陳氏曰禮義常心卽所謂仁也使菽粟如水火之多則能推有餘以濟不足必不至於慳吝不仁矣有餘則易公其有所以無不仁不足則各私其有烏得仁蒙引曰此仁字只是禮義常心如推己之有餘濟人之不足而不慳吝便是仁也亦以愛言新安蒙引之解是照無弗與意說也而存疑曰新安蒙引俱以仁爲推己之有餘濟人之不足莪緣上昏暮叩人之門戶求水火無弗與說來依愚見只是

有恒產有恒心意說約亦曰陳新安說仁字謂推有餘補不足不至於慳吝不仁是本欲貼求無弗與之意但孟子語意所該自廣不如是拘也則新安蒙引之解似不可從矣然歷思之孟子之意若非就有無相通上說則於民可使富財不可勝用之後便說菽粟至足民無不仁可也何必說及水火耶卽以水火之多形容菽粟之足可也何必說及昏暮之求無弗與耶卽以求無弗與見水火之足可也又何必說及民非水火不生活耶言水火爲民所急反不愛者以多之故則此一段是爲菽粟如水火二句張本可知也上既爲下張本則下亦宜與上合意叅

叅主意曰仁字以有無相通言正與昏暮叩水火無弗與者相應蓋菽粟如水火之多則民生自然相通相濟亦如水火之不復吝惜矣此與新安蒙引之解相符能得其旨至於許中尹氏所言卽說有無相通未嘗不可合也蓋前章所謂無恒產則無恒心者固不爲有無相通而言然有無相通亦是孝友睦婣任恤之事不可謂非禮義之常心也呂先生評辛丑首二節會墨有曰民貧則私吝叢刻爭奪之意自然而生此便是不仁民富則有無關通緩急親睦之情亦自然易發此便是仁仁字卽富中自然之驗是極言富民之妙推論及之要之此章原不重仁

字說也評聖人治天下四句文曰至足便無有不仁不是足後方求其仁專就富養上說不及教一邊若王道之成必世後仁須富教方得陳定宇淺看此仁字最有理若謂孟子所該甚廣則所以仁民之道有未全矣仇先生評聖人二句文亦曰據大全陳氏謂當以推有餘補不足爲仁恰與上文求水火無弗與相應徒作富而後教之說尙隔一層體味本文獨切章旨覩農桑禮樂井田學校王道門面語者迥別矣王敬齋論文評壬戌聖人四句會墨曰此章仁字只在菽粟中推論有無相通處看出非如聖人敎化漸摩之仁也須淺看要說得渾成爲妙叅章

肯只重富民以王道莫大乎養民也仁是富民之效說不得便
是教若謂是教必先養養即是教皆是夢話矣觀諸公評語則
照無弗與意竝說乃爲當也

饑者甘食　一章

拈貧賤字說心害者訛也註中雖有貧賤字孟子却只說饑渴
也人心亦皆有害卽承上句饑渴說來故下一亦字耳觀下人
能無以饑渴之害爲心害句可見說約曰集註以貧賤配講其
理自是但於本文仍爲添設按淺說云饑渴就當貧賤字看卽
可不必添設矣前章養其小者爲小人飲食之人則人賤之飲

食之於學問大矣又何必貧賤云云哉由說約之言觀之則饑
渴字亦可以言心明矣文閑文在所選此題明文不一董思白
先生者拈貧賤字說雖依註語不合題面而楊君戴君胡君三
作俱就饑渴而言則有見也國朝趙君諱炳先生次節文亦不
說出貧賤字仇先生評之曰寔拈饑渴之害講與前章飲食之
人無有失也語意相叅又曰饑渴亦貧賤中事單言饑渴似可
包得貧賤陳紫峰皆主是解此文不添設貧賤只就題還題意
自融貫固非與集註相背也趙君文字與仇先生評語皆當近
來徐君諱樹屛先生作亦就饑渴立說不拈貧賤字也

其君用之　四句

以兩則字作卽字看者訛也善人教民七年始可卽戎爲邦百
年始可去殺如有王者亦必世而後仁仲尼之徒言酬知者皆
以三年爲斷孔子自程其效亦曰期月而可三年有成孟子言
師文王者嘗曰五年七年而後爲政於天下其曰以齊王由反
手者葢言不必如文王之百年耳歷覽前言居位行政得君輔
治者皆必遲之又久如此則使其君用孟子之言其子弟從孟
子之教遂能一朝奏績耶恐無是事亦無是理也嘗見時賢爲
此題文言速效者十人而九有評語曰兩則字有見效甚速意

不知則字乃承上起下之詞耳與卽字原不同義何謂見效甚
速耶時文於四書中遇則字便誤解作卽字者甚多不獨此章
然也且則字之誤解者不獨以爲卽字而已上論則寡尤則寡
悔兩則字人皆解作難辭謂必如是用功而後始寡尤悔也下
論仕而優則學學而優則仕兩則字人又解作緩辭謂必旣優
而後可學可仕也此於則字之義皆爲誤解同一則字或作難
而緩或作易而速俱不合於承上起下之詞誤解則字之義則
數章書理俱至說錯誰謂字義可不辨耶而四書中之字義爲
人所誤解者又不獨在則字已也偶於此字辨之耳

桃應問曰　一章

就權變立論者訛也總註云爲士者但知有法而不知天子父之爲尊爲子者但知有父而不知天下之爲大按此數語是一章定案一章大旨故存疑曰其說最是最精學者只當看此不容致疑不容别議也蒙引曰桃應此問孟子當時只應答云若舜爲天子瞽瞍必無殺人之事也只此一語亦足折倒桃應之問而不復庸費一詞也匯謂舜爲天子不使瞽　殺人此不消說孟子因桃應之問即推聖賢之用心者以明爲臣爲子之道耳雖無其事何必不論其理耶蒙引又曰臯陶舜臣子乃至恐

執舜之父而戮之於心安乎匯謂戮君之父心固不安矣而殺人者不以法使死者有恨黄泉心又可安耶黄蘊擊先生文曰以一夫之命爲輕於天子父之命者此三代以下之事非所施於上古其說似是蒙引又曰非惟不能安其勢必至使舜竊負以逃而一時天地神人皆無所主矣權其輕重於義得乎匯謂當時聖賢衆矣豈舜一逃遂無可爲天地神人之主者耶即如禹也舜後晉遜之以位豈不可爲天子於當時耶蒙引又曰爲人臣而執其君之父雖曰以法其亦可以爲訓乎而八議之法舜與臯陶獨不可以義起乎匯謂爲人臣者固當尊君然爲人臣者亦當盡職臯陶居士師之職守士師之法何不可訓之有至於八議昉自周禮當時未嘗有其制也惟知殺人者抵耳故黄元會先生文有曰五刑必即天倫而原之以父子權之以君臣者三代以下法也臯所受無之也八議先於親貴而士官不能讞廷理不即决者三代以降法也臯所受無之也畢君諱世持先生之文亦有曰覺議貴之典猶起於衰世而不可從矣蒙引又曰君父一也臯陶視舜猶父其視舜之父則祖也如何以孫執祖而廹其父於逃乎匯謂孫無執父之條士師則掌殺人之律所處不同不可以彼例此也蒙引又曰臯陶君斷然要執

之舜既不得而禁之亦安得而竊負以逃乎不知折衷當曰逃是逃之於臯陶未執之先也逃於未執之先則臯陶固不及阻舜矣歷觀蒙引之言俱似不得其理故存疑曰蒙引所難乃是就人情權變上說不是精微極致道理亦非桃應所問之意係其說全無味了王守溪楊維斗黄陶庵及沈受祺晉起宗諸先生文字俱照本註發揮並不及於蒙引之說良有見也艾千子曰作此題一切紛紛穿鑿皆可廢惟天理人情父子君臣不易至當之則便是斷案耳其見甚是然其自作之文則有不可曉者其曰惟爲天子者舜可以使士師執天子之父然則天子非

舜殺人之父遂不得而執耶誠如是也臯陶又何足爲直臣矣
又曰向也南河之南朝覲者歸焉訟獄謳歌者歸焉今且相率
之海濱也舜必以天子故悉辟天下天下斷不以瞍之故棄舜
在臯陶以執示天下有法以逃而不問示天下有父以天下不
忘舜而以九官十二牧造海濱而請焉示天下有君夫然後之
中國踐天子位焉瞍全舜全而臯陶之法亦全可使士師不以
執法之故而令天下無聖君也此其爲說亦豈不然仇先生嘗
駁之曰陶執法舜竊逃不以天下害公法也亦推論情理之極
致當如此耳若說既逃之後臯陶又與諸臣同至海濱請復踐

位何前倨而後恭耶愚意臣民不能釋舜在士師惟有辭士師
之職以明始終守法此兩全之法也觀仇先生所言則知臯陶
請舜之說非矣壁謂無論臯陶無容復請舜也即使臣民請之
而舜亦未必肯就也畢先生之文有曰天下或以舜故而不忍
遏者其父舜必不能以殺人者之子而仍爲天下君舜能使瞍
不至殺人以干士師之法必不能使瞍殺人而猶居然爲天子
父此論可謂確矣且遵海濱而處是孟子設言其地耳若舜之
竊而逃必不使人得知其處也與南河之避似不同矣臯陶與
諸臣又何由造而請耶如舜可得而請則瞍亦可得而獲設使

臯陶執法瞍猶不免於死舜又何必多此一逃耶又有疑舜可
逃臯陶亦可追者不知未逃之先不得不執既逃之後可以不
追故畢先生之文有曰臯能陰縱舜於蔽屣天下之後不能顯
弛法於方爲天子之先也如明儒孫一洫先生竊負而逃二句
題文有曰天下人必有以諒之若將曰彼誠竊而逃耳不逃無
免也是法以逃而愈顯也由是言之則舜已逃而士師之法不
廢矣臯陶又何必追耶且天子欲全其親至於肯棄天下可謂
孝之至矣猶必欲追而執之使其親不得全焉此豈近於人情
哉臯陶雖直必不能如是之刻也況以舜之大智焚廩能下浚

井能出而竊負之逃豈使臯陶得追之耶爲此說者誠如仇先
生所言自生葛藤輾轉多事也至謂士師之法海濱可到若法
不到海濱則有以容天下之奸人啟天下之邪心者尤覺爲迂
闊矣熊鍾陵先生文曰執是以論臣必不能行之於君子必不
能行之於父反是以勸臣不如是設必無以爲臣子不如是設
必無以爲子此又是謂不必有執與逃之事不可無執與逃之
心也又有文曰士必可執天子父非所以教天下之爲人臣謂
天子必不能出其親於法亦非所以教天下之爲人子執與逃
甚事之必無也第通乎舜與臯陶之心即可知凡事君父者之

心各成其是以自安而不必過用其委曲謂士果可據其法以凌天子君何利有其臣謂天子果迎於士而棄天下父何賴有其子執與逃亦理之所難拘也第通乎舜與皐陶事君事父之心卽可推凡處倫常者之心要無所苟以自私而因能各適於權衡如此所云是謂只論其心不但無其事且難拘其理也自聖思之惟有是理因有是心既有是心卽有是事豈理之不可行事之不能行者而皐陶與舜肯虛設其心耶豈理之不可行事之不能行者而孟子必虛論舜與皐陶之用心耶故陶廠結云嗚呼仁義充塞久矣世乃以孟子爲戲論也仇先生評熊鍾

陵文曰孟子辨難及此是天理人情究極之論所爲仁至義盡者也儒者習見衰世事反以聖賢爲權說殊失正旨矣得此洵足羽儀名敎仇先生之評則善而熊先生之文似非如是說也雖大全朱子所引李先生之言及存疑翼註折衷諸書皆云只論聖賢之心未暇論及權變上去然亦後人推原之詞耳若孟子口中未嘗有權變語其心中亦不必有權變意也作文者何必論及於權變耶艾千子又有言曰存執之之說刑官可以不撓於天子存逃之之說天下後世必無有因利而遺其親者皆立敎名言也觀艾子之說則孟子所答爲有功於世道之論不可不爲發明矣雖八辟之議周公亦體聖賢之心而制之者然孟子所答是據理也周公所制是原情也此與孔子不喪出母朱子却又制爲期年之服一般朱子於中庸武王末受命節論喪之禮有曰夏商而上只是親親長長之意到周公又添得許多貴貴底禮數立爲定制更不可易則八辟之議亦猶是耳故後世皆遵之而孟子所答却是就舜與皐陶之時論皐陶與舜之心故不及於周公之制也則作文者亦據孟子之說爲言可矣卽欲論及權變亦只空於題後補出耳何必以此作正論耶據歷所見此章文字前則黃楊兩先生者爲上王沈冒三先生

者次之後之畢先生王君諱含真金君諱式玉董君諱之燧者亦當數公文字雖高下不等要皆能發本義不雜旁意其餘則爲蒙引所惑者多矣噫以仁至義盡之公論蔽於衰世衆人之私心聖賢道理何由明於天下後世耶無怪乎今之處事者惟知有權術而不知有情理也故歷引其說而詳辨之

舜爲天子　一節

以如之何句作兼問舜與皐陶者訛也瞽瞍殺人雖無承舜爲天子說來則如之何之問却只問皐陶耳觀孟子曰執之而已矣句可見至然則如之何句方是問舜故文室有許多趣勢上

截說臯陶下截說舜自是分明也黃蘊斧與楊維斗先生文字俱以臯陶與舜作對黃講此節曰夫愛親莫如舜執法莫如臯陶而適有殺人之瞽瞍介其間爲臯陶者不亦難乎對云執法莫如臯陶愛親莫如舜適有應執之瞽瞍介其間爲舜者不亦難乎楊講此節曰舜爲天子而其臣有臯陶者爲之士值有瞽瞍殺人之事爲臯陶者則如之何執法則妨君議貴則妨法此亦爲臣甚難處之事也對云臯方執瞍而以子若舜者爲天子又不得禁其臣之執爲舜者則如之何廢法又不可庇親又不能此亦爲子甚難處之事也二公之文於此一節只作单問臯

陶爲得其解後來作者爲一節題與舜爲天子二句者多以舜與臯陶並說到底不俱欠分曉耶

形色天性　一句

就論性立說者訛也遍觀此題文字破題或云大賢即形以明性或云即性而質言之起講或云今天下盡性之難其人則皆言性太遠之過也或云且學者競言性矣乃言性而必於無形者求之此性之所以不明也入題或云今天下言性者日紛矣或云今夫人盡有性也抑知性之爲性何如者挑比或云溯性於皇降之初其爲理固甚微也然正惟微也而率焉疑之抑思

截此理者何憑乎與吾身而皆來必無離吾身而別彰之美或云第屬之以天命承之以民彝而異同之說得以参焉者以是爲不可見也若予以可見之寔富不能復置異同矣如此說者十人而九俱是就論性立說從性推出形來謂性不外於形耳暨玩孟子語意似覺不然葢爲人之負形者不知有性故不盡性無以踐形而言之是論形非論性也是從形推出性來非從性推出形來也是謂形寔有其性非謂性不外於形也許若諱孫荃先生文曰夫人孰不有形色乎乃有忽焉而不求者亦曰此器之粗者耳而不知器之所存即爲理之所寄則靜考當體

可悟帝錫有各正之原顧君諱鑾先生者曰今天下莫不有形色焉而抑知形色爲何如乎誕畀之質夫人而共具之矣然在人具之而爲質者在天畀之而爲理意必有立乎其先者爲我躬自足之量林君諱洪烈先生者曰吾茲爲有形有色者思之墜地之初塊然無知者形色耳然手胡然而持足胡然而行耳胡然而聽目胡然而視此必有宰於其中者矣如此說來方合語意從天性逆出形色者固爲非矣即將形色天性並提如云今夫天下有所謂形色焉有所謂天性焉與云今人孰不有形色哉亦孰不有天性哉猶於語意不合也

惟聖人然　一句

謂聖人不過踐形者訛也說約曰惟字然後可以字有不如聖人郎不可以爲人底意思勉勵警切非徒爲聖人贊也若云聖人也不過是踐形非於人有加此餘論耳非正緊語意其解甚是盛珍示先生曰以踐形歸聖人本意却在人人有形可踐聖人亦不過踐形此說非也曉村曰形色天性則人皆有之非聖獨與惟聖然後可則人之所以異於聖人者惟不能踐也今人倣末句輒云聖人亦不過踐形則重看形色輕言踐字非孟子示人之意矣介眉先生曰形色中有天性故須實踐其形踐形

郎盡性也則仍重性不重形若謂天性不過此形色故不言盡性只言踐形則似重形不重性不特說近於粗亦非孟子立言本旨矣又曰重在性者爲徇形縱慾者言也重在形者爲遁形守寂者言也孟子時二氏之教未興其意只恐人徇形忘返故以天性儆之未嘗慮到空寂一路且能郎形認性自復其天郎空寂之見亦不攻而自破矣故此題只以重性一邊爲正旨優先生曰衆人不能踐形由氣拘物蔽二者耳聖人能盡性故能踐形然不曰盡性而曰踐形者使人知七尺之軀非虛生於人世若不克盡其理便有負此形矣觀諸先生之評則時文所云

人郎謂性有弗全不能謂形有弗全形色既郎天性天下安無不踐之形矣自古有盡性之說未及言踐形之說聖人不過踐形天下豈無不及聖人之人矣及云責人以盡性或猶諉於性之難能而責人以踐形斷不得謂形之不備以盡性歸聖人聖猶超乎人之外而以踐形歸聖人聖猶不離人之中者皆似不切本旨蔦道吉先生作末云大賢而下中人之倫俱不克踐盲體皆虛無以配天地而稱人也此方能得孟子之意

仁也者人　一章

平重仁道者訛也達說曰此章釋仁與道之名又曰知仁也者

人也則求仁者當反諸身知合而言之道也則遠人者不可以爲道矣此是將仁道字並說也時文從此立論者甚多然玩中間合而言之一語則首二句似是爲道而發非專釋仁字之名義也蓋人固知道之不外於仁矣而不知仁之郎人因而遠人以求道者有之故孟子先將仁字說明然後說到道字見仁不外於人而從仁求道者亦不得離人以求之耳翼註曰此章專爲世之求道者每每向身外尋索故說仁也者郎人也合仁於人而言之乃所謂道也總是欲人反身求道又曰人皆知仁之爲道而不知仁合於人之爲道不合於人而言之則猶所謂論

性不論氣不明矣翼註之解是也章世純先生文字單說明道挑比云道爲虛位仁爲定名欲徵寔於道也求之於仁而已矣仁爲虛用人爲定寓欲徵寔於仁也求之於人而已矣從道出仁從仁出人極見層次仇先生評之曰題爲發明道字故從仁說來其曰合而言之者猶云率性之謂道也近文不知其解或反重仁說或以仁與道夾說題理蒙晦久矣得先生此作庶幾撥霧見天作者閱者所見俱確翁寶林先生者亦重道字立論可謂合解故仇先生評之曰此章專爲道言卽云率性之謂道也仁是性以人合之是率性時文仁道兪提不合題旨此篇顧

文而下語意歸重到下二句善體書理也鄭禹梅先生者亦甚合解故陳君介眉獨取之黃君諱暉烈先生者入題云夫天下之不知有道自不知有仁始吾欲與之正言道先與之切言仁逆提道字轉入仁字能得立言之旨仇先生亦嘗評之曰因言道故說到仁起最分曉他家雙提者非也徐果亭先生者起處入云今天下共言仁矣亦共言道矣此於仁道二字雖屬並提然下面云夫仁之卽衆著爲道也人知之乃仁之說終不明於天下道之必原本於仁也人知之乃道之說亦終不明於天下則以其離乎人以言仁也離乎人以言仁而仁無所托仁遂爲

人外之仁矣抑離乎人以言仁而仁無所著仁遂爲人外之仁道亦遂爲人外之道矣是何不取仁也者而深求之乎將道與仁夾說而總側出仁來則較他文之單提仁字及各疏仁道字者却爲不失語意故評者曰兩意夾入題意透露也彼平重仁道者於理未爲不可但細思孟子語意似覺專重道者之爲親切耳若楊維斗先生作歸重在仁者則更不可從矣周君兼三曰開口仁也者三字明是指點仁理道將擴充言之耳此說恐非

合而言之　一句

倒說合人於仁者訛也朱子小註曰言仁而不言人則不見理

之所寓言人而不言仁則人不過是一塊血肉耳必合而言之方見得道理出來此是倒說仁人二字矣孟子之意則專重在人字蓋爲世之離乎人以言道者發也翼註曰只說合仁於人而言之不可又倒說合人於仁而言之如俗講用兩反云仁離於人則爲虛理人離於仁則爲委形皆不得旨此說甚是鄭先生者曰不言仁則縱情恣欲而不可以爲道也而僅言仁則亦致虛守寂而不可以爲道不以仁言人則離理言氣而氣形而下者不可以爲道也而不以人言仁則離形言性而性虛而無寄者亦不可以爲道此是將仁字作賓人字作主可謂得旨翁

先生者頭比云一則離乎仁而言之也次云一則專乎仁而言之也單拈仁字作翻更見重合於人之意慕君諱琛先生者曰一則執乎仁而言之也一則離乎仁而言之也亦不兼說人字然以執乎仁置前以離乎仁置後猶似倒說耳惟翁先生所置乃得賓主

齊饑陳臻　一章

不就知止立論者訛也仇先生文曰齊何饑之屢也其弊在不行孟子之仁政有仁政必有井田有井田則國無横征民有餘食故歲有恙而民不饑今王不用孟子之言急而以棠請非孟

子意也此屬探本之論明儒鍾伯敬與張鼐先生者亦如是說但觀註云疑此時齊王不能用孟子而孟子亦將去矣故其言如此則孟子之意似是度其不可言耳新安陳氏曰勸王發棠賑饑仁也知時不可言而不言智也南軒張氏曰世固有勇於爲善者不察夫義理之當爲與否而必爲之葢亦足以悅於流俗然發不中節有害於君子之道是皆馮婦之類耳學者其無忒於衆之悅而有動哉審諸己而已矣此二說者皆得本旨故艾子曰此章要發君子重己自持意也介眉先生評仇文曰道在濟人則忘身以赴之如救焚拯溺道在守己則拒力而守之

不被髮纓冠所謂權也發棠之請可一不可再正與手援天下同意沾沾市恩好名徇衆妄庸人耳孟子此章是聖賢家法煞有關係也文從仁政不行立論別是一意其評是矣然仇先生評祝君文曰國人望救而孟子不欲復請此必道不相合將去齊而云然正意雖不明露而引馮婦一證便有不可徇衆失己之意矣此評亦是說當知止而不言及仁政也若潘先生文雖亦言及仁政然只補說一段於前耳至於後面仍復歸到不知止上猶爲不失本旨若徒以仁政不行立論而不發明孟子知止之意則世之學者何自而知語默之宜哉區之辨及此者葢

欲學者讀此章書便見君子見幾之智於以審其語默之宜不至舍己徇人違道干譽以流於霸者驩虞之習耳

口之於味　一章

專說辨性者訛也有謂此章是對告子一流人說法以明性之善者雖晚村先生亦如是言自世看來似非本旨首節口之於味六句即告子食色性也之意以君子不謂性者是辨告子所言之非猶可說也若次節仁之於父子等雖亦言性却是矯世之誘命者與告子所言無關觀於圈外總註可見上節是伸命以抑性下節是伸性以抑命非專辨性也古今文字單挈性字

立論者儘多如韓求仲先生所選張公李公袁公丁公者皆然評之曰以明性善立旨的是正解又曰論性是孟子得力學問單提性字是理秩然其文與評俱不可從陳大士作側注性邊亦於語意不合故仇先生評曰上節伸命以抑性下節伸性以抑命抑性者所以遏人欲伸性者所以擴天理兩節原係平列以矯狥性諉命之非兩截行文似亦稍偏也許鍾斗者兩平立說能發孟子立言本旨艾東鄉推爲此題第一篇文字良不誣矣張素存先生與許君諱孫荃葛君諱匡世者並係平講亦與許作同也

謂上節性也下節命也兩句是指世俗之言者訛也陳君介眉評張素存先生文曰孟子口中定無兩性兩命故此章斷以上性也命也屬之世俗如云此天下之所謂性也而有命焉君子不謂性也則曉然矣因此知動心忍性之性朱子謂指氣稟食色而言如此則孟子分明有二性且自蹈於告子食色之說而又安辨其非耶愚意忍性性字亦指天理言是文看性命字最得解知自融會全部來歷玩張先生文似非如是說也氣質亦可爲性氣稟亦可爲命此固不待辨矣若曰孟子口中前後不應矛盾則聖賢之言各有所爲原不相妨以性言之固所謂不雜乎氣質而亦不離乎氣質者也孟子他章因人不知性之本善故指其不雜乎氣質者以明之此章因人溺於性之所欲故即其不離乎氣質者以辨之言嗜欲雖亦是性君子却不謂性而惟安於命耳其意固欲歸到君子不謂性上而性也句却是孟子先言此亦是性也蒙引曰可見孟子雖不言氣質之性亦未嘗不知有氣質之性其所以千句萬句只道性善者總是伸此抑彼耳朱公遷曰性指氣稟食色而言不謂性兼爲富貴貧賤者言之動心忍性專爲困窮患難者言之皆非特地論性而推其語意脈絡則所謂性者各有所指也觀虛齋朱氏之言是

說孟子亦以氣質爲性矣且告子以食色爲性是只知有氣而不知有理故孟子特指理之本然者以折之若孟子此章言性首節雖言氣而次節便言理矣亦何礙於辨告子者耶翼註曰首節不謂性非說全不是性但重在命耳次節不謂命非說全不是命但重在性耳故總註曰各就其重處言之翼註之說是也楊起元先生破題云易肆者寧言天易諉者寧言人寧言二字下得有分寸矣

謂安命所以全性盡性所以至命者訛也總註云孟子各就其重處言之以伸此而抑彼也蒙引曰伸此抑彼兩節俱有前節

則伸命而抑性後節則伸性而抑命蒙引之說爲得孟子之意每見時文於上節中說安命所以全性於下節中說盡性所以至命者多矣不知上節性字是指嗜欲而言其曰全性是全嗜欲之性耶似覺難解如謂能安嗜欲之命然後能全義理之性則全義理之性其意猶在於下節也上節只須說到安命足矣何必侵及下節之全性耶在上節中只可說安命所以忍性耳葢不爲嗜欲之性所溺也若說全性則上節之意不清矣下節命字是指氣數而言其曰至命是至氣數之命耶亦覺難說如謂能盡義理之性然後益安嗜欲之命則安嗜欲之命其意已

在於上節也下節只須說到盡性足矣何必覆及上節之安命耶在下節中只可說盡性以造命耳葢不爲氣數之命所限也若說至命則下節之意不明矣許鍾斗先生文有曰造命與安命無二學是從下節挽上節也又曰忍性與盡性無二功是將上節貫下節也然是說完兩節之後再交互上下意耳若其結上節處只云夫安得不舍性而言命結下節處只云夫安得不舍命而言性也仇子評素存先生文曰時文混提性命兩邊夾形若於題緒不清直作兩扇不用交互劃然明作法特高此文與評俱爲確當盡性至命見於說卦傳中觀朱子解至命曰合於天道則此章用至命字不特不合下節之意且亦無當上節之義試思至字是如何解耶文之字眼不審書之界限不分則聖賢意旨恐致糢糊故不得不辨之耳

仁之於父　五句

謂理不離人者訛也按本文之於也三箇虛字是起下命也句耳語意未嘗住斷當此題文字有謂仁義禮智天道不能離父子君臣賓主賢者聖人父子君臣賓主賢者聖人不能離仁義禮智天道見得理之於人爲甚切者若如此說則與下文命也句無關涉矣蒙引曰此五者當云仁之於父子也有至與不

至義之於君臣也有盡與不盡禮之於賓主也有恭與不恭智之於賢者也有哲與不哲聖人不必其皆能與天道爲一亦有純與不純之異焉此皆所謂命也蒙引之言甚是清楚折衷曰仁之於父子也五句言理各有所屬也若仁之於父子有至與不至義之於君臣有盡與不盡禮之於賓主有恭與不恭智之於賢者有哲與不哲聖人之於天道有純與不純則直到命也處方有此說則非葢命也句是言所禀有清濁厚薄所遇有順逆難易非有至與不至之說也若此五句徒說理各有所屬而不言有至與不至云云則下文如何接得命也句耶艾千子曰

五者須以至與不至盡與不盡立論與命也相縮帶而之於二字行於縮帶命也之中方得題神此其所見確矣時文之說理不離於人者雖多似不可從

聖人之於　一句

兼吸命性者說徑含不謂命者尤說也遍觀前後文字多有兼吸命性二字者并有徑含不謂命句者作者如是評者亦以爲宜據匪思之孟子之意雖重不謂命句然於有性焉句下方纔說出既重不謂命句則有性焉亦重然於命也句下方纔轉來本句語氣只是引起命也一句故先正胡思泉文字通篇逐比

皆只含着命也並不他及徐健庵先生者雖逆取不謂命句於前而於各股煞處都使命也句可接故原評曰先輩論此節書命也下作一小頓則轉到性字得勢不謂命句亦有力故此題緊照命也落脈乃不易之解篇中曲折洗發皆見此意也星瞻先生亦許曰此題若照不謂命句將以人合天等語入講則命也句似接不上文於題前逆取不謂命句題後虛逗命也句聖人天道分說合說俱見精思仇先生又評之曰本題也字緊緊注到命字作此題者當就性反不同處立論若泛作天人合一、先後同揆等語是逆取不謂命反將命字精神哨任矣看此文遍注命處獨有體認此評亦當但又有曰論此題正法中比空吸命後比空吸性方有次第亦免重複此說似不然耳蓋有性焉在於命也之下不得豫使如何只於中比吸命後比便吸性耶有評許時庵先生文者曰聖人於天道原有盡有未盡者故下文接曰命也至有性焉則又一轉語矣時集直趨性字不惟詮意不合兼之白文亦難接續得此始有真解由此評觀之則兼吸性字者之非益可見矣行遠集有評曰責成於已之意在有性焉二句內此句只當言所得於天者氣有清濁質有厚薄之不齊平平放着乃使命也二字語脈可接今都一直說盡不

可爲法由此評觀之則徑含不謂命者之非不更可知耶呂晚村評唐德亮先生文曰從來作者只取得命也句此文始兼取有性不謂命意可謂巧勝矣然其不及古人處正在此巧勝也試以此做仁義禮三句自通不去矣由此評觀之則兼吸性字與徑含不謂命者即作上數句題皆不可也

以聖人配仁義禮智天道配父子等項者說也聖人是人故空對父子等項說天道是理故空對仁義禮智說也觀註言仁義禮智天道可見嘗見文字有以聖人配仁義禮智天道配父子等項者雖合上文四句一樣語氣而於意義似說不去許者雖

以爲然却不可從

聖而不可　一句

將聖神作一人看者訛也據註中程子非聖人之上又有一等神人似將聖神做一人看了大全朱子曰至於聖則造道入德之功至矣盡矣不可以有加矣是其盛德至善之極無聲無臭之妙必有非耳目所能盡心思所能測者是則所謂神者而非聖人之上復有神人也朱子之言如此是說聖自不可知故將聖神看做一人耳折衷曰未至於聖猶可知也既至於聖而凡盛德大業之所以然者人莫得而測之則聖不足以言之而謂

之變化無方之神人矣此亦是小註之意也然玩本文而字似是聖有可知者有不可知者聖必至於不可知乃謂之神仍是兩樣人矣觀末節以美大聖神爲四可見蒙引曰看來聖與神還是兩樣亦有聖而未神者如云湯武反之也爲入聖域而未優是也如曰堯舜性之也湯武雖亦聖人亦少讓矣故曰二之中四之下依程子則美大聖神只三樣人不得四矣翼註亦曰神人即聖人非有兩層但細看亦微有分別如堯舜湯武夷惠孔子皆聖也堯舜孔子則聖而不可知也盡神不外於聖但聖不皆神耳程註聖之至妙句亦明不然只是三之下了說統曰

神不出於聖之外畢竟加聖一等即夷尹與孔子可見定衡曰神者聖之妙無兩層然亦略有差等如夷惠尹聖之清任和是大而化之也譬則明珠也如孔子聖之時是聖不可知也明珠而又走盤也歷觀諸說則聖神確分做兩樣人看矣語云從傳不若從經看此句而字及下節四字則朱子程子之言不必泥也難題問答所引謝君之言曰夷惠聖而偏於清和不如孔子之時中即云聖之上更有神未始不可此爲達人之見蒙引曰此朱子據程子之說其寔亦可疑看來做兩個人說亦可又恐我輩不解先儒意耳此則虛齋先生謙謹之詞也其意亦謂

分做兩人說矣郝敬先生文曰吾能必聖人之爲聖人而不敢必凡爲聖者遂皆不可知也何也聖以言乎不勉也苟能不勉即一偏皆是抑又有全體渾然者此何可測其所存聖以言乎極至也苟能詣極則反身皆是抑又有生而神靈者此何可窺其所運艾南英先生文曰論治功則帝者視王者懸矣而帝之中又有成變化而行鬼神之聖人夫其愛而不惡意而不教其民不知其所由而化馳若神非所謂視之不見聽之不聞而體物而不遺者乎論盛德則性之視反之懸矣而性之中又有自生民未有之聖人夫其上律下襲錯行代明其道莫定其所名

而覆載與京非所謂四時自行百物自生而不言而於穆者乎二公之文俱必說出神之境界不欲與聖混作一樣也如此嘉靖丙辰耿先生大而化之二句會墨有曰未至於聖固有可知也既至於聖則自妙於神此則不合而字語意矣或謂聖可學而至神不可學而至也則又不然先儒有言賢希聖聖希天大而化之是賢希聖也聖不可知是聖希天也韓求仲先生曰夫善而至於神也可欲而至於不可知也所謂希聖而聖希天而天也哉其見是矣如曰神不可學而至也則孟子何必言及於此以勉樂正子耶而孟子又何以不學夷尹柳下而願學孔子耶

樂正子二　一句

不就善信之間說中字者訛也觀本註蓋在善信之間觀其從於子敖則其有諸已者或未寔也數句則中字原有分曉非概許其已至於善信也大全問樂正子以善名矣而以餔啜從子敖先館舍後長者何也朱子曰言在二者之中則有餘於善而不足於信矣小註詮發中字之義更爲清楚故存疑翼註折衷俱引此以爲解也嘗見此節文字講二之中只渾說樂正子已至於善信耳中字之義俱糢糊混過矣惟錢世熹先生能及見此其文有曰其爲此之離者離焉而未絕其爲彼之卽者卽焉而未親是未歸於一之時也此就未盡至於信言對云其爲此之未絕者未絕焉而已離其爲彼之未親者未離焉而已卽是不滯於一之時也此就不止至於善言詮發中字可謂明確甚矣故仇先生評曰善有餘而信不足要在兩邊夾縫處取出中字神理亦大難事此文鏤刻精細都從難着形容處想像出來方見是題眞面目也作者閱者皆爲特見翼註講首節善人也二句曰若云專謂之善人不可專謂之信人亦不可合善信而名之而正子之爲人見矣此則末節二之中意折衷曰既曰善人而又曰信人此便見得以爲善人則有餘以爲信人則不足界在中間底人了則善人也二句亦須說得有分曉矣今人作首節題亦只以善人信人平說過去蓋未想及末節中字之義耳且見書解文字有只稱正子者竟樂字可删却耶纂微於上孟魯平公章已註之曰樂正姓也子通稱也按樂正是樂官之長或者先世曾作樂官來子孫遂以爲姓樂正裘亦是一人以此見樂正是姓由此觀之則删却樂字只稱正子者誤矣因思蒙師於萬章問友章將樂正二字讀斷裘牧仲三字連讀者更可笑也雖姓苑有云衛大夫食釆於裘氏因以爲氏今會稽有

婁氏然而樂正既是姓則裘必是名也豈徒稱其姓而不及其名耶收亦是姓觀後章所云收皮可見則收字之上豈可又加裘字耶豈裘是姓而收是名耶此雖無甚關繫然連古人名姓亦不辨也其可乎哉

人皆有所　一章

以義爲仁者訛也題矩求仲曰前兼仁義後只說義非遺仁也無欲害人是心之仁處而穿窬即害人之一事充之無受爾汝是不忍薄待乎己不以言餂是不忍輕賤乎人可見必心不忍而後事不爲義即仁也羽皇曰人之甘心爲不義只是忍得過

仁義不作兩件又曰惻隱之失皆由羞惡之亾所以說義猶詳難題問答亦有曰世未有不全其羞惡之心而天良可自問者故下面節節說義不消與仁並說也此三說者皆是以義可包仁也時文亦有如此立論者矣却不可從蓋仁就惻隱邊言義就羞惡邊言原屬兩項前兼言仁義後只詳說義者乃古人隨意立言不效今人之拘拘耳四書中如此類者甚多若矢人章上言不仁不智無禮無義下只言莫如爲仁註云仁該全體能爲仁則三者在其中矣仁人心也章上兼言仁義下專論求放心者註云能求放心則不違於仁而義在其中矣此俱是謂仁可包義耳如羽皇先生及難題問答之說則倒講了

人皆有所　二節

以體用分上下節者訛也廣矩訂曰上節言體下節言用此說非也首節所不忍所不爲即下文無欲害人無穿窬之心也蒙引曰人能無欲害人之心條此即承上文只是一意但露出害人與穿窬字面以示人之所達耳翼註亦曰次節乃填實首節不忍不爲之義與首節無兩層不必用過文只提起害人穿窬緊應上文不忍不爲便有分曉如云試觀無欲害人之心非不忍之心乎人能云云試觀無穿窬之心非不爲之心乎人能云

云此皆得解翼註有曰仁也義也以體言不可勝用以用言此則非也蓋仁義不可勝用依舊是說仁也義也二句耳不忍不爲註云仁義之端則猶不得爲仁義矣達而充之則無不仁無不義乃可以爲仁義也又安得以體用分作上下兩意耶

言近而指　四句

平重近遠約博者訛輕近約重遠博者尤訛也淺說云不知道者務爲高遠之言則固荒唐而無餘意然欲其近則又鄙淺而無深遠之趣非善言也惟言近而指遠者斯爲善言也不知約之可守則固泛濫而不切然欲其約則又狹隘而無廣博之功

非善道也惟守約而施博者斯爲善道也按如此說則不但乎
堇近遠約博且似側重到遠博矣說約纂紹聞編作講云如言
極切近而指却淺遠者則既非過高而不合於經常亦非徒近
而不很於至理此善言也如守極約少而施却廣博者則得其
至要而道爲有本善其所推而道爲有用此善道也如此正講
亦與淺說反講處相同然劉上玉先生又云愚按講語雖云既
非過高亦非徒近道爲有本道爲有用不論互發而善意寔重
上近約一截言以近而遠道以約而博故善也觀末節自見此
則說得確矣說統曰孟子只重近約一邊見言非貴於徒遠而

道非貴於徒博也兩善字正從此看出魏註亦曰孟子至意重
近約邊舊說反云言不近而指遠則失於玄虛言近而指不遠
則失於隘陋守不約而施博則失於汗漫守約而施不博則失
於拘攣如此乎乎四反最不得旨況又與末節相犯乎今只當
用二句叫起云言豈貴於徒遠哉首豈遺於徒博哉又曰善字
與妙字相似不必離近求遠而遠即在近中不必離約求博而
博即在約中何其妙乎故曰善言善道此皆得旨遍觀文字如
淺說紹聞編之講者甚多而徐果亭先生者則不然也後比云
彼夫言近而指亦近者吾無倘乎爾然必言遠而指始遠可以

引上智之瞻悟而不可以致庸衆之率從將謂是言之善乎未
也夫惟聽其言也近而察其指也遠使言之立於已者淺之得
近焉淺之得遠焉抑淺之得近而可進於遠淺之得遠而能不
遺於近焉則合高下而無不受益於言之中也善言也彼夫守
約而施亦約者吾無倘乎爾然必守博而施乃博既明示斯世
以圖大之漸而且隱潰人心於功利之私將謂是道之善乎未
也夫惟觀其守也約而驗其施也博使道之存於吾者約以爲
體焉博以爲用焉抑約以爲體而體全乎用博以爲用而用不
離其體焉則統本末而無不兼收於道之內也善道也其反正

處俱側重到上半截能合孟子當日語意故晚村先生評曰他
處而字勢側重在下半截此處而字勢歸重在上半截蓋非謂
近約者貴乎遠博謂遠博而即在乎近約乃所以爲難如此纔
點得善字醒也

君子反經　一節

尊主上位言者說也存疑曰此君子是有世道之責者方能經
正而庶民興不然雖以孟子之距詖行放淫辭而不能息戰國
之楊墨韓昌黎之佛骨表歐公之本論而不能去萬世之佛氏
此說非也翼註曰君子字是有主張世道之責者達而在上則

爲堯舜竊而在下則爲孔子不可專主在上位者言失孟子自任之意此說則爲是耳在上者章之於敎布之於政固可以正經而興庶民在下者舉之於口筆之於書亦可以正經而興庶民也孔子成春秋而亂臣賊子懼則孔子明堯舜之道使庶民知鄉愿之爲非而邪慝不亦從此而無耶孟子以孔子與禹周公並稱撥亂爲治之功固無分於在上在下也至於孟子旣自言其距楊墨放淫辭邪說者不得作矣如何猶謂不能息戰國之楊墨耶故彼章註云孟子雖不得志於時然楊墨之害自是滅息而君臣父子之道賴以不墜是亦一治也錢穉先生此節

會墨後比補云他如爲我之害義者又非吾正經之義而自息乎他若兼愛之害仁者又非吾正經之仁而自止乎由此文觀之則孟子亦能正經以興庶民而使邪慝之無可知矣韓昌黎與孟尙書書云愈嘗推尊孟氏以爲功不在禹下蘇東坡六一居士文集序亦曰以孟子配禹可也豈非爲其能息楊墨有功於當時耶若文公觝排異端攘斥佛老其有功於當時者固爲不小佛骨一表至今讀之猶能使人知佛之不足事也王惟夏先生曰雖當時未聽而令後世有尊有不尊縱至極尊極盛亦不過終名異端傍立孤行必不敢有加於聖人之敎者此表有

功焉其言是矣蘇子潮州韓文公廟碑曰自東漢以來道喪文弊異端並起歷唐貞觀開元之盛輔以房杜姚宋而不能救獨韓文公起布衣談笑而麾之天下靡然從公復歸於正蓋三百年於此矣許之者云布衣而挽回世教其功尤烈然則君子之在下者亦謂其不足以反經耶歐陽公本論可謂至言其中有曰昔戰國之時楊墨交亂孟子患之而專言仁義故仁義之說勝則楊墨之學廢漢之時百家並興董生患之而退修孔氏故孔氏之道明而百家息此所謂修其本以勝之之效也夫孟子言仁義能廢楊墨董生修孔氏能息百家則歐公之著本論豈

無使人興起而佛法因以不行者耶歐公文集序曰歐陽子沒士始爲新學以佛老之似亂周孔之眞識者憂之賴天子明聖詔修取士法風厲學者專治孔氏黜異端然後風俗一變考論師友淵源所自復知講習歐陽子之書則歐公之書可以正佛老之邪慝可知也東坡以孟子配禹爲可又曰學者以愈配孟子蓋庶幾焉又曰愈之後三百餘年而後得歐陽子其學推韓愈孟子以達於孔氏士無賢不肖不謀而同曰歐陽子今之韓愈也由此觀之則昌黎歐公非皆與孟子能正經以興庶民而使邪慝之無者耶如以當時盡無邪慝而後爲經正庶民興也

則堯舜之朝何以亦有四凶三苗耶如以爲萬世永無邪慝而後爲經正庶民興也則堯舜之治其能至今存耶堯舜既沒聖人之道衰邪說暴行又作武王周公既沒世衰道微邪說暴行有作則達而在上者功亦止及一時矣而窮而在下者其又安能萬世耶究之在下者之功實猶不止一時也存疑謂此[illegible]是有世道之責者固與翼註所云是有主張世道之責者同但有世道之責者不專是在上位者耳達而在上爲君爲相固當以世道爲己責而修明治術以反其經如堯舜是也窮而在下爲師爲儒亦當以世道爲己責而辨明學術以反其經如孔孟是

也晩村先生曰大經之任堯舜與孔孟共之能言距楊墨者即君子也可謂見得確矣苟在下之君子置世道於度外而諉之曰此在上者之事耳吾何能爲因而噤口卷舌恐使大經之道不明於世聽庶民惑於邪慝而莫之返也則亦奚取於從事聖賢者耶匪謂翼註之說爲是存疑之說爲非者蓋有見於此耳

由堯舜至　三節

不重見知者訛也翼註曰各節俱言同時有見知後世有聞知有見知者是天之不欲孤此道脉也有聞知者是天之不欲絕此道脉也只閒閒如此說不必說聞知者有賴於見知說統徐儆弦曰時說因孟子然而無有乎爾二句遂以爲非有見知者續之於前則聞知者亦無以得之於後似非本旨孟子語意只云某是見知某是聞知是論道統一脉相承從來兩項人接續不斷至末節嘆今世若無見知其脉已斷了則後世諒無聞知也其意只是如此非謂聞知者專藉於見知以啟之也翼註說統之說如是時文亦有從之者矣成化庚子李西涯程文平還見知聞知湯霍林先生評曰千聖相傳只是一知不啻見知聞知等知也此知不泯故此道不絕孔子百歲後必有知而傳之者此孟子自任意也讀嘉靖癸丑錄以爲千古特見而不知此

程已先之矣近紛紛重見知眞大謬黃葵陽評嘉靖徐存齋程文曰但觀數個若字只平平敘去何嘗說有見知然後有聞知此文一提一過識高法老佑先生評翁君文有曰俗解俱作聞知由於見知其說甚偏且如湯之聞知於堯舜豈必藉禹皐文之聞知豈必藉伊萊乎孟子本文原將見知聞知平平敘述觀三節內皆用若禹若湯等字便可見矣吾服此作看題特淸介眉先生曰時文側重見知者皆泥下節則亦無有乎爾句遂豫將上面三節亦作側串說耳不知孟子自謂今日相去甚近尚無見知則後世時代既遠豈有聞知即下文則亦二字亦非鑿

益以見知起聞知之謂翼註說統之解既若彼先輩諸公之文與許又若此則不當重見知之說何容復辨然據鄙思之若說古今道統聖賢相傳不絕則當只云某時有某人知之何必分見聞耶即曰知之者或在當時或在後世空分見聞亦並云堯舜之道禹皋陶見而知之湯聞而知之可矣何必先說由堯舜至於湯耶其先說湯者是言湯之得統於堯舜也言湯之得統於堯舜若不謂有藉於見知者則亦言湯足矣而又及禹皋陶者何耶且言湯之得統於堯舜而必言五百有餘歲者非以其世相去之遠耶言湯得統於堯舜而言其世之相遠者非謂當

時若無見知者則後世亦不能有聞知者耶觀末節曰然而無有乎爾則亦無有乎爾意可見矣考之大全朱子嘗曰由堯舜至孔子率五百餘歲而聖人一出所以異世同心歷聖同道道統綿綿相續不絕者寔賴有同時之見而知之者知之於先而異世之聞而知之者得以知之於後耳蒙引曰但由堯舜至於湯由湯至於文王由文王至於孔子便見斯道在天地間決無久絕而不續之理然必同時之見知者有以羽翼推廣之於前然後後世之聞知者得有所考據以續其不傳之緒耳此孟子之所以深致意也存疑曰即由堯舜至於湯之言味之其意若

云堯舜之道惟禹皋陶能見知之於先故湯得以聞知於後耳下二節都是這意其歸結全在末節謂聖人之道必有見知之於先然後得聞知之於後今去孔子甚近已無見而知之者則五百歲之後豈復有聞而知之者乎其意則謂已得知孔子之道五百歲之後將必有聞而知之者是蓋以繼往聖開來學自任也觀大全蒙引存疑之解則翼註說統之說又覺不可從矣霍林葵陽滄柱介眉諸先生之言固爲是也而朱子虛齋次崖諸公之見豈必非與徐健菴先生評翁君文曰倒重見知自是立言本旨但顯作軒輊即失六若字六則字平敘語氣且暗使

末節矣此則似說得是然鄙識見淺陋不敢質言是非故兩述衆說兼附已見以就正於當世之君子云

四書辯訛下孟卷之六終

讀四書辯訛小言

四書講義多矣而獨遵我考亭夫子集註者何哉以夫子具高明之資兼沉潛之性宏搜博考析理秋毫其說能顛撲不破也吾

師自少讀書十行俱下一覽無遺遇有疑義必細心體認以求其當今著辯訛一編魁捧而誦之覺句句章章靡不切中本旨則吾 師是書非繼考亭集註以明聖賢之道者哉然人第以此爲吾 師明道之

書耳而不知即吾 師行道之書也滄柱仇先生曰人知五穀可養生必不能不食知鴆毒可殺身必不敢漫嘗非以明之至者行之必力歟聖賢所重者莫若人倫所惡者是爲異端世之儒者日親聖賢而爲子弗祇厥父爲弟弗恭厥兄綱常負愧者比比皆然冠昏喪祭不識文公家禮爲何物緇衣羽流之教亦信奉之蓋由其讀書也涉獵言詞而已其爲文也安頓章句而已聖賢精微之道曾未夢見不能明其所以然安能行其所當然哉若吾 師生平最敦孝友苦志芸窗克體先人欲紹書香之意舌耕以養太君菽水盡懽始終匪懈遇兄若弟則存時周給歿後祭葬至今撫養猶子無異親生一貧徹骨之儒篤厚人倫如此非眞有見於聖賢之所重者而能之耶嘗自聯其堂曰賤霸尊王道崇儒黜異端言及釋老之徒則痛心切齒必欲驅而絕之視如猛虎毒蛇之能噬人者然見愚夫愚婦爲渠誑害輒不憚諄諄提醒若

恐其爲猛虎毒蛇所噬也一介寒儒之士觝排異端如此非眞有見於聖賢之所惡者而能之耶故曰吾 師明道之書即行道之書也吾 師性情大抵好誠而惡僞喜正而怒邪周程張朱之理一入於心若針芥之投王唐瞿薛之文一觸於目如膠漆之結故爲制藝明白切當不尙謬巧不事險怪倘有歐陽其人出而拔之則行道當時明道後世者豈獨於此一書見之哉

門姪魁謹識

跋

文章之醇疵關乎書理之明晦書理之明晦由於識見之淺深近世罕有眞識大都訛以傳訛愚習舉業以來亦嘗取四子之書潛心而熟玩亦嘗取八股之義遂志以研求遇有所疑質於吾　叔蘭友聆其緒論言言締當固已師事之矣旣而讀辯訛一書語焉而詳擇焉而精雖博極乎羣言實折衷於已見今幸是編之成梓行於世將因書之無訛轉爲文之無訛繼往聖開來學其裨益豈淺鮮哉雖然吾　叔之立言平正通達固可爲新奇者所取裁吾　叔之爲人易直剛方尤可爲邪媚者所視投頑世之學者覩其言更想見其人也

愚姪作楨謹跋

跋　一

跋

緊維四子之書聖賢立言微旨千秋道統攸關

聖朝以造士子朱子纂集諸儒集註百代尙矣無何有訛傳訛苦自講家偭始創爲臆見奇說矜得妙解至理遂使毫忽之差以致大謬千里若非好學深思安能辯其所以吾

師心切憂焉精思殫力直指非者辯而是之岐者辯而正止炳如日月經天俾人知所聽視良工心苦有年今且付之刊梓茫茫宇宙大觀四海豈無知己

門姪聯枋謹跋

跋　一

跋

四書辯訛講義吾

師一生窮理讀書最得力者因見凡作文家書理不明每多有以訛傳訛之病故不憚精思殫力廣搜博覽取證古今制義辯而著之爲書吾　師性樂道天懷自得家無旦夕儲晏如也嘗語吾徒曰人品惟求真書理惟求是吾此書亦惟求其理是而已汝輩觀之而得其理之是者當亦返而求其品之真矣是書

也今且布之天下則吾　師功及後世學術人心也大矣哉

門姪孫晁謹跋